U0165478

暴力犯罪

——原因、類型與對策

·第五版·

楊士隆——主編

五南圖書出版公司 印行

新版序

　　根據聯合國毒品與犯罪問題辦公室（UNODC）的「2023年全球殺人研究」（Global Study on Homicide 2023），2021年因殺人案死亡的人數比武裝衝突和恐怖主義加起來還要多，全球平均每小時有52名受害者。2019至2021年間，全球每年平均約有44萬人因殺人而死亡，數字高於與衝突相關或恐怖分子殺戮的總和。2021年是異常致命的一年，死亡人數達到45,800人，死亡人數激增部分與COVID-19的經濟後果、組織犯罪及與幫派相關的社會政治暴力的增加有關。2022年現有數據顯示，儘管2021至2022年間衝突死亡人數激增95%以上，但全球殺人仍然是衝突死亡負擔的2倍。殺人暴力犯罪造成全球社會各層面巨大之傷害，亟待正視。

　　暴力犯罪一書自2004年5月初版迄今已歷經二十年，在這期間許多暴力犯罪在全球各地仍持續發生，暴力犯罪型態亦呈現變化，例如，烏克蘭與俄羅斯及以色列與哈瑪斯之戰爭行為，造成數十萬人之傷亡，令人痛心與不捨，而發生於全球各地各類型恐怖主義活動亦令人害怕與恐懼，近年臺灣富商遭綁架案、臺北捷運殺人案件、華山分屍案、臺版柬埔寨凌虐囚禁等亦造成各界極端不安與恐慌，有待進一步深入探討。為此本書特別於2024年再次進行修訂，除將所有犯罪統計及修法內容予以更新外，刪除強盜犯罪問題與對策及孤狼恐怖主義分子相近章節，並新增警察暴行與執法被害、暴力犯罪與被害補償等章節內容，這些新增之內容希冀涵蓋新近暴力犯罪之主要型態與內容，使本書掌握最新暴力犯罪發展趨勢與研究概況，並提出妥適防治對策因應。

　　本書之再次完稿，再次感謝各章執筆學者專家之協助與配合，前國立中正大

學校長及元智大學校長吳志揚教授及中央警察大學第15屆校長德輝博士長期支持犯罪防治研究特予致謝。最後，本書之完成，博士生許俊龍及研究助理翁瑄圻之協助功不可沒，但暴力犯罪廣泛，難免羅列之文章有遺珠之憾，校勘訂誤，或有缺漏。書中未竟完備之處，仍祈犯罪防治先進予以指教。

楊士隆 謹誌於

國立中正大學犯罪防治學系暨研究所

國立中正大學犯罪研究中心

台灣刑事司法學會

2024年9月

編者序

　　暴力犯罪在臺灣發生頻繁，不僅帶來龐大的社會成本，許多駭人聽聞的案件也加深了民眾的被害恐懼感，如曾發生的雲林肉品市場搶案、飆車族集體搶劫加油站事件，以及時有所聞的殺人、重傷害、縱火和性侵害案，使得暴力犯罪一直以來皆為學者關注的焦點。此外，暴力犯罪也與毒品、槍械等問題交互影響，使得其背景和型態更加複雜。由於相關問題牽涉面廣泛，非單一學說得以涵蓋，故本書也儘可能地由社會、生理、心理等各種角度切入，希望結合眾家學者之觀點，對暴力犯罪有更進一步的認識，並且提出適切之建議。

　　本書分為三大篇章，依序是暴力犯罪之導論、成因與相關因素、特別主題之處遇與對策，期以多面向且系統化的方式探討暴力犯罪問題。本書第一部分，由編者對暴力犯罪做一綜合性概論，介紹暴力犯罪意涵、現況與特性、型態、後果與成本，幫助讀者掌握暴力犯罪之本質與內涵；第二部分暴力犯罪之成因與相關因素，邀請鄭瑞隆、吳芝儀、陳慈幸、李自強、鄭添成、潘昱萱、邱顯良諸位犯罪、社會、心理等領域之專家學者合力撰寫，探討與暴力犯罪相關的可能要素；在第三部分暴力犯罪特別主題中，邀請鄭瑞隆、林明傑、陳慈幸、程敬閏、任全鈞、任怡靜、蘇義淵、楊曙銘、王伯頎、鄭凱寶、吳聖琪等專家學者，就暴力犯罪的各種型態，以專論深入研究。

　　本書之如期完稿，端賴各方大力配合，對於書中各章執筆之學者，以及協助本書順利付梓之相關人員，在此謹致謝忱。此外也感謝中正大學前校長羅仁權、教育學院院長楊深坑對於學術研究之支持，及中央警察大學前校長蔡德輝博士之鼓勵，使本書順利出版。最後，本書彙集各領域學者之研究心血，以求盡其完備

地剖析暴力犯罪，但學海深廣，難免遺珠之憾，校勘訂誤，或有缺漏。書中未竟全備之處，懇請各界先進予以指教。

楊士隆　謹誌於

國立中正大學犯罪防治學系暨研究所

國立中正大學犯罪研究中心

撰稿者簡介

（依照姓氏筆劃排列）

王伯頎　國立中正大學犯罪防治研究所博士、銘傳大學犯罪防治系副教授

任全鈞　國立中正大學犯罪防治研究所博士、中央警察大學犯罪防治系副教授

任怡靜　國立中正大學犯罪防治研究所碩士

吳芝儀　英國雷汀大學哲學博士、國立嘉義大學輔導與諮商學系教授兼實驗教育
　　　　研究中心主任

吳聖琪　國立中正大學犯罪防治研究所博士、嘉義市警察局婦幼隊隊長

李自強　國立中正大學犯罪防治研究所博士、靜宜大學社會工作與兒童少年福利
　　　　學系副教授

林明傑　美國密西根州立大學犯罪學博士、國立中正大學犯罪防治學系暨研究所
　　　　教授、諮商心理師

邱顯良　國立中正大學犯罪防治研究所博士、內政部警政署警監督察

許華孚　英國愛塞克斯大學犯罪社會學博士，國立中正大學犯罪防治學系暨研究
　　　　所教授

陳巧雲　國立陽明大學神經科學研究所博士、國立中正大學犯罪防治學系暨研究
　　　　所教授

陳慈幸　日本中央大學法學博士、國立中正大學犯罪防治學系暨研究所教授

曾姿雅　國立中正大學犯罪防治研究所碩士

程敬閏　國立中正大學犯罪防治研究所博士、靜宜大學秘書長

楊士隆　美國紐約州立大學刑事司法博士、國立中正大學犯罪防治學系暨研究所
　　　　特聘教授、國立中正大學犯罪研究中心主任、台灣刑事司法學會理事長

楊曙銘 美國馬里蘭大學刑事司法與犯罪學博士、美國George Mason大學犯罪學、法律與社會學系副教授

潘昱萱 國立中正大學犯罪防治研究所博士、臺灣嘉義地方法院少年調查保護官

鄭添成 國立中正大學犯罪防治研究所博士、法務部司法官學院犯罪防治研究中心主任

鄭凱寶 國立中正大學犯罪防治研究所博士、內政部警政署專員

鄭瑞隆 美國伊利諾大學香檳校區社會工作博士、國立中正大學犯罪防治學系暨研究所教授兼教育學院院長

賴擁連 美國聖休士頓州立大學刑事司法博士、國立中正大學犯罪防治學系暨研究所教授

蘇義淵 美國美利堅大學華盛頓法學院博士、國立中興大學法律系助理教授

contents 目錄

第一篇

導　論

第一章　暴力犯罪概論

楊士隆

第一節　暴力犯罪之意涵

美國紐約州立大學刑事司法研究所Newman教授認為暴力行為包含：

一、身體力量的使用：由於身體力量的運用導致個人或財產的損失。

二、自然的暴力：由於自然的力量，如風雨火或地震所產生的暴力。

三、個人感覺或行為的強烈感受：一個人傳給被害者和旁觀者激烈的感受，透過行動而造成的傷害或損失。（引自許春金，2000）

高金桂（2002：443）教授則指出「暴力行為在法律上的核心概念，即強暴（Gewalt）與脅迫（Drohung）及其他與兩者有同等效果（排除被害人抗拒意志或能力）之行為。」強暴，是指身體力量的使用，旨在對被害人施加影響，以排除其事實上的抗拒或預期的抵抗；若未達絕對強制程度，但迫使被害人的意志轉向，亦為強暴。違背他人之意思，施以麻醉劑或催眠，亦為強暴。強暴之基本特徵在對被害人造成身體上的強制效應。例如：一、持槍接觸扳機而對準被害人；二、將他人禁閉於封閉之空間；三、靜坐示威形成障礙，迫使電車司機停駛；四、針對第三人實施強暴，但因親密關係使被害人之意志受到影響；五、對物施加強暴，但可及時對被害人之意志或精神加以影響；六、精神上或身體上均可感應之間接影響，例如以尖叫、製造噪音影響講師上課之進行。脅迫，是指對被害人施加未來之惡害通知，即以言詞或文字告知被害人有意於未來加以侵害，此種惡害通知，可以明示，亦可經由暗示為之，並不影響脅迫之成立。例如：一、以第三人之行為為惡害通知之內容，若加害人對第三人有影響力，可構成脅迫，但若加害人對第三人之行為並無事實上的影響力，則只能稱之為警告，而非脅迫；二、於多天威脅承租人將斷絕暖氣燃料之供應；三、以公開某些事實或舉發犯罪為要脅，但對婦女只是以公開友誼或斷絕來往為要脅，則尚未達到脅迫程度。

暴力行為之界定，依研究領域之不同而呈現差異，茲分別從法律及心理層面加以說明。

一、**法律之見解**：暴力行為係以展現身體動作為手段，以發洩其極度的憤怒情緒或獲得需求滿足，導致他人受到傷害之結果的行為。進一步說明如後：（高金桂、謝文彥，1996：2-3）

(一)肢體動作之直接表現：暴力是指對他人之身體或精神上的完整性造成侵害或危險之行為。最容易直接辨認的暴力是以身體力量之使用，或藉助於外力（如兇器、動物），對他人之身體結構或功能造成破壞；或雖未造成實際之破壞，但已構成明顯的危險，如槍未擊中或卡彈。對精神上完整性的破壞，如以恐嚇方式妨害他人意思決定之自由，或以高度壓力之行使致他人罹患精神上的疾病亦屬之。

(二)對他人及社會造成損害：一般暴力行為多屬對人身造成直接之侵害，而危害到他人之生命、身體、健康、自由等權益，因而成為法律上之犯罪行為。

二、**心理學之意涵**：暴力或攻擊行為是一種以惡意的口語或行為對他人或物品加以傷害或毀損的人際行為（廖鳳池，1996：2808）。

第二節　暴力犯罪之現況與特性

一、暴力犯罪之現況

(一) 內政部警政署刑事警察局之「臺閩刑案統計」資料

根據刑事警察局之統計，近十年來暴力犯罪之發生數以民國102年發生最多，計有2,525件，其後103年逐年下降，至106年降至1,260件。2022年降至498件。111年中故意殺人發生174件，強盜案發生131件，搶奪發生102件，強制性交64件，重大傷害案件25件，擄人勒贖2件。

(二) 法務部統計處之「法務統計摘要」

根據法務部之統計，近十年臺灣地區各地方法院檢察署偵查終結的暴力犯罪案件起訴人數，由民國102年之4,551人降至111年之789人（詳表1-1），在111年起訴之案件中，其中以恐嚇罪最多計1,077名，其次依序為強制及乘機性交罪789名，殺人罪683名，強盜罪623名，重傷及傷害致死罪353名，搶奪罪194名，擄人勒贖罪120名。

　　又根據法務部統計，民國102至111年，地方法院檢察署偵查終結並起訴之家庭暴力案件持續增加，由102年之3,431人上升至106年之4,494人及111年之11,633人；其中經裁判確定有罪人數從102至111年持續增加，111年為最多，計有6,060人。

(三) 被害統計資料（含民意調查）

　　法務部及警政署曾於民國90年委託學者從事「臺灣地區犯罪被害經驗調查提要分析」，描繪89年臺灣社會的犯罪被害情形：（資料引自警政署網站）

　　1. 在犯罪被害類型方面：在所蒐集的10,357名有效樣本中，33.3%的受訪者表示過去一年（1999）有過家戶被害經驗，11.3%的受訪者表示自己有過個人被害經驗。家戶被害類型，以汽車遭人破壞發生次數占24.2%居首，腳踏車失竊占21.4%次之，機車失竊占17.1%，住宅遭侵入或企圖竊盜占12.4%又次之。個人被害類型，以物品存放某處所被竊占39.4%居首，身上物品被扒占27.9%次之，被搶奪占11.8%，被傷害占10.1%又次之。

　　2. 在犯罪發生地點方面：犯罪被害發生個案以人口較密集都會區犯罪被害較多，案件發生地點與住宅的距離以離住所1公里以內的住家附近發生比例最高，另外有三成發生在家中，住宅四周發生被害案件幾乎占了將近三分之二。家戶被害之發生處係屬私人場所，距離也多發生在住所1公里以內，個人被害則多半發生於公共場所，距離多發生在距家1公里以上的地方。

　　3. 在犯罪工具與反應方面：加害人所使用的犯罪工具以「徒手」最多，其次是刀類、鐵具；被害人反應最多的是「徒手反擊」，其次是「想辦法逃

表1-1　暴力犯罪偵查終結起訴人數

	殺人罪（不含過失致死）	重傷罪	強制性交罪	強盜罪	搶奪罪	恐嚇罪	擄人勒贖罪
102年	700	353	928	757	520	1,227	66
105年	776	352	823	867	439	982	36
106年	694	301	795	756	368	865	25
110年	699	284	775	597	179	830	51
111年	683	353	789	623	194	1,077	120

資料來源：法務部統計摘要，民國113年，https://www.gender.ey.gov.tw/gecdb/Stat_Statistics_DetailData.aspx?sn=ZuBpZLGAd%24Gp9h4BI4saqQ%40%40，檢索日期：2024/4/8。

脫、躲藏或關門」和「打電話找警察、保全或管理人員」，大多數屬於比較消極性的反應。

4.在生活事件、生活環境與家戶被害方面：犯罪的發生常與居住的環境有關，「鄰居吵雜」、「青少年在街上遊蕩聚集」、「外勞在街上遊蕩聚集」、「醉漢及流浪漢閒蕩」、「垃圾問題」、「竊盜犯罪問題」、「色情行業」、「暴力犯罪問題」、「遊樂場所」、「攤販問題」、「賭博問題」等情形愈嚴重，則過去一年當中家戶被害的比率也愈高。

此外，國立中正大學犯罪研究中心另於民國105年1至2月對臺灣地區民眾進行犯罪被害調查，此項調查係於104年底，對1,715名臺灣地區民眾進行電話調查，研究結果如下：（楊士隆、樓文達、鄭瑞隆，2016）

一、民眾被害恐懼感：在1,715名受訪民眾之中，有近四成四（43.8%）的民眾擔心自己或家人會成為犯罪的被害人。在民眾對於治安狀況的觀感滿意度的部分，約56.1%的民眾認為治安不好，其中39.3%的民眾認為治安不太好，而另外16.8%的民眾認為治安非常差。（詳表1-2）

表1-2　民眾對治安狀況的觀感

	個數	百分比
非常好	30	1.9%
還算好	668	42.0%
小計	**698**	**43.9%**
不太好	625	39.3%
非常差	267	16.8%
小計	**893**	**56.1%**
拒答／無意見	124	-

二、暴力犯罪被害情形：在暴力犯罪被害的盛行率部分，過去一年，民眾實際遭受暴力犯罪侵害的盛行率，在有效問卷1,715位受訪民眾當中，占有2.1%。另在有效回答的1,715位民眾中，曾經遭受過詐騙犯罪的比例為5.6%。而在有效回答的1,715位民眾中，曾經遭受竊盜犯罪的比例為7.7%。（詳表1-3）另依據衛服部（2024）家庭暴力通報事件被害人案件類型及性別統計發現，民國111年總計有123,741人被害，其中最多被害者屬親密關係暴力（含婚姻／離婚／同居）。

表1-3　民眾遭受犯罪侵害的類型

	個數	百分比
暴力犯罪	36	2.1%
詐騙犯罪	96	5.6%
竊盜犯罪	131	7.7%

二、暴力犯之特性

　　根據民國112年2月22日警政署統計室發布之警政統計通報，在暴力犯罪嫌疑犯的特性方面，111年暴力犯罪各案類以「故意殺人」174件（占34.94%）最多，「強盜」131件（占26.31%）次之，「搶奪」102件（占20.48%）再次之，三者合占8成2。111年暴力犯罪嫌疑犯，每10萬人口以「18-23歲」8.27人最多，「24-29歲」8.02人次之。嫌疑犯人數以男性占9成2居多，「18-49歲」年齡層合占近8成3。

　　而就各類暴力犯罪類型之年齡分佈比較，各類暴力犯罪類型之年齡分布多集中在18歲至40歲未滿之年齡層；殺人犯罪者在40歲至50歲未滿高年齡層之比例，較其他種類暴力犯犯罪高。

第三節　暴力犯罪之型態

　　暴力犯罪之類型甚多，但各國之界定略有差異，例如美國聯邦調查局的統一犯罪報告（Uniform Crime Report, UCR）將謀殺及非過失殺人（Murder and Non Negligent Manslaughter）等四種犯罪行為列為暴力犯罪。日本警察白皮書將暴力犯罪分為凶惡犯罪和粗暴犯罪兩種，凶惡犯罪包括殺人、強盜、放火、強姦等，粗暴犯罪包括暴行、傷害、脅迫、恐嚇、聚集兇器等。日本犯罪白皮書，將暴力犯罪分為殺人、傷害、強姦及強盜等四種加以分析比較。臺灣之臺閩刑案統計則將暴力犯罪區分成故意殺人（不含過失致死）、強盜、搶奪、擄人勒贖、恐嚇取財、強制性交及重傷害等七類，至於法務部出版之「犯罪狀況及其分析」，將暴力犯罪區分為殺人（不含過失致死）、傷害（不含過失傷害）、強盜、搶奪、恐嚇、擄人勒贖、妨害自由及強制性交罪等各罪。當然除

了這些傳統型之暴力犯罪外，家庭暴力、政府、企業、各專業之暴力——白領犯罪及恐怖主義等，亦屬值得探討之範疇。本節從暴行之動機、本質及發生暴行之地域（Location）說明不同暴力行為型態。

一、憎恨性暴行、表達性暴行與工具性暴行

參閱國外相關文獻，作者認為暴力行為可區分為憎恨性暴行（Hate Violence）、表達性暴行（Expressive Violence）及工具性暴行（Instrumental Violence）三部分，扼要說明如下：

(一) 憎恨性暴行

憎恨性暴行又稱偏見導引之暴行（Bias-motivated Violence），係指「植基於種族、膚色、宗教、少數民族、性別、障礙、性向或民族血統之偏見，而以恐嚇、侵擾、肢體之暴力或威脅之手段，對特定人員、財物、家庭或其支持者攻擊之行為」（Hate Crime Sentencing Enhancement Act, 1994）。此類暴力行為極容易流為青少年（14-24歲）個人或團體所觸犯，以尋求刺激或莫名之報復（Levin & McDevitt, 1993）。

惟依據美國學者Garofalo（1999）之研究，多數憎恨性犯罪基本上較不嚴重，發生於公共場所，加害者較年輕，且不認識被害者，而其常針對特定（例如宗教、種族）團體進行騷擾、恐嚇及財物進行破壞。

此類憎恨性暴力行為夾帶偏見、憎恨與恐怖，故為晚近行政與司法部門所重視，並將其納入官方犯罪統計，如FBI之「統一犯罪報告」即提供憎恨性犯罪之統計。

(二) 表達性暴行

係指行為人在遭受他人之壓迫、欺侮下，所自然呈現出來的情緒性抒發行為，如以暴行反擊對方挑釁、攻擊之行為。最引人注目之例子為發生於1995年美國羅德島（Rhode Island）之殺人事件。當時一名56歲之男子Donald Graham於夜間在高速公路行駛時，被迎面而來的駕駛雙閃頭燈，其自稱在遭威脅（Threatened）之下，而扣下扳機殺害被害人（引自Englander, 1997）。此外，國內鄧如雯殺夫案，亦屬表達性暴行之一種，鄧是在遭丈夫長期凌虐施暴下，憤而行兇，殺害施虐者。

(三) 工具性暴行

　　乃指為達成某種特定目的而以一種較合乎理性之方式進行之暴行而言。例如某些政治信仰不同而遭監禁之收容人,很可能以暴行或其他手段獲取社會同情及爭取政治權限。

二、街頭暴力、家庭暴力及泛暴力

　　學者Englander（1997）指出暴力行為可區分為街頭暴力（Street Violence）、家庭暴力（Domestic Violence）及泛暴力（Pan Violence）三種型態,分述如下（Englander, 1997: 16-32）:

(一) 街頭暴力

　　1. 傷害攻擊（Assault）:根據1992年美國全國犯罪調查（National Crime Survey, NCS）,全國大約有185萬攻擊事件,被攻擊者大約有半數係女性,有大約三分之二並不認識攻擊者,但許多犯罪學者卻指出許多暴力攻擊行為最容易發生於相互熟識者。無論如何,莫名之攻擊事件發生於世界各地,諸如爭停車位、爭擺地攤亦或爭風吃醋均可能衍生各項傷害、攻擊行為之發生。

　　2. 殺人（Homicide）:殺人犯罪常發生於熟識者間,根據美國1993年UCR報告,殺人者發生於陌生人間僅占13.5%,多數係認識的。但儘管如此,近年來許多人關切陌生者殺人,乃因近年青少年觸犯不少殺人事件,而發生之因素又往往係突發、微不足道,非必要之人際衝突所引起。

　　3. 聚眾鬥毆:依據民國112年12月27日刑法第150條之規定,在公共場所或公眾得出入之場所聚集三人以上,施強暴脅迫者,在場助勢之人,處一年以下有期徒刑、拘役或10萬元以下罰金;首謀及下手實施者,處六月以上五年以下有期徒刑。犯前項之罪,而有下列情形之一者,得加重其刑至二分之一:(1)意圖供行使之用而攜帶兇器或其他危險物品犯之;(2)因而致生公眾或交通往來之危險。

　　4. 少年暴行:少年暴行近年亦顯著發生於各地。在美國丹佛市拜倫中學曾發生校園喋血事件,兩個清秀白人少年拿槍枝對老師及學生瘋狂掃射,在日本發生少年斷頭事件,而臺灣地區竹東青少年集體虐殺友伴,及多起飆車砍人暴力事件,均使人恐懼。根據學者Greenwood於1995年之研究,在美國都會出生之少年,其至18歲前,每10位大約即有3至4位將遭警察逮捕而留下前科,顯示少年暴行值得關注。

(二) 家庭暴力

家庭暴力基本上是指發生在家庭成員之間的肢體、口頭及性等暴力的行為，其造成其中一方強烈之感受並導致生理心理遭受傷害。一般而言，家庭暴力對家庭的影響是多層面的，包括促使家中的每一位成員都處於恐懼、不安、沮喪的氣氛下，對家庭整體的傷害很大。

家庭暴力有很多種形式，根據陳若璋（1993）之見解，比較常見的包括婚姻暴力、兒童青少年虐待、對尊長的暴力行為及手足間的暴力行為等。此外根據Kemp（1999）之撰述，家庭暴力型態可以表1-4呈現（彭淑華等譯，1999：11）。

表1-4　家庭暴力型態表

	虐待／疏忽（可以是身體上的或非身體上的）			
	身體攻擊	性攻擊	情緒攻擊	不能滿足基本需求
兒童	懲戒攻擊或身體虐待	兒童性虐待	心理上的攻擊或兒童心理虐待	兒童疏忽
配偶	婚姻暴力	配偶暴力	心理上的攻擊或虐待	
老人	老人身體虐待	強暴或老人虐待	老人心理上的攻擊或虐待	老人疏忽

(三) 泛暴力

泛暴力係指個體無論在家中（Home）抑或在街頭（Street）均呈現暴力行為型態而言。此項分類在先前並未獲取學者之重視，蓋大多之研究不是侷限於街頭或陌生者暴行，即著重於家庭暴行，很少研究檢視街頭之暴力罪犯是否在家中亦暴力相向？故學者Englander（1997）特別予以介紹，其對美國家庭成員311名承認有暴力行為之男性進行調查，發現泛暴力者約占10%。其意涵為暴力者大致選擇家庭暴行（208名，67%）或街頭暴行（71名，23%）之特定暴行，而非兩者，雖然多數人仍具暴力之傾向或人格特質，但仍可對其行為做適當之控制，選擇適切之被害者。

三、傳統與非傳統暴力犯罪

此外，犯罪學者Brown等人（1991）則將暴力犯罪區分為傳統暴力犯罪

（Conventional Violent Crimes）與非傳統暴力犯罪（Non-conventional Violent Crimes）二大類型，分述如下（引自蔡德輝、楊士隆，2019）：

(一) 傳統之暴力犯罪

　　雖然有關犯罪之看法因人、因事、因地、因時間而有差異，但傳統型之暴力犯罪（如殺人、強盜、搶奪、傷害、強制性交等），卻大多獲得民眾之譴責，而認為其是一項嚴重的犯罪行為。事實上，這些犯罪在各類刑案中所占比例並不高，但因其極易造成受害者鉅大之生、心理傷害，因此，格外引起刑事司法部門之重視。

　　1. 殺人

　　殺人是犯罪行為最令人恐懼及兇殘的一項，其不僅導致受害者之立即死亡與毀滅，同時極易引起民眾恐慌，造成秩序混亂。殺人在類型上，以故意或過失劃分者有之，如我國現行刑法之普通殺人罪、義憤殺人罪、過失致死罪等。學者Williams等人依加害者與被害者之關係區分為：家庭間的殺人、熟識者間的殺人與陌生人間的殺人三類，分述如下：

　　(1) 家庭間的殺人

　　所謂家庭間的殺人，係指被害者與加害者之間具有親屬關係（Relative）或是家庭中的成員間發生的殺人犯罪行為，而一般論及家庭殺人可區分為夫妻間殺人（Spousal Homicide）、殺害尊親屬（Parricide）及幼兒被殺（Infanticide）等方面。

　　(2) 熟識者間的殺人

　　所謂熟識者（Acquaintance），依Williams與Straus的定義係朋友或是彼此認識之人而言，在Wolfgang的研究中雖其分類較為詳細（分為親密朋友、熟識者），但所研究的結果發現，在550件殺人犯罪中就占293件（41.7%）。Rojek與Williams的研究亦有相類似的結果，如在1979至1988年十年中全美與亞特蘭大的殺人案件比例中家人與熟識者就超過54%。陌生人間的殺人犯罪占2成以下，而其中尤以熟識者占第一位接近4成。

　　(3) 陌生人間的殺人

　　係指加害者與被加害者間未具親屬關係或彼此不相熟識，而在犯罪之情境中由陌生者殺害被害人而言。

　　Riedel研究陌生人間的殺人犯罪發現兩項特質因素是有密切相關，首先是與被害者或加害者的特性有關，再者是與其出入的場所相關聯（如酒吧、運動

場所）。有許多在自發性的（Spontaneous）情形下會造成彼此間話題或語言的不快，使得兩人之間的熱度升高，若是在飲酒之後，更是容易造成殺人行為。

Rojek與Williams的研究則發現陌生人間的殺人犯罪許多是以經濟取向為主因，換句話說殺人並非其本意，而是其手段，再者其種族間發生的比例高於其他類型。

另外，犯罪學學者近年來對於能剝奪許多人性命之殺人犯罪特別關注。此可區分成集體謀殺（Mass Murder）及系列謀殺（Serial Murder）二大類（引自楊士隆，1998）。

(1) 集體謀殺

係指犯罪者在一個地點或者在一個短暫之時間內殺死許多人（Levin & Fox, 1985）。此項犯罪者經常在面臨一極大之壓力下（如被解僱、被拒絕、太太要求離婚），而殺害許多人。當然屬某種教派之組織（如奧姆真理教）亦可能因某類不滿因素而展開集體殺人之行動。

(2) 系列謀殺

係指犯罪者在不同的場所，長時間的不斷殺害單一之受害者（Holmes & DeBurger, 1988）。此類系列謀殺之犯罪者大多有嚴重心理困擾問題，但智力卻甚高。在許多情況，其機動性甚高，計畫周延，很少留下加害者與被害者間相關聯的證據，並且經常對流浪漢、妓女、逃學逃家少年下手，不易為執法人員所偵破。

2. 強制性交

根據刑法第221條之規定，對於婦女以強暴、脅迫、藥劑、催眠術或他法，至使不能抗拒而姦淫之者，為強姦罪；姦淫未滿14歲之女子，以強姦論。強姦罪既遂與未遂之區分，採接和說，僅需以性器、身體其他部位或器物進入或接合他人性器、肛門，不以全部插入為必要；而女方之處女膜有無因姦破裂，則非所問。二人以上犯前條第1項或第2項之罪者，加重強制性交罪，刑罰加重。民國88年4月21日修訂之刑法妨害風化章之妨害性自主罪，增列男女均列為強姦之被害對象，且規定強姦行為之樣態包括新刑法第10條第5項非基於正當目的所為之行為違反當事人性自主權，以性器進入他人之性器（一般性交）、肛門（肛交）或口腔（口交）之行為或以性器以外之身體其他部位或器物進入他人之性器、肛門之行為。

3. 強盜、搶奪

根據我國刑法第328條規定，強盜罪（普通強盜罪）係指意圖為自己或第三人不法之所有，以強暴、脅迫、藥劑、催眠術或他法，致使不能抗拒，而取他人之物或使其交付者。相對的，搶奪罪，依刑法第325條之規定，意圖為自己或第三人不法之所有，而搶奪他人之動產者。依此區分，強盜罪與搶奪罪之內涵並不相同。強盜係指使用強暴、脅迫等手段，使人不能抗拒而強取，搶奪則使用暴力乘人不備，不及抗拒而掠取，雖未使用不法腕力，但並未至使人不能抗拒之程度（林山田，1988）。

4. 傷　害

傷害近年來仍維持一定比例。根據法務部之統計，2023年以傷害罪（含過失傷害）被起訴之人數更達32,359人（法務部，2024）。由於傷害案件意味著人際衝突之趨於惡化，其原因包括因口角、一時衝動、仇恨、財務糾紛、性情暴戾等偶發因素，因此其發展亦特別值得重視。

(二) 非傳統之暴力行為

除了傳統之暴力犯罪外，尚有許多非傳統型的暴力行為。非傳統型的暴力行為亦影響深遠，對一般民眾亦造成鉅大損害。例如：暴力性白領犯罪等受相關法令所約束，然其往往被忽略，甚至為執法人員所漠視，以致於造成嚴重的後果。本部分擬對於這些非傳統型之暴力行為進一步說明。

1. 企業機構、政府與各專業領域之暴力

由企業機構、政府與各專業衍生之暴力係屬暴力白領犯罪之範疇，屬於此類型之犯罪亦可能造成人命之大量傷亡，但因其他各項掩護下，經常被製造成疏忽或以意外收場，因而未受到應有之重視。以美國為例，每一年因為消費產品產生問題，至少導致3萬名民眾死亡，2,000萬人受傷。而工廠因欠缺完全，未善盡保護員工的責任，每年亦大約有200萬人肢體受傷的案件發生（Brown et al., 1991）。而為達成特定目的，世界各國政府均可能衍生暴力行為（Chambliss, 1989），部分屬於此類之暴行學者將其稱之為「結構性之犯罪」，係指濫用國家政治結構上的公力與資源，從事犯罪行為而言（林山田，1990），其包括暗殺、羅織罪名、情治力量、操控媒體等。

2. 恐怖主義

恐怖主義（Terrorism）係今日政治犯罪中最具威脅者，其係指個人或團體

未達特定之政治或經濟目的，以恐懼、勒索、強制或暴力之手段進行之犯罪或威脅行為（Private Security Advisory Council, 1976），其可能以劫機、暗殺、爆炸或擄人勒贖等形式出現。

目前在世界各地仍存有許多恐怖組織，較著名者包括中東之巴勒斯坦解放組織、回教什葉派真主組織、北愛爾蘭共和軍，這些組織成立之動機至為複雜，涉及種族、人權、領土主權、不公平待遇等，在傳播媒體之廣泛影響下，其並不易消除，甚至可能更助長其活動。

四、職場暴行、監獄暴行及校園暴行

另外，倘依暴力行為之地域（Location）加以區分，則暴力行為型態將更為廣泛，諸如職場暴行（Workplace Violence）、監獄暴行（Prison Violence）及校園暴行（School Violence）……均屬之，扼要敘述如下：

(一) 職場暴行

1. 意　涵

近年來發生於職場之暴行或稱工作場所暴行，為保全管理專業（Security Professional）所密切關注。根據美國職場暴力研究所（The Workplace Violence Research Institute）職場暴行係指任何攻擊職員的行動，使其工作環境充斥敵意，並對職員身體上或心理上造成負面影響。這些行動類型包括所有肢體或語言攻擊、威脅、強迫、恐嚇，和各種形式的騷擾（引自Kaufer & Mattman, 2000）。

2. 嚴重性與傷害

職場暴行之嚴重性可從國外之相關研究略知。根據Kaufer與Mattman（2000）之彙整文獻，職場暴行之嚴重性如下：

(1) 西北人壽保險公司（The Northwestern Life Insurance Company）研究指出四分之一全職上班族曾在工作中被騷擾、恐嚇威脅或攻擊。

(2) 美國管理協會（The American Management Association）之調查發現，50%的公司在4年內發生過工作場所暴力。30%之職場則發生一次以上之暴行，25%係由現任職員所促成，9%係由以前職員所引起。

(3) 美國司法部門（U.S. Department of Justice）則發現1993年有1,063件工作場所殺人事件發生，43件係由先前僱用之員工所觸犯。研究預測，未來四分之一的員工會成為工作場所暴力受害者。

(4) 美國加州（CAL/OSHA）亦發現職場暴行正在增加，攻擊和暴力行為成為工作時死亡的首要原因，1992至1993年職場殺人增加25%以上。計程車司機、安全警衛、便利商店店員、珠寶店職員、小汽車旅館櫃臺接待人員在所有職業中具最高死亡比率。

(5) 1995年職場暴行研究所則估算，每年美國商業損失超過360億美元，包括生產力之降低、喪失性命、受傷、諮商、法院訴訟費用、危機管理之費用等。

3. 職場其他威脅

除來自於原先雇主及職員之危險外，職場面臨之另一威脅來自於家庭暴力與武器之使用。

(1) 家庭暴力：根據1995年之對美國27州248家公司安全主管之調查，家庭暴力轉而在職場發酵占相當高之比率，而93%之受訪者指出家庭暴力問題已成為公司安全之重要問題。這些家庭暴力，通常在家中即配偶進而跟蹤被害人，而在工作場所發生某種程度之暴力行為。

(2) 攜帶槍械：在美國40多州立法將攜帶隱藏式武器合法化。在工作場所中或工作場所附近易於取得手槍，將使潛在的暴力增加，無法預測後果。

4. 職場暴行之型態

學者Johnson等人（1994: 26）曾區分職場暴行為以下四類型態：(1)強盜及其他商業犯罪；(2)家庭以及誤導之感情案件；(3)雇主導引之情境；(4)恐怖主義與憎恨性犯罪。Hess與Wrobleski（1996）另指出在示威與抗議中展現之暴力行為後果可列為第5項職場暴行型態。

(二) 監獄暴行

監獄暴行係指發生於監所之各種暴力行為型態而言。在自由社會中即存在各類暴行，如口頭、肢體等不同程度之暴行，但在拘禁之社會中（Society of Captives），因其封閉與缺乏自由特性，故衍生各項暴行亦偶爾為外人所注目。監所暴行之種類繁多，大致可分為下列四種：（Bowker, 1980）

1. 收容人與收容人間之暴行：其為發生頻率最高之暴力行為樣態。例如收容人要求性行為、勒索錢財、詐欺、幫派成員之鬥毆等暴力行為皆屬之。

2. 收容人對管理人員之暴行：由於收容人係被管理者，因此發生之可能性甚高。例如，對管理人員施予脅迫、毆打等。

3. 管理人員對收容人之暴行：由於收容人之違法亂紀，甚或公然挑釁，少數管理人員在情緒失控下亦可能對該收容人施予暴行。

4. 管理人員對管理人員之暴行：管理人員間可能因為利益衝突而發生各種暴力行為。例如互相鬥毆，甚至教唆收容人動粗。

(三) 校園暴行

另一型態之暴行發生於校園，簡稱校園暴行。由於此項行為樣態在近年甫受關注，且其類型廣泛，故其概念或其操作性定義並不易界定。學者高金桂（1993）從法律之觀點指出，校園暴力係指發生於學校內之：1.學生與學生之間；2.學生與老師之間；3.校外侵入者與學校師生之間，所發生之侵害生命、身體法益之犯罪行為，及以強暴、脅迫或其他手段（如使用藥物），排除或抑壓被害人之抵抗能力與抵抗意願，以遂行特定不法意圖之犯罪行為。此項定義較為周延明確，可釐清其概念供參考。

發生於校園暴力行為之嚴重性在媒體及學者專家之揭露下，近年來漸受到教育與少年輔導工作者之關注。資料顯示在美國大約有近300萬件之暴力案件包括強暴、搶劫、傷害等案件發生於校園內（Weapons in Schools, 1989）。我國雖缺乏詳盡之校園暴力犯罪行為官方統計，惟2001年臺閩刑案統計卻顯示在少年犯之犯罪類型中，少年觸犯竊盜、恐嚇、傷害、強盜、毒品等案件卻占有相當之比率，頗值得吾人重視。此外，1999年3月起臺灣地區各大媒體相繼揭露臺灣各幫派染指國高中校園等，更突顯出國內校園暴行之嚴重性（蔡德輝、楊士隆，2002）。另被害調查亦有驚人之發現，例如陳麗欣（1992）稍早在「學生生活狀況與國中校園暴行被害經驗之關係」之調查研究中則發現，國中生在學校內被害之比率十分驚人，有53.2%曾被偷竊，四分之一曾被毆打，6.7%曾被勒索。而某國中輔導室就校內2,697位學生進行調查，赫然發現在校園內遭受欺凌經驗者高達40%，而其中向學校反映報告者只有50%左右（引自蔡德輝、楊士隆，2002）。在國中教師被害部分，研究發現其面臨學生之語言暴力為66.2%，家長之語言暴力為23.5%，肢體暴力為2.0%，整體被害經驗為69.8%（陳麗欣，2002）。凡此由上述官方統計及被害調查顯示出校園內的安全亮起紅燈，亟待重視。

第四節　暴力犯罪之後果與成本

暴力犯罪之發生，除對個人身體與財物造成極大傷害外，個人與社會各層面均將付出鉅額代價，分述如後：

一、身體傷害

犯罪被害者身體傷害係指因致傷物或致傷因素，導致身體組織結構的破壞或功能障礙，引起被害人身體傷害的犯罪類型主要有殺人、傷害、強姦、強盜搶奪及擄人勒贖等。而身體傷害除死亡外，一般可區分為以下四種類型：（Wallace, 1998: 74-75，引自張平吾、蔡田木，2001：16-17）

(一)**直接的身體傷害**：包括瘀傷、挫傷、撞傷、擦傷及骨折等，這些傷害對大多數人而言較容易治癒，後遺症也較不明顯。

(二)**外表看不見的傷害**：包括肌肉傷害、斷牙、失去手指及腳趾、膝蓋、手臂及腿部傷害、不良言行等。

(三)**較長時間的身體傷害**：如因被害而得到潛在的疾病，如得到HIV或AIDS等傳染病，導致失去生命，或完全改變生活方式。

(四)**永久且無法治癒的傷害**：包括被害人因而成為植物人、行動不便、失去手腳、毀容、喪失生育能力、喪失聽覺與視覺，及半身不遂等。

二、精神（心理）創傷

在心理創傷方面，不同犯罪被害類型與個人反映略有所出入，除被害恐懼感（Fear of Crime）更高外以性侵害犯罪被害為例，被害者極容易呈現憂鬱症（Depression）、社會恐懼症（Social Phobia）、憤怒、暗自哭泣、物質依賴等症狀（Resick & Nishith, 1997），以及形成創傷後壓力症候群（Post-Trauma Stress Disorder, PTSD）而呈現夢魘、沮喪、焦慮、害怕、無力感等症狀。

三、犯罪被害的有形與無形損失

根據美國立司法研究院（National Institute of Justice）所進行之研究，則估算犯罪被害有形之損失（如醫療照顧）及其他花費（如財務損失及生產力喪失等）為1,050億美元，即平均每位美國國民須約負擔400美金（Miller, Cohen, & Wiersema, 1996）。將許多長期與無形之成本如痛苦、責難、生活品質的降低等納入計算，則每年之犯罪被害損失達4,500億美元，平均每位美國人約有

1,800美元之損失（詳圖1-1）。此外，學者Simon與Eitzen（1990: 286）則另指出企業犯罪造成之損失每年達2,000億美元，而聯合壟斷價格（Price-fixing）則達600億美元，這些損失係無法估算的。而國內則因缺乏此類損失評估研究，故無法估算出前項有形與無形之被害損失。

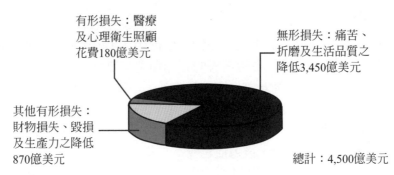

圖1-1　全美每年犯罪之損失

資料來源：Miller et al. (1996: 17).

　　另根據美國學者Farrell（1993）之暴力犯罪成本估算，全美財產性犯罪與暴力犯罪之直接與間接損失為4,250億美元，而對於12歲以上，單一年因為遭性侵害、強盜、傷害攻擊、縱火及謀殺終身之損失則約為1,780億美元，其中包括：（Miller et al., 1993: 195-197）

(一) 全部金錢損失：238億美元

　　1. 醫療：23億美元

　　2. 緊急服務：2億1,900萬美元

　　3. 生產力：206億美元

　　4. 行政：7億3,000萬美元

(二) 全部心理健康損失：766億美元

　　1. 心理健康服務醫療：72億美元

　　2. 心理健康心理健康：27億美元

　　3. 心理傷害之生活品質成本：668億美元

(三) 生活品質損失：779億美元

第五節 暴力犯罪之新近研究取向

近年來，各國犯罪日趨暴力血腥，引起各國政府與民眾高度關切，尤其瘋狂殺人、性侵害、強盜、搶奪、恐嚇、勒索及飆車暴力攻擊行為等持續發生，加深民眾被害恐懼感，使社會治安添加更多的變數，各國除集思廣益採行必要嚇阻措施，以消弭此類暴力事件外，犯罪防治學術研究社群亦紛紛投入研究，希冀提出標本兼治的建議，以舒緩暴力事件之發生。根據作者從事多項暴力行為專案研究之心得，並回顧新近研究文獻，發現目前暴力犯罪之研究有朝向下列發展趨向。

一、科際整合（Interdisciplinary）之研究取向

近年來，因單一研究領域之立場有所偏頗，未能充分掌握犯罪成因之複雜面向，故晚近犯罪研究逐漸有犯罪理論整合（Theoretical Interdisciplinary）之觀點，結合各領域學門專家以科際整合之團體研究取向，對各類暴力犯罪進行研究，希冀掌握暴力犯罪之複雜面向（參閱蔡德輝、楊士隆，2023）。美國犯罪學者Jeffery（1989）特別倡議科際整合策略之生物社會學習理論（Biosocial Learning Theory），強調犯罪行為有其遺傳與心理、生物層面因素，再與社會環境互動下，而衍生犯罪行為。在國內，周震歐（1988）稍早曾對林宗誠強盜集團進行科際整合之個案研究，分別邀集各學門專業對強盜嫌疑犯進行心理測驗與個案研究之各層面探討。前中央警察大學校長蔡德輝博士等（1998）亦特別強調少年犯罪研究之科際整合觀點，其曾邀集精神科醫師、心理學、諮商輔導、法學、社會工作與犯罪學學者等，從事行政院國家科學委員會「青少年暴力犯罪成因與矯正處遇對策」之專題研究，對少年暴力行為之成因有更全面性之瞭解，進而提出具體周延之防治建議。未來在增加整合型研究、減少單打獨鬥之情形下，暴力行為研究將有更豐碩之研究成果出現。

二、情境詮釋（Interpretation of Situation）之研究取向

在暴力行為成因之探索上，傳統實證主義（Positivism）學派學者曾分別從單一理論學派觀點、多重成因（Multiple Cause）及科際整合方向（Interdisciplinary Approach）之角度進行研究，以瞭解形成少年暴力犯罪之重要前置因素。

除此之外，晚近學者Athens（1997）則一反傳統研究主張——人類的行

為是被決定、促成的，而提出行為者積極、主動之詮釋性研究策略（Interpretive Approach），並指出暴力、殺人行為之衍生通常是「被置於一定的境況」（Situated），而為因應衝突境況，對情境解釋之結果，包括自我防衛詮釋（Physically Defensive Interpretation）、挫折詮釋（Frustrative Interpretation）、有害的詮釋（Malefic Interpretation）及挫折──有害之詮釋（Frustrative-Malefic Interpretation）等。根據楊曙銘（1999）對國內11名少年殺人犯之質性研究，證實少年殺人犯自我防衛與有害、邪惡的情境詮釋，及多數少年殺人犯認為如果不這樣做，就會沒面子或是被欺負，因此他所採取的是自我防衛，畢竟如果別人不先來打，他們也不會打起來；有時是對方先來挑釁的，例如對方口出穢言或是對方騎車故意來撞他們，因此必須採取暴力的手段來阻止對方。但此研究卻發現Athens之挫折解釋較少在這些少年殺人犯中呈現，少年殺人事件之發生多為臨時起意、意外或是在團體壓力下所促成。

由於詮釋性研究策略極具創新性，在接受更多之實驗檢驗後，預期將為國內暴力行為之研究注入嶄新活力。

三、被害者觀點（Victim Perspective）之研究取向

除上述研究趨向外，晚近另一支與傳統犯罪原因探索截然不同之研究取向為從被害者之觀點，探討被害者與加害者之互動、被害之特性與機會結構（Hindelang et al., 1978; Cohen & Felson, 1979）。此被害者觀點之研究，晚近在國內外均受到相當程度之重視，並有許多研究成果出現。例如許春金（1990）曾比較348名受害者與727名非受害者，並發現生活型態不以家庭為中心而以娛樂與享樂為中心者，最容易成為受害者，亦為被害研究之代表作。楊士隆、程敬閏（2002）則對高雄地區之搶奪犯罪被害人進行研究，發現夜間騎機車單獨外出的21歲至40歲女性最容易成為被害人。

四、基本人口特性、情境與空間環境之研究取向

在暴力行為之早期相關研究，許多研究聚焦於暴力犯之種族與社經地位等基本人口特性因素，但學者Felson與Steadman（1983）之研究卻也進一步指出情境互動之關鍵影響，馬里蘭大學Sherman等教授（1989），則更提出暴力行為發生之空間環境因素差異。

鑑於許多暴力行為衍自於個人基本人口特性（Demographic）、情境（Situational）及空間要素（Spatial Elements）之交互影響，美國暴力行為預防與控

制委員會（National Research Council, 1993）因此建議應著重於此三研究取向之整合研究，以充分瞭解其聚合之關鍵影響，以減少暴力行為之發生。

五、憎恨（Hate）與偏見（Bias）導引暴力行為之研究取向

近年來，憎恨性犯罪暴力行為之研究日益受到重視。憎恨性暴行又稱偏見導引之暴行（Bias Motivated Violence），係指「植基種族、膚色、宗教、少數民族、性別、障礙、性向或民族血統之偏見，而以恐嚇、侵擾、肢體之暴力或威脅之手段，對特定之人員、財物、家庭或其支持者攻擊之行為」（Hate Crime Sentencing Enhancement Act, 1994）。此類暴力行為極容易由青少年（14-24歲）個人或團體所觸犯，以尋求刺激或莫名之報復（Levin & McDevitt, 1993）。其中以較具組織性之憎恨團體觸犯最嚴重之罪刑，如殺人等。較顯著之案例為發生於美國科羅拉多州丹佛市拜倫中學之風衣黑手黨成員2名，因對特定族群之歧視（如：運動明星、黑人、南美裔），而衍生瘋狂殺人行為，造成數十人傷亡，引起全美震撼。此類憎恨性暴力行為夾雜偏見、憎恨與恐怖，故為晚近行政部門所重視，為目前學術社群熱門之研究主題之一。

六、縱貫型追蹤研究（Longitudinal Studies）

在暴力犯罪之研究上，晚近亦強調取代橫斷面之研究，而以縱貫型追蹤研究代之，以期深入瞭解暴力行為之肇始、持續與發展情形（Farrington, 1992; Wolfgang et al., 1987）。例如美國賓州大學Wolfgang等（1972）曾對1945年出生之9,945名青少年追蹤至18歲止，統計發現占所有樣本數6%，累犯五次以上之所謂「慢性犯罪者」（Chronic Offender），或稱「核心犯罪者」（Hardcore Criminal）卻觸犯51.9%之所有罪行。此外，Wolfgang等人（1987）在追蹤原來樣本之10%至30歲為止（總計974位），發現成年後之「持續性犯罪者」（Persistent Offender）有70%來自原來的少年慢性犯罪者；少年時期無犯罪紀錄者，成年後只有18%的犯罪可能性；少年犯有80%的可能性成為成年犯；並有50%可能於成年後被逮捕4次至5次；「慢性少年犯罪者」的犯行占全部逮捕次數之74%和嚴重暴力罪行（如殺人、強姦、搶劫）的82%。其研究明確指出「慢性少年犯罪者」長大後大多仍持續其犯行，同時犯罪的嚴重性也隨著年齡的成長而大增。

綜合言之，有關暴力行為之研究取向（Orientation）或趨向（Trend），本章無法窮盡臚列，僅能就國內外最近研究較常出現者予以摘要介紹。在犯罪學

浩瀚之研究領域中，有關暴力行為之成因仍待各研究領域學者進一步研究，其中臨床心理學者、生物學者、精神醫學者及醫學專家積極投入研究，將使暴力行為之研究成果更形精確與豐碩。而社會、經濟、文化人類學等學者之參與，則有助於揭開暴力行為之各項鉅視因素，使得研究視野更形寬廣，不拘泥於微觀層面之分析。此外，近年研究縱貫型追蹤研究之進行，使得研究成果更為豐碩，更具防治意涵。

參考書目

一、中文部分（依筆畫順序）

內政部警政署刑事警察局（2018）。臺閩刑案統計。內政部警政署刑事警察局編印。

周震歐（1988）。林宗誠強盜集團之個案研究。臺北市政府研考會專題研究計畫。

林山田（1988）。刑法特論。三民書局。

林山田（1990）。論政治犯罪。刑事法雜誌，第34卷第3期。

法務部（2023）。犯罪狀況及其分析。法務部。

法務部、內政部警政署刑事警察局（2001）。臺灣地區犯罪被害經驗調查。

高金桂（2002）。青少年暴力犯罪刑事政策之探討。載於蔡德輝、楊士隆（主編），青少年暴力行為：原因、型態與對策。五南圖書。

高金桂、謝文彥（1996）。高危險群暴力傾向學生輔導手冊。教育部印行。

張平吾、蔡田木（2001）。犯罪被害統計與被害成本評估指標之探討。中央警察大學學報，第38期。

許春金（2000）。犯罪學。三民書局。

陳若璋（1993）。家庭暴力——防治與輔導手冊。張老師出版社。

陳麗欣（1992）。學生生活狀況與國中校園暴行被害經驗之關係。中等學校行政研討會。

陳麗欣（2002）。國中校園學生與教師被害之問題與防治對策。載於蔡德輝、楊士隆主編，青少年暴力行為：原因型態與對策。五南圖書。

彭淑華、張英陣、韋淑娟等合譯（1999）。家庭暴力。洪葉文化。

楊士隆（1998）。台灣地區殺人犯罪之實證研究。行政院國科會專題研究計畫。

楊士隆、程敬閏（2002）。搶奪犯罪被害者之研究。發表於21世紀亞太地區暴力犯罪問題與對策研討會，國立中正大學犯罪防治研究所主辦。

楊士隆、樓文達、鄭瑞隆（2014）。全國民眾犯罪被害暨政府維護治安施政滿意度調查。國立中正大學犯罪研究中心。

楊曙銘（1999）。少年殺人之研究。國立中正大學犯罪防治研究所碩士論文。

廖鳳池（1996）。攻擊行為的衡鑑方法與輔導策略。測驗與輔導，第136期，頁2808-

2812。

蔡德輝、楊士隆主編（2002）。青少年暴力行為：原因、類型與對策。五南圖書。

蔡德輝、楊士隆（2023）。犯罪學。五南圖書。

蔡德輝、楊士隆等（1998）。青少年暴力犯罪成因與矯正處遇對策之研究（Ⅰ）。行政院國家科學研究委員會專題研究計畫（NSC87-2418-H-194-008-Q8）。

二、外文部分（依字母順序）

Athens, L. (1997). Violent criminal acts and actors revisited. University of Illinois Press.

Bowker, L. H. (1980). Prison victimization. Elsevier.

Brown, S. E., Finn-Ages, E., & Geis, G. (1991). Criminology: Explaining crime and its context. Anderson.

Chambliss, W. J. (1989). State organized crime. Criminology, 27: 193-208.

Cohen, L. E. & Felson, M. (1979). Social change and crime rate trends: A routine activity approach. American Sociological Review, 44: 588-608.

Englander, E. K. (1997). Understanding violence. Lawrence Erlbaum Associates Publishers.

Farrell, C. (1993). The economics of crime. Business Week, December 13: 72-80.

Farrington, D. (1992). The development of offending and antisocial behavior from childhood to adulthood. Paper presented at the Congress on rethinking Delinquency, University of Minho, Braga, Portugal, July.

Felson, R. B. & Steadman, H. J. (1983). Situational factors in disputes leading to criminal violence. Criminology, 21(1): 59-74.

Fox, J. A. & Levin, J. (1991). Mass murder. Plenum Press.

Garofalo, J. (1999). Hate crime victimization in the United States.

Hate Crime Sentencing Enhancement Act (1994). U.S.A.

Hess, K. & Wrobleski, H. M. (1996). Introduction to private security (4th ed.). West Publishing Company.

Hindelang, M. J., Gottfredson, M. R., & Garofalo, J. (1978). Victims of personal crime: An empirical foundation for a theory of personal victimization. Ballinger Publishing Company.

Holmes, R. M. & De Burger, J. (1988). Serial murder. Sage Publications.

Jeffery, C. R. (1989). An interdisciplinary theory of criminal behavior. In L. Williams & F. Adler (Eds.), Advances in criminological theory (pp. 69-87). Transaction Publishers.

Kaufer, S. & Mattman, J. W. (2000). Workplace violence: An employer guide. Workplace Violence Research Institute.

Levin, J. & McDevitt, J. (1993). Hate crimes: The rising tide of bigotry and bloodshed. Springer.

Miller, T. R., Cohen, M. A., & Rossman, S. B. (1993). Victim costs of violent crime and resulting inures. Health Affair, 12(4): 195-197.

Miller, T., Cohen, M. A., & Wiersema, B. (1996). Victim costs and consequences: A new look. U.S. Department of Justice, National Institute of Justice Research Report.

National Research Council (1993). Understanding and preventing violence. National Academy Press.

Pacific Center for Violence Prevention (1996). http://www.pcvp.org/pcvp/violence/facts/viol-cst2.shtml

Sherman, L. W., Gartin, P. R., & Buerger, M. E. (1989). Hot spots of predatory crime: Routine activities and the criminology of place. Criminology, 27: 27-55.

Simon, D. R. & Eitzen, D. S. (1990). Elite deviance (3rd ed.). Allyn and Bacon.

Wallace (1998). Victimology. Allyn, Bacon and Boston.

Wolfgang, M., E., Figlio, R., & Sellin, T. (1972). Delinquency in a birth cohort. University of Chicago.

Wolfgang, M. E., Thornberry, T. P., & Figlio, R. M. (1978). From boy to man. From delinquency to Crime. University of Chicago Press.

第二篇

暴力犯罪之成因與相關因素

第二章　暴力犯罪之個體因素

鄭添成

前　言

　　暴力行為的研究範圍，可大致區分為四個層次（圖2-1）來解釋，分別為生物層次（Biological）、個體層次（Individual）、社會微觀層次（Micro Social）及社會鉅觀層次（Macro Social）。其中暴力行為的生物層次主要探討生理或病理議題，如腦損傷、心理異常、衝動控制、過動症等；個體層次則探討高等認知功能及人際互動議題，如人際溝通技巧、情緒智商、閱讀技巧、問題解決技巧等；社會微觀層次探討諸如犯罪行為、家庭暴力、幫派暴力、物質濫用、武器使用效果、失業、兒童虐待、親子間虐待等議題；社會鉅觀層次則在瞭解諸如貧窮、種族及媒體影響等社會結構性的問題。以此結構分類法，本章

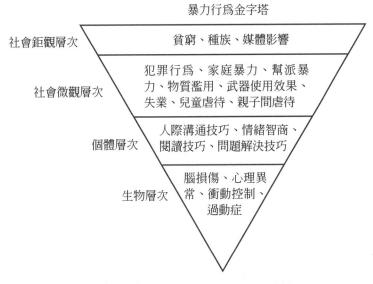

圖2-1　暴力行為研究的金字塔型結構

資料來源：The Violence and Brain Injury Institute (2003).

討論範圍包括生物層次及個體層次，相較於傳統偏重社會層次探討之犯罪學研究，相信本章迥然不同的研究觀點，將讓讀者瞭解犯罪學不只是犯罪學，而是一門「犯罪科學」。

第一節　暴力行為的生物層次解釋

　　暴力行為的生物層次解釋通常有下列切入點：本能、勢力範圍或體型大小、染色體異常、荷爾蒙變化或對於生物化學因素之介入等，這些觀點在解釋暴力之嘗試上已有長久之歷史（吳建昌，2004）。在1960年代，經由Lorenz（1966）、Ardrey（1961, 1966）等學者之推廣，此種觀點變得更為普遍。然而，犯罪生物學研究最常招致的批評，包括將動物研究之成果類推適用到人類身上之方法是否適當，此以來自自由主義者、人本主義者、人類學及其他觀點之質疑為甚；再者，在解釋暴力行為時，若單純使用生物學理論來解釋，或者套用其他動物研究所得之資料，必然捉襟見肘。暴力犯罪行為的瞭解，必須由微觀至鉅觀、並由各相關領域加以整合解釋方為恰當，這是我們在探討犯罪生物學之前，所需具備的基礎認識。

一、大腦功能解剖與暴力行為之關聯

　　在腦功能與犯罪傾向的關聯中，研究發現並沒有特定的大腦部位損害會導致特定的犯罪類型發生，而是部位間彼此交互影響，實際上都是多種不同的損害導致多重的犯罪傾向。中樞神經系統主要是由大腦和脊髓組成，而其中和暴力最有相關性者為大腦皮質，大腦皮質可分為兩大半球，每個半球各有額葉（Frontal Lobe）、顳葉（Temporal Lobe）、頂葉（Parietal Lobe）及枕葉（Occipital Lobe）四個部分；而研究暴力行為者皆將焦點集中於額葉及顳葉，因該大腦部位和目標取向之行為、衝動及情緒較有關係；額葉功能受到干擾時，最常見者是神經心理功能之表現下降，而顳葉主要和情緒表現之行為較有關係。最近之先進研究皆採用腦部造影技術，如腦波電位記錄儀（Electro Encephalon Graphic, EEG）、電腦斷層掃瞄（Computerized Tomography, CT）、核磁共振造影（Magnetic Resonance Imaging, MRI）、功能性磁振造影（Functional Magnetic Resonance Imaging, fMRI）、單光子射出電腦斷層掃瞄（Single Photon Emission CT, SPECT）及正電子發射斷層掃瞄（Positron Emission Tomography,

PET）等方法，來偵測大腦結構上及功能上之障礙。

　　大部分之學者皆同意，累犯者之腦波（EEG）常常有異常現象，然而心理病態（Psychopathy）與腦波異常之關係則較不明顯（Raine, 1993）。其實腦波異常及腦部誘發電位（Evoked Potential）之異常，可能表示如下數種之意義，包括：中樞神經系統不穩、受刺激度不足或皮質下層癲癇等；因此將不同之腦波異常放在一起討論並不適宜。在精神醫學研究中，P300反應波乃客觀測量人類訊息處理能力之利器，在各種精神病患者皆發現有明顯之變異現象，此外，依據Barratt等人（1997）之研究，發覺反社會人格者其衝動性、言語技巧與P300反應波之振幅有明顯相關性，另外依據Bauer等人（1994）研究，反社會人格者之額葉P300反應波之振幅有明顯下降現象。

　　對於犯罪人暴力行為與其腦部構造、功能運作關聯之研究，無論是在國內外皆屬新興領域，國外目前對此類議題討論熱烈，相關研究亦蓬勃發展，惟代表性之研究尚屈指可數。部分回顧性分析研究，在此研究領域蔚為風潮前即指出了未來的研究方向，包括：一、暴力犯之腦部檢查結果及影像分析，發現其大腦具有額葉或顳葉缺陷的情形（Raine, 1993）；二、歸納多數的臨床觀察，如以MRI及CT為工具，進行腦部結構性檢驗，發現暴力犯的顳葉是有損傷的；另如以SPECT及PET為工具，進行腦部功能性檢驗，則發現暴力犯的顳葉及額葉是有功能缺陷的。

　　以下節錄部分有關暴力犯大腦結構及功能運作之代表性研究，簡要說明如下：

　　(一)Volkow等人在1995年利用PET對8位具暴力病史的精神病患做檢查，發現其大腦顳葉和前額葉之葡萄糖代謝程度較一般人低。

　　(二)Kuruoglu等人在1996年利用SPECT對15位具反社會人格之酒癮患者做檢查，發現其大腦額葉之RCBF（Regional Cerebral Blood Flow；局部腦血流）明顯較其他實驗組別少，其他實驗組別包括4位酒癮合併人格疾患組及10位無酒癮之控制組。

　　(三)Seidenwurm等人在1997年利用PET對7位暴力殺人犯，其中6位曾經做法醫學鑑定，這7位暴力犯皆因被疑有器質性腦疾而被安排做檢查，結果發現其大腦顳葉中區之葡萄糖代謝明顯較常人少。

　　(四)Intrator等人在1997年利用SPECT對8位具藥癮的心理病態人格患者（Psychopath）做檢查，並建立9位非心理病態人格患者的對照組，結果發現在進行情緒單字作業過程中，其RCBF在大腦二側的額葉、顳葉間區域明顯增

加。

(五)Raine等人在1997年利用PET對41位殺人犯（6位具思覺失調症）做檢查，結果發現在進行心理操作作業時，其前額葉之葡萄糖代謝較一般人低，次皮質（Subcortical）和白質（White-matter）也有功能缺陷的狀況。

(六)Raine等人在1998年進一步研究發現，殺人犯普遍缺乏心理剝奪（Psychological Deprivation）感受，例如無法瞭解極端貧窮、家庭破產的狀況，無法感受兒童虐待案件被害人的痛苦，及家族承傳之犯罪惡性等，而此或許正是其大腦前額葉的功能缺陷所致。Raine等人在回顧研究更認為：額葉功能受損時可能有暴力行為，而顳葉受損時則容易有性侵害行為；而合併性侵害及暴力者，其額葉及顳葉可能皆有受損現象。

上述研究間具有邏輯順序性，也就是說，每一個研究都是為了確認前一個研究的發現或彌補其不足而發展。上述六個研究中，僅有一個研究發現顯示實驗組的腦部功能運作較控制組為多，其餘五個研究發現則均指向研究對象的腦部功能運作短少，特別是在其大腦顳葉以及額葉的區域。

由近年來主要先驅研究之成果可以發現，暴力犯罪人其腦部構造與功能運作似乎有異於非暴力犯。儘管並非全部的研究皆能提供直接可觀察的生理證據，證明暴力行為與大腦左半球缺陷有關，但有些學者依然指出暴力犯罪人及具有反社會行為的病患，其暴力行為是導因於大腦左半球的功能障礙（Moffitt, 1990; Pine et al., 1997; Raine, 1993; Volavka et al., 1997）。惟另有些學者（Hucker et al., 1988）則指出，暴力犯是導因於大腦右半球的功能障礙，他們利用CT檢測發現暴力性侵害結合犯較有可能產生大腦右顳葉角質擴大的情形（41%），其發生率較無暴力性侵害犯（11%）及控制組（13%）明顯高出許多。使用EEG檢測殺人犯則發現其無論是在振幅（Amplitude）、連續性（Coherence）及位相（Phase）上之臨床表現，其大腦右顳葉較大腦左半球均顯示更多異常（Evans, 1997）。神經心理學上的發現也顯示具有心理病態人格特質的犯罪人，其腦部功能運作似乎較少倚賴右半球情緒處理功能，而較常倚賴左半球的語言處理功能（Day & Wong, 1996）。再者，另有研究（Gale, 1990）以認知作業實驗刺激思覺失調症患者之大腦右半球，發現其原有之身體與口語之暴力行為均明顯減少，而若以實驗刺激其大腦左半球，則對其暴力行為毫無影響。越來越多的證據似乎指向暴力行為之展現與大腦右半球之功能運作不足有關。

SPECT是觀察腦部血流量的利器，藉由血流量的分布情形，可以得知腦神

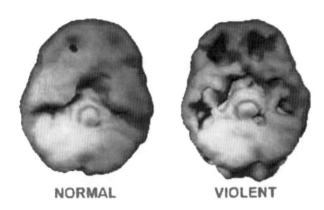

NORMAL　　　　　　VIOLENT

圖2-2　正常人腦部（Normal／左）與暴力犯腦部（Violent／右）的SPECT影像

資料來源：Institute of Science, Technology and Public Policy (n.d.).

經的活動程度，繼而推知腦部功能運作狀況。在圖2-2中，左邊是正常人的腦部造影，右邊是暴力犯的腦部造影，利用SPECT發現，右邊暴力犯的腦看起來好像有「洞」一般，事實上那些顏色較深的區域並不是洞，而是血液流量較少或是有障礙的區域。此外，額葉部分掌管人類衝動性、攻擊性與暴力行為，暴力犯的額葉部分顏色尤深，更顯示其衝動控制（Impulsive Control）、決策判斷（Decision Making）、學習能力（Learning Ability）、道德理解（Moral Reasoning）及情緒穩定度（Emotional Stability）有所缺陷。

　　再者，PET可藉由觀察腦部細胞代謝活動情形來推知腦部功能運作狀況。在圖2-3中，最左邊是正常人的腦部造影，中間是殺人犯（幼年曾受虐／心理社會環境受剝奪）的腦部造影，右邊則是殺人犯（幼年無受虐／心理社會環境未受剝奪）的腦部造影。由圖2-2可以發現，與正常人相較，暴力犯（尤其是右邊那位）的腦部代謝活動明顯偏低。

　　此外，MRI及fMRI是近年相當盛行之醫學影像工具，其原理是將人體置於強力磁場中，透過RF無線電波射頻激發人體內水、脂肪中的氫原子，使其產生共振，進而產生不同強度的信號所製造出的影像，來瞭解病變的解剖位置及性質。MRI及fMRI由於其準確、安全、不具侵入性、無輻射線、對人體沒有輻射傷害的特性，可快速擷取高解析、高對比影像，是目前最先進、安全而被廣泛運用的醫學影像檢查方法之一。然而，MRI及fMRI由於設備體積龐大且價格不斐，難以攜帶至矯正機關對犯罪人進行研究，僅能透過自願性個案至設備

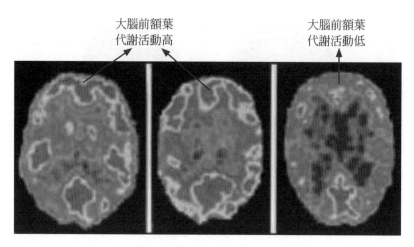

圖2-3　正常人的腦部與暴力犯之腦部（PET）

資料來源：Sabbatini (n.d.).

所在地接受檢測，因此利用MRI及fMRI進行犯罪人大腦造影之研究數量往往屈指可數，個案人數亦較爲有限，是此類研究之限制。

　　然而，臺灣仍有少數本土性實證研究，透過MRI及fMRI來檢測犯罪人腦部之結構及功能，藉以探索犯罪人的神經功能表現與認知行爲之關連性。周銘鐘、鄭添成、楊品珍、林瑞欽與吳銘庭（Chou et al., 2022）結合心理評估、MRI、DTI（Diffusion Tensor Imaging，擴散張量影像）技術，比較了情感性暴力犯罪者（VA）、掠奪性暴力犯罪者（VP）、非暴力／一般犯罪者（NV）和非犯罪者（Control）等4組受試者間的大腦結構和心理特質差異。該研究對象包括20名男性犯罪人（7名VP、6名VA和7名NV），以及20名年齡相對應的健康、無犯罪紀錄男性。結果發現，在MRI大腦影像組間比較，VP組和NV組在矩狀迴（Rectus Gyrus）和顳上顳迴（Superior Temporal Gyrus）的大腦白質（White Matter, WM）和灰質（Gray Matter, GM）組織中均存在顯著變化。此外，VP組在右中央額葉（Right Middle Frontal Gyrus）的GM體積上超過了VA組，而NV組在雙側丘腦（Bilateral Thalamus）的GM體積上超過了VP組。研究結論表明，VA、VP和NV組在涉及情緒和認知的大腦區域，其GM和WM組織變化程度明顯有所差異。

　　如上所述，暴力行爲的個體已被不少先驅研究證明在大腦結構和功能上存在異常（Yang & Raine, 2009; Fabian, 2010; Bufkin & Luttrell, 2005; Lamsma et al., 2017）。許多研究亦顯示反社會個體的大腦存在結構和功能異常，一些假設提出了反社會行為與特定腦區缺陷之間的關連性，例如前額葉皮質、顳葉皮質、島葉、杏仁核、海馬迴、副海馬迴、前扣帶迴和後扣帶迴（Blair, 2001; Kiehl, 2006; Raine & Yang, 2006）。在這些腦部區域中，前額葉皮質（Prefrontal Cortex）被認為是決定這些攻擊性個體的暴力和反社會行為最關鍵的大腦結構（Davidson, 1984; Putnam & Larson, 2000; Raine & Buchsbaum, 1996）。Yang與Raine（2009）蒐集了43篇研究報告（包括共789名反社會實驗組個案和473名對照組個案）進行統合分析（Meta-analysis），研究結果指出，反社會個體的前額葉結構和功能表現明顯減少。這些研究發現確認了反社會個體母群中前額葉結構和功能受損的可重複驗證性，並強調了眶額皮質葉（Orbitofrontal Cortex）、背外側額葉（Dorsolateral Frontal Cortex）和前扣帶迴（Anterior Cingulate Cortex）在反社會行為中扮演了重要角色。

　　另有些研究則強調探討個體腦損傷與社會行為之關係，Mednick發現在丹麥之兒童中，有腦損傷者其日後在青少年時期發生暴力行為者較多；Lewis及其同事發現有犯罪行為之父母，其兒女有出現較多病痛之情形，其認為此種兒童日後容易有非行行為多數是合併長期之肉體及心理虐待或忽略之結果，而非先天基因所導致。學者Raine指出，腦損傷與將來之犯罪行為之關聯，可能藉由下列機制建立：腦損傷增加對於酒精之敏感度；腦損傷降低認知與社交技巧；腦損傷導致頭痛、易怒、促使暴烈行為之產生；腦部額葉、顳葉受傷，增加焦慮、憤怒及敵意。學者Mednick與Kendal研究丹麥兒童族群，將其懷孕中之併發症及生產時之併發症與其成年時之犯罪紀錄相比，結果發現生產時之併發症與其成年時之犯罪紀錄有顯著相關性。其後研究亦發現，生產時有併發症者或其父母有精神疾病，其暴力犯罪之比例較高（Brenann, 1993）。

　　面對大腦科學的進展，假使可以找出反社會行為對應於大腦模組上的缺失，或許我們應該開始研究如何啟動或關閉這些模組。頭殼磁場刺激（Transcranial Magnetic Stimulation, TMS）技術，用強大磁場去刺激或抑制大腦某一區的活動。部分研究發現，這種技術可以減輕憂鬱症的症狀，例如美國神經症與中風研究院（National Institute of Neurological Disorders and Strokes）已經在強迫症（Obsessive-compulsive Disorder, OCD）、創傷後壓力症候群（Post-traumatic Stress Disorder, PTSD）和躁症的病人身上進行試驗。而對於狂怒、心理病態、暴力行為的研究也顯示，此類病患應可接受同樣的治療（洪蘭，2002）。未來部分病人如能以這種干預措施來改變其心智，或可使其在進入監

獄之前予以轉向，除可根絕自由刑之弊端外，更間接紓緩了監獄擁擠之問題。

二、神經傳導物質與暴力行為之關聯

(一) 神經傳導物質

　　神經傳導物質是一種化學物質，可作為神經傳導電流脈衝及處理資訊之物質。因此所有之行為包括犯罪行為，皆有神經傳導物質在底下運作著。有許多研究曾探討神經傳導物質與反社會行為之關係，大部分皆是1980年以後所發表者。在目前所知的50餘種神經傳導物質中，有四種是經過研究證實與暴力攻擊行為有關，它們分別是：多巴胺（Dopamine）、正腎上腺素（Norepinephrine, NE）、血清張素（Serotonin; 5-HT，代謝產物為5-HIAA）及伽馬氨基丁酸（GABA），在目前可暫時性地結論與個體反社會行為有關，亦是將來在生物學與犯罪學之研究中可能突破之處。

　　在神經功能學上，多巴胺屬於中樞神經興奮劑，與古柯鹼（Cocaine）、安非他命（Amphetamine）等心理藥物相同，均會在腦中激發愉悅感（Pleasure）和正向回饋（Reward）。從動物實驗發現，暴力行為的出現常伴隨腦部多巴胺的大量濃度改變，雖然目前尚無人體實驗加以證實，但一般均相信，多巴胺對動物的攻擊行為具有增強效果（Reiss, 1993）。此外，長久以來正腎上腺素對於個體面對衝突情境時是選擇攻擊或逃走（Fight or Flight）一直扮演重要的角色，近來研究發現，正腎上腺素與個體的高度激起狀態（Arousal）有所牽連，其在腦部的作用區域亦已被標明；在臨床上，含有正腎上腺素的心理藥物已被用來控制精神病患的暴力行為。再者，血清張素一直是暴力行為的熱門研究對象，其生成、代謝和作用方式均被大量研究。血清張素在人體中扮演抑制劑的角色，諸如用餐、渴望、沮喪、痛覺、攻擊行為或強迫行為等，血清張素擔任抑制或減低行為強度的角色。經動物及人體實驗證實，低濃度之血清張素與暴力和攻擊行為有直接關聯。同樣地，增加血清張素之藥劑在臨床上亦被使用來降低人類之攻擊行為與焦慮狀態。最後，伽馬氨基丁酸長久以來被認為是一種攻擊行為之抑制劑，新近研究發現伽馬氨基丁酸在許多腦部區域的活動有其抑制效果，惟尚未予以具體標示。伽馬氨基丁酸在腦部的作用區域發現與酒精的作用區域相同，因此含有伽馬氨基丁酸之心理藥物常被用來治療與酒精有關之暴力行為。

　　學者Raine等人（1993）曾針對神經傳導物質與反社會行為關係之研究進行統合分析，發現在眾多的研究中皆顯示有反社會行為之人，其血清張素濃度

較一般人低；而在多巴胺及正腎上腺素之濃度研究上，則無法得出上述兩群人有顯著差異之結論。但是當研究僅注重於直接測量神經傳導物質之功能時，則可得出正腎上腺素與反社會行為有相關性，因此，Raine等人認為因酒精濫用或成癮對於神經傳導物質之濃度亦會產生影響，故需要將酒精濫用或成癮此一因素加以控制，以避免混淆之現象發生。

另外，學者Fishbein（1990）嘗試從血液樣本中之DNA來檢測神經傳導物質與反社會行為之關係，結果發現在暴力行為者及某些藥物濫用者身上之血清張素及多巴胺基因有缺陷，而這些基因缺陷可能導致過度及強迫行為，而與暴力發生關係。研究者認為，這些基因缺陷將改變腦部對於藥物濫用及其他刺激如攻擊感受性，以致於這些有基因缺陷之人必須藉這藥物或進行攻擊來緩和或刺激失衡的腦部。也就是說，這些人可以從使用藥物或反社會行為得到「神經學上的愉悅感」（Neurological High）（吳建昌，2004）。

雖然神經傳導物質之濃度是由基因來決定的，但是我們可藉著由藥物來調節之，例如鋰鹽（針對血清張素）、血壓平（針對正腎上腺素）和其他之抗精神病藥物（針對多巴胺）皆是。這些藥物是否真正降低反社會之行為，目前研究結果不一，但仍值得注意（吳建昌，2004）。神經傳導物質也可因環境之變化而受影響，例如飲食之變化將明顯地影響血清張素、正腎上腺素及多巴胺濃度，而此將可用於減少暴力或反社會行為之傾向。除此之外，居住於極度壓力之環境下（例如都市中心），將會降低血清張素濃度，而增加暴力或反社會之可能性（Raine, 1993）。美國監獄裡常以鋰鹽和 β 受體阻滯藥（Beta Blocker，原用來治療高血壓和心臟病）來降低囚犯的暴力行為，並獲得相當不錯的效果，由此可見「大腦─化學物質─暴力行為」的連結是存在的，而類似的藥物應用在具有暴力傾向的孩童身上，也獲得同樣的成效（Wright, 2002）。

(二) 物質濫用

酒精與藥物等物質濫用和暴力行為之間之關係非常多樣，包括生物學的、心理學的、社會學的、文化的和經濟的各方面皆有可能。以下分就酒精與藥物對暴力行為的影響簡述之：

1. 酒精：分析研究指出，大部分衝動性的暴力犯都結合有酗酒的情形。若純就生物學因子來探討，酒精在低劑量時將導致增加攻擊性行為，在高劑量時則降低攻擊性行為；有人認為這是因為酒精在低劑量時之去抑制效果（Dis-inhibiting Effect），然而此說法之支持證據亦不充分；也有人說，飲酒之後暑

固酮濃度上升，然而此種說法之支持證據亦不充分；其他的說法包括飲酒造成血清張素濃度下降之證據亦不足；也有人說酒精與暴力間之關聯性，具有遺傳基因基礎，然仍缺乏證據。血清張素的研究則發現，酒精剛進入人體時，體內血清張素的濃度會增加，此時人會覺得有些微醺、飄飄然，但當陶醉感漸漸退除，血清張素的濃度就開始下降，造成該個體開始發脾氣，然後產生暴力行為。

2. 藥物：與暴力有關之藥物包括鴉片類、安非他命、古柯鹼及幻覺劑等。鴉片類藥物之短期使用可降低攻擊和暴力行為，但在長期使用時期將增加暴力行為之可能性，尤其在戒斷狀態時更明顯；長期之使用安非他命將增加暴力行為之機會，但似乎只有在原本有暴力傾向之人身上較為明顯。PCP（天使塵）當長期使用時，將增加暴力行為之機會；而LSD（麥角酸二乙醯胺）將增加已有暴力傾向者之暴力行為；再者，安非他命（Amphetamine）及MDMA（搖頭丸）亦皆已證實易引發服用者之暴力攻擊行為。

此外，研究發現（Amen, 2002）長期服用酒精或成癮性藥物將造成腦部局部血流量減少。在圖2-4中，左半部是正常人的腦部造影；在右半部，左上角為吸食海洛因（Heroin）二十年毒犯的腦，右上角為吸食可待因（Cocaine）二年毒犯的腦，左下角為吸食大麻（Marijuana）一至二年毒犯的腦，左下角為

物質濫用者的腦部

正常人的腦部

20年海洛因使用病史　　2年古柯鹼使用病史

1-2年大麻使用病史　　25年酒精使用病史

圖2-4　正常人的腦部與物質濫用者之腦部造影（SPECT）

資料來源：Institute of Science, Technology and Public Policy (n. d.).

酗酒（Alcohol）二十五年酒癮患者的腦。由左右二半部的比較，可以清楚發現服用酒精或成癮性藥物時間越久，所造成的腦部功能障礙面積（黑色洞狀區域）越大。

三、酵素與暴力行為之關聯（※部分摘錄自吳建昌，2004）

在人體中，某些神經傳導物質擔任了化學反應催化劑或抑制劑的角色，這些被稱之為「酵素」（Enzyme）的物質根據一些新進研究，也發現與人類的暴力行為有極大的關聯。

美國精神醫學會理事長Andreasen指出，許多的行為病變是導因於神經傳導物質的不平衡。如果把老鼠體內製造單胺氧化酶（MAO-A）的基因剔除，則這隻老鼠會變得異常凶猛；如果將二隻這種基因剔除的老鼠關在一起，牠們會撕咬不休，直到無皮無毛、遍體鱗傷為止；而如果將MAO-A打入老鼠體內，約二十分鐘後，原來糾纏不清的老鼠便回到自己的角落躲藏。MAO-A的缺乏會使老鼠大腦中的血清張素和正腎上腺素大量增加，而這種神經傳導物質，由現今醫學的研究已知與我們的記憶、學習、情緒都有關係。研究發現，人體內MAO-A的濃度會隨著年齡增長而增加，因此隨著年紀的增加，個體會變得較為冷靜。或許，這結果正與Gottfredson與Hirschi（1983）所提出的「年齡—犯罪曲線」（Age-crime Curve）相互呼應。同時，在整個哺乳動物界中，雌性的MAO-A濃度或血清張素濃度均較雄性高（男性血清張素濃度僅為女性的52%），亦可為女性對於衝動行為具有較佳自制力提出解釋（Moir, 1999）。

再者，基因學家發現，假如剔除某一條負責製造神經傳導物質一氧化氮（NO）的基因，那麼老鼠將變得殘暴無比。這種缺乏一氧化氮老鼠的行為，和一般老鼠的行為模式有所不同。這種老鼠互相攻擊時，通常會將對方殺死，而不會擺出低姿態求饒以結束爭鬥。此外，母老鼠若沒有交配慾望，通常不必花費太大力氣便能趕走發情的公鼠；然而如遇到缺乏一氧化氮的公鼠，卻會被無情地侵害（Nature, 1995）。一氧化氮在人體內是普遍存在的一種神經傳導物質，影響人體包括血壓、記憶、勃起等各種功能的正常運作。一氧化氮短缺與暴力行為之間的關聯，預計將取代血清張素，成為未來研究的熱門焦點。

此外，長期的、嚴重的壓力將會造成神經生理活動的失衡，這可在二項指標中顯現出來：(一)生化指標：壓力會造成皮質醇（Cortisol）荷爾蒙的濃度上升，以及血清張素的抑制分泌；(二)電生理指標：壓力會造成腦部電生理出

現不連貫的反應模式。這二個指標目前被用來評估與預測反社會行為（Amen, 2003）。

在研究暴力行為上，另一個研究的重心則是睪固酮（Testosterone）在人體內之濃度，包括了男性、女性及兩性間睪固酮之比較等。睪固酮乃男性荷爾蒙之主要成分，然而，睪固酮除了主要是在男性睪丸製造，在女性的卵巢及腎上腺也有製造，其主要是作為決定性或女性第一性徵之因子，而男性體內之濃度高於女性。除此之外，身高及肌肉發達程度也和睪固酮有關。在某些動物學研究中，發現睪固酮和攻擊傾向有關，然其作用方式並不單純；例如，有雌性在場時，攻擊主要是由雄性發動。在某些動物研究發現，在更容易接近雌性和食物之場合，或者在領域侵犯方面得到更大保障時，雄性動物之睪固酮濃度將快速上升。除此之外，在爭奪領導權鬥爭中獲勝時，睪固酮濃度將上升，而失敗時則反之。對於人類而言，睪固酮濃度在人類青春期時大量上升，在性興奮時亦然；然而，睪固酮濃度在某些其他場合亦會上升，例如運動競賽勝利、在成功的運動或令人可怕之成就之後，或是其他之社會成就亦然。當然，睪固酮濃度和主控性（Dominance）間之關係並不簡單；學者發現睪固酮濃度在具有決定性之勝利時將上升，例如在網球決賽獲勝。另在摔角比賽中之研究也獲得類似之結果（Elias, 1981）。其他人類演變研究（Outcome Study）顯示如下之發現：(一)年輕時即犯下暴力犯罪者，其體內之睪固酮濃度較高（Kreus & Rose, 1972）；(二)犯下暴力犯罪之男性，其體內之睪固酮濃度較犯下其他罪名者高（Dabbs, 1987）；(三)在獄中被其他受刑人認為較難纏的受刑人，其睪固酮濃度也較高（Dabbs, 1987）；(四)犯下暴力犯罪或監獄中地位較高者，其體內睪固酮濃度較高（Ehrenkranz et al., 1947）。

為了要探討在人類所觀察到上述現象之意義，Kemper（1990）認為我們有需要發展社會心理內分泌學，以發掘、攻擊、主控、社會結構和性行為之間的相互關係。最後，我們也必須注意，利用人類對生化之干預所產生之對於暴力及攻擊之生物學解釋，此種現象在關於類固醇之效果之爭辯上尤為明顯（Haupt & Rovere, 1984）；此種干預正明顯地說明對於暴力而言，社會及生物學之解釋皆是必須的。

關於睪固酮濃度和攻擊之間之關係之詮釋，主要之問題在於可能有數種不同之歸因途徑。除了最直接的想法，高睪固酮濃度造成攻擊行為之外，其他之可能解釋之一為：某種攻擊行為造成睪固酮濃度提高，但是睪固酮濃度高的人不一定會有攻擊行為。另外之可能解釋為：某些人一般而言睪固酮濃度正常，

但是在某些特定情境下，睪固酮濃度其將受刺激而大幅提升，進而誘發其攻擊行為。最後一種可能之解釋為，胎兒在母體中若接受到過多之睪固酮刺激，則可能導致其日後對睪固酮之敏感度提高，以致於實際上在受測者所得之睪固酮濃度就一般人而言尚屬正常，但在睪固酮濃度開始增加——例如青春期，則其攻擊性將大為增加（Fishbein, 1994）。學者Booth與Osgood（1993）最近之研究檢視睪固酮、社會整合、少年非行行為紀錄及成年後偏差行為之相關性，然而如果將社會整合此一變項加以控制之後，則此相關性將大大降低。也就是說，睪固酮可降低社會整合，而降低之社會整合則進一步導致較高之偏差行為。除此之外，睪固酮也和少年非行行為有明顯之相關性，而將少年非行行為此一變項加以控制之後，睪固酮與成年後偏差行為之相關性亦將大幅降低。由上述研究中可知，生物社會學之解釋對於犯罪及偏差行為之瞭解愈形重要。除了男性之外，學者Fishbein（1992）在一篇回顧研究中發現，某些女性對於體內某些荷爾蒙之周期性變化較為敏感，而造成一種隨著荷爾蒙起伏及睪固酮濃度上升之攻擊性升高模式。

四、其他生物因素與暴力行為之關聯

(一) 心跳與膚電反應

　　心跳速率是人體對外界環境變化的一種生理因應，外界無論是生理或心理的刺激，都有可能造成心跳速率的改變。心跳速率是經由神經系統來加以調節，其中交感神經負責增加心跳速率，副交感神經負責減少心跳速率。

　　Raine等人（1997b）做了一系列的研究，發現低心跳速率與攻擊行為之間有所關聯（圖2-5），由圖中可發現，心跳速率較低者，其出現暴力攻擊行為的比率較高。也就是說，暴力犯的心跳速率，平均而言較非暴力犯為低。心跳速率經由電子儀器來加以計數，攻擊行為則經由前科紀錄、專家評估、自陳報告、人格測驗及精神診斷來加以判斷。Raine發現這是一種普遍性的結果，因為在樣本中無論是男、女性或是英、美國籍都得到相同結果。而當利用統計來控制犯罪人體形大小及社經階級等變項後，利用心跳速率來預測暴力犯罪比非暴力犯罪更為準確。

　　此外，膚電反應（Skin Conductance, SC）也是近來研究的新路徑，與心跳速率不同的是，膚電反應僅經由交感神經來加以調節，顯示出人體對於外界特定刺激的注意力分配狀況。膚電反應是經由受試者的手汗量來加以測量，當有液體流經偵測電極時，液體中的鈉，鉀離子將使電流獲得流通，膚電反應便經

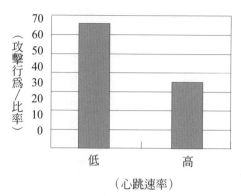

圖2-5 心跳速率與攻擊行為之關聯

資料來源：Raine et al. (1997b).

由二指間的電阻係數來加以測量獲得。

　　Raine（1993）發現低膚電傳導與攻擊行為間有所關聯，也就是說，暴力犯的膚電反應，平均而言較非暴力犯為低。經由呈現一般人會有高度膚電反應的刺激（如噪音），結果發現心理病態人格與反社會人格者只測量到低度的膚電反應。然而，這項結果仍有所爭議，因其仍存有許多干擾變項。其次，某些犯罪人被發現具有較強之半回復期（Half-recovery Time），半回復期指的是刺激呈現後，受試者反應回至基線（Baseline）所需時間之半數。至於為何犯罪人會具有較強之膚電反應半回復期，其生理機制迄今仍未知。

　　對於心跳速率和膚電反應的研究結果，目前主要有二個理論對此提出解釋，一是從腦部活躍狀態（Brain Arousal）的觀點，另一則是從人格特徵（Personality）的觀點。腦部活躍狀態理論認為，低心跳速率和低膚電反應可能導因於腦部的低度活躍狀態，而腦部的低度活躍狀態經先驅研究（Eysenck & Gudjonsson, 1989）已證實與暴力犯罪有關。由於腦部的低度活躍，外界的威脅情境對於這些人無法造成心跳速率的增加。此理論強調，腦部低度活躍的個體會主動尋求外界的刺激來提升其活躍狀態以獲得補償（Compensation），因此暴力攻擊、搶劫、脅迫恐嚇等行為乃是生理活動的外顯行為。暴力活動對一般人而言可能是過於強度的嫌惡刺激，但對於腦部低度活躍的個體則可能是愉悅的、正向回饋的刺激，暴力活動成為一種腦部自我調節（Self-medication）的機制反應。

人格特徵理論則認爲，缺乏恐懼感（Lack of Fear）也是個體面對外界威脅情境仍保持低度心跳速率與低度膚電反應的原因之一。從兒童研究可知，缺乏恐懼感的兒童通常較一般兒童難被社會化，也就是說，強烈的處罰對其心理強制與情感發展僅具有限影響。此人格特徵對個體日後之暴力行爲或其他反社會行爲表現也就更不足爲懼。

(二) 性染色體異常與倫理議題

利用染色體來解釋暴力，尤其是某些特殊型態之男性之暴力，跟隨著某些針對雙性人之研究，共發現了15種變種。其後許多研究針對具有犯罪傾向之精神異常人或智能不足者結果發現該族群中具有XYY性染色體模式之男性很多；這些男性外觀較爲高壯，在體型上及性格有較粗魯及暴躁傾向，自我控制較差，一旦受負面刺激，極易出現暴力行爲。在年幼時較容易情緒激動，智力測驗中也顯示其智能較低，因而直接推論具有此種染色體組成乃高度攻擊性之根由。Manning（1989）在文獻回顧中結論道：XYY男性的確有一些障礙需要克服，但並不是人人皆可成功，而且許多人使用之方式是反社會的，所以他們比一般同儕更容易入獄。在英國，高度戒備監獄中並沒有針對XYY染色體罪犯的特殊處遇模式。大部分之XYY男性皆過著正常的生活，而其童年遭遇之難題其實亦並非無法解決。

對於XYY性染色體異常會導致犯罪，在新近研究中漸漸有了改變。1970年代學者一度相信具有XYY染色體是犯罪的根源，因爲研究者在監獄中發現某些男性犯人的性染色體組合是XYY。而且他們以爲多了一個Y代表過強的攻擊性，因此比較容易傾向犯罪。然而根據一項長期前瞻性追蹤的結果發現，XYY染色體者的語言能力發育較慢，有學習特別是讀字能力的困難，細部動作的發育較慢，與正常人比較智能可能較差，但絕無經常性的攻擊性的傾向，對挫折的感受閾較低，情緒較不成熟。但他們並無所謂犯罪傾向，亦非監獄拘留所的常客。再者，具有XYY染色體者血中的雄性激素含量不一定比正常人高，而且具有XYY染色體、XXY染色體及低雄性激素者，在一般人口、監獄或教養所中的分布並沒有差異。這些人通常唯一的特點便是身長較高。通常6歲後身高即超過90%。長大後有正常性發育及生育能力，而且其後代發生異常的機會亦不見得增加。其來源很明顯是由於父親的生殖細胞在進行減數分裂時發生Y染色體不分離所致。因此，近年來對於XYY染色體者具有犯罪傾向的說法乃漸漸消失。

此外，英國學者發現，人類X性染色體上一個基因會影響腦部神經傳導酵素「單胺氧化酶」的分泌量。如果某人的基因是單胺氧化酶的低分泌量形式，童年又遭受虐待，則未來發生暴力犯罪的機率將遠高於其他人（聯合報，2002）。研究人員針對英國、美國與紐西蘭共442人進行追蹤研究後發現，如果基因屬於這種酵素的低分泌形式，童年又遭受虐待，未來成為暴力罪犯的比率高達85%。

針對這項研究結果，英國的生物倫理學家希望知道公眾對有關基因與行為關係的研究有什麼意見和看法。因為已經有人提出行為基因的研究可能會導致歧視和污名；有些團體還表示擔心，如果研究結果把某些行為特徵與基因聯繫起來，可能會使某些人更熱衷於優生學或人種優劣學說。研究者也承認，有關行為基因研究的資料一旦公諸於眾並付諸實踐，可能會引起爭議。例如研究結果有可能被用來證明某些刑事犯罪份子有「犯罪基因」，從而使他們被送去接受「基因矯正」治療。甚至，也可以利用這方面的研究結果對胎兒進行性格特徵鑑別，並基於優生學的目的，主張精英化，使犯罪者、低智者節育。研究者表示（Farah, 2002），行為基因方面的研究結果很可能被誤用和濫用。優生學的一個中心論點是，人類肉體、精神和行為的素質可以通過人種篩選來提高。這就意味著鼓勵那些具有「優良特質」的人生育，而阻止其他人生育。這種理論曾被納粹德國利用，也曾經在北美和北歐用來作為對精神病患者實行強制絕育政策的理論根據。此類嚴重侵犯人權的事件至今仍使基因學研究蒙著一層陰影。尤其是犯罪基因的研究，更有導致社會偏見和種族歧視的危險。

關於犯罪基因的討論，應同時考量下列問題，即是否也可在非犯罪者的身上找到相同或類似的「犯罪基因」？若犯罪者一旦戒除惡習或戒酒，是否「犯罪基因」仍會存在？所謂「犯罪基因」的形成，有沒有可能是因為後天犯罪帶來的基因突變（犯罪而影響人體基因的某些改變）？也就是有沒有可能「基因決定論」是倒果為因？否則「基因決定論」將會為下一個世紀帶來一個所謂的「除罪化運動」，那就是犯罪人會說，他的行為是不得已的，因為基因驅使他必須這樣做。犯罪人會辯稱：因為我有犯罪的基因，所以我才犯罪。到那個時候，人將為自己各種犯罪的行為除罪化、合法化、遺傳化。畢竟，並沒有任何單一的基因能夠獨自運作而引起反應的行為。這些研究甚至於很肯定地告訴我們，即使一個人具有犯罪的基因，也不一定會犯罪。也就是說，生理的疾病與基因能連在一起，但不能把單一的基因與某種行為畫上等號（劉慈梧，2002）。

第二節　暴力行為的個體層次解釋

一、心理病理與暴力行為之關聯

　　在臨床判斷上，與暴力行為有關的心理病理，可參考由美國精神醫學會（American Psychiatric Association, APA）所出版之精神異常診斷準則手冊第五版（DSM-V）中有關人格障礙症及智能不足（智能發展障礙症）二個部分。APA所出版的《精神疾病診斷與統計手冊》（*Diagnostic and Statistical Manual of Mental Disorders*, DSM），是美國主要診斷精神疾病的重要標準，亦是全世界許多國家在診斷精神疾病的重要參考。2013年5月18日APA正式公布DSM-5版本，2022年3月則出版了DSM-5修訂版（DSM-5-TR）。此外，亦可參考由世界衛生組織（WHO）所負責維護的《疾病和有關健康問題的國際統計分類》（*International Statistical Classification of Diseases and Related Health Problems*），簡稱《國際疾病分類》（*International Classification of Diseases*, ICD），ICD是全世界通用的診斷工具，會定期修訂，最新版本為2023年發布的第11版（ICD-11 2023）。在DSM和ICD有關心理病理部分，通常在「人格障礙症」（Personality Disorders）及「智能發展障礙症」（Disorders of Intellectual Development）可觀察到個體伴隨出現暴力行為的現象。分述如下：

(一) 人格障礙症

　　根據世衛組織基金會（WHOFIC Foundation, 2024）的定義，人格（Personality）指個人行為、體驗生活以及感知和解釋自己、他人、事件和情況的特有方式。人格障礙症（Personality Disorders，ICD代碼：6D10）則指人格功能的混亂，常伴隨有明顯的個人和社交問題。主要特徵是自我方面的功能問題（如自我身分認同、自我價值感、自我觀點的準確性、自我導向、個人意志等）或人際交往的功能問題（如發展互相滿足的親密關係、維持長期持續存在的關係、理解他人的觀點、處理關係中的衝突的能力等）。在自我功能或人際交往功能的損害表現方面，則為認知模式、情緒體驗、情緒表達和適應不良的行為（如不靈活或調節不良），並在一系列個人和社會情境中表現出來（即不限於特定的關係或社會環境）。人格障礙症通常在青年或成年早期即表現出症狀，且會嚴重干擾到個人、社交或職業功能，給患者帶來顯著痛苦。此障礙與個人、家庭、社會、教育、職業或其他重要功能領域的嚴重痛苦或嚴重損害有

關，表現出的個體行為模式不符合其年齡或發展階段，也不能用社會或文化因素（包括社會政治衝突）來加以解釋（ICD-11 for Mortality and Morbidity Statistics, 2024）。此外，在DSM系統，人格障礙症係指一種個人內在的經驗與行為模式顯著偏離其個人所處文化的期望，並具有持久性型態，此型態是缺乏彈性且遍及廣泛的個人及社會狀況，造成臨床上顯著的苦惱，或社交、職業或其他重要領域的功能減損。此障礙發作最早可追溯到青春期或成年期早期，且無法歸因於另一精神疾病表現、某物質（如藥物濫用、醫藥等）的生理反應或另一身體病況（如頭部外傷等）。

在人格障礙症的分類上，ICD-11不再定義具體類型，只保留「輕度／中度／重度／未特指嚴重度的人格障礙症」編碼；但另外提供了6種人格特質／模式維度，分別是「負性情感」（Negative Affectivity）、「分離」（Detachment）、「不社交」（Dissociality）、「去抑制」（Disinhibition）、「強迫性」（Anankastia）和「邊緣模式」（Borderline Pattern），用以對人格障礙症患者突出的異常人格特質進行描述。相對地，DSM-5-TR則保留了10種具體人格障礙症的診斷，並將人格障礙症分為A群、B群、C群和其他，分別為：

1. A群／古怪型（Cluster A/Odd or Eccentric Disorders）：(1)偏執型（Paranoid）：對他人的非理性懷疑和不信任模式，將動機解釋為惡意；(2)孤僻型（Schizoid）：冷漠的情感和脫離社會關係、冷漠和受限的情緒表達；(3)思覺失調型（Schizotypal）：社交互動中極度不適、以及認知與知覺扭曲的模式。

2. B群／誇張或不穩定型（Cluster B/Emotional or Erratic Disorders）：(1)反社會型（Antisocial）：普遍存在的無視和侵犯他人權利、缺乏同理心、缺乏悔悟、冷酷無情、自我形象膨脹、以及操縱和衝動行為；(2)邊緣型（Borderline）：突然情緒爆發、害怕被遺棄、不健康的依戀、同理心改變的普遍模式，以及人際關係、自我形象、身分、行為和情感的不穩定，常常導致自殘和衝動；(3)戲劇型（Histrionic）：普遍存在的尋求關注行為模式，包括過度情緒化、印象派的言語風格、不恰當的誘惑、暴露狂和自我中心主義；(4)自戀型（Narcissistic）：普遍存在的自大、傲慢、需要被欽佩、欺騙他人和缺乏同理心（更嚴重的表現是悔恨的犯罪行為）。

3. C群／誇張或不穩定型（Cluster C/Anxious or Fearful Disorders）：(1)迴避型（Avoidant）：普遍存在社交抑制和能力不足的感覺，對負面評價極度敏感；(2)依賴型（Dependent）：普遍存在需要他人照顧的心理；(3)強迫型（Obsessive-compulsive）：嚴格遵守規則、完美主義和控制力，甚至排除休閒

活動和友誼。

　　個體的暴力行為常可在人格障礙症分類中的B群觀察到，一般會表現出戲劇性、情緒化與缺乏規律等行為特徵。此外，A群中的偏執型人格障礙症患者常出現深信他人有害意、難以信任他人、常懷疑他人動機等症狀，會談論暴力惟通常沒有暴力行為，但在臨床上仍有短期暴力或自殺行為的風險。再者，A群中的孤僻型、思覺失調型人格障礙症及C群人格障礙症患者雖較不危險，但當他們生氣、憂鬱或伴隨第一軸疾病（精神或心理疾患臨床診斷，如憂鬱、焦慮、躁鬱、過動、思覺失調等）時，仍可能會發生暴力或自殺行為，本章一併予以討論。

1. 反社會型人格障礙症

　　根據世衛組織基金會（WHOFIC Foundation, 2024）的描述，反社會型人格障礙的特徵是無視社會義務和冷酷無情地不關心他人的感受。行為與普遍的社會規範之間存在著巨大的差異。不良經驗（包括懲罰）不容易改變行為。對挫折的容忍度較低，對包括暴力在內的攻擊行為的門檻也較低；傾向於責備他人，或為使病人與社會發生衝突的行為提供合理的解釋。世界衛生組織（WHO）認為，在諸種人格障礙症中，「社交紊亂／不社交」（Dissocial）特質與暴力犯罪行為之關係最為密切，與較古老之心理病態人格（Psychopathic Personality）很接近，其主要特徵為個案之行為違反社會規範；無情地不去關心別人之感受；缺乏責任感且不理會社會之常規、法則或義務；不能建立持久之人際關係；低挫折忍受力且經常爆發攻擊或暴力之行為；缺少罪惡感且不易從過去之經驗中得到教訓，特別是處罰；容易怪罪他人或總是對其非行提出似是而非之見解；持續性的脾氣暴躁可以是一個合併之特徵，青少年及孩童時期之行為障礙症，雖不一定存在，但有則更能支持此一診斷。心理病態人格的個案很難從外表加以判斷，也就是說，其外觀特徵與常人無異。

　　在ICD-11中，對於「社交紊亂／不社交」特質的人格描述，可見於「人格障礙或人格困難中突出的社交紊亂／不社交特徵」（Dissociality in Personality Disorder or Personality Difficulty，ICD代碼：6D11.2），該特質的核心特徵是忽視他人的權利和感受，包括自我中心和缺乏同理心。不社交的常見表現（並非所有這些行為都可能在特定時間出現在特定個人身上）包括：自我中心，如權利感、期望他人崇拜、積極或消極尋求他人關注的行為、關心自己而非他人的需要、慾望和舒適；缺乏同理心，即對自己的行為是否造成他人傷害或不便漠

不關心，其中可能包括欺騙、操縱、利用和剝削他人，待人刻薄或肢體攻擊，對他人的痛苦反應冷漠，在達到自己的目標而冷酷無情等（ICD-11 for Mortality and Morbidity Statistics, 2024）。

　　相對地，DSM-5對此種人格特質展現則稱之為反社會型人格障礙症（Antisocial Personality Disorder, APD），特別強調此種個案之基本特質是對他人權益不尊重、漠視且侵犯之廣泛模式，且其自15歲以前即有品行障礙（Conduct Disorder, CD）之證據。依照DSM-5的定義，反社會型人格障礙症必須合乎下列標準：

(1) 從15歲起，行為呈現漠視且侵犯他人權益的廣泛模式。表現符合下列其中三項（或更多）：

　　A.不遵守合法行為的社會規範，例如不遵守法律，經常遊走於法律邊緣。

　　B.為個人私利或樂趣而欺騙，例如一再說謊、用綽號假名或哄騙他人。

　　C.衝動，無法做長遠打算。

　　D.易怒和具攻擊性，常打架或傷害他人。

　　E.魯莽大意，不在意自己或他人的安危。

　　F. 經常性地不負責任，例如無法維持工作穩定、承諾後不認帳或不履行金錢義務。

　　G.不知悔改，例如對他人造成的傷害、虐待或偷竊行為等，漠不關心或合理化。

(2) 至少年滿18歲。

(3) 在15歲前即有品行障礙的證據。

(4) 反社會行為的出現並非只發生在思覺失調症或雙相情緒障礙症的期間。

　　反社會型人格障礙症會忽視並侵犯他人權益，包括暴力行為。其易怒、好攻擊，對象包括兒童及配偶。或有破壞財物、偷竊、騷擾他人等犯罪行為。具衝動而無計畫，對其行為不會自責、不知悔改，反而對他人造成的傷害無動於衷或合理化其行為，如暴力行為是被害人應得，或自己應該得到性、財物或權力。他人會責備被害人懦弱或愚笨。另會有不安全駕駛、酒後開車或進行雜亂危險的性行為。會快速作決定而不會考慮自己或他人的後果。常導致危險行為或頻換工作及關係。他們喜歡操控，通常因善辯及表面的吸引力而讓醫師失去治療方向。

　　反社會型人格障礙症其暴力源自行為人的自私及缺乏良心，常伴隨藥物濫用及犯罪行為。其自主神經反應如膚電反應及心跳較不易喚起，通常推測較會

產生暴力或其他反社會行為，因其較不怕行為後果。研究發現與遺傳有關，但結論並不明確，而因反社會人格障礙症常有酒精濫用行為，反映了可能是與基因有關聯。其衝動行為可能與腦及脊髓液的Serotonin Metabolite 5-HIAA低濃度有關。衝動性與飲酒升高暴力與自殺的風險。反社會人格障礙症者造成臨床人員對評估病人或他人未來危險性的困境，因其較難治療。雖然他們很危險，但除非顯現DSM-IV第一軸疾病才需住院治療。醫院治療的預後不佳，除非伴隨有可治療的疾病如：焦慮、憂鬱或藥物濫用。若沒有其他可治療疾病，有暴力的反社會人格者可能被逮捕或監禁（Tardiff, 2001）。

2. 邊緣型人格障礙症

依照DSM-5的定義，邊緣型人格障礙症必須合乎下列標準：

從成年期早期開始，在各種不同情境下，其人際關係、自我形象、情感上呈現不穩定的廣泛模式，表現符合下列其中五項（或更多）：

(1) 瘋狂地努力逃避被人拋棄（真實的或想像中的）。註：不含診斷準則要件5的自殺或自殘行為。

(2) 不穩定且強烈的人際關係模式，特徵為在理想化及貶抑兩極之間轉換。

(3) 自我認同障礙：顯著和持續不穩定的自我形象或自我概念。

(4) 至少在兩方面潛在自我傷害的衝動行為（例如過度花錢、性虐待、物質濫用、危險駕駛、暴飲暴食）。註：不含診斷準則要件5的自殺或自殘行為。

(5) 一再的自殺行為、姿態、威脅或自殘行為。

(6) 來自心情明顯反應過度的情緒不穩（例如強烈陣發的不高興、易怒、或悲傷、激動或焦慮，通常持續幾個小時，但很少超過幾天）。

(7) 常感到空虛。

(8) 不適當且強烈的憤怒，或對憤怒難以控制（例如時常發脾氣、不悅或一再地和他人打架）。

(9) 出現短暫的、與壓力有關的妄想意念或嚴重的解離症狀。

邊緣型人格障礙症有不穩定人際關係、自我形象、情緒狀態及衝動。因避免被拒絕而發狂。對其他人而言這樣的拒絕並不嚴重（如：遲到數分鐘）。患者與照顧者或情人間有強烈關係，期望這些人保護或拯救他。但當不符合其不切實際的期望時，會發怒、口語或身體暴力、自殺或其他自傷行為。生氣是邊緣型人格主要的情緒反應及組成核心。因其認同的阻礙及自我的缺陷而強烈的需要與照顧者、情人或其他人的關係。長期的感覺空虛或經驗到情緒轉換的迅

速，從焦慮到憂鬱到生氣發怒。

　　邊緣型人格障礙症患者其暴力及自殺行為會因其他因素而惡化。衝動性會嚴重造成暴力、自殺行為，其他自傷行為如危險性行為、危險駕駛、過度消費、狂飲或物質濫用。約10%會有自殺危機，隨酒精或物質濫用會升高自殺危機。衝動性與低血清素有關，因此可用血清素再回收抑制劑治療暴力及自殺行為。邊緣型人格障礙症患者在兒童期可能遭受性虐待或身體虐待。在兒童期遭受身體虐待者，成人期會升高暴力行為。同時有衝動性及藥物濫用者，也較易有暴力行為。

　　醫師在評估及治療的困境在於對暴力或自殺企圖的威脅要如何反應。一方面臨床人員希望預防可能發生的暴力或自殺行為，另一方面，臨床人員又不想成為救援者而可能會使邊緣型人格障礙症患者其心理病態更為惡化。而對於傷害的威脅者設立較低的住院治療門檻；對於企圖讓邊緣型人格者發展洞察其暴力或自殺行為的意義者則設立較高之住院治療門檻。

　　反社會及邊緣型人格障礙症患者之特徵在於操控及危險行為。反社會人格障礙症患者會運用衝動獲取利益、權利或物質目標，邊緣型人格障礙症患者在感受到被拒絕會表現憤怒以操控獲取照顧者及情人的關心。這兩種疾病同樣缺乏自責，漠視其暴力或危險行為造成他人傷害（Tardiff, 2001）。

3. 做作型人格障礙症

　　依照DSM-5的定義，做作型人格障礙症必須合乎下列標準：

　　從成年期早期開始，在各種不同情境下，呈現過度情緒化與尋求他人的注意的廣泛模式，表現符合下列其中五項（或更多）：

(1) 如果自己不是他人注意的焦點時，就會感到不舒服。
(2) 經常以不適當的性誘惑或性挑逗與他人交往。
(3) 展現快速轉變和膚淺表現的情緒。
(4) 利用自己身體外觀來吸引他人注意。
(5) 說話風格過度不精確，主要在給人的印象，缺乏內容細節。
(6) 情緒表達顯露自我誇飾、戲劇化和過度誇張。
(7) 易受暗示（例如容易被他人或情境所影響）。
(8) 自認為的和他人的人際關係，比實際上更親密。

　　做作型人格障礙症患者普遍過度情緒化與尋求被注意。若沒有成為焦點會不舒服。透過戲劇化、狂熱及調情行為而獲得被注意。為展現不適當的性勾引

而很重視外表、衣著、打扮。戲劇性言語，但沒有內容。常抱怨有許多身體疾病以吸引照顧者、家人、朋友的注意。表現不自然過度情緒。

當尋求注意失敗時，會變得生氣或要自殺。企圖暴力行為或自殺是為了在成為注意力的焦點，也在懲罰讓患者未成為注意力中心的人。伴隨著憂鬱的感受則可能會有較嚴重的自殺企圖。

反社會型人格障礙症患者與做作型人格障礙症患者同樣有衝動性、淺薄性、生氣及操控。但做作型人格障礙症患者有較過度的情緒表現。邊緣型人格障礙症患者與做作型人格障礙症患者同樣尋求他人注意力且情緒轉變很快，但邊緣型人格障礙症患者有較頻繁及較嚴重的自殺與暴力行為（Tardiff, 2001）。

4. 自戀型人格障礙症

依照DSM-5的定義，自戀型人格障礙症必須合乎下列標準：

從成年期早期開始，在各種不同情境下，呈現誇大（幻想或行為）、需要讚賞、缺乏同理心的廣泛模式，表現符合下列其中五項（或更多）：

(1)自覺很重要，對自我的重要性的自大感（例如誇大成就與才能、自覺高人一等，在沒有相稱情況下期待被認為優越）。

(2)沉浸在無止境的成就、權力、顯赫、美貌或理想愛情等幻想中。

(3)相信自己的特殊及獨特性，只能被其他有識人之明或位高權重者所瞭解，或應該與他建立關係。

(4)需要過度的讚美。

(5)認為自己有特權（例如無理要求自己有特殊待遇或別人會自動的順從他的期待）。

(6)在人際上剝削他人（例如占人便宜以達到自己的目的）。

(7)缺乏同理心，不願意辨識或認同別人的情感與需求。

(8)時常忌妒別人或認為別人忌妒他。

(9)目中無人，顯現自大、傲慢的行為或態度。

自戀型人格障礙症患者普遍需要過度地被注意。高估自己的成就及能力。需要他人尊崇，但若沒有會很驚訝或生氣。自認只與其他高官或特殊人物有關係，如臨床人員、律師或其他知名機構。

自戀型人格障礙症患者自尊很脆弱，而需要他人讚美。因他們需要讚美形式的持續被注意，他們覺得這是其應得的權利。壓榨他人或做過度的要求而不

感到同情或自覺。當其他人談論到需求或感覺時無法忍受。

自戀型人格障礙症患者的暴力行為有二種形式：一為因未獲自覺應得的讚美、注意或尊敬而變的憤怒，可能會轉為口語或身體暴力。一為較為嚴重及普遍之邪惡型自戀（Malignant Narcissism），即伴隨有攻擊及妄想病徵。暴力是有目的性的，可能是為了政治、性或其他目的。他們是有能力的，是政治機構、犯罪組織或其他團體的上層。這些人包括會集體屠殺的殘忍政治領導者，或為犯罪組織殺人者。其他的較孤獨的邪惡型自戀包括有為獲得性滿足而殺人、領導祭祀、為錢或報復而殺害父母或家人等。

5. 妄想型人格障礙症

依照DSM-V的定義，妄想型人格必須合乎下列標準：

(1) 從成年期早期開始，在各種不同情境下，呈現一種對他人不信任或懷疑的廣泛模式，例如認為別人的動機都是惡意的。行為表現符合下列其中四項（或更多）：

A.在沒有充分的證據下，懷疑別人都在利用、傷害或欺騙他。

B.不合理的擔心、始終懷疑朋友或同事對他的忠誠度和可信度。

C.抗拒信任他人，基於一種莫須有的害怕，認為別人運用訊息傷害他。

D.在別人善意的舉動或言語中，解讀出貶抑或威脅。

E.持續地心懷怨恨（例如無法寬容污辱、傷害或怠慢）。

F. 察覺對他人而言不明顯的、無意的對他的個性或名譽的攻擊，並迅速地憤怒回應或反擊。

G.對配偶或性伴侶的忠貞度，持續地、不合理地懷疑。

(2) 非僅存於思覺失調症、雙相性情緒障礙症或憂鬱症併精神病症特徵，或另一精神病症的病程中且無法歸因於另一身體病況的生理效應。

妄想型人格障礙症患者普遍不信任及懷疑他人，對他人動機常解釋是傷害的。在沒有證據支持下，他認為別人想利用、傷害或欺騙。懷疑朋友的忠心、難以相信他人、害怕他人獲取的訊息是要對他不利。對於他人良性的評論認為是威脅。

妄想型人格障礙症患者覺得別人將要傷害他，會用傷害他人名聲的方式，或用較具體的方式，如不努力工作。且若覺別人要傷害他，會有怨恨、敵意的感受，他們就會用羞辱、威脅及訴訟對抗老闆、政府機構或其他他們覺得會傷害他們的人。妄想型人格障礙症患者通常是情緒不佳的員工或經常妄想的

員工。他們通常並不暴力，但如果他們眞的將想法付諸實現的話，會變得一發不可收拾，如集體謀殺或隨機殺人等。另一議題是妄想型人格障礙症患者親密關係間的妄想會產生暴力行爲。爲避免被背叛，患者會想持續控制親密關係。他們會持續懷疑、監控配偶或伴侶的行動、意圖及忠誠。他們會蒐集證據去支持其懷疑。這會造成對情人或被懷疑的第三者有爭論或身體暴力（Tardiff, 2001）。

(二) 智能不足（※部分摘錄自吳建昌，2004）

　　智能不足（智能發展障礙症）的個案因生活上的挫折或因言語上表達的失能而可能會有暴力行爲。早期文獻皆過度強調智能不足（Mental Retardation）與暴力行爲之關係，學者Walker與MaCabe（1973）舉出一個早期非常誇張之調查：芝加哥法院曾報導，85%之犯人皆是心志薄弱的。而其後在美國之大型統計調查，則顯示在57,000個犯罪人中，只有2.5%是智障的。而此傾向之改變或許是因爲智力測驗之技術進步了，另一個可能性則是這群犯罪人不經監獄而轉向其他機構處遇之故。Guze（1976）之研究結果提及，多數研究者皆同意嚴重智能不足在暴力犯中僅占一小部分，雖然說其在暴力犯中所占比例可能高過在一般人口中的比例。

　　然而Marcus（1955）和Gibbens（1963）對監獄中之成年暴力犯做智能測驗，結果發現其智能分布和一般人無異；故Gibvens指出雖然智能高低並非重要之暴力判斷指標，但對進行個別處遇者而言則是一個重要因子。

　　智能不足者最引人注意之暴力犯罪包括下列二種：性犯罪及縱火。在Walker與McMabe（1973）和Fowles（1978）之研究中，皆發現智能不足與性犯罪之相關性；另在Walker與McCave之研究中，性犯罪者占其犯罪件數16%之多。大多數之智能不足之性犯罪者皆是處在性活動最強時期，而學者Spry與Craft（1984）描述到：這些人性知識缺乏，不知如何表現或發洩其性衝動或需要，甚至不知道如何接近異性才能有正向之結果。而在縱火方面，Walker與McCabe發現其統計之縱火案件中，有半數是由智能不足者所犯，雖然只有16人，且僅占所觀察之智能不足者僅5%而已。Roberston（1981）之研究發現，智能不足者除了其第一次犯案之年紀可能稍大之外，其犯罪發展與一般人大致相同。Moir（1999）則指出，暴力犯與一般人智商得分差異約在10分左右，而智力測驗項目越精細越能顯示出智商與暴力犯罪間具有高度關聯性，亦即暴力犯的思考邏輯和一般人不太相同。

二、社會學習與暴力行為之關聯

(一) 社會學習理論

　　由Albert Bandura（圖2-6）等人所提出之社會學習理論（Social Learning Theory）最早被用來解釋兒童的行為，尤其是攻擊行為。此理論認為在孩子的成長過程中，他們會經由觀察模仿而學習各種行為模式，暴力行為亦不例外。換言之，他人的暴力行為可以是一種示範作用，透過觀察、行為合理化（Justification）及賞罰增強作用（Reinforcement）等因素的互動，個體便可從中學得自己所要表現的行為。國外研究發現，許多個體的偏差行為皆由與他人互動中學習得來的，這其中又以家庭和同儕對塑造個體行為所產生的影響最大。而隨著科技的進步，大眾傳播媒體更成了許多個體資訊取得的主要來源，無形中也影響他們的行為模式與準則。若根據此理論對人類行為模式的解釋，不難看出發生在家庭、學校及大眾傳播媒體中的暴力現象會如何對我們的行為產生負面的示範作用。

圖2-6　Albert Bandura

資料來源：Bylinsky (1973).

(二) 從眾、服從與匿名性

　　從社會心理學的觀點來看，從眾、服從與匿名性是最常伴隨或導致人類出現嚴重攻擊行為的因素：

1. 從眾

從眾（Conformity）行為是指個體在社會壓力下棄守己見，與團體成員表現一樣的行為。影響從眾的因素包括：(1)團體人數的多寡：以3至4人的團體最容易發生從眾行為；(2)團體的凝聚力；(3)性別：不論男女，對越不熟悉的議題越容易從眾；(4)社會地位：中層度社會地位的人較高或低者從眾；(5)文化等。在青少年集體飆車、持西瓜刀砍傷路人、集體性侵害、集體械鬥等暴力行為中，團體中的成員往往為了表現對組織的忠誠、個人男子氣概、共犯情結等因素，而表現出從眾行為，加入集體暴力的行列。

2. 服從（Obedience）

服從（Obedience）與順從（Compliance）有所不同，前者則是指擁有權力者以命令要他人完全順從。後者指的是個體為了自身利益或避免懲罰懲罰，而屈從他人的行為。自從納粹對猶太人暴行在第二次世界大戰末期被發現以來，人們想知道為何會有那麼多明顯地荒誕的行為，由訓練有素的行政人員，在集中營有效率地組織和管理，對猶太人進行系統式的拷問和屠殺。這些行政人員並非狂亂窮凶極惡的野蠻人；相反地，他們看來像是普通、正常的公民，是什麼激發正常的平凡人做出這種極端暴力的行為？Milgram著名的心理學實驗，或許可以引導我們去探討這個問題。在實驗中，受試者被告知，他們正在參與一項被設計好的活動，這個活動用來測試他人的學習能力，那些人被固定在一個模擬的電擊發生器上，發生器有30段的調節標示著從15伏特輕微電擊（Slight Shock）到450伏特危險劇烈的電擊（Danger-severe Shock）。透過一個小玻璃窗，被實驗者可以看見鄰接房間內的學習者（Learner）被皮繩捆綁在椅子上，在他們的手腕處有供應電擊的電極，這些接受實驗者被告知，他們正在測試這些學習者背誦字表的能力，並要這些被實驗者，當學習者發生錯誤時執行電擊，且每隔一段時間增加電擊強度。當電擊強度增加時，這些學習者假裝因為越來越痛而呼叫，最後昏暈過去，試驗者告訴被實驗的對象必須繼續執行電擊。令人驚訝地，雖然被實驗的對象漸漸變得緊張不安和情緒激動，但是當實驗者命令他們對學習者電擊時，仍有超過三分之二的被實驗者執行了最大程度的電擊，Milgram藉此推斷說當人們被具有權威的人命令去做某事時，即使這麼做會違背良心，大部分的人還是遵令照辦。

由Milgram的實驗看來，納粹犯罪的行為並不難理解。Milgram他自己暗示大屠殺中重要的因素，即人的本質準備好去服從權威的傾向，甚至於即使權威

是錯誤亦然。的確，儘管Milgram的實驗對許多不同組的人們已經重複實驗了好幾十次，但總是得到相同的結果：大多數人會服從外來的權威勝過自己良心的支配。由Milgram的實驗或許可以解釋為何德國人會屠殺猶太人，六四天安門事件中國士兵為何會開槍鎮壓學生，以及警察為什麼會刑求嫌犯等議題。

3. 匿名性

匿名（Anonymous）指身分無法辨識或去識別化，當個體在團體中的匿名性增高時，個體出現暴力行為的可能性或嚴重程度均會提高。以美國3K黨為例，白天是奉公守法的白人男性，到了晚間，頭部蒙上頭套後，同一個人即可能成為匿名傷害黑人的3K黨員。又例如網路使用者無論透過電子郵件、聊天室或社群媒體，使用者彼此之間對於對方之身分無法明確的辨識，在自我察覺較低的情況下，可以發現網路使用者從事的行為都比平日大膽，甚至引發網路霸凌或網路攻擊事件。個體在現實世界或虛擬世界中受挫無法發洩情緒之部分，在網路空間中透過文字之攻擊、骯髒的語彙或激進的言論等，將暴力行為轉而發洩在網路彼端不相識或特定的另一個人或另一群人身上。

三、認知扭曲與犯罪思考型態（※部分摘錄自楊士隆，2019）

在犯罪研究領域中，學者不斷指出犯罪人中具有許多認知缺陷（Cognitive Skills Deficit）與思想扭曲（Thinking Distortions）的現象。例如Yochelson與Samenow（1976）之研究，則指出許多犯罪人具有「犯罪思考型態」（Criminal Thinking Patterns），不合乎邏輯、短視、錯誤、不健康之人生價值感等偏誤之認知扭曲型態。Yochelson與Samenow於1978年所著《犯罪者的人格》（*The Criminal Personality*）一書中，首先定義錯誤思考（Thinking Errors）一詞，同時他們認定52項常被頑固的犯罪人所使用的錯誤思考（例如，凝固之思想、說謊、欠缺責任感、容易生氣、未能注意及他人之需求、認為自己是受害者等）。自從他們首先提出後，至今錯誤思考已被濃縮為17項，並用於處遇方案中。Fabiano、Porporino與Robinson（1991）指出，很多犯罪人不能被要求運用適應於社會所許可的認知技巧來處理本身的問題，例如犯罪人缺乏自我控制、不能規範自己的行為、衝動、缺乏個人問題解決技巧、推論技巧及計畫技巧，以致形成錯誤思考的循環，且難以看到在世界上具有另一種觀點（即不能多方面思考），不能區分他們所擁有的情緒狀態與其想法的關係。

研究結果指出，暴力犯罪者係缺乏抽象推理能力，且傾向對中立性情境作有敵意的評斷，限制了問題解決的技巧（Davis & Boster, 1992），加上低

度的自我調節機能，所以在面對問題或壓力情境時，往往因自我認知上產生「沒有面子」的非理性想法和憤怒情緒，進而選擇以暴力攻擊的方式來因應。Kendil、Ronan與Epps（1991）和Serin Kuriychuk等人（1994）則指出，認知缺陷及認知扭曲或功能不良的思考歷程，被視爲是導致個體產生憤怒情緒，採取暴力攻擊行爲的決定性根源。

 ## 結　論

　　近年來科學領域之知識提升迅速，包括內分泌學、生化醫學、神經醫學、生物資訊學、基因學等，使犯罪學者逐漸將注意焦點轉移至生理機制、基因遺傳學、乃至大腦結構及其運作方式，而非如傳統大多侷限於社會學層面之解釋，畢竟文化及經濟因素並不足以解釋複雜的犯罪現象。假使犯罪行爲是神經結構、功能或是生化因素所造成的結果，那我們現今處理犯罪問題的方法就有檢討的必要，犯罪人所可能具有的低濃度血清張素、大腦前額葉、顳葉損傷或皮質部位與邊緣系統的連接問題等，就成爲犯罪行爲分析與矯治對策的執行重點。

　　傳統刑事政策基於古典學派之理性選擇理論，多認爲犯罪行爲係基於犯罪人自由意志選擇之結果，並強調道義責任論，因此對於犯罪人多採取隔離監禁的策略，以懲罰、嚇阻來防治再犯，要求犯罪人負起道義責任，達到防衛社會的目的。相較之下，實證學派則強調以科學方法研究犯罪人及犯罪原因，而給予犯罪人適當的個別處遇。刑事政策的主流多來回於注重隔離監禁的「懲罰模式」與注重預防、診斷與治療的「醫療模式」之間，端賴當時的社會風氣與刑罰觀而定。以現今監獄普遍收容過於擁擠、犯罪矯治成本過於昂貴的情況下，相信對於某些犯罪人採取「辨認」、「治療」的醫療模式，結合各科學領域的新近發展，從生物基礎上來根本矯治犯罪行爲是較符合現代刑罰需求的，可避免讓犯罪人在監獄中聚集，研習犯罪技巧，然後出獄後再度犯罪等短期自由刑的流弊。

　　以暴力犯罪而言，研究發現暴力犯罪人並無法爲他們自身情緒支配行爲的事實負責，長期監禁這些人並沒有任何實益，也由於這些人因心智結構異常而無法評量行爲的後果，因此無法藉由自由刑罰來嚇阻其犯罪行爲，他們缺乏

感受恐懼的心理機制，並且在大腦結構的額葉和顳葉有異常的現象，而這些大腦部位正主控思考、計畫與情緒功能。近來研究更發現心智異常型的暴力犯罪者，其生成情緒的區域（負責感知犯罪、羞愧或懊悔等情緒）與具思考功能的大腦前葉無法有效聯繫，導致欠缺適當的道德觀。犯罪學的研究發現，大部分的犯罪案件係由少部分的人所犯下，站在犯罪生物學的觀點，他們最有可能是腦部功能異常的患者，因此藉由生理途徑矯治少部分累犯，即有可能是解決大部分犯罪案件的最有效率辦法。

　　犯罪生物學的研究，無可避免的會走至道德倫理議題的爭議之中，諸如從人本觀點來看待犯罪人的藥物治療等議題。其實對某些犯罪人，藥物治療不但可以改變他們的行為，而且甚至可以改變他們的大腦運作型態，達到防制犯罪行為不再出現的目的。在德國及瑞士，Cyproterone藥物證實可與雄性激素抗衡、減緩睪固酮的影響；在美國，類似抗衡睪固酮的藥物MPA（Medoxy Progesterone Acetate）已被用來取代監禁；抗憂鬱劑百憂解（Prozac）更被用來增加大腦中血清張素的濃度，以抑制暴力行為（高忠義、盧正芝，1999）。科學的進步使得現今社會有更好的儀器設備和技術來辨別具有犯罪危險性的個體，例如可以在犯罪發生前先行辨別出神經心理的損傷、辨別出大腦先天異常的生化因子、辨別出低智商發展的模式、辨別出衝動控制不良、辨別出暴力青少年等預測犯罪的行為，進而發展出一個治療計畫，以幫助那些具有先天發展障礙的兒童。同時，為了不讓接受治療計畫的兒童被貼上暴力犯罪者的標籤，多模式治療（Multimodality Therapy）的觀念開始被推廣，也就是同時訓練父母和小孩，對父母進行「父母效能補救」，也就是父母被指導以較有效的方法來控制孩子的行為，同時給那些可能有犯罪潛能的兒童藥物治療，來改變他的行為。目前，越來越多成功的試行個案已經證明，經由後天的努力和補救，人類可以征服先天的缺陷，但是，假使這種缺陷被忽視的話，個體就易被生物機制所控制，顯現出暴力犯罪行為。

參考書目

一、中文部分（依筆畫順序）

台灣精神醫學會譯（2015）。DSM-5精神疾病診斷準則手冊（American Psychiatric Association原著）。合記圖書。

江漢光（1997）。犯罪與暴力的精神醫學觀。載於「犯罪問題的因應：社會與科技層面之探討」研討會論文集（頁67-72）。行政院國科會。

吳建昌（2004）。青少年暴力犯罪之成因。載於蔡德輝、楊士隆（編），青少年暴力行為──原因、類型與對策。五南圖書。

高忠義、盧正芝譯（1999）。腦內犯罪驚奇。台灣先智。

楊士隆（1997）。認知處遇在暴力犯罪者矯治上之應用。法學叢刊，第42卷第2期，頁14-26。

楊士隆（2019）。犯罪心理學。五南圖書。

蔡德輝、楊士隆（2017）。少年犯罪：理論與實務。五南圖書。

二、外文部分（依字母順序）

Abbott, A. (2001). Into the mind of a killer. Nature, 410: 296-298.

Barratt, E. S., Standford, M. S., Kent, T. A., & Felthous, A. (1997). Neuropsychological and cognitive neurophisiological substrate of impulsive aggression. Biological Psychiatry, 41(10): 1045-1061.

Bauer, L. O., O'Connor, S. & Hesselbrock, V. M. (1994). Frontal P300 decrements in antisocial personality disorder. Alcoholism, Clinical and Experimental Research, 18(6): 1300-1305.

Bettencourt, B. A. & Kernahan, C. (1997). A meta-analysis of aggression in the presence of violent cues: Effects of gender differences and aversive provocation. Aggressive Behavior, 23: 447-456.

Blair R. J. (2001) Neurocognitive models of aggression, the antisocial personality disorders, and psychopathy. J. Neurol. Neurosurg. Psychiatry, 71: 727-731.

Bufkin, J. L. & Luttrell, V. R. (2005) Neuroimaging studies of aggressive and violent behavior: Current findings and implications for criminology and criminal justice. Trauma Violence Abus, 6: 176-191.

Bylinsky, G. (1973). New clues to the causes of violence. fortun: 134-146. http://www.violence.

de/bylinsky/article.html

Campbell, J. C. (Ed.) (1995). Assessing dangerousness: Violence by sexual offenders, batterers, and child abusers. Sage Publications, Inc.

Carter, R. (2002)。大腦的秘密檔案（Mapping the Mind）（洪蘭譯）。遠流。（原作1998年出版）

Chou, M. C., Cheng, T. C., Yang, P., Lin, R. C., & Wu. M. T. (2022). Changes of brain structures and psychological characteristics in predatory, Affective Violent and Nonviolent Offenders. Tomography, 8(3): 1485-1492.

Davidson, R. J. (1984). Affect, cognition and hemispheric specialization. Emotions, cognition, and behavior. Cambridge University Press.

Day, R. & Wong, S. (1996). Anomalous perceptual asymmetries for negative emotional stimuli in the psychopath. Journal of Abnormal Psychology, 105: 684-652.

Englander, E. K. (1997). Understanding violence. Lawrence Erlbaum Associates Press.

Evans, Jr. & Park, N. S. (1997). Quantitative EEG findings among men convicted of murder. Journal of Neurother, 2: 31-39.

Fabian J. M. (2010). Neuropsychological and neurological correlates in violent and homicidal offenders: A legal and neuroscience perspective. Aggress. Violent Behav, 15: 209-223.

Farah, M. J. (2002). Emerging ethical issues in neuroscience. Nature Neuroscience, 5(11): 1123-1129.

Fishbein, D. H. (1990). Biological perspective in criminology. Criminology, 28(1): 27-72.

Gale, I. G. (1990). Neuropsychological rehabilitation technique with a chronic schizophrenic patient. Behavior Change, 7: 179-184.

Goleman D. (Oct. 3, 1995). Early violence leaves its mark on the brain: Adolescent violence is traced to abuse and neglect in childhood. The New York Times: C1. http://www.cirp.org/library/ psych/goleman

Healey, J. (1999). Skin conductance. http://www-white.Media.mit.edu/tech-reports/TR-483/node6.html

ICD-11 for Mortality and Morbidity Statistics (2024). Dissociality in personality disorder or personality difficulty. https://icd.who.int/browse/2024-01/mms/en#1913158855

ICD-11 for Mortality and Morbidity Statistics (2024). Personality disorders and related traits. https://icd.who.int/browse/2024-01/mms/en#941859884

Institute of Science, Technology and Public Policy (n.d.). Reversing the neurophysiology of violence. https://istpp.org/print_friendly/reversing_violence.html

Johnson, M. H. (2001)。發展的認知神經科學（Developmental cognitive neuroscience）

（洪蘭譯）。信誼基金。（原作1997年出版）

Kiehl K.A. (2006). A cognitive neuroscience perspective on psychopathy: Evidence for paralimbic system dysfunction. Psychiatry Res, 142: 107-128.

Lamsma, J., Mackay, C., & Fazel, S. (2017) Structural brain correlates of interpersonal violence: Systematic review and voxel-based meta-analysis of neuroimaging studies. Psychiatry Res. Neuroimaging, 267: 69-73.

LeDoux, J. (2001)。腦中有情（The Emotional Brain: The mysterious understanding of emotional life）（洪蘭譯）。遠流。（原作2001年出版）

McCrae, R. R., Costa, J. P. T., Ostendorf, F., Angleitner, A., Hrebickova, M., & Avia, M. D. et al. (2000). Nature over nurture: Temperament, personality, and life span development. Journal of Personality and Social Psychology, 78(1): 173-186.

Mesulam, M. M. (2000). Principles of behavioral and cognitive neurology. Oxford University Press.

Millon, T., Simonsen, E., Birket-Smith, M., & Davis, R. D. (Eds.) (1998). Psychopathy: Antisocial, criminal, and violent behavior. Guildford Publications, Inc.

Moffitt, T. E. (1990). The neuropsychology of juvenile delinquency: A critical review. Crime and Justice, 12: 99-169.

Perry, B. D. et al. (2001). The neurodevelopmental impact of violence in childhood. In Textbook of child and adolescent forensic psychiatry (pp. 221-238). APA Press.

Putnam K. M. & Larson C. L. (2000) Dysfunction in the neural circuitry of emotion regulation - A possible prelude to violence. Science, 289: 591-594.

Raine, A. (1993). The psychopathology of crime: Criminal behavior as a clinical disorder. Academic Press, Inc.

Raine, A. & Buchsbaum, M.S. (1996). Aggression and violence: Genetic, neurobiological, and biosocial perspectives. Taylor and Francis Group; Abingdon.

Raine, A. & Jose' Sanmartin (Eds.) (2001). Violence and psychopathy. Kluwer Academic/Plenum Publications, Inc.

Raine, A. & Yang, Y. (2006). Neural foundations to moral reasoning and antisocial behavior. Soc. Cogn. Affect. Neurosci, 1: 203-213.

Raine, A., Buchsbaum, M. S., & La Casse, L. (1997a). Brain abnormalities in murders indicated by Positron Emission Tomography. Biological Psychiatry, 42: 495-508.

Raine, A., Venables, P. H., & Mednick, S. A. (1997b). Low resting heart rate at age 3 years predisposes to aggression at age 11 years: Evidence from the mauritius child health project. Journal of the American Academy of Child & Adolescent Psychiatry, 36(10): 1457-1464.

Raine, A., Lencz, T., Bihrle, S., La Casse, L., & Colletti, P. (2000). Reduced prefrontal gray matter volume and reduced autonomic activity in antisocial personality disorder. Arch Gen Psychiatry, 57: 119-127.

Raine, A., Park, S., Lencz, T., Bihrle, S., La Casse, L., & Widom, C. S. et al. (2001). Reduced right hemisphere activation in severely abused violent offenders during a working memory task: An fMRI study. Aggressive Behavior, 27: 111-129.

Raskin, S. A. (1997). The relationship between sexual abuse and mild traumatic brain injury. Brain Injury, 11(8): 587-603.

Reiss, A. J. & Roth, J. A. (1993). Understanding and preventing violence. National Research Council, National Academy Press.

Robinson, C. (2002). The impact of early brain development research on early care and education. http://216.239.53.100

Rowe, D. C. (2002). Biology and crime. Roxbury Publishing Company Press.

Sabbatini, R. M. E. (n.d.). The psychopath's brain. https://cerebromente.org.br/n07/doencas/disease_i.htm

Skodol, A. (1998). Psychopathology and violent crime. American Psychiatric Press, Inc.

Stanford, M. S., Houston, R. J., Villemarette-Pittman, N. R., & Greve, K. W. (2003). Premeditated aggression: Clinical assessment and cognitive psychophysiology. Personality and Individual Differences, 34: 773-781.

Tardiff, K. (2001). Axis II disorders and dangerousness. Clinical assessment of dangerousness-empirical contributions. Cambridge University Press.

Teicher, M. H. (2002). Scars that won't heal: The neurobiology of child abuse. Scientific American, (3): 68-75.

The Society for Research in Child Development (2001). Children's brain response to tv violence: Functional magnetic resonance imaging (fMRI) of video viewing in 8-13 year old boys and girls. http://www.johnmurray.org/srced.htm

The Violence and Brain Injury Institute (2003). The violence pyramid. http://www.vbii.org

Toch, H. & Adams, K. (1994). The disturbed violent offender. American Psychological Association Press.

Toga, A. W. & Mazziotta, J. C. (1996). Brain mapping: The methods. Academic Press.

Van Hasselt, V. B. & Hersen, M. (1999). Handbook of psychological approaches with violent offenders-contemporary strategies and issues. Kluwer Academic/Plenum Publishers Press.

Volkow, N. D., Tancredi, L. R. Grant, C., Gilldspie, H., Valentine, A., & Mullani, N. et al. (1995). Brain glucose metabolism in violent psychiatric patients: A preliminary study. Psychiatry

Res Neuroimaging, 611: 243-253.

Wasserman, D. & Wachbroit, R. (2001). Genetica and criminal behavior. Cambridge University Press.

Webster, C. D. & Jackson, M. A. (Eds.) (1997). Impulsivity: Theory, assessment, and treatment. Guildford Publications, Inc.

WHOFIC Foundation (2024). Antisocial personality disorder. https://icd.who.int/browse/2024-01/foundation/en#779282819

WHOFIC Foundation (2024). Personality disorders and related traits. https://icd.who.int/browse/2024-01/mms/en#37291724

Wright, W. (2002)。本性難移（Born that way: Genes, behavior, personality）（梁若瑜譯）。遠流。（原作2002年出版）

Yang Y. & Raine A. (2009) Prefrontal structural and functional brain imaging findings in antisocial, violent, and psychopathic individuals: A meta-analysis. Psychiatry Res. Neuroimaging, 174: 81-88.

第三章　暴力犯罪之神經生理因素

陳巧雲

 ● 前　言

在社會新聞版面上，青少年鬥毆甚至械鬥的事件層出不窮，造成社會相當嚴重的影響。暴力犯罪的成因相當複雜，大致上可分為預謀型暴力行為（pre-meditated violence）（或稱工具型暴力行為），意指有計畫性的，為了達成某種目的而產生，較不受外界威脅或是情緒性刺激的影響（Mathias & Stanford, 2003），及衝動型暴力行為（impulsive violence）（或稱反應型暴力行為），指受到威脅事件的刺激因而引起個體生氣、挫折，進而產生攻擊行為，該行為通常是沒有計畫性的，容易在受到挑釁的情境下失控。上述的兩種暴力行為被認為可能是由不一樣的機制或處理歷程來處理（Blair, 2001）。

工具型（或稱預謀型）（instrumental violence）攻擊，在人類及動物學文獻中被定義為有目的性的、有條理的以及「冷血的」，還有一些證據指出其自主神經系統較為活化（Dodge, 1991; Meloy, 1998; Mirsky & Siegel, 1994）。精神病態人格（psychopathy），一般被認為喜歡操控別人、常過寄生式的生活、自主神經系統活化較為低下、追尋刺激以及情感淡漠（Hare,1999; Newman, 1997; Patrick & Zempolich, 1998），並且比非精神病態人格者有較高的暴力犯罪率（Hare & McPherson, 1984）。有至少兩個以上的研究指出，曾經參與工具型暴力犯罪者，在精神病態人格量表上所得知分數高於曾參與衝動型暴力犯罪者（Cornell et al., 1996; Dempster et al., 1996）。Patrick（2001）也認為從兒童時期來看，精神病態人格與預謀型暴力行為較有關聯。Frick等人（2003）也發現有精神病態傾向的兒童（有冷酷無情的特質）有較高的工具型攻擊分數。綜上所述，工具型攻擊與精神病態人格、情感淡漠以及尋求刺激的傾向有關。

衝動型攻擊被認為是由恐懼所引起、暴躁易怒以及被挑釁後的反應（Dodge, 1991; Meloy, 1998; Volavka, 1995），這類人同常有抑制功能較差、缺乏自我控制並且較為衝動等特徵（Atkin et al., 1993; Raine et al., 1998）。從這些觀點我們不難將衝動型攻擊與衝動的人格特質聯結在一起。由於一般假設擁

有衝動型攻擊特質的人，容易對於外界刺激過度警惕，以致將某些刺激誤認為負面或者含有敵意的。一般也認為有衝動型攻擊特質的人，較擁有工具型攻擊特質的人有較高的社會焦慮感受。

　　簡言之，衝動型暴力行為意指受到威脅事件的刺激而引起個體生氣、憤怒、甚至攻擊行為，這種行為通常是沒有計畫性的，容易在威脅情境下無法控制自身的反應。工具型暴力行為意指有計畫性，為了達成某種目的而產生，較不受外界威脅或是情緒性刺激的影響（Mathias & Stanford, 2003），這兩種暴力行為被認為可能是由不一樣的機制或處理歷程來處理（Blair, 2001）。

第一節　與暴力行為相關之模型：一般攻擊模式

　　一般攻擊模式（general aggression model, GAM）（請見圖3-1）認為攻擊行為是建立在社會學習和社會認知理論基礎之上的，Anderson與Bushman（2002）提出了GAM，指出情境變項（如挑釁或疼痛）與個人變項（如特質或性別），會透過情緒、認知與喚起的交互作用，影響攻擊行為，而三者交互作用的內在情緒狀態會去影響個人對於攻擊行為的評價及決策歷程，此決策歷程會使個人產生衝動行為或是深思熟慮行為，而結果的產生也會與當下內在狀態相互影響，影響當下內在狀態中的「認知」、「情感」、和「喚起」。這些認知與情感的評估過程，將會導致產生思慮周詳或是衝動的行為，一般攻擊行為模型可以用來解釋不同效果，例如，情緒促發（如武器的圖片）攻擊行為或是疼痛感在攻擊行為和情感反應的影響。過去研究只是單純觀察攻擊行為，檢視與攻擊行為相關的動機與決策過程（Bushman & Anderson, 2002）。

　　GAM重點在攻擊性的社會互動過程，個體如何決策和評估行為的過程。一般攻擊模式是個社會—認知模式，攻擊行為的產生包括了個人（人格、態度、信仰等）和情境（侮辱、挫折和武器等）因素，是經由三個歷程的交互作用而來，包括認知（攻擊相關的腳本或基模）、情感（痛苦或遲鈍）和生理（心跳或血壓的增加）。這些互動影響了個人的立即評價與可能對於情境的再評價（如惡意的目的與可能的傷害），根據解釋和情緒經驗（憤怒、焦慮），導致個人是否有攻擊的行為結果發生。

　　個人因素與情境因素，會透過情緒、認知與喚起的交互作用，而三者交互

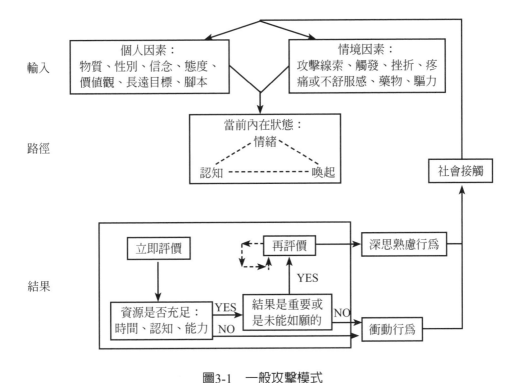

輸入

個人因素：
物質、性別、信念、態度、
價值觀、長遠目標、腳本

情境因素：
攻擊線索、觸發、挫折、疼
痛或不舒服感、藥物、驅力

路徑

當前內在狀態：
情緒
認知 ------- 喚起

社會接觸

結果

立即評價

再評價

深思熟慮行為

YES

資源是否充足：
時間、認知、能力

YES

結果是重要或
是未能如願的

NO

NO

衝動行為

圖3-1　一般攻擊模式

作用的內在情緒狀態會去影響個人對於攻擊行為的評價及決策歷程（Bushman
& Anderson, 2002）。

第二節　抑制機制的相關介紹

　　抑制（inhibition）是認知功能的一種，將特定的心智歷程停止，或是忽略
它的發生（MacLeod, 2007）。抑制成功與否，可透過外在行為的結果觀察，
例如：執行動作反應時，能否抑制當下動作反應的產生；或是當面對眾多的外
在刺激時，減少不需要的心理活動和訊息處理的程度，或抵抗會導致分心的干
擾物（李芯如，2009）。

一、行為抑制系統與行為激發系統

Gray（1994）提出行為抑制系統（behavioral inhibition system, BIS）和行為激發系統（behavioral approach system, BAS）。BIS是對於嫌惡刺激（如懲罰）較為敏銳，進而抑制行為的動機，BAS是對於酬賞刺激（如金錢）較為敏銳，進而激發行為的動機。

(一)行為抑制系統：行為抑制系統類似個體對於行為「踩煞車」的概念，當個體感受到負面刺激、無趣的情緒、懲罰及非酬賞性的線索時會被激發，進而抑制動作行為（Gable et al., 2000），過去研究指出焦慮症可能與行為抑制系統相關，行為抑制系統的過度激發會使個體對於恐懼、沮喪和悲傷等負面情緒更為敏感（Braem et al., 2013）。陳巧雲與吳宣霈（2014）在周圍干擾 / 停止訊號作業發現實驗組在衝突或一般情境之下的停止訊號反應時間（stop signal reaction time, SSRT）都顯著比控制組長，且暴力青少年組在抑制失敗之後，並未出現如控制組一般的錯誤後減慢行為，這可能顯示他們抑制能力較差。

(二)行為激發系統：相對於BIS，行為激發系統是類似個體對於行為「踩油門」的概念，為了追求達成目標，指當個體感受到和外在獎賞有關的事物時，由大腦中的獎賞系統主導，動作行為對被激發，間接降低了個體抑制行為的能力。因此，行為激發系統愈活化，對於外在酬賞的線索愈敏感，相反地，行為抑制系統愈活化，對於懲罰的線索愈敏感，二個系統之間的功能相互抗衡（Gray, 1987）。

二、暴力抑制機制

Blair（2005）提出暴力抑制機制（violence inhibition mechanism, VIM）（請見圖3-2），Blair認為當他人的悲傷、害怕相關的線索或刺激出現時，會降低肢體暴力、財物爭奪、性攻擊，進而減少或停止造成他人痛苦的行為。他強調這樣的模式是天生的，Simner（1971）所做的研究發現，剛出生二到三天的嬰兒會因為別人的哭聲而哭，但不會對同樣聲量的人聲有反應。

並且這個機制會隨著年齡的增長而進步，會因為經驗與學習而擴大了與抑制訊息相關的資料庫，使得行為的控制更為精準（Blair, 1992）。痛苦的線索或刺激（他人的悲傷、害怕）會引起自主神經反應、引起注意、活化腦幹的威脅反應系統（通常是呆住）。然後透過將「引起反應的行為」和「反應」配對，道德社會化（moral socialization）就會形成。而病態人格者無法將對他人的傷害行為，變成暴力抑制機制的促發物（trigger），病態人格者對其他人的

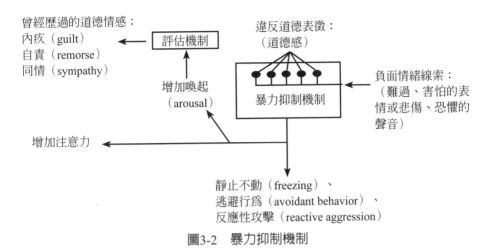

圖3-2　暴力抑制機制

資料來源：改自Blair（2005）。

悲傷、害怕的表情較沒反應，甚至對特定的表情及聲音情感都沒辦法描述。

　　Blair（1999）的研究發現，具有精神病態傾向的兒童，對於一般的情緒刺激的膚電反應與一般兒童沒有甚麼差別，但是對於他人的痛苦訊息所引起的反應卻小於一般兒童，顯示有精神病態人格傾向的兒童，在VIM的發展上較一般兒童差，無法因別人的痛苦訊息來抑制自己的攻擊行為。VIM強調同理心的展現，此機制將個體受到暴力行為所造成的負面情緒（難過、害怕的表情或悲傷、恐懼的聲音），視為一種能夠抑制攻擊者行為的社會訊息（Blair, 2005），當個體被悲傷的線索所觸發，進而會抑制攻擊行為。他認為VIM是學習道德情感（moral emotions），如同理心、罪惡感、暴力中止（inhibition of violent action）以及道德／常規區辨（moral/conventional distinction）等道德功能發展的先決條件（Blair, 2001）。在日常生活中，人們多少會目擊到他人表現出悲傷、痛苦（distress）的樣子（如哭泣的臉），因而活化VIM，觀察者會將自己代入當事人的角色，因此感受到當事人的內心狀態，進一步形成道德行為的制約。

　　因此，此模型認為並非BAS有問題，而是因為BIS的低度活化，造成抑制功能的低落。雖然這些暴力行為的神經機制尚待釐清，但是這些模型提供了我們以認知神經科學方法探索暴力行為成因的理論基礎與研究架構。

　　Damasio等人（1990）從神經學觀點來探討攻擊行為，提出前額葉的功能

異常會阻斷攻擊性的調整功能（Damasio et al., 1990; Weiger & Bear, 1998）。Chen等人（2005），進行go/nogo作業腦波實驗，以N2振幅大小作為抑制能力強弱的電生理指標，衝動型暴力犯的N2顯著低於一般人，導致犯下更多的錯誤。LeMarquand等人（1998）發現暴力青少年執行go/nogo作業時犯了更多的錯誤，顯示其抑制能力較差。此外，訊號停止作業（stop-signal task）的結果也顯示具有衝動性的個體在該作業表現上的差異，例如Logan等人（1997）利用信號停止作業測量具有衝動特質的受試者，發現這些具有高衝動特質的受試者的停止訊號反應時間（SSRT）較低衝動特質者來得長（Logan et al., 1997）。Chen等人（2008）同樣利用訊號停止作業，同時操弄是否有反應時間壓力的二種實驗情境，利用外界環境壓力影響抑制能力的好壞及其對行為的影響，結果發現衝動型暴力犯在具有時間壓力的情形下，他們的停止訊號反應時間比正常控制組來得長，根據行為資料推論衝動型暴力犯的行為抑制能力較一般人差，實驗結果顯示衝動型暴力犯在有時間壓力情況下，無法有效調控負面情緒，降低其抑制能力。從上述的模型與研究發現暴力犯的問題主要是發生在BIS，導致他們無法有效的抑制自己的暴力行為。

第三節 反應型攻擊行為之神經機制

　　Blair（2005）從神經傳遞機制上來解釋如何攻產生攻擊行為（請見圖3-3）。從行為上來看，反應型攻擊行為（reactive aggression）是個體在面對威脅時的反應，當個體在面對到威脅時，與威脅物之間的距離程度會影響行為反應，若距離較遠，個體可能選擇靜止不動來因應；若是距離若較為接近，就可能會逃走；但是當威脅的距離已經近到無法逃走，個體會產生反應型攻擊來因應威脅，這是一種為了生存所自然產生的神經生理歷程（Blair, 2005）。

　　在反應型攻擊行為之神經機制中，眼眶、腹外側、內側額葉（orbital, ventrolateral, medial frontal cortex）與人類遇到威脅時的反應有關，而這些部分受損，會出現調節障礙。當個體意識到威脅時，會先由內側額葉皮質（medial frontal cortex, MFC）與眼眶額葉皮質（orbital frontal cortex, OFC）傳遞訊息給杏仁核的內核（media nucleus of the amygdala）以及下視丘（hypothalamus），杏仁核的內核會傳送訊息至腦幹中的藍斑核（locus coeruleus），以分泌出正

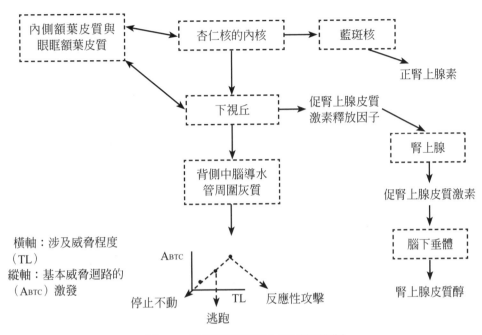

圖3-3　反應型攻擊行為之神經機制

參考資料：改自Blair（2005）。

腎上腺素（noradrenaline）；下視丘則會有兩條路徑，一是透過促腎上腺皮質激素（CRF）激發腎上腺素至腦下垂體（pituitary），分泌腎上腺皮質醇（cortisol），用來調節身體對外來刺激的反應，此為扮演因應壓力的重要角色，有助身體在壓力下回復體內平衡，若長時間的壓力將導致過度分泌，使荷爾蒙調節紊亂。另一條路徑為下視丘將訊息傳至聚集在背側中腦導水管周圍神經細胞構成的灰質（dorsal periaqueductal gray, PAG），使個體進入防衛狀態，根據威脅距離的程度，判定要靜止不動（freezing）、逃跑（flight）或者反擊（fight）。

眼眶、腹內側、腹外側額葉至少和兩個處理過程有關，第一個歷程是反應轉換（response reversal），該歷程是指人會評估是否獲得獎賞，如果評估會得到卻沒有得到獎賞，可能就會感到挫折，眼眶前額葉皮質會去增加杏仁核（amygdala）及下視丘激發量，啟動系統產生攻擊行為；反之，如果可以獲得與預期相符的獎賞，則會減低激發量，以抑制攻擊行為。計算報酬的期望值並

辨認出此計算是否被違背。挫折常常被與侵略做連結，挫折可以被看常是一種「得不到預期報酬」的結果。而額葉的這些區域，和處理挫折有關。而此區域受損，挫折忍受度就下降並提高反應性侵略。

第二個歷程是社會反應轉換歷程（social response reversal, SSR），該歷程與社會性刺激，如一、他人憤怒的表情；二、其他負面的表情；三、社會情境規則的違反有關。Best等人（2002）發現具有衝動攻擊行為的陣發性暴怒疾患（intermittent explosive disorder）患者對於憤怒表情的辨識能力較差。腦照影的研究發現憤怒的臉部表情會活化OFC以及前扣帶迴皮質（ACC）（Dougherty, Shin, Alpert, Pitman, Orr, & Lasko, 1999）。Caccaro等人（2007）發現陣發性暴怒疾患在觀看憤怒表情時，他們的眼眶前額葉皮質的激發量較控制組低，但杏仁核的激發量卻較高，這說明眼眶前額葉皮質與處理外界憤怒的表情刺激有關，是社會認知的一部分。此系統與前面所說計算報酬的系統是可以分開來看的，社會反應反饋系統，被認為由嫌惡的社會暗示與社會非難有關的狀態兩方面來活化，該系統調節了衝動型暴力行為，但是，這是個相對於他者，其所在優勢階層（dominance hierarchy）位置的調節功能。例如，若某人有較高的優勢階層，會抑制其衝動型暴力行為，改變其工具型行為。相反地，當表示攻擊者的優勢階層較低，就會活化衝動型攻擊的神經迴路。靈長類研究也支持這個現象，動物會對較順從的動物發洩怒氣而避免於較強勢者起衝突。

上述關於反應型攻擊行為的研究發現，眼眶前額葉皮質可能與社會情境線索的處理有關（Blair, 2004），杏仁核則反應出情緒反應相關的處理（Krämer et al., 2007）。

第四節　壓力與暴力行為之間的關係

過去有許多研究發現反應型攻擊行為與壓力生活事件具有較強的關聯性，這種關聯性可能來自於反應型攻擊個體普遍缺乏安全感，而壓力生活事件可能是缺乏安全感的原因或是增強了他們的不安全感（Brown et al., 2017）。尤其緊張的生活事件可能會導致個體無法對當前情況做出適當反應，導致情緒調節不良，促使反應型攻擊行為產生。然而，與反應型攻擊行為不同，工具型攻擊行為被認為是透過接觸攻擊行為，並漸漸強化其攻擊行為而發展的，這可能只

與特定的壓力生活事件有關。另外，過去並沒有太多研究對接觸壓力事件的程度與種類進行探討，過往研究顯示戰爭暴露壓力事件可以預測男性的PTSD，而工具型攻擊行為以及人際暴力壓力事件可以預測男性的憂鬱症。這些研究顯示壓力事件的類型和程度可能展現與攻擊行為不同的關聯性。因此，Brown等人（2017）將壓力事件分為四個種類；戰爭暴露壓力事件、性受害壓力事件、人際暴力壓力事件以及其他壓力事件，並將壓力事件接觸程度分為三等；親身經歷（experienced）、見證（witnessed）及知道（learned）進行問卷調查，以研究壓力事件種類與接觸程度與暴力行為的關聯性。

　　根據Brown等人（2017）的研究結果，反應型攻擊行為與三種壓力事件接觸程度皆有正向關係，這可能顯示不論接觸壓力事件的程度為何，反應型攻擊個體皆可能因壓力事件而感到缺乏安全感，導致個體無法對當前情況做出適當反應，促使反應型攻擊行為產生。另外，在見證性受害壓力事件以及人際暴力壓力事件與兩種攻擊行為皆有顯著相關，這可能反映出相比其他壓力生活事件，人際方面的創傷事件可能對反應型攻擊行為的決策和情緒調節過程以及工具型攻擊行為的攻擊行為強化具有較深刻的影響。

　　在反應型攻擊個體以及工具型攻擊個體在面對人際壓力事件時所產生之不同攻擊反應，從多層迷走神經理論或許可以窺探一二。在心理生理反應上，兩種攻擊行為皆顯示出副交感神經功能下降。工具型攻擊個體普遍被認為具有冷血及缺乏情緒喚起等特徵，而缺乏情緒喚起也正好反映副交感神經功能的下降。而反應型攻擊行為的副交感神經功能下降則可能與多層迷走神經理論有關。多層迷走神經理論認為迷走神經的分支是具有階層，個體根據自己身體的感覺與旁人的聲音、臉孔做微妙的互動，再進一步判斷環境是安全或危險，從而決定使用哪一個階層。多層迷走神經理論認為迷走神經的分支分為三層：第一層被描述為原始的副交感神經系統，它的功能在於通過抑制新陳代謝活動來面對威脅。因此在行為表現上，這一層次多採用裝死、昏厥、停止等策略來應對出現的生命危險，其表現如同許多低等生物。第二層被描述為交感神經系統，能夠通過增強新陳代謝功能，調節腎上腺素以產生「戰或逃」行為。第三層為社會神經系統主要成分也是副交感神經系統，透過迅速調節內臟器官的輸出，形成參與或者不參與社會環境的行為，行為調節上採用與社會互相聯繫的策略，比如表情、語調和傾聽等。而反應型攻擊個體的副交感神經功能下降顯示其在社會神經系統的功能受到損傷，這可能是為什麼反應型攻擊個體在辨識周遭社會刺激後會有不同反應的原因（Romero-Martínez et al., 2022）。

第五節　整合情緒系統

　　Blair（2005）除了提出VIM，亦用整合情緒系統（integrated emotions systems, IES）來整合VIM有兩個重要發展，一是提出情感表現在針對學會「道德違背」的「壞」的部分時，是重要的。習得的聯結，則被存在杏仁核之外的腦島（insula）。成年杏仁核受傷，不會忘掉之前學會的關於道德違背相關的「壞」的一面。二是提出來做抉擇時的神經單元為眼眶／腹外側額葉（orbital/ventrolateral frontal cortex），見圖3-4。

　　所謂社會化（socialization）指照顧者如何增強所欲和懲罰所不欲的行為，過程包括嫌惡制約和工具學習。最佳的非制約刺激（unconditioned stimulus, US）不是體罰，因為體罰很少接在反社會行為之後出現，且依制約理論，最常與US連結的制約刺激（conditioned stimulus, CS），是最能預測US的CS。而事實上最常與體罰連結的，是體罰者而不是反社會行為。在兒童，最常出現與反社會行為連結的US，是受害者的痛苦，悲傷及害怕的表現，做為嫌惡CS，在社會化中很重要，而病態人格者也表現出明顯對這類刺激沒有明顯的自主神經系統反應，特別在小孩，沒辦法分辨出悲傷、害怕的表情（早期的指標是3.5歲時，可以分辨道德／傳統違背的不同）。杏仁核失能假說，也較能說明為何嫌惡、處罰技巧與能否成功社會化較無關，杏仁核是否能整合才是關

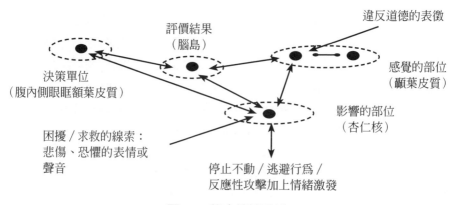

圖3-4　整合情緒系統

資料來源：改自Blair（2005）。

鍵，在神經層次上，認爲杏仁核失能造成了病態人格。在認知／計算層次而言，可以認爲不是杏仁核較沒反應，就是活化的過程被干擾，這造成提高去學習反社會行爲的風險。杏仁核的基本功能是形成「刺激─獎賞」、「刺激─懲罰」的連結（悲傷、害怕的表情，被認爲是嫌惡刺激的來源）。

　　許多病態人格者（psychopath）係由於此部位的損傷，杏仁核亦與注意力相關，能夠增強對於他人情緒性刺激的感知（Blair, 2005）。個體在情緒資訊通過至感覺皮層的同時，由顳葉皮質將訊息傳送到杏仁核，正常的個體在接收到他人負面情緒線索（悲傷、恐懼的表情或聲音）時，杏仁核被激發，啓動快速的喚醒與行爲反應，而杏仁核功能受損的個體則與接收到中性情緒刺激一般，激發的程度相對較小，顯示出病態人格者在情緒的評價與認知上有所缺陷。顳葉皮質（temporal cortex）使個體有意識地調控情緒刺激帶來的主動反應，當顳葉皮質判斷出現情緒性刺激時，會激發杏仁核對其進行反應，再通過神經傳遞回到顳葉皮質，加強該刺激神經的回饋表徵；反之，若顳葉皮質判斷爲中性刺激時，杏仁核的激發程度相較於情緒刺激會減弱許多。

　　Hamann與Mao（2002）利用功能性核磁共振造影（functional Magnetic Resonance Imaging, fMRI），掃描受試者在進行詞彙判斷作業（lexicon decision task）的腦區活化狀態，結果發現受試者在看到情緒性詞彙時會引起左側杏仁核較大的活化。Blair（2005）認爲病態人格者的在情緒辨別上有缺陷，推論是杏仁核的活化程度不足，使無法對情緒性刺激採取正常反應。結合IES及VIM，VIM認爲暴力行爲的發生，係由於在辨別他人的悲傷、恐懼等線索上出現障礙；而IES則是以認知神經的角度將重點關注在邊緣系統杏仁核上，認爲「情緒中樞」的缺陷使其病態人格者在行爲的決策與一般人有差異。

第六節　攻擊行爲相關之腦造影研究

　　Eisenberger等人（2007）發現低單胺氧化酶（monoamine oxidase-A）基因表現型與攻擊行爲有關，這可能是因爲單胺氧化酶基因表現型低者對社會負面經驗或是情緒過度敏感，導致防禦性的攻擊行爲發生，因此，低單胺氧化酶（monoamine oxidase-A）基因表現型組的攻擊行爲傾向較高單胺氧化酶基因表現型組高，其前扣帶迴背測激發量較高。Kuepper等人（2013）採用競爭反應

時間作業（competitive reaction time task），該作業是在實驗室情境下模擬挑釁方式，激發受試者的攻擊行為，發現低活性等位基因MAOA-uVNTR的受試者在高挑釁情境下會增加反應型攻擊性反應。

泰勒攻擊作業亦是過去已建立好的引發攻擊行為的實驗典範，透過觀察參與者選擇給予對手不同程度的懲罰分數（例如，噪音高低），作為攻擊行為程度高低的指標。首先，泰勒攻擊作業讓參與者以為有一個競爭對手一起參加反應競爭時間的作業，實驗一開始會讓受試者先去選擇懲罰對手程度，稱為決定階段（decision phase），決定階段後，讓雙方進行反應競爭比賽，比賽後，會公布虛擬對手選擇的懲罰強度讓參與者知道，參與者得知比賽的結果（贏或輸）與懲罰分數，稱為結果階段（outcome phase）。Krämer等人（2007）的磁振造影結果顯示，在決定階段中，背側前扣帶迴皮質（dorsal anterior cingulate cortex, dACC）的活化量增加，這與受試者正在處理決策衝突有關（選擇高懲罰讓對手痛苦還是選擇低懲罰友善面對）；在結果階段中，喙部前扣帶迴皮質（rostral anterior cingulate cortex, rACC）及前腦島（anterior insula）的活化量增加，這可能與表示受試者受到比賽結果影響而產生負面情緒有關。該實驗結果顯示出前扣帶迴皮質（anterior cingulate cortex, ACC）的角色是扮演解決認知以及情緒上的衝突，或是評估社會情境的歷程，參與調控衝動型攻擊行為。Lotze等人（2007）發現腹側和背側的前額葉皮質（ventral & dorsal medial prefrontal cortex）在反應型的攻擊行為上扮演不同的角色，前者與情感處理歷程有關，例如，憐憫與同情，後者與認知歷程有關，尤其在激烈的社會互動情況。個體在選擇懲罰等級的過程中，受到先前情境激怒的程度越，越需要去監控與抑制當下的攻擊反應行為。Krämer等人（2008）的腦波研究，利用攻擊行為特質量表，將受試者分成高攻擊特質與低攻擊特質兩組。在決定階段的腦波反應上會有額葉負波（frontal negativity），在此稱為決定相關負波（decision related negativity, DRN）。在泰勒攻擊典範進行過程中，高攻擊行為特質的受試者，受到實驗刺激引發攻擊行為傾向，但在行動上不能有實際攻擊行為時，越需要認知控制的過程加入，決定相關負波振幅會往上升，這顯示決定相關負波在決定階段扮演偵測衝突能力的指標，可能與控制攻擊行為的相關神經機制有關（Krämer et al., 2008）。

Wiswede等人（2011）研究結果顯示非暴力控制組在懲罰對手時有較高的決定相關負波。比較Wiswede等人（2011）和Krämer等人（2008）的腦波研究結果，Krämer等人是將大學生分成高攻擊特質與低攻擊特質兩組，其中高攻擊

特質組，採取低攻擊行爲方式，他們在高激怒情況下顯示出較高的決定相關負波，他們認爲在想要報復但又顧忌造成對受太大傷害的衝突下，決定相關負波反應出監控或是抑制的歷程。在Wiswede等人（2011）研究中，亦發現非暴力控制組在不同情境中決定相關負波受到調節後的差異，反之，在暴力組並沒有出現決定相關負波上的調節差異，Wiswede等人認爲這是因爲暴力組的自我調節歷程有問題所致。在結果階段，Krämer等人（2008）他們發現受試者在輸的情況比贏的情況，會增加回饋相關負波（feedback related negativity, FRN），回饋相關負波發生在約250毫秒，額葉中央區域，反應出對一個事件結果輸贏的評估及動機，腦波溯源分析發現FRN來自喙部前扣帶迴（rostral anterior cingulate）、後側前扣帶迴（posterior cingulate gyrus）（Müller et al., 2005）；（Nieuwenhuis et al., 2005）以及右側上額葉（right superior frontal gyrus）（Nieuwenhuis et al., 2005）。林君昱等人（2018）的泰勒攻擊行爲作業的行爲結果發現，暴力青少年組給對手懲罰的分數顯著高於一般青少年組。在進行作業時的第一次試驗，即未有對手挑釁的情境下，暴力青少年組給對手懲罰的分數亦顯著高於控制。腦波結果發現，暴力青少年組在決定階段的N2及決定相關負波之振幅顯著小於控制組，表示抑制能力可能較一般青少年差。二組在結果階段的回饋相關負波之振幅達到顯著，綜合行爲及腦波結果，顯示暴力青少年在解決認知以及情緒上的衝突，或是評估社會情境來調控抑制的能力及同理他人感受或依據外部訊息的回饋學習的能力較一般人低弱。暴力青少年無論於反應─主動攻擊行爲問卷及泰勒攻擊典範上，皆較一般青少年展現較強烈的攻擊行爲，且此高攻擊行爲可能與暴力青少年較差的負向情緒調節能力、同理他人感受或依據外部訊息的回饋學習的能力有關。

　　過去暴力行爲的研究，多以家庭環境、學校經驗與社會因素等層面來探討，亦發展出許多因應攻擊行爲問題的理論與對策，貢獻良多。然而隨著科技進步所賜，透過實驗設計結合腦波、腦造影技術等，瞭解暴力行爲產生的背後生理成因。儘管目前尚無法對於所有攻擊行爲類型提供完整的解釋，但提供一個可應用的研究方向，後續的相關研究將能使我們對於攻擊行爲有更清楚的掌握與領略，未來透過科際整合提出更完善的解決之道，進一步減少對家庭與社會的傷害。

參考書目

一、中文部分（依筆畫順序）

李芯如（2009）。以事件相關電位探討終止信號作業反應抑制歷程的特性。國立陽明大學神經科學研究所碩士論文。

林君昱、柯政宏、蕭睿宏、陳巧雲（2018）。以停止訊號作業及泰勒攻擊行爲作業檢視暴力青少年的腦神經機制：腦波研究。青少年犯罪防治研究期刊，第10卷第1期，頁1-44。

陳巧雲（2014）。以停止訊號作業檢視暴力行爲者的抑制機制。犯罪學期刊，第17卷第1期，頁89-99。

陳巧雲、吳宣霈（2014）。以事件相關電位檢視暴力青少年的抑制與錯誤監控機制。青少年犯罪防治研究期刊，第6卷第1期，頁122-164。

二、外文部分（依字母順序）

Anderson, C. A. & Bushman, B. J. (2002). Human aggression. Annual Review of Psychology, 53: 27-51.

Atkins, M. S., Stoff, D. M., Osborne, M. L., & Brown, K. (1993). Distinguishing instrumental and hostile aggression: does it make a difference? Journal of Abnormal Child Psychology, 21(4): 355-365.

Best, M., Williams, J. M., & Coccaro, E. F. (2002). Evidence for a dysfunctional prefrontal circuit in patients with an impulsive aggressive disorder. Proceedings of the National Academy of Science USA, 99(12): 8448-8453.

Blair, R. J. R., Mitchell, D. G. V., Peschardt, K. S., Colledge, E., Leonard, R. A., Shine, J. H., & Perrett, D. I. et al. (2004). Reduced sensitivity to others' fearful expressions in psychopathic individuals. Personality and Individual Differences, 37(6): 1111-1122.

Blair, R. (2004). The roles of orbital frontal cortex in the modulation of antisocial behavior. Brain and cognition, 55(1): 198-208.

Blair, R. J. (2001). Neurocognitive models of aggression, the antisocial personality disorders, and psychopathy. Journal of Neurology, Neurosurgery, and Psychiatry, 71(6): 727-731.

Blair, R. J. (2006). The emergence of psychopathy: Implications for the neuropsychological approach to developmental disorders. Cognition, 101(2): 414-442.

Blair, R. J. R. (1999). Responsiveness to distress cues in the child with psychopathic tendencies. Personality and Individual Differences, 27(1): 135-145.

Blair, R. J. R. (1992). The development of morality. University of London.

Blair, R. J., Mitchell, D. G., Richell, R. A., Kelly, S., Leonard, A., & Newman, C. et al. (2002). Turning a deaf ear to fear: Impaired recognition of vocal affect in psychopathic individuals. Journal of Abnormal Psychology, 111(4): 682-686.

Braem, S., Duthoo, W., & Notebaert, W. (2013). Punishment sensitivity predicts the impact of punishment on cognitive control. PLoS One, 8: e74106.

Brown, S., Fite, P. J., DiPierro, M., & Bortolato, M. (2017). Links between stressful life events and proactive and reactive functions of aggression. Journal of Aggression, Maltreatment & Trauma, 26(6): 691-699.

Buchman, D. D. & Funk, J. B. (1996). Video and computer games in the '90s: Children's time commitment and game preference. Children Today, 24: 12-16.

Bushman, B. J. & Anderson, C. A. (2001). Media violence and the American public: Scientific facts versus media misinformation. American Psychologist, 56: 477-489.

Bushman, B. J. (1995). Moderating role of trait aggressiveness in the effects of violent media on aggression. Journal of Personality and Social Psychology, 69: 950-960.

Chen, C. Y., Muggleton, N. G., Juan, C. H., Tzeng, O. J. L., & Hung, D. L. (2008). Time pressure leads to inhibitory control deficits in impulsive violent offenders. Behavioural Brain Research, 187(2): 483-488.

Chen, C. Y., Tien, Y. M., Juan, C. H., Tzeng, O. J. L., & Hung, D. L. (2005). Neural correlates of impulsive-violent behavior: An event-related potential study. Neuroreport, 16(11): 1213-1216.

Coccaro, E. F., McCloskey, M. S., Fitzgerald, D. A., & Phan, K. L. (2007). Amygdala and orbitofrontal reactivity to social threat in individuals with impulsive aggression. Biological Psychiatry, 62(2): 168-178.

Crick, N. R., Ostrov, J. M., & Werner, N. E. (2006). A longitudinal study of relational aggression, physical aggression, and children's social-psychological adjustment. Journal of Abnormal Child Psychology, 34(2): 127-138.

Damasio, A. R. (2000). The fabric of the mind: A neurobiological perspective. Cognition, Emotion and Autonomic Responses: The Integrative Role of the Prefrontal Cortex and Limbic Structures, 126: 457-467.

Dodge, K. A. (1980). Social cognition and children's aggressive behavior. Child Development, 51(1): 162-170.

Dodge, K. A. (1991). The structure and function of reactive and proactive aggression. In D. J. Pepler & K. H. Rubin (Eds.), The development and treatment of childhood aggression (pp. 201-218).

Eisenberger, N. I., Way, B. M., Taylor, S. E., Welch, W. T., & Lieberman, M. D. (2007). Understanding genetic risk for aggression: Clues from the brain's response to social exclusion. Biological Psychiatry, 61(9): 1100-1108.

Frick, P. J., Cornell, A. H., Barry, C. T., Bodin, S. D., & Dane, H. E. (2003). Callous-unemotional traits and conduct problems in the prediction of conduct problem severity, aggression, and self-report of delinquency. Journal of Abnormal Child Psychology, 31(4): 457-470.

Gable, S. L. (2000). Appetitive and aversive social motivation. Unpublished doctoral dissertation, University of Rochester, Rochester, NY.

Gray, J. A. (1987). The psychology of fear and stress. Cambridge University Press.

Gusnard, D., Akbudak, E., Shulman, G., & Raichle, M. E. (2001). Role of medial prefrontal cortex in a default mode of brain function. NeuroImage, 13(6): 414.

Hamann, S. & Mao, H. (2002). Positive and negative emotional verbal stimuli elicit activity in the left amygdala. NeuroReport, 13(1): 15-19.

Hare, R. D. (1999). The hare psychopathy checklist-revised: PLC-R. MHS, Multi-Health Systems.

Krämer, U. M., Büttner, S., Roth, G., & Münte, T. F. (2008). Trait aggressiveness modulates neurophysiological correlates of laboratory-induced reactive aggression in humans. Journal of Cognitive Neuroscience, 20(8): 1464-1477.

Krämer, U. M., Jansma, H., Tempelmann, C., & Münte, T. F. (2007). Tit-for-tat: The neural basis of reactive aggression. Neuroimage, 38: 203-211.

Kuepper, Y., Grant, P., Wielpuetz, C., & Hennig, J. (2013). MAOA-uVNTR genotype predicts interindividual differences in experimental aggressiveness as a function of the degree of provocation. Behaviouralbrain Research, 247: 73-78.

Lang, P. J., Bradley, M. M., & Cuthbert, B. N. (1997). Motivated attention: Affect, activation, and action. In Attention and orienting: Sensory and motivational processes (pp. 97-135).

LeMarquand, D. G., Pihl, R. O., Young, S. N., Tremblay, R. E., Séguin, J. R., Palmour, R. M., & Benkelfat, C. (1998). Tryptophan depletion, executive functions, and disinhibition in aggressive, adolescent males. Neuropsychopharmacology, 19(4): 333-341.

Logan, G. D., Schachar, R. J., &Tannock, R. (1997). Impulsivity and inhibitory control. Psychological Science, 8(1): 60-64.

MacLeod, C. M. (2007). Concept of inhibition in cognition. American Psychological Association.

Mathias, C. W. & Stanford, M. S. (2003). Impulsiveness and arousal: Heart rate under conditions of rest and challenge in healthy males. Personality and Individual Differences, 35(2): 355-371.

Meloy, J. R. (1998). The psychology of stalking. In The psychology of stalking: Clinical and forensic perspectives (pp. 1-23).

Mirsky, A. F. & Siegel, A. (1994). The neurobiology of violence and aggression. Understanding and Preventing Violence, 2: 59-172.

Müller, S., Möller, J., Rodriguez-Fornells, A., & Münte, T. (2005). Brain potentials related to self-generatedand external information used for performance monitoring. Clinical Neurophysiology, 116(1): 63-74.

Newman, J. P., Wallace, J. F., Schmitt, W. A., & Arnett, P. A. (1997). Behavioral inhibition system functioning in anxious, impulsive and psychopathic individuals. Personality and Individual Differences, 23(4): 583-592.

Nieuwenhuis, S., Slagter, H. A., Geusau, V., Alting, N. J., Heslenfeld, D. J., & Holroyd, C. B. (2005). Knowing good from bad: Differential activation of human cortical areas by positive and negative outcomes. European Journal of Neuroscience, 21(11): 3161-3168.

Patrick, C. J. (2001). Emotional processes in psychopathy. In Violence and psychopathy (pp. 57-77). Springer US.

Pepler, D. J. & Sedighdeilami, F. (1998). Aggressive girls in Canada: Human resources development Canada, applied research branch.

Romero-Martínez, Á., Sarrate-Costa, C., & Moya-Albiol, L. (2022). Reactive vs proactive aggression: A differential psychobiological profile? Conclusions derived from a systematic review. Neuroscience and Biobehavioral Reviews, 136: 104626.

Simmons, A., Matthews, S. C., Feinstein, J. S., Hitchcock, C., Paulus, M. P., & Stein, M. B. (2008). Anxiety vulnerability is associated with altered anterior cingulate response to an affective appraisal task. Neuroreport, 19(10):1033-1037.

Simner, M. L. (1971). Newborn's response to the cry of another infant. Developmental Psychology, 5(1):136.

Storch, E. A., Lewin, A. B., Silverstein, J. H., Heidgerken, A. D., Strawser, M. S., Baumeister, A., & Geffken, G. R. (2004). Social-psychological correlates of peer victimization in children with endocrine disorders. The Journal of Pediatrics, 145(6): 784-789.

Vitaro, F., Brendgen, M., & Tremblay, R. E. (2002). Reactively and proactively aggressive children: Antecedent and subsequent characteristics. Journal of Child Psychology and Psychiatry, 43(4): 495-505.

Volavka, J., Mohammad, Y., Vitrai, J., Connolly, M., Stefanovic, M., & Ford, M. (1995). Characteristics of state hospital patients arrested for offenses committed during hospitalization. Psychiatric Services.

Weiger, W. A. & Bear, D. M. (1988). An approach to the neurology of aggression. Journal of Psychiatric Research, 22(2): 85-98.

Wicker, B., Keysers, C., Plailly, J., Royet, J.-P., Gallese, V., & Rizzolatti, G. (2003). Both of us disgusted in my insula: The common neural basis of seeing and feeling disgust. Neuron, 40(3): 655-664.

Yeung, N. & Cohen, J. D. (2006). The impact of cognitive deficits on conflict monitoring predictable dissociations between the error-related negativity and N2. Psychological Science, 17(2): 164-171.

第四章　暴力犯罪之家庭因素

鄭瑞隆

 **前　言**

　　根據精神分析學家佛洛伊德（Sigmond Freud）的觀點，性與攻擊（Sex & Aggression）是人類的本能（Instinct）。雖然每個人都有攻擊的本能，但卻不是人人都會觸犯暴力犯罪（Violent Crime）。在導致一個人從事暴力犯罪行為之因素中，家庭因素通常被認為是最主要的，因為家庭對個人之人格養成、認知觀念、情緒及行為之影響最為深遠。家庭也是許多人生平第一次遭受暴力對待或目睹暴力行為的地方，因為許多暴力犯罪人從幼年在家庭的生活中就經常遭遇身體暴力與精神暴力，也常看見家人間以暴力互相攻擊或處理家庭內的糾紛。因此，嚴格而言，家庭甚至可以說是許多人暴力行為的養成處所，也是演練如何對人施加暴力的舞臺。本章將特別針對暴力行為與暴力犯罪之家庭因素進行分析，從各個家庭的面向剖析家庭對於個人發生暴力行為、觸犯暴力犯罪之關鍵影響，強調防治暴力犯罪行為之治本之道乃在健全家庭、重塑家庭倫理、經營快樂溫馨的家庭生活。國家必須提出具體有效的家庭政策並落實有效的家庭評估處遇方案方能達成此一目標。

　　近十年來臺灣地區各級警察機關受理發生之暴力犯罪件數及人數皆有所遞降，根據法務部中華民國106年犯罪狀況及其分析（2018），2017年之暴力犯罪人數有3,085人。2017年之暴力犯罪以恐嚇罪嫌疑人數最多，占39.45%，其次是殺人罪嫌疑人占24.80%，再次是強盜及搶奪罪嫌疑人占22.92%。強制性交罪嫌疑人也占了10.05%。其他尚有重傷害罪及擄人勒贖罪等。

　　然而在各種暴力犯罪人嫌疑人當中，特別是未來社會希望所寄望的青少年族群，他們的一些輕率暴力行徑，直接涉及各種暴力行為或被利用引誘參與各種暴力犯罪行為，如殺人、強盜搶奪及盜匪、恐嚇取財、擄人勒贖、強制性交、重傷害等六類犯罪，及利用網路交友做出性侵害或遭受性侵被害，還有網路上的語言暴力問題（或稱網路霸凌），都讓全體國人憂心忡忡，眼見青少年們如此偏差行徑若無有效導正，將來吾人社會將呈現何種面貌，實令人難以想

像。

　　研究者均一致地指出，影響個人身心發展、人格形成及行為養成最重要之基本單位，首推家庭，尤其是父母親與主要照顧者和兒童青少年從小之互動情形，在家庭關係與家庭功能方面之展現最為關鍵。一項對臺灣地區遊民的調查研究也發現，造成男性成為遊民的原因有40%為家庭問題，造成女性遊民的原因肇因於家庭因素者更超過一半（林萬億，1995；轉引自吳瑾嫣，2000），家庭對個人之身心健康及終身幸福與否影響深遠，所以我們可以說，對個人而言，「幸也家庭，不幸也家庭」。

　　兒童成長早期在家庭中所接受的教養與關愛品質，對日後是否產生犯罪行為具有相當高之預測力（Hirschi, 1969）。換言之，青少年時期之偏差行為往往是兒童時期缺乏適當的家庭教養與關愛所造成（許春金，1992；蔡德輝、楊士隆，2013）。偏差行為少年之家庭結構不完整之比例較高，家庭（家人）關係對青少年偏差行為之作用直接而明顯（侯崇文，2001）。鄭瑞隆（2001）之研究發現，家庭暴力之被害經驗可以解釋少年之犯罪或偏差行為達31.5%，Thornberry也強調童年受虐是發展成日後從事非行的重要因素（轉引自Schmalleger, 2012）。少年犯罪極易延伸為將來之成人犯罪問題，也就是說有暴力的成人社會，就有暴力的少年，有暴力的少年，將來社會上之暴力也不會止息。兒童少年會將其在家庭中之所見所聞及所遭遇之經驗，內化為自己的價值、觀念、態度與信念，並形成其人格型態與行為的模式（Cox & Conrad, 1996），因此，要探討現今臺灣社會之暴力犯罪問題及成因，必須從家庭這個面向切入，方能找出暴力犯罪行為成因之根源，並據以提出相應對策，以收標本兼治之效。

　　家庭對個人行為之影響程度深遠，層面甚廣，本章將從幾個最重要的面向與相關因素，深入探討家庭因素對暴力犯罪或偏差行為的影響與其關聯性，作為以家庭為中心的介入處遇（Family-centered Intervention）政策與方案形成的依據，俾能成為防治暴力犯罪行為在社會上蔓延的學理基礎。

　　暴力犯罪者與家人關係通常呈現疏離、不佳、溝通不良、從小家庭管教失當、有家人偏差行為之模仿、家庭成員間存在衝突與暴力、家庭結構缺陷、母親工作情形、家庭大小等，均與青少年發生暴力行為有密切關聯（Seydlitz & Jenkins, 1998; Schmalleger, 2012）。我國學者侯崇文（2001）研究也發現，家庭結構、家庭氣氛、親子間衝突、親子溝通互動頻率、親子間親密程度與彼此信賴程度，均與青少年偏差行為有關。

　　Goldstein（1990）、Seydlitz與Jenkins（1998）提出家庭因素中有幾項對青少年犯罪行為影響甚鉅，分別是缺乏父母親的愛、父母親拒絕、父母管教因素（如父母嚴苛的管教、虐待、父母管教鬆散、父母根本不管教等）、家庭成員偏差或犯罪行為之學習感染、家庭失和與家庭暴力、與父母親的關係疏離等。陳麗欣（1997）的研究發現，青少年父母之相處情形與社經地位對青少年校園暴力行為雖並無關係存在，但是母親外出工作，給青少年較多在外遊蕩的空檔，和不良友伴交往的機會增加，使得青少年發生偏差行為或被害的機率增加。吳齊殷（1996）也指出，家庭因素對青少年之負面影響有內化症狀（即憂鬱症狀）與外化症狀（即行為問題），甚至更嚴重的會有兩者併發症狀。換句話說，負面或不適當的家庭教養情形，會導致青少年心理健康較差，甚至會罹患憂鬱症狀，也會導致青少年較常發生偏差行為，暴力犯罪行為當然包含其中。

　　周震歐、趙碧華（1996）認為逃家與逃學是眾多青少年從事犯罪行為的根本前兆。臺北市少年輔導委員會（1989）曾整理青少年逃家、逃學原因，指出下列原因均是：一、青少年追求獨立自由，尋求刺激、新鮮、好玩、冒險等心理需求的滿足；二、青少年流行文化強調離家才是英雄好漢，才能表現自己的能力；三、無法達到家人的期待，或違犯家規或法令，害怕被處罰或被報復；四、家庭破碎，父或母親經常不在，家中沒人氣，心中空虛無聊，需要外界友伴支持；五、父母虐待、忽視、漠不關心、拒絕、放任、偏心、管教無力或不當，青少年對家庭產生排斥或逃避；六、父母婚姻不協調、家庭氣氛緊張、家人溝通不良、在家感受不到溫暖與接納、對家庭生活感到厭倦；七、父母親職業不正當，或家庭成員有犯罪行為，對青少年產生模仿的負面效果；八、結交異性朋友，進而離家同居，追求獨立生活與性自由的滿足。

　　筆者觀察，自從網際網路及各式各樣社交軟體發達以來，青少年結交網友的情形相當普遍，部分在家中得不到溫暖、支持與良好依附關係（Attachment）的青少年可能在網友引誘慫恿下離家或逃學，甚至學業中輟；或中學畢業後在外與人同居而不回家。

　　黃永斌（1997）對臺灣地區各地方法院少年法庭調查、審理與執行中之非行兒童，拘留於各少年觀護所之非行少年，及臺灣北、中、南、東四區八所國小在學學生進行問卷調查，發現與一般兒童相比較，非行兒童之家庭較常具有下列特性：即一、父母分居、單親、父母死亡及父母不在身邊（如隔代教養）者多；二、父母感情較不好；三、父母不良行為較多；四、父母教育程度較

低；五、父親較無固定工作，家庭經濟較差；六、父母親較不常在家；七、父母親管教方式較不能接受；八、在家時比較無人可談心；九、居家環境不良。

許春金、馬傳鎮與馬鎮華（1997）等人對收容於機構中之犯罪少年進行調查研究，發現犯罪少年家庭結構完整者（父母均在且同住者）只占51%，各類型犯罪少年中以暴力犯罪少年在外自己居住的比例最高，父母之教育程度以小學最多（44%），初中或國中者次之（28%）；父母親無業或無固定就業者比例超過20%，暴力犯罪少年父母親分居之比例高達39.6%，再婚之比例達17.5%；父母拒絕少年，不當監督管教，或經常施予生、心理暴力。因此，他們建議應該健全兒童成長的家庭環境，加強兒童與青少年保護工作，使其身心免遭傷害，是預防少年犯罪的重要措施。

國內一份針對暴力犯罪少年的本土實證研究（蔡德輝等人，1999），該研究發現如下：

一、與一般少年相比較，暴力犯罪少年之家庭具有下列特徵：

(一) 父母親因離婚、分居、行方不明、死亡或入監服刑而造成家庭結構破碎與家庭功能喪失之比例甚高。

(二) 父母親之婚姻和諧度與滿意度均較差，父母婚姻關係與親子關係經常疏離、緊張與衝突，家庭不溫暖、不愉快、不互相接納之比例甚高。

(三) 父母親職業聲望較低、收入水準較差、社會經濟地位較差、從事低層次體力、勞力工與低技術工比例較高、失業或無固定工作之比例高。

(四) 母親有固定工作與從事家庭管理之比例均較低，父母親均較不常在家，青少年不知道父母親從事什麼工作之比例較高。

(五) 父母親管教態度嚴重分歧之比例較高，小時候打罵居多，長大後辱罵與碎唸較多；犯罪少年之父母放任孩子偏差行為，廢弛親職管教責任之比例較高。

(六) 父或母親已死亡之比例較高，與親生父母親接觸少之比例較高，隔代教養或非由親生父母親撫養長大之比例較高。

(七) 家庭成員有犯罪紀錄或偏差行為與不良習性之比例較高，其中依序以酗酒、犯罪前科、賭博、吸毒、暴力衝突之比例最高。

二、暴力犯罪少年絕大多數都有逃學與逃家之紀錄，與父母親、學校老師、兄弟姊妹、同學關係不良之比例甚高。

三、暴力犯罪少年較一般少年更多人更常覺得父母親不瞭解他們的心情與想法，父母親很少主動瞭解他們的問題或困難，與父母親溝通不良，覺得父

　　母親對他們缺少關愛與鼓勵，較少與父母親一起去運動、休閒或郊遊、旅行，與父母親之間較疏離、冷漠，當他們不在家時，父母親通常不知道他們身在何方，亦即與家庭成員（尤其父母親）之聯絡較少。

四、暴力犯罪青少年之父母親絕大多數親職知識較貧乏，對親職責任之承擔不力，甚至完全拋棄；有相當比例從小使用暴力化的管教方式對待孩子；夫妻間婚姻失調、感情不睦，家庭分崩離析的情形相當普遍。幾乎全部的暴力犯罪青少年都有不愉快的家庭生活、學校生活與童年生活，甚至童年創傷經驗（Traumatic Childhood Experiences）或逆境經驗（Adverse Childhood Experiences, ACEs）很普遍。

　　以下各節即針對家庭因素影響人們暴力（犯罪）行為發生的因果與因應方式，做深入的解析與討論。

第一節　暴力犯罪之家庭因素概述

　　犯罪青少年與父母親與家人之關係，呈現較多疏離與不佳的情形。根據鄭瑞隆（1999）的研究，有26.8%的一般少年表示其父母親不瞭解他們的心情或想法，但暴力犯罪少年則更有高達44%表示其父母親不瞭解他們的心情或想法。可見一般而言，青少年有相當多人認為父母親不瞭解他們，是青少年心情苦悶之原因；但也可能是其家人互動冷淡，不常一起談心與分享心情。暴力犯罪少年有此感受者之比例更是高，親子間互相不瞭解彼此的心情與想法，甚至彼此互有誤解或心結，此對青少年之情緒與行為負面影響甚深，容易造成其內心憤懣的感覺。

　　暴力犯罪少年與父母親較少親近或一起從事運動與郊遊（旅行）等休閒活動，親子間親密度較差，疏離感較重（鄭瑞隆，1999；侯崇文，2001）。當他們不在家時，暴力犯罪少年有高達6成表示，其父母很少知道或從不知道他們去哪裡。可見，暴力犯罪少年平時與家庭（父母）之聯繫較少，與家人間之社會鍵（Social Bonding）較弱。暴力犯罪少年比一般少年有更大比例（約2倍）覺得自己在家中是沒有地位或不受重視，此難免會影響到他們的心情，及其與家人之聯繫與互動關係。

　　暴力犯罪少年覺得父母親對他們缺少關愛與鼓勵之人數比例，為一般少年

之2至3倍。覺得缺少父母的關愛與鼓勵，或許令青少年逐漸與家庭疏離，甚至自暴自棄，心情與自我概念低落。再者，或許亦有父母親對自己的孩子非常在乎、非常關心，但是因為缺乏良好的溝通或表達關心的技巧，使得孩子根本感受不到父母親的關愛，反而常感覺父母親對他們是苛刻、蠻橫與不尊重，殊為可惜。

　　整體而言，暴力犯罪少年家庭生活之滿意度不如一般少年。青少年對家庭生活不滿意，極可能是造成青少年與家庭疏離的根本原因，因為一個不愉快、不溫暖的家庭，會產生一股強大的推力將青少年推向外面社會的大染缸（周震歐、趙碧華，1996；鄭瑞隆，1999）。防治暴力犯罪行為要素之一，就是要積極創造一個愉快、溫暖、互相關照、彼此接納的幸福家庭，當兒童與青少年對自己的家庭生活更滿意時，心情愉快並有自重感，在乎家人的感受，脫離家庭而發生犯罪行為的可能性就會相對地降低。

　　經常覺得自己在家中沒有地位或不受重視，人數比例暴力犯罪少年約為一般少年之2倍（鄭瑞隆，1999）。青少年在家沒有地位或不受重視的結果，很可能會增加他們往外發展與朋友在外成群結黨，做一些自認為可以獲得社會地位或提升自我概念、獲得同儕肯定的事，但這些事往往是違反社會規範或觸法的行為。欲防止青少年向外偏差發展，提升兒童與青少年在家獲得肯定、接納與重視的感覺，及親子間正向依附關係（Schmalleger, 2012），實是十分重要。

　　此外，暴力犯罪少年比一般少年更少感受到來自於父母親的關愛與鼓勵。有父母親說「愛之深、責之切」，或「我打你罵你是為你好」，以權威又專制的態度面對小孩，空有滿心的關愛，但孩子從父母親的行為所感受到的卻是苛責、排斥、拒絕；孩子與父母親之間對於愛與關心的認知落差甚大，難怪父母親往往強調自己很愛孩子、很關心孩子，但是孩子認為父母親不愛他、不接受他，沒有關懷與鼓勵，只有苛責與辱罵，形成類似罹患「缺愛症候群」（鄭瑞隆，2006）的少年。暴力犯罪少年的父母親較少主動去瞭解他們的孩子，甚至觀念上不認為陪伴孩子做功課或休閒是有意義或價值的。孩子也覺得父母親不懂他們的心情與感受，雙方溝通不良，親子關係乃呈現僵局。暴力犯罪少年也表示，當他們做錯事情時，父母親對他們的處罰也較不合理，出現較多的暴力管教，例如體罰與嚴聲辱罵，使得孩子身心受創。因此，父母親的親職技巧非常重要，需要許多教育、學習與揣摩，不斷檢討與修正。但是一般人總以為「父母本天成」，永遠用「土法煉鋼」或上一代對待他們的方式來對待自己的

下一代，因此，造成與孩子間的隔閡越來越深，相當可惜。我們社會應該倡導
與實施全面的親職教育，臺灣在2003年2月已開始施行「家庭教育法」（2019
年5月最新修訂），該法條文中已經清楚揭示家庭教育、親職教育、家庭諮商
及家庭輔導之重要性，目的是要促進國民家庭生活知能、家人關係、健全家庭
功能，使父母親想愛、能愛、會愛自己的孩子。

　　與家人關係較好的人較不易成為暴力犯罪者，可以從上述的論述獲得學理
邏輯上的支持。

第二節　家人溝通與暴力行為

　　暴力犯罪者比一般人更常覺得與父母親或家人溝通不良。溝通不良的情
形下，親子間難免產生誤解、不愉快與衝突，嚴重影響親子間之感情。根據研
究（蔡德輝、高金桂、林瑞欽、楊士隆、鄭瑞隆、吳芝儀、吳建昌，1999），
暴力犯罪少年有高達52.3%表示，其父母親很少或從不嘗試瞭解他們有何困難
或問題，此項一般少年亦有37.6%做此回答。可見，現代的父母親至少有三分
之一以上的人很少或從不嘗試去瞭解他們的孩子有何困難或問題，而暴力犯罪
少年之父母親出現此情形之比例更高，高達半數以上。一般父母親總以為孩子
有吃、有穿、有玩樂，有回家、看起來乖乖的、身體有長大就沒事了，不知道
其實青少年在成長過程中有許多疑惑或心事，是需要父母親主動去探觸、去分
享、去瞭解的，父母親如能主動瞭解孩子的困難或問題，協助處理與解決，孩
子的成長必能較為平順，行為產生偏差的機率便相對地降低。

　　研究顯示（蔡德輝等，1999），有高達7成以上之犯罪少年與一般少年都
表示，家中很少或偶爾發生爭吵。可知，大多數的人家中均有過爭吵，只是發
生頻率不同；從衝突學派（Conflict Perspective）的論點觀之，家庭成員間發生
衝突或爭吵乃是家庭生活中無法避免的現象，並非特別異常，只是家庭中化解
衝突與糾紛之機制必須健全且有效，並朝正面去發展（鄭瑞隆，2001），讓家
庭內的衝突事件成為增進家人互相瞭解，並對未來的衝突事件能知所防範。

　　家中經常發生爭吵之人數比例，暴力犯罪少年為一般少年之3倍。可見，
暴力犯罪少年之家庭氣氛不愉快與緊張衝突之比例，遠比一般少年高。家庭內
的爭吵，有可能是青少年之父母之間、親子之間或兄弟姊妹之間，這些爭吵都

足以對青少年之情緒與人格發展產生負面影響，使青少年易與家庭疏離，在外以暴力的方式將心中的鬱積情緒發洩出來。

一個家庭是否祥和快樂，與父母親對家庭之經營與引導有著密不可分的關係。父母親除了要能經常在家陪伴孩子之外，也要知道在家裡要做什麼事或陪孩子進行什麼活動，來增進家人親密互動與和樂氣氛，使得孩子的認知、情緒與人格正常發展；至少應使家庭不要有破壞性的爭吵，使孩子感受到家庭中接納的氣氛。有些父母親會認為自己已經花很多時間陪孩子了，但是，親子間互動的品質有時並不因時間增多而變好，父母親仍應多花心思在提升與孩子之正向互動。

父母親的溝通模式、感情品質與相處情形對青少年影響甚大，研究發現，青少年表示父母親經常吵架或使用暴力者，暴力犯罪少年人數比例是一般少年之4.6倍。青少年經常浸染於爭吵不休或暴力相向的雙親互動中，極可能使他們的情緒長期陷於緊張、焦慮與沮喪，導致人格發展不健全，甚至導致人格違常，將來容易用殘暴的語言或暴力行為去處理人際間衝突，因為家庭衝突（主要為夫妻之間）雖未必將孩子牽扯其中，但亦會對孩子的心靈健康產生負面衝擊（Seydlitz & Jenkins, 1998）。暴力犯罪少年的父母親也經常會使用暴力來對待青少年，以管教之名行暴力對待之實，此為造就暴力青少年之極大病源，值得留意，千萬勿讓家庭成為社會上暴力犯罪者之溫床。

針砭之道可考慮從中小學起，在學校課程中加強學習如何增進性別平等互動及溝通、如何經營家庭生活，並以建設性的平和手段處理家人間與一般人際衝突，讓年輕人從兒童與青少年時期就能學習人際溝通的技巧，培養家庭幸福和樂的知能。對於曾在家庭中經歷過父母親暴力相向或家庭暴力的青少年與兒童，應該提供治療性的課程或輔導方案（鄭瑞隆，2006），透過個案工作或團體工作的方式，矯正其先前錯誤人際互動的學習，方能預防其成家之後將其暴力的種子植入家庭生根發芽。

第三節 家庭管教、家庭暴力與暴力行為

根據社會學習理論（Social Learning Theory）（Bandura, 1977），人類的行為係經由觀察與模仿而學得，暴力行為亦相同。當孩子做錯事或不聽指令

時，暴力犯罪者的父母親較常以不合理的方式處罰他們，而且人數比例是一般人之2倍以上（鄭瑞隆，1999）。以不合理的方式處罰孩子，極可能涉及過度嚴苛或傷害孩子的身體、自尊與人格。近年來社會上出現了許多父母親對孩子施加殘酷苛刻的身體暴力、性暴力、精神虐待及疏忽照顧，導致嚴重結果，甚至造成死亡事件，此種家庭病理現象（Family Pathology）與青少年兒童後來從事暴力犯罪行為之關聯性，已被許多學者的研究與論述所支持，會助長青少年從事犯罪行為的危險（王淑女，1995；楊士隆、鄭瑞隆，1999，2006；鄭瑞隆，1999a；蔡德輝等人，1999；Brown, 1984; Cox & Conrad, 1996; Goldstein, 1990; Rosenbaum, 1989; Salzinger et al., 1991; Seydlitz & Jenkins, 1998; Smith & Thornberry, 1995; West, 1973; Widom, 1989; Wright & Wright, 1994; Schmalleger, 2012）。而且Brown（1984）十分肯定地認為，受虐待行為在少年從事犯罪行為之前就已發生，亦即他認為不是因為少年有犯罪行為才導致家人（父母）對其施以虐待行為。但是，Wright與Wright（1994）認為，暴力犯罪青少年本身也有較高的被害可能性。大部分受虐的孩子並未成為虐待父母犯罪人或暴力犯罪者，可能因為那些受虐兒童曾有貴人（Enlightened Witness）支持他們的情緒，幫助他們處理面對受暴的痛苦。雖然這些孩子遭受苦難與傷痛，但至少仍有一位關心他們、關係良好的照顧者願意支持、保護、接納他們，使他們不至於成為犯罪青少年（Rickel & Becker-Lausen, 1995）。

暴力犯罪少年之父母親管教方式不一致之比例遠高於一般少年父母親（Cox & Conrad, 1996）。父母親對子女管教態度不一致，容易造就性格偏激、人格不穩定的青少年，青少年亦容易在父母的矛盾之間，陽奉陰違、混水摸魚，養成孩子投機取巧的僥倖心理，對於青少年後來從事偏差行為不無影響（吳齊殷，1996）。研究也指出，遭受父母親以暴力管教的孩子，長大後不僅可能對自己的子女施加暴力，更可能對其他家庭之外的人施用暴力，因為他們可能已經養成暴力行為的人格特質（吳齊殷、陳易甫，2000）。

所謂父母親的管教態度很不一致，通常是一方嚴厲，另一方又過度放鬆或溺愛；有一部分父母親則是對孩子過於疏縱，幾乎採放任不管的方式對待孩子。絕大多數的暴力犯罪者都坦承，父母親小時候對他們很嚴厲，經常打罵，但是長大以後（青春期之後）則很少或不敢再打他們。只是經常用罵的、用碎唸的，讓他們覺得很煩，乾脆不想回家，逃學、蹺家後回去不是被罵得很厲害，就是被嚴厲毆打，親子間的關係更加惡化，有些暴力犯罪者到了青春期之後則索性長期離家不歸，住在朋友家裡，或自己在外賃屋而居（鄭瑞隆，

1999a）。

　　部分青少年從小被嚴厲管教，甚或幾近於虐待式的對待，很可能從小就在其心靈中烙下暴力、無情、冷酷與叛逆的影子，進入青春期之後，因青少年本身的發育，使其躲避父母打罵的能力大增（能逃跑、能離家、能反抗）與身體越來越高大有力，使父母越來越不能打、不敢打；加上傳統上一般父母親也會認為孩子長大了，應給他們保留一點顏面或自尊，較不再動手打孩子。結果青春期的開始也是青少年們開始一心想向外發展自己的空間領域之時，所以，父母親對他們的約束力則相對地急速弱化，青少年似乎成為不受拘束、不知天高地厚的脫韁野馬。

　　在臺灣，約有半數以上的父母都曾經打過小孩，且對他們大發脾氣。然而，暴力犯罪少年之父母親比一般少年的父母親，更常對青少年們有較多打罵與大發脾氣之比例。打罵教育雖然不是適當的教養方式，但是在臺灣卻有大多數的父母親無法擺脫這種管教方式。現代父母親學習如何在不使用身體暴力（體罰）為管教手段之下，如何以替代的管教方式管教孩子，且不廢弛其親職管教職責，是相當重要的課題。

　　在展現父母親管教功能時，一般少年的父母親，似乎比暴力犯罪少年的父母親，更積極介入孩子的錯誤行為，去糾正孩子的偏差。當孩子做錯事時，父母親若不予以糾正，而是放任疏縱，此部分在暴力犯罪少年之父母放任疏縱孩子的情形，比一般少年的父母普遍，其對履行親職功能較不積極，不知如何扮演父母親的角色。這可從許多被警察逮捕的青少年在警局時，警察打電話欲聯絡其父母親到場時遍尋不著的情形，獲得印證；因為許多暴力犯罪少年的父母親，根本是廢弛其親職責任，放任孩子的行為而無法加以約束，平時更不知道自己的孩子與誰在一起、做些什麼事情。

　　暴力犯罪少年父親已亡故之比例高達13.3%，人數比例為一般少年7倍之多。相較於一般少年母親已亡之比例只有0.5%，犯罪少年母親已亡之比例為4.6%，人數比例達9倍之多（蔡德輝等，1999）。少年之父母親亡故或失蹤或行方不明，會導致親職角色喪失或親職功能之履行變為不可能（雖然有親職替代者，如祖父母之隔代教養或其他親人，但畢竟與原生父母親不同），是導致少年暴力犯罪之重大危機因素（鄭瑞隆，1999），欲防制青少年暴力犯罪亦應從健全家庭結構與功能做起，例如加強身心保健、減少意外事件、加強婚姻諮商、減少離婚比例，同時提升父母親親職意願、知識、技巧與能力，倡導非暴力的正當管教，都可以間接防止暴力犯罪行為之發生。

第四節　家人暴力犯罪行爲之模仿與學習

如前提及，暴力犯罪少年之父母親經常吵架或使用暴力者，是一般少年之4.6倍。青少年經常浸染於爭吵不休或暴力相向的雙親互動中，極可能使他們的情緒長期陷於緊張焦慮，導致人格發展不健全，同時也學習到用殘暴的語言或行爲處理人際衝突，暴力的父母親也經常會使用暴力來對待自己的孩子，此爲造就暴力青少年之極大病源。尤有甚者，暴力犯罪少年之家庭成員涉及各種不良行爲紀錄之比例，均比一般少年來得高。根據蔡德輝等人（1999）的研究，在酗酒方面，犯罪少年有34.4%表示家庭成員有酗酒習慣，一般少年則爲8.9%。22.9%的暴力犯罪少年之家庭成員有賭博紀錄，而一般少年則爲8.0%。暴力犯罪少年家庭成員有犯罪前科紀錄者有26.1%，一般少年只有1.4%。暴力犯罪少年家庭成員間有暴力衝突者占10.6%，而一般少年只有1.9%。暴力犯罪少年家庭成員有吸毒習慣者有8.3%，而一般少年只有0.5%。暴力犯罪少年家庭成員中有自殺紀錄者有2.3%，而一般少年只有0.9%。犯罪少年家庭成員中有精神疾病紀錄者有3.2%，而一般少年爲1.9%。

暴力犯罪少年家庭成員之不良或偏差行爲紀錄，發生比例前五名分別爲酗酒、犯罪前科、賭博、暴力衝突與吸毒。一般少年家人之偏差行爲亦以酗酒與賭博分居前兩名，但其發生比例遠低於暴力犯罪少年之家人。由以上分析加上社會學習理論之解釋可推論，暴力犯罪者之犯罪行爲與其家庭成員間之不良紀錄，應有十分密切之關係（Schmalleger, 2012）。尤其酒精本身就極容易使人行爲失控，許多人發生暴力犯罪之前都有飲酒的情形，值得注意。

酗酒、賭博與暴力衝突是社會上一般家庭中最常見的偏差行爲或不良紀錄，對今日之青少年兒童造成無法抹滅的負面影響，尤其在暴力犯罪青少年的家庭中，這些不良紀錄更是顯著影響他們。暴力犯罪青少年的偏差行爲與走上暴力犯罪之途，其家人間不良習性之感染，是爲禍首之一，這些不良習性常直接或間接引導青少年從事暴力行爲。防制之道，宜從每個家庭成員本身戒除不良習性著手，過著健康優質的生活方式，才能消除對青少年兒童暴力態度與行爲之不良感染。

第五節 家庭結構與暴力行為

雖然家庭結構與個人的行為不會有直接的作用關係，但是暴力犯罪者的家庭結構與一般人相比，有嚴重的缺陷的比例甚高。通常其父母親婚姻關係與溝通常出現重大問題。根據研究（蔡德輝等人，1999）一般少年父母同住一起之比例高達93.0%，而暴力犯罪少年則僅有46.3%，不及一半。暴力犯罪少年之父母已離婚之比例高達33.9%，一般少年之父母已離婚者只有1.9%，暴力犯罪少年之父母已離婚之比例比一般少年竟高出17倍。暴力犯罪少年之父母分居之比例為9.2%，一般少年之父母分居者只有3.3%，暴力犯罪少年之父母分居之比例為一般少年之近3倍。犯罪少年之父或母已亡或行蹤不明之比例為10.6%，一般少年則只有1.9%，暴力犯罪少年之父或母已亡或行蹤不明之比例比一般少年高出4.5倍（蔡德輝等人，1999）。

由上述分析可知，結構破碎的家庭或父母親離婚、分居的家庭，對其家庭成員或青少年與兒童而言，是個危機的情境，因為如果其他抑制的因素未發生作用的話，結構不全家庭中的個人從事暴力犯罪之危險可能高於一般人。少年之父母親婚姻關係與溝通失調，是少年犯罪之重大危機因素之一，而離婚與分居（家庭結構破碎）都是婚姻失調的具體表徵（高淑貴，1996；蔡文輝，1998）。今日臺灣社會的離婚率逐年升高，平均三對新人辦理結婚登記的同時，有一對怨偶正在辦理離婚手續，而夫妻婚姻失調與夫妻關係名存實亡而分居者可謂不少，此均與暴力犯罪行為（少年犯罪及家庭暴力）關係密切。

家庭結構破碎除了對青少年之人格發展有負面影響，更使得單親父母因經濟或情緒壓力導致無法成功地履行親職功能，家庭管教功能因而式微，對青少年產生偏差行為難以產生遏止的作用（Cox & Conrad, 1996；鄭瑞隆，1999a）。在臺灣家庭結構之破碎間接導致「隔代教養」的情形普遍化，社會上許多男子在與妻子離婚之後，通常都將孩子帶回父母親家，讓孩子的祖父母來幫忙撫養，一來為省卻帶孩子的不便與負擔，二來可以方便自己在外全心地奮鬥事業賺錢或闖蕩，與孩子接觸時間甚少，回家時對孩子有採取補償式物質供給者，也有因聽家人告狀孩子不乖而對孩子嚴加毆打辱罵者，過猶不及，均會對青少年之人格與心理健康產生負面效應（鄭瑞隆，1999b）。

因此，欲減低社會上暴力犯罪之比例，基本上可從健全男女婚前理智交往、婚後經營婚姻及家庭生活與增進家庭幸福的基本社會建設做起，從婚前之

兩性交往、婚姻關係中之兩性互動、溫馨家庭氣氛之培養與互動模式之建立、子女管教與家庭事務與經濟之管理、家庭衝突之協商與處理或家族治療（王行，1997；Borduin & Schaeffer, 1998）、家庭教育等等，均值得推廣。

第六節　父母親社經水準與暴力行為

　　比較暴力犯罪少年與一般少年的父親所從事的工作，可以發現，暴力犯罪少年父親無業及從事非專門技術勞力工者之比例遠高於一般少年父親；犯罪少年不知道父親從事什麼工作及父親已亡故之比例，亦遠高於一般少年。一般少年的父親從事軍公教職業與商或服務業者之比例，遠高於暴力犯罪少年（蔡德輝等人，1999）。

　　由上述分析可知，暴力犯罪少年的父親所從事的工作，其職業地位水準明顯地低於一般少年的父親。研究也顯示，暴力犯罪少年家庭每月收入比不上一般少年，其家庭之經濟水準較一般少年差。暴力犯罪少年父親缺位（Absence）或親子疏離的情形比一般少年嚴重（如犯罪少年不知道父親從事何種工作之人數比例為一般少年之10倍），父親親職角色與功能喪失，與親子疏離之情形嚴重，對於少年觸犯暴力犯罪之可能影響，不言可喻。暴力犯罪行為人來自中下社會經濟地位之家庭者之比例，亦遠多於來自中高社經水準之家庭。此有可能是因為中下階層家庭較常以暴力作為管教方式，及對孩子的正向教養（Positive Discipline）不足所致。

　　研究亦發現（蔡德輝等人，1999），暴力犯罪少年的父親因就業比例不如一般少年的父親，因此，對家庭經濟的貢獻與教育之正面示範功能幫助較小，甚至有相當比例之暴力犯罪少年，其父親本身無固定工作，甚至長期失業或入監服刑，對於青少年之管教或行為示範，均有極為負面的作用。一般少年中，父親從事較高社會經濟地位之工作比例較高，正常的規律就業與努力任事之情形較多，對家中經濟與少年行為正向示範功能較佳，此為一般少年比犯罪少年幸運之處。因此，如欲減少青少年暴力犯罪，從社會上一般民眾之家庭功能改善起，增進親子間之親密感與家人正向聯繫程度，尤其是家庭中父親應有正常就業、努力工作之示範，父親本身應減少不能吃苦耐勞與無所事事、遊手好閒之情形，儘可能提升自己職業之社會經濟地位，則對青少年必然有正面的影

響。

在母親就業情形方面，母親是否外出就業與青少年犯罪之間的關聯性，美國的研究發現顯示並不一致，有些研究顯示母親就業與否與少年犯罪無關（Dentler & Monroe, 1961; Richards, 1979; Simons et al., 1989; Wells & Rankin, 1988），有些研究則認為有關係。國內研究方面，蔡德輝等人（1999）比較暴力犯罪少年的母親與一般少年的母親所從事的工作，可以發現，暴力犯罪少年不知道母親從事何種職業或母親不詳者，比一般少年高出10倍。暴力犯罪少年母親無業者之比例，亦為一般少年之2.5倍；從事非專門技術之勞力工作者之比例亦為一般少年母親之3倍。而一般少年之母親為家管者之比例，為犯罪少年母親之2.7倍；從事軍公教職業者為暴力犯罪少年母親之13.6倍，從事商業或服務業者人數比例，為暴力犯罪少年母親之近2倍。

由以上研究分析可見，母親較常在家，專職於家庭管理，或工作職業聲望較高、上下班時間及休假情形較固定，對於防制少年暴力犯罪有極正面之影響。而暴力犯罪少年與母親疏離之比例甚高，許多人根本不清楚自己的母親從事什麼工作，母親也經常不在家，或甚少與母親接觸，對於家庭之照顧亦明顯地不如一般少年的母親。值得注意的是，一般少年的母親從事軍公教職業者之比例為暴力犯罪少年母親之13.6倍，從事商業或服務業者人數比例，為犯罪少年母親之近2倍；可見，母親的職業地位高低、是否規律且正常地上班、是否有足夠的時間陪伴家人與小孩、親子間是否正向密切互動等，均是影響青少年是否發生偏差或暴力犯罪行為的重要指標，值得重視。

一般少年中有41.3%表示，其父親或母親即使有工作，在家的時間也不至於太少，但是暴力犯罪少年則只有24.3%如此認為。可知，與暴力犯罪少年的父母相比，一般少年的父母親在家的時間較多，在家的比例亦較高，即使他們有固定工作，仍然會儘可能排除不必要的外務或減少加班，把留時間在家陪家人與孩子當成是重要的事情。如果父母親在家的時間較多，且留意自己與孩子間的正面親子互動，對於親職功能的履行可能較好，與少年相處的時間可能較多，親子間感情的聯繫可能較佳，因此，對於抑制少年偏差或暴力犯罪行為通常是有正面效果的。

暴力犯罪者之平均家庭所得遠遠比不上一般人的家庭，家庭之經濟水準影響個人生活所需與物質慾望之滿足程度，個人如果生活基本所需都能滿足，且有正確的物質價值觀念與金錢管理能力，自然較不會因物質缺乏而生使用暴力去非法奪取所需之念頭，也較不至於過度追求虛榮而致迷失自己。因此，家庭

中維持一個適度的物質提供能力，並教育孩子適可而止的物質擁有慾念，並培養正確的勞動價值觀念是十分重要的。

　　父親有固定工作，不僅對家庭經濟之穩定絕對有幫助，更對青少年犯罪或偏差行為之產生有抑制效果，國家可組訓專業助人者（如職業輔導員或社會工作人員）積極主動地去接觸沒有固定工作的男性青年，對於非自願性失業之人口，應有完善的家庭津貼補助與職業訓練及職業媒合之機制；尤其是已經結婚或已有子女者，在給予津貼的同時應輔導其接受職業訓練或第二專長訓練，訓練時給予獎勵與必要的經濟或交通協助，助其早日覓得適當的工作，此對社會預防少年以暴力去獲取物質所需將有重要且深遠之幫助。

第七節　健全家庭以防治暴力犯罪之建議

　　對於暴力犯罪行為之輔導策略，從系統觀點（Systematic Perspective）而言，必須著重微視（Micro）與鉅視（Macro）防治與處遇措施兼具，即對暴力犯罪個人進行深入的諮商輔導或心理治療，對其家庭系統與各次系統（如夫妻、手足、親子）之暴力病源進行剖析，並與其相關系統之經營或改造同時進行（家庭即為暴力行為根源的最主要系統）。換句話說，對暴力犯罪行為者之輔導策略必須是從多元化的面向（Multi-dimensional）切入，由學校、家庭和社區共同參與，方易奏效（楊瑞珠，1999）。

　　由於本章係針對家庭因素進行關注與探討，以下簡單建議想法亦僅囿限於改善、增強家庭之觀點，而先略過其他重要面向的問題。

　　一、全面實施專業化的家庭教育、性別教育、休閒教育、親職教育與婚姻諮商，廣泛地建立各種家庭衝突的調解、家事商談與處理機制，使用專業的家族治療模式（Family Therapy）與婚姻諮商（Marital Counseling）來改善家庭互動與功能（王行，1997；鄭瑞隆，2004；Borduin & Schaeffer, 1998），俾能減少外遇、離婚、分居、家庭暴力與不愉快的家人互動，維護家庭結構完整性、提升父母親職功能、改善夫妻與親子關係、促進家人良性溝通與互動、培養家庭愉快的氣氛，使個人的家庭成為一個快樂、溫暖、接納、情愛與安全的成長環境，造就幸福、快樂、健全成長的兒童與青少年，避免其淪為「缺愛症候群」的孩子。此為防止暴力犯罪行為發生之治本之道。

　　二、加強對中低社會經濟水準及文化失利（如原住民族、新住民家庭或偏

遠鄉村地區）的民眾提供職業訓練、就業教育、家庭教育、生活津貼與生涯輔導，確立正確的家庭倫理及職業倫理觀念，提倡正確的勞動價值，正確的金錢管理概念與平實的物質慾望，倡導簡單、樸素、健康、勤勞的生活哲學，減少中下階層民眾之相對剝奪感。鼓勵父母親除正常上班工作時間外，學習較佳的親職技巧，培養健康正向的親子關係，閒暇時間儘量在家陪伴孩子或安排親子間的運動或共遊，減少兒少沉迷於網路遊戲的可能，關心孩子的成長、問題、疑惑與心理需求，促進親子彼此瞭解、接納與尊重。當孩子與家人間之聯繫鍵能強化，家庭就能產生一股強大的內聚拉力，把孩子維繫在愉快的家庭生活氣氛中，不至於脫離家庭或產生怨恨暴力行為。

三、以實質的減稅措施（國家的稅式支出）或社會運動與社會教育鼓勵父母親親自養育孩子，多安排健康的親子休閒娛樂活動，增加親子間的聯繫，減少隔代教養的弊病。國家社會應主動提供育有年幼子女（Dependent Children）的家庭親職指導與協助，經濟支援、托育服務、喘息照顧與衝突介入，以完善的家庭式社會福利（如支持增強式、補充式或替代式）支援網絡來增強家庭的穩定與親職功能，減少因家庭衝突或經濟動盪而犧牲兒童與青少年健全發展的權益。

四、針對社會上許多父母親廢弛親職責任及管教職責，放任青少年從事偏差或危機（曝險）行為不管，造成青少年行為越加乖張之事實，或對孩子施加暴力行為者，建議社政單位、警察單位與司法單位，貫徹引用少年事件處理法第84條各項、兒童及少年福利與權益保障法，嚴厲監督或處罰此類父母親。並更應該增置專業設施與專業人員，強制此類父母親接受更進一步的親職教育輔導或身心治療（類似家庭暴力防治法民事通常保護令對施暴者之評估與處遇），平日亦對此類父母與家庭密切監督訪視，幫助父母親以非暴力的方式管教子女，方能將家庭親職廢弛與家庭暴力的病根去除，使整個社會走上健全祥和。

五、父母親與家庭成員的行為與處世方式，對青少年影響最大，我們社會應倡導每個人從自身的行為導正做起，方能給青少年良好的示範，減少青少年模仿暴力行為與偏差行為。家庭成員中若有人有暴力犯罪行為或不良習性，更應把家庭中的青少年列為高危險群，加強輔導與行為引導，給予必要的協助與觀念糾正，對此類青少年進行「消毒式教育」。這些工作應落實在社區之社政單位與學校之輔導層面，政府與專業的民間單位提供適當的財源與專業人力協助，實屬刻不容緩。

參考書目

一、中文部分（依筆畫順序）

王行（1997）。家族歷史與心理治療——家庭重塑實務篇（再版）。心理出版社。

王淑女（1995）。家庭暴力對青少年暴力行為及犯罪行為的影響。犯罪學期刊，創刊號，頁125-150。

吳齊殷（1996）。教養實施與青少年併發性偏差行為。發表於解構青春少年時：1996年台灣青少年犯罪與矯治問題研討會，臺北市立師範學院與中華民國犯罪學學會主辦。

吳齊殷、陳易甫（2000）。家內暴力的成因與後果：以母親為例。應用心理研究，第11期，頁69-92。

吳瑾嫣（2000）。女性遊民研究：家的另類意涵。應用心理研究，第8期，頁83-120。

周震歐（1997）。台灣地區青少年犯罪的成因與對策。載於法務部86年度犯罪問題研討會學術論文集。法務部。

周震歐、趙碧華（1996）。少年逃家、逃家行為推力與拉力之實證研究。發表於解構青春少年時：1996年台灣青少年犯罪與矯治問題研討會，臺北市立師範學院與中華民國犯罪學學會主辦。

法務部（2018）。中華民國106年犯罪狀況及其分析——2017犯罪趨勢關鍵報告。法務部。

侯崇文（2001）。家庭結構家庭關係與青少年偏差行為探討。應用心理研究，第11期，頁25-43。

高金桂、謝文彥（1996）。高危險群暴力傾向學生輔導手冊。教育部。

高淑貴（1996）。家庭社會學（再版）。黎明文化。

許春金、馬傳鎮、馬鎮華（1997）。收容少年犯罪成因及其防治對策之調查研究。法務部犯罪研究中心專案委託研究。

陳麗欣（1997）。台灣地區校園暴力問題及其對策。載於法務部86年度犯罪問題研討會學術論文集。法務部。

黃永斌（1997）。非行兒童相關因素之調查研究。法務部。

黃俊傑、王淑女（2000）。家庭自我概念與青少年偏差行為。應用心理研究，第11
期，頁45-68。

楊士隆、鄭瑞隆（1999）。台灣地區強姦犯罪之成因與處遇對策之研究。行政院國
家科學委員會專題研究計畫成果報告（NSC88-2414-H-194-010）。

楊瑞珠（1997）。偏差行為之初期症候與輔導。載於法務部86年度犯罪問題研討會
學術論文集。法務部。

臺北市少年輔導委員會（1989）。個案輔導實務彙編——逃學逃家少年特質分析。
臺北市少年輔導委員會。

蔡文輝（1998）。家庭社會學。五南圖書。

蔡德輝、楊士隆（2013）。少年犯罪：理論與實務（修訂再版）。五南圖書。

蔡德輝、高金桂、林瑞欽、楊士隆、鄭瑞隆、吳芝儀、吳建昌（1999）。青少年暴
力犯罪成因與矯正處遇對策之研究（Ⅰ）。行政院國家科學委員會整合型專題
研究計畫成果報告（NSC87-2418-H-194-008-Q8）。

鄭瑞隆（1999a）。推手或殺手？談台灣家庭與學校對青少年之影響。發表於兩岸青
年學者青少年問題研討會，財團法人兩岸發展研究基金會主辦。

鄭瑞隆（1999b）。從娼少女家庭暴力經驗與防止少女從娼策略之研究。發表於台灣
社會問題研究學術研討會，中央研究院社會學研究所及社會問題研究推動委員
會主辦。

鄭瑞隆（2004）。親密暴力：成因、後果與防治。蜂鳥出版。

鄭瑞隆（2006）。兒童虐待與少年偏差：問題與防治。心理出版社。

二、外文部分（依字母順序）

Albee, G. W. & Canetto, S. S. (1996). A family-focused model of prevention. In C. A. Heflinger
& C. T. Nixon (Eds.), Families and the mental health system for children and adolescents
(pp. 41-62). Sage.

Austin, R. L. (1978). Race, father-absence, and female delinquency. Criminology, 15: 487-505.

Bandura, A. (1977). Social learning theory. Prentice Hall.

Borduin, C. M. & Schaeffer, C. M. (1998). Violent offending in adolescence: Epidemiology,
correlates, outcomes, and treatment. In T. P. Gullota, G. R. Adams, & R. Montemayor
(Eds.), Delinquent violent youth: Theory and interventions (pp. 144-174). Sage.

Brown, S. E. (1984). Social class, child maltreatment, and delinquent behavior. Criminology,
22: 259-278.

Chesney-Lind, M. (1989). Girls' crime and women's place: Toward a feminist model of female delinquency. Crime & Delinquency, 35: 5-29.

Cox, S. M. & Conrad, J. J. (1996). Juvenile justice: A guide to practice and theory (4th ed.). Brown & Benchmark.

Crouch, J. L. & Milner, J. S. (1993). Effects of child neglect on children. Criminal Justice and Behavior, 20(1): 49-65.

Dentler, R. A. & Monroe, L. J. (1961). Social correlates of early adolescent theft. American Sociological Review, 26: 733-743.

Goldstein, A. P. (1990). Delinquents on delinquency. Research Press.

Jaffe, P. G., Wolfe, D. A., & Wilson, S. K. (1990). Children of battered women. Sage.

Kissman, K. & Allen, J. A. (1993). Single-parent families. Sage.

Krantz, S. E. (1989). The impact of divorce on children. In A. S. Skolnick & J. H. Skolnick (Eds.), Family in transition (6th ed., pp. 341-362). Scott Foresman.

Lauritsen, J. T. (1994). Explaining race and gender differences in adolescent sexual behavior. Social Forces, 72: 859-884.

Matsueda, R. L. & Heimer, K. (1987). Race, family structure, and delinquency: A test of defferential association and social control theories. American Sociological Review, 52: 826-840.

Richards, P. (1979). Middle-class vandalism and age-status conflict. Social Problems, 26: 482-497.

Rickel, A. U. & Becker-Lausen, E. (1995). Intergenerational influences on child outcomes: Implications for prevention and intervention. In B. A. Ryan, G. R. Adams, T. P. Gullotta, R. P. Weissberg, & R. L. Hampton et al. (Eds.), The family-school connection: Theory, research, and practice (pp. 315-340). Sage.

Rosenbaum, J. L. (1989). Family dysfunction and female delinquency. Crime & Delinquency, 35: 31-44.

Salzinger, S., Feldman, R. S., Hammer, M., & Rosario, M. (1991). Risk for physical child abuse and the personal consequences for its victims. Criminal Justice and Behavior, 18(1): 64-81.

Schmalleger, F. (2012). Criminology today: An integrative introduction. Prentice Hall.

Seydlitz, R. & Jenkins, P. (1998). The influence of families, friends, schools, and community on delinquent behavior. In T. P. Gullotta, G. R. Adams, & R. Montemayor et al. (Eds.), Delinquent violent youth: Theory and interventions (pp. 53-97). Sage.

Simons, R. L., Robertson, J. F., & Downs, W. R. (1989). The nature of the association between parental rejection and delinquent behavior. Journal of Youth and Adolescence, 18: 297-310.

Smith, C. & Thornberry, T. (1995). The relationship between childhood maltreatment and adolescent involvement in delinquency. Criminology, 33: 451-477.

Wells, E. L. & Rankin, J. H. (1988). Direct parental controls and delinquency. Criminology, 26: 263-285.

West, D. J. (1973). Who becomes delinquents? Heinemann.

Wright, K. N. & Wright, K. E. (1994). Family life, delinquency and crime: A policy maker's guide. U.S. Government Printing Office.

第五章　暴力犯罪之社會與環境因素

李自強

 **前　言**

　　不同的年代有不同的焦慮，在21世紀，焦慮也出現全球化的趨勢，而暴力犯罪即是名列十大現代議題的其中之一（呂捷譯，1999），由此可見，暴力犯罪對於現代人類生活影響之重要程度。與犯罪有關的因素，包括貧窮、失能且破碎的家庭、未充分的社會化，以及其他任何足以影響犯罪的重要因子（Vila, 1994）。不同的犯罪學理論，其所主張的犯罪預防模式也不盡相同。我們可分別從以生物學、心理學、社會學等觀點為基礎的犯罪學理論來探討犯罪行為成因，因而據以產生有生物心理、社會環境、刑罰懲處等預防模式（鄧煌發，1998），其中社會環境模式（Sociological Model）所關注的焦點，是不良的社會環境因素對犯罪行為產生的影響。社會環境模式涉及的生態觀點係一鉅視的理論觀點，生態觀是源自生物生態學的理論架構，強調生物個體與環境間關係的一種科學，著重個人與環境間的互動，不同於以往只將問題視為個人疾病的觀點（李麗日，2000）；既然個體為一生活有機體，生態觀點所關注的即是個體與其環境間的相互作用與關係（Vila, 1993）。

　　以青少年為例，他們的行為不但受其本身所歸屬的家庭、學校之影響，同時亦受到所接觸之同儕、親人以及其他成員的影響；而大眾傳播媒體、文化等社會環境因素的影響也是不容忽視的。生態觀點討論個人與生態環境的關係時，必會涉及個人與微視、中介、外部以及鉅視四個系統（陳玫伶，2001）間的互動關係（見圖5-1）。從生態論點檢視犯罪與環境的關係，就如同實證觀點解讀犯罪原因時不侷限於個人因素，社區環境的影響往往更具影響。易言之，生態觀點兼顧環境層面所提供的全貌性面向，係以更開闊的角度來面對犯罪行為；而犯罪行為的生態面向即含括（Vila, 1993）如日常活動類型、資源分布、經濟活動產出型態與競爭關係等。

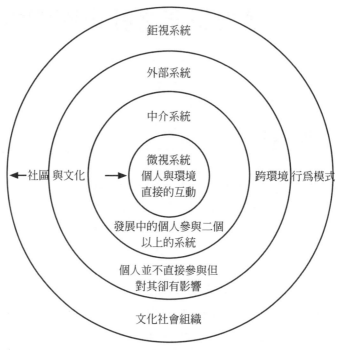

圖5-1　生態環境圖

　　在犯罪學研究的範疇裡，關於犯罪或犯罪人與其環境因素關係之研究已有相當的歷史，例如早在19世紀末期，即有學者針對倫敦地區犯罪與貧窮、骯髒的關係進行過研究（Davidson, 1981）。在美國，有關犯罪與環境的研究，當首推芝加哥學派的貢獻。美國對於都市社會的研究與關心，係源自於都市社會發展的特殊條件，20世紀初期，南方黑人人口大量向北方遷移，都市擴展速度過快導致都市呈現過度擁擠，貧富差距拉大以及所衍生出來的高失業率，因為來自經濟狀況較差家庭的孩子受到貧窮因素的影響，較不容易得到良好教育和找不到工作，最後的歸宿往往是淪入歧途，走上犯罪道路，再加上居住環境惡劣、犯罪率遽增、失業，以及種族衝突等社會問題。芝加哥市的改變恰為美國都市發展變化的縮影，芝加哥學派即是在此種背景下醞釀成型。

　　而隨著工業化與交通工具的進步，都市化的範圍亦隨之不斷向都市外圍擴張，傳統的犯罪自然區域概念亦隨之喪失其意義，因應現代快速移動的社會生活發展型態，犯罪學亦發展出一套更精緻的犯罪區位學學說（許春金，

2000），犯罪行為亦開始反映快速變化的社會中，人類生活不斷變化與糾纏的新型態，人文區位犯罪理論遂應運而生。在生態區位的概念裡，社會解組降低對人們行為的控制力量，呈現的結果即是犯罪率的升高；另一方面，機會理論觀點主張犯罪的發生需要人、事、時、地、物等相關條件的配合，日常活動理論與理性選擇理論分別對犯罪提出鉅視、微視觀點（Siegel, 2003）。在犯罪學諸理論中，芝加哥學派涉及的都市發展概念、社會控制相關機制的失序現象與機會理論觀點均可說明犯罪與環境的關係（Davidson, 1981）。

　　本章以下部分，首先，即自前述三種理論觀點出發；其次，分別從大眾傳播媒體對暴力犯罪的影響，以及從相關統計資料說明臺灣地區近年來社會發展變化所產生的犯罪型態與犯罪率變化趨勢；最後，介紹從日常活動與理性選擇觀點所發展出的情境預防犯罪防治策略。

第一節　生態區位、社會控制、日常活動與犯罪的關係

一、都市發展的影響

　　工業革命後，因為社會的快速變遷所形成的兩大主要變化當推都市化與社會控制解組。隨著社會結構從農業社會轉向工業社會，再加上交通工具進步所帶動的快速社會流動，大量人口湧向都會區，形成都市人口擁擠的現象，進而引發了層出不窮的都市化社會問題。過度都市化的結果，生活環境因為空氣污染、人口擁擠導致生活品質日益惡化；另一方面，隨著失業人口的增加、不良的工作條件、貧民窟的出現伴隨而來種種社會問題。此外，上述都市化現象也呈現出社會事實的另一面向，即是傳統社會控制的失靈與解組所導致的都會地區高犯罪率現象。都市化的生活內容與所引發的社會問題甚至犯罪問題，不僅讓社會學者對此現象引發注意，同時更引起犯罪學領域對此問題的高度關注。

　　20世紀初期，芝加哥學派的學者因為對都市發展的廣泛研究與持續關心，而產生了幾個著名的都市成長模式，其中，Burgess的都市成長同心圓理論即被Shaw與Mckay引用作為犯罪區位研究來探討芝加哥的青少年犯罪現象。Burgess的同心圓理論將都市成長發展概分成五個區域（見圖5-2），由內而外分別是：

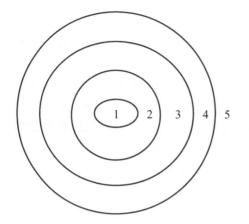

1：中心商業區
2：過渡區
3：工人住宅區
4：中產階級住宅區
5：通勤區

圖5-2　都市發展同心圓模型

　　(一)**中心商業區**（Central Business District）：它是都市的中心圓環，隨交通和運輸路線向外呈輻狀發展的最內層地帶。此中心地帶往往是都市地價最昂貴地段，空間亦高度密集運用。此區域遍布高樓大廈、百貨公司、公共設施、娛樂場所、火車站、市政府等，可說是都市的政經、文化心臟。

　　(二)**過渡區**（Zone of Transition）：此區係環繞中心商業區的「貧民窟」或「衰退區」，此區充斥著低收入階級、外來移民、被社會遺棄者以及富豪沒落戶。此區是貧窮、墮落和疾病集中的地區，其中還夾雜著犯罪者與惡習者，基本上，此區是一個腐敗、沒落、人口漸趨減少的地區。

　　(三)**工人住宅區**（Zone of Working's Home）：與過渡區相毗鄰的次一外環地區，是以工廠工人和商店職員為主的聚居區，這些人有技術專長，生活節儉，且居住的房子都很小、較老舊。此外，此區也常是第二圈的居民搬遷移居的地方。

　　(四)**中產階級住宅區**（Zone of Middle Class Dwellers）：此區由一些高級公寓樓房或是獨棟式家庭住宅所組成，居民多半是專業、經理人員、自由業及當地中產階級者。

　　(五)**通勤區**（Commuter's Zone）：中產階級住宅區再向外，超出都市邊界以外。此區的居民，典型上是由該地通勤到市中心工作，且多為中上階級者。

　　根據上述發展次序，Burgess認為都市發展的主要方式即是隨著都市的成

長，每一個同心圓會往外擴展，就像隨著樹木的成長，樹幹亦由核心往外圍伸展一般。Shaw與Mckay根據同心圓發展理論，以芝加哥市少年法庭資料為研究樣本，結果發現青少年的犯罪率有從市中心向外圍區域遞減的趨勢（Davidson, 1981），而該研究顯示與高犯罪區域相關的幾個因素（許春金，2000）：

(一)**物理因素**：犯罪率高的區域大多是位於鄰近於重工業區或商業區。此區人口因為工業進駐而不斷外移，進而導致犯罪的產生。

(二)**經濟因素**：高犯罪率被認為與低經濟條件有關，因為該區域有較多低收入戶家庭甚至是無家可歸者。

(三)**人口因素**：高犯罪率與外國移民及黑人聚集區域有密切的關係。

此外，另有研究（Ouimet, 2000; Robert, 2002）亦顯示低社經地位、種族混居、高人口流動率與犯罪的關係，而整日聚集在街頭的遊手好閒年輕人易生衝突，甚至會演變成鬥毆行為（Ouimet, 2000）；而一般暴力犯罪與街頭暴力者亦多來自低社會階層（Elizabeth, 1997）。Shaw認為犯罪及其他社會問題與都市發展及其他特定人口群的遷入有相當的關聯。當城市有大量外來人口遷入時，維繫原本地區居民的緊密關係即遭到瓦解，而這種緊密關係的削弱造成對居民控制力的減低，甚至形成社會解組，而使得犯罪行為更易於發生。而這些高犯罪區域，不論日後人口組成如何改變卻始終維持著高犯罪率現象，Shaw與Mckay認為是區域的犯罪副文化導致人們繼續從事犯罪行為，因為一旦犯罪副文化形成後即代代相傳。芝加哥學派的研究顯示，都市的區位環境影響犯罪行為具有舉足輕重的因素，而要降低特定區域的犯罪率，只有分從改變物理環境與居民價值體系著手。

二、社會控制的影響

1950年代開始，許多犯罪學家開始嘗試以社會控制的觀點來解讀犯罪，事實上，社會控制觀點之理論基礎仍在社會因素，但是其重心係在於解釋「人為什麼不犯罪」，而不是停留在追尋犯罪原因的答案。社會控制觀點的解釋最早係源自於E. Durkheim以「社會亂迷」來解釋人因為社會失序現象連帶出現的種種犯罪行為。涂爾幹指出，工業革命後，社會型態的變化導致社會連帶從機械連帶（Mechanical Solidarity）進入有機連帶（Organic Solidarity），前者係基於共同的信仰、風俗習慣的社會結合，後者則是個人相互依賴而成的社會結合，當代社會（尤其是都市社會）即是此種連帶型的代表，它所依賴的是複雜的社會分工，人們在此社會分工中，從事著各種不同的職業，正如有機體一

般，彼此依賴著他人而滿足自己的需要。然而，也因爲此種社會結合的成員性質相異，缺乏共同的信仰與形象，個人在此社會結合下雖擁有較大的自由，但另一方面，社會對個人的控制力亦相對較弱。Durkheim目睹整個社會型態從農業社會進入工業社會所出現的社會失序狀況，人們因爲此種失序而失去對自己行爲的失控現象進而導致犯罪行爲的出現。

在社會控制觀點，Durkheim定義社會控制爲任何對違反法律、風俗或者社會規範者的定義與反應；而法律、禮儀、規範等皆界定爲對某些特定行爲適當性的一種控制機制。此外，人們對違法、規範行爲的制止、警察的逮捕、法院的判決、行政的處罰等也都屬於社會控制，因爲這些都顯示著人們對特定行爲的評價或反應。Durkheim強調，團體共識與道德規範同屬維持社會秩序不可或缺的條件；但是，若僅依賴集體道德意識仍不足以維繫社會正常運作，社會秩序需仰賴一權威的、強而有力的社會控制系統，惟有如此，人類才能過著分工的、團體的、紀律的生活。Ouimet（2000）的研究即指出，社會解組變項頗能預測一地區的犯罪率。簡而言之，當這些加諸在個人身上的種種約束力消失或被解除後，犯罪問題便隨之出現。因此，社會出現失控與解組時，犯罪問題必然是層出不窮；換言之，一個結構嚴謹且較整合的社會，犯罪問題自然較不嚴重。

T. Hirschi承襲Durkheim的論點，認爲犯罪是人類的本能，人人都有犯罪傾向，故犯罪是一正常且必然存在的社會現象，因此關注焦點應是「爲何有人不會犯罪？」Hirschi的人性本惡論強調偏差及犯罪行爲是人類天生的潛能，所以他認爲人是潛在的犯罪或偏差行爲人，人之所以不犯罪並非道德規範，而是社會控制使人遵從法律和規範，若失去對重要他人期望的敏感與順從，則偏差行爲於焉發生，且亦傾向於犯罪。因此，尤其是青少年，在社會化的過程中若與社會建立強而有力的連結（即社會鍵，Social Bond）就不易犯罪。反之，若社會鍵薄弱即使犯罪動機弱，亦極有可能導致犯罪的發生。所以，當個人與社會的連結堅強而緊密時，個人的行爲便越會控制在順從的方向，而不會發生偏差行爲。此處所謂的「社會鍵」包括依附、致力、參與與信念，茲分別說明其概念於下：

(一)依附（Attachment）：指個體對他人意見的敏感和重視程度。對他人之情感的依附乃遏阻犯罪之主要工具。Hirschi假設，越依附於父母、學校、同儕團體及傳統的社會，越不可能犯罪。因此，父母、學校、同儕團體可以說是青少年人際交往中的重要他人；易言之，青少年和父母的親密關係、對學校及

老師的正面感情、對同儕的信任、尊重等依附關係越強，犯罪的可能性亦相對減少。

(二)致力（Commitment）：指個人對社會目標的追求或對未來生活理想的渴求程度。當個人花費越多人力、物力、心力及時間於追求理想目標的同時，若想從事偏差行為則會使其冒著失去投資的代價及風險，包括失去努力的成果、就學與就業機會，甚至於美好的未來等，因此而能降低偏差行為發生之機會。

(三)參與（Involvement）：指個體投入傳統活動的程度，藉著忙碌於某些傳統活動而間接降低了從事偏差行為的可能性，所以參與各種活動，將能有效的阻絕青少年產生偏差行為之機會。

(四)信念（Belief）：指合於道德且應該遵行的一般法律和社會秩序，也就是說對法律及道德規範的尊敬和信守程度。個體若越相信他應該遵守社會的法律及道德規範，則犯罪的可能性較低。反之，若對社會規範的信念越弱，則越會違反規則，也就越會發生偏差或犯罪行為。

總而言之，控制理論認為，人皆具有違法的潛在能力，而現代社會則提供許多違法的機會，如家庭、學校、職業、朋友、宗教及社會信仰甚至於警察及司法等社會控制不足以發展成控制的力量時，而人們復不受外在法律的控制和環境的陶冶與教養，便會自然傾向於犯罪。

三、日常活動與理性選擇

犯罪是理性的嗎？某些犯罪例如組織犯罪、白領犯罪確實是有目標、有計畫的犯罪行為。那街頭犯罪是理性的嗎？雖然街頭犯罪似乎沒有計畫，但是仍可能對周遭環境、社會及結構等進行危險評估，例如，汽車竊盜會選擇高價位車輛著手。那使用毒品是理性的嗎？研究指出（Siegel, 2003），濫用藥物者相信用藥伴隨的享受、刺激、興奮等利益仍是超過成本的。這些工具性犯罪（例如毒品交易、竊盜）都是有理性的犯罪，但是為確保能夠達到犯罪目的，使用暴力行為有時候也就在所難免。因此，暴力犯罪通常會選擇有弱點或缺乏防衛能力的人，避免向持有武器、武裝或有高危險性的受害者下手。所以，暴力行為看起來並不理性，但實際上犯罪人對於犯案所遭致的風險與報酬，都曾加以計算考慮過。

在古典犯罪學的概念認為，人從事的犯罪行為係其自由選擇的結果，對於選擇的犯罪行為可透過嚴厲、確定且迅速的懲罰加以控制，並且要與犯罪行

為均衡成比例。到了20世紀中葉，古典學派觀點則被實證學派所取代，貧窮、低智商、低教育程度或不適當的家庭生活等被認定為犯罪的真正原因。1970年代中期，古典犯罪學派又重新復甦。1980年代，「理性選擇」（Rational Choice）理論應運而生。根據理性選擇理論，犯罪行為的發生時，犯罪者會考慮個人情況，如：金錢的需求、報仇、激動、刺激及娛樂；或情境因素，如：目標物的保安設施、該地區警力配置。在選擇犯罪之前，犯罪者會評估犯罪的危險性及被捕後懲罰的嚴重性、犯罪的潛在利益以及犯罪後是否能獲致立即性利益。例如：住宅竊盜犯罪，當警方經常於該區巡邏，自會減少此類犯罪活動。當個人對犯罪的相關資訊作出衡量後，才會作決定是否要觸犯特殊不同類型的罪行。相反地，放棄犯罪的決定也是因個人認知到犯罪的經濟獲利低或是被逮捕機率相對的大。

個人有很多的考量會決定是否選擇犯罪，金錢上的獲得就會影響犯罪的選擇；如果犯罪者相信以下幾點，就有可能打消犯罪的念頭：(一) 犯罪所帶來的獲利少；(二) 有更吸引人且合法的機會；(三) 犯罪的懲罰比獲利更大；(四) 個人經驗、能力、認知及謹慎態度的影響。

而犯罪的決定主要由下列三者所構成：

(一)選擇犯罪的地點：例如是否易於脫逃？是否有警衛保全設施？

(二)犯罪標的物特徵：具有相當年收入的家庭最可能成為財產犯罪的目標；固定的家庭作息時間會發展出可預測的行為模式，將有利於住宅侵入竊盜。

(三)完成犯罪所需要的技巧：有效的學習犯罪技巧將可以避免被人發現。

總括來說，理性選擇包括犯罪性的塑造和犯罪的構成，人格、年輕、地位、風險和機會似乎會影響成為一個犯罪人的犯罪；而犯罪的地點、目標及技巧也有助於構成犯罪。

理性選擇理論與日常活動是有吻合的關係。日常生活以鉅視的觀點對犯罪學提出探討，預測經濟與社會的改變對犯罪與被害率的影響；相對地，理性理論以微視的觀點去瞭解個人為什麼會去犯罪（Siegel, 2003）。日常活動理論主張犯罪的發生需要：有動機的犯罪人、有能力的監督者缺席（如：警務人員）、有合適的目標物等等，就會決定犯罪率和被害率的趨勢（Smith et al., 2000）：

(一)合適的目標物（Suitable Targets）：有研究指出，犯罪的選擇會受到對目標物的認知而有所影響，如：個人每天的活動、上課或上班的行車路線，

都可能潛有被害的機會。位於角落死巷、僻遠的獨立屋以及與交通號誌或停車位接近的地方都比較容易成為犯罪者的目標。因為便利停泊逃跑的車輛及醒目建築物會較吸引別人的注意。另外，由於犯罪者通常是步行或搭乘大眾交通工具，他們不太可能到較遠的地方犯罪。所以，位於通勤地區若為開放及有弱點的住宅，又因其具有逃跑路線，通常都有比較高的犯罪率。因此，我們可以看到日常活動於犯罪選擇上的影響，犯罪目標物越是適當或容易接近，犯罪越可能會發生。

(二)有能力的監控者（Capable Guardians）：日常活動認為有能力的監控者也能夠決定犯罪的發生。犯罪人的特性通常是傾向離開一些具有武裝或潛在危險的受害者。住宅竊盜罪犯通常會避開有警察巡邏或居民警覺性高的地區犯案。另外，消極性或機械性的設備，例如：安全柵欄或防盜鈴，物質上的保安措施也能夠改善對目標物的保護和限制犯罪人接近目標物。

(三)有動機的犯罪人（Motivated Criminals）：日常生活理論能夠預測總人口中，到底有多少具有動機的人犯罪的意圖？若理性的犯罪人瞭解他們可以經由合法的手段達到個人目標時，他們會較不可能去犯罪。相對地，對於要累積財富，犯罪動機也會大大地提升；生活費用的增加，犯罪的動機亦會相對地提高。

理性選擇理論把焦點集中在犯罪的機會和社會環境所建構的犯罪選擇性，前述的兩者是給予任何人有傾向於或能力上足以置法律於不顧而為非法或違法的機會，通常此兩者也是犯罪人所考慮到的要素。除了部分非理性與心理異常的犯罪者不會顧忌到犯罪潛在的危險，多數犯罪者均會在立即且環境要素許可之條件滿足下，為妥適或安全的犯罪行為，而這些犯罪行為的類型受到前者條件要素（立即性、環境要素）的引導，這些要件的集合所產生的犯罪利益價值，便是所謂的犯罪的誘惑（Seductions of Crime）。多數的犯罪是具有相當大的吸引力（誘惑），如犯罪後的利得、犯罪過程的刺激感、犯罪同儕間的聲望以及其他不勞而獲的欲求滿足，所以，潛在犯罪者會考量到立即性環境許可條件下，為取得犯罪誘惑的滿足而為犯罪行為。

第二節　大眾傳播媒體對於暴力犯罪的影響

　　社會學習理論對少年暴力犯罪的解釋力最大（王淑女，1999），而與社會學習理論密切相關的理論之一，是著名的不同接觸理論（Differential Association Theory），係美國犯罪學者Sutherland從1939至1947年所發展的犯罪學理論。該理論強調，犯罪行為係學習而來的，犯罪行為的學習包括了犯罪技巧與動機態度，而犯罪的學習的效果，可由個體接觸犯罪之頻率、時間長短、優先順序與強度決定（Siegel, 1995），當然少年暴力行為亦以如此方式得到學習。近年來，國內對於暴力犯罪事件十分重視，傳媒由於有其無遠弗屆、影響廣大的特質，故最需檢討其對暴力犯罪行為的影響。

　　臺灣市場小、媒體多，競爭相當激烈，收視率代表的正是廣告量，大家為搶收視率爭得頭破血流。收視率代表商業利益，收視率高，錢也賺得比較快，因此收視率成了宰制電視新聞品質的幕後黑手。電視臺揣摩觀眾的喜好，某類新聞收視率標高代表觀眾喜歡，當然「重鹹」處理，所以打開電視機，看到的盡是所謂的八卦新聞。根據國立師範大學大眾傳播研究所於1999年調查發現，「羶色腥」的犯罪、色情、暴力新聞已成為四家無線電視臺新聞的主軸，而受訪者中有6成認為已是兒童不宜觀賞的程度。為了迎合觀眾與讀者的追求感官刺激需求與賺取巨額的利潤，大眾傳播媒體對於暴力與犯罪的報導往往加以誇大、煽情的處理方式呈現給一般觀眾與讀者，但大眾媒體由於過度強調犯罪的嚴重性和對觀眾與讀者的吸引力，因此常會做主觀且片斷的報導，導致青少年在收看新聞時，一時也難以分辨是非善惡，以致影響其想法有所偏激，進而導致犯罪行為的發生。而不良的報紙內容，如犯罪新聞細節性地描繪犯案的經過，以及過度渲染的報導，極可能促使青少年發生積極模仿的效果，而衍發「犯罪方法」教育之副作用。另外，色情傳播媒體亦會造成青少年性知識的偏差，容易導致性犯罪的產生，因此，大眾傳播對於暴力犯罪多少有直接、間接的影響，不容忽視。

　　當然，我們也不能忽略大眾傳播媒體的正面功能，例如傳遞訊息、影響決策、教育大眾、提供娛樂、行銷與商業活動等（蔡德輝、楊士隆，2013）。尤其是青少年的身心尚未成熟，易受外在刺激的影響，而有各種行為表現，故如何促使大眾傳播媒體發揮正面教育功能，若傳播媒體能多報導社會積極面的事件，則少年也會願意學習，反之，若媒體一再傳播色情、暴力的事件，則難

保少年們不會有樣學樣的去仿傚，所以，傳播媒體若能充分發揮正向的教育功能，對整體社會風氣的改變都有舉足輕重的影響力。因此，研擬妥適的暴力犯罪預防政策之同時，實不應忽略責成主管機關能夠正視淨化傳播內容，以發揮大眾傳播媒體應有之正面功能，進而影響降低暴力犯罪之發生。

第三節　臺灣地區社會環境發展與犯罪型態的關係

在各種犯罪型態裡，如殺人罪（不含過失致死）、重傷罪、強制性交罪、恐嚇罪、搶奪罪、強盜海盜及盜匪罪、擄人勒贖罪等暴力犯罪案件，對社會安寧的衝擊最大，嚴重危害大眾生命安全，對人身攻擊所造成生理與心理的傷害，往往難以補救。內政部警政署於其統計資料中，對於暴力犯罪曾作如下定義：暴力犯罪是指故意殺人、強盜、搶奪、擄人勒贖、強制性交、恐嚇取財及重傷害等案件。近年來經濟景氣低迷，社會暴力犯罪事件頻繁，其犯罪被害者雖然只是社會中的少數人，但暴力犯罪個案多經傳播媒體大肆報導，嚴重影響民眾對社會治安的滿意度。暴力犯罪在犯罪統計資料上所顯現之數字，雖遠較財產、藥物相關等犯罪類型為少，然不可諱言的，其危害之標的常為無價之生命，再加上其之發生最廣受媒體所注意與報導，亦常成為社會治安指標案件主要來源，故而它為社會民眾帶來之犯罪被害恐懼感最為深刻，其對社會安祥生活的營造所造成的主觀負面影響，絕非其他類型之犯罪事件所能比擬。

臺灣地區2001年暴力犯罪發生14,327件，平均每10萬人發生64件，較2000年的46件增加了18件（臺北市政府，2003）。現代生活由於交通工具進步與各種文明器具的發達，縱使深居鄉野，生活方式亦隨著現代化腳步而與都市接軌，根據各國的犯罪統計，都市的犯罪率有逐年減少的傾向，而鄉村的犯罪率則有逐年增加的趨勢，這種城鄉生活差異日趨縮小的趨勢亦呈現在鄉村和都市的犯罪差距逐漸縮短的現象，此種趨勢在地狹人稠、無明顯城鄉差距風貌的臺灣地區益發明顯。

此外，從所得分配的情形來看，臺灣的高低所得差距在1970年代逐年下降，可是在1980年代和1990年代又逐年增加，其中一個重要的因素是產業結構的變遷。簡單來說，從1960年代末期開始，臺灣進入工業化的年代，加工出口區和各種小型工業區的設立，當時政府甚至提出「客廳即工廠」的口號，也為

一般民眾創造無數的就業機會，提高了一般勞工的收入水準，因此，整個1970年代，高低所得差距逐年縮小。但是進入1980年代之後，臺灣的工業結構逐漸由勞力密集轉變成技術密集和資本密集，尤其在1990年代以後，高科技產業更迅速興起，誕生了所謂的科技新貴。另一方面，各種傳統產業則紛紛關廠或出走，一般勞工階層難逃失業或減薪的命運，高低所得差距也就迅速擴大了。

在以上社會變遷下，富者越富，貧者越貧。臺灣各地推出的上億豪宅，銷售率仍是居高不下，但繳不起子女學費的家庭，卻也越來越多，此由政府所推動對於高關懷家庭的關注可見一斑。當富者與窮人間隔著一條越來越深的鴻溝時，整個社會的和諧與完整勢必隨之逐漸碎裂支解，貧富差距下的兩個極端階層會開始對立、仇視，甚至導致社會的動盪不安，犯罪率和自殺率節節升高，各種暴力事件層出不窮。翻開報紙，幾乎每天都有因貧窮而犯罪或自殺的消息。其實，這些都還屬於個人案件。貧富差距如果太過懸殊，不只社會治安會出問題，甚至還會引起社會動亂。

犯罪形成的原因是複雜而多元的，但是社會因素可能比其他因素更足以造成犯罪的形成。司法院（2000）曾針對近十年臺灣地區第一審刑事案件犯罪率與區域間犯罪型態分布及趨勢進行研究分析，將臺灣地區各縣市依照犯罪的相似性區分成鄉村、都會與大都會三組，茲摘要其結果分述如下：

一、三組在(一)偽造貨幣有價證券罪、(二)偽造文書印文罪、(三)妨害風化罪、(四)詐欺背信重利罪、(五)強盜搶奪及海盜罪的平均犯罪率上有顯著性差異，亦即此五種犯罪率與都市化程度有關，都市化程度越高則平均犯罪率越高。

二、三組在(一)竊盜罪、(二)恐嚇、擄人勒贖罪、(三)傷害罪、(四)放火、(五)強盜搶奪及海盜罪的犯罪增加率上亦有顯著性的差異，顯示都市化程度越高則犯罪的年增率有越少的傾向。

三、從上述統計可看出，臺灣地區各主要都市由於商業行為多，因此貨幣、有價證券、文書、印文的偽造和詐欺、背信、重利等情形較鄉村嚴重；此外，都市聲色場所多，造成色情氾濫，妨害風化的情形亦較鄉村多。而在強盜搶奪及海盜上，都市亦較鄉村為多。

四、鄉村雖因商業行為較少，與商業行為有關之犯罪行為因此較都市少，但在竊盜、恐嚇、擄人勒贖、傷害、放火等直接威脅生命財產的犯罪增加率上，皆顯著高於大都會或一般都會，且其竊盜、傷害、放火和強盜搶奪及海盜的犯罪率有逐年增加的現象。雖然鄉村在強盜搶奪及海盜罪上，現在仍顯著低

於都市群，但其增加率卻比大都會高。

　　五、除了上述在三組具顯著性差異的平均犯罪率以大都會最高外，其他未有顯著性差異之罪名的平均犯罪率多數以鄉村縣市為首，且其犯罪增加率亦大多為三組之首。

　　由上述的分析，我們可知臺灣地區的犯罪型態基本上可依與經濟行為有關、妨害風化等的犯罪類型平均犯罪率或年增加率分為鄉村、都會和大都會三組，而且都市化程度越高，其有關經濟、商業交易上的犯罪行為亦越多；在強盜搶奪及海盜罪的犯行上亦有如是的型態；但是在竊盜、傷害和放火等罪，此三組犯罪率並無顯著差異，所不同者在於犯罪增加率的差異上。

　　基本上，對竊盜、傷害和放火等犯罪行為，大都會的犯罪率有逐年遞減的現象，但鄉村則為逐年遞增，且其增加率顯著的高於都市。此結果反映出近幾年政府對於改善都市犯罪的努力發生良效，但另一方面亦顯示出因為忽視鄉村地區的犯罪行為致造成其犯罪率的快速增加。面對此現象，政府實應對鄉村地區多賦予關注並提出改善對策，否則純樸鄉村景象將難再現，反而恐怕會成為另一犯罪淵藪。

　　除了地域差異所造成的犯罪型態及犯罪成長率的差異現象外，在暴力犯罪者的人口特性方面，根據1999年臺灣各地方法院檢察署所執行判決確定有罪者年齡觀之（法務部，2000），以18歲至24歲未滿之年齡層占2成6為最多，次為30歲至40歲未滿者，約占2成5，24歲至30歲未滿者亦有近2成1比例；從犯罪型態觀察，強盜搶奪盜匪罪犯以18歲至24歲未滿的年齡層人數最多，其餘如殺人、強制性交、重傷、恐嚇、擄人勒贖等罪均以30歲至40歲未滿者居多。

　　在教育程度方面，約4成5的暴力犯罪者只有國中畢業，其次為高中學歷占1成8，而具有大專以上學歷的比率則相當低，僅占2%左右；至於職業類別方面，暴力犯罪者犯罪前所從事的職業，以無業或基層的勞動工作（如技術工及有關工作人員、機械設備操作及組裝工、非技術工及體力工）等所占比率最高，合計近7成7。

　　研究（法務部，1991）顯示，生活習性不良之少年多不良朋友，並多以朋友引介方式加入幫派；而青少年不良幫派具暴力和危險特徵，經常為意氣之爭，而實施犯罪行為。法務部（2000）的統計與國外研究結果頗為接近，亦即暴力犯罪者的教育程度、經濟收入、社會階層與犯案時年齡均偏低，因此，研擬針對高犯罪區域的整體犯罪防治策略時，亦不應忽略必須同時針對據特定人口群施以個別化處遇。

第四節 生態區位取向的犯罪防治策略

　　本章的焦點是以都市生態區位、社會解組及機會觀點三種角度來探討與犯罪（尤其是暴力犯罪）的關係。在生態模型中，個人乃是環境與社會影響之下的產物，個人位於整個環境系統的中間位置，而環繞著個人的是一層層逐漸向外擴及的體系，其中外部系統是由個人的外圍社會機制所構成，包括工作職場、社區組織與服務、家族親戚、大眾傳播媒體、法律服務等，這些社會機制雖未直接與個人有實際互動，但其運作卻間接影響個人的微視系統；鉅視系統則是更廣泛層面有關文化、政治、經濟、教育、法律等，鉅視系統為外部系統、中介系統及微視系統的基礎，個人的價值觀與行為偏差，常即是導源於鉅視系統的誤導而影響其認知與態度。從前述的說明可以看出，高科技產業雖然提高了臺灣的國家競爭力，但卻也是臺灣從1980年代以降，貧富差距逐漸拉大，失業率不斷攀升以及影響暴力犯罪型態的主因。因此，從經濟發展角度來看，必須認真來面對臺灣因貧富差距所衍生的社會問題，因為經濟的穩定，才有社會的安定。

　　面對青少年犯罪甚至成人犯罪，我們習以「種因於家庭、發展於學校、惡化於社會」的角度視之；事實上，立基於生態觀點，犯罪預防與矯治在面對犯罪者時，多半並不視其為個人的問題，而是將關注焦點擴大到其所處的社會環境。芝加哥學派的研究結果，提醒我們對於居住的社區物理環境的改善與關注；而強化家庭結構的社會控制功能，適足以幫助犯罪行為維持在標準之下（周愫嫻，1997）。而理性選擇理論則提出具體的情境預防策略來達成阻止犯罪活動、延緩犯罪行為發生、避免成為特定目標的犯罪預防。

　　情境犯罪預防的概念首見於1970年建築師Oscar Newman所提出的「防衛空間」（Defensible Space）設計，透過情境預防模式確可達到降低犯罪率的目標，但相對地仍需要透過整體的區域規劃與整合策略性安全策略（Siegel, 2003）。情境犯罪預防策略主要根據四個原則，即一、提高犯罪的困難度；二、增加犯罪的風險；三、減少犯罪後的獎賞性；以及四、加深犯罪的刑罰和羞恥感（許春金，2000）。

　　犯罪學實證學派強調犯罪的外在因素及對犯罪者施以復健處遇，但是1970年代，犯罪選擇理論又再度成為犯罪學的重要論點，時至今天，選擇理論認為犯罪是因罪、因人而異，犯罪者在實施犯罪行為前，都是經過深思熟慮的，犯

罪者若知道犯罪是得不償失，那麼犯罪就可以預防或取代。嚇阻理論認為，如果犯罪是理性的選擇，那麼犯罪和刑罰就會成反比。但是，此假設忽略司法制度的複雜性，且未考慮到犯罪者的社會及心理因素，關於嚇阻理論的研究亦發現，嚇阻終究無法減少犯罪率（Siegel, 2003）。在刑事政策方面，選擇理論有其一定的影響力，刑罰的制定是為了嚇阻潛在的犯罪和公平的處罰已犯罪者，此亦顯示古典犯罪觀點的再度受到重視。

　　總而言之，本章的觀點主要是以都市發展所造成的人文生態區位變化及社會解組與機會理論為出發點，目的在於探討工業化帶動都市化後與暴力犯罪間之關聯性。相關的理論證明：都市化所形成的物理區域發展失衡現象與特定區域的高犯罪率具有正相關的關係；其次，社會解組加上個人不完全社會化對加速犯罪現象惡化則有推波助瀾的效果；日常活動與機會論解釋了現代生活犯罪者的思考路徑，因應而生的則是古典觀點的刑事政策。

參考書目

一、中文部分（依筆畫順序）

王淑女（1999）。大眾傳播媒體對青少年暴力行為的影響。犯罪學期刊，第4期，頁53-82。

司法院（2000）。近十年來台灣各地區刑事案件之犯罪型態及趨勢。http://www.judicial.gov.tw/hq/juds/3_89-1.htm

呂捷譯（1999）。焦慮的年代。經典傳訊。

李麗日（2000）。我國國中、小學社會工作制度建構之研究。東海大學社會工作研究所博士論文。

周愫嫻（1997）。變遷中的犯罪問題與社會控制——台灣經驗。五南圖書。

法務部（1991）。暴力犯罪與副文化生活型態關係之研究。法務部。

法務部（2000）。暴力犯罪統計分析。http://www.moj.gov.tw/tpms/internet/statana/a8901.htm

許春金（2000）。犯罪學（修訂3版）。三民書局。

陳玫伶（2001）。臺灣學校社會工作之專業實踐及其影響因素。國立暨南國際大學社會政策與社會工作研究所碩士論文。

臺北市政府（2003）。市政統計週報。http://www.taipeilink.net/cgibin/newsletlist?mahnli&3E1B8938

蔡德輝、楊士隆（2013）。少年犯罪理論與實務。五南圖書。

鄧煌發（1998）。青少年暴力犯罪與校園安全維護。發表於當前青少年暴力犯罪問題與對策研討會，國立中正大學。

二、外文部分（依字母順序）

Davidson, R. N. (1981). Crime and environment. St. Martin's Press.

Elizabeth, K. E. (1997). Understanding violence. Lawrence Erlbaum Associates.

Ouimet, M. (2000). Aggregation bias in ecological research: How social disorganization and criminal opportunities shape the spatial distribution of juvenile delinquency in montreal. Canadian Journal of Criminology, 42(2): 135-156.

Robert, J. K. (2002). The social ecology of police misconduct. Criminology, 40(2): 867-896.

Siegel, L. J. (2003). Criminology. Wadsworth.

Smith, W. R., Frazee, S. G., & Davison, E. L. (2000). Furthering the integration of routine activity and disorganization theories: Small units of analysis and the study of stress robbery as a diffusion process. Criminology, 38(2): 489-523.

Vila, B. J. (1993). Crime as strategy: Testing an evolutionary ecological theory of expropriative crime. American Journal of Sociology, 98(4): 873-912.

Vila, B. J. (1994). A general paradigm for understanding criminal behavior: Extending evolutionary ecological theory. Criminology, 32(3): 311.

第六章　男性氣概對少年暴力犯之影響

許華孚

 前 言

　　在1997年10月，徐姓少年懷疑離家出走的女友偷東西，而夥同其他少年共13人，將少女囚禁在家，並施以電擊、火烤、灌水等酷刑，凌虐致死，再合力毀屍滅跡，而少女全身上下都是由棍棒等工具毆打痕跡，幾乎體無完膚，全身也有將近20%的燙傷，同時死者的手臂、大腿上分別刻上「王八」、與「阿土」等字眼（聯合報1997.10.14）。2001年5月，在高雄縣有兩名少年共乘一部機車，路途中因懷疑有一人故意以不友善的眼神注視，乃將此人攔下並予以毆打，被害人苦苦求饒，但此二名少年反而變本加厲，被害人被踢到馬路旁的大水溝內並持續被毆打，在鮮血直流之際，最後二名少年拾起一顆大石頭往被害人頭砸，死狀悽慘（中國時報2001.5.14）。2004年9月30日傍晚，臺中市兩名林姓、王姓少年當街殺死一名少女，溫姓少女身中57刀送醫不治，在王姓少年的家中也找到了原本要毀屍的鹽酸及血衣、尼龍繩，而後調查得知原來林姓少年想把溫姓少女騙到學校附近的山區，殺害之後再潑汽油焚屍（自由時報2004.10.2）。2004年11月28日晚上，刑事局某位刑警因為超車糾紛惹來殺機，遭到多名不良少年持開山刀砍斷手掌，全都是不滿19歲的夜校生（中國時報2004.11.30）。這些駭人的少年暴力犯罪事件，皆造成臺灣輿論社會極大的震撼。

　　就我國少年犯罪統計資料來看，2002年臺灣地區所有少年犯罪人總數計有13,826[1]人，其中暴力犯計有2,806人，約占20.29%（法務部犯罪狀況及其分

1　此數據共包含兒童犯231人（兒童犯罪人數指12歲未滿之年齡層犯罪人數），少年犯13,509人（指12歲以上18歲未滿之年齡層犯罪人數），這兩個犯罪族群每1萬犯罪人口率為70.96人，而成年犯之每1萬犯罪人口率則為67.83人，可見少年犯罪之嚴重性，而在所有少年犯罪人13,826人中，涉及刑事案件者有514人，保護事件者13,312人，少年犯罪的總數並不包含虞犯少年（犯罪狀況及其分析，2002：表4-1-1、表4-1-4）。有關暴力犯罪之2,806人，所涉及的犯罪類型包括殺人罪、傷害罪、強盜搶奪盜匪罪、恐嚇取財罪、妨害性自主罪（犯罪狀況及其分析，2002：表4-1-3）。

析，2002：表4-1-3）。就性別觀察，男性超過8成5，女性不到1成5；若就各移送案由性別比率看來：男生在槍砲彈藥刀械管制條例、妨害性自主、強盜、恐嚇、妨害風化、公共危險、殺人、搶奪、竊盜、傷害等犯罪均達8成6以上，而女生則在違反兒童及少年性交易防制條例、虞犯、偽造文書、毒品危害防制條例、詐欺、賭博、贓物、妨害自由、違反著作權法等[2]，尤其以2003年各地方法院終結少年刑事案件計401件，而科刑人數計有493人，科刑罪名以殺人[3]、傷害、強盜、搶奪、妨害性自主等暴力犯罪計有63.5%，顯示少年暴力犯罪情況仍高達6成，同時少年犯罪也有日趨集體化現象，高達56.4%科刑者為三人以上結夥行為，少年犯罪之集體化手段與暴力化現象值得憂慮與關切[4]。黃富源（2002）指出少年暴力犯罪者的數量在十年來有增加的趨勢，1988年時臺灣地區的少年犯罪嫌疑人共有3,066人，但是1997年時臺灣地區的少年暴力犯罪嫌疑人，則已增加至3,942人，成長了28.75%。

　　有關於少年犯罪一直都是被視為臺灣嚴重的社會問題。在中央研究院1985至2001年五次針對社會變遷調查有關臺灣民眾的社會意向，顯示出「青少年犯罪」均排名在前五名，在1985年和1990年的調查中，青少年犯罪分別居社會問題中的第一位，2001年排名第二（周愫嫻，2004），不過如果根據警政署刑事警察局所公布的最新資料[5]，我們可得知：2003年的少年（12-18歲）嫌疑犯只占總嫌疑犯的7.7%；換言之，每100位嫌疑犯中大概有8位是少年，而另外的92位是成年人。由此可見，犯罪少年似乎成了社會治安日益敗壞的「代罪羔羊」（陳毓文，1999），這種意識型態充分揭露將少年犯罪者視為社會的危險他者（dangerous other），透過大眾媒體的形塑、政府的論述、刑事政策的趨嚴等等，少年暴力犯罪揭露了在臺灣社會環境底下，一種深層的文化呈現，亦即對於危險的他者應該優先被控制或排除，主流民眾意識要求提升社會秩序顯示出民眾對於危險他者所感到的威脅與憂慮，少年暴力犯罪者所做出的行為被指責為非理性、衝動甚至與動物性的攻擊行為幾無軒輊，從社會治理（governance）的層面而言，可以發現社會排除的機制逐漸形成。周愫嫻（2004：7）

---

[2] 司法院少年暨兒童非行事件調查摘要分析，http://www.judicial.gov.tw/hq/juds/2_youngth.doc
[3] 近十年來少年刑事案件中屬於殺人罪的少年人數，以1995年的138人最多，而2002年殺人罪人數僅次於強盜搶奪盜匪罪及傷害罪，此外自1996年起殺人罪所佔比例有逐年升高的趨勢。
[4] 司法院九十二年司法業務概況，http: http://www.judicial.gov.tw/hq/juds/year92.doc
[5] 警政署刑事警察局各類行犯罪統計8 歷年破獲兒童嫌疑人、少年嫌疑人、青年嫌疑人、成人嫌疑人人數與人口比較，http://www.cib.gov.tw/tw/crime/crime03_8.aspx

認爲社會大眾、政府與學術界都重視少年犯罪問題，且投入相當的資源試圖解決此問題，但是到目前爲止，我們究竟瞭解哪些有關少年犯罪的事？有沒有哪些被忽略的地方？是否需要以新的觀點予以檢驗或辯證？當社會的憂慮還是撲天蓋地而來，顯然地有關少年犯罪的問題還是需要討論。

　　對於少年暴力犯罪者而言，到底「男性暴力」是如何由來呢？男性暴力必須被視爲一社會建構（Connell, 1987），而不是生物決定論下的產物[6]。本研究計畫企圖分析檢驗我國少年暴力犯罪的男性氣概與社會排除的機制，提出社會建構論的觀點的男性氣概[7]，人是社會環境的產物，社會環境是透過行動者與既存的社會結構眞實互動與影響所建構而成，有關行動者與社會結構乃構成社會學概念中的兩大主軸，也被區分成微觀社會學與鉅觀社會學之分野，Collins（1981: 984）提出微觀社會學乃對現行頃刻經驗的實際潮流中人所做的、所說與所思的來分析，而宏觀社會學則對社會中的體系、諸如國家、組織、階級、經濟、文化和社會等巨幅與長程的社會過程從事分析。因此，對於微觀社會學之行動者而言指的是個體經驗性的指標，而宏觀社會學中的社會結構則意指著某種社會性集體企圖以某些既定或建構、且具社會性意涵的屬性來刻劃與歸類臣屬的個體，以達規訓的政治作用，這具有「統治」的意義，即社會體施用其統治技術的權力關係所表現的一種具效果性意義的社會形式（葉啓政，2004：282）。同時社會結構中存在著不平等的先決性背景（determining contexts），例如以父權結構文化形塑性別角色的刻板印象與性別主義（sexism）歧視，

----

[6] Wrangham與Peterson（1999）從動物社群的生態環境中，研究雄性猿類爲了擴張勢力範圍會籌劃集體謀殺，爲了延續自己的基因會強暴雌性猿類，指出男性暴力並不是人類的文明病，從「雄性＝暴力＝禽獸」這樣的註腳很清楚的標示作者的主張。生物決定論往往以本質論（essentialism）的生物基礎面向來做解釋，並以社會生物學（biological determinism）爲核心，替社會行爲找尋生物的基礎，因此社會生物學相信所有的性別差異（從生理特徵、性別氣質、性別角色到性別分工）必定有最終的生物基礎，那就是基因，主張人類經由基因傳遞天擇，兩性發展出不同的生殖策略（男積極主動，因爲有成千上萬的精子要宣洩；女謹愼被動耐力佳，因爲卵子有限，苦候最佳基因），而藉此說明男女社會角色以及性別氣質的差異，並將所有男性在性別關係中的行爲，包括外遇、強暴、暴力、好色，以及社會中男性強勢、競爭、好戰、攻擊性、支配慾，得到解釋而合理化。

[7] 男性社會化藉由社會男子氣概的意識型態所承戴的，男性是更具社會身分，「變成男人」的規則是男孩每天的一部分，男兒有淚不輕彈、不怕痛、無懼，且這是每一個男孩都應該知道的。男兒是狂熱、主動與字典中沒有難字，這樣明顯地自我實現預言學習的陳述是經由每一位男兒的思維與行動，成爲男子氣概的教條。如果你要眞的成爲一位男兒，你要服膺這個教條及和男子氣概相關聯的期望。

而晚近資本主義的發展刻劃出階級的持續剝削以及邊緣性人口[8]（marginalized populations）的出現，社會的價值核心強調個人主義的競爭與攻擊性的男性氣概，社會的關係一直存在著權力的不平等，一方面以壓迫和規訓的形式出現，另一方面以被支配和被宰制的方式呈現，社會的關係真實反映在行動者與結構互動上，生活世界無時無刻被群體或個人所詮釋著、創造而呈現出，社會文化與論述（discourse）可以建構於真實的社會行動者身上，顯現在社會行動者的思維、態度、學習過程與每天日常生活中的每一個層面上（Jessop, 1990），男性氣概是社會的論述，社會將掌控、宰制與暴力當作檢驗男人是否具有男性氣概的標準，圍繞在我們孩子生長的環境中，是生存的條件，在他們的文化裡，被說成是娘娘腔而缺乏男性氣概是絕對會被恥笑的，在我們的生活周遭，有著的大男人主義，只是隨著社會發展、女性意識的提高而不斷被挑戰，但是在一般大眾文化裡，男性氣概是每個男生必須要展現出來的，在我們的文化環境中，也只有展現男性氣概，才能得到我們想要的東西，當少年從小在學業方面是受挫的，大部分在經濟方面也是缺乏的，他們唯一能跟人家比的、唯一能展現的條件，就是比漂泊、比狠、比敢，也就演變成所謂的暴力，少年能模仿的對象，不論是自己的父親、長輩、或甚至是幫派大哥，對他們而言就是他們所要追求的男性形象。

　　許多男性氣概的文獻中，一個中心的論點是強調所謂「霸權式的男性氣概」（hegemonic masculinity）存在於社會之中（Connell, 1995; Messerschmidt, 1999），霸權式的男性氣概在特定的時間和地點，在社會的現實中會以符號、語言與行為模式而呈現並被讚賞著，並具有宰制性的地位。因此，表現出強悍行為、狡獪、追求刺激、好勝心、愛面子的特質便緊密結合於霸權式的男性氣概，透過犯罪而具體真實的實現（Messerschmidt, 1997），不僅相嵌於少年暴力犯罪者的養成過程，這種文化的風格以集體的行為表現也持續形塑少年犯罪者的次文化團體，因此，這必須更深刻去理解分析特殊型態的男性氣概的展現

---

[8] 根據社會地位結構形成的背景來看，邊緣化（marginality）的概念既是意義深遠的，邊緣化清楚地顯示出不單單只因為經濟方面的關係，隨後而來的政治和意識型態的反應（reaction）對邊緣化也有著重大的影響；階級的團體或個人，他們依賴資本主義的生產模式和社會民主政治去提供一個製造經濟機會的體系，並且生活在有關生產的合法社會互動關係之外，例如Chrisite（2000）指出那些被判有罪的貧民、救濟院中的勞工團體，都是垂頭喪氣與衣衫襤褸的；他們成了所謂的「危險分子」，因為他們的條件似乎不適合生育，以及他們會對社會秩序造成某依程度的威脅和造成社會的不穩定。

慾望與少年暴力犯罪的緊密的關連，犯罪所帶來的的愉悅與呈現男子氣概所帶來的愉悅相互融合一起。

　　當分析完少年暴力犯罪之男性氣概之際，研究的焦點同時必須探討來自社會的反應，尤其當「危險的少年暴力犯」呈現出社會廣泛的關注與焦慮，在每一天日常生活世界中，少年街頭暴力犯罪的新聞一直被突顯與強調，近來我國立法權責單位也提倡適度的引進鞭刑用以對付頑劣不冥的少年犯，當然這也來自全球化的刑罰論述深刻的影響（許華孚，2004），特別來自美國少年刑事司法的轉向，例如將少年犯視爲成年犯來處理[9]、對於小孩子實施三振出局法案[10]，甚至民意調查中贊成將死刑適用於少年犯身上者高達60%[11]，Worrall（2000）即認爲即使刑罰的概念和管理制度在各國間存在著差異，無可否認的是，當代社會正邁入一種全球化的刑罰論述統合，這些刑罰的概念主張及刑罰機構的管理邏輯及制度正從已開發國家輸出到那些發展中國家，造成宰制與依賴的關係存在。

　　當我們看到少年犯罪僅占所有整體犯罪的一小部分，然而犯罪少年卻成爲社會治安日益敗壞的代罪羔羊，在社會形塑少年暴力犯罪成爲危險他者的意象時，有四個知識的系統提供非常有用的分析架構：首先不能忽視來自標籤理論[12]所提醒我們犯罪應視爲社會交互作用的結果，行爲是經由社會的知覺和反應所定義的犯罪，社會團體藉由組成偏差的規則創造偏差，並將這些規則

---

[9] Pennsylvania大學所做的研究發現僅僅少數的少年暴力犯罪者必須負責60%至75%的少年暴力犯罪，而1987年美國司法部研究指出在州政府所設立的少年處遇機構中有43%的少年被逮捕超過5次，而其中20%更超過10次，因此有越來越多的呼籲應該將少年犯罪者以成年的刑事司法來處理（John Ashcroft, The Violent and Hard Core Juvenile Offender Reform Act, http://www.ncpa.org/hotlines/1juvcrm/sold.htm1#3b）。

[10] 在1996年之際，研究指出當成年殺人罪案件在過去數年中已經降低18%，少年所犯下的謀殺罪反而增加了22%，因此加州高等法院曾經在1996年討論是否應該將「三振出局法案」用於少年犯上，即如有兩項重大前科，當犯下第三項重罪時，可以科刑到二十五年或無期徒刑（Joseph Sorrentino, A Felony is a Felony, Whether You're a Kid or Adult, USA Today, June 11, 1996）。

[11] 一份問卷當問道：「當一位少年犯下謀殺罪，並被陪審團判定有罪時，你認爲他應該得到死刑的懲罰或是被饒恕，因爲他是少年？」，回答死刑的答案高居60%（U.S. Department of Justice, Bureau of Justice Statistics, Sourcebook of Criminal Justice Statistics, 1994）。

[12] 來自於標籤理論所啓示的，任何的行爲都有相應的反應，而有些團體容易產生偏差，被標上犯罪行爲和被稱爲犯罪者正反映了制訂法律團體的價值（周愫嫻譯，1994：108-109），同時法律被差別地執行和引用至不同的團體，有利於經濟強勢團體和不利於經濟弱勢團體，並與個人的特性、種族及社經地位有關，標籤理論也說明了弱勢團體較易被標籤爲犯罪或是偏差行爲者（許春金，1996）。

套用在特定的人身上，犯罪少年污名化的作用持續存在著，而許多的研究也指出暴力少年其實多半也是暴力的受害者（Durant, Pendergrast, & Gadenhead, 1994）。第二是來自於Garland（2000）所指出晚近現代社會正充斥著犯罪情結，這個情結關聯著文化的感知（cultural sensibility），在這裡藉由媒體、大眾文化與社會環境而建構了犯罪的恐懼，人們對於犯罪的議題有著非常情緒化的反應，如憤怒、恐懼與不滿與日遽增，因此道德恐慌的社會學（sociology of moral panics）說明來自於媒體與政治的反應將某些族群視爲可怕的、不能饒恕的，強烈訴求政府採取重刑重罰的政策，Hall等人（1978）使用道德恐慌的概念來將一系列有關青少年次文化團體中的放縱行爲、學生運動社會主要的問題，透過大眾媒體將這些人形塑成可怕的意象關聯於「暴力襲擊者」（muggers），媒體過度的渲染與扭曲造成犯罪恐懼感的增加，因此有關「社會排除」、「犯罪恐懼」和「關於青少年之道德感的質疑」其實是相互圍繞的主題（Carrabine, Lee, & South, 2000）。

　　第三是來自於法律與社會秩序重整的論述（discourse of law and order），尤其是可以發現和法律牴觸的人，以及受到監禁處罰的人口比例持續在增加，刑事政策的趨嚴也顯示政府做了一個預設，並且來自大眾輿論的支持，亦即越來越多的族群與團體需要被規訓，社會的排除以監禁作爲最典型的方式出現，已經被視爲消除威脅或舒緩社會焦慮最有效的方式（Bauman, 2000）。現代性所建立起來的安全、穩當、確定性的社會關係因爲社會結構的改變（例如貧富差距拉大、相對剝奪感增加、經濟系統的不穩定、勞動市場結構的改變）而感到不確定，人們也感到一種對於安全的威脅，首先是身體，然後是財產，以及身體空間的延展性，因此對於疆域——安全家園（safe home）的捍衛（Bauman, 1998），排他的意識型態將犯罪者建構成社會大眾共同譴責的對象，透過嚴厲譴責、打擊犯罪，建構法律與社會秩序的大傘而獲得出路與安全感。

　　最後「危險他者」與「社會排除」運作的概念，也來自Foucault觀點的啓發，Foucault（1977）中指出知識與權力結合一體，在現在社會中執行著監視與規訓，Foucault稱之爲的「權力的微觀物理學」（micro-physics of power）[13]與全景敞視主義（panoopticon）將社會監督的規範發揮到極致，也是秩序的一種保證，Foucault認爲現代權力機制對整個社會進行規訓，將社會上所有的人

----

[13] Foucault（1977: 139）乃從監獄的世界中觀察囚犯的生活作息，服裝儀容、飲食、行爲舉止所有的一切都經過設計，目的是使受刑人服從於管理者，並藉由身體的規訓而貫徹深入每個人靈魂深處，目的是創造出溫馴的身體（docile body）。

力資源作確實而有效的運用，隨著社會逐步地規訓化，整個社會越來越像是一個大型的全景敞視建築。

當排他性的社會機制持續增強，其實也相對增強霸權式的男子氣概，一方面來自於標籤理論所形成的自我實現預言的效應，在被貼上暴力行爲者的標籤後，逐漸加強自我的印象，並對社會的否定反應進行防衛、攻擊或適應的手段，誠如Mathiesen（1990）提出犀利的洞見，對於有關社會的機構中，尤其來自於刑事司法系統如警察、法庭以及監獄，都會拒絕（rejection）犯罪人作爲社會裡的成員，而犯罪人對於這種拒絕機制就是去拒絕那些拒絕他們的人，犯罪人的次文化或社會系統可以被視爲一種生活的方式，這讓犯罪人心靈上可以避免經吸收同化的社會拒絕轉化成自我拒絕之蹂躪與破壞，此觀點說明爲何犯罪人來自於社會的拒絕與排除之後，爲了免於自我的概念遭到破壞，而以更嚴重的犯罪行爲拒絕整個社會的價值規範，社會所形塑的危險他者意象反過來加強少年暴力犯罪行爲者的霸權式男性氣概，也因此少年暴力犯罪的男性氣概與社會形塑危險他者的意象惡性循環的過程，彼此之間相互作用與增強。

第一節　男性氣概論述的出現及其意義

自90年代開始，學界出現一個較爲新穎的男性研究領域研究領域，王雅各（1996：1）指出所謂：「男性研究（men's studies），廣義來說，在當代世界婦女解放運動世界婦女解放運動風潮出現之前，所有人類知識構建都是男性研究，在父權的認識論中被研究的客體和從事研究的主體都是男人。不論在修辭、思考和論述中以男性爲主的偏見漫天蓋地；同時，研究者也不自覺的以男性經驗爲所有人代表。在這樣的思考模式下，即使是被探討的對象是女性，她也是透過男性目光下所展現出來的她者（the other）。」

我國的男性研究還處於起步階段，相關的文獻與論述較爲不足。主要可分爲幾個主要的面向：男性女性主義、新男性論述批判、男性性別意識、父職與男性性別角色、男性氣概暴力、男性氣概精神分析、男性情慾等（斐學儒，2001：28），在不到十年時間的發展及有限的研究文獻中，所關心的議題，大致可分爲三類：第一種，男性研究集中在父職與家庭勞動；第二種，研究以進入所謂「女人工作領域」的男人爲對象，如社會工作、護理、家政及小學教

育；第三種，研究則著重分析傳統男子氣概的建構（畢恆達，2003：52）。具體的議題包括：男性運動（men's movement）、父職、性別關係、男性氣概的媒體再現、族群、暴力、犯罪等非常多元化（王雅各，1996；畢恆達，2000；黃暄，2000）。

對於日益熱烈的男性分析議題，例如男同性戀的性別認同歷程、男性暴力、男性特權等等論述中，其實為社會學理論增加了一個重要的新面向。誠如Morgan（1992: 2）所指出男性分析議題的發展乃直接起源於男女平權主義者與男同性戀研究中積極對男性與男性氣概抱持批判角度，這些研究的重要性在於顯示出在所有地位階級和市民社會中，社會權力皆呈現出一種根深蒂固的結構上不平衡，以及其經常破壞了女性的個人主體及經驗的影響，就如同社會學的探照燈往往探照在男性的行為之上，因為「男性是一種性別的個體，而不是一種非性別的人類典型」。因此男性研究已經發展為男性氣概研究（masculinities studies），男性氣概研究，往往集中於探討男性氣概的社會、文化與歷史建構以及性別分工、性別歧視等面向來觀照男性經驗以及男性氣概的問題性。

男性到底有沒有可能具有性別意識呢？這個提問的問題明顯彰顯出男性氣概的形塑其實是一種性別認同的過程，Clatterbaugh（1997）曾經將男性氣概分成八種[14]，其中在女性主義同路人：擁女男性觀點中，認為傳統的男性氣概乃社會建構而成，企求揚棄父權行為，挑戰男人的制度性優勢，追求更為完展的人格，另外男同志的觀點中，則挑戰傳統的性別角色，追求男性氣概的另種可能，並對傳統男性氣概建構中同性戀恐懼症加以批判，這些論述著重社會性別現象中主體的心理歷程，強調男性與女性性別意識的形成中如何鑲嵌在日常生活的實踐過程中，畢恆達（1998：1）提到性別意識就是認識自己和政治世界的關係受到生理性別的形塑，就像是其他群體意識一樣，人們與相似的他人認同、對他們有正面的感情、感覺與此群體的命運息息相關，正如階級與種族

----

[14] 在Clatterbaugh（1997）的「男性氣概的當代觀點」中的八種男性氣概觀點，除了女性主義同路人：擁女男性觀點與男同志的觀點，另外有保守主義觀點，認為的男主外女主內是天經地義，經的起考驗，反對婦女運動與女性主義的立場；男權的觀點認為男人才是性別歧視的真正受害者；神話創作的觀點則鼓勵男人釋放感情，學習成長並俯拾失落的男性氣概；社會主義的觀點認為只有翻轉階級／權力的結構，男性氣概方能改變；基督神學福音派觀點則服膺聖經的旨意強調女性的從屬地位；最後非裔美人的觀點則是挑戰傳統男性氣概中的種族歧視。在本書的中文版中，有來自畢恆達精彩的導讀，並就作者所考量之男性氣概的因子，區分出三角建構圖形之男性氣概政治領域。

意識，性別意識也可能認知到此群體在社會政治上的弱勢，而去支持政治角色的轉換，認爲性別議題，如教育、健康、空間、社會福利，乃具有正當性的政治問題。

在女性主義的思潮中嚴屬的批判人們既定接受男女角色的差異是源自於生理的天生差異，而認爲性別角色其實是社會與文化的建構，也因此男子氣概乃是來自於社會的建構，在這個意義上，一個男孩個體的發展是被決定的，同樣的，女孩亦經由社會所定義而產生的。在男性方面，對男孩有定義的推論，它建構在社會行動，他們所思、所感覺、看待自己與他人的方式等。與生物的必然性相較，男性是更具社會身分（status），男孩總是覺得如此。這個「變成男人」的規則是男孩每天的一部分，就如關於男子氣概的策略性陳述一樣：男兒有淚不輕彈、不怕痛、無懼，且這是每一個男孩都應該知道的，男兒是狂熱、主動與字典中沒有難字，這樣明顯地自我實現預言學習的陳述是經由每一位男兒的心，是相當嚴格的跡象——男子氣概的教條，如果你要眞的成爲一位男兒，你要服膺這個教條及和男子氣概相關聯的期望。Luhmann（1995）認爲在社會存在著許多決定性的社會次系統，而且每一個系統都在特殊的二元密碼內運作。例如：眞的與假的、在公平的法律中合法與非法、在藝術中美與醜。男子氣概能被看成一種不一樣的次系統，若在這個個案中，也可以依循二元密碼[15]，男子氣概的二元密碼可解讀成：「男子氣概與非男子氣概」。因此在男子氣概密碼內男兒的溝通方式被男性所觀察，同樣的也會彼此觀察：強悍、拳擊的、忿怒、積極（莽撞）、堅決地對抗他人、超越自己，是被視爲正向價值；哭、被動的、脆弱的、情緒化，在男子氣概二元密碼內是負向的教條。

男性氣概指在一個在二元對立的性別秩序與性別角色規範底下，歸屬於男性這個範疇被期待及被認爲應該擁有語言、態度、行爲、認知等各個層面的標準典型，如Bourdieu（2001）的性別宰制理論指出，男性支配女性的性別秩序是透過男性氣概（masculinity）與女性氣質（femininity）的實行而得以進行

---

[15] 畢恆達（2000：45）在「走入歧途的男性氣概養成過程」一文中，曾舉例當男性看到感人的電影，明明心中波濤洶湧，眼淚在眼眶內就要奔流而出，卻要強忍淚水，不斷提醒「男人有淚不輕彈」。並具體舉例當一位男研究生失戀時，他很想像女生之間一樣，彼此可以挽著手、相互擁抱、哭訴心情種種，但是他就是無法做到把手放在同性朋友身上（怕有同性戀的的嫌疑）。這種二元密碼其實畢恆達（2000）也提到社會已經習慣用二元對立的思考方式，將人的特質分爲理性／感性、主動／被動、獨立／依賴、競爭／合作，同時這些特質又與人的天生性別有一定的對應關係。

再製。男性氣概與女性氣質是以相對、二元的、帶有尊卑位階的衝突關係存在著，是個人知覺與評鑑世界的認知基模，也是產生行動策略的原則。Bourdieu（2001）的性別支配理論鋪陳父權社會男性支配女性的社會關係持續再製的機制，Bourdieu認爲此機制座落於行動主體與社會結構，是以隱晦的「象徵暴力」進行連結。解析行動主體是如何接受象徵暴力的過程，必須從男性氣概與女性氣質以及一些相關的衍生概念著手。如Bourdieu提出「實行的秉性理論」（dispositional theory of practice）解釋男子的認知結構與社會結構不斷生成與改變的關係。男性氣概與女性氣質是行動主體在社會結構中持續建構的秉性（dispositions）或生存心態（黃淑玲，2003），生存心態由許多層面的相關秉性組成，不僅是個人知覺與評鑑世界的認知基模（社會化的過程），也是行動策略產生源頭，不但在意識層面運作，也深入潛意識裡，不僅是思考的、理性的，往往也是以情感默默地接受加諸於身上的限制，所以說性別支配是一種體現在軀體中的社會關係。

黃淑玲（2003：86）引用Bourdieu的概念認爲男性氣概與女子氣質展現在男女身上，主要表現在兩方面：首先是男女的軀體習性，男子趨向陽剛化，女性趨向陰柔，男子氣概象徵社會與性的再生能力，男性需要藉由彰顯性活力來表現男子氣概，例如使女人懷孕，或性行爲上採取征服者的角色。第二是內化的實行價值，例如從以往到現在，男性一直被鼓勵認同維護與累積象徵資本（指凡是能夠讓男性累積名望、滋生男子氣概、感覺自己是男子漢的人、事、物）的社會遊戲規則，會讓男性油生榮譽感並覺得自己是眞正的男子漢。最後爲了確保男性發展支配性的趨力，日常生活中出現所謂「男子性制度儀式」（rites of institution of masculinity），例如成年禮、運動比賽、教育體系與軍隊的老鳥整新生之酷刑。這些儀式活動都是在純男性團體的陪伴下，以象徵的方式貶抑女性特質與誇大兩性差異，強化男性成員的連結，以確保男孩朝向男性化、陽剛化，這些儀式活動特別強調性活力，例如集體嫖妓與輪暴女性，都可視爲是男性團體藉由象徵儀式，指引成員發展佔有與支配女性的性慾望。這些象徵儀式都被當作是男孩進入成年男性世界的門檻。另外，男子性還具有強烈的「他律性」[16]（heteronomy），男性恐懼自己身上存有女性特質而遭到男性

---

[16] 有關於男性氣概的「他律性」可以從一些文章中發現，例如王浩威（1998：21）的「臺灣查甫人」說到臺灣的男人開始出現一種「酷」的文化，他們像沒有感情的石頭或刺蝟，渾身散發出「禁止進入」的訊號。對「酷」的男人來講，其實這種文化是無能處理情感的另一面。他們自己

團體的摒棄與訕笑，因而不斷要向其他男性證明自己不缺乏男子氣概（Bourdieu, 2001: 25-26, 51-53; 黃淑玲，2003：87）。

　　除此之外，有關男性氣概的論述必須思考到男人的制度特權所產生與權力辯證的關係，男性氣概根植於生產關係中父權體制的面向，就左派的出發點認為父權體制所賴以建立的物質基礎，最根本的根基在於男人對於女人勞動力的控制，不僅男人對於女人工資勞動的控制——女人（及小孩）皆是男人的財產、女人被摒除於男性職場之外、女性被隔離到特別的勞動分工中，家庭主要是女性勞動的場所，因此要徹底獲得男性氣概只能藉由逃避與家庭這個女人世界的接觸來達成（Hartsock, 1983）。此外，大部分的男性氣概文獻往往強調白領階級、管理者、專業人士，這些人的生活被認為有代表性、男性氣概等同於競爭力、事業成功、步步高升，其實這父權體制的特質便是權力控制與宰制的運作，因此性別意識不僅是社會的建構，也是權力實施下的結果。

　　Foucault（1977, 1982）提到，權力的行使是透過各種不同形式，並構造宰制（domination）與臣服（subjugation）的關係存在，不論何時或何地，這種不平等的社會關係藉由互動而一直存在著，如果你是男人，你即擁有壓制女性的權力；你是父母，即有權控制孩子；你是醫師，可以掌握病人的生命大權，Foucault提到權力不是一個機構，不是一個結構，也不是人們所擁有的特定力量，權力是人們給予一個特定社會中其複雜策略情境的名稱（Foucault, 1978: 93），權力的特質是策略性的、權謀的、視實際經驗以及視問題方向而定，權力並且不是來自於中央的單一特性，權力是一種策略而非所有物，並不屬於一特殊階級所擁有，權力是被運用而非擁有，它不是統治階級獲取或保有的特權，而是策略位置的整體效用（一些配置、操練、戰術、技術與運用）（Foucault, 1991: 88）。權力並不僅存在於政治經濟或意識形態的領域，在人們日常生活中，包括生活的習慣、規律、日常語言、分類等等，都是權力運作的領域，這充分解釋現代社會中權力及意義的多樣性，因此男性氣概往往成為文化

日常生活的親密關係是如此的無能，索性就徹底酷到底，拒絕也逃避任何進一步的情感接觸，因此必須一直建構典型的男性形象，就是沒有受傷、沒有失敗、永遠屹立不搖，當然就沒有疾病的病痛了。同時王浩威（1998：61-63）也指出臺灣當兵其實就是一種成年禮，包含以往所禁止的行為都被鼓勵了，如抽菸〈所有成員不管有沒有抽菸，都被贈與數包免費香菸以誘惑之〉、性〈一旦有機會白天出營，互相之間的慾憩造成同儕之間半強迫性的嫖妓行為；如果拒絕，往往會招致同儕的訕笑和抵制〉、酒〈所有軍營的酒均與其他飲料並列〉，一有聚會就喝酒，而且經常出現非喝到醉不可的強制行為，兩年的成年禮對整個社會日後文化的影響是相當深遠的，這種完全拒絕女性的男性中心社會，甚至成為日後社會兩性關係的共通原則。

的根深蒂固的傳統，並藉由權力之運作在社會上各個領域裡一直延續。

在學校教育中，也用以簡化的性別二分的方式來進行教學與活動安排、行進隊伍、打掃指派，都用性別爲分類的根據，結果又不斷強化男女性之間的差異。在軍事化訓練的目的無非時要打造一個具有男性氣概的男性身體。體能戰技訓練與其說是培養一支戰鬥力精銳的部隊，不如說展現男性氣概的最佳競技場。Althusser（1977）便提到所有的國家機器同時靠著壓迫和意識型型態來運作，壓迫的國家機器，其角色主要運用肉體性或其他的暴力，來維繫再生產的關係，也因此往往在軍事機構與刑事司法機構中往往充斥著暴力型態的男性氣概。在意識型態國家機器中，往往在社會文化再製的過程中，以中立、客觀的外貌，進行主流文化價值規範複製過程，並排除異議文化與價值[17]，例如以傳播媒體爲例，媒體中的主流男性世界則是職業掛帥的爭勝世界。男人沒有事業是不被社會認可的。傳統性別刻板印象的媒體再現一方面重新肯定了、強化了傳統的兩性有別的價值觀與刻板印象；另一方面也鞏固了以性別爲分化基礎的社會分工與社會成就模式。家庭暴力傷害案的社會新聞報導中，重心經常放在女性受害者的身上，詳細敘述受暴婦女的遭遇、告訴讀者哪些情形是婚姻暴力、有多少比例的女人生活在家庭暴力的陰影下、近親強暴的歷史等。相對的男性加害者經常是看不見的，我們很少看到施暴者究竟是怎樣的一群人，這些加害者是不必生活在鎂光燈下的；面對鎂光燈的反而是那些受虐婦女身體與心理上的傷口。這樣的報導方式等於讓讀者將焦點放在受害者身上，反而忽視了眞正加害者（多爲男性）的主體性。

第二節　檢視男性氣概的概念與理論基礎在犯罪學上的運用

從1990年代開始，在國外犯罪學文獻中，逐漸興起對於犯罪者本身在社會化過程中，因爲在傳統的男性價值中，不自覺地學習父權體制，包含競爭、衝

[17] 對媒體中所反映的主控意識形態的分析也反映在許多對「異議團體」報導的研究，報導警察查封同志酒吧證物時，特別強調警察戴上手套以防感染愛滋病毒等細節等，來呈現愛滋病患與同性戀者之間的緊密關係。尋常的竊盜、犯罪、爭風吃醋新聞中，如果當事人中有男同志，新聞的焦點就從犯罪或偏差行爲本身轉移到當事人的性傾向，並且在標題中重點強調主角爲同性戀者。這種報導方式加深了同性戀者都是「病態、偏差、犯罪者的社會刻板印象」。

動、攻擊性、支配慾、矮化女性角色等等。這些特質不斷鞏固「正向」的男性氣概，這也解釋爲什麼在犯罪學領域中，絕大數者的犯罪者都不成比例的集中在男性，從生物性的觀點解釋是遠遠不夠的，而必須從社會建構的過程中，男性經驗不斷自我在生產，以及其所建構出來的性別圖像和行爲模式（秦光輝，1997）。

　　在犯罪學領域裡，從以往一直欠缺對犯罪的性別（gender of crime）適當的論述，也就是當一般犯罪統計上記錄90%的犯罪者都是男性時，反而有關探討「男性氣概」和「犯罪的男性特徵」卻是相對的缺乏，也就是對於什麼是有關於男人：

> 並不只是代表勞工階級、社會邊緣人或是社會的弱勢者而已，
> 這偏限於傳統的經濟與勞動的分析概念中，重要的是男人如何被激
> 起、被建構而去犯罪，因此男人並非所謂的人成爲必須被調查的對
> 象與主體（Walklate, 1995: 169）。

　　對於犯罪學上開始注意到男性氣概的議題，發端於女性主義犯罪學者對於性別與犯罪所關心的中心課題，但是這個課題卻比較聚焦於女性犯罪的特質與女性監禁的經驗（Gelsthorpe, 1989; Worrall, 1990; Carrington, 1993; Carlen, 1983, 1998），真正以男性研究的分析架構與概念處理男性犯罪的議題以及對於男性氣概抱持批判角度乃來自於Messerschmidt（1993）所呼籲的重新概念化（reconceptualise）和Newburn與Stanko（1994）所強調的嚴肅看待（take seriously）男性氣概，並且主張男性氣概的社會意義並不是來自於生物或基因所決定的，需視男性氣概爲社會文化建構，因此90年代所興起的以反對性別歧視、性別暴力爲焦點的男性運動，主張全面檢討男性氣概的暴力問題，呼籲終止男性暴力與性別歧視，關注的焦點開始轉向在犯罪學領域上的男性犯罪與暴力問題。

　　到底「男性暴力」是如何由來呢？男性暴力必須被視爲一社會建構（Connell, 1987），而不是生物決定論下的產物。人是社會環境的產物，社會環境是透過行動者與既存的社會結構真實互動與影響所建構而成，有關行動者與社會結構乃構成社會學概念中的兩大主軸，也被區分成微觀社會學與鉅觀社會學之分野，Collins（1981: 984）提出微觀社會學乃對現行頃刻經驗的實際潮流中人

所做的、所說與所思的來分析,而宏觀社會學則對社會中的體系、諸如國家、組織、階級、經濟、文化和社會等巨幅與長程的社會過程從事分析。因此,對於微觀社會學之行動者而言指的是個體經驗性的指標,而宏觀社會學中的社會結構則意指著某種社會性集體企圖以某些既定或建構、且具社會性意涵的屬性來刻劃與歸類臣屬的個體,以達規訓的政治作用,這具有「統治」的意義,即社會體施用其統治技術的權力關係所表現的一種具效果性意義的社會形式(葉啓政,2004:282)。同時社會結構中存在著不平等的先決性背景(determining contexts),例如以父權結構文化形塑性別角色的刻板印象與性別主義歧視,而晚近資本主義的發展刻劃出階級的持續剝削以及邊緣性人口的出現,社會的價值核心強調個人主義的競爭與攻擊性的男性氣概,社會的關係一直存在著權力的不平等,一方面以壓迫和規訓的形式出現,另一方面以被支配和被宰制的方式呈現,社會的關係真實反映在行動者與結構互動上,生活世界無時無刻被群體或個人所詮釋著、創造而呈現出,社會文化與論述可以建構於真實的社會行動者身上,顯現在社會行動者的思維、態度、學習過程與每天日常生活中的每一個層面上(Jessop, 1990),男性氣概是社會的論述,社會將掌控、宰制與暴力當作檢驗男人是否具有男性氣概的標準,圍繞在我們孩子生長的環境中,是生存的條件,在他們的文化裡,被說成是娘娘腔而缺乏男性氣概是絕對會被恥笑的,在我們的生活周遭,有著的大男人主義,只是隨著社會發展、女性意識的提高而不斷被挑戰,但是在一般大眾文化裡,男性氣概是每個男生必須要展現出來的,在我們的文化環境中,也只有展現男性氣概,才能得到我們想要的東西。

　　Giddens(1992)認為現代文化中,男人操控女人主要是藉著「所有權」來擁有女人,再加上男主外女主內的性別分隔原則,男性優勢因而得到保障,女人常常遭受到男性暴力,特別是在家庭的場景中。在歐洲發展的過程中,強暴只是各種殘暴、屠殺行為的一種,但在現代社會就不同了,女性有更多機會在公共場中工作或生活,兩性之間「隔離且不平等」的劃分實質上也已經瓦解,因此現在比過去更可以假設男性性暴力是源自男性的不安全感和無能感,這是一種男性氣概危機(a crisis of masculinity)。而這也是Campball(1993)解釋為何在1980年代與1990年代英國城市中發生許多青少年滋事與騷動的事件乃是來自於男性氣概的危機,Cambell認為經濟的變動驅使年輕男人長期的失去利益與競爭力,使他們到退回女人的領域,即使是在白天也進入了傳統女性的地域,這時他們面對了男性自我角色重新認同建構的困境,這些年輕男性

通常是靠地域性的暴力反映這種自我認同的危機，男性面對地位崩解的解決方式，就是符號性的罪行反應男性尊嚴，這是把焦點放在男性勞力工作上，勞力工作構成了男性生活中相當大一部分，其構成男性氣概的態度與行為之形成與維繫，在傳統的馬克思分析觀點中（Criff, 1984），勞力工作的條件，成為形塑勞工階級男性氣概的重要因素，男性氣概圍繞著工作，也藉由工作而建立一套性別歧視的價值觀，藉由這樣的價值觀，才能維繫他們長期奉獻在一個疏離的工作環境中。

　　許多男性氣概的文獻中，一個中心的論點是強調所謂「霸權式的男性氣概」存在於社會之中（Connell, 1995; Messerschmidt, 1999），霸權的男性氣概在特定的時間和地點，在社會的現實中會以文化形式而被讚賞著，並具有宰制性的地位，同時某些形式的男性主義的論述容易成為其附屬（subordinated）或是被壓迫（oppressed）的型態，例如具有同理心、尊重與關懷、向人傾露情感、強調平等觀或者是男性同性戀的論述往往不被鼓勵或受到鄙視的。Vold、Bernard與Snipes（2002）更指出，在一般社會中低階層男性的暴力犯罪行為較為頻繁，應有其社會結構因素的存在，因為社會地位低落，低階層男性無法達到中產階級衡量成就的尺度，故有著男性地位的焦慮，為挽回自尊，即誇大男性特質，亦即使用暴力，以減少其自卑感。從這些古典文獻中可以發現有關於男性氣概的文化與犯罪的男性氣概（masculinity of crime）之間有緊密的關聯且是廣泛存在著，但是卻往往在一般犯罪學中被忽視。

　　在連結男性氣概——暴力——犯罪的架構底下，更深一層的思維必須能夠處理犯罪原因（暴力乃是其中之一）如何在文化與社會結構的互相影響下促發犯罪的男性氣概，一般用以解釋犯罪的原因之犯罪學可區分為「文化主義派」（Murray, 1990）與「結構主義派」（Wilson, 1987）。文化派理論認為犯罪的成因乃是由於缺乏文化、缺乏社會化、缺乏社會、社區或家庭良好的互動而造成。Eyenck（1970）曾經典地闡述文化主義派的觀點，其認為犯罪的發生乃是來自如下三項原因，分為為：一、個人因為遺傳上的原因而較不容易被社會化；二、由於個人（他或她）的原生家庭沒有施與適當的社會訓練；三、經由社會化而接受的價值觀念，是不一致、不連貫甚至反覆矛盾的（與主流價值相比之下）。這三項程度不同社會互動因素若彼此聚合，則會產生一個與主流文化背離的次文化群體或是個體。有越來越多的理論採取如上的論點：學者Gottfredson與Hirschi之「一般化犯罪理論」相當吻合，此理論取向認為犯罪與偏差行為的發生是由於社會中缺乏文化的接納所導致；學者Wilson與Herrnslein

之「犯罪與人類社會」亦相去不遠，此理論取向認為犯罪的發生是因為接受的文化不足而導致。此理論模型乃牽涉到個人實證論，其意識形態的吸引力亦相當鮮明：偏差的發生不僅因為物質生活不均或是在文化上有差異，而是包含了缺乏絕對服從與道德致上的文化（Tayler et al., 1973），因此犯罪的男性氣概是發展他們的特殊文化裡，是生存的條件，唯一能跟其他人比的、唯一能展現的條件，就是比漂泊、比狠、比敢，也就演變成所謂的暴力，少年能模仿的對象，不論是自己的父親、長輩、或甚至是幫派大哥，對他們而言就是他們所要追求的男性形象。Miller（1958）在一項幫派犯罪研究中發現貧民地區內有一套很獨特的文化特質，維持久遠且保持穩定，這些男氣氣概的文化是屬於次文化的系統，是不良的社會化過程與產物，是來自於失調與解組社區中的底層階級，藉著一套自我的文化體系來獲得個人身心上的滿足，這些文化特徵包括：愛找麻煩（trouble）、強硬（toughness）等等，希望別人讚許他們身體上的強壯和精神上的強硬態度。他們拒絕軟弱，而熱愛身體強壯、打架能力和運動技巧。如果不能符合這些要求，這些男孩就會被稱為軟弱、愚蠢和無男子氣概。

　　結構派理論認為，長期固著在社會低層，而且價值觀、行為模式也與主流社會存著相當程度區隔的人們，乃是由於貧窮團體所處的外在經濟體系之結構變遷而導致貧窮，並不單單是貧窮文化在社區與家庭中的傳遞，成為支配這個團體的主要價值，使貧窮者及其子女無法或不願意利用社會的資源與機會。William Julius Wilson在其具開創性的著作「The Truly Disadvantaged」（1987）中，明確地展現了這樣的社會混亂過程。美國黑人因為洛杉磯、紐約、芝加哥與底特律等城市中工廠機會的誘惑，而擁擠地聚集於市中心。然而，由於資金投入東南亞較為低廉的勞工市場，1970年代的去工業化使得這些黑人頓時陷入困境。唯有受到平等立法機會鼓勵而成長的黑人中產階級仍得以獲得工作，他們大多是在政府的行政機構中任職，且搬離了黑人聚居區而進駐市郊。遺留下來的，則是混亂的人們，不僅被阻絕於經濟機會之外，同時亦因階級和種族而遭到空間上的隔離。「適婚年齡」的男性數目因為缺乏工作與無能維持家庭而逐漸減少，並導致以女性為主的單親家庭開始成長。孩童在缺乏日常工作的角色模範或核心家庭的見習之情形下成長茁壯。一種低度實現、無法適應工作紀律、家庭結構不穩定的文化因而出現，同時伴隨著男性氣概的過度強調，以及犯罪與暴力的大量存在。

　　因此我們看到底層階級的形成與犯罪的男性氣概乃是經濟與社會的排除（因空間的隔離而加劇）導致社會解體，文化的缺乏則是由於這個社會群體被

社會的主流文化排除所導致，在Cloward與Ohlin（1961）的機會理論（opportunity theory）也提出在某些失調與解組的社區中，犯罪現象被視爲是追求成功過程中各種合法與非法機會分配不公的結果，因此青少年們就會形成一套「衝突的次文化」（conflict culture），組成打架幫派，藉著暴力、打鬥來顯示自己的英勇，獲得自我的鼓舞與內在的滿足。

　　選擇犯罪與犯罪之男性氣概的展現可以說明來自於經濟機會上的排除，但是這卻無法解釋在性別與權力的辯證下，父權體制下所建構的男性氣概往往也是霸權式男性氣概的符碼，存在著一種根深蒂固的社會結構上不平衡，以及其經常破壞女性的個人主體及經驗的影響以及對於同性戀的歧視與壓迫，而文化學派中觀點認爲犯罪之男性氣概乃是一種對抗、反擊與求生存的非主流文化，是不良社會化的結果，這樣的區分難道合理嗎？運作在支配文化中的霸權式男性氣概與底層階級之犯罪男性氣概是相異的嗎？Nightingale（1993）在其針對觀察費城的黑人少數族群之著作「On The Edge」，在這個費城市中心的實驗案例中，他發現對於這些年輕人影響最大的並非來自於疏離的團體次文化系統，而是美國文化對黑人年輕人的同化程度，Nightingale詳述他們如何陷入「美國夢」之中而激起了憤怒，作者描繪出這些小孩如何接觸到美國主流文化，市場輕易地將他們環繞於對運動鞋、汽車、服裝、珠寶等的熱情之中：

　　　在5、6歲之時，地方上的許多小孩就會列舉出成人奢侈品的完整名單：從Gucci、Evan Piccone、Pierre Cardin，到Mercedes和BMW……。而從10歲開始，孩童們轉而完全專注於對Nike與Reebok等運動鞋的狂熱……。（1993: 153-4）

　　　這些城市內貧民區的小孩能否同化於主流的美國大眾市場，深深影響而決定了他們在生活中面對經濟與種族排除時的反應爲何。的確，孩子們的排除經驗以及相關的痛苦回憶使得他們在參與主流文化上，顯得特別地急迫而熱切，因爲這種消費文化給予他們一種誘惑的手段以補償他們的失敗感。（1993: 135）

　　廣泛的商業文化則是對於運氣、快樂主義、安逸、娛樂與好運的頌揚，犯罪次文化被同化在主流文化的普世價值中，強調個人主義、競爭、成功、功利

主義，同時在傳播媒體中不時傳達出教導式的暴力使用，亦即使用暴力來解決問題，那麼犯罪之男性氣概其實便是主流霸權男性氣概的一環。的確，犯罪乃由於在文化之同化與經濟上之社會排除之結合所引起，然而為了補償這樣的差異，文化認同被更加強調著，誠如Merton（1938: 677）所言只有當社會整體結構納入貧窮、有限機會與普遍共享的文化象徵一起考慮時，才能解釋我們社會中犯罪與貧窮間的相關程度為何較其他社會高，在我們所處的社會中，擁有聲望導致成功，其背後的壓力會傾向以任何手段來消除任何對他有影響的社會控制。

參考書目

一、中文部分（依筆畫順序）

王雅各（1996）。男性研究。婦女與兩性研究通訊，第41期，頁1-6。

畢恆達（1998）。性別意識形成歷程之研究。行政院國家科學委員會專題研究計畫
　　成果報告。

黃暄（2000）。期刊介紹Men & Masculinities。婦女與兩性研究通訊，第54期，頁56-
　　58。

二、外文部分（依字母順序）

Althusser, L. (1977). Ideology and ideological state apparatuses. In Louis Althusser's Lenin and
　　philosophy' and other essays. New Left Books.

Foucault, M. (1977). Discipline and punish: The birth of the prison. Penguin.

Foucault, M. (1978). The history of sexuality, volume I: An introduction. Penguin.

Hartsock, N. (1983). Money, sex, and power: Toward a feminist historical materialism. Long-
　　man.

Morgan, D. (1992). Discovering Men. Routledge.

第七章 暴力犯罪之心理因素

吳芝儀

前 言

綜觀臺灣地區近十年來（1992至2001年）經判決確定有罪的各類犯罪人數，暴力犯罪均非主要的犯罪類型，僅占所有犯罪人數的3%左右（法務部，2001）；但由於暴力犯罪對人民心理和身體上所造成的嚴重傷害之威脅，一直被視為評斷社會治安良窳的重要指標。最近這幾年隨著國內犯罪防治研究人口增加，各類型犯罪問題的研究成果均有長足的進展，但由國內學者所發表的探討暴力犯罪行為問題及相關研究的專論，仍不多見；專門著眼於人格心理學層面以探究暴力行為之形成與發展，則更形單薄。本章即試圖填補此一空缺，以作為個人後續對於暴力與暴力犯罪行為進行實證性研究的基石。

第一節 暴力行為的定義

在研究暴力行為的心理學文獻中，一般將暴力行為分為三大類：攻擊（Aggression）、暴力（Violence）、暴力犯罪（Violent Crime）。Megargee（1982）和Siann（1985）進一步分析其定義認為，「攻擊」係指其意圖傷害（Hurt）他人或從他人獲得利益，但不一定涉及實質的身體傷害（Physical Injury）；「暴力」係指對他人施加強烈的身體傷害，且常受到攻擊性動機（Aggressive Motivation）所引發；「暴力犯罪」則指涉違反法律上所明定的造成直接傷害的行為（Hollin, 1989: 63）。

Blackburn（1993）也明確地將「攻擊」定義為「有意圖地施加傷害（Harm），包括心理上的不舒服及身體上的傷害（Injury）」；「暴力」則指涉「對某人施加傷害的行動」。綜合而言，大多數的心理學家都強調「攻擊」的「意圖」（Intent）；而將「暴力」視為一種意圖製造他人心理上或身體上

傷害的攻擊行為（Aggressive Behavior）或傷害行動（Action to Harm）。

心理學研究也常將攻擊行為區分為兩類截然不同的類型（Toch, 1992; Englander, 1997）：

一、工具性攻擊（Instrumental Aggression）：意圖藉攻擊以達成不同的目的。例如以攻擊手段奪取他人財物，奪取財物是攻擊行為的目的。

二、敵意性攻擊（Hostile Aggression）：敵意性攻擊常發生於一個人在受挫折的環境下油然而生「恨」的態度，以致為了宣洩其恨意或施加報復，而製造他人身體上或心理上的傷害。攻擊者甚可能從攻擊行為本身獲得某種程度的滿足。因此，敵意性攻擊較接近「暴力」之定義。

Blackburn（1993）則稱後者為「憤怒性攻擊」（Anger Aggression），由於外在情境的威脅導致攻擊者處在一種嫌惡或憤怒的情緒狀態，而對別人施予身體上或心理上的傷害，則會減輕攻擊者的憤怒情緒。

至於「暴力犯罪」則指使用暴力進行危害社會的犯罪行動，是最為嚴重的犯罪類型，一般包括殺人（Homicide）、強暴（Rape）、強盜（Robbery）和傷害（Assault）等罪行（Blackburn, 1993; Englander, 1997; Parker, 1995）。我國法務部犯罪統計則從1999年起為因應妨害性自主罪之增修條文，而將暴力犯罪範圍界定在「殺人（不含過失致死）、強盜搶奪及盜匪、恐嚇、擄人勒贖、重傷害及強制性交罪等六種」（法務部，2001），與暴力犯罪研究所指涉的類型頗為一致。

本章所謂之「暴力行為」，乃指涉廣義的意圖製造他人身體上或心理上傷害的攻擊行為，因暴力行為幾乎無可避免會造成違法犯罪之事實，故亦兼及探討暴力犯罪之相關研究成果。

第二節 暴力行為的心理學觀點及相關研究

人格心理學領域探討暴力行為之形成與發展的理論，主要有特質理論、心理分析理論、社會學習理論、認知理論、人本自我理論等。其中，特質理論較關注穩定且一致性的人格特質展現，而非人格的動力性發展歷程，如Eysenck（1977）以「外向性」（Extraversion）、「神經症」（Neuroticism）和「心理症」（Psychoticism）分類來說明「犯罪性」（Criminality）之表徵，並認為具

有「心理症」人格者最可能從事暴力和攻擊性的犯罪行為。但此一觀點受到犯罪心理學界高度質疑，認為不宜將犯罪性作為犯罪行為的肇因，二者並不必然具有因果關係（Ainsworth, 2000; Blackburn, 1993）。故本章僅從其他理論觀點探討暴力行為之形成和發展，並說明晚近因其整合觀點而頗受學界重視的暴力成癮模式。

一、心理分析理論

　　Freud（1923-1960）的心理分析理論（Psychoanalytic Theory）主張人類行為主要受到生物本能驅力、潛意識動機、6歲以前性心理事件等內在心理動力歷程（Psychodynamic Processes）所主宰，運用心理分析觀點來解釋人類暴力行為，亦著重於探索個人內在人格結構的心理動力與潛意識衝突對暴力行為的影響。

　　Freud假定人類行為的攻擊傾向，是潛意識力量的產物，甚至視攻擊為受「死之本能」（Death Instinct）所主導的自我毀滅的傾向，是一種基於本能的衝動，以對抗外在環境的威脅。一個適應良好的個體，會將之潛抑至潛意識中。然而當攻擊衝動強烈到從潛意識中流洩出來，即有可能傷及無辜，Freud稱此過程為「轉移攻擊」（Displaced Aggression），亦即因過於壓抑攻擊驅力，以致其突破潛意識的藩籬，進入意識層面化為具體攻擊行動。

　　由心理分析理論衍生而來的「挫折─攻擊假設」（Frustration-Aggression Hypothesis）（Dollard et al., 1939），主張當一個人在達成目標的過程中受到阻礙或被期待的報酬不能如其所願，即會產生一種不舒服的情緒喚起（Emotional Arousal）或憤怒（Anger）狀態，稱為「挫折」（Frustration），必須獲得立即的紓解，而暴力行為即是紓解此一不舒服喚起狀態的嘗試（Berkowitz, 1965）。

　　此外，「自我」功能的薄弱（Ego Weakness）亦可能導致行為者易於以攻擊來滿足「本我」（Id）的需求，發生「低度控制的暴力」；或因「超我」（Super-ego）過度壓抑「本我」的攻擊能量而充滿罪惡感，終至一發不可收拾，促成「過度控制的暴力」。Megargee（1966）即將暴力犯罪者區分為「過度控制」（Over controlled）和「低度控制」（Undercontrolled）兩類。對暴力行為缺乏禁制力量，經常使用暴力手段來解決問題的，是屬於「低度控制」者；然而，「過度控制」的暴力犯罪者卻常是原本內向且循規蹈矩的守法者，通常遵守社會的道德規範且對自己的行為有良好的控制能力。

由此可知，在某種程度上，攻擊其實也扮演著安全閥的角色，如同火山或地震一般，適度、非破壞性且可為社會接受的攻擊宣洩，可降低其爆發的能量，則相對減少暴力的發生。因此，若能將挫折或阻礙所喚起的攻擊驅力，適當地宣洩於情緒的表達，或社會可接受的非破壞性行動，將有助於避免外顯且具傷害性的暴力行為。

二、社會學習理論

Bandura（1977）所提出的社會學習理論（Social Learning Theory），強調人們的行為係心理社會環境下的產物，是在人們所居住生活的社會環境中學習模仿而來。Bandura試圖從社會學習觀點解釋攻擊行為的習得、攻擊行為之激起，以及攻擊行為之持續與強化。

由於，Bandura假定攻擊行為的發生是個人在環境中所學習而來。主要的學習機制，一方面是來自個人直接經驗，另一方面來自於替代性經驗（Vicarious Experience）。前者係受「操作制約」（Operant Conditioning）歷程所主導，個體自發性的行為結果如受到酬賞，則為獲得愉悅刺激，受到酬賞的行為將再次出現；反之，行為結果如受到懲罰，則為避免嫌惡刺激，受到懲罰的行為將會逐漸消失。而此一增強效應（Reinforcement）亦可能透過觀察模仿，發生替代性的學習效果，即如果兒童在成長過程中經常觀察到重要他人或角色楷模使用暴力手段，或同儕夥伴因使用暴力手段而獲得酬賞（或未被懲罰），即會學習到暴力。換言之，若一個暴力的成人在施行其權威式的暴力行為時被仰望為一位學習的楷模，則暴力行為將被模仿而拷貝再生。而此一攻擊行為的學習甚多是內隱的，並不會在兒童生活中立即表現出來，直到類似的環境刺激再現，或經認知預演歷程而確認行為可能有效，始會表現出所習得的攻擊行為。

Bandura（1977）歸納觀察學習的三項主要來源為：(一)家庭及親人：父母親友經常使用暴力；(二)生活環境及同儕團體：居住在暴力行為高發生率地區；(三)文化、媒體與偶像：電視、電影、報紙。當人們不斷在生活經驗中觀察到家人、同儕或媒體上作為楷模之角色等，因展現攻擊行為而達成目的、滿足需求或受到社會贊許（正增強），即學習到攻擊行為；當類似的環境刺激出現時，他也會以所學到的攻擊行為來反應；如果他在表現出攻擊行為之後亦受到正增強或未遭受懲罰，則其攻擊行為將持續或強化。Jeffery（1965）和Short（1968）等人曾從行為學派的觀點強調，經操作制約而習得的犯罪行為，其行為後果的獎賞，除物質上獲益之外，更重要的應是社會的讚許與地位的提升。

攻擊者欲在其所認同的團體中獲得社會贊許和尊重，可以解釋不良青少年團體成員常一再表現攻擊行為的原因。

工具性攻擊顯然會因所需財物、名位、社會贊許的取得，而受到「正向增強」（Positive Reinforced）；而憤怒性攻擊則會因憤怒的紓解或嫌惡狀態的排除，而受到「負向增強」（Negative Reinforced）（Blackburn, 1993）。弔詭的是，如工具性攻擊行為的後果係受到「懲罰」，則會演變成一種嫌惡狀態或喚起憤怒的情緒，而引發憤怒性攻擊。因此，Bandura（1983）更進一步指出區分工具性攻擊和憤怒性攻擊並無其必要性，因為所有的攻擊行為均是為了獲得個人所預期的目的，及一種愉悅滿足的情緒狀態。在個人處理嫌惡經驗時，攻擊行為只是數種可能的策略之一，其他還包括逃避和建設性的問題解決技巧，取決於個人所擁有的行為錦囊。

依據此一觀點，攻擊行為的持續除了因行為本身曾受到增強之外，更是肇因於攻擊者並未能透過直接經驗或替代經驗學習到以非攻擊性的方法來因應嫌惡事件或獲取預期的酬賞。建設性問題解決技巧的學習，以擴充個人在因應環境刺激時可做選擇的行為錦囊，顯然是減少攻擊行為所必須。

三、認知理論

挫折攻擊假設主張一個人生活中的挫折不只肇因於物質財貨的不可得，更多時候是源自「感覺到」自己受到不公平待遇。Berkowitz（1989）更進一步指出無論受到不公平待遇是否屬實，只要一個人「相信」他受到了不公平待遇或受害（Be Victimized），就會產生挫折，喚起憤怒情緒，進而引發攻擊行為。Lazarus（1991）極力倡議情緒喚起的狀態本身，即是取決於對外在情境進行「認知評價」（Cognitive Appraisals）的歷程，亦即，憤怒情緒的引發係由於個人「知覺」到外在情境的威脅，或「以為」他人意圖對自己做出肢體或語言上的屈辱，進而訴諸攻擊的行為。

心理學界已有相當的研究證實：一般人對任何事採取行動之前，認知（Cognition）、想法（Thoughts）或知覺（Perception）常扮演者極為關鍵的角色，因此如個人的認知內容充滿謬誤，或認知歷程朝向負面運作，都可能促成犯罪行動，造就出認知不良的犯罪者。依據此一觀點，Yochelson與Samenow（1976）即試圖從250位犯罪者中整理出52項犯罪者的思考謬誤（Thinking Errors），並且提出如欲改善其「犯罪行為」應先矯正其錯誤的「犯罪思考型態」（Criminal Thinking Patterns）。

　　Dodge等人的研究亦試圖證實使用暴力的人是因其不適當地知覺到外在環境的敵意。和非攻擊性的青少年相比，攻擊性較強的青少年傾向於相信其他人對他們有敵意，而且對攻擊的結果有較為正向的預期。此即Dodge（1993）所稱，具有高度攻擊性的青少年常有「歸因謬誤」（Attribution Biases）等社會認知（Social Cognition）難題，易於在模糊曖昧的情境中對他人的意圖做出錯誤的詮釋。

　　Walters與White（1989）亦根據Yochelson與Samenow所歸納的錯誤思考內容，推衍出8項犯罪思考型態。推諉卸責（Molification）型態是指犯罪者會藉由指責社會不公、降低犯罪行為的嚴重性或責備受害者，來合理化或正當化其違反規範的行為。解除禁制（Cutoff）型態指犯罪者會迅速消除與犯罪行動有關的恐懼、焦慮和其他心理障礙。自以為是（Entitlement）型態指犯罪者會流露占有、特權心態，且誤認「想要」（Wants）為「需求」（Needs）或權利（Rights）。權力導向（Power Orientation）型態指犯罪者表現出攻擊行為，以控制和操弄他人。情緒補償（Sentimentality）型態指犯罪者以各種贖罪式的表現，想要彌補他過去的犯罪事實。過度樂觀（Superoptimism）型態指犯罪者常會高估他逃避負面後果的機會。認知怠惰（Cognitive Indolence）型態反映了犯罪者懶得思考問題，或是採取抄捷徑式的問題解決方法，無法仔細思考行為的長期性結果，未加批判地全盤接受個人的念頭和計畫。半途而廢（Discontinuity）型態指犯罪者的思考歷程多無預先籌劃，缺乏長遠目標且易於中斷，以致很難貫徹他最初的善良意圖。

　　由於Walters（1990: 11）主張「犯罪性與個人之智能和心理欲求無關，而與個人如何將其經驗組織成特定的認知組型有較大的關聯」，因此他致力於探討與犯罪生活型態有關的系統性交互影響因素，稱為3C：條件（Conditions）、選擇（Choice）和認知（Cognition）。三者的交互作用，影響了犯罪者的行為方式（如圖7-1所示）：(一)「條件」限制了個人早期發展任務的順利完成，包括個人的依附關係、個人的刺激調節能力，以及個人的自我形象等，鋪陳了個人涉入未來犯罪行為的機會；(二)「選擇」係將行為導向特定的選項，做出了特定偏差行為的選擇；(三)「認知」則支持個人選擇的生活型態，並適時修正個人的決定歷程以及個人對外在條件的知覺。個人經由條件、選擇和認知三者相互影響所形成的犯罪行為，則可歸類為違反規範、人際侵擾、自我縱容、不負責任等四種不同類型。其中，「人際侵擾」（Interpersonal Intrusiveness）是指不尊重或侵害了他人的個人私密空間和權益，常伴隨著攻擊、

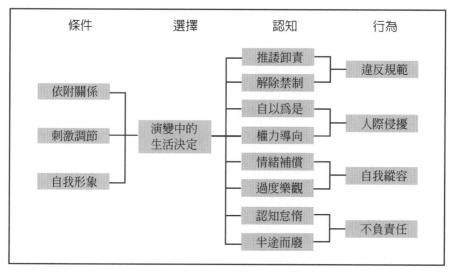

圖7-1　犯罪生活型態理論模式

資料來源：Walters (1990: 97).

暴力等行為，多受到「自以為是」和「權力導向」的認知型態所左右。

　　吳芝儀（2001）曾採用Walters（1990）所發展的「犯罪思考型態心理量表」進行焦點訪談，以比較分析暴力犯罪與非暴力犯罪兩類受刑人在犯罪思考內容與型態上的差異。研究發現最明顯的差異在於暴力犯有較強烈的「權力導向」想法，無論是暴力累犯或暴力初犯，均表露出「不甘受人歧視」、「害怕被視為儒弱」或者高度「期待受人重視」的心理傾向，企圖以各種方式彰顯自己的能力，來控制他人和情境。同時，暴力犯罪者幾乎都會有「衝動反擊」的表現，顯示其性格上「易被激怒」的「衝動性」特徵，且多以「訴諸暴力」或「做壞事」來化解衝動的情緒。暴力犯明顯的「權力導向」，與非暴力犯「理性面對」或「息事寧人」的「非權力導向」恰成強烈的對比。此一發現呼應Walters（1990）所謂涉及侵害個人空間的「人際侵擾」之攻擊、暴力行為，主要係受到「自以為是」和「權力導向」的認知型態所左右。因此，吳芝儀（2001）據以推論，此一意圖透過語言、肢體或其他形式暴力來展現權力以主控局面的情形，很可能和這些暴力犯缺乏穩定的自我肯定感有關，因對他人可能歧視的眼光感到不安、焦慮，而選擇以強悍的方式武裝自己、震懾他人，以

提升自己在自己和他人心目中的形象和自我價值感。

四、人本自我理論

　　奠基於人本心理學的自我理論（Self Theory），主張行為是個人自我概念（Self-concept）的表達，故自我概念亦在攻擊行為的發展中發揮了關鍵性的作用（Reckless & Dintz, 1967）。如Felson（1978）和Berkowitz（1986）曾提出攻擊是「印象管理」（Impression Management）的方法之一，有助於「修復」（Restore）一個人已備受威脅的角色認定（Identity）。而低度自我肯定者（Low Self-esteem）似乎是從攻擊行動中獲得興奮快感與自我提升（Ego-enhancement）等正向的內在酬賞（Internal Rewards），以致陷溺於攻擊行為而無法自拔（Wells, 1978）。依據人本心理學觀點（Maslow, 1954），自我肯定感是決定一個人能否充分自我實現（Self-actualization）的關鍵，而自我實現是人類最高層次的基本心理需求，是主導一個人成長發展的最大動力來源。因此，如個人處在低度自我肯定或缺乏自我肯定的環境中，將會轉向尋求其他有利於提升自我肯定的方式，而攻擊的行為即可能是最為有效的手段。

　　近年來，探討暴力行為與自我概念、自我形象或自我肯定等之關聯性的研究，獲致了相當歧異的結論。其一是主張暴力犯罪者係屬於低度自我肯定的一群，如Felson（1982）、Luckenbill（1977）等人均曾發現「愛面子」（Saving Face）和贏取控制權是攻擊型犯罪的重要肇因；Wells（1989）亦發現具有低度自我形象但亟需獲取贊許的青少年，最需藉由表現攻擊行為來促進自我肯定；Jankowski（1991）指出，低自我肯定或自我鄙視（Self-contempt）是引起幫派少年暴力行為的主因；而低自我肯定及自我的匱乏感（Feeling of Inadequacy）亦被證實是恐怖分子最主要的特質（Long, 1990）。另一方面，Kernis等人（1989, 1993）的研究，則發現暴力犯罪者乃係具有高度但不穩定的自我肯定感；Baumeister等人（1996）亦發現遇到別人的質疑與挑戰時，會出現攻擊行為或較不理性行為者，是高度自我肯定者而非低自我肯定者，但此一高度自我肯定狀態並不穩定，故須藉助攻擊行為來加以維繫。Baumeister解釋暴力行為與暴力者之自我概念的關係，認為引起暴力的主要原因是一個對自己持有過高評價的人，在遇到他人的負面評價時，為了免於陷入降低自我評價時所感受的負面情感狀態，以及為了顯示比別人強，所以使用暴力作為達成其控制目的的手段。

　　較具綜合性的解釋模式，係如Kaplan（1980）在其研究中所分析的，由於

自我肯定來自於對成就與能力的信心，及在社會關係中的被接納，暴力犯罪者乃依恃著其偏差行爲同儕團體所提供的接納與贊許，藉攻擊行爲或暴力犯罪來提升其自我肯定感。此一心理歷程中，「自我肯定」被視爲一中介變項，犯罪者在遂行其暴力犯罪之前多爲低度自我肯定者，藉著攻擊行爲來重建自我肯定，攻擊得逞之後則呈現高度自我肯定的狀態。然而，此一高度自我肯定感由於係建築於攻擊行爲之上，在攻擊過後易呈現相當不穩定的狀態，需藉助再一次的攻擊行爲來維繫。由此可以推論，如攻擊者在其生活的日常環境中愈缺乏自我肯定感的來源，愈需藉助攻擊行爲來將自我肯定維持在一高度狀態，使得暴力成爲一高度的目標導向行爲，而不斷地發生。

五、暴力成癮模式

Hodge（1997）即進一步從「成癮」（Addiction）的觀點，引用Brown（1997）所提出的「成癮的快樂管理模式」（Hedonic Management Model of Addiction），來探討重複出現的暴力行爲（Repetitive Violence）。

根據Brown（1997）的分析，接近行爲學派的社會學習模式係將「成癮」視爲從問題環境中錯誤學習的產物，注意到「立即性觸媒物」（Immediate Triggers）在啓動成癮活動中的角色，以及酬賞和懲罰對於維繫和修正成癮行爲的效用；更具複雜性的社會認知模式（Bandura, 1986; Rotter, 1982）則強調期待（Expectations）、信念系統（Belief System）、自我控制（Self-control）、內在酬賞和決策等的重要性。然而，Brown（1997）認爲二者均低估成癮者感受和心情的主觀經驗，故Brown進而提出成癮的「快樂管理模式」，強調成癮者的主觀經驗和感受，成癮者對其主觀經驗的詮釋（Interpretations）和對其內在情緒狀態的信念（Beliefs About Internal State），在成癮發展、維持和衰退歷程中扮演著核心角色，可被視爲「成癮的人本／存在觀點」（Humanist/Existentialist View of Addictions）。

成癮的快樂模式包含三項重要內涵：

(一)快樂基調（Hedonic Tone）：追求人生的快樂幸福（Happiness and Wellbeing），在生活中保有好心情和愉快的經驗，是主宰人類行爲的快樂基調。

(二)追求持續性快樂基調的驅力（A Drive for Continuous Hedonic Tone）：快樂管理模式將成癮現象視爲個人在日常生活中可以正常方式獲致酬賞的各式各樣來源和活動，均無法（失敗）維持其最大程度之快樂基調（Hedonic

Tone）；相反地，透過某一成癮性活動（Addictive Activity）（或某一酬賞來源），個人即可持續其高度的快樂基調，此一持續性的快樂基調即成爲導致成癮的驅力。

(三)成癮歷程的核心（The Core of the Addictive Process）：對許多人而言，特定的「高峰經驗」（Peak Experiences）或一些可再生的感受狀態，本身即可成爲被尋求和享受的目標。人們爲了獲得和維持這些渴望的情緒狀態，而有所計畫和圖謀。成癮歷程的核心是個人發現和持續運用相對而言較可信賴和有效的方法，使他能以自己所想要的方向來操弄情緒喚起和快樂基調——可信賴的，且立即見效的。

依據此一模式的假設，人類大多數的行爲表現均在致力於擴展快樂和愉悅的主觀感受，一般而言係藉由廣泛且多樣化的策略來達成，可有效提高快樂愉悅感的活動則受到增強。行爲者對某一項活動成癮，係由於其他策略不再能有效地獲得愉悅感受，使得個人不由自主地對該項能提供愉悅感受的活動心生期待或幻想。而暴力行爲除爲行爲者帶來興奮、愉悅感受之外，更在施展暴力行爲制服他人的同時，激發其權力感和制控感（Feelings of Power and Control），紓解了其在攻擊之前的負向情緒狀態。這些感受均是暴力行爲後果的增強物，因此，則暴力行爲將會成爲目標導向行爲而持續出現，甚至有「暴力成癮」（Addiction to Violence）的現象（Gresswell & Hollin, 1997; Hodge, 1997）。

吳芝儀（2000）在其對暴力犯罪青少年的研究中，即受此一快樂管理模式所啓發，並結合心理分析理論、社會學習理論、社會認知理論、人本自我理論等觀點，歸納出暴力行爲循環模式（見圖7-2），提出暴力行爲發展機制與循環歷程的數項命題。本章試圖再加以精鍊並修正如下列各項敘述：

(一) 在家庭、學校等生活環境中屢屢遭受挫折或阻礙的青少年，由於難以獲得被父母贊許或被教師肯定的機會，將導致其擁有較低度自我肯定感。

(二) 在生活環境中缺乏自我肯定感的青少年，易於不適當地知覺到外在環境的挫折或威脅，而啓動攻擊驅力，產生不舒服或憤怒情緒。

(三) 青少年由於缺乏適當的情緒管理或社會技巧，而衝動地選擇了經社會學習歷程（來源爲家庭成員、權威人物、同儕群體或大眾傳播媒體）而習得的暴力攻擊行爲，來減輕挫折或威脅。

(四) 當青少年所知覺到的環境威脅或挫折因爲表現暴力攻擊行爲而獲得解除，憤怒情緒獲得紓解，即對青少年產生負向增強效應。

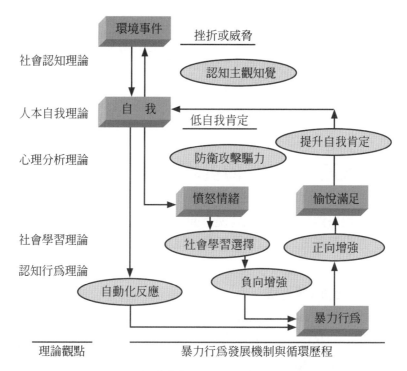

圖7-2　整合觀點之暴力行為循環模式

資料來源：吳芝儀（2000）。

(五) 另一方面，青少年因表現暴力攻擊行為而獲得了權力感和制控感，或同儕團體的社會贊許等，隨之而來的愉悅滿足，則提供了最大的正向增強效應，進而提升了青少年的自我肯定感和自我價值感。

(六) 然而，此一高度自我肯定的狀態並不穩定，使得青少年需要一再地依賴暴力攻擊行為來加以維繫；於是，暴力攻擊行為將成為目標導向行為或青少年遭遇環境事件刺激的自動化反應，而持續地出現，形成其慣性暴力傾向。

　　此一探討暴力行為發展歷程的循環模式，主要關注焦點在於暴力者係處在低自我肯定狀態、對外在環境刺激易有認知扭曲的知覺、缺乏有效的情緒管理和解決問題的社會技巧、易受興奮愉悅的情緒狀態所左右等。奠基於此一整合觀點的處遇策略，即可致力於建立暴力者穩定的自我肯定感、改變其錯誤或扭

曲的認知思考、培養有效的情緒管理和問題解決的社會技巧、增強其因適當行為表現所獲致的成功經驗及愉悅滿足感等，始能阻斷暴力行為的惡性循環。

從上述各項心理學理論觀點，我們可以發現，目前對暴力行為的探討和研究勢須整合多個不同的面向，從認知、情緒、行為和自我等層面統整地分析，始能逐漸揭開暴力行為之形成、維持和演變的神秘面紗。

第三節　晚近暴力犯罪的重要研究發現

本章從心理學觀點著眼，摘述晚近關於暴力犯罪的重要研究發現，主要包括暴力犯罪者心理剖繪、暴力犯罪行動與詮釋，以及暴力犯罪生涯與暴力化歷程三者。

一、暴力犯罪者心理剖繪

近年來，心理剖繪（Psychological Profiling）（Geberth, 1981）或犯罪者剖繪（Offender Profiling）（Jackson & Bekerian, 1997）技術甚受犯罪偵察和犯罪研究者所重視。Holmes（1996）曾在其所著的《剖繪暴力犯罪》（*Profiling Violent Crimes*）一書中，說明心理剖繪技術奠基於人格特質理論的三項基本假定：(一)犯罪現場是犯罪者人格的反應，也是個人生活方式的延伸；(二)犯罪者的犯罪手法有其獨特性和一致性，就像是個人簽名一樣，可資辨識個人身分；(三)犯罪者的人格有其穩定性，不易改變且隨時隨地影響個人的外顯行為，包括犯罪的行動。根據此類假定，心理剖繪技術即是藉由對犯罪現場（Crime Scene）、犯罪特性（Offence Characteristics）及被害人特性（Victim Characteristics）等跡證的歸納分析，來剖繪暴力犯罪者的行為習慣、人格類型和心理違常等，以協助警方早日偵察出犯罪者並繩之以法。目前，心理剖繪技術最常被運用於偵察連續謀殺和嚴重性侵害等暴力犯罪類型，Holmes（1996）即報告其已成功地運用此一心理剖繪技術，協助警方偵辦過425個暴力犯罪案件。

不過，由於此一犯罪者心理剖繪技術係仰賴犯罪者病態人格表現的一致性和穩定性，僅能對可能犯下特定型態罪行的人格類型和其人口學特性提供建議，但對於暴力犯罪病態人格的形成歷程及暴力行為的發展歷程均非其關注焦點。與暴力行為發展歷程有關的研究成果，可見諸於Athens（1992, 1997）的

研究中。

二、暴力犯罪行動與詮釋

Athens（1997）在其《暴力犯罪行動及行動者》（*Violent Criminal Acts and Actors Revisited*）一書中報告他訪談了58位暴力犯罪者，請他們詳細描述在違犯暴力犯罪當時的情境，及當時他們自身的想法、感覺，所歸納出的研究結果。他發現，暴力犯罪者在犯罪當時的確會去解釋當時的情境，而且這些來自自身的解釋實為造成暴力行為的重要原因。

Athens還發現這些暴力犯罪者在違犯暴力犯罪之前，就已在意識層面上建構攻擊行為的計畫。他分析這些暴力犯罪者的陳述，發現雖然他們對於當時情境的詮釋並不一致，但大致上可分為四類：

(一)身體防衛的詮釋（Physically Defensive Interpretations）：有些暴力者使用暴力是為了保衛自己或是親人，避免其受到傷害。當情境中，暴力者將受害者的某些姿態解讀為對他或親人施行攻擊的前兆，引發他對於自身或是親人安全保障產生強烈的恐懼感，從而形成攻擊的防衛動作。此時，他會認為採取暴力行為回應是必要的，並假定其他人遇到這種情形也一定會這麼做，而在內心運思一套有計畫的暴力行為。Athens稱此防衛動作為「受害促發」（Victim Precipitated）的暴力。

(二)挫折阻撓的詮釋（Frustrative Interpretation）：暴力犯罪者也會去解讀受害者姿態動作可能代表著：1.正在抗拒或將要抗拒暴力者本身想要實行的特定活動（Specific Course）；2.抑或是受害者將強迫暴力者去進行一項其本身並不願意進行的特定活動。由於其感到被阻撓或是被強迫，而喚起相當的憤怒情緒。於是，犯罪者為了有效控制他人阻止或強制活動進行的可能性或是企圖，而認為採取暴力反擊將是最有效的方式，從而在心中開始盤計暴力行動計畫。

(三)惡意的詮釋（Malefic Interpretation）：犯罪者也常將受害者的姿態解釋為其正在嘲笑或是惡意輕視自己，且認為其他人一定會覺得受害者是非常惡劣、帶有惡意的人，所以該給他一點顏色瞧瞧！

(四)阻撓—惡意的詮釋（Frustrative-malefic Interpretation）：此類解釋常開端於對情境作「被阻撓、被強迫」的解釋，以為受害者的姿態是要抗拒犯罪者所想達成的目標或是將強迫犯罪者進行其所不欲完成的活動，於是，犯罪者內心充滿了憤怒。在尚未有具體暴力行為之前，又轉而對情境作「具有惡意」的解釋，假設周遭他人如果遇到這種情形，一定會覺得這個受害者真是惡劣、

可惡。於是，對受害者強烈的敵意取代了先前的憤怒，接下來，當然就是一連串暴力。

這四種類型是「完全暴力」（Completed Violent）犯罪者所描述犯罪當時的想法，與「接近暴力」（Almost Committed; Near-violent）犯罪者對情境的詮釋有三處相異點：

(一)固著的指引（Fixed Line of Indication）：當個案不斷地盤想暴力行為的計畫時，他不是直接就實行這個計畫，就是持續醞釀這個計畫，此時，他的心思都被這計畫給侷限住了，無法考慮暴力行為以外的事物，變得非常死心眼、鑽牛角尖（Tunnel Vision）。由於受到持續固著僵化的自我指引，其完成犯罪的可能性自然比較高。

(二)遏阻性判斷（Restraining Judgment）：有些個案可能因為害怕攻擊行動可能失敗、受到他人影響、害怕受到嚴重傷害或是破壞社會關係（尤其是友誼或婚姻）、推測他所尊敬信賴的人應該不希望他作出暴力行為、害怕被捕而受到法律制裁，而能跳脫出僵化的自我指引，並對情境有了新的定義，故而決定不應該實行原先的暴力行為。此一「遏阻性判斷」仍是理性思考的產物。

(三)無效的判斷（Overriding Judgment）：雖然個案曾經跳脫出固定僵化的暴力行為思考內容，產生了遏阻暴力行為的判斷，可惜並沒有持續下去，因為在對情境作再定義時，他還是將情境解釋為他應該勇往直前實行他的計畫。原先遏阻自己的想法被推翻了，故而完成了暴力犯罪。

此外，Athens也研究了暴力犯罪者的自我形象（Self-image），瞭解他們如何看待自己？結果發現暴力犯罪者之自我形象與暴力行為之關係，有三種類型：

(一) 秉持非暴力自我形象的暴力犯罪者，只有在把情境解釋成對身體生命有危害時，才會有暴力行為產生。

(二) 秉持初期暴力自我形象（以暴力作為威脅的方式，而無具體行動）的暴力犯罪者，當他認為情境是會危害身體，或是認為情境是帶來阻撓且具有惡意，才會產生暴力行為。

(三) 秉持暴力自我形象（以暴力去傷害別人）的暴力犯罪者，則不管對情境是產生「危害身體」、「阻撓」、「有惡意」或「阻撓兼惡意」等解釋，都是以暴力行為來應付之。

他發現暴力行動者的自我形象及自我定義的歷程，在暴力行為的發展中扮演著相當關鍵的角色；亦即具有「暴力自我形象」（Violent Self-image）者多

係長期與犯罪爲伍，而有「穩定的暴力生涯」（Stable Violent Careers）（Athens, 1997）。

三、暴力犯罪生涯與暴力化歷程

晚近，對於暴力犯罪者犯罪生涯的研究，亦首推Athens於1992年以敘事訪談方法所進行的質性研究，他根據訪談所得資料歸納暴力犯罪者一生中暴力犯罪行動的發展軌跡，並在其《危險暴力犯罪者的產生》（*The Creation of Dangerous Violent Criminals*）一書中提出暴力化的四階段過程：兇殘化、好戰性、暴力表現、憎恨惡意。

(一) 第一階段「兇殘化」（Brutalization）：包含暴力征服（Violent Subjugation）、個人恐懼（Personal Horrification）和暴力鍛鍊（Violent Coaching）等三個次階段，分別描述兒童或青少年在其緊密聯繫的初級團體中受到權威人物使用暴力迫使其接受權威，或目睹其他人受到暴力威逼而感到恐懼，最後則在其「暴力教練」無形或有形的陶冶鍛鍊之下逐漸將暴力內化。

(二) 第二階段「好戰性」（Belligerency）：青少年多曾經驗到認知和情緒的衝突，然後爲了終結其痛苦經驗，他會對其他激發其憤怒的人展開其從「暴力教練」處所學習到的攻擊行動。當此類攻擊行動延伸到所有被知覺爲可能傷害他的人時，即進入第三階段。

(三) 第三階段「暴力表現」（Violent Performance）：成功的暴力行動所回饋於他的他人的尊敬或恐懼，強化其施展暴力的決心，於是暴力是成爲自發性的表現。

(四) 第四階段「憎恨惡意」（Virulency）：這時從暴力者眼中所看到的外在世界，充滿了憎恨惡意，他必須隨時準備利用暴力作爲對待他人的手段。

這四個暴力化的階段栩栩如生地描繪了一個暴力犯罪者的生成與壯大，相當程度呼應了「暴力成癮」的循環歷程（Brown, 1997；吳芝儀，2000）。

此外，吳芝儀（2002）也試圖以敘事研究方式，探究累犯暴力犯罪者的犯罪生涯和自我觀的發展與演變。研究發現累犯暴力犯罪者生涯發展歷程可歸納爲五個主要階段，各有其生涯主題，包括：(一)童年時期是「乖小孩」；(二)前青少年期是「開始變壞」；(三)後青少年期是「急遽惡化」；(四)成年前期是「向下沉淪」；(五)成年中期是「犯罪深淵」。對應於各階段犯罪生涯發展歷程，暴力犯罪者自我觀的演變，則從文靜乖巧、愛玩叛逆、價值扭曲、矛盾心態，到自我麻痺。換句話說，受訪者的犯罪生涯是從前青少年期國中階段誤

入歧途開始變壞之後，就愈趨嚴重惡化，一路向下沉淪，直墜犯罪深淵。這些犯罪者偏差行為的發展，在前青少年期主要受到來自於家庭、學校和同儕的影響，而出現抽菸、喝酒、吃檳榔、打撞球、蹺課、蹺家等「不良行為」及打群架的「輕度暴力行為」；輟學遊蕩或在聲色娛樂場所打滾的後青少年期，則受到家庭、工作單位和同儕的影響，而發生偷竊搶劫、威脅恐嚇、飆車砍人、製造爆裂物等諸多「中度暴力行為」；以致成年前期多因犯罪而被判刑收押，在軍監、少觀所、感化院等機構度過，機構同儕或其他朋友的影響更形深遠；離開機構之後的成年中期，因工作所需、為新家庭經濟籌謀、擴展的人際網絡，更出現吸食毒品、恐嚇勒索、持械搶劫、強盜殺人等「重度暴力行為」，終於使得這些犯罪者分別以「盜匪罪」和「殺人罪」等罪名判刑定讞。各階段中的主要影響因素、偏差行為組型及自我觀的演變，如圖7-3所示。其中，喝酒是受訪者從國中階段變壞開始就染上的壞習慣。從國中時期和同儕朋友偶一為之的「娛樂式喝酒」，到國高中畢業後與年齡較長的社會人士通宵達旦的「尋歡式喝酒」，再到成年之後被酒精所奴役的「成癮式喝酒」，似乎與受訪者犯罪生涯有著同樣越趨下流的發展軌跡。

吳芝儀（2002）在此一暴力犯罪生涯的研究中，並綜合諸多因素及心理學理論觀點，探討促成暴力犯罪者「暴力化」的歷程，歸納為四個主要階段：

(一)**第一階段「接觸暴力」**：青少年曾親身體驗過暴力，或目睹暴力事件在其周遭發生，但施暴的人並未受到懲罰，甚至還因施暴而獲得預期的好處。例如，受訪者E是在學校中因為打球打到一位同學，向他道歉之後卻仍然被打，讓他從此興起「要找靠山、不被欺負」的念頭。一位受訪者在國中時期曾因愛玩、蹺課，被父親在路上找到且當場過肩摔，讓他始終耿耿於懷。另一位受訪者則在國小畢業父母雙亡後，跟隨賭場營生的大哥，過著暴力討債、收保護費的勾當，瞭解打架鬥毆是生活中的常態。此階段的暴力程度僅為「輕度暴力」。

(二)**第二階段「被動式暴力」**：青少年利用集體的勢力，壯大膽識、分散責任，並以「講義氣」作為建立人際關係的基礎。因此，青少年和同儕群體結黨聚派，並參與「打群架」的過程。但這個階段仍是被動地回應別人的挑釁，而非主動找碴。例如受訪者E認為當時自己很講義氣，只要是朋友有難就一定會幫忙出手打人。其他受訪者則因在賭場酒店從事圍事和暴力討債工作，遇到糾紛時，才會使用到暴力。此階段的暴力程度乃為「中度暴力」。

(三)**第三階段「主動式暴力」**：青少年回應他人挑釁所使用的暴力如真能

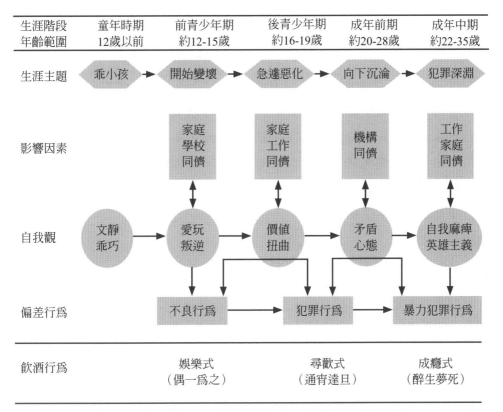

圖7-3　累犯暴力犯罪者犯罪生涯及自我觀之發展歷程

資料來源：吳芝儀（2002）。

制服對方，或讓對方心生畏懼，則暴力者會獲得愉悅感和成就感，甚至藉暴力行動建立了個人權威。此時，青少年很可能會主動尋求暴力的表現，向其他青少年群體叫陣或找碴。例如受訪者E在高中後即會帶頭向其他青少年團體挑釁，以耀武揚威。其他受訪者也會在酒後和人發生意外衝突時，回頭去拿傢伙，再找對方算帳。此階段的暴力程度應可視為「重度暴力」了。

　　(四)第四階段「暴力成性」：當青少年使用暴力手段後，多能達成預期的目的，而且並未因施暴而受到懲罰，則將增強其使用暴力的決心，主觀地認定「只要不怕死，就是我最大」，因此個性愈加暴戾，暴力手段愈加兇殘，對於砍砍殺殺、流血、死亡等場面都麻木不仁，無所畏懼。此時，生活場域就是殺

戮戰場，每一次競技都是「不是你死就是我亡」的殊死之戰，殺人幾乎不留餘地。受訪者E的暴力化歷程就是此一階段的代表：

> 當時也沒什麼感覺，沒什麼想法。因為，那時候不知道天有多高地有多大，反正，打架嘛！誰怕誰！讓我好像天不怕地不怕，好像沒有人，讓我產生打架好像也沒什麼，不過是這樣而已啦，那時產生一種感覺說，……只要我不怕死，管你什麼是老大還是老二的，敢死就是我最大了……讓我膽子越來越大，沒有什麼事情擺不平的啊，大不了就是砍死人。

受訪者E高中輟學之後，終日與一些黑社會的人士為伍，於是從吃喝玩樂、打架鬧事，到飆車砍人、結夥搶劫，甚至心情不愉快就要找人出氣，被瞪一眼就要找人家出來痛打一頓。這時候的E就像是典型的黑道兄弟，整天帶著暴力的面具張牙舞爪，於是當真「個性慢慢變成越來越暴力……行為越來越偏差」。

該研究從累犯暴力犯罪者敘事訪談資料中所歸納的暴力化歷程，與Athens於1992年的研究結果極為相近，但仍有多處重要的差異。例如，本研究第一階段的「接觸暴力」雖與Athens研究的「兇殘化」相當，但是本研究的犯罪者接觸暴力的時間點多在國中階段的前青少年期，而非幼年或兒童期，其所親身經驗或目睹的暴力事件也並非全由權威人物所主導，反而同儕團體的暴力示範扮演較重要的角色。第二階段「被動式暴力」與Athens研究的「好戰性」與本研究「被動式暴力」相當，唯本研究犯罪者在青少年期被動地使用暴力反擊的對象，多為其他年齡相近但隸屬於不同幫群團體的青少年，亦非長期對其施予暴力虐待的成人。第三階段「主動式暴力」與Athens研究的「暴力表現」相當，此時犯罪者已會主動尋求暴力表現的機會，以從暴力行動中獲得愉悅滿足感、受到肯定和建立權威。第四階段「暴力成性」則與Athens研究的「憎恨惡意」相當，此時暴力已成為犯罪者人格的一部分，對暴力表現麻木不仁，會以更為兇惡殘暴的暴力手段執行其殺戮或遂行其目的。

由此一研究結果觀之，研究者先前所提出的暴力行為循環歷程（圖7-3）亦獲得相當的佐證，當行為者處在低度自我肯定狀態時，很容易受到外界環境事

件的刺激而不適當地喚起憤怒的情緒；由於其同時從楷模人物或同儕團體處觀察學習到暴力行為，暴力行為即成為其紓解憤怒情緒的手段；一旦他從暴力表現中獲得愉悅滿足感、受到肯定、並建立權威，暴力行為即逐漸成為目標導向的自動化反應，而使行為者深陷其中無法自拔。

 結　論

　　從心理學理論觀點探討暴力行為的成因和發展，已有許多學者加以論述。但利用心理學理論觀點從事暴力行為或暴力犯罪的研究，則無論國內或國外均仍在初探階段，仍有大片有待開拓、深入探究的場域。未來，犯罪心理學領域如能藉助更多不同方法論或研究技術，從多元面向或全面而統整地，瞭解暴力犯罪的心理成因或發展歷程，找出暴力犯罪的關鍵心理機制，那麼，在防治暴力犯罪上應能做出更有力的貢獻，以減少暴力犯罪對人民生命財產及社會治安的嚴重戕害。

參考書目

一、中文部分（依筆畫順序）

吳芝儀（2000）。青少年暴力犯罪之成因：學校經驗。載於蔡德輝、楊士隆（主編），青少年暴力行為：原因、類型與對策（頁127-172）。中華民國犯罪學學會。

吳芝儀（2001）。不同類型犯罪者犯罪思考型態之研究。犯罪學期刊，第7期，頁171-212。

吳芝儀（2002）。累犯暴力犯罪者犯罪生涯及自我觀之發展與演變。發表於21世紀新興犯罪問題與對策國際學術研討會，國立中正大學。

法務部犯罪研究中心（2001）。犯罪狀況及其分析。法務部。

二、外文部分（依字母順序）

Ainsworth, P. B. (2000). Psychology and crime: Myths and reality. Longman.

Athens, L. H. (1992). The creation of dangerous violent criminals. University of Illinois Press.

Athens, L. H. (1997). Violent criminal acts and actors revisited. University of Illinois Press.

Bandura, A. (1977). Social learning theory. Prentice-Hall.

Bandura, A. (1983). Psychological mechanisms of aggression. In R. G. Gee & E. I. Donnerstein (Eds.), Aggression: Theoretical and experimental reviews, 1. Academic Press.

Bandura, A. (1986). Social foundations of thought and action. Prentice Hall.

Baumeister, R. F., Smart, L., & Boden, J. M. (1996). Relation of threatened egoism to violence and aggression: The dark side of high esteem. Psychological Review, 103: 5-33.

Berkowitz, L. (1965). The concept of aggressive drive: Some additional considerations. In L. Berkowitz (Ed.), Advances in experimental social psychology, 2. Academic Press.

Berkowitz, L. (1986). Some varieties of human aggression: Criminal violence as coercion, rule following, impression management, and impulsive behaviour. In A. Campbell & J. J. Gibbs (Eds.), Violent transactions: The limits of personality. Blackwell.

Berkowitz, L. (1989). Frustration-aggression hypothesis: Examination and reformulation. Psychological Bulletin, 106: 59-73.

Blackburn, R. (1993). The psychology of criminal conduct: Theory, research and practice. John Wiley & Sons.

Brown, I. (1997). A theoretical model of the behavioral addictions: Applied to offending. In J. E. Hodge, M. Mcmurran, & C. R. Hollin (Eds.), Addicted to crime (pp. 14-65). John Wiley & Sons.

Dodge, K. A. (1993). Attributional bias in aggressive children. In P. Kendall (Ed.), Advances in cognitive-behavioral research and therapy (pp. 37-110). Academic.

Dodge, K. A., Bates, J., & Pettit, G. (1990). Mechanisms in the cycle of violence. Science, 250: 1678-1683.

Dollard, J., Miller, N., Doob, L., Mowrer, O. H., & Sears, R. R. (1939). Frustration and aggression. Yale University Press.

Englander, E. K. (1997). Understanding violence. Lawrence Erlbaum.

Eysenck, H. J. (1977). Crime and personality (3rd ed.), Methuen.

Felson, R. (1982). Impression management and the escalation of aggression and violence. Social Psychology Quarterly, 45: 245-253.

Felson, R. B. (1978). Aggression as impression management. Social Psychology, 41: 205-213.

Freud, S. (1923, 1960). The ego and the Id. Norton.

Hodge, J. E. (1997). Addiction to violence (pp. 87-104). In J. E. Hodge, M. Mcmurran, & C. R. Hollin (Eds.), Addicted to crime. John Wiley & Sons.

Hollin, C. R. (1989). Psychology and crime: An introduction to criminological psychology. Routledge.

Jackson, J. L. & Bekerian, D. A. (1997). Offender profiling: Theory, research and practice. John Wiley & Sons.

Jankowski, M. S. (1991). Island in the street: Gangs and American urban society. University of California Press.

Jeffery, C. R. (1965). Criminal behavior and learning theory. Journal of Criminal Law, Criminology and Police Science, 56: 294-300.

Kaplan, H. B. (1980). Deviant behavior in defense of self. Academic Press.

Kernis, M. H., Grannemann, B. D., & Barclay, L. C. (1989). Stability and level of self-esteem as predictors of anger arousal and hostility. Journal of Personality and Social Psychology, 56: 1013-1022.

Kernis, M. H., Cornell, D. P., Sun, C. R., Berry, A., & Harlow, T. (1993). There is more to self-esteem than whether it is high or low: the importance of stability of self-esteem. Journal of Personality and Social Psychology, 65: 1190-1204.

Lazarus, R. S. (1991). Cognition and motivation in emotion. American Psychologist, 46: 352-367.

Long, D. E. (1990). The anatomy of terrorism. Free press.

Luckenbill, D. F. (1977). Criminal homicide as a situated transaction. Social Problems, 25: 176-186.

Maslow, A. H. (1954). Motivation and personality. Harper and Bros.

Megargee, E. I. (1966). Undercontrolled and overcontrolled personality types in extreme antiso-cial aggression. Psychological Monographs, 80: 149-210.

Megargee, E. I. (1982). Psychological determinants and correlates of criminal violence. In M. E. Wolfgang & N. A. Weiner (Eds.), Criminal violence. Sage.

Parker, R. N. (1995). Violent crime. In J. F. Sheley (Ed.), Criminology: A contemporary hand-book (2nd ed.). Wadsworth.

Reckless, W. C. & Dintz, S. (1967). Pioneering with self-concept as a vulnerability factor in de-linquency. Journal of Criminal Law, Criminology and Police Science, 58: 515-23.

Rotter, J. B. (1982). The development and application of social learning theory. Praeger.

Short, J. F. (1968). Gang delinquency and delinquent subcultures. Harper & Row.

Siann, G. (1985). Accounting for aggression: Perspectives on aggression and violence. Allen & Unwin.

Toch, H. (1992). Violent men: An inquiry to the psychology of violence. American Psychologi-cal Association.

Walters, G. D. (1990). The criminal lifestyle: Patterns of serious criminal conduct. Sage.

Walters, G. D. & White, T. W. (1989). The thinking criminal: A cognitive model of lifestyle criminality. Criminal Justice Research Buletin, 4(4): 1-10.

Wells, L. E. (1978). Theories of deviance and the self-concept. Social Psychology, 41: 189-204.

Yochelson, S. & Samenow, S. E. (1976). The criminal personality: Vol. 1. A profile for change. Jason Aronson.

第八章　酒精、藥物濫用與暴力行為之相關

 **前　言**

　　人格、生物、社會環境、文化等變項是造成暴力犯罪之因素，但在特別的時間點或高風險的情境下，可能是其他因素直接影響暴力行為的產生，舉例來說有的人過去並沒有暴力傾向，為何今天變得暴力？一個常見的理由就是藥物濫用與攻擊行為之關係。因此本章將探討藥物與暴力行為之間的關係，是否藥物會使無攻擊性的人變得有攻擊性？不同類型的藥物是否會造成不同程度的行為改變？何種藥物會促進暴力行為？

　　本章就酒精、藥物與暴力行為之關係，探討不同種藥物造成不同的生理變化與對人體的影響，大量或長期的使用則可能造成嚴重的改變，這些改變所導致攻擊或暴力行為不僅是內分泌系統（Endocrine）、神經化學（Neurochemical）、基因（Genetic）等機制的交互作用，尚有微觀（Micro）與鉅觀（Macro）社會的交互作用的影響，包括藥理學、心理發展、社會背景及社會流行率等條件，而酒精、藥物與暴力行為之關聯並非是直接關係，亦是網絡中交互作用的過程與回饋（Feedback Loop）。再進一步瞭解兩者的關連後，提出相關對策以減少暴力犯罪。

第一節　藥物的功能與定義

　　藥物濫用包括酒精、影響精神藥物（Psychoactive Drugs）之濫用，根據世界衛生組織對精神藥物的定義是指當施用後進入到人體系統會影響認知、情緒等心理過程的物質，也因此精神物質乃是以影響心智功能為名（World Health Organization, 2019）。

使用藥物對人類行為會產生不同作用，包括刺激或抑制中樞神經系統（Central Nervous System）及改變基本的思考歷程（Basic Thought Process）等。依其產生的功效，依藥物的藥理及機轉可簡單分成中樞神經抑制劑、中樞神經興奮劑和中樞神經迷幻劑三類（趙軒翎，2014；衛生福利部食品藥物管理署，2018）。

一、中樞神經抑制劑（Depressants）：包括鴉片、嗎啡、海洛因、液態搖頭丸（GHB）、巴比妥鹽類（Barbiturates）、佐沛眠（Zolpidem）、氟硝西泮（FM2）、愷他命（Ketamine）、酒等。藥物促使引發神經傳導物質的釋放產生愉悅感、改變情緒狀態、降低生理反應，減緩疼痛焦慮與心理緊張，使人鬆弛、引起輕鬆愉快的幻想，但有抑制大腦的作用，如有些安眠藥類讓人鎮定、陷入昏睡。

二、中樞神經興奮劑（Stimulants）：包括古柯鹼、安非他命、甲基安非他命、搖頭丸（MDMA）、合成卡西酮、尼古丁等。透過持續釋放神經傳導物質，神經不斷被刺激、活化，提高感覺。讓人感到特別有精神、興奮，而影響到情緒、睡眠與食慾等功能的變化。

三、中樞神經迷幻劑（Hallucinogens）：包括天使塵（Phencyclidine, PCP）、西洛西賓（Psilocybine，俗稱蘑菇）、麥角二乙胺（Lysergic Acid Diethylamide, LSD）、大麻等。此類藥物讓施用者產生脫離現實、扭曲感覺，而進入迷幻與幻覺狀態。

一、藥物濫用與藥物依賴

在臨床上或研究上將藥物使用的程度區分為三個層次來看：藥物使用（Use）、濫用（Abuse）及依賴（Dependence），從「使用」到「濫用」在到「依賴」，看起來是一條直線，但期間受藥品種類、個人體質及使用狀況影響。進入下一個階段一般而言是更為危險、更具強迫性、也需有更多的社會介入來處理藥物導致的問題。藥物使用與藥物濫用間的主要差別在程度上，一旦需要用藥來維持有效的功能，即已構成成癮及心理依賴。而偶發性的使用藥物、濫用上癮物質或造成生心理依賴，乃由許多因素決定，尤其是自我破壞及失控的行為。（Kottle & Browm, 1996），也因此在美國精神醫學會出版之「精神疾病診斷與統計手冊」（The Diagnostic and Statistical Manual of Mental Disorders，簡稱DSM）第五版以前，將濫用藥物而造成心理異常分成兩類：藥物濫用（Substance Abuse）及藥物依賴（Substance Dependence）。

(一) 藥物濫用

所謂藥物濫用是指「非以醫療為目的，在不經醫師處方或指示情況下，過量或經常使用某種藥物，致傷害個人健康及社會安寧秩序」。而強調藥物使用後造成對身體傷害者，則認為藥物濫用是「過量或經常使用任何一種藥物」，而影響中樞神經功能的化學物質，包括生理、生物化學、遺傳及神經組織方面。

在DSM-IV，「濫用」是一種適應不良之藥物使用模式，在同一年之期間內反覆發生，且症狀從未符合同一藥物的藥物依賴診斷準則，必須符合下列狀況至少一項：

1. 一再使用藥物，而忽視其主要工作、學校或家庭角色責任。
2. 在藥物使用對身體有害的狀況下，仍繼續使用此藥物。
3. 一再因使用此藥物而造成法律糾紛。
4. 雖然一再或持續因使用藥物造成或加重社會或人際困難，仍繼續使用。

(二) 藥物依賴

所謂藥物依賴，根據1964年世界衛生組織（WHO）之定義為凡起因於重複使用某種藥物，對藥物形成耐藥性（Tolerance），亦即為維持同一效用，必須增加藥量，或當他不用藥就有戒斷症狀（Withdrawal Symptoms）發生，如嘔吐、痙攣、流汗、緊張等。產生之依藥性因藥物之不同而異，有心理依賴（Psychical Dependence）或生理依賴（Physical Dependence）。生理依賴，感受到身體的痛苦，而有強烈的動機犯下工具型暴力（Instrumental Violence）。心理依賴雖較不嚴重，但對藥物之心理依賴而導致犯罪的動力，因在認知上認為自己需要藥物維持功能，若沒有使用藥物，心理依賴者會有非理性想法，而認為可能造成恐怖的結果，這樣的信念，讓人為了毒品有足夠的動力去做任何事情。

而根據1964年WHO的中毒性藥物專門委員會認為上癮（Addition）之用語未具科學性，而主要以藥物依賴（Dependence）之用語取代。必須對各項藥物之診斷及定義有所瞭解，並對心理依賴與生理依賴加以區分，WHO所定之用語於1986年美國精神醫學會所制定有關精神疾病之診斷統計手冊被廣泛應用。

在DSM-IV中，依賴之定義是在同一年期間，出現下列症狀三項或三項以上：

1. 耐藥性，定義為下列二項中任一項：

(1) 需顯示增加藥物使用量以達到中毒或所欲效果。

(2) 繼續原有藥物使用量則效果大幅降低。

2. 戒斷，表現出下列二項中任一項：

   (1) 有此藥物特徵性的戒斷症候群。

   (2) 必須使用此藥物以緩和或避免戒斷症狀。

3. 此藥物之攝取，常比此人所意願為更大量或更長期間的使用。

4. 對戒除或控制此藥物使用有持續意願，或者有多次不成功之減量或戒除之努力。

5. 花費許多時間於取得此藥物的必要活動、使用此藥物或由藥物作用恢復過來。

6. 因藥物使用而放棄或減少重要的社會、職業或休閒活動。

7. 縱然已知道自己有持續或重複發生的身體或心理問題，極可能是藥物使用所造成或加重，此人仍繼續使用。

二、藥物使用疾患

    目前所使用的DSM第五版於2013年4月正式出版，在藥物使用疾患部分則有重大的變革。第五版之前對於藥物成癮診斷的研究發現，「藥物濫用」與「藥物依賴」診斷準則是屬於同一面向，且不論是酒精、尼古丁、安非他命、幻覺劑等不同藥物的研究均有相同發現，亦即「藥物濫用」與「藥物依賴」乃是同一疾病的不同階段（唐心北，2011），因此DSM-V將濫用與依賴的標準整合，不再使用「藥物濫用」與「藥物依賴」的類別，而是以「輕—中—重」的連續觀念將疾病所造成的損害、失能與嚴重程度加入其中，符合11項診斷標準中的2-3項即可診斷為輕度成癮，4-5項為為中度，6項以上為重度成癮（廖定烈等，2013）。

    DSM-V藥物使用疾患（Substance Use Disorder）之定義是藥物使用型態導致臨床上顯著的苦惱或減損，在12個月期間內至少出現以下二項：

(一) 此藥物之攝取，常比此人所意願為更大量或更長期間的使用。

(二) 對戒除或控制此藥物使用有持續意願，或者有多次不成功之減量或戒除之努力。

(三) 花費許多時間於取得此藥物的必要活動、使用此藥物或由藥物作用恢復過來。

(四) 渴望使用此藥物。

(五)因藥物使用而不想進行學業或工作等義務。

(六)縱然已知道使用此藥物造成人際關係問題，仍然繼續使用。

(七)因藥物使用而放棄或減少重要的社會、職業或休閒活動。

(八)明知道會造成危險，仍重複使用此藥物。

(九)明知會造成身體或心理問題，仍持續使用此藥物。

(十)需顯著增加藥物使用量以達到想要的效果。

(十一)必須使用大量藥物以緩和或避免戒斷症狀。

　　我們之所以特別強調藥物使用疾患，除因此疾患造成身心方面之障礙，此疾病與犯罪行為亦有明顯之相關性，接下來則探討藥物使用與暴力之關聯，亦著重於各種藥物使用與暴力之關聯。

第二節　藥物與暴力行為關係之形成背景

　　藥物濫用在1980年成為關注焦點，因藥物濫用與暴力的關連，乃是對毒品犯罪嚴格執法的主要因素，也因此在接續十年間許多人被逮捕、起訴、監禁。

　　美國司法部（U. S. Department of Justice）在1990年調查毒品與犯罪之關聯，根據蓋洛普調查，在1985年1月的調查只有2%認為藥物濫用是最嚴重的問題，到1989年已遽增至38%。1992年布希總統提出重新對抗毒品與犯罪，發現只有9%的學生認為要獲得毒品是不可能的。

　　對暴力犯罪被害者調查研究發現，在強暴、搶劫及傷害案件，有36%被害人認為攻擊者受酒精或藥物之影響，43%暴力事件中被害人不確定攻擊者是否受藥物影響，只有20%的被害人認為犯罪者並未受藥物影響。

　　美國司法部在另一調查研究發現，近三分之二（64%）的暴力犯罪受刑人表示自己、被害人或雙方在犯罪發生時受酒精或藥物之影響。其中有54%受刑人表示在犯罪當時使用酒精或藥物，暴力事件發生時有近30%犯罪者認為被害人有使用藥物或酒精。

　　暴力犯罪當時使用藥物者，最高比例的犯罪類型是陌生人間犯罪（相對為家庭間犯罪）。殺人犯罪中不論是犯罪者、被害者或兩者是最高比例使用藥物或酒精（76%的殺人犯有使用），性攻擊犯罪者則是最少比例使用藥物或酒精（只有50%有藥物濫用之情形）。（引自Englander, 2007）

藥物與暴力行爲具有關連性，Englander（2007）進一步歸納藥物增加暴力傾向主要有三個機制：

一、藥物可能會改變行爲，從非暴力行爲變成有暴力行爲傾向者。如：輕微妄想者，可能飲酒後變成極端妄想。

二、爲獲取藥物或獲取金錢買藥物而可能犯下暴力犯罪，特別是成癮者，但事實上大多的暴力犯罪並非爲了獲取物質或金錢（Vince, 1989）。

三、藥物濫用和暴力行爲可能是透過第三變項而有相關，如：酒精濫用者與意外中導致高度腦傷有關聯（Rosenbaum & Hoge, 1989），腦傷也與暴力有關（Lewis et al., 1979），一些案例發現藥物和暴力的關聯，可能原因是腦功能缺陷（Brain Dysfunction）。

第三節　藥物使用的途徑與暴力行爲

一、使用酒精途徑與暴力行為的關係

酒精是合法、普遍使用且爲社會所接受的物質，在美國酒精是被經常性使用甚至濫用，且是許多美國人的社交生活必備的一環。Peele（1984）研究發現約三分之一的家庭中至少有一個人有酗酒問題。美國大量飲酒的消費模式與其他西方社會不同。美國人傾向在短時間內大量的飲酒，其他國家則是在一天內分散其飲酒的時段，像法國人會在午餐及晚餐喝上幾杯，但美國人則是在一段時間內大量飲酒，特別是下班後的享樂與社交時段（Bartol, 1995）。

飲酒後會產生一些強烈的效果。最明顯的效果是作用在大腦，損及認知訊息處理系統。在美國是死因第三名，死亡率比其他藥物加起來導致的死亡率還多，車禍死亡中有40%與酒精有關。因此酒精濫用問題值得重視，而酒精上癮有生理及心理因素，至於酒精是否會增加暴力行爲是一個複雜的問題（Bartol, 1995）。

(一) 情境飲酒（Situational Drinking）

飲酒與暴力關聯性的研究焦點大多放在飲酒及暴力事件發生與情境的關連。Greenberg（1981）研究發現，一半以上暴力事件中，犯罪人或被害人事件發生前有飲酒。Block等人（1990）研究1982至1989年間的芝加哥殺人案件（Homicide），當中有18%至32%犯罪人或被害人事前有飲酒，約1%至5%使

用其他藥物。Roizen（1997）研究1990至1995年間共130件殺人案中，有60%謀殺犯是在飲酒的情況下發生。

　　但飲酒普及率的調查中，Greenberg（1981）發現非暴力行為當中有飲酒者與有暴力行為者差不多，並未發現飲酒或酒精中毒會增加暴力的危險會直接增加暴力的危險（Albert et al., 1993）。

(二) 長期飲酒（Chronic Drinking）

　　研究發現長期飲酒與潛在的暴力行為的確有關。Shuckit與Russell（1984）發現經診斷為酗酒者當中，29%有嚴重暴力行為歷史，包括使用槍械或對被害人造成的傷害達需至醫院治療的程度。

　　問題飲酒者比其他飲酒者較有暴力的歷史。Collins（1986）對監獄受刑人的研究中，嚴重（Heavy）或問題飲酒者（Problem Drinkers）有較多因暴力犯罪被逮捕與被監禁的紀錄，也比其他受刑人有高頻率的攻擊行為。Greenberg（1981）研究暴力犯罪者飲酒普及率發現，酗酒者中有20%至40%為謀殺犯（Murderers），20%至30%犯有強盜犯（Robber），30%至40%為嚴重毆打他人犯（Aggravated Assaulters），但在財產犯罪者也發現有類似的情形（Albert et al., 1993）。

　　Pernanen（1991）從警察紀錄中發現有42%暴力犯罪者有使用酒精，51%被害人則認為這些施暴者有持續不斷飲酒的習慣。Rice與Harris（1995）對大樣本暴力犯罪進行縱向評估，發現在非患有精神疾患犯罪者中，酒精濫用與暴力慣犯有很大的關連。若飲酒達到依賴，也就是卻診為酒精成飲食，暴力行為可能是一種症狀，又或者需考量憂鬱症的共病，而增強酒精中毒與戒斷症狀所引發的攻擊行為（蔡宗晃、鄭瑞隆、吳岳秀，2005；黃美甄，2017）。

(三) 酒精與暴力犯罪類型之關係

　　酒精與殺人行為的關係，Wolfgang（1958）研究發現近三分之二的殺人行為發生於飲酒後，且加害人與被害人均有可能飲酒，近八分之一的殺人行為乃由慢性酒精依賴患者所為。Gumn與Taylor（1993）指出在殺人行為發生時，加害人或被害人曾經飲酒的可能性頗高，且大部分其精神狀態正常且平常無嚴重飲酒問題。青少年犯罪，Virkkunen（1974）發現因暴力犯罪而被逮捕者，當中有22%同時因飲酒被逮捕，但有12%的青少年沒有飲酒，而在財產犯罪也可發現有36%至47%有飲酒。

酒精與性侵害的關係，Coid（1986）進行大型的回顧研究，發現在34%至72%案件中，加害人或被害人中至少有一人曾經飲酒，但Coid認為因缺乏足夠之比較研究，且因不同研究的數字變異太大，無法明確詮釋。Amir（1967）則認為酒精與性侵害或暴力有關，尤其強制性交案件中，63%與酒精有關。而在大專校園中，酒精則是導致性攻擊的因素之一（Koss & Gaines, 1993）。

一般臨床印象中，酒精與家庭暴力有相關性，但研究卻顯示不一致的結果，如：Goyford（1975）研究100位毆妻者，發現超過半數以上經常飲酒過量，且暴力經常發生在飲酒後。Mcclintock（1978）則發現警方介入處理的家庭暴力案件中，82%皆沒有提到飲酒問題，但也可能因警方不像學者這麼關切飲酒問題，故警方紀錄可能明顯低估。參與治療計畫的施暴丈夫，於治療後又飲酒者，將可以再犯暴力行為（Hamberger & Hastings, 1990; Englander, 2007）。

二、使用影響精神藥物與暴力犯罪之關聯

影響精神藥物與暴力犯罪的關聯，依Albert等人（1993）研究可以從「逮捕率」、「導致暴力頻率（Violence Frequencies）增加」來探討。

(一) 逮捕率

美國在1989年22個城市執行藥物使用預測計畫（Drug Use Forecasting Program），對因重罪被逮捕者進行自願性探尿，檢驗10種以上藥物，結果男女總加約有60%暴力犯至少檢驗出一種以上藥物陽性反應，只有少數比例自陳飲酒。男性被逮捕者檢驗出藥物陽性反應，主要犯下違反公共秩序罪（62%）、財產與性犯罪（66%）、毒品犯罪（83%）。女性被逮捕者檢驗出藥物陽性反應，犯下暴力與財產犯罪比男性低約3%至6%，犯下毒品犯罪者比例相近；犯下違反公共秩序者則比男性高約7%，主要是因從事性交易（Prostitution）被逮捕。

此研究還是難以詮釋藥物與暴力行為之關聯，因尿液樣本是在逮捕時探驗，並未檢測到未被逮捕者，且不同用量與藥效等自人體排出的時間可能不同。雖結果顯示暴力犯罪比其他犯罪有較高的普及率，但不能假設使用影響精神藥物會造成暴力行為。Chaiken與Chaiken（1990）研究就發現只有少數的青少年或成人使用藥物者犯下掠奪性犯罪，如：強盜。再者，藥物使用普及率的調查並未設測量的基準線，即未測量社區居民中未被逮捕者，因此無法確定犯

罪人使用藥物的頻率是否比社區其他居民來得頻繁。

(二) 導致暴力頻率之增加

　　Chaiken與Chaiken（1990）研究犯罪者樣本發現使用影響精神藥物比未使用者有較高頻率涉及暴力犯罪，如：強盜、搶奪、傷害等。犯罪者中使用多種藥物（包括酒精）是很平常的，故很難區分哪一種藥物與犯罪有關。Elliott與Huizinga（1984）在1976年全國青少年調查（National Youth Survey）的縱貫研究，發現使用多種非法藥物者，自陳有搶劫行為一年約7.2次，而未使用者則一人平均約3.1次，多出了1倍。在1980年結果則逆轉為：使用多種非法藥物者自陳只有6.4次，而非使用者則有13.1次。Chaiken與Chaiken認為造成逆轉的結果是因樣本已過了青少年期，另一可能性則為全國青少年調查的樣本中同時使用非法藥物與搶劫的受試者已隨時間流失。而在1991年由國家藥物濫用研究院（National Institute on Drug Abuse, NIDA）主導對全國家庭施用非法情形之調查，發現5%受訪者於前一年涉及財產或暴力犯罪，而吸食大麻或古柯鹼者有25%自述在受訪前一年涉及暴力或財產犯罪（McBride & McCoy, 1993）。

　　研究結果雖難以解釋是否因施用藥物導致暴力犯行的增加，但有一致性的發現，掠奪型犯罪獲取金錢的目的是為了購買非法藥物，個別差異與社區特性對使用非法藥物與暴力犯罪具促進效果，也可能用藥後的藥理效果（Pharmacological Effect）產生行為的變化，因此使用藥物而犯下暴力犯罪的頻率較未使用者高，且暴力犯罪頻率的增加其藥物使用頻率亦增加。

第四節　藥物與暴力行為之藥理學關聯

一、酒精與暴力行為之藥理學關聯

(一) 酒精對人體的影響

　　酒精主要抑制中樞神經系統，酒精除可以鎮定外，還可以壓抑乙醯膽鹼（Ace Tylcholine）與麩胺酸（Glutamate），增強多巴胺（Dopamine）等神經傳導化學物質，引起飲酒者的欣快感。其對腦的影響由上往下，先抑止皮質功能，甚至整個腦組織，而損害理性與認知判斷力，並降低自我控制，當行為束縛減低，飲酒者放縱平常所壓抑的衝動，接著會出現某種程度的動作不協調，

知覺及區辨力變得遲鈍。大量且長久使用會上癮，損害肝、神經系統、心臟及腦（見圖8-1）。戒斷症狀為幻覺、對時間和地點失去定向、失眠、痙攣，甚至死亡。酒精中毒會產生兩種急性精神病，特徵是短暫失去現實的接觸，因而被稱為酒精中毒的精神病，一為酒精戒斷的譫妄，即震顫性譫妄；一為酒精失憶疾患，即高沙可夫症候群（Korsakoff's Psychosis）。

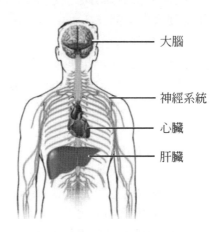

大腦

神經系統

心臟

肝臟

圖8-1　長期飲酒會損害大腦、神經系統、心臟及肝臟，酒精濫用會導致暴力、意外、社會孤立、無法工作及顧及家庭等問題產生

資料來源：國際厚生健康園區，http://www.24drs.com/

　　以血液酒精濃度（Blood Alcohol Concentration, BAC）來描述酒精對人體的作用與影響，當血液酒精濃度達0.1%，飲酒者被認為達到酒醉（酒精中毒）的程度，抑制自主運動協調及肌肉協調，說話與視覺能力受損，思考過程混亂。在達到酒精中毒程度前，個人判斷能力已損傷，對自己處境認識不清，如：行動已經不穩定，但還堅信自己能安全駕車。當血液中酒精濃度含量達0.5%神經平衡喪失、失去意識，而失去意識是一種身體安全措施的反應。當酒精濃度超過0.5%，通常則具有致命性（如表8-1）。

　　血液酒精濃度與飲酒量的關係並不單純，影響因素包括個人、體重、消耗速度、年齡、個體新陳代謝、喝酒經驗、對酒精的耐受度等，如：女性飲酒數量與男性一樣多時，女性會比男性容易醉，因女性體重較男性輕、含水量比例較男性少，血中所含酒精濃度女性較男性高，而比較容易醉，且酒醉時間較持久（社團法人臺灣酒與社會責任促進會，2003）。

表8-1　飲酒的效果─測量血液酒精濃度判斷身體受損程度

血液酒精濃度（BAC）	行為	身體損害部分
0.001%-0.029%	一般人看起來正常	特殊測試可以檢測到細微的影響
0.030%-0.059%	多話、放鬆、輕度欣快、抑制力降低	注意力
0.060%-0.099%	外向性、亢奮、感覺遲鈍、疼痛敏感度降低、抑制解除	推理、深度覺知、周邊視覺、眩光恢復
0.100%-0.199%	非常多話、過度表達、喧鬧、可能會有嘔吐感與嘔吐	反射、反應時間、行動肢體協調、言語不清、暫時性勃起功能障礙
0.200%-0.299%	嘔吐感、嘔吐、情緒波動、憤怒或悲傷、失去部分理解力、感覺遲鈍、性慾減退、可能會呆滯恍惚	嚴重運動障礙、失去知覺、記憶中斷
0.300%-0.399%	呆滯恍惚、中樞神經系統抑制、失去理解力、時而清醒時而昏迷、低度可能致死	膀胱功能、呼吸、平衡失調、心律
0.400%-0.500%	嚴重中樞神經系統抑制、昏迷、可能致死	呼吸、心律、酒精性眼球震顫
超過0.500%	高度可能致死	

註：血液酒精濃度（BAC）：每100毫升血中含有酒精的克數（g%）。
資料來源：BAC Calculator (2019), https://www.calculator.net/bac-calculator.html

　　Babor等人（1983）研究發現短期、急性低劑量的飲酒會增加攻擊行為，而高劑量的酒精則會降低攻擊行為，這現象普遍存在於各種動物，包括魚類、低等哺乳動物、靈長類動物及人類。攻擊行為的增加與飲酒在早期階段的喚起效果（Arousing Effect）有關，而對於後階段產生的不安效果（Dysphoric Effect）則需進一步研究（Englander, 2007）。

　　以老鼠為實驗對象，研究發現飲酒後對於社交性的挑撥，會增加老鼠傷害性的攻擊，初步的證據發現在靈長類動物亦有同樣的典型，研究也證實人類與其他動物的典型具有一致性。

　　診斷為酗酒者中有高比例的暴力犯罪或暴力事件，且在暴力犯罪者中也有高比例的酗酒行為（Miczek et al., 1977）。傳統解釋認為是酒精去抑制效果（Disinhibiting Effects）解放了大腦在攻擊性衝動的抑制作用。

在動物或人類的研究中證實對於劑量的反應並無單一的關係，而是受許多因素影響，因此酒精劑量會造成攻擊性更為頻繁，或出現與個人人格不相符合的暴力行為，均為藥理學、內分泌系統、神經生物、基因、情境、生態學、社會或文化等因素之交互作用所決定（Miczek et al., 1977; Fagan, 1990）。

1. 內分泌腺交互作用（Endocrinological Interactions）

酒精使用與性攻擊增加的相關可能是因酒精透過內分泌系統（Endocrine System）造成暴力行為的反應。少量酒精促使性慾增加，但大量會造成抑制性行為之效果，降低射精快感。事實上越高劑量的酒精會影響睾丸（Testes）和肝臟（Liver）的作用而降低睾固酮（Testosterone）的濃度，而在齧齒類與靈長類動物研究中，發現低劑量酒精會造成血液中的睾固酮含量較其他人高，睾固酮在腦中作用的結果而增加攻擊行為。

飲酒後男性比女性有較高的攻擊行為也說明了內分泌系統交互作用的可能性，但並無相關實證證據存在，且相關分析則顯示性別差異可能反映飲酒後是社會因素對男女期望之差異，造成男性比女性被期望攻擊行為的升高（Pinard & Pagani, 2001）。

2. 神經生物（Neurobiologic）作用

許多神經生物解釋酒精在中樞神經系統的作用，但並無實證證據顯示會造成攻擊或暴力行為。Virkkunen等人（1989）發現有暴力行為的酗酒者樣本中，有不正常的低腦髓液（Low Cerebrospinal Fluid）濃度，即與低衝動控制有關的血清素代謝物——Serotonin Metabolite 5-hydroxyindoleacetic Acid（5-HIAA）。此關聯性反映了低血清素與酒精交互作用而造成暴力行為，長期酒精濫用干擾了血清素與其他作用的功能而造成潛在的暴力行為。

低血清素的新陳代謝與對葡萄糖的低反應有關，交互作用下造成有暴力行為、酗酒與低血糖症（Hypoglycemia）之傾向。在動物實驗中，酒精的效果阻斷GABA-A／巴比妥鹽（Benzodiazepine）之受體（Receptor）合成，而抑制平日的行為，包括老鼠與猴子攻擊行為的增加，此研究發現飲酒後，GABA-A／巴比妥鹽受體合成會造成攻擊升高的效果（Aggression-heightening Effect）。未來可研究GABA-A／巴比妥鹽受體合成對於酒精促進攻擊行為的角色（Addiction Science Research and Education Center, 2003）。

Marinacci與von Hagen（1972）研究顯示酒精與暴力行為的關係是透過腦內電子活動（Electrical Activity）的作用。從暴力犯罪者或反社會行為樣本

中，飲酒後會造成EEG的異常與側葉（Temporal Lobe）傷害的惡化（Albert et al., 1993）。

3. 基因（Genetic）

基因及酒精濫用與反社會性人格有關，在精神醫學上的分類發現此兩種診斷均其中一項的診斷標準就是暴力行為（Carson et al., 1993）。事實上兩者一起發生的可能性，最普遍的因素即是以基因為基礎。只是這兩者是否相關是有爭論的，Cadoret等人（1985）認為兩者無關，Cloninger等人（1989）則認為與其中一種酗酒者次類型有關。近期研究則因樣本過小而無法推論，且此議題未有其他動物研究（Albert et al., 1993）。

(二) 酒精與暴力之關聯性

Amark（1951）研究發現酒精濫用或酒精依賴者其犯罪率是一般人的4.8倍，且第一次判刑多發生在酒精濫用後及出現其他精神症狀前之時期。Taylor與Sears（1988）以監獄受刑人為對象，發現酒精導致犯罪中，約一半是暴力犯罪。酒醉對犯罪人與被害人都有強烈的衝擊。就被害人而言，清醒的被害人比起酒醉的被害人更能自我防衛而避免被害；就犯罪者而言，實驗室研究發現若受試者飲酒比清醒者較有攻擊意願。

Rosenbaum與Hoge（1989）假設酒精與暴力行為的相關是受第三變項影響。研究顯示意外腦傷（Accidental Head Injury）與經常飲酒有關，但酒精並不一定是造成暴力行為的直接因素，因腦傷常是具暴力傾向者的生物特徵。高用量飲酒者較可能從事高風險活動，如：飆車、危險運動等，而從事這樣的活動反過來增加腦傷的風險及暴力行為。

吸收酒精的量與攻擊傾向有直接關係。Taylor&與Sears（1988）比較少量飲酒與大量飲酒的效果，亦發現大量的飲酒才會造成受試者有攻擊行為的傾向。藥物效用取決於藥物的選擇與藥量，及本身之心理、情緒因素。且藥物可能使心理疾病更為嚴重，如：輕微的妄想（Slightly Paranoid）者在飲用酒精會變成極端的妄想（Extremely Paranoid），導致其犯行的發生在於信念（Belief），認為自己在抵抗防禦假想敵（Bartol, 1995）。

對藥物效用的期望會產生難解的效果，如：若是相信自己喝的是酒精，其實就連喝水也認為自己會喝醉；社會期望（Social Expectations）則可能是酒精與暴力關聯的中介變項，由於飲酒是社會規範接受的行為，因此在飲酒時會期望自己喝醉（Englander, 2007）。Koss與Gaines（1993）研究發現個人的期望

會強烈的影響酒精所帶來的行為效果，特別是攻擊行為。Taylor等人（1979）研究發現受試者喝酒會變得較有攻擊性，與挫敗或被喚起與過去經驗相連結，而增加暴力或攻擊行為（Bartol, 1995）。

Taylor（1993）歸納酒精與犯罪之相關因素如下：

1. 酒精中毒或藥理上「去抑制」之作用而誘發犯罪行為發生。
2. 因社交需要而藉酒精藥理作用，促進犯罪之發生。
3. 飲酒導致腦傷而產生精神障礙，再引發犯罪。
4. 酒精濫用導致犯罪，犯罪人經由犯罪結果，如：獲取金錢，而繼續酒精濫用行為。
5. 酒精濫用與犯罪可能來自同一原因。

二、影響精神藥物與暴力行為之藥理學關聯

影響精神藥物（Psychoactive Drugs）與暴力行為在生物上之關聯，因不同類型之藥物及不同使用途徑而有差異。在動物或人類上發現使用中劑量的大麻（Marijuana）或鴉片（Opiates）（包括海洛因／Heroin）會暫時抑制暴力或攻擊行為。在動物實驗中，鴉片上癮之戒斷（Withdraw）期間，藥理上會升高攻擊性、防衛性，遠超於其他藥物之生理戒斷症狀。在人類也是相同的狀況，只是成癮者同時受其他複雜因素影響，包括藥理、環境、社會過程等。長期使用鴉片、安非他命、大麻或PCP會改變神經系統而阻礙社交，也就是易陷入或引發爭吵衝突的情境中，而升高暴力行為的發生。

安非他命、古柯鹼、LSD及PCP在藥理上與暴力行為有關。低劑量會增加競爭、爭論或其他形式社會可以接受的攻擊行為，但不知不覺中會增加暴力行為的風險。高劑量則造成失序行為（Disorganized Behavior），如：突然爆發暴力行為。長期經常性的使用會改變神經系統而導致精神病態人格（Psychosis）。藥物導致精神病態人格時，有時會發生暴力行為，頻率則因人而異，但在精神醫學中以使用藥物者為最高。

(一) 抑制劑（Depressants）

1. 鴉片劑（Opiates）對人體的影響

鴉片及其衍生物統稱鴉片劑，是一種藉由抑制中樞神經系統而減緩身體感覺及回應刺激能力的藥物，這類藥品一般稱為麻醉劑（Narcotics），但鴉片劑的用語較為精確。鴉片是由約18種含氮基的生物鹼組成的一種混合物，一般的

天然成分來自嗎啡（Morphine），嗎啡的某些分子會有止痛性與成癮性。在20世紀初，科學家以乙酸酐（Acetic Anhydride）化學物質處理嗎啡，而轉化成另一種更強的止痛藥海洛因（Heroin），同樣也會上癮，而被排除於醫學處方外（Goldstein, 1989）。

　　由於海洛因的立即效力是安樂感及焦慮的降低等心情上的轉變，因此相當容易成癮，短時間也會造成生理的依賴。研究發現麻醉藥在大腦的受體部位，不同的神經傳導物質受體引發藥物產生如：安樂感、止痛或鎮定的作用。鴉片劑與人體內製造的神經傳導物質腦內啡（Endorphins）分子形式上相似，使身體產生愉悅並降低不適，重複使用鴉片劑會使腦內啡製造功能降低，身體就需更多的鴉片劑來填補未接合的類鴉片受體（Opioid Receptors）以減緩痛苦（Goldstein, 1989）。

　　研究發現海洛因上癮者中有高比例的反社會性人格（Carson et al., 1993），Saville（1986）發現約有7成海洛因使用者被診斷有人格疾病，但我們必須將成癮前、後的人格特質區分開來，因麻醉劑成癮者有高比例的心理異常，其中有部分可能是長期成癮行為所造成，而非於成癮之前存在（Albert et al., 1993）。

2. 鴉片劑與暴力行為之相關

　　嗎啡及其他鴉片衍生物可暫時性降低動物之攻擊行為及人類之暴力行為，偶爾使用海洛因會產生愉悅感；長期使用會影響情緒及行為，導致社交行為退化，有混淆、敵意及猜忌的感覺，交互作用影響增加暴力行為的風險。

　　長期使用鴉片會導致成癮，會使神經傳導受體（Neuroeceptors）減少接受人體產生的一種類似鴉片之神經傳導物質類鴉片肽（Opioid Peptides）。近十年在齧齒目、貓、靈長類之研究中發現，長期使用會損害動物在壓力下溝通能力。相對於在人類身上，則是成癮導致社交及溝通障礙，且在壓力下會增加暴力行為或被害之風險。

　　動物實驗的證據顯示，鴉片戒斷期會增加升高攻擊或防衛行為的可能性。對於齧齒目的研究中發現鴉片影響下在戒斷期，腦內神經傳導物質多巴胺（Dopamine）及去甲腎上腺素（Noradrenergic）受體歷經改變。而可樂錠（Clonidine）藥物使用在海洛因戒斷期對於控制攻擊行為很有效，也獲得臨床上的支持。

　　鴉片成癮、戒斷、暴力行為的關係因海洛因成癮猖獗而被注意。由於鴉

片成癮的普及率高，理論認為有些人成為成癮者，是為在發怒的情緒中尋求放鬆，而反過來於戒斷期中又有這些感覺，而造成突如其來的暴力行為。

(二) 興奮劑（Stimulants）

1. 安非他命（Amphetamines）

安非他命最早於1887年合成，被發展使用於減肥、防止疲勞、壓抑食慾、改變心情，臨床上用來治療外因性憂鬱症及過動兒，使其情緒改善、注意力增加。典型的類型包括dextro-安非他命、levo-安非他命、d-meth安非他命，衍生出「冰」（Ice）（可以吸食用的Meth-amphetamines）、Eve（MDA）及Ecstasy（MDMA）。藥效對中樞神經系統有強烈的刺激作用，使用後會產生三種效用：(1)警覺作用（Alerting Action），是一種大腦皮質作用；(2)欣快作用（Euphoric Action），是下視丘愉悅中樞，為求快感而導致濫用；(3)食慾抑制作用（Appetite Suppression），下視丘飲食中樞。其主要是心理依賴，而非生理成癮，但長期使用會導致腦部傷害及其他廣泛精神異常，安非他命精神病的疾患，症狀類似於妄想型精神分裂，包括迫害妄想、視幻覺、聽幻覺、自殺、殺人、攻擊及其他暴力犯罪等，均與安非他命濫用有明顯關聯。

長期及大量使用在動物及人類身上均可以發現暴力與其他行為。在魚、老鼠、鴿子、貓及猴子研究中，少量的安非他命就會增加攻擊及防衛行為。最明顯的效果是在戒斷期及引發攻擊的情境，對社交性動物而言，在這樣的情境中會促進攻擊行為的發生。人類使用低劑量的安非他命不會引發暴力行為，但會變得多話及喜歡競爭。臨床實驗、實驗室研究及自我報告均發現，少量安非他命會讓心情愉悅，但某些個案會覺得焦慮（Anxiety）。

高劑量的使用會產生難以控制的行為，增加防衛性與社會行為的失序，包括防衛、攻擊等。動物若長期使用安非他命會出現社會退縮、升高攻擊及防衛性反應，人類長期使用安非他命則會造成妄想（Paranoia）或精神病（Psychosis）態人格，有時伴隨嚴重暴力行為。安非他命造成的精神病態人格會突然發生嚴重的暴力行為。約有10%長期使用者與三分之二的使用者中，先前就伴隨有精神病態人格。Ellinwood（1971）研究13位安非他命中毒的殺人犯，發現多數個案中，導致殺人事件與安非他命引起的妄想性思考、恐慌、情緒不穩或低衝動控制有直接關聯。故長期使用安非他命與暴力的關聯比使用其他影響精神藥物關聯性來的強，但仍須考量使用者本身精神狀況（Albert et al., 1993）。

　　對於安非他命產生攻擊或暴力行為之神經化學機制，急性施用者藥物會促使腦內釋放多巴胺及去甲腎上腺素（Norepinephrine）。抗精神病藥物（Antipsychotic Drugs）則可有效阻斷多巴胺的接收，而控制毒癮，大量的止癮劑對於長期癮者可降低其暴力行為。

2. 古柯鹼（Cocaine）

　　古柯鹼對中樞神經系統會刺激大腦皮質，抑制神經鍵細胞對多巴胺的回收，造成神經鍵有過的多巴胺，引致神經興奮（如圖8-2）。其在腦部的作用類似安非他命，會有欣快感、情緒高昂、思考動作較靈活。古柯鹼可以鼻吸入或製成溶劑以靜脈注射，也可轉換為可燃化合物後以抽菸方式使用，即快克（Crack），快克造成的快感是立即且強烈的，且立即成癮、對健康重大危害，是目前最危險的毒品。重劑量古柯鹼使用者與高劑量安非他命使用者一樣，均會體驗到相同的異常症狀，視幻覺或觸幻覺，也可能產生譫妄、妄想症，是因古柯鹼會引起感覺神經元自發性地興奮作用（Addiction Science Research and Education Center, 2003）。

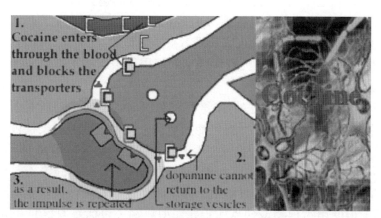

圖8-2　古柯鹼會阻斷神經鍵對神經傳導物質Dopamine的回收，而使神經鍵有過剩的
　　　　Dopamine，引致神經持續興奮的狀態

資料來源：Addiction Science Research and Education Center, http://www.utexas.edu/research/asrec/drugs.html

　　古柯鹼與暴力行為關係，在藥理學及精神醫學的文獻並沒有發現神經生物對於暴力行為與長期使用古柯鹼有直接關聯。長期以粉末或吸食（Crack）

的方式會造成妄想或精神病狀態，如：視幻覺，看到似雪般的閃光（Snow Lights）或移動的光線；觸幻覺，會覺有蟲在身體上爬行，這稱爲古柯鹼蟲（Cocaine Bugs）（Atkinson et al., 1998）。Miczek等人觀察急診室二年，發現病患中有6%的古柯鹼使用者有暴力或攻擊行爲的發生，吸食古柯鹼發生暴力行爲的頻率與其他病患並無差異。若以吸食的方式，則可以較快速破壞大腦內訊息接收功能，而產生暴力行爲。於老鼠及猴子實驗，在壓力中，快速使用古柯鹼會增加防衛反應，但並不會產生暴力行爲。在數種動物研究發現，在治療長期古柯鹼使用者過程中並未增加攻擊行爲，動物的文獻與Goldstein（1989）研究一致，其發現殺人犯罪升高與古柯鹼之藥理學效果無關。

美國於19世紀，有一度古柯鹼是合法的，直到20世紀初又再度入罪化，因爲社會政策決策者關心到古柯鹼成癮變成一種流行性的藥物。在1970年大量非法使用古柯鹼，並且有大量藥物自南美走私到美國，因此古柯鹼氾濫成爲當局重視的問題。快克古柯鹼（Crack Cocaine）是因其吸食所造成的聲音命名，是一種非常純的古柯鹼，自古柯鹼再提煉出來，加入蘇打水，有其他不同產品。快克古柯鹼會產生心情非常愉快的感受，成癮者則越吸越大，而變成長期使用，快克是成癮藥物中最容易買到的（Bartol, 1995）。暴力犯罪的增加與古柯鹼及快克增加幾乎是同一時期，因而兩者被認爲有關（Fagan, 1990）。Kang、Magura與Shapiro（1994）研究發現快克的使用與被逮捕次數有關聯，但也有可能是其他因素造成。

研究推論有限，因使用古柯鹼是有犯罪傾向者之典型的危險因子（Risk Factor）之一，其他危險因子影響可能還更大。另外古柯鹼對反社會行爲的影響，可能受使用藥物方式（吸食或注射）或男女差異影響。事實上，古柯鹼與暴力行爲相關的研究認爲兩者間並無單純直接的關係。Kang等人（1994）研究紐約市427位男性青少年的實驗中，發現雖然使用古柯鹼或快克與犯罪率相似度很高，但使用古柯鹼或快克與犯罪類型無關，包括暴力犯罪。Inciardi與Pottieger（1994）在邁阿密的研究中發現就算父母吸食快克，而造成小孩是問題行爲的高危險群，但也無法預測小孩在18歲以前的逮捕次數。雖然快克普遍被認爲會直接造成暴力行爲，但並無可靠的證據證明古柯鹼會增加暴力犯罪，但高劑量使用下，則會讓有攻擊行爲傾向者增加攻擊行爲的途徑（Englander, 2007）。

3. 合成卡西酮（Synthetic Cathinones）

卡西酮（Cathinone）存在阿裡伯茶樹（Khat，學名Catha edulis）葉片中，其所含之特有生物鹼。早在13世紀時，即被衣索匹亞居民當作是工作疲勞時或抵抗飢餓用之提神聖品，利用嚼食巧茶來提神醒腦及增加工作活力，巧茶因含有卡西酮成分，長期嚼食會有上癮現象，雖有提振精神作用，但亦會使人厭食，導致營養不良，降低免疫力（鄭昭欣等人，2014）。

「合成卡西酮」即以合成方式產生類卡西酮結構之化合物，俗稱浴鹽，常見的品項如：常見如：Mephedrone（喵喵）、Methylone、MDPV、Ethylone等，屬中樞神經興奮劑，毒性反應類似甲基安非他命及搖頭丸，主要危害之處在於會使濫用者產生幻覺、攻擊性、甚至暴力及自殘行為。且合成卡西酮類具強烈成癮性，若停止使用會產生憂鬱、焦躁、顫抖、睡眠障礙、妄想等症狀，導致強烈渴求心理（衛生福利部食品藥物管理署，2018）。

這類藥物乃是新興藥物而部分未受各國法律所管制，取代不易取得且觸法之興奮劑，廣為藥物使用者喜愛。其在歐洲素有「Legal Highs」的稱號，特別容易造成吸食者誤認為施用係合法與安全的行為，反而造成使用過量而引發致命危機，販毒者也為獲取銷售利益，不斷研究出更為強效且廉價的類似藥物，造成新的卡西酮類藥物不斷出現，也快速在各國與年輕族群蔓延，導致近年來濫用情形急遽增加（鄭昭欣等人，2014）。

國內常見濫用之卡西酮類毒藥品如下：

(1) 甲基卡西酮（Methcathinone，Ephedrone）：係第一個人工合成之卡西酮類化合物，吸食甲基卡西酮後，會有強烈的興奮感，性慾增強、飢餓感減弱，處於精神興奮狀況睡不著覺，並伴有噁心、嘔吐等反應，濫用會出現妄想、焦慮、失眠、營養不良、脫水、盜汗、腹痛等流鼻血和周身疼痛等症狀。在1930年代蘇聯曾將之作為抗憂鬱精神藥使用，二次世界大戰期間，日本更利用其興奮作用，提供士兵做為減少長時間作戰的疲勞感及提升戰鬥力之用（鄭昭欣等人，2014）。

(2) 3,4-亞甲基雙氧焦二異丁基酮（3,4-Methylenedioxypyrovalerone, MDPV）：俗稱浴鹽，於1969年合成出來，為選擇性多巴胺與正腎上腺素回收抑制劑，抑制多巴胺與正腎腺素的回收來提高這兩種神經傳導物質的濃度，達到興奮與提神效果，其作用與搖頭丸（MDMA）、甲基安非他命等中樞神經興奮劑相似，現以白色或褐色的結晶狀或粉末狀呈現，由於易溶於水，故也常被以注射方式使用。長期使用會有耐受性，極容易成癮（衛生福利部食品藥物

管理署，2018）。

濫用此藥物，會出現心跳加速、失眠、噁心、頭痛、過度興奮、呼吸困難、引發四肢麻木、肌肉僵硬、產生嚴重幻覺和失去判斷力，偏執妄想、極度焦慮、暴力行為以及自殺想法與行為等症狀，對人的生理和心理造成危害，長期服用會誘發潛在攻擊性暴力行為。最著名及駭人聽聞的案例就是美國邁阿密啃臉魔事件，因服用浴鹽新型毒品而突然襲擊路邊流浪漢，幾乎將受害者的臉全部咬了下來，案情彷彿殭屍咬人一樣，因而有殭屍毒品稱號（鄭昭欣等人，2014）。

(3) 4-甲基甲基卡西酮（4-Methylmethcathinone, Mephedrone）：俗稱喵喵（Meow Meow），因為施用者常與愷他命併用，用來緩和Mephedrone藥效消失後所產生的副作用。因愷他命被稱為Ket，與Cat發音相同（衛生福利部食品藥物管理署，2018）。

是目前全世界濫用最嚴重的卡西酮類化合物之一，1929年由化學家Saem所合成，具有中樞神經興奮及迷幻作用，施用後會有欣快感，產生類似甲基安非他命與MDMA的效果，但因作用時間短，故施用者會不斷追加劑量，過度濫用會產生妄想、錯覺、焦慮、興奮、血管收縮、血壓上升、多汗、四肢冰冷等症狀，長期使用會有其他副作用包括注意力變差，短期記憶力不足、記憶力不集中、無法正常打開嘴巴和磨牙等（鄭昭欣等人，2014）。

依據國外資料顯示，此類藥物目前已造成多起死亡案例。有一名英國女孩吃了一顆混有愷他命與卡西酮的藥物，數小時後不幸身亡；另有一名英國男性使用後十八個小時，開始出現幻覺，認為有蟲在身上爬並且不斷啃咬，最後竟把睪丸扯下，導致大出血（衛生福利部食品藥物管理署，2018），也顯其濫用所造成的攻擊性與危害。

三、迷幻劑（Hallucinogens）

迷幻劑是化學性的衍生物，包括不同類型的大麻（Marijuana、Hashish、Bang）、PCP（俗名「天使塵」（Angle Dust））、麥色酸二乙醯胺（Lysergic Acid Diethlamide, LSD），其特性是引起幻覺，主要效果在改變知覺經驗。典型的幻覺劑會扭曲內在及外在世界的知覺，讓普通環境的刺激感覺像新奇事物，以至於個人會以不同和不尋常的方式看到或聽到某些事物。其引起迷幻經驗分為三階段：第一階段為扭曲知覺；第二階段為錯覺、幻覺；第三階段為超覺，出現神秘、半宗教經驗。

(一) 大麻劑類 （Cannabis）

大麻劑類在性質、強度和藥效上與LSD不同。大麻效果受藥物性質及劑量、使用者人格及心境、過去使用藥物的經驗、社會處境以及使用者預期效果等而有極大變異，吸食大麻短期會出現幸福感提升、知覺敏銳度增強、身體放鬆及有漂浮感、感官輸入增強、時間感拉長。但短期記憶容易受到干擾，且會中斷短期記憶轉變為長期記憶之學習過程，引起記憶功能不良及訊息處理變慢。有些人會產生妄想，通常是被害妄想症，又稱為大麻妄想症。長期使用會產生無動機症候群。雖大麻不會導致生理依賴，但會有心理依賴，當個人感覺焦慮緊張就會對大麻產生強烈渴求感。

文獻發現吸食大麻會減少或不會影響暴力行為的發生。在許多種動物研究中發現大麻中的致幻成分四氫大麻酚（THC）會促進順從或逃避反應，大量的使用則會抑制攻擊行為（Albert et al., 1993）。

(二) PCP （Phencyclidine）

PCP即街頭俗稱的天使塵、雪人（Shermans）、超酸（Superacid）。PCP會引發幻覺，讓人覺得被分隔於環境之外。低劑量會使人對痛苦麻痺，引起思考鬆散、妄想、錯覺等變異；高劑量會使人失去判斷能力，引發類似精神分裂症，產生昏迷狀態（Atkinson, 1998）。

臨床研究中，長期吸食PCP導致精神病態人格，並會產生暴力行為。但對天使塵的研究無法獲得操控，因研究樣本中使用天使塵，通常也伴隨著酒精或其他藥物的使用，而混淆了神經生理效果。在動物實驗中，PCP引發不適當的社會符號、挑撥的行為及過度活動，因此施用PCP會引發攻擊行為，但也可能成為被攻擊的目標。

(三) 麥色酸二乙醯胺 （Lysergic Acid Diethylamide, LSD）

LSD是強力迷幻劑，無臭、無色、無味，常被溶解在方糖或紙片上販售，即使劑量少，也會產生幻覺。

LSD帶來情緒體驗的變化、個人真實感喪失或疏離的感覺。其經歷並非均是愉快的，也可能是恐怖的幻覺（Bad Trips），被扭曲的物體、聲音、思想，可能具脅迫性與恐懼性，可能發生不尋常「瞬間重歷其境」（Flashback）的經驗，服用一段時間後還會有知覺扭曲與幻覺不自主出現的狀況。

LSD與暴力行為關係之研究發現使用LSD不會引發暴力行為，但會使先前

存在的精神疾患惡化，包括暴力行為傾向。不同物種會對LSD有不同反應，如：增加攻擊性、防衛性及驚嚇反應等，可能升高對環境刺激的敏感性。

第五節　使用藥物與暴力行為之社會心理關聯

使用藥物與暴力行為在社會心理上的關聯可就性別、過去暴力攻擊歷史、人格異常與發展歷程觀之。

強烈的證據顯示個人差異對暴力行為的影響高於藥物介入，如：少量飲酒會引起攻擊行為，但大量飲酒會減少攻擊行為即因人而異。在飲酒與暴力行為的關係中，性別是重要的中介變項，男性飲酒後會比女性有攻擊行為，在酒精的影響下女性很少有暴力行為（Fagan, 1991），這說明了生物、期望及社會因素對行為影響的差異。

個人過去有暴力及攻擊行為的歷史，決定了使用酒精與藥物後，是否會增加暴力行為的發生。Winslow與Miczek（1985）及Blanchard等人（1987）在老鼠與猴子的研究發現，過去以防衛或順從的方式，飲酒後，脅迫或攻擊行為會比平日多出兩倍。Pulkkinen（1983）於縱貫性研究發現，從發展期一直到成人期，長期飲酒與攻擊暴力行為有穩定關連。兒童期的攻擊行為是造成青年期時有酗酒與暴力行為之危險因子。McCord（1988）則發現兒童期有攻擊行為暨成年酗酒者，可以預測嚴重的暴力行為（引自Albert et al., 1993）。

Miczek等人（1977）文獻分析發現診斷為人格異常者，有二種次類別會增加暴力行為的風險：一為診斷出有反社會（Sociopathic）酗酒者，具精神病態人格特徵，如：追求立即滿足、低衝動控制、低挫折容忍度、敵意及低度社會化；一為反社會性人格伴隨著酒精或其他影響精神藥物的濫用，Wooley等人（1985）於鴉片類藥物濫用研究診斷標準（Research Diagnostic Criteria），發現15%診斷合乎反社會型人格，可能因基因缺陷所造成（Cloninger, 1987）。雖特定人格與藥物濫用並不一定有關連，但某些人格特質之弱點可能促成藥物濫用之發生。兒童期特殊行為或人格疾病與成年階段受酒精或毒品影響下的產生暴力行為有關聯，但無法解釋為何沒有疾病下的成年人亦有同樣的現象。

Fagan（1990）發現臨床與理論文獻中，特殊的情緒常伴隨著攻擊行為，恨意、憤怒、罪惡感、無助、孤獨等，這可能與飲酒或使用其他影響精神藥

物有關。使用者會選擇特定的藥物來舒緩情緒，不同種類藥物則導致不同情緒。在Wurmser與Labling（1983）研究中發現古柯鹼與美沙酮（Methadone）能暫時減緩無助感、無依感；巴比妥鹽（Barbiturate）與鴉片減少憤怒、沮喪及孤獨感；興奮劑與迷幻劑則會減少沮喪、罪惡感、羞恥感及無助感（Fagan, 1990）。

　　從發展層面的社會化過程來看，Fagan（1990）彙整相關研究結果發現：發展階段受社會期望與人格發展影響。青少年期的發展變得較衝動與男子氣概，這也可能鼓勵暴力行為與使用藥物。但縱貫研究中並沒有發現暴力行為與飲酒及藥物濫用一起發生的一致性解釋。

第六節　使用藥物與暴力行為之社會層面關聯

　　在社會層面方面，不同的文化與次文化展現出不同的飲酒與暴力行為途徑，而藥物及暴力行為與社會層面的交互用則常發生於爭取非法藥物的市場分配上。

一、飲酒與暴力行為在文化上的差異

　　Miczek等人（1977）和Fagan（1990）統整飲酒與暴力途徑的泛文化研究，許多歐洲國家與澳洲、芬蘭、瑞典、南非、加拿大及美國等歐洲國家的殖民地，暴力行為與飲酒具正相關，但非歐洲文化則缺乏這樣的連結。Schaefer（1973）進行60個小型傳統社會之俗民誌研究，發現有46個傳統社會男性經常喝醉，其中只有24個傳統社會飲酒後會有暴行。也因此飲酒與暴力行為的型態受文化與次文化所影響，但這些型態可以受其他因素緩和（Fagan, 1990）

　　俗民誌研究報告歸因於文化規範與風俗的不同。如：Camba部落中男性經常飲酒，但飲酒後很少有攻擊行為產生。而芬蘭的Lapps部落打架是很平常，因此微醺時，暴力行為不會被視為異常（Heath, 1983）。印地安年輕人一喝醉就想打架，但較年長有家庭者喝醉則會避免打架。行為差異與個體及情境不同而異，因此以單一的文化來解釋似有不足。

　　在大型社會中，有些文化鼓勵酗酒後產生暴力行為，如：美國原住民在白種入侵時期，有高比例的暴力與飲酒，將此視為一因應問題的策略。加州幫派的研究中發現西班牙幫與黑人幫飲酒卻達到不同行為狀態，西班牙幫派成員追

求瘋狂，黑人幫派則是追求冷酷，此兩者均促進了暴力行為。

　　有些研究認為酒精與暴力的關聯在任何一個文化中均取決於在該文化社會結構的壓力。南加拿大的Naskapi男性飲酒後會有攻擊行為者通常是失敗者，但其間的關聯還不是很清楚（Robbins, 1979）。Gordon（1978）發現舉家移民到美國的多明尼加人，有賺錢機會後，壓力降低，有改變飲酒地點的現象，原先在酒吧飲酒，現則回家飲酒，因而減少攻擊行為。

　　酒精對人類行為的效果可透過對效果的期望而緩和（Miczek et al., 1977）。Fagan（1990）發現俗民誌研究中，酗酒者的行為受社會期待而抑制。Burn（1980）研究4位男性青少年飲酒與社交行為，飲酒會升高其攻擊性，進而尋求可以表現其攻擊行為的情境，但由於樣本太少，尚需更精確的研究驗證解釋。

　　從上述研究顯示，不同文化及次文化在使用酒精與暴力行為的途徑不同，歸納特定特徵文化的酒精消費者，在特定飲酒場合相遇，因而升高暴力事件發生的可能性，若能發展對此危機事件的描繪，將有助控制暴力行為的發生（Fagan, 1990）。

二、非法藥物的獲取與分配

(一) 販賣藥物與暴力行為的關聯

　　販賣非法藥物對暴力犯罪之影響甚至大過吸食本身，販賣非法藥物包括：購買、運送及分配等交易體系所需之行為。吸毒與販毒對犯罪均有影響，「吸毒且販毒」者對犯罪行為之影響會比其中任何一項對犯罪影響大。2000年Spencer De Li、Heidi D. Priu與Doris L. Mackensie對美國維吉尼亞州北部三郡125位假釋重刑犯調查發現以下結論：

1. 吸毒本身對於暴力犯罪影響性不大。
2. 販毒對於暴力犯罪具預測性指標。
3. 「吸毒且販毒」犯下暴力犯罪可能性會更顯著。

　　Ira Sommers與Deborah R. Baskin於1997年對紐約市156位女性販賣非法藥物者進行訪問，進一步分析發現：

1. 販賣非法藥物者參與之組織有明確階層結構與懲罰規則，以約束毒販，並有特定領域。
2. 販賣非法藥物會促使毒販參與攻擊或吸毒活動，個人之生活型態只要和販毒行為有關，就會增加攻擊或被攻擊之機會。

3. 非法藥物系統中之暴力行為是經濟行為，用以管理非法藥物市場、控制地盤。

4. 非法藥物系統中之暴力行為也是一種社會控制，以控制毒販間之競爭、保證貨物及服務品質、管理保護毒販，及對抗反對勢力介入。

5. 非法藥物系統之暴力行為，經由以下二個過程產生：

(1)成員之自我選擇過程：成員因受系統內次文化影響，習慣在社會互動及經濟互動中選擇使用暴力，且不只在非法藥物系統內使用，在其他社經活動中也會使用暴力。因此並非毒品交易或毒品系統本身導致暴力，而是毒品交易及毒品系統提供一個使用暴力的環境。

(2)社區本身之次文化所致：成員生活在被暴力滲透的社區內，需學習暴力犯罪之行為模式，以便妥協在社區現實中維持個人生活。在此過程中，非法藥物系統之暴力行為，只不過是在暴力次文化社區生活的一個層面，視為該社區內之一般性行為（劉勤章，2002）。

(二) 施用非法藥物與暴力行為的關聯

由於非法藥物與暴力之間存在多種原因的交互作用而變得複雜，無法單一的分類，因此定義非法藥物有關的暴力行為較具困難，也難以分類，警方則通常將案件以動機因素進行分類（Albert et al., 1993）。Goldstein（1995）在1988年的3月到10月間以紐約州414位殺人案件的警方紀錄做分類，發現53%的殺人案與非法藥物有關，其中39%是系統型暴力（Systemic），2%是經濟型（Economic）暴力，8%是因藥物的藥理學效果，4%是多重原因。而「施用非法藥物」與「暴力犯罪增加」之間如何產生連結，Goldstein根據其研究結果發現「三元素的結構理論」（A Tripartite Conceptual Framework），又稱Goldstein架構，認為施用非法藥物與犯行之影響可分為藥理、經濟性與系統性三層面：

1. 精神藥理暴力（Psychopharmacological Violence）：有些人受到短期或長期藥物的影響，變得易受刺激、非理性及明顯的暴力行為。即假設有些先前沒有暴力行為者，因藥物關係導致其變得暴力且從事多種犯罪行為，如因施用藥物造成的妄想症而產生攻擊性行為

2. 經濟型衝動（Economic Compulsive Mode）：經濟型衝動通常是為獲得金錢，犯下強盜或侵入住宅竊盜等與暴力有關的財產性犯罪，以購買非法藥物。經濟因素在藥物有關的暴力行為中扮演的角色，有下列理由：

(1)隱藏式的動機：強盜或侵入住宅竊盜通常為了藥物而犯罪，而此動機常是

不易被發現。

(2)為了涉入非法藥物交易市場與維持非法藥物來源以供其使用而犯罪,而至少有兩種以上的經濟動機,如:從賣方強盜非法藥物而造成買方或賣方的死亡。此類暴力行為於非法藥物有關的經濟犯罪方面是屬於間接的動機,主要動機則是系統性暴力。

Anglin與Speckart(1988)研究發現,在戒斷期,吸食海洛因者會需要資金,但會避免使用暴力犯罪,而以侵入竊盜等方式。官方資料發現吸食海洛因者涉及強盜是很常見的事情,且在強盜犯中亦有吸食海洛因者(Goldstein, 1989)。

Goldstein調查發現非法藥物有關的暴力行為只有2%是屬經濟型,顯示使用海洛因或施用其他影響精神藥物者會透過其他途徑獲取來源。但實際上,吸食古柯鹼與快克常以強盜或侵入竊盜的攻擊行為為獲取金錢的方法。根據Reuter等人(1990)評估美國Washington D. C.在1985至1987年間街頭非法藥物交易約每小時30元美金,市場的成長很快。因此非法藥物涉及經濟型暴力犯罪實際上較Goldstein的評估來的嚴重,且販毒也變成購買其他非法藥物的收入來源(引自Albert er al., 1993)。

(三) 系統性暴力(Systemic Violence)

由於用藥者必須有足夠而穩定的金錢來源,以應付購毒所需,而固定的投入其他非法活動,通常會從事系統性暴力,特別是有規模的犯罪組織,即以暴力為手段經營其他非法市場,如:地下錢莊、性交易、黑市交易等財產犯罪活動,亦入藥物犯罪次文化中,包括:非法藥物地盤紛爭、非法藥物交易者所屬犯罪組織間的衝突、傷害、謀殺等,販毒者比其他人更可能持槍有直接關係。暴力行為可說是街頭藥物次文化之必備要素,暴力同時也是街頭販毒者行為模式之一,而投入犯罪次文化的人、事、物等環境因素則更有利於非法藥物交易的進行。根據Goldstein(1989)研究發現此類型是最普遍與藥物有關的暴力,此類犯罪有三種不同途徑:

1. 與藥物有關的系統暴力(Systemic Drug-related Violence):包括邊界爭執、為毒品市場分配、不同幫派搶奪地盤、與警察較量、支配非法買賣等。

2. 交易相關的系統暴力(Transaction-related Systemic Violence):買賣雙方交易時常產生暴力行為的風險,包括:從販毒者或買毒者交易時搶劫其毒品或金錢、暴力討債、解決毒品質量的紛爭或工具所有權的紛爭等,其中以暴力

討債及搶劫交易者最常見。另一在非法藥物交易市場常見的暴力情境稱「黑吃黑」（Messing Up the Money），發生於較低層次的交易者將非法藥物寄託予他人販賣而無法獲取相當的金錢時，也發生在對非法藥物市場價格有爭議的個人消費、竊盜或遺失毒品、搶劫金錢等，其紛爭因不易找到證據，通常先考量以暴力方式來解決。

3. 參與第三方的系統暴力（Systemic Violence Involving Third Parties）：參與非法藥物有關的其他非法市場，如：需軍火維持其利益的軍火市場；以非法藥物控制性交易的市場。

第七節 間接藥物相關暴力之社會層面

社會層面與非法藥物跟暴力的關係侷限在毒品買賣與分配。社會互動與非法藥物的關係是比較不明顯的，但在對非法藥物市場技術性的改變是社會經濟的趨勢。

一、非法藥物交易市場容易引人犯罪。在使用暴力的非法藥物交易市場中之參與者，在市場外同樣也會使用暴力。因非法藥物市場的隱密性，容易製造暴力行為的機會，且行使暴力不一定與非法藥物市場有直接關係。如：販毒者攜帶非法藥物，買毒者攜帶現金，交易過程容易成為搶劫目標。市場交易時攜帶武器也很容易發生其他糾紛。女性則為購買藥物而從事性交易，但從事性交易後則容易成為性攻擊目標。大多數的市場參與者暴力機會的發生變得頻繁。在非街頭交易的環境，如：屋內交易，彼此互動機會較小，較可以減少非法藥物交易的風險。

二、間接使用或買賣非法藥物的暴力事件通常較不會被歸類與藥物相關的暴力。例如：搶劫金錢以維持購買藥物的經濟來源、因買賣藥物紛爭而產生暴力行為等均是間接因素，而拖垮家庭經濟、晚歸、對工作或學校表現不在乎或其他問題也不一定會造成藥物使用的結果。因此暴力事件與非法藥物乃是隱藏性的關聯，迄今仍不明確。

三、青少年幫派與藥物相關系統暴力有關。傳統暴力幫派會以販毒為資金的來源，如：在1980年因快克的盛行，部分少年幫派以販毒為收入的來源。幫派份子同時販賣快克及參與暴力活動。Fagan（1990）在預防暴力行為上，販

毒幫派比有暴力傾向的傳統幫派更有參與暴力行為的傾向。

　　四、社區是抑制暴力行為的社會控制機制，隨非法藥物市場環繞社區，導致社區機制的破壞。藥物環繞著暴力行為，與大規模的經濟、社會、快克市場的組織與使用等社會變遷產生交互作用。從1980年代開始，快克與古柯鹼的市場變得高度的分化，由於缺乏合法的經濟機會，因此很容易在社區看到販毒活動。過去買毒者與賣毒者涇渭分明，現買毒與賣毒者的界線消失了，變得可以很容易的進入市場，取代了過去犯罪組織設立了複雜的規則及領域的經銷權。由於暴力的快克市場的崛起，減弱了暴力的社會抑制效果，因此移除非法藥物市場可以預控制暴力、削減社會機制的破壞，也可以促進社區的合法經濟。然而實證研究發現很難實踐。Fagan與Chin（1990）以個人層次做的研究發現一些「新血」的暴力青少年及非法藥物市場，比當代非法藥物市場，如：紐約市來的更為暴力。社會、社會階層及經濟過程能解釋這些年輕心血、藥物分布與暴力之關聯，但彼此關係是很難測量（Inciardi, 1990）。

第八節　減少藥物相關暴力之干預措施

　　降低與酒精或影響精神藥物有關的暴力行為有下列四種干預措施（Albert et al., 1993）：

　　一、生物介入模式：透過藥理學治療降低對非法藥物的渴求，或控制酒精及海洛因戒斷期攻擊行為的升高。

　　二、發展介入模式：透過認知行為干預預防少年模仿使用影響精神藥物。

　　三、成人的個別介入模式：對於使用藥物的犯罪人以監禁戒治的方式，透過不同治療技術戒毒。

　　四、社區介入模式：增加菸酒稅、警方加強逮捕等。

一、生物介入模式

　　以藥物治療毒癮是很有效的，第一種生物介入模式之藥物治療用在初期的解毒（Detoxification）及戒斷症狀的控制。如在解酒時，以小型鎮靜劑（鋰鹽）減輕焦慮；因飲酒及海洛因的戒斷期會升高攻擊行為，因此促進暴力效果的毒品，常使用藥物治療。動物實驗中，可尼丁（Clonidine）可以降低攻擊行為，尤其在海洛因的戒斷期，臨床實驗也發現其有效性，GABA-A／巴比妥鹽

的受體會促進酒精攻擊效果，發展阻斷受體的活動的藥物治療，可以降低酒精相關暴力的策略。

　　第二種生物介入模式為以無害的藥物取代上癮的藥物。如：吸食海洛因常以美沙酮及LAAM治療。Gerstein與Harwood（1990）研究發現吸食藥物且有其他犯行者，以美沙酮治療者比起對照組有比較好的成效。其他影響精神藥物若沒有藥物治療的方法以減少對藥物的依賴，也以美沙酮廣泛的使用在治療中，其效果主要在阻斷多巴胺及去甲腎上腺素（Norepinephrine）受體。美沙酮治療效果成功率在1980年後提高至76.3%，但有部分應歸功於同時使用其他的藥物，如：可尼丁，在防止過度緊張，有助於減輕頭痛的藥物。由於美沙酮是合成麻醉藥，本身會令人上癮，此替代治療方式必須長期或終生服用（Carson et al., 1993）。

　　第三者生物介入方式是以拮抗劑（Antagonist）抵銷上癮藥物之藥效，阻止心理藥物需求，且其不會造成生理上癮，如：拿淬松（Naltrexone）可以有效治療海洛因成癮，及降低體內酒精渴望，拿淬松經由阻斷類鴉片受體，可降低對藥物的需求（Atkinson et al., 1998），但中斷使用，還是會再想再度使用藥物，效果不彰。

二、發展介入模式

　　研究發現兒童階段最可以成功預防藥物濫用，並減少暴力行為。首先，不鼓勵飲酒的干預措施可以預防與酒精有關的暴力行為，特別是有攻擊性的兒童，長大後可能會有下列一到二種高危險性的診斷：1.酗酒（Alcoholic）及社會病態人格（Sociopathic）；2.反社會人格而伴隨著有酒精或藥物濫用。其次，暴力事件常發生於非法藥物市場，可藉由減少此類市場的規模及數量進而減少暴力行為，成功的預防藥物濫用。

　　有些藥物濫用防制計畫亦成功延緩了青少年抽菸、飲酒及吸大麻的效果，而施用菸、酒、大麻等藥物是進入使用其他影響精神藥物的基石，因此干預措施可以幫助延緩使用其他非法藥物的發生，因此以社區及學校為基礎的干預措施對於預防藥物濫用及暴力行為上可說是首要的工作。

三、成人個別處遇之介入模式

(一) 監控措施

　　Blumstein等人（1986）對犯罪生涯之縱貫研究中，發現施用藥物者有

高頻率的暴力犯罪行為，如：搶奪、傷害，而選擇性的長期監禁可減少暴力犯罪，慢性施用者經被逮捕後到審判前這段期間予以保釋，會有高回籠率，需採取較有彈性的半釋放的策略，如：電子監控是可用的方法。Toborg等人（1986）發現若毒品驗尿結果為陰性者，可預測其保釋期間有較低之再犯率（引自Albert et al., 1993）。鑑於藥物成癮之高再犯可能性，矯治、勒戒後，仍須追蹤輔導，可採密集觀護監督（Intensive Probation Supervision），增加尿液篩檢次數等措施（楊士隆，2018）。

(二) 治療藥物濫用

藥物濫用是美國各階層社會最關心的問題，估計美國約有600萬之古柯鹼使用者，從1974年以來增加260%，因而發展出居住治療性社區（Residential Therapeutic Communities），在治療古柯鹼濫用者已有數十年歷史，是治療藥物濫用者最出名的取向。此取向將機構當治療社區，提供藥物依賴者庇護性社區，以達完全禁戒。特性是高度再社會化、行為修正、負起問題責任、再進入社區，以重建人生觀點為目的。此計畫也可用在有嚴重犯罪歷史之藥物濫用者。此模式成功的特點如下（Costello et al., 1992）：

1. 在沒有藥物的環境下，尋求他人支持。
2. 治療成功者示範並描述過去的問題及如何解決，也是戒酒團體（Alcoholics Anonymous, AA）成功使用的技術。
3. 藥物濫用者應負起問題責任，對自己生活負責。
4. 尊重每個居住者為獨立而有價值的人，不會因過去失敗而被標籤或批評。
5. 治療中心的居住本質為隔離環境、斷絕以藥物為主的生活型態。

對於藥物成癮者採用治療性社區，在治療後比未治療前犯罪活動減少，其成效是顯著的（Gerstein & Harwood, 1990）。

而監獄的藥物濫用者，其治療方式通常有個別及團體心理治療，一周數次，但並無釋放後的追蹤。這種治療方式在出獄後，對於改變暴力、犯罪或使用毒品的行為是非常無效的，因此在出獄後重返階段，配合社區為基礎的治療，採部分監禁或治療性社區的方式，進行釋放後追蹤的措施較能減少再犯率（Gerstein & Harwood, 1990）。

四、社區介入模式

(一) 增加酒稅

　　證據顯示飲酒會造成車禍及肝硬化，並造成死亡，為減少這樣的事件的發生，應增加酒稅，但並沒有類似的研究，分析酒稅與暴力犯罪率之關聯。但我們可以透過酒精與暴力之關聯性，對控制暴力犯罪上，可採取這種政策。

(二) 追緝毒品交易市場

　　Uchida等人（1990）對於破壞毒品交易市場上，警方可以單獨或合併使用下列三個主要策略（Albert et al., 1993）：

1. 暗中移除買毒者與販賣者。
2. 強力掃蕩並作鄰里宣導。
3. 與社區居民及組織合作反毒。

　　對於破壞街頭的非法藥物交易市場，包括臥底（Buy-bust），警方喬裝購買藥物然後暗中逮捕販毒者；反過來，警方假裝交易者，賣仿製的非法藥物，暗中逮捕買毒者。在美國有些州，警方採取此種暗中追緝的策略，的確緩慢地降低犯罪的增加，但由於未做嚴謹之實驗控制，效果並不確定。

　　警方加強掃蕩達非法藥物市場飽和的區域，如：紐約、賓州、華盛頓特區等地。掃蕩的短期效果，會減少特定地區在街頭販賣非法藥物。但掃蕩也有可能造成毒品交易市場轉移效果，而擴張到其他區域，連帶搶劫與侵入住宅等暴力犯罪轉移到其他鄰近地區。警方掃蕩成功，主要與下列因素有關：警方的努力、社區的支持及毒品市場尚未嚴重侵入。非法藥物市場分析計畫中，分析匹茲堡、堪薩斯州等地警方活動，發現非法藥物市場及暴力犯罪有地域性及移轉效果。

　　警方與社區合作打擊毒品市場上，包括：與社區團體進行會議、與居民訪談是否有非法藥物市場開始發展、告知檢舉嫌疑犯的電話及宣導工作等（Albert et al., 1993）。以「斷絕供給」與「減少需求」之「緝毒」「拒毒」任務，以徹底減少毒品之供給源。

參考書目

一、中文部分（依筆畫順序）

社團法人台灣酒與社會責任促進會。http://www.tbaf.org.tw/

唐心北（2011）。DSM-5診斷標準的改變Part II-DSM-5中物質及成癮疾患之主要改變。DSM-5通訊，第1卷第4期，頁10-12。

國際厚生健康園區。http://www.24drs.com/

黃美甄（2017）。當「提神」變為「傷神」——從事營造業之家庭暴力相對人飲酒經驗研究。暨南國際大學社會政策與社會學系碩士論文。

楊士隆（2018）。犯罪心理學。五南圖書。

廖定烈、鄭若瑟、吳文正、黃正誼、陳保中（2013）。物質成癮及治療：國內臨床服務的十年進展。家庭醫學與基層醫療，第28卷第11期，頁299-304。

趙軒翎（2014）。HOW「毒」YOU「毒」。科學月刊，第535期，頁544。

劉勤章（2002）。毒品與犯罪關聯性之探討。中央警察大學學報，第39期，頁277-290。

衛生福利部食品藥物管理署（2018）。107年藥物濫用防制指引。衛生福利部食品藥物管理署。

鄭昭欣、劉美君、高一瑛（2014）。卡西酮類新興毒藥品檢驗發展現況。法務部103年毒品犯罪防制工作年報。

二、外文部分（依字母順序）

Addiction Science Research and Education Center. http://www.utexas.edu/research/asrec/drugs.html

Albert, J., Reiss, J., & Roth, J. A. (1993). Understanding and preventing violence. National Academy Press.

Atkinson, R. L., Atkinson, R. C., Smith, E. E., Ben, D. J., & Nolen-Hoeksema, S. (1998). Hilgard's introduction to psychology. Harcourt.

Bartol, C. (1995). Criminology behavior: A psychology approach (4th ed.). Prentice-Hall.

Carson, R. C. & Butcher, J. N.，游恆山譯（1993）。變態心理學。五南圖書。

Costello, T. W. & Costello, J. T.，趙居蓮譯（1995）。變態心理學。桂冠圖書。

Englander, E. K. (2007). Understanding violence. Lawrence Erlbaum Associates.

Fagan, J. (1990). Intoxication and aggression. In M. Tonry & J. Q. Wilson (Eds.), Drug and crime (pp. 241-320). The University of Chicago Press.

Fagan, J. (1991). Social process of initiation into crack. Journal of Drug Issues, 21 (Spring): 313-343.

Fagan, J. & Chin, K. (1990). Violence as regulation and social control on the distribution of crack. In M. de la Rosa, E. Y. Lambert, & B. Gropper (Eds.), Drug and violence: Causes correlates and consequences (pp. 8-43). NIDA Research Monograpy.

Gerstein, D. R. & Harwood, H. J. (Eds.) (1990). Treating drug problems, vol. 1. National Academy Press.

Gerstein, D. R. & Green, L. W. (Eds.) (1992). Preventing drug abuse: What do you know? Committee on drug abuse prevention research, Commission on behavioral and social science and education. National Academy Press.

Goldsteid, P. J. (1989). Drugs and violent crime. In N. A. Wiener & M. E. Wolfgang (Eds.), Pathways to criminal violence (pp. 16-48). Sage.

Goldstein, P. J. (1995). The drugs/violence nexus: A tripartite conceptual framework. Journal of Drug Issues, 15: 493-506.

Inciard, J. A. (1990). The crack cocaine connection within a population of hard-core adolescent offenders. In M. de la Rosa, E. Y. Lambert, & B. Gropper (Eds.), Drug and violence: Causes correlates and consequences (pp. 92-111). NIDA Research Monograpy.

Miczek, K. A. & H. Barry (1977). Effects of alcohol on attack and defensive-submissive reactions in rats. Psychopharmacology, 52: 231-237.

Pinard, G. F. & Pagani, L. A. (2001). Clinical assessment of dangerousness. Cambridge University Press.

Taylor, S.P. (1993). Alcohol, drugs and human physical aggression. Journal of Studies on Alcohol, Supplement, (11): 78-88.

World Health Organization (2019). Psychoactive substances. https://www.who.int/substance_abuse/terminology/psychoactive_substances/en/

第九章　槍械與暴力行為

邱顯良

前　言

　　我國目前實施嚴格的槍械管理政策，但並非沒有槍械暴力問題，因臺灣四面環海，槍械走私問題不免發生，雖然檢警海巡單位歷年來迭有斬獲，惟無法完全杜絕。因槍械衍生的暴力犯罪時有所見，尤其槍械製作日愈精巧準確且填彈量多，濫用不僅非常容易造成傷亡，一般民眾亦容易成為陌生人犯案的目標，直接或間接成為潛在受害者，是以槍械的可及性（accessibility）和便利性（availability）所造成的無形及潛在性的威脅，嚴重地危害到民眾的生命財產安全。

　　本文初始介紹我國與槍械相關之各類犯罪現況，其次因管理政策使然，國內對於非法槍械及其與犯罪相關之統計，如數量、持有、分布情形等資料較為匱乏，故後續引述國外（美國）資料及其研究結果，以茲比較。美國國情與我國不同，其大多數州之槍械管理政策寬鬆，故槍械與暴力行為的關係非常密切，據統計大約71%的殺人罪和63%的自殺案件是屬於槍擊事件（Kleck, 1997）。對於槍械暴力應如何預防及有效遏阻，亦是社會輿論長期關注的議題，惟其爭論焦點，牽涉到應否立法限制槍械持有者及經銷商的資格等，不過針對訂定嚴格限制之法規等問題，亦使得部分合法廠商及一般民眾發出反對聲浪，因為某些特定地區或人士，因為擔心遭遇暴力威脅，而需持有自衛槍械，如果法規對於民眾合法持械資格限制嚴苛，將使得一些需要持械的民眾不易取得槍枝。此外，自衛性槍械的不當管理，是否會造成另一種潛在威脅，亦是嚴肅的課題。當然就美國槍械管制的研究結果而言，要落實槍械管理，顯然某些有效的預防策略，並不需要經由立法手段，因為立法時間冗長常緩不濟急，經由執行面的彈性調整來加以管制因應，反而更為可行而且有效。

　　本章探討槍械與暴力行為之關係，首先概述我國槍械犯罪現況，接著論述美國槍械相關現況，諸如槍械持有者的類型與地區分布；持槍從事犯暴力犯罪的型態與趨勢；槍械如何逐步改變暴力事件造成傷亡的條件機率（conditional probability）：例如搶劫或暴力攻擊造成傷害的機率、傷害造成死亡的機率，及使用槍械是否會提升傷亡率，等等；最後以學者實證研究為基礎，討論能有效降低槍械暴力犯罪的預防策略，期使能以他山之石作為我預防政策之借鏡。

第一節　我國槍械犯罪之概述

一、槍械之定義

　　槍械（firearm）具有強大的殺傷力，稍一不慎便容易造成傷亡事件，甚或被不法歹徒利用犯案，嚴重影響到社會秩序，是以政府當局及一般民眾向來將槍械規為敏感之物，並實施嚴格管制政策，目前我國有關查緝（管制）槍械之法律，主要是依據「刑法」第186條（單純危險物品罪）、第187條（加重危險物品罪），以及「槍砲彈藥刀械管制條例」，依該條例第1條規定：「為管制槍砲、彈藥、刀械，維護社會秩序、保障人民生命財產安全，特制定本條例」即已揭櫫其立法目的。

　　有關「槍砲彈藥刀械管制條例」所管制之客體及其範圍，依該條例第4條第1項規定，所謂槍砲、彈藥包括如下：

　　(一)槍砲：指火砲、肩射武器、機關槍、衝鋒槍、卡柄槍、自動步槍、普通步槍、馬槍、手槍、鋼筆槍、瓦斯槍、麻醉槍、獵槍、空氣槍、魚槍及其他可發射金屬或子彈具有殺傷力之各式槍砲。

　　(二)彈藥：指前款各式槍砲所使用之砲彈、子彈及其他具有殺傷力或破壞性之各類炸彈、爆裂物。

　　其次依該條例第4條第2項規定：「前項第一款、第二款槍砲、彈藥，包括其主要組成零件。但無法供組成槍砲、彈藥之用者，不在此限」，故依上述法律規定，不僅槍砲、彈藥是違禁物品，其相關零、組件亦是在查禁之列。有關管制之行為態樣，除手槍、空氣槍、獵槍及其他槍砲、彈藥專供射擊運動使用者，經中央主管機關許可（第5條之1）得為例外處分外，依該條例第5條規定：「前條所列槍砲、彈藥，非經中央主管機關許可，不得製造、販賣、運輸、轉讓、出租、出借、持有、寄藏或陳列」，是以上述行為態樣均在法律禁止之列。

　　另外，本條例採嚴刑峻罰，其處罰刑度最高可判處死刑，處徒刑者併科高

額罰金（依行為態樣輕重，最高可科處新臺幣5,000萬元以下罰金），從以上規定可窺知我國槍械管制政策之嚴峻程度。

二、查獲非法槍砲彈藥數量

我國現行實施嚴格的槍械管理政策，不允許民眾私自持有槍械彈藥，但民間仍不乏走私入境或非法製造者，以最近5年（2013-2017年）為例，內政部警政署計查獲各式非法槍械從1,507枝到2,025枝不等，其中2017年查獲非法槍枝1,856枝，較2016年2,025枝減少169枝（-8.35%），其次，歷年查獲成果均以手槍類（含製式手槍及土製手槍）占最大宗，分別是2013年查獲制式手槍379枝、2017年查獲土製手槍620枝最多。其參，比手槍更具殺傷力的長槍（含自動步槍及衝鋒槍）亦查獲6枝至16枝不等，分別是2013年、2014年均查獲自動步槍10枝、2017年查獲衝鋒槍16枝最多（中華民國刑案統計，2017，下稱刑案統計）。

同在上開年度間，亦查獲各式非法彈藥從17,390顆到24,819顆不等，其中以子彈占最大宗，以2017年查獲24,819顆最多。其次，是更具殺傷力的霰彈，查獲609顆至1,984顆不等，以2014年查獲1,984顆最多（刑案統計，2017）。

至於未經查獲之非法槍械黑數，官方及學界尚無舉出適當之預估數字，惟仍可見窺見非法槍械存在之情形，不僅潛在危害民眾生命財產安全，且對執勤員警造成莫大威脅。

三、槍械與暴力犯罪[1]

槍械與暴力行為之關聯性，意即以槍械為工具從事暴力犯罪行為。以2017年為例，該年度暴力犯罪案件總計發生1,142件（刑案統計，2017），其中持槍刑案之犯罪計發生172件（警政工作年報，2017），占總數15%，幾乎平均每六件暴力犯罪就有一件與槍械有關。再者以刑案統計之「偵破較完整之重大刑案」紀錄來看，2015年所列50件，其中32%（16件）與槍械犯罪有關；2016年所列50件，其中50%（25件）與槍械犯罪相關，而在2017年度所列50件中，與槍械犯罪有關者計22件，占總數44%。以上數據顯示利用槍械為工具觸犯重

---

[1] 依據2016年12月28日內政部警政署第5次刑事工作檢討會報決議，「強制性交」範圍排除「對幼性交」，暴力犯罪之定義自2017年1月起修正為「故意殺人（不含過失致死）、強盜（含強盜罪及準強盜罪）、搶奪、擄人勒贖、恐嚇取財（以著手槍擊、下毒、縱火、爆炸等四種之犯罪手段為限）、強制性交（含共同強制性交）、重傷害」等七項。

大刑案之比率，約占3成至5成。

其次將犯罪嫌疑人觸犯暴力犯罪（以故意殺人、強盜、搶奪等三項罪名為例），所使用之犯罪工具加以綜合分析，雖然觸犯上述三項暴力犯罪之犯罪工具均非以槍械為最大宗，惟以槍械犯案者仍占有極高的比率，顯示我國雖實施嚴格槍械管制政策，但仍有大量槍械私藏於民間，對於民眾身家財產安全造成極大威脅。茲以2017年為例，將觸犯前述三項罪名之嫌疑人所持犯罪工具分析如下：

(一)**故意殺人案件嫌疑人之犯罪工具分析**：警察機關於2017年破獲之故意殺人案件，嫌疑人人數合計765人，使用之犯罪工具以「刀類」最多，計有306人（40%）；其次為「徒手」145人（18.95%）；「槍械類」計有106人（1386%）占排行第三位，其中又以使用土（改）造手槍最多，計有66人（占槍械類總數之62.26%）（刑案統計，2017）。

(二)**強盜案件嫌疑人之犯罪工具分析**：警察機關於2017年破獲之強盜案件，嫌疑人人數合計463人，犯罪工具以徒手最多，計有173人（37.37%），刀類次之，計有121人（26.13%），槍類計有60人（12.96%）占排行第三位（刑案統計，2017）。

(三)**搶奪案件嫌疑人之犯罪工具分析**：警察機關於2017年破獲之搶奪案件，嫌疑人人數合計244人，犯罪工具以徒手最多，計有184人（75.41%），交通工具次之，計有54人（22.13%），使用刀類4人（1.64%），使用槍械類1人（0.41）（刑案統計，2017）。

四、犯罪者之槍械選擇

在歹徒選用槍械型式方面，以2017年為例，持槍觸犯「強盜」案件之加害（嫌疑）人共有60人，其中持用土（改）造手槍具殺傷力者計有17人最多，持用玩具手槍不具殺傷力者計16人次之，持用其他手槍計14人占第三位，三者合計共47人，約占持槍觸犯本罪總人數之78.3%，意即在持槍觸犯強盜罪之人數中，幾近8成係持手槍類武器。

另外，持槍觸犯「故意殺人」案件者共有106人，其中持用土（改）造手槍具殺傷力者計66人最多，其次是持用（普通）步槍者計11人，第三位為持用制式九○－九九手槍者計9人，手槍類合計約占持槍觸犯故意殺人罪總人數70.8%，步槍約占1成。根據以上統計及分析數據顯示，因各類型手槍體積小容易藏放，且殺傷力較其他犯罪工具強大，故最為受到犯罪者的青睞。

第二節　美國槍械犯罪之現況

一、槍械持有情形

　　分析美國的暴力行為，必須談到槍械管理政策問題，以其社會情況而言，由於大部分的州沒有嚴格的槍械管制政策，一般民眾得購買槍械合法持有。雖然歷年來對於槍械持有率缺乏精確的統計數字，不過下列一些學者的研究數據，可供推估的參考：持有槍械的人口，1978年時約介於1億至1億4,000萬人口之間（Wright & Rossi, 1985）；1988年時約介於1億3,000萬至1億7,000萬人口之間（Cook, 1991）；1995年時超過2億人口持有槍械（Bureau of Alcohol, Tobacco, Firearms, 1995）。

　　美國家庭成員持有各式槍枝的比率，穩定地維持在50%左右，不過其中持有手槍的比率，從1959年時約占13%，到1978年時增加為24%，故手槍持有率有逐年增加的趨勢（Cook, 1991）。另外以居住地區而言，位於農村或小鄉鎮家庭的持有率最高；白人持有率比黑人高；南方各州持有率比北方高；高收入家庭持有率比低收入家庭高（Cook, 1991; Wright & Rossi, 1985）。

二、槍械犯罪之型態與趨勢

　　美國所稱「暴力犯罪」（violence crime）之罪名，包括殺人罪（murder）、強制性交罪（forcible rape）、搶劫罪（robbery）以及重傷害罪（aggravated assault）。以槍械為工具觸犯暴力（犯罪）行為，常會危害到人身安全或造成社會成本損失，美國一年大約有1萬4,000件殺人案件，屬於槍擊事件者約占所有殺人案件的64.9%，而在槍擊案中以使用手槍者占8成為最大宗，殺人案件的受害者年齡大部分介於15歲至34歲之間，其中槍擊殺人案的受害者年齡較輕，以介於20歲至24歲者為最多（Federal Bureau of Investigation, 1998）。而在所有槍擊事件中，約有57%的受害者（大約7萬人）受到非致命性的傷害（Cook, 1991）。另外槍擊事件所造成的社會成本損失相當可觀，其總數甚至高達140億美元，其中包括直接對受害者的醫療照顧，到受害者因槍傷衍生的殘疾或死亡等間接的社會成本等（Albert & Jeffery, 1993）。

　　不過民眾遭槍擊致死的潛在風險，並不是平均分布在總人口裡面，一般而言是以青少年受到槍擊威脅的比率最高，尤其是黑人男性青少年。遭槍擊致死案件之人口比率，如以全體人口計算，平均每10萬名人口不及6名，假如單以

青少年作爲樣本，則每10萬名介於15歲至19歲的青少年中，平均有8名會遭到槍擊。若以膚色爲變項分別統計，在該等遭受槍擊之15歲至19歲青少年當中，黑人人數約爲白人的2倍（Albert & Jeffery, 1993）。黑人青少年遭受槍擊的風險，受到特別的關注，因爲它牽涉到性別、種族、年齡、武器種類和犯罪意圖等等議題，以致經常引起各界廣泛討論與關心。

美國民眾所擁有的槍械，幾乎三分之一是手槍，其餘是包括小口徑與大口徑來福槍、半自動與全自動來福槍等各式長槍，持用槍械爲工具觸犯暴力（犯罪）行爲，會因爲持用不同型式槍械，而產生不一樣的潛在風險。手槍因爲體積小便於攜帶，很容易成爲殺人利器。據統計，美國的槍擊殺人案件，其中幾乎80%是使用手槍，另有5%使用來福槍，與13.6%係使用獵槍、散彈槍或其他槍械（Federal Bureau of Investigation, 1998），故利用手槍犯案的比率明顯高出許多。

雖然使用手槍比率較高，但選用槍枝觸犯暴力犯罪所衍生的潛在風險也是不平均的。據估計，新賣出的槍械，在其使用年限內，大約有三分之一的槍械會與犯罪案件扯上關係（包括從展示威嚇到實際開槍等情況），而且其中部分槍枝會被重複使用（Cook, 1981）。不過這方面的研究較少，實際上也無法作系統性追蹤，包括犯罪地點、犯罪情況、槍枝屬性及槍枝持有者的類型等資料均不易取得。由於槍械的流向不易掌控，同一把槍械由不同的人持有，會有不一樣的使用情形與潛在風險，是以槍械的高危險性事實上難以估計。

第三節 犯罪意圖與槍擊致命性

一、槍械致命性

槍械造成傷亡的比率遠比刀類武器要高出許多，尤其是製造精密且火力強大的槍械。以致命性而言，Zimring（1968）研究指出，遭槍擊之死亡率約爲12.2%，而刀傷致死的比率約僅2.4%，兩者之致命性約爲5：1，有些研究顯示兩者比率差距較小，惟均未低於2：1（轉引自Albert & Jeffery, 1993）。

在槍械口徑的研究方面，Zimring（1972）研究發現大口徑的武器造成更嚴重的傷亡；Cook（1991）研究比較持有不同武器搶劫案造成受害者傷亡的機率，發現持槍案件是持刀案件的3倍，是持其他武器案件的10倍；Alba與

Messner（1995）認為槍擊案受害者死亡率是徒手攻擊案的44倍，是刀傷案的3倍，是其他武器攻擊的6倍，顯示槍械具有較嚴重的致命性（轉引自William & Julie, 2002）。

　　持槍威嚇他人時，槍械致命性會隨著犯罪情境發生潛在性的變化。首先，假如加害者不需開槍就能達到目的，因為槍械致命性高且具嚇阻性，較能夠威嚇被害人而得手，若加害人持槍無意造成傷亡，僅以取得財物為主要目的，槍械應不致對受害者造成身體或生命的危害；其次，擁有槍械能使人壯膽，驅使人們勇於與他人爭辯，如果被害人態度強硬或挑釁，隨後而來的槍擊傷亡事件則在所難免（Kleck, 1997）。而槍擊事件常在毫無預警的情形下發生，例如搶劫案和家庭暴力事件，據統計，在1976至1987年間，遭到丈夫或密友槍殺的婦女比遭到陌生人殺害者高出2倍（Albert & Jeffery, 1993）。在家庭暴力案件中，手槍經常因為其方便性及有效性，以致成為家暴事件的有利工具。另外，Cook（1982）研究殺人案件，發現槍械使用多半與老年加害者、年輕受害者，以及女性殺害男性伴侶等情況有關（轉引自William & Julie, 2002）。

　　Wright與Rossi（1985）對在監服刑受刑人訪談研究，在1,874名受訪者中，有184人在犯案時真正開槍；其中僅有36%的受刑人承認想殺死被害者；進一步追問其當時的動機，48%受刑人說開槍是為了保護自己；45%受刑人則說是拿來嚇唬被害人。為防止受訪者隱瞞實情，該研究強烈建議，除非槍擊僅造成被害者一個傷口，否則應視為具有殺人意圖。事實上亦如該研究結論所示，真正在犯罪現場開槍的受刑人，有76%宣稱他們無意預先這麼做，這些發現指出，加害者有時會犯罪過程中，受到一些預料之外的因素干擾，在毫無預警或失控的情形下殺死被害者，故造成這些傷亡的成因，大多與其初始犯意無關，反而與其持有槍械犯罪的手段有較大關聯。

二、犯罪意圖與槍擊致命性之關係

　　要釐清各式武器殺傷力的差異性，以及和武器和犯罪者犯意之間的關係，討論的焦點在於，有所謂「人在殺人，而非槍在殺人」（Gun Don't Kill People, People Kill People）之說，亦即武器的工具性效果（weapon instrumentality effect）是否存在（William & Julie, 2002）？

　　所謂槍械的工具性效益，除了槍械造型可作為藝術之美欣賞外，它也暗示槍械可以增加攻擊的可能性及致命性，因為加害者使用槍械時，不需要近距離接觸到被害者，故槍械提供了更為冷峻、非情感性的犯罪手段（Kleck,

1997）。某些體型瘦弱者受限於體能，或者天生厭惡肢體衝突行爲者，不太可能會持刀或棍棒之類的武器與人發生衝突，但是當持槍時會增強其信心及攻擊他人的機率，且使用槍械會導致較嚴重的傷亡後果。

如果槍械的工具性效益存在，不同型式的武器會造成不一樣的潛在危險情境，則槍械管制政策才有存在的空間。但犯意似乎大大地影響了槍械的工具性效益？假如槍擊事件比其他類型的武器攻擊事件，造成更多或更嚴重的傷亡，那麼加害者選擇武器的意圖，似乎可以解釋傷害事件的嚴重性；換言之，假如加害者懷有強烈的敵意或攻擊性，他（她）們較有可能選擇持槍犯案。在這種情況下，往往使得武器種類與傷亡嚴重性，有著似是而非的關聯性，且以傷亡之成因而言，個人意圖似乎凌駕於槍械致命性之上。這樣的說法，使得我們首要管制的應該是加害者的意圖而非管制槍械。但要管制加害者的意圖，其可能性幾乎是緣木求魚（William & Julie, 2002）。

且有些持否定論者認爲全美槍械收數量以億計，但並非全數涉及暴力犯罪行爲，故問題癥結在於暴力犯罪行爲之發生而非槍械之存在，易言之，無暴力犯罪行爲問題即無槍械暴力問題。以上的說法其實似是而非，缺乏實證上的研究，惟就目前犯罪學觀點，認爲犯罪是無法消滅的，既然「無犯罪」的社會實際上無法成立，犯罪時使用槍械又能如何根絕（邊子光，1992）？因槍械用途很廣，牽涉的犯罪行爲態樣很多，不只被用來殺人，有時候被拿來當作恐嚇威脅的利器，例如搶劫案，搶嫌主要目的是持槍控制被害人以便搶劫錢財，而搶案被害人多半爲陌生人。發生家庭暴力事件時，槍械亦可能成爲脅迫家庭成員的工具，此外許多林林總總的情況，諸如偶發性的爭吵、計畫性的報復或自我防衛等等，都可能會使用槍械，甚至濫用槍械，故槍械管制仍有必要，以避免意外傷亡事故發生。

第四節　槍械暴力事件及其受傷率

引發暴力使用槍械，多肇因於人際間的互動不良及衝突，由於造成傷亡的機率與嚴重性，與槍械之使用與否息息相關，故以下分別從歹徒武器和自衛性武器之使用分別論述。

一、歹徒之武器選擇

有關歹徒武器選擇及武器致命性的研究，大部分來自搶劫與攻擊案件。Cook（1991）對搶劫犯的研究指出，大多數持槍搶劫犯對付缺乏經驗的受害者時，較不會遭遇受害者抵抗，也很少造成受害者傷亡，所以能順利得手。不過由於槍傷容易致命，一旦引發槍擊，大約每1,000件持槍搶劫案的受害者中有4人會死於非命，其死亡率是持刀搶劫的3倍；是持其他器械搶劫的10倍。

Kleck與McElrath（1989）研究各種持械襲擊案件，其結果與搶劫案情形稍有不同，他們認為持有致命性武器不見得會造成更多傷亡，因為槍械具有較嚴重的致命性，人們在使用槍械時，會比持刀或持其他器械者更為慎重，故反而持刀攻擊案件比持槍攻擊案多，亦更容易造成傷害，不過就單純以受傷後造成死亡的情形而言，因槍械的致命性高，故槍傷造成死亡的比率顯然高於刀傷造成者。

據美國司法統計局（Bureau of Justice Statistics）於1973至1982年間，針對各式武器所造成的傷亡所作的統計，傷亡情形會隨著犯罪情節輕重（例如從單純恐嚇案到實際攻擊）節節升高，惟就攻擊案件造成受傷之情形而言，徒手攻擊造成傷害之比率（30%）最高，持刀攻擊（25%）和持槍攻擊（14%）造成傷害的比率依序次之；其次就受傷嚴重性而言，半數以上的刀傷和槍傷被害者均需就醫，且槍傷者需要醫療照護的比率（83%）高於刀傷者（74%）。不過就整體攻擊案件受害者而言，因槍傷比率較低，致連帶使得槍傷受害者就醫人數比率偏低（6%），其與受徒手傷害者之就醫比率相當，但比受刀傷者之就醫率（10%）和受其他武器傷害者之就醫率（16%）來得少（轉引自Albert & Jeffery, 1993）。

當然上述數據無法全面解釋，為何持槍攻擊及因槍擊受傷的比率均較少，事實上歹徒會持槍脅迫被害人就範，引起被害者反抗的可能不多；或者歹徒開了槍卻沒有打中被害者，又或者一些特定的潛在受害者會攜槍保護自己，使得歹徒不易得逞，而這些情況，在上述統計數據中均不容易看出來。

二、自衛性武器之使用

其實自衛性槍枝是滿受爭論的議題，尤其是在某些高犯罪率的地區，假如當地居民大多數擁有自衛性槍枝，似乎在某種程度上顯示，警方無法有效保護當地居民的生命財產安全。而在實際擁有槍枝的受訪者中，大約有40%是以「自我防衛」的理由擁有槍枝，而且認為這是擁槍最重要的理由（Albert &

Jeffery, 1993）。但是所謂自我防衛也牽涉到一個嚴肅問題，因爲若該人自稱持槍係爲自我防衛，似乎顯示其態度是隱諱、模稜兩可，甚至無限上綱的，因爲從「居民害怕遭到搶劫」、「單身婦女夜歸」，到「幫派分子互爭地盤」等林林總總的情形，每個人都可以宣稱持槍是爲了自我防衛，甚至在上一節曾經提到的Wright與Rossi（1985）訪談研究，有高達48%的受刑人說其開槍的動機是爲了自衛，致使「自我防衛」成爲犯罪者最廉價的託詞。

(一) 自衛性槍械之數量

由於「自我防衛」是一組含糊不清的字眼，是以到底自衛性槍械的數量有多少，各界莫衷一是。Cook（1991）估計每年大約有78,000件槍擊事件是屬於自衛案件；Kleck（1997）估計是每年大約介於70萬至100萬件之間，兩者估計相差約10倍。估計值相差如此龐大，部分原因係因美國國家犯罪統計並未包括搶劫、性侵害及血親亂倫等案件，這些案件如牽涉到使用自衛槍枝，當然不會列入統計；其次由於「自我防衛」字義不甚明確，每個人定義可能不盡一致，是以案件真實的情形，容易受到個人主觀意識影響而被誇大，加上司法機關在受理報案及記錄上的認定問題等因素影響，也就難怪會連帶影響到後來的統計數據（Albert & Jeffery, 1993）。

(二) 使用自衛性槍械之機率

根據美國國家犯罪調查指出，被害者很少持槍保護自己，在各類型犯罪案件中，被害者持槍自衛的比率如下：搶案（1.2%）、暴力案件（1.4%）、夜間住宅搶案（3.1%），在各種犯罪發生時，被害者真正起而抵抗的比率很低。不過數據顯示，持槍自衛者受傷的比率低於完全不抵抗者，例如搶案發生時，持槍自衛者僅17%受到傷害，相較於完全不抵抗者有25%受到傷害，持槍自衛者受到傷害之機率較低；在暴力犯罪方面，持槍自衛者之受傷率是12%，完全不抵抗者則有27%受到傷害，相較而言，使用自衛槍枝確能降低生命身體遭受侵害的風險（Albert & Jeffery, 1993）。

雖然統計顯示，在犯罪發生時，持槍自衛確能降低受到傷害的機率，但是很弔詭的是，真正起而抵抗的被害人卻很少，主要是因爲案發時的自衛性反應，其成功率難以預料，同時也可能會引發歹徒兇性大發，或是該自衛槍枝被歹徒奪下，反而成爲加害利器，故是否應提倡自衛性反擊，各界傾向於持保留態度（Albert & Jeffery, 1993）。

　　至於巡邏員警應否一律帶槍服勤，各國作法不一，但似乎帶槍服勤者，更爲容易遭到槍擊，甚至有經驗的執法者也不例外。美國在1984至1988年等5年間，因公死亡的執法人員，有93%是在執勤時遭到槍擊致死，其中64人（19%）是遭到自己的配槍槍擊身亡（Albert & Jeffery, 1993）；從另一角度來看，自1992至2001年等10年間，總計有594名司法人員在執勤時殉職，其中46名是遭到本身配槍槍擊身亡，雖然服勤技巧及防彈裝備大幅改進，惟歷年殉職人數仍極爲可觀；而在2001年殉職的61名執法者中，有46人是遭到各式手槍槍擊死亡，11人受到來福槍傷，另有4人遭到散彈槍攻擊（Federal Bureau of Investigation, 2002），顯示美國民眾持槍拒捕或襲擊執法人員之情形極爲嚴重，尤其各式手槍便於攜帶、藏匿及開槍，更造成執法人員執勤時的莫大壓力。

三、槍械便利性與暴力行為的關係

　　由於製造技術日益發達，使得槍械更爲精準且火力強大，而且體積更小以便於收藏或攜帶，這些改變都直接增加了槍械的可及性及便利性，到底槍械的便利性是否增強了其與暴力犯罪的關係？根據前述討論，多數暴力犯罪，如搶劫、夜間住宅竊盜和殺人案件等，都與使用槍械有關，由於槍械便於取得，使得暴力犯罪案件更容易發生；但另一方面，犯罪發生時，被害者如持槍自衛，能夠減少歹徒犯罪所得報酬及提高其犯罪風險，且據統計數字顯示，被害者持槍自衛受到傷害的機率低於完全不抵抗者，是以槍械似乎亦能降低傷害。故槍械的便利性，對於加害者與被害者間的拉鋸，其實是滿詭譎的問題，就好像是國際性的軍備競賽，雙方爲要能取得壓倒性的勝利，會不斷地增加自己的武力，其後果可能是一發不可收拾，或形成所謂「恐怖平衡」，大家都不敢輕舉妄動。故槍械的便利性到底增強了暴力事件，或是有效地嚇阻了暴力事件，學界研究仍無一致定論。

　　槍械便利性是否影響暴力行爲發生？實證研究應該從控制自變項著手，例如減少其便利性或可及性，是否影響暴力行爲發生。這個議題可以從下列幾個角度來思考（Albert & Jeffery, 1993）：

　　㈠研究使用槍械觸犯殺人罪以及持槍自殺案件，觀察控制槍械數量是否影響上述案件之發生；㈡可以作跨國性的比較，或許有助於釐清槍械便利性與暴力犯罪之間的關係；㈢槍械便利性與殺人案發生率的關係，可以作時間序列的研究，以便觀察其間的消長；㈣從司法判決或管理政策角度來研究。

　　在槍械管理政策方面，Sloane等人（1988）研究美國西雅圖市與加拿大溫

哥華市等兩個城市，這兩個城市的人口統計與居民社經地位相當，但是有不同的槍械管理政策，西雅圖持寬鬆政策，允許民眾持有槍械。研究結果顯示，在夜間住宅竊盜及重傷害等案件的發生率兩者相差無幾，唯西雅圖的殺人案件發生率高於溫哥華，如單以槍擊殺人案件而言，西雅圖的殺人案發生率是溫哥華的4倍（轉引自Albert & Jeffery, 1993）。但Cook（1991）認為跨國性或跨社區性的研究價值有限，僅能反映槍械以及暴力行為的不同地理條件而已。

其次談到作案槍械的取得來源問題，在美國一些特定的地區，如華盛頓州或紐約市等地，嚴禁民眾持有槍械，但當地仍有高比率的槍擊案件發生，這些做案用槍械高達80%以上來自非法管道，平均每六把兇槍僅有一把是合法取得的（Albert & Jeffery, 1993）。

早期研究非法取得槍械的管道，除了黑市的製造交易外，偷竊槍械也是一種來源。Wright與Rossi（1985）對在監服刑受刑人的訪談研究，在1,874名樣本中，有16%係合法購得，32%承認槍械是偷來的，不論是偷自朋友、一般民眾、槍械經銷商，甚至槍械製造工廠等；另52%是則向朋友或從其他私人管道借（買）來的，黑市的來源占了最大比例。另外在被問到持有槍械的動機時，有52%受訪者回答「需要」或「非常需要」有一把槍械以便能夠作案，顯示超過半數受訪者認為槍械是犯罪的利器。時至今日，作案槍枝的來源沒有多大的改變，除了黑市泛濫外，美國菸酒槍械管理局（Bureau of Alcohol, Tobacco, Firearm）指出，與犯罪有關的槍械有75%是由1%的武器經銷商流通出去的，其中除銷售出去者外，另有一部分是遭竊的，故當局認為經銷商應該受到更嚴峻的監督，以杜絕嚴重的持槍犯罪問題（BBC News中文網，2000）。總之，犯罪槍械來源不外乎是合法或非法向經銷商購買、從非法來源取得或是偷竊而來；其次是對於計畫要犯罪的人，非法來源是取得槍械最重要的管道（Albert & Jeffery, 1993）。

第五節　降低槍械暴力之措施

在實證研究上，欲瞭解槍械便利性是否影響暴力犯罪、重大殺人罪等重大案件發生，以及兩者的相關程度如何，我們可以從評估相關干預措施著手，觀察有效減少槍械便利性的干預措施，是否連帶影響相關暴力犯罪的發生率。

這裡所指的干預措施，不只是純粹減少槍械的便利性，也包括減少槍械的使用頻率，以及將持有人加以分類管制監督等等手段（Albert & Jeffery, 1993）。實際作法包括法律層面的、技術層面的以及教育層面等各種方法，例如辦理相關講習，宣導如何正確使用槍械，槍械濫用危害本身或其他民眾的生命財產安全等。

一、法律面

防治槍械暴力的各種策略，其實是可以相輔相成的，例如1968年的聯邦槍械管制法案（Federal Gun Control Act of 1968）的立法精神，就規定任何槍械販售商必須取得聯邦執照，禁止跨州郵寄（購）任何槍械及軍火，禁止跨州販售手槍類武器，對持槍觸犯聯邦重罪者施以別刑罰（Bijlefeld, 1997）。其策略就包含了槍商的監督與管制、減少槍械的便利性，如對於進出口加以條件限制，以及以特別刑罰之重罰手段茲嚇阻相關犯行等；此外該法亦限定購買人的資格，禁止販賣給重刑犯、青少年或其他特定人士；向經銷商購買槍械，需等待一段時間才能取得，以過濾一些人的購槍衝動等等（Albert & Jeffery, 1993）。

美國歷年來對槍械之立法管制，除上述之聯邦槍械管制法案（1968）外，較有名的有槍械持有者保護法（Gun Owners Protection Act of 1986）；暴力犯罪防治法案（Violence Crime Control and Law Enforcement Act of 1994）；布萊迪手槍暴力防制法（Brady Law, Brady Handgun Violence Protection Act of 1994），又稱布萊迪法案（Brady Law）；以及加州攻擊武器禁制令（California Assault Weapon Control Act of 1997）等（楊永基，2002），對於槍械的販售及持有資格定有嚴格的限制。美國聯邦最高法院更以五票對四票裁決，法官可以對於持槍犯罪，或有其他特別危險行為的犯罪加重刑罰，以維護聯邦法庭及各州的量刑措施（聯合新聞網，2002）。

二、執行面

研究顯示，下列的作法能有效降低槍械暴力事故（Albert & Jeffery, 1993）。

(一)修改槍械保管或使用規定：實際上的作法包括禁止民眾無故攜帶槍械、加重使用槍械觸犯重罪者的刑期，加強宣導槍械使用及自衛方法等。尤其是在都市地區，上述這些方法能有效降低槍械暴力所造成的傷害事件。

(二)改變槍械的分布情形：依據人口的特性來加以管制，例如依據1968年槍械管制法之規定，嚴禁合法槍械經銷商將槍械售予特定人士，如有重罪前科者、青少年或其他一些特定管制人口，並嚴格監督管制。

(三)降低槍械的致命性：針對槍械的火力或其機械特性，特別標明其危險性，例如標明槍械之口徑大小、火力、填彈量以及是否可連續擊發等等，使一般民眾明瞭該槍械的危險性及使用後可能衍生之嚴重後果。此外亦可經由工學原理或工業設計等方式，改變槍械的操作方法，以降低槍械的致命性。民眾持有之槍械以手槍類為最多，但是槍械製造技術日益精密，諸如一些手槍及來福槍就具有全自動及半自動擊發之功能，這些高傷殺力的槍械對民眾的影響，受到輿論相當大的關注。

(四)降低槍械的可及性：亦即實施嚴格管制，讓民眾無法輕易取得槍械。例如1977年的哥倫比亞區槍械管制法（District of Columbia Firearms Control Act of 1977）規定，除了警察等執法人員外，嚴禁其他人持有槍械。經依該法嚴格執行後，哥倫比亞區大幅降低了持槍搶劫、傷害及殺人罪的發生率，尤其是持槍殺人及自殺案降低了四分之一。

結 論

我國實施嚴格的槍械管制政策，惟持槍觸犯暴力犯罪者仍占有一定之比率，受到政府及民眾的高度關切。除了實施嚴刑峻罰期能發揮嚇阻作用外，如何在執行面防止不法分子私製及走私槍械進口，乃是當前最重要的課題，尤其臺灣四面環海，使得國境邊防之查緝工作益形困難。槍械查緝是一項無止境的工作，要能克竟其功，除有賴相關單位外嚴加查緝外，更有賴全民的努力。

至於美國的槍械管制政策寬鬆，致其國內有7成殺人案及6成自殺案件係屬於槍擊事件，此一社會現象足供我國參考，並應持續落實嚴格管制政策。至於槍械和暴力犯罪呈現如何的因果關係？究竟是槍械助長暴力犯罪發生，抑或是暴力犯罪的發生提升槍械的需求，故槍械管制是否能降低暴力犯罪，就目前國內外之研究加以檢視仍無定論，但槍械管制政策至少能減少持槍自殺及意外槍傷事件，並減低暴力恐懼感，有助於建立祥和之社會。

參考書目

一、中文部分（依筆畫順序）

內政部警政署刑事警察局編印（2015）。中華民國刑案統計。
內政部警政署刑事警察局編印（2016）。中華民國刑案統計。
內政部警政署刑事警察局編印（2017）。中華民國刑案統計。
內政部警政署編（2017）。警政工作年報。
吳耀宗（1991）。武器管制法制之研究。中央警察大學。
國家安全局譯印（1991）。美國聯邦暨各州槍械法彙編。
楊永基（2002）。我國警械管制政策之研究：比較觀點。臺北大學碩士論文。
邊子光（1992）。槍械管制政策與暴力犯罪關係之評析。三峰出版社。

二、外文部分（依字母順序）

Bijlefeld, M. (Ed.) (1997). The gun control debate: A documentary history. Greenwood Press.

Cook, P. J. (1991). The technology of personal violence. crime and justice: A review of research, 14. University of Chicago Press.

Cozic, C. P. & Wekesser, C. (Eds.) (1992). Gun control. Greenhaven Press.

Kleck G. (1997). Targeting guns: Firearms and their control. Aldine de Gruyter.

Kleck G. & McElrath, K. (1989). The effects of weapon on human violence. Florida State University, School of Criminalogy.

Reiss, A. J. Jr. & Roth, J. A. (Eds.) (1993). Firearms and violence (Understanding and preventing violence). National Academy Press.

Wills, W. & Horney, J. (2002). Weapon effect and individual intent to do harm: Influences on the escalation of violence. Criminology, 40(2): 265-296.

Wright, J. D. & Rossi, P. H. (1985). The armed criminal in american: A survey of incarcerated felons. National Institute of Justice Research Report (Jury).

Wright, J. D., Rossi, P. H., & Daly, K. (1983).Under the gun: Weapons, crime and violence in America. Aldine Publishing Company.

三、網路資訊

BBC News Chinese com. /「美國槍支商面臨更嚴格監督」。http://www.bbc.co.uk/hi/

chinese/news/drfault2.stm

SINA全球新聞網／「美國槍械管理局公佈最常使用之犯罪槍械」。http://content.sina. com/news/79/19/2791928 1 b5.html

內政部警政署／警察法規查詢系統。http://www.npa.gov.tw/police/laws.nsf

內政部警政署刑事警察局／各類型犯罪統計。http://www.cib.gov.tw/cib20000/20000 all.htm

美國菸酒槍械管理局／槍械（Bureau of Alcohol, Tobacco, Firearms/ Firearms）。

美國聯邦調查局／統一犯罪報告（Federal Bureau of Investigation/Uniform Crime Report）。

聯合新聞網／國際新聞／「對持槍犯罪者加重刑罰不違憲」。http://archive.ucn. com/2002/6/25/news/index/shtml

第三篇

暴力犯罪特別主題

第十章　殺人犯罪問題與防治對策

楊士隆

 **前　言**

近年來國內犯罪型態日趨殘忍兇暴，引起全民之普遍恐懼，尤其1996年11月20日發生桃園縣長劉邦友等集體遭槍殺案件，造成8人死亡，1人重傷。11月29日民進黨婦女部主任彭婉如遭殺害，1997年4月間藝人白冰冰之女白曉燕遭陳進興、高天民、林春生等綁匪凌虐撕票以來，兇殘之殺人犯罪案件類似傳染病般散布開來，在媒體大幅報導；1997年10月24日臺北市羅斯福路方美容整型外科診所醫師、醫師夫人、護士等3名遭陳進興等血腥槍殺；90年亦發生139件槍擊殺人案件及其他綁架勒贖案件，2014年臺北捷運復發生瘋狂殺人案件，2019年自強號列車警察處理補票糾紛被殺，這些刑事案件無不令各界感到錯愕與震撼。

事實上，在各類型犯罪中，最令民眾感到恐懼、害怕者為殺人等致命性犯罪案件之發生（Zimring & Hawkins, 1997），犯罪學學者Sellin與Wolfgang（1964）曾編製一份有關141項不同犯罪類型之犯罪嚴重性量表（Serious Scale），對1,000名警察、法官及大學生進行施測，研究發現各職業團體對犯罪嚴重性之衡量趨於一致，殺人犯罪被衡量為最嚴重的犯罪行為，二倍半於強姦犯罪（引自許春金，2000）。

此外，內政部警政署刑事警察局（2018）發布之臺閩刑案統計資料（見圖10-1），故意殺人犯罪案件十年間每年約維持在450至1,000件之間，且犯罪手段日趨殘忍兇暴。筆者亦於1992年間曾就臺灣各類型犯罪與美、日、英、法、德等諸國做比較，研究發現臺灣各犯罪類型與他國相較均較低，唯獨殺人犯罪比率甚高（1990年每10萬人中8.1件），僅次於美國占第二位。再以1988年與1994年臺灣的殺人犯罪與美國、英國、德國、法國、韓國與日本等國相較，臺灣的殺人犯罪在所有比較國家中仍占第二位。雖然近年臺灣地區殺人犯罪人數已有下降，但因其具暴力血腥特性，亟待投入研究，研擬防治對策因應。

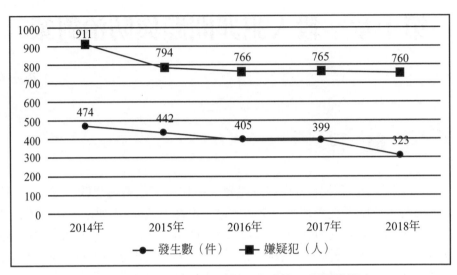

圖10-1　歷年殺人犯罪案件發生件數及犯罪嫌疑人

資料來源：內政部警政署刑案統計（2018）。

第一節　殺人犯罪之境況

一、方　式

在殺人方式方面，依Wolfgang（1967）之費城殺人犯罪之研究，有39%的殺人方式是以利刃殺死，33%使用槍械射擊而死，22%遭鬥毆而死，只有6%是以其他方式致死，如毒害、窒息等。惟近年來在美國由於槍枝犯案之比率已有逐漸增加之趨勢，由美國「1992年官方犯罪報告」中即可得知，以槍枝為作案的工具占所有殺人犯罪案件的三分之二，這其中有一半是以手槍為殺人的工具。在2017年刑案統計中，占第一位的是刀殺（占全部殺人犯40.00%），第二位的是徒手（占18.95%），第三位的是槍械類（占13.86%），第四位的是竹木器繩索類（占8.89%）。其中槍殺之比率與往年相較有逐年提升之跡象，值得正視。

二、時　間

殺人犯罪的案件在炎熱的夏季月份有明顯地增加，但卻與每週的天數及

每天的某一時段有顯著的關聯，一般來說每週特別是在週六晚上殺人案集中發生在此時段，而每天的時段中則是集中在晚上8時至凌晨2時，根據Wolfgang（1966）對殺人案件作爲期五年的研究中發現：有380件是發生在週五晚上8時至週日午夜，在這短短的52小時占所有殺人犯罪的65%。而從週一早上開始至週五晚上8時卻只發生208件，在這長達116小時只占所有殺人犯罪的35%。楊士隆（1998）之對1,682名臺灣地區殺人犯之研究發現殺人犯罪以發生於晚上（34.3%）及深夜（32.6%）爲最多，合計發生於晚上與深夜之殺人案件占66.9%。侯崇文（1999）之研究則顯示，在310個樣本中，犯罪之發生以在晚上9時至凌晨爲最多；犯罪時間發生在晚上所占之百分比爲65.8%，發生於白天之百分比爲34.2%。而在2017年刑事警察局所發布的刑案統計中則顯示：故意殺人犯罪的時間以夜晚占第一位：29.95%（19-24P.M.）；下午次之，占14.71%（12-17P.M.）；深夜占14.17%（0-3A.M.）。

三、地　點

　　美國聯邦調查局「1992年官方犯罪報告」指出，殺人犯罪發生的地點，總體而言是以在家中高於戶外，但男性則不論是加害或是被害則是以戶外、街頭爲主，女性則多發生於廚房及臥室，若是加入種族及性別因素則有明顯差異，黑人男性被害者多數是在街頭被刺死，白人男性被害者，則多數是在街頭被毆致死，多數女性加害者是使用菜刀將男性殺害。絕對大多數的女性被害者是在臥室遭受男性毆打致死。楊士隆（1998）之殺人犯罪研究顯示，殺人犯罪發生於住宅中者占23.1%。侯崇文（1999）之研究則顯示，發生在家裡者占35.7%，發生在公共場所者占30.8%，發生在街道上者占33.4%。在2017年刑案統計中殺人犯罪地點以交通場所占第一位（39.30%），次爲住宅（34.76%），再次爲市街商店、郊區及其他場所（各占8.02%）。

四、動　機

　　殺人犯罪之動機有時至爲單純，如爲錢財或因憎恨，但亦有隱含複雜之動機，如隱蔽罪行而殺人、精神病態殺人或政治性謀殺等。根據美國統一犯罪報告（UCR, 1996）的資料顯示，自1991至1995年全美殺人犯罪者的動機平均以爭吵占第一位，之後依次爲不詳、強盜殺人、毒品交易時所引起的殺人等。而在1995年被害者被害的動機以不詳占第一位，之後依次爲爭吵、強盜殺人、因毒品交易所引起的殺人等。國內楊士隆（1998）之研究發現殺人動機以爭吵占

首位（60%），其次爲錢財者（13.7%），再次爲仇恨（10.9%）。另依2017年臺閩刑案統計的分析，殺人犯罪之原因動機以口角占第一位（41.70%），其次爲仇恨報復（13.07%），再次爲財務糾紛（12.55%）及一時衝動（9.93%）。

第二節　殺人犯罪之型態

在我國刑法上將殺人犯罪區分爲普通殺人罪、殺害直系血親尊親屬罪、義憤殺人罪、母殺子女罪、加工自殺罪及過失致死罪。在犯罪研究文獻上有關殺人犯罪之分類則依殺人犯罪之人數、殺人期間、動機、加害者與被害者之關聯性等而呈現差異，其型態扼要敘述如下：

一、系列殺人與集體殺人

系列殺人（Serial Murder）與集體殺人（Mass Murder）是屬於較爲特殊並引起大眾關心的殺人類型，系列殺人係多重殺人（Multicide）之亞型（Subtype），一般係指在歷經一段時間（如周、月或年），持續但不是很密集、活躍的殺人。其重要之要素如下：(一)重複的殺人（Repetitive Homicide）；(二)一對一殺人爲主；(三)加害者與被害者間通常不熟識，或僅稍許認識；(四)系列殺人係被啓動的，有別於傳統之激情表現；(五)缺乏明顯、清楚的動機（Holmes & DeBurger, 1988: 18-19）。

1981至1986年間計殺死16條人命之吳新華及1997年間持續犯案殺害白曉燕及警察人員之陳進興、高天民等犯罪集團屬之。根據Holmes與DeBurger（1988）之見解，系列殺人可細分爲幻想殺人者（Visionary Killers）、任務取向殺人者（Mission-oriented Killers）、享樂殺人者（Hedonistic Killers）及權力取向殺人者（Power Control-oriented Killers）四大類。惟值得注意的是，犯罪學家基本上對於此類型的殺人犯罪可說所知不多，各種不同的因素如心理疾病、性挫折、精神分裂、孩童忽略及不良的親子關係等皆有可能是殺人犯罪的原因，但大部分的專家認爲，系列殺人犯具有反社會人格病態傾向，享樂殺人，對於被害者的痛苦和折磨無動於衷，且於被逮捕後沉溺於閃光燈或大眾傳播媒體的大幅報導下。

與系列殺人相反的，集體殺人是在同一時間、地點一次殺死數人，例如1984年間發生於美國聖地牙哥麥當勞之瘋狂殺人案件屬之。J. O. Huberty一人

殺死21條人命。1996年國內發生劉邦友等9名遭槍殺血案亦屬集體殺人類型。
Lunde（1976）從精神醫學之觀點將集體殺人犯區分爲妄想精神分裂型（Para-
noid Schizophrenia）及性虐待型（Sexual Sadism）兩類型。妄想精神分裂型具
有被迫、誇張、嫉妒等妄想症，極易在妄想及幻聽覺之情況，激情失去自我控
制而殺人。性虐待型則以凌虐、切割肢體方式殺害他人以獲取性滿足爲樂。
Fox與Jack（1991）在檢視156個涉及675條人命之個案後指出：集體殺人犯並
無心理、精神或基因上的異常。相反地，他們認爲集體殺人犯常是「邪惡勝於
發狂者」（Evil Than Crazy）。集體殺人常因爭奪利益或基於方便而啓動，殺
戮之結果常是兇殘，不留活口。其少有精神妄想症者。大部分表現出社會病態
人格傾向，缺乏良心和罪惡感。

二、依犯罪動機區分之殺人犯罪

Polk（1994）曾指出殺人犯罪具有多種動機，並以各種型態呈現，分述如
下：

(一)美國聯邦調查局之官方犯罪報告（Uniform Crime Report, UCR）區分
殺人犯罪爲如下類型：重傷害之謀殺、有重傷害嫌疑的謀殺、起因於雙方爭執
的謀殺（無犯罪預謀）、其他動機或狀況而起的謀殺（非屬前一項的任何已知
動機之謀殺）及動機未明的謀殺（李璞良譯，1996：14）。

(二)V. Hentig依殺人犯罪之動機區分殺人犯罪，包括下列各類型（張甘
妹，1995：359）：利慾殺人（Gewinnmord）、糾葛殺人（Konfliktmord）、
隱蔽殺人（Deckungsmord）、性慾殺人（Sexualmord）、出於多種複雜動機之
無型群（Amorphe Gruppe Verschiedenster Beweggrunde）等。

三、依加害者與被害者關聯區分之殺人犯罪

學者Williams（1989）等人在殺人犯的分類中依加害者與被害者之關係分
爲：家庭殺人、熟識者間殺人與陌生人間的殺人，而在聯邦調查局所出版的統
一犯罪報告（UCR）亦採同樣的分類。各類型的殺人犯罪分述如下：

(一)家庭間的殺人：家庭間的殺人係指被害者與加害者之間具有親屬關係
（Relatives）或是家庭中的成員間發生的殺人犯罪行爲，而一般論及家庭殺人
可從夫妻間殺人（Spousal Homicide）、殺害尊親屬（Parricide）及幼兒被殺
（Infanticide）等方面加以探討。

(二)熟識者間的殺人：所謂熟識者（Acquaintance）殺人，依Williams與

Straus（1985）的定義係朋友或是彼此認識人間之殺人行為而言，在Wolfgang（1958）的研究中雖其分類較為詳細（分為親密朋友、熟識者），但所研究的結果發現，在550件殺人犯罪中就占了293件（41.7%）。Rojek與Williams（1993）的研究亦有相類似的結果，熟識者占第一位將近4成。

(三)**陌生人間的殺人**：近年來陌生人間的殺人案件已漸為公眾所注意，Riedel（1990）研究陌生人間的殺人犯罪發現兩項特質因素是有密切相關，首先是與被害者或加害者的特性有關，再者是與其出入的場所相關聯（如酒吧、運動場所）。有許多在自發性的（Spontaneous）情形下會造成彼此間話題或言語上的不快，使得兩人之間的熱度升高，若是在飲酒之後，更是容易造成殺人行為。

晚近侯崇文（1999）指出，有關加害者與被害人之傳統分類過於簡化，可援引學者Decker（1993）之五種關係分類較為細膩，包括：陌生人（Stranger）、普通朋友（Acquaintances）、熟識朋友（Friends）、親戚（Relatives）與情感有關者（Romantically Linked）等。

第三節　殺人犯之心理、人格特性

傳統上，殺人犯被認為是被激怒的個人，在喪失理智與衝動的情況下，突發地殺人。然而，卻有其他學者認為殺人犯具有某些獨特之心理與人格特性，容易在特定情境中以暴力方式反應。美國紐約州立大學犯罪心理學教授Toch（1969）在《暴力男性》（*Violent Men*）一書中即指出許多暴力犯罪之衍生係行為人從人際衝動中習得，以慣性之方式暴力相向獲益。此外，Megargee（1966）則指出高度攻擊性者具有低度控制（Under-controlled）及過度控制（Over-controlled）兩種心理人格特性。低度控制者無法抑制攻擊行為，當被激怒或面臨挫折時，即暴力相向。至於過度控制者基本上具有高度挫折忍受力，能經得起一般之挑釁，並接受社會規範約制，但在超過其容忍度之情況，其可能比前述低度控制者更具暴力反應。

Miklos、Nikola與Veljko（1992）等人針對南斯拉夫（Yugoslavia） S. Mitrovica地區監獄中的112名殺人犯，進行訪談、以MMPI施測及官方資料等進行人格類型研究，其結果發現有三分之一的殺人犯並沒有心理異常的現象，在正

常組中其明顯與其他組的差異在於，他們具有過度控制的特質。在心理病態與過敏性這二組中，與其他組的主要差異性在於他們具有攻擊的傾向，或是習慣以暴力解決問題（引自楊士隆，1998）。

除前述殺人犯心理人格特性說明外，Hickey（1991）則認為殺人犯之心理、人格特性包括：精神疾病（Mental Illness）、解離性疾患（Dissociative Disorders）、精神分析因素（Psychoanalytic Factors）及心理病態人格（Psychopath-sociopath）等四大類。分述如下。

一、精神疾病

殺人犯是否具有精神相關疾病亦為犯罪研究人員所重視。首先就較嚴重之精神病（Psychosis）而言，一般人可能認為精神病與殺人犯罪間有相當的關聯性，但據Henn與其同事的研究結果顯示：從1964至1973年被評估具有精神疾病的殺人嫌犯2,000人，只有1%的人真正患有精神病。再就精神官能症而言，與前者相較精神官能症較不具有暴力本質，但是二者皆具有高度焦慮、強迫及偏執行為。Brodsky（1973）在檢驗九項有關監獄受刑人的研究發現：在受刑人之間只有1%至2%具有精神病，4%至6%具有精神官能症。最近學者Mouzos（1999）對1989年7月至1998年6月30日10年期間澳洲之2,682名殺人犯進行調查，發現139名（4.4%）係屬心智失常（Mental Disorder），且證據顯示，此類殺人犯並不比其他罪犯以無明顯的理由更容易在公共場所殺害陌生人。

二、解離性疾患

解離性疾患與殺人犯罪間的研究是近幾年來才開始，該類與殺人犯罪有關的心理疾病有解離性漫遊症（Dissociative Fugue）、多重人格疾患（Multiple Personality Disorder）、解離性失憶症（Dissociative Amnesia），以上的症狀主要障礙為一或多次的發病，不能記起重要個人資料，通常本質與創傷或壓力有關，諸如早年不愉快的經驗、人生重大的變故等。此等疾病與殺人犯罪上的相關研究多屬個案臨床的研究，且所占人數並不多。

三、精神分析

依精神分析的觀點，殺人犯罪是因為在犯罪人成長的階段其超我未習得社會規範及良好的自我，以至於無法控制本我的衝動。Gallagher（1987）指出由於本我與超我之間的衝突產生了不正常的行為，而不正常的行為通常源自於早年不良經驗，其中以雙親及子女間發展出不良的關係為最。

四、心理病態人格

臨床心理家認爲心理病態人格（DSM-II版後稱之爲反社會人格）具有下列症狀：攻擊危險、行爲少經過思考、對自己的犯罪行爲不具有悔意及不具有情感性。雖然心理病態人格不全都具有暴力行爲，但研究卻證實與他人相較其較有暴力傾向，此外亦較他人具有危險性。Hickey（1991）指出，在犯罪矯正機構的受刑人中大約有20%至30%具有心理病態人格特質。

此外，許多文獻發現，大多數之暴力行爲者具有下列特性：男性、年輕、單身（Mouzos, 2000）、來自下階層之家庭（James & Carcach, 1997）、情緒不穩、性格衝動、人際關係不佳、生活適應不良等。殺人犯罪者似乎亦不例外，常見之特徵包括：(一)幼年遭受暴力或虐待；(二)與其他小孩或兄弟姊妹作對；(三)與他人只有表面關係或虛僞關係（例如許多系列殺人犯與成年異性建立關係有障礙，其對性之罪惡感使他們視女性爲淫蕩及誘惑者）；(四)大多數之殺人犯很年輕，約在20歲至40歲間，且較集中於20歲；(五)大多數殺人犯爲男性（Silverman & Kennedy, 1993），僅約12%爲女性（Holmes & Holmes, 1994）（引自謝文彥，2001：53）。

第四節　殺人犯與被害者之關聯

關於殺人犯與被害者關聯之探討，1992年美國聯邦調查局之統計曾發現：1.大多數的加害者事前已認識被害者（52%），因此一個人較易爲所知悉的人殺害。在加害者與被害者之其他關係上，加害者是家庭中成員者占26%，陌生者占22%。2.在嚴重性（Felony Versus Nonfelony）方面，陌生人所犯的殺人罪中以重罪類型中所占比率最高（1,374件，47%）。

除前述探討外，另一重要討論課題爲殺人犯罪，被害者扮演之角色爲何？Wolfgang（1958）所提「被害者引發之殺人」（Victim-precipitated Homicide）概念爲檢視之重點。根據Wolfgang（1958: 252）之定義，「被害者引發之殺人」係指被害者在犯罪事件中係一個直接、正面的催促者。其角色爲在殺人之情節（爭吵）中率先對其後之加害者，使用肢體暴力或武器攻擊。學者Luckenbill（1977）曾對70件殺人犯罪案件加害者與被害者之互動歷程進行研究，結果發現殺人犯罪常是加害者與被害者彼此一連串動作與情緒反應互動之結

果。他指出，殺人犯常經歷一系列之步驟而發生，起初由口語或爭執爲開始，之後暴力程度越來越嚴重，最後失去控制而發生命案，其步驟如下：

一、犯罪者首先感覺到受被害者故意或無故之行爲所傷害。這種傷害包括身體或語言之侮辱，或拒絕順從犯罪者之意願。

二、犯罪者藉著報復來表現憤怒或輕視，或認爲被害者是無價值之人，以扳回顏面。

三、被害者藉著界定暴力是解決紛爭之合適手段，而對犯罪者之行爲加以反彈。

四、接著，犯罪者解釋被害者之行爲是對其願望之故意不順從。

五、暴力傾向開始發展，而眞正之暴力是在武器出現之後更爲可能。

六、然後，犯罪者殺掉被害者，或逃跑，或留在現場，或被發現而逮捕（引自謝文彥，2002：73）。

　　Wolfgang在費城對558名殺人犯之研究，其發現約有150件（26％）係由被害者所引發之殺人案件。其後之研究雖大致證實其間之關聯性，但被害者所發動之殺人犯罪案件比率並不高，例如Sobol（1995）在美國水牛城（Buffalo）之研究，僅證實13%屬之。在澳洲Wallace（1986）之研究及丹麥由Wikstrom（1991）所主持之研究則發現，被害者引發之殺人犯罪比率分別爲10.4%及11.0%。

第五節　殺人犯罪之成因分析

　　在文獻上，許多研究並未針對殺人犯罪之成因進行統合分析，其主要係因殺人犯罪之成因依各殺人犯罪類型（如家庭殺人，朋友與熟識者間之殺人及陌生者殺人等）而呈現部分差異。基於許多項對攻擊行爲之研究，殺人犯罪主要之成因可摘述如下（Zahn, 1990: 379-385）。

一、生物因素

　　殺人犯罪之衍生與犯罪者本身或具有XYY性染色體異常、缺MAO基因、下視丘邊緣體長腦瘤或遭傷害、兒童期間呈現注意力缺乏過動異常（Attention Deficit Hyperactivity Disorder, ADHD）及生化上不均衡（如低血糖、內分泌異常）等有關，但專家指這些因素並不必然與一個人之反社會性有直接關聯，充

其量爲前置因素（江漢光，1997；Santtila & Haapasalo, 1997），其常須與後天環境與行爲者心理因素互動，始可能產生暴行。

二、心理因素

　　犯罪心理研究指出行爲人各層面認知與思考因素與其暴力行爲之反應密切相關（楊士隆，2002）。首先，從犯罪者理性抉擇（Rational Choice）之角度觀之，殺人犯罪之衍生可能係加害者在進行成本效益分析後，認爲殺人對其較爲有利，而在預謀或有利犯罪機會之情況下，從事殺人行爲。其次，文獻指出犯罪人常有認知曲解（Cognition Distortion）之情形，包括欠缺理性與邏輯、短視、以自我爲中心、未能注意他人需求、歸罪他人、不負責任、認爲自己是受害者等（Yochelson & Samenow, 1976; Ross & Fabino, 1985）。而在這一些錯誤之認知型態下，無法妥善處理人際衝突而產生暴行，另外部分研究指出殺人犯之認知自我調節機制（Cognitive Self-regulatory Mechanisms）呈現明顯失常，故而在面臨壓力情境下以攻擊方式因應（Bartol, 1995）。例如早期Dollard等人（1939）之挫折攻擊假設（Frustration Aggression Hypothesis）指出行爲人在朝向某一目標的系列行爲遭受挫折時，即可能衍生攻擊行爲。而Bandura（1973）之研究則指出行爲人在如下情況之誘發下易衍生攻擊行爲（含殺人行爲）。包括：嫌惡的遭遇（Aversive Treatment）、激勵物的引誘（Incentive Inducements）、教導性的控制（Instructional Control）、奇異的表徵控制（Bizarre Symbolic Control）、楷模的影響（Modeling Influence）等。

三、行爲互動因素

　　許多殺人犯罪之衍生係因殺人犯與被害者行爲產生互動，進而提升至爭吵暴行與殺機。學者Wolfgang（1958）研究費城1948至1952年的殺人犯罪案件，其結果發現，有將近26%的殺人犯罪是由所謂的被害者所引起（Victim Precipitated），而且這些被害者往往是首先挑起爭執、毆打加害者或是拿出武器者。Luckenbill（1977）的研究亦有類似的結果，Luckenbill（1977）曾對70件殺人犯罪案件之情境轉換（Situated Transaction）歷程進行研究，其指出殺人犯罪之衍生常與殺人犯及被害者之一連串動作（Moves）與情緒反應（如傷害自尊），激怒彼此，進而提升至暴行與殺人之層次。Savitz等人（1991）研究發生在1978年的381件殺人案件的詳細內容，其結果發現：Luckenbill的看法是獲得支持，有三分之二的案件是適用於所謂「情境轉換」，有一半的案件是被害

者所引起的。另外，Athens（1997）亦有類似論點，其指出，暴力殺人行為之衍生往往是加害者被置於一定的境況（Situated），認為對方對其不利、有害產生挫折而產生嚴重的衝突（楊士隆，2002）。

四、社會結構因素

對於殺人犯罪之解釋，社會結構因素中歧視（Discrimination）、財富分配不均、貧富差距擴大，個人長期被經濟剝奪、絕對剝奪（Absolute Deprivation）、相對剝奪感（Relative Deprivation）擴增而衍生挫折與憤怒，轉而產生暴力行為（含人犯罪）之機制（Messner, 1989; Messner & Tardiff, 1986；周愫嫻，1997），晚近受到學者之正視。

五、暴力副文化與不良友伴、團體接觸因素

Wolfgang與Ferracuti（1967）在對費城之殺人犯做系統性研究後，提出「暴力副文化」（Subculture of Violence）之概念。所謂副文化，即社會中某些附屬團體所持有之一套與主文化（Dominant Culture）有所差異之文化價值體系。他們認為，在某些社區或團體裡可能因暴力副文化之存在，致暴力為現存之規範所支持，並滲入到生活方式、社會化過程及人際關係之中（Thomas & Hepbur, 1983）。

暴力的使用往往會變成生活型態中的一部分，或解決問題的一種方式。這使得暴力使用者不會有罪惡感，反認為是理所當然。其次，在犯罪相關研究上：顯示不論行為人是否具有犯罪傾向，其結幫之結果，其從事偏差與犯罪行為之頻率即大增（Thornberry et al., 1993）。而幫派中殺人等暴力行為之衍生往往被合理化，從事是項行為乃效忠與英勇之行為。

第六節　殺人犯罪破案之因素

在殺人犯罪案件中警政及其他司法人員運用科學辦案及其他方法嘗試偵破結案，但每年臺灣地區仍約有10%的案件無法偵破。事實上，國外之研究亦顯示，近年來隨著警察資源、權限之縮減及都會區目擊證人不願意提供訊息，使得許多殺人犯罪案件之偵查更加困難（Wellford & Cronin, 2000）。

值得注意的是，晚近之殺人犯罪研究多聚焦於殺人犯罪成因與犯案模式，

未針對案件本身破案之關鍵進行調查，致使辦案人員無法從中習得較具效能之犯罪偵查經驗。所幸在部分研究人員之努力下，殺人犯罪案件破案與否之關鍵因素逐漸被揭開。例如美國學者Wellford與Cronin（1999）曾辨識出51項影響案件偵破之特徵，而其中約有14項與警察實務無關。主要破案關鍵在於以下二項：

一、資源的投入（例如刑警人數、解剖時刑警在場的人數，以及刑警到達現場的時間）。

二、情報（情資）之品質與取得與否（例如目擊證人、密告者及電腦查驗之結果）。

　　此外，美國犯罪現場調查之技術工作團體（Technical Working Group on Crime Scene Investigation, 2000）則指出犯罪案件本身對於案件偵破與影響力不大，反而警察所採行之政策與偵查程序具有實質之影響。

　　另Reidel與Rinehart（1996）發現在芝加哥案件偵破與否之關鍵在於案件本身是否為正在從事其他犯罪所觸發有關（Whether or Not the Homicide was Committed in the Course of Another Crime）。Keppel與Weis（1994）則認為犯罪地點與犯罪階段之時間為偵破與否之關鍵。其指出瞭解犯罪發生之地點較屍體丟棄之地點較有助於犯罪偵破。

　　最近澳大利亞學者Mouzos與Muller（2001）援用澳洲殺人犯罪資料（1989至2000年），對3,292件已偵破及430件未偵破之案件進行分析，並對11名刑事偵查人員進行調查後發現，無法偵破之殺人案件大多為其他犯罪案件所引發如搶劫或陌生者入侵，非有明確之關係者，且犯案之地點非一般住宅區域。至於無法偵破案件之被害者多數為槍枝犯案之結果，且多數為30歲以上。Mouzos與Muller（2001）並指出警察偵辦殺人犯罪案件並未有一定公式可援用，但倘有經驗豐富且具效能之刑事偵查人員，並具備卓越分析證據能力，且有足夠之時間投入犯罪偵查，外加長官之支持、同僚之合作及便利之通訊設備等為破案與否不可或缺之要件。

第七節　殺人犯罪之防治

　　殺人犯罪之成因與相關因素如前述至為複雜，故其防治對策應是全方位、多面向的（Multi-dimensional），而非偏重於一方，茲依據本研究之心得，說

明殺人犯罪防治工作之重點方向如下。

一、預防腦部功能受創並加強保護與治療：部分殺人犯腦部有受創情形，曾爲研究所證實，故應在胎兒形成、嬰兒分娩成長及未來生活各階段注意防護，避免腦部受傷，進而影響及情緒控制，衍生暴行，而對於腦部受創之個案，社政、醫療單位及犯罪矯正機構應予適當監管與診療，以避免暴力行爲之發生。

二、發揮教育功能，避免潛在惡性發展：殺人犯罪者有精神疾病之比例並不高，故研究者認爲殺人犯罪之防治重點不應完全由改善犯罪者之精神狀態著手，相反地，在各級教育學程中透過適當教育措施，改善潛在犯罪者邪惡之意念，灌輸正確的法治及人權觀念，進而提升公權力，重建社會秩序，爲防治殺人犯罪之重點。

三、加強親職教育，落實兒童少年保護工作：研究發現部分殺人犯來自破碎與欠缺和諧之家庭，並曾遭性虐待及凌虐，同時其家庭成員（近3成）並有酗酒情形，此爲其子女反叛與暴力行爲製造了危機（楊士隆，1998）。因此，作者建議社政機關應依兒童福利法第15條及第17條之規定暨少年福利法第9條之規定，對於未獲適當教養、遭遺棄、虐待或受其他迫害之兒童與少年予以妥適緊急安置、寄養或收養，同時應加強父母親職教育，擴大舉辦「爸爸、媽媽教育」活動……促其成功地扮演父母角色，發揮家庭功能，強化監督子女，並予適當管教，此爲防止殺人犯罪發生之根本工作。

四、學校傳授人際溝通與社交技巧課程：研究發現殺人犯具高度攻擊性，而研究相繼指出暴力行爲與暴力犯本身具人際溝通拙劣及憤怒情緒之缺乏控制與管理有密切關聯（楊士隆，1997），此點由殺人犯罪之主要動機爲爭吵及案發前有攻擊、爭鬥情形獲得驗證。故有必要在就學階段強化社交技巧與人際溝通之學習，或辦理提升情緒智商（EQ）之講習，讓行爲人在面臨憤怒等負面情況時，能妥適處理，以減少暴力行爲之衍生。

五、淨化大眾傳播媒體：研究發現殺人犯在接觸不良傳媒（閱讀不良書刊、觀賞色情錄影帶、暴力影片等）的頻率上以填答「有時如此者」占多數（楊士隆，1998），由於目前許多電影、電視、錄影帶濫製一些誨淫誨盜及暴力之節目，加以報紙、雜誌對於犯罪新聞與犯罪技術過分渲染描述，無意中在人們內心播植一些不正確之觀念：解決問題的最有效方法是使用暴力。因此建議行政院新聞局應依電影法第26條暨廣播電視法第21條之規定，加強對煽惑他人犯罪或違背法令、妨害公共秩序或善良風俗、傷害少年或兒童身心健康之傳

播內容加強警告、罰鍰、停播暨吊銷執照之行政處分,並依電影法第九章暨廣播電視法第36條之相關規定,加強對維護社會安全暨社會教育推廣績效優良之傳播業者予以獎勵。

六、提升優良社區文化與社區意識:從Wolfgang等所提暴力副文化概念所獲之啟示,改造不良社區文化,致力於社區精神文化建設,提倡正當休閒活動,端正社會風氣之努力,為建立祥和社區,減少暴力之重要方向。此外,對社區環境妥善規劃,加強居民歸屬感,動員社區居民參與社區事務,加強守望相助等,均有助於提升社區生活品質,減少犯罪之發生。

七、改善貧富不均、資源分配不公等機會結構問題:Walker(1989)在其名著《*Sense and Nonsense about Crime*》一書中,檢視犯罪抗制相關文獻後指出,優良之經濟政策,有助於治安之維護與改善。事實上,根據犯罪成因分析,作者認為目前我國所得分配不均,貧富差距日益擴大,此無形中製造出許多社會與治安問題,因此有必要採行必要措施,如健全稅制稅收、加強社會福利、貫徹經濟自由化政策,以抑制財富分配不均現象。此外,鑑於解嚴後之社會秩序紊亂現象,作者認為其與政府各項資源分配未臻於均衡有關,包括政治、社會、經濟、文化資源等,因此應致力於妥適分配資源以滿足各方需求,可減少衝突及暴力行為之發生。

八、及早從事少年偏差行為輔導:研究發現殺人犯在青少年時期即從事許多偏差行為活動,如:抽菸、無照駕車、進出聲色場所、觀賞暴力影片等,占相當高的比例(楊士隆,1998);因此防治殺人犯罪之重點工作之一為:必須重視少年(兒童)偏差行為防治工作(含強化中輟生之輔導工作),及早對其偏差行為予以輔導,避免行為進一步惡化。

九、致力酗酒預防宣導與戒治工作:Goetting(1995)之研究顯示,28.2%之加害者在案發前飲酒,而被害者飲酒則占29.7%。本土研究發現殺人犯在案發前酗酒者高達54%(楊士隆,1998),顯然酗酒的結果極易促使行為人降低自我控制與明辨是非之能力,增加冒險的意念而呈現攻擊性(Jeffe et al., 1989)。因此,作者建議政府應致力於倡導健康、合宜的飲酒禮儀,減少豪飲,同時鼓勵廠商製造不含酒精成分之飲料,供民眾選擇。最後並應致力於酗酒預防宣導與戒治工作(McMurran, 1996),以減少過量飲酒導引之心理、生理失調,甚至暴力攻擊行為之衍生。

十、援用環境設計及情境預防策略:殺人犯罪之發生集中於特定地點、範圍及時間內,因此,透過環境設計情境預防措施(Clarke & Homel, 1997),

以各種有系統常設的方法對犯罪可能衍生之環境加以管理、設計或操作，降低犯罪機會，即屬防範暴力行為發生之有效方法之一，這些情境預防技術包括增加犯罪的困難（Increasing Perceived the Efforts）、提升犯罪的風險（Increasing Perceived Risks）、降低犯罪的酬賞（Reducing Anticipated Rewards）及促使產生犯罪之罪惡感或羞恥感（Inducing Guilt or Shame）等16種防範犯罪之方法。諸如在極易衍生暴力事件（如酗酒鬧事）之海邊度假據點，要求酒店經營者取消部分優惠措施如不再提供折扣售酒期間，傾銷販賣酒類，改採酒精含量少之飲料，訓練酒吧服務人員應對酗酒者等；在球場或其他具暴力性質比賽之場合不准販賣酒精類飲料；強化錄影監控及光線亮度（Grabosky, 1998）；加強出入口之管制，強化自然監控效果等均屬之。

十一、杜絕走私，嚴懲槍枝犯罪：殺人犯罪中槍殺的比率在國內占第三位（2001年占11.47%），且逐年升高，而2001年臺灣各地方法院檢察署偵辦違反槍砲彈藥刀械管制條例案件起訴人數亦高達1,888人，此尚不包括未緝獲之人數。故政府首應強化海防、嚴防走私，同時對製造、販賣、運輸槍砲彈藥、刀械者之加強追訴，同時對前項意圖供自己或他人犯罪者加重懲罰，減少暴力犯罪之傷亡。

十二、加強檢警偵防犯罪能力，強化嚇阻效能：晚近國內重大殺人犯罪案件之發生，包括桃園縣長劉邦友等集體遭槍擊案件，民進黨婦女部主任彭婉如疑遭姦殺等案件均無法早日破案，緝獲兇手，甚至讓彼等歹徒繼續犯案，造成社會極度恐慌，故有必要強化檢警偵防犯罪能力，如可透過調查研究，掌握破案之關鍵因素（Mouzos & Muller, 2001），提升偵防效能。同時加強刑事鑑識能力，運用心理描繪（Psychological Profiling）、DNA檢定、測謊器測驗等科學辦案方法，甚至催眠偵查（Investigative Hypnosis）等，以使殺人犯無所遁形，並收嚇阻之效。

十三、重視暴力犯之犯罪矯治工作：研究發現殺人犯有前科紀錄者高達54%（楊士隆，1998），顯然殺人犯在犯案前已前科累累。因此，作者認為有必要強化犯罪矯治工作，以避免其再犯。目前在暴力犯之矯治方面，學術與實務界大致認為以著重於改變暴力犯扭曲認知、拙劣社交技巧及憤怒情緒之認知行為處遇法最具效能（Browne & Howells, 1996; Serin & Brown, 1995），國內犯罪矯正機構有必要積極引進、評估、試驗，對暴力犯進行干預（Intervention）（楊士隆、吳芝儀等，2000），以協助其獲得適當處遇，減少再犯。

十四、加強殺人犯罪問題研究：殺人犯罪具血腥、恐怖之特性，對社會

各層面衝擊甚大，為最嚴重之犯罪行為，但令人遺憾的是目前國內對各類殺人犯罪之成因與特性仍所知不多，多止於媒體的報導，故有必要進行深入研究，俾提供政府防治殺人犯罪之參考。作者（1998）曾以多面向之策略，對1,682名臺灣地區殺人犯進行研究，另在國立中正大學之贊助下從事「臺灣地區少年殺人犯、暴力犯及非暴力犯犯罪危險因子之比較研究」（1998），晚近侯崇文（1999）進行殺人犯罪加害者與被害者之研究、許春金等（2000）及謝文彥（2002）等紛紛投入弒親及親密關係殺人犯罪研究，希冀有助於揭開殺人犯罪之神秘面紗，未來學術與行政部門更可強化殺人犯或其犯罪集團之個案研究，並仿美國司法部全國暴力犯罪分析中心（National Center for the Analysis of Violent Crime, NCAVC），嘗試建立重大刑事案件資料庫，俾對犯罪防治做最大之貢獻。

參考書目

一、中文部分（依筆畫順序）

Ressler, R. K., Burgess, A. W., & Douglas, J. E.，李璞良譯（1996）。異常快樂殺人。台灣先智。

內政部警政署刑事警察局（2018）。臺閩刑案統計。內政部警政署刑事警察局。

江漢光（1997）。犯罪與暴力的精神醫學觀。犯罪問題的因應：社會與科技層面之探討研討會。行政院國家科學委員會。

周愫嫻（1997）。犯罪現況與社會經濟發展分析。發表於犯罪問題的因應：社會與科技層面之探討研討會，行政院國家科學研究委員會。

侯崇文（1999）。殺人事件中犯罪者與被害人關係研究。載於刑事政策與犯罪研究論文集（二）。法務部犯罪問題研究中心。

許春金（2000）。犯罪學。中央警察大學。

許春金、謝文彥、吳玉珠（2000）。弒親犯罪事件之個案研究。中央警察大學學報，第36期，頁227-254。

楊士隆（1997）。認知處遇在暴力犯罪者矯治上之應用。法學叢刊，第166期。

楊士隆（1998）。台灣地區少年殺人犯、暴力犯及非暴力犯犯罪危險因子之比較研究。國立中正大學教師學術研究計畫。

楊士隆（1998）。台灣地區殺人犯罪之研究。行政院國家科學委員會專題研究計畫。

楊士隆（2002）。犯罪心理學。五南圖書。

楊士隆（2002）。青少年殺人犯罪行為與防治對策。載於蔡德輝、楊士隆（主編），青少年暴力行為：原因、型態與對策。五南圖書。

楊士隆、吳芝儀等（2000）。認知行為處遇法在犯罪矯正上之應用。法務部矯正人員訓練所。

謝文彥（2002）。親密關係殺人犯罪之研究。中央警察大學犯罪防治研究所博士論文。

二、外文部分（依字母順序）

Athens, L. (1997). Violent criminal acts and actors revisited. University of Illinois Press.

Bandura, A. (1973). Aggression: A social learning analysis. Prentice Hall.

Bartol, C. R. (1995). Criminal behavior: A psychosocial approach (4th ed.). Prentice Hall.

Browne, K. & Howells, K. (1996). Violent offenders. In C. R. Hollin (Ed.), Working with offenders. John Wiley & Sons.

Clarke, R. V. & Homel, R. (1997). A revised classification of situational crime prevention techniques. In S. P. Lab (Ed.), Crime prevention at a crossroads (Cincinnati: Anderson) (p. 4).

Decker, S. H. (1993). Exploring victim-offender relationships in homicide: The role of individual and event characteristics. Justice Quarterly, 10: 585-612.

Dollard, J. C., Doo, L., & Millen, N. et al. (1939). Frustration and aggression. Yale University Press.

Fox, J. A. & Levin, J. (1991). Mass murder. Plenum Press.

Gallagher, B. J. III (1987). The sociology of mental illness (2nd ed.). Prentice Hall.

Goetting, A. (1995). Homicide in families and other special population. Springer Publishing Company, Inc.

Grabosky, P. N. (1998). Technology and Crime Control. Trends and Issues in Crime and Criminal Justice 78. Australian Institute of Criminology, Canberra.

Hickey, E. W. (1991). Serial murders and their victims. Brooks/Cole Publishing Company.

Holmes, R. M. & DeBurger, J. (1988). Serial murder. Sage Publications.

Holmes, T. H. & Rahe, R. H. (1967). The social readjustment rating scale. Journal of Psychosomatic Research, 11: 213-218.

James, M. & Carcach, C. (1997). Homicide in Australia 1989-96. Research and Public Policy Series 13. Australian Institute of Criminology.

Jeffery, C. R. (1989). An interdisciplinary theory of criminal behavior. In W. S. Laufer & F. Adler (Eds.), Advances in criminological theory (pp. 69-97). Transaction Publishers.

Keppel, R. D. & Weis, J. G. (1994). Time and distance as solvability factors in murder cases. Journal of Forensic Sciences, 39(2): 286-401.

Luckenbill, D. F. (1977). Criminal homicide as a situated transaction. Social Problems, 225: 176-186.

Lunde, D. T. (1976). Murder and madness. San Francisco Book Co.

McMurran, M. (1995). Alcohol, drugs & criminal behavior. In C. R. Hollin (Ed.), Working with offenders: Psychological practice in offender rehabilitation. Wiley.

Megargee, E. I. (1966). Undercontrolled and overcontrolled personality types in extreme antisocial aggression. Psychological Monographs, 80(3): 1-29.

Messner, S. F. (1986). Economic inequality and levels of homicide: An analysis of urban neighborhoods. Criminology, 214: 297-317.

Messner, S. F. (1989). Economic discriminalization and societal homicide rates: Further evidence of the cost of inequality. American Sociological Review, 54: 579-611.

Mouzos, J. (1999). Mental disorder and homicide in Australia. Trends and Issue in Crime and Criminal Justice 133. Australian Institute of Criminology.

Mouzos, J. (2000). Homicidal encounters: A study of homicide in Australia 1989-1999. Research and public policy series 28. Australian Institute of Criminology.

Mouzos, J. & Muller, D. (2001). Solvability factors of homicide in Australia: An exploratory analysis. Trends Issues in Crime and Criminal Justice 216. Australian Institute of Criminology.

Polk, K. (1994). When men kill: Scenarios of masculine violence. Cambridge University Press.

Riedel, M. (1990). Stranger violence: A theoretical inquire, manuscript.

Riedel, M. & Rinehart, T. A. (1996). Murder clearances and missing data. Journal of Crime and Justice, 14(2): 83-102.

Rodsky, S. L. (Ed.) (1973). Psychologists in the criminal justice system. University of Illinois Press.

Rojek, D. G. & William, J. L. (1993). Interracial vs. intraracial offenders in terms of the victim/offender relationship. In A. Wilson & V. (Eds.), Homicide: The victim/offender connection. Anderson Publishing Co.

Ross, R. R. & Fabiano, E. A. (1985). Time to think: A cognitive model of delinquency prevention and offender rehabilitation. Institute of Social Sciences and Arts.

Santtila, P. & Haapasalo, J. (1997). Neurological and psychological risk factors among young homicidal, violent, and nonviolent offenders in Finland. Homicide Studies, 1(3): 234-253.

Savitz, L. D., Kumar, K. S., & Zahn, M. A. (1991). Quantifying luckenbill.Deviant Behavior, 12: 19-29.

Sellin, T. & Wolfgang, M. (1964). The measurement of delinquency. Wiley.

Serin, R. & Brown, S. (1995). Treatment programs for offenders with violent histories: A national survey. Forum on Correctional Research, 9.

Silverman, R. & Kennedy, L. (1993). Deadly deeds.

Sobol, J. J. (1992). Victim characteristics and behavioral attributes in criminal homicide: A case study in Buffalo, 1992-1993. Paper presented at the annual meeting of the American Society of Criminology, Boston.

Technical Working Groups on Crime Scene Investigation (2000). Crime scene investigation: A guide for law enforcement. National Institute of Justice.

Thomas, C. W. & Hepbur, J. R. (1983). Crime, criminal law and criminology. Wm. C. Brown Company Publishers.

Thornberry, T. P., Krohn, M. D., Lizotte, A. J., & Chard-Wierschem, D. (1993). The role of juvenile gangs in facilitating delinquent behavior. Journal of Research in Crime and Delinquency, 30: 55-87.

Toch, H. (1969). Violent men: An inquiry into the psychology of violence. Aldine.

Uniform Crime Reports (1996). Federal bureau of investigation.

Walker, S. (1989). Sense and nonsense about crime. Brooks/Cole.

Wallace, A. (1986). Homicide: The social reality. Bureau of Research and Criminal Statistics of New South Wales.

Wellford, C. & Cronin, J. (1999). An analysis of variables affecting the clearance of homicides: A Multi-State study. Justice Research and Statistic Association.

Wellford, C. & Cronin, J. (2000). Clearing up homicide clearance rates. National Institute of Justice Journal, 243: 3-7.

Wikstrom, P. H. (1991). Cross-national comparisons and context specific trends in criminal homicide. Journal of Crime & Justice, 1: 71-96.

William, K. R. & Straus, M. A. (1989). Justifiable and criminal homicide family members. Acquaintances, and strangers: Regional cultural, and environmental factors. National Institute of Justice.

Wolfgang, M. E. (1958). Patterns in criminal homicide. Wiley.

Wolfgang, M. E. (1966). Criminal homicide and the subculture of violence. In M. Wolfgang (Ed.), Study in homicide (pp. 3-11). Harper and Row.

Wolfgang, M. E. & Franco F. (1967). The subculture of violence: Towards an integrated theory in criminology. Sage.

Yochelson, S. & Samenow, S. E. (1976). The criminal personality, 1: A profile for change. Jason Aronsen.

Zahn, M. A. (1990). Intervention strategies to reduce homicide. In N. A. Weiner, M. A. Zahn, R. J. Sagi, & R. K. Merton (Eds.), Violence: Patterns, causes, and public policy. Harcourt Brace Jovanovich, Inc.

Zimring, F. E., & Hawkins, G. (1997). Crime is not the problem-lethal violence in America. Oxford.

第十一章　強盜犯罪問題與防治對策

楊士隆、程敬閏

前　言

　　暴力犯罪是所有犯罪類別之中人民感受最深也是最直接的。在暴力犯罪中，強盜犯罪除了造成被害人巨大的財物損失之外，往往也會對其身體、心理、甚至生命造成一定程度的危害。例如：1997年2月21日於臺中發生嫌犯××等3人持槍搶走萬客隆賣場30,528,000餘元，並開槍射擊保全人員×××之腳踝之事件；另在1998年9月26日在新店市民安路發生銀樓搶案，3名蒙面歹徒持刀闖入「尚德銀樓公司」，先以膠帶綑綁王姓屋主一家三口，然後洗劫保險箱內的20萬元現金、500多兩黃金，總價值約600萬元的財物；2001年4月5日刑事局偵三隊，會同彰化縣警局少年隊、刑警隊共同偵破強盜集團，逮捕5名嫌犯，另有2人在逃。警方調查，嫌犯至少偷了7輛轎車，再駕駛贓車四處行搶，打劫檳榔攤、攔截小貨車司機、在提款機前搶奪準備提款者，甚至連在路邊打公用電話的人，也被他們押上車洗劫財物，手法膽大妄為。2007年8月刑事局破獲專門在北部地區犯行的強盜集團，逮捕到8名嫌犯，查獲大批的槍械和子彈；這個集團專門搶劫地下賭場，甚至還恐嚇、勒索賭客。警方在這個集團的住處，查獲散彈槍、90手槍和大批子彈等作案工具，嫌犯還購買槍套，每次搶劫時，還把槍彈背在身上展示火力，莊姓主嫌原本打算綁架一家公司的大老闆，幸好及時被警方破獲，被害人躲過一劫。近期，2019年9月上市公司長興材料老董豪宅遭持槍歹徒侵入強盜案，新北市刑大、基隆市刑大和南打及高市警方聯手逮獲涉案張姓、周姓2嫌，其中，主嫌張○亮20年前曾犯下震驚全國的新光集團創辦人吳○獅長女吳○月的豪宅強盜案，遭判刑十多年，如今重操舊業被逮。

　　令人遺憾的是，雖然強盜犯罪案件持續發生，但迄今國內對其之瞭解卻嚴重不足，而以媒體誇大、渲染或做臆測性之報導居多。反觀國外，犯罪學與犯罪心理學學界已累積許多研究心得，而對強盜犯罪之犯行做出清晰之描繪，提供執法人員偵辦案件之許多參考。有鑑於此，本章參酌國內外相關之研究

文獻，擬對國內之強盜犯罪集團進行深入之個案研究，俾瞭解強盜集團成員之犯罪生活史（Criminal Life History）及其犯罪決意過程（Criminal Decision-Making），俾提供相關單位參考。本章節取樣的研究個案係在嘉義地區曾發生強盜集團（6名）搜刮民宅傷害民眾之嚴重犯罪案件，經法務部及所屬犯罪矯正機構之協助，由研究團隊親自入監對此一重大犯罪之強盜集團進行實地訪談，以揭開其神秘面紗。本研究之具體貢獻如下：

一、本研究為國內對強盜集團犯罪進行深入個案生活史之研究，有助於充實臺灣地區強盜犯罪之基礎研究文獻。

二、本研究檢視強盜犯罪成員之生活歷程，有助於瞭解強盜犯罪之形成因素。

三、本研究以理性抉擇之觀點，嘗試探索強盜犯之犯罪決意與犯罪歷程，有助於揭開其犯罪神秘面紗，研擬妥適之防制對策因應。

第一節　文獻探討

　　有關強盜集團犯罪案件之文獻，近二十年在國內僅止於刑事警察局臺閩刑案統計（現已更名為中華民國刑案統計）、法務部犯罪狀況及其分析之官方報告，仍舊缺乏學界研究人員之研究。前述政府部門之資料著重於介紹發生案件之數目、月份、時間、犯案工具及強盜犯之年齡、教育、職業等。國內唯一之暴力犯罪集團個案研究係由周教授震歐（1988）主持，柯永河、林信男、廖榮利、蔡德輝、許春金、高金桂等協同主持，於1988年間對林宗誠等強盜集團進行深入個案研究，主要之研究內容係以生物、心理、社會、科際整合為導向，包括分析該犯罪集團成員之生理、疾病、腦神經、腦波、遺傳因子、XYY染色體異常檢驗、心理測驗及社會環境調查等。期刊論文發表仍僅有本章一篇，其他有關於強盜集團成員之生活歷史、社會適應及犯案之決意與實際犯案歷程等，對於防治強盜犯罪具有重大意涵，均待進一步之深入研究。以下僅將國外研究之心得及部分國內相關之強盜犯罪官方統計扼要敘述如下。

一、強盜犯罪之現況

　　而根據內政部警政署之統計，臺灣近二十年來，強盜犯罪在2000至2006年之間發生案件落在2,500件至3,370件之間；自2007年起降到2,000件以下且逐年遞減，至2018年已下降至200件左右。雖然案件數逐年下降，由於強盜案件常

造成受害者極端恐懼與傷亡（Katz, 1988），故仍為民眾評估治安良窳之重要指標，如何預防其發生，並且在其發生後立即破案，持續考驗檢警部門之偵辦犯罪能力。

表11-1　強盜犯罪發生數、嫌疑人與被害者人數

	發生數（件）	破獲數（件）	嫌疑犯（人）	被害人（人）
2000年	2,521	2,122	2,755	3,240
2001年	3,140	2,426	3,317	3,794
2002年	3,370	2,851	3,166	3,989
2003年	2,690	2,334	2,495	3,306
2004年	2,500	2,036	2,237	2,887
2005年	2,970	2,302	2,434	3,352
2006年	2,580	2,129	2,509	2,892
2007年	1,936	1,724	2,114	2,259
2008年	1,497	1,398	1,936	1,746
2009年	1,231	1,147	1,556	1,439
2010年	871	851	1,214	989
2011年	651	623	970	803
2012年	564	573	856	695
2013年	465	456	686	583
2014年	388	390	552	461
2015年	381	398	552	454
2016年	320	330	493	423
2017年	289	300	463	365
2018年	207	211	362	255

　　再參照中華民國全般刑案統計報告書（107年）相關數據顯示：2018年強盜案件全般態樣如下所示：

　　(一)發生件數：2018年（以下同）計發生強盜案件197件，補報發生件數10件，總計207件，為近二十年來新低點。

　　(二) 發生時間：若就單月份發生數分析，以8月24件最多，其次為1月22件，再者為3月20件。若以案件發生的時間點區段分析，以夜晚19時至24時區段所占比例最高，計有46起，占23.4%；若以單一時間點分析則是發生在黎明3時至4時最多，計有18件。

　　(三) 發生區域：以新北市、臺南市並列最多，計有29件；臺中市24件次之，臺北市、高雄市同樣發生18件再次之。

　　(四) 發生場所：以發生於以市街商店最多68件（34.5%），交通場所次之，計發生55件（27.9%），住宅再次之，計有31件（15.7%）。

　　(五) 犯罪方式：強盜案件嫌疑犯人數總計362人之中，以暴力脅迫最多，計有270人（74.6%），其次為準強盜，計有51人（14.0%），再次之以綑綁塞嘴蒙眼占第四位計有17人（4.7%）。

　　(六) 犯罪工具：強盜案件之犯罪工具以徒手最常使用，計有145人（40.6%），使用刀類次之，計有100人（27.6%），使用槍械再次之，計有21人（5.8%）。

　　(七) 共犯情形：屬獨行犯者最多，計有147件（69.7%），2人組次之，計有22件（10.4%），3人組再次之，計有16件（7.6%）。

二、強盜犯罪之型態

　　強盜犯罪常因地域特性之不同而呈現迥異之型態，茲列舉主要之犯罪型態如右（Gilbert, 1998: 243-249）：

　　(一) 街頭搶劫（Street Robbery）：係指發生於街頭馬路之搶劫行為，大多由犯罪嫌疑人對被害者顯而易見之皮包、手錶、手鐲、珠寶、項鍊等予以行搶。此項搶劫在被害者之反抗下，常可能導致嚴重之傷害，受害者以婦孺、老年人為主。

　　另一類常見之街頭搶劫係對前往自動提款機提款之被害者下手行搶，在自動提款機愈來愈普遍之情況下，搶匪可能在守候一陣子後，在交易前或後攻擊提款者。

　　(二) 住宅搶劫（Residential Robbery）：係指犯罪者侵入現有人居住之住宅並予搶奪財物之行為。此類搶劫多以結夥為主，並多數攜帶刀械或槍枝，其常佯裝水電、瓦斯檢查人員或警察，在對方應門後，強行進入住宅行搶，屬暴力犯罪中，罪質較嚴重者。

　　(三) 商業區搶劫（Commercial Robberies）：係指對商業區之銀行、銀樓、

便利商店、加油站等具現金及其他貴重物品之場所進行搶劫而言。在對銀行之搶劫中，雖不排除專業犯，但常為年輕之藥物成癮者所為。其很少傷及銀行職員或民眾，但因引起媒體與警方注意，故破案之比例亦高。在銀樓搶劫型態中，則多係有經驗之搶劫犯所為，其常與任職之職員「內神通外鬼」，創造有利之行搶契機。對便利商店之搶劫中，則常由缺乏計畫、臨時起意之年輕人所為，在店員之反抗下，常造成傷亡。

(四) 車輛搶劫（Vehicle Robbery）：係指對計程車、運載具價值物品之貨車、外送外賣等營利車輛及非營利車輛之駕駛者或旅客進行搶劫之型態。計程車司機因為攜有現金，故極易受到攻擊並導致傷亡。至於對運載具價值物品之貨車進行行搶者多為具專業化之集團所為，其精於綁架與裝卸貨物，當然其行搶之酬勞甚高，多為高價位之貨品，如高科技電子產品。

三、強盜犯之類型

在強盜之分類上，以美國犯罪學學者Conklin（1972）對麻州監獄67名搶劫犯及90名被害者之調查分類最富盛名，其係以犯行之計畫程度（The Amount of Planning）區分強盜犯為以下四類型：

(一) 專業搶劫犯（Professional Robbers）：專業搶劫犯，誠如其名，係以搶劫維生。他們比其他類型的搶劫犯展現了更多的技巧，且其目標大多為數目相當大的非法利益。在著手犯罪行為前，他們仔細地計畫如何克服安全設施與如何順利脫逃，研究武裝搶劫犯的學者Einstadter（1969）發現專業搶劫犯時常避免搶劫個人或利益較少的目標。相反地，他們的目標往往放在有被保險的大企業或可以彌補其損失的公司組織。

(二) 毒癮搶劫犯（Addict Robbers）：此類型搶劫犯經由搶劫犯行取得金錢藉以維持其毒癮。與專業搶劫犯不同，他們並不會想要大撈一票，相反地，他們擔心的問題往往是在下次注射毒品前獲取足夠的財物。由於他們知道在某個時候他們必須要有錢，所以在犯罪之前，他們通常會有所計畫。儘管如此，與專業搶劫相比，他們的技術、組織及計畫仍屬較差。吸毒者可能企圖透過計畫降低風險，然而，他們卻因魯莽與缺乏專業而被捕。

(三) 投機搶劫犯（Opportunist Robbers）：根據Conklin的說法，投機性搶劫犯是所有搶劫中最常見的類型，對這些投機性搶劫犯而言，「情境」在其犯罪行為裡扮演著相當重要的角色。他們少有計畫與組織，且此類搶劫案件的發生相當依賴「易受攻擊客體」之存在，如醉漢、年老婦女等。對投機性搶劫犯

來說，雖然他可能偶爾涉及其他形式的財產犯罪，但是他們並不常搶奪。搶劫主要是適當之機會所形成，它並非是長期的投入。

(四)酗酒搶劫犯（Alcoholic Robbers）：此類型搶劫犯因酗酒導致搶劫行為發生。他們並不會投入竊盜犯罪作為其生活方式，也不會為其搶劫行為作先前的計畫，甚至對被害者的找尋也常思慮欠周。

四、強盜犯之犯案歷程

在強盜犯罪中，以職業犯（Professional Robber）最令執法人員頭痛，其係以強盜為職業，犯案時不僅謹慎規劃，並且常評估犯案風險與困難度，以避免為執法人員偵破。根據Barlow（1996: 158-161）之見解，職業強盜犯一般透過下列犯罪歷程進行其搶劫行動。

(一)「結夥」（Going into Partnership）：無論是初犯亦或曾搶劫過，一般在行搶前經常必須結夥，組成團隊，以利進行犯罪行為。夥伴之形成有可能係由熟識者介紹或陌生者因相雷同背景而在偶然機會下促成。Jackson（1969: 20-21）之研究指出搶劫犯在犯案前會商討要去進行何種犯罪（偷車、竊盜、搶劫或其他）在決定前他們會花時間研究何種犯罪能最快獲得最多錢且最安全。Einstadter（1969: 68）發現結夥搶劫可能是在具有相同背景及興趣的陌生人之間的偶然互動的產生結果。

(二)擬定計畫與目標（Setting Up the Score）：結夥之後，就開始計畫接下來該怎麼安排，他們甚至會確定一旦發生意外事故時，有何人予以尋求協助，包括醫師、律師，還有付保證金的保證人。計畫會隨不同的結夥而有所改變，但會有一些典型的活動是相同的，包括：1.決定目標物：銀行、超市或便利商店或酒店；2.任務角色的分派：有負責開車、把風，有人要負責搶劫行動；3.偷車、偽造的牌照及路線規劃；4.分贓的時間及地點；5.最重要的是要探查目標物及演習。目標物的探查可由主謀或所有成員一起進行，若是由開車環繞整個區域時，則有下列等因素，包括停車機會、出入口、警察出現的情形、進出目標物及在目標物四周的人的動作。

(三)強盜行動（The Robbery）：真正的行動程序會隨團體及情境的不同而有所改變，若在城市進行，搶匪至少會在真正行動之前，儘量避免引起他人的注意。他們會將車停至合法地方以避免警察的注意，或他們至少要到進入目標物之後才會戴上面具或偽裝；若在小城鎮進行，就不會有如此的限制。要至銀行或其他目標物時，最常見的手法就是使用偷來的車，改變其車牌在事後通

常就將其棄置。有時搶匪會因應突發狀況而安排兩輛車，司機就一直待在車上隨時待命且在有狀況時按喇叭通知同夥。一旦進入目標物之後，個人就各司其職，一個人安排去看門，且監督整個行動的進行，另一個人就負責隔離銀行行員及顧客，以免麻煩發生。有時會將他們趕到小房間或地窖內以利監督且不會花費個人全副注意力，其他人則負責搜刮錢財。

　　(四)擬定脫逃路線（The Getaway）：擬定脫逃路線是任何搶劫最重要步驟，不論任務是否成功，搶匪們必須脫逃。在搶劫的過程中，速度是主要的考量，在現場待愈久，被逮捕的危險就愈大。在棄置他們安排脫逃的車輛之後，他們轉移陣地至成員所有的車中，如果一切順利，他們會分散開來，到不同的城鎮去或較為秘密行動直至風聲過去。暴力最可能發生於脫逃的過程中，可能開槍射擊、衝撞道路障礙或抓人質，搶匪在此階段所要做的即是清理現場且儘可能逃得愈快愈好，愈遠愈好，因此，擔任司機的同夥其技術就非常重要（Conklin, 1972）。

五、強盜犯之犯案特性

　　強盜犯犯案之特性依其犯案專業程度而呈現差異。專業型之搶劫犯基本上花更多之心思於犯案計畫、準備、分工與脫逃之安排上。相對地，業餘或臨時起意者則較魯莽、草率，缺乏前項準備。茲分述此二搶劫犯類型之犯案特性如下（楊士隆，2013）：

(一) 專業強盜犯之犯案特性

1. 專業強盜犯在犯案時除仔細調查合適目標物外，並從事各項演練，以確保作案之成功機率，降低被逮捕之機會。
2. 專業強盜犯犯案之地域距離更遠，亦較可能尋找困難度較高，利潤豐富之目標。
3. 專業強盜犯在犯案時常結夥，分工趨於細密，包括發動搶劫者、擔任控制場面者、威脅經理取款者及擔任把風與駕駛者等（Koppen & Jansen, 1997）。
4. 專業強盜犯在實際犯案時常偷竊車輛，作為運輸錢款及警示、脫逃之用，同時使用偽裝道具，以隱藏身分，此外，其行搶時並避免開槍，以減少旁人注意。
5. 專業強盜犯在開始進行搶劫行動時較少高聲喊叫「這是搶劫」（This is a robbery），而以遞交紙條之方式進行居多（Kroese & Staring, 1992）。

(二) 業餘強盜犯之犯案特性

1. 業餘強盜犯多獨自犯案，缺乏分工，同時犯案較為直接（如直接喊叫這是搶劫），未經偽裝、演練。
2. 業餘強盜犯使用之犯案武器較為簡易，甚至未刻意準備脫逃工具即犯案。
3. 業餘強盜犯在實際犯案時，較不注意標的物之周遭環境及防禦能力，一時興起即可能犯案。
4. 業餘強盜犯較容易傷及民眾，但相對的被逮捕之機率亦相對的提高。
5. 業餘強盜犯較常以便利商店、餐館為行搶目標，同時犯案地點較靠近其居住地。

綜上言之，國外文獻已初步揭開強盜犯罪之面紗，惟其是否適用於詮釋國內強盜犯罪境況，仍待本土性之研究予以探索。為此，本研究參考國外犯罪學新近研究心得，對於強盜犯罪集團做深入之個案研究，以彌補國內對於強盜犯罪研究之不足，增進對於強盜犯罪之瞭解，提供相關單位制訂因應對策之參考。

第二節 研究方法與過程

一、研究架構

本研究架構聚焦於強盜犯之生活歷史（Life History）（詳圖11-1）及強盜犯罪之決意與犯案歷程（含目標物擇定、擬定計畫與分工、實際強盜犯罪行動及擬定脫逃路線情形）（詳圖11-2），揭開其犯案經過，以研擬妥適之防制對策。

二、研究方法

在研究方法上，本研究採質性個案研究（Case Study），藉由個案研究，研究者能以豐富的資料訊息來確認個案，這些豐富的資料訊息可使研究者從所研究的少數現象例證中，學習到大量的知識。

三、研究樣本

本研究以立意抽樣方式從臺灣某一所監獄中，抽取犯罪情節重大且刻正服

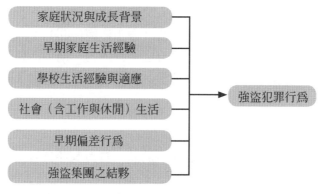

圖11-1　強盜犯生活史

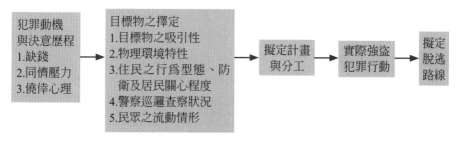

圖11-2　強盜犯案決意與歷程模式

刑之強盜犯罪集團進行個案研究。由於個案研究方法涉及專業倫理問題，故研究時均由受訪者簽署同意函（Consent Form），以免衍生相關法律責任。

四、研究設計

本研究主要透過半結構式之訪談（Semi-structured Interview）進行，此項訪談並不以預定之表格或定向的標準程序，相對地僅以環繞本研究主題相關的訪談大綱，由強盜犯自由陳述其經驗與想法。訪談將採個別方式進行，視實際需要及資料蒐集的多寡，進行一至數次的深度訪談。

此外，本研究並將蒐集與該犯罪集團成員有關的官方及非官方文件資料，作為訪談資料之佐證。

五、訪談內容

訪談的主要內容包括該強盜集團成員的犯罪生活史與犯罪決意歷程兩大

部分。犯罪生活史之訪談內容，包括個人之家庭狀況與成長背景、早期家庭生活經驗、學校生活經驗與適應情況、社會（含工作與休閒）生活經驗及強盜集團結夥與犯罪歷史等。犯罪決意歷程部分之訪談內容，則包括犯罪的動機、犯罪的決意、犯罪的計畫、目標物選擇情形、實際強盜犯罪行動及擬定脫逃路線等。

六、可信性檢驗

本個案研究因所蒐集的資料涵蓋深度訪談、官方及非官方文件紀錄資料、他人對集團成員的看法等不同資料來源，將進行資料來源的三角檢定（Triangulation），以增加本研究之可信性。而本研究將由2位研究者進行資料之蒐集，並進行資料分析，並取得共識，係為研究者之三角檢定。

第三節 研究發現

本研究除對集團6人之官方資料進行分析外，研究者亦分別與6人進行一對一的個案訪談，以期進一步瞭解集團成員之家庭、學校生活經驗及社會適應情況，另針對6人所陳述之資料，進行交叉比對，以釐清6人之間的互動模式，及勾勒集團行動過程；最後則根據上述之分析及個案主觀反映，歸納導致成員參與強盜行動的相關因素，並將研究之相關發現，做成具體可行的建議，以供相關單位參酌。

一、強盜集團成員之基本人口資料及犯罪紀錄

本個案研究之集團成員共有6人，年齡介於19歲至26歲，平均年齡23歲（犯案時平均年齡20歲，其中2人未成年）；成員之中有5人曾經有「中輟」（1名國中休學一年後再復學，2名國中輟學，2名高職輟學）的經驗；6人皆以「懲治盜匪條例」判決確定，刑期最高17.6年，最低7.6年，平均11.1年。在犯罪次數方面，4名為累犯，2名初犯，累犯罪名都以竊盜、毒品、公共危險及殺人未遂等。成員的就業情況方面，犯案前除個案六之外，其餘各員均無所事事。另外，研究者亦商請監獄調查員，以「曾氏心理健康量表」測量6人的心理焦慮程度（SAS）及憂鬱程度（SDS），其結果顯示，除個案五具有「輕度憂鬱」，個案六具有「輕度焦慮」及「中度憂慮」之外，其餘4名均在正常

範圍之內；但由於成員心理量表施測日期為2001年2月13日，距離成員犯案日期1999年1月間，兩者相差二年之久，故此心理測驗結果，僅能推測成員「目前」的心理狀態。（詳表11-2）

表11-2　成員基本資料

成員	年次 犯案時年齡	SAS SDS	罪名	刑期	學歷	犯罪數	犯罪紀錄
個案一	65	正常	盜匪	12.6年	高職肄	累犯	1. 1991年機車竊盜案。 2. 1994年吸食安非他命。 3. 1998年販賣安非他命。 4. 1999年強盜、擄人勒贖。
	23	正常					
個案二	69	正常	盜匪	7.6年	高職肄	累犯	1. 1995年機車竊盜案。
	19	正常					
個案三	69	正常	盜匪	17.6年	國中肄	累犯	1. 1994年竊盜案。 2. 1998年公共危險。 3. 1999年殺人未遂。 4. 1999年強盜、擄人勒贖。
	19	正常					
個案四	69	正常	盜匪	10年	高職畢	初犯	
	19	正常					
個案五	70	正常	盜匪	9年	國中肄	初犯	
	17-18	輕度憂鬱					
個案六	71	輕度焦慮	盜匪	10年	國中畢	累犯	1. 1996年機車竊盜案。
	16	中度憂鬱					

二、強盜集團成員之家庭、學校生活經驗及社會適應（資料之敘述均為案主犯罪前之情況）

(一) 個案一

1. 個案家庭結構分析

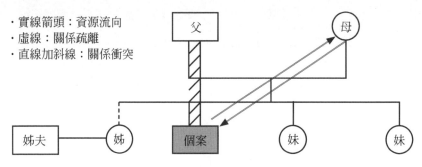

・實線箭頭：資源流向
・虛線：關係疏離
・直線加斜線：關係衝突

圖11-3　個案一家庭圖

(1) 案父曾至醫院擔任看護工，協助照顧病人，後因故辭職，爾後在家中開設神壇；案母在家幫忙，曾因充當大家樂組頭，犯有賭博罪。大姊已出嫁，未生育；大妹高職畢業後，任職KTV；小妹仍就讀高職。

(2) 案家經濟收入大多來自神壇香油錢及父母販售金紙，收支勉強維持平衡。

2. 父母管教及家庭成員互動

案父對案主從小即採取「威權」的管教方式，一有過錯便是換來一頓毒打，以致父子關係日漸疏離。「爸爸是很嚴屬的，從小被打得很慘，打到大。做錯事情就是一頓打，不過這也是正常的啦（指做錯事就得挨打）。只是感情就變得很生疏，平常就很少講話。」案母與案主之間則有較親密的互動關係，兩人之間無話不談，有時為了避免案主遭受案父責罵，而儘量掩飾案主在外的偏差行為。「有一次中午，也不記得為什麼，後來就拿椅子打他（國中同學），他滿臉都是血，最後也賠了醫藥費，這件事情媽媽也不敢對爸爸說。」

3. 學校生活（出席狀況、學業表現及師生、同儕互動）

案主國中畢業後（期間亦經常蹺課），為了文憑曾繼續就讀高職補校，剛

開始學習情況還算良好，但後來發現與自己興趣不合，便開始陸續蹺課，學業表現亦不佳，最後終究選擇休學。「我讀北興國中畢業，後來有去讀補校（高職），只是讀書也不是很有興趣，讀了也不知道要幹嘛。」

案主於就學期間，與師長的互動關係不佳，甚至時而發生衝突，而老師對於他的傲慢態度，也逐漸表現冷淡，甚至到最後也放棄了他，任由他去。「跟老師的關係普普通通，後來他也不太理我。」「多少會有啦（師生衝突）。」與同學之間的交往也不見熱絡，僅有一二名稍微談得來，但並無深交，因此案主在校園中總是獨來獨往。

4. 社會適應（工作、經濟、人際往來及活動場域）

案主在高職休學之後，陸陸續續找過幾份工作，從工廠學徒、遊藝場服務生到夜市擺地攤等，但都因其心生厭倦，以致每一項工作都無法長久，最後決定自行創業（販毒），因而步上犯罪淵藪。「之前有到工廠做過『車床工』，不過做了二個多月也沒做了。本身的定性也不夠，做一陣就會覺得很無趣。」案主的經濟來源本為父母供應，但微薄的零用金再加上自己工作所得，仍遠不及案主的生活花用，「喜歡打電玩（賭博性），不過我並不看重輸或贏，只是喜歡那種過程，覺得滿刺激。一個月曾經輸過30幾萬。」於是案主便想改以「速成」的方式，以最短的工作時間，換取最大利益報酬。「沒有工作後就沒有錢，人要是沒有錢就會想一些有的沒有的方式弄一點錢。」

案主平日便喜愛打賭博性電玩，有時更邀集三五好友一同前往酒店、KTV、PUB等場所遊樂，同時得負擔同儕的大筆開銷。

5. 早期偏差行為

案主從就讀國中以來，便一直是學校的頭痛人物，無論抽菸、喝酒、賭博、滋事打架，甚而也染上毒癮（安非他命）；因此，案主亦戲稱國中怎麼讀畢業的，自己也不知道。「平常會喝些酒，像去唱歌的時候，多少也是會喝一點。」、「喜歡打電玩（賭博性），覺得滿刺激。一個月曾經輸過30幾萬。」、「打架是難免啦！因為自己是念比較後段班，老師也不太管。」

(二) 個案二

1. 個案家庭結構分析

・實線箭頭表示資源提供者
・虛線表示互動關係「疏離」

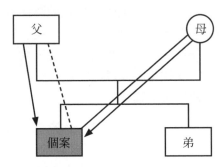

圖11-4　個案二家庭圖

(1) 案父在工業區開設塑膠工廠，案母亦協助廠務處理，因工廠剛開設不久，事務繁忙，案父母必須從早到晚都待在那兒。案弟則仍就讀高職，素行良好。

(2) 案家工廠頗具規模，且營運順利，因此案家經濟尚稱富裕，物質生活不虞匱乏。

2. 父母管教及家庭成員互動

案父母平日專注於事業的開創，平日與案主相處的時間並不多。對於案主被退學之後經常在外遊蕩且有時夜不歸營的行徑亦感不妥，雖曾多次勸誡，卻仍不見效果。「以前是比較不會想啦！爸媽常會唸……我也不常住在家裡，彼此間的感情還可以啦。」

3. 學校生活（出席狀況、學業表現及師生、同儕互動）

案主國中畢業之後，曾至臺北念高職（機械控制），後因無心於課業，且因故被學校記過太多，「都有啦……打架……抽菸……大概是這些啦。」終究被勒令退學。

學校老師對案主相當關懷，經常苦口婆心開導案主應以學業為重。「老師都還不錯啦，他也希望我能繼續念下去，可是實在是沒興趣了，就想回家幫忙。」但與案主交往的同學也大多無心於學校課業，經常成群結隊相邀出遊、打架滋事，終究難免退學的命運。「嗯……因為晚上都和朋友玩到3-4點，就

直接在外面睡，有時候住朋友家（女朋友），有時候會住旅館，就是不常回去睡。」

4. 社會適應（工作、經濟、人際往來及活動場域）

案主離開臺北回到嘉義之後，並沒有復學的念頭，卻也不想積極尋求就業，偶爾工廠趕著出貨才需要案主前往幫忙，其餘時間案主依舊遊手好閒，夜晚出遊，天快亮時才回家，有時甚至數天不見人影。「大部分都還是在嘉義縣市，像PUB、酒店、KTV、啤酒屋……這些比較常去啦。」

案主平時花用全由家裡供應，平均一個月的零用錢高達4、5萬，「像有時幫忙做事，平常他們（父母）也會給一些零用錢，加一加每個月平均4-5萬吧，差不多。」但案主好逸成性，亦經常入不敷出。「當然不夠，有時候『一攤』就要1-2萬，你想怎麼夠。」

案主有一女友，在市區KTV上班，因此案主整日與一群朋友待在女友上班處，待女友下班後，便一同出遊。「跟女朋友還有幾個感情比較好的。」

5. 早期偏差行為

案主在就學期間便學會抽菸喝酒，到臺北年念書之後，更沾上毒品，此後便擺脫不了「安毒」的糾纏，雖然案主堅稱並沒有上癮，但卻因吸毒而結識集團主嫌，最後也被捲入其中。「菸酒是很早就會了，吃安是之前在臺北就有吃，但是沒有上癮，吃不吃都無所謂。」

(三) 個案三

1. 個案家庭結構分析

・實線箭頭表示資源提供者
・虛線表示互動關係「疏離」

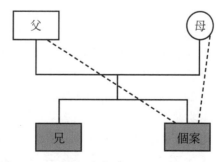

圖11-5　個案三家庭圖

(1) 個案三的家庭人口組成亦十分簡單，案父於水上開設工廠，案母亦在廠內幫忙，大哥畢業後也到工廠幫忙。

(2) 案家因開設工廠，業務往來正常，家庭經濟維持小康。

2. 父母管教及家庭成員互動

案父母一家平日亦忙於工廠事物，早出晚歸，案主能與家人相聚的時刻，便僅只短暫的晚餐時間。「平常爸媽都在工廠，從早到晚，不過晚上大多會一起吃飯，早上跟中午就自己解決。偶爾也會一起看電視。」而父母對孩子的管教採取「放任」的態度，只要案主「不偷」、「不吸毒」，其餘一切皆由案主自行作主，其中也包括案主是否中輟。

3. 學校生活（出席狀況、學業表現及師生、同儕互動）

案主本在嘉義念國中，因學業成績不良，「很爛（成績），大概都是後面幾名，就是沒興趣念。」又經常缺席，在即將面臨強迫退學之際，父母將其轉到臺南，「國中一年級，因為在嘉義快要念不下去，所以就轉到臺南念了一年。」但情形並未改善，於國三時又將學籍轉回嘉義，但仍未能順利取得畢業證書，於是乎決定「中輟」。「有呀！從臺南轉回來後，國三讀不到一個禮拜，就沒有繼續下去。」

案主在求學期間較少與同學交往，因同學普遍較不愛玩，平時較常與校外友人一同活動。「有一二個比較好，但沒有一起出來做壞事，他們都有在念書，裡面大概就是我最壞。」學校師長對案主長期以來的表現也愛莫能助，漸漸地，便任憑其自生自滅。「從來也沒有聯絡，他也不太理我，書要念不念他也不管，就是這樣，也不太會打招呼。」

4. 社會適應（工作、經濟、人際往來及活動場域）

案主中輟之後曾到餐廳做過服務生，一個月平均2-3萬的收入，雖然工作、收入都還算穩定，但這般平順的日子卻也管不住案主驛動的心。離開嘉義，案主在朋友的引薦之下到了雲林某家酒店，平常負責店裡的「圍事」工作，定期還得幫酒店追討「簽單」，工作之中充滿驚險與刺激，一個月的收入竟可高達15-16萬（當時案主年僅17歲）。「之前一個月是2-3萬，收入是蠻固定，不過人總要往高處看，一個月2-3萬怎麼會滿足，而且做下去也沒有前途。後來到朋友那邊平常就負責圍事（酒店），要不然就是幫忙收帳，一個月差不多有15-16萬，不過賺多也是花多，每個月也都花光光。」

　　案主到了雲林之後，酒店裡的年輕同事成了他平日生活中互動最密切的朋友，由於工作場所酒色財氣充斥四處，因此一有休假，案主反而喜歡到郊外走走或釣魚。「後來大部分都跟雲林的朋友一起，因為平常都在聲色場所出入，所以假日就到郊外玩，或去釣魚，放鬆一下心情。」

5. 早期偏差行為

　　案主在國中時期只會抽菸，酒幾乎不喝，毒品則堅持不碰（不違背父母的基本要求），但有時也會因故與同學發生衝突。念書的時候只會抽菸，酒幾乎不喝，也沒有吸毒，他們（同案）都多少會吃一點，可是我知道那個（安非他命）不好，所以堅持不要，他們也沒有勉強，但有時候有時會打架。

(四) 個案四

1. 個案家庭結構分析

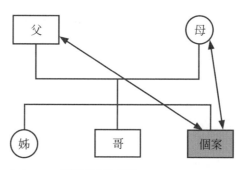

・雙向箭頭表示個案本身亦可提供資源（如本身已就業）

圖11-6　個案四家庭圖

(1) 案主一家五口，世代皆居住嘉義地區。案父在一家貨運公司擔任司機；案母在工業區擔任作業員；案兄高職畢業後曾從事農業，案主犯案前夕，案兄甫入伍從軍；案姊則從事會計工作。

(2) 由於案家上下大都擁有一份穩定的工作，家庭經濟尚且無慮。

2. 父母管教及家庭成員互動

　　案家原本生活簡單純樸，而案主成長過程亦相當平順，唯從小課業表現差強人意。案主國中畢業之後繼續選擇縣內高職補校進修（汽修科），白天則與案母一同就職工業區，半工半讀完成3年學業，平日家庭互動也相當正常，並無異樣。「我之前也在旭光上班，所以跟媽媽在一起的時間較多，其餘家人大

部分也都有在一起吃飯。」案主後來隨同村里同儕一起前往北部就職（第四台架線外包工程）一段時間，後因故離職返鄉，性情亦大改從前，雖又回到工廠與案母一同就業，但態度已不如往常積極，與家人關係也漸行漸遠。「後來工作沒做了之後，就常往外跑，較少在家，通常11點後才有回家，有一陣子就乾脆住外面，爸媽也是會唸，不過唸歸唸，還是不會想乖乖待在家裡。」

3. 學校生活（出席狀況、學業表現及師生、同儕互動）

案主求學階段，雖課業成績不盡理想，「成績是不算好，就普普通通。那個時候也是對讀書不是很有興趣。」但仍正常上學，順利完成高職學歷。平日與同學亦保有良善的互動關係，彼此間較少摩擦；「跟同學的感情還不錯，現在都還有在聯絡。」與老師關係也相當正常，此次犯案實令師長覺得相當惋惜。「老師對我還蠻關心的，像我這次進來（監獄），高職班老師還有問我女朋友現在的情況好不好。」

4. 社會適應（工作、經濟、人際往來及活動場域）

案主在高職三年期間一直與案母同在一間工廠上班，生活正常，也有固定收入。高職畢業之後，在同村好友的邀約之下，一起北上從事第四台外包業務工作，工作雖然十分辛苦，但待遇卻也相當可觀，平均每月4-5萬，有時工作量多，一個月還可高達10萬以上。或許是外勤工作的辛苦，加上工作地點必須視工作需要遊走各縣市，並非十分穩定；再則案父母也捨不得案主如此年紀即一人獨居在外，案主在工作不到半年之後，也決定返鄉。回家後案主也回到母親的工廠繼續先前的工作，一直到犯案入獄，案主仍是集團6人之中，唯一仍保有正常工作。「高職畢業後，就到桃園工作，類似第四台的外勤人員，在外面幫人拉線。後來覺得工作要各縣市跑來跑去，不是很固定，也很辛苦，而且要回家也不方便，爸媽就叫我乾脆再回來旭光做，我就回來民雄，後來被關，才沒有再做。」

案主平常交往的對象除了女友之外，也經常與同村朋友相邀出遊，「大部分朋友都是同村一起長大的，也有一、二個是經由朋友介紹後認識。」除了一個禮拜大約會去一次KTV外，最大的興趣還是釣魚。「大部分喜歡去釣魚，大概一個禮拜有會去一次KTV，不過我還是比較喜歡釣魚。」

5. 早期偏差行為

案主在就學期間也曾學會抽菸，酒則偶爾會喝，但並不喜歡，也曾經因

故與同學發生衝突，且為偶發狀況；至於毒品則是後期認識集團成員之後才有機會接觸，癮因此慢慢染上。「抽菸是會，喝酒也會，但不是很喜歡，讀書的時候，有時候也是會跟人家打架，沒有常常啦。第一次吸安也是朋友叫我試看看。」

(五) 個案五

1. 個案家庭結構分析

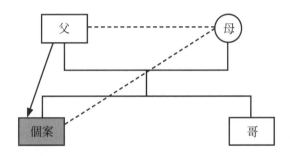

圖11-7　個案五家庭圖

(1) 案主從小在彰化出生，小學二年級才舉家遷移嘉義，此後便一直在此生活。案主回憶過往案父母的感情並不和睦，之後兩人更呈現半分居狀態，雖仍保有夫妻之名，但兩人早已不相往來。案弟則仍就讀國小。

(2) 案主一家全靠案父獨自一人靠著賣點心，負擔生計。由於口碑不錯，尚且穩定。

2. 父母管教及家庭成員互動

　　案母與案父分居之後，一人獨自回到臺中生活，平日家庭經濟及各項事務，皆由案父負責打理。由於案父必須花費許多時間於經濟生產，故無閒暇時間能與案主相互溝通，特別是在案主正逢青春叛逆時期。「大家相處的還不錯，不過從我國中二年級之後，我開始變壞，就很少住家裡，大部分都住朋友家。」

3. 學校生活（出席狀況、學業表現及師生、同儕互動）

　　案主在國中二年級開始，因認識集團主嫌而逐漸無心於課業，「國中二年

級以後就開始沒在念書了，所以功課就當然不會好。」以致課業表現不佳，再加上平時缺曠課太多（皆有到校，但不願進教室上課），且情況到了三年級仍不見改善，案主索性選擇中輟。「我念到國中三年級，學校不給我畢業證書，因為曠課太多，我是都有到學校去，但是就不想進去聽課。」

在案主的印象中，國中班導師為一名女性，她雖為案主的平常表現感到苦惱，但其並未因此而放棄案主，經常苦口婆心地加以勸導；「老師是女的，她對我很關心，雖然我是全班最壞的，但是她還是沒有放棄我。」另外，案主在校也有幾位談得來的朋友，但僅止於校園之中，離開學校案主則習慣一人四處遊蕩。

4. 社會適應（工作、經濟、人際往來及活動場域）

案主於中輟一年多後，曾陸續做過餐飲業的服務生，但通常維持不到三個月，即罷工求去。由於沒有穩定的工作，案主平時的花費主要是來自案父定期定量給予的零用金。案主平常喜愛與朋友一同撞球，也會到KTV等場所玩樂，因朋友大多知其經濟狀況，故上述花費通常由朋友代為支付。

5. 早期偏差行為

案主在校期間經常為了抽菸、曠課等問題而被學校記過，後來認識集團主嫌，在其免費供應毒品的情況下，案主才有機會接觸毒品，最後也因毒品，而間接換來九年的牢獄之災。「抽菸會，喝酒比較少，打架是不太常發生，偶爾為了朋友也會和別人發生衝突。」

(六) 個案六

1. 個案家庭結構分析

‧線表示互動關
　係「疏離」

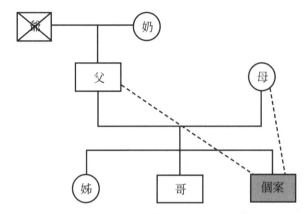

圖11-8　個案六家庭圖

(1) 案家屬一三代同堂家庭，爺爺於年前病逝，僅剩奶奶與其父母同住。案父母皆從事「土水」（建築工人），每天早出晚歸，2人均有賭博前科。案兄與案姊也都在外工作。

(2) 案家子女皆已長成，家裡的經濟壓力雖漸舒緩，然近年臺灣營建業嚴重蕭條，加上外勞的競爭，父母為了維持家庭生計，只有更努力加班，以求一家溫飽。

2. 父母管教及家庭成員互動

案父母皆從事建築工作，每天早出晚歸，忙於生計，一家人能安安穩穩在一起吃頓晚飯已是非常難得。案祖母年紀老邁早也管不動，而父母也實在沒有多餘的精力來督促，案家對於案主昔日乖張的行徑也早習以為常。「爸媽都在外面，大概晚上才會回家，不過大家還是會一起吃飯看電視，我自己也都玩到天快亮才回家，然後就睡到中午，爸媽也都看破了，想說我還會回家就好了。」

3. 學校生活（出席狀況、學業表現及師生、同儕互動）

案主在就讀國中期間，課業表現不佳，又經常逃學、滋事，在被記滿三大過時，也只好被迫休學1年。「國中念了4年，因為中間曠課太多，也被記很多

過，學校原本要退學，後來我自己辦休學1年。」所幸，其後在導師的幫助之下，案主又回到學校，也勉強完成基本學歷。「跟老師也處得很好呀！之前國中可以讀畢業，也是經過老師的開化，我才能夠順利畢業。」

4. 社會適應（工作、經濟、人際往來及活動場域）

案主在休學1年期間並未找過任何工作，整天遊手好閒，在村莊裡閒逛。後來回到學校完成國中學業後，與同村好友（個案四）一同北上從事第四台外包工作，工作雖然辛苦，但收入還算優渥，後因覺工作過度勞累，半年之後也辭掉工作回家。「畢業後有做過第四台，跟朋友（同案）一起去做，前後大約做了半年，後來因為實在是太累了，就決定不做了。」

案主歸鄉後至犯案前則未曾再就業，憑藉著前半年的積蓄，案主整天與一群「好友」不是打賭博性電玩就是到KTV玩樂，不然就騎著機車到處亂轉，不見天明，誓不歸營。「我自己交的朋友也都很愛玩，就是一般少年會去的地方，我大概都會去，像唱歌、打電玩（賭博性）、騎車兜風，主要都是晚上出門，白天才會回家，一睡就到中午。」

5. 早期偏差行為

案主在學校也是一個令校方頭疼的人物，要麼三五天不見人影，一來不是抽菸便是打架，後因朋友介紹認識主嫌（個案一），從此更成為主嫌的下線，客串中間人，經由案主也讓毒品間接流入校園。「之前會被記過大都是因為，抽菸、打架，跟一群朋友不愛念書，整天搞東搞西，但我不喝酒。安非他命是畢業後才碰，我吸安是不用花錢，因為我會幫人家介紹，透過我買賣。」

綜合前述六個案例的各項分析之後，研究者也從中歸納出彼等相容之處：

(一)親子關係薄弱、疏離：在前述六個家庭之中，有者家計富裕父母擁有自己的事業，有者家境艱難，父母必須付出極大心力才能勉強維持一家生計，但不論如何，他們卻都忽略了子女的教育問題（不論家庭或學校），而讓忙碌的生活沖淡了親子間的情感，當他們再度把注意力移到孩子身上的時候，往往也隱約透露著，他們的孩子「出事」了。

(二)失敗的學習經驗：家庭與學校教育是奠定個人一生發展的重要基石。特別是當孩子走出家庭步入學校的當下，便得開始獨自體驗生命中的壓力與競爭。從上述六個案例中我們可以發現，他們面臨人生的第一場挑戰時，並沒有做好萬全的準備。他們課業表現不佳，他們拒絕上課，他們甚至選擇離開，而

且毫不眷戀。在家裡，他們是不乖的小孩；在學校，他們是惡名昭彰的壞學生；但無論如何，他們在朋友的眼中，卻是永遠的「好兄弟」，於是他們選擇了朋友的懷抱。

(三)追求立即滿足：好逸惡勞原為人之天性，但在追求慾望的過程中，若缺乏延宕滿足的自制能力，則極有可能偏離常規，以偏差手段獲得立即滿足。文中6名青少年的成長過程中，其大都認為「文憑」在現實的臺灣社會的確有其必要性，對於往後的就業也有一定的助益；但他們終究等不及畢業典禮的來到，便提早離開學校投入職場。然而工作的目的不外乎是為了賺錢，並累積一定的財富，於是他們直接就想找一份「賺錢」的工作，來滿足日常的物質享樂；爾後，他們又發現賺錢非一定得辛苦地工作，於是乎他們找到了獲得滿足的捷徑（強盜）；最後他們終於領悟，原來所謂的滿足其實是一種心理運動，若能直接獲得精神上的愉悅，將可取代之外的一切作為，於是他們選擇了毒品。

(四)早期呈現偏差行為：從前述之訪談分析中發現，集團6人在就讀國中階段，大多曾有過抽菸、蹺課、賭博、打架、師生衝突……偏差行為；而其中更有4人曾犯有竊盜、毒品、公共危險、殺人未遂等多項前科，顯見彼等較一般青少年有著更高的「犯罪危險因子」。再者，從其偏差或犯罪行為中，亦可歸納出「強盜犯罪」所涵蓋的「財產」及「暴力」二大成分；因此，從成員早期之偏差或犯罪行為中，已約略可見「強盜犯罪」的影子。

三、強盜集團成員之結夥及互動過程

集團6名成員之中，屬個案一為意見領袖；其中個案六與個案四兩名屬同村好友，從小一起讀書遊戲，感情甚篤，亦曾一同北上就業；因個案六與個案一原為舊識，而個案六與個案五是在經常打電玩的遊藝場中認識，因而間接結識個案一。

個案二則是因其他朋友介紹而認識個案一，個案一更透過個案二將毒品流入校園，從此2人成為「生意」上的夥伴關係。個案三則是在少年監獄中認識個案一，2人屬同一舍房，但出獄後則未曾聯絡，之後在一次作案的路途中巧遇個案三，因而再次結盟。而集團6人相遇之前，原本因工作性質與地點的差異而散居各地，其後因故各自不約而同地返回家鄉，整天無所事事（個案四除外），四處遊樂，因而相互結緣。6人從結識到決意行搶，期間大約1年。

個案一為了生意上的方便（販賣安非他命）而搬出自家，寄居友人籬下

（友人家父親長年在外做生意，母親爲一瘖啞人士），此處亦爲集團成員秘密集會之處。個案一自此免費供應其他成員吸食安非他命，每次集團行動之前，個案一會以手機聯絡其他成員迅速至「指揮中心」集合。然而，平日卻均有各自的生活空間與朋友，反倒6人極少一同外出玩樂，因此該6人集團可說是一臨時性之任務編組。（詳圖11-9）

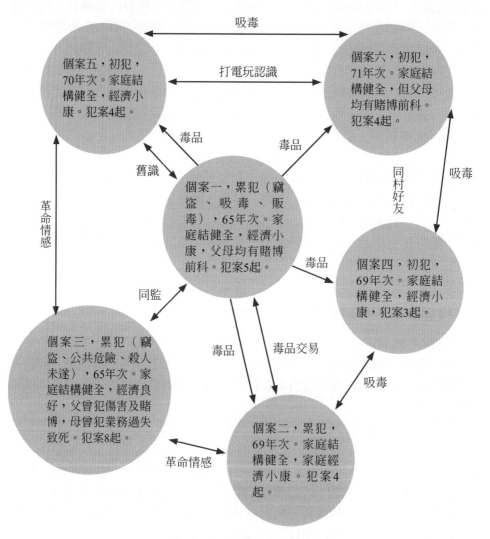

圖11-9　集團成員之結夥互動

四、犯罪決意歷程

在集團的犯罪決意歷程中，本研究將針對：犯意的萌生、犯罪的決意、犯罪的計畫、目標物選擇情形、實際強盜犯罪行動及利益分配等各方面進行討論，並從中勾勒出集團從決意到行動的全貌。

(一) 犯意萌生

集團6人在開啓強盜生涯之前，彼此互動關係並不緊密，只有在吸食安非他命時才會有短暫的相聚。個案一從事毒品交易已有數年，期間也建立一套行銷網路。早期（1993至1994年）安非他命十分盛行的時候，個案一也趁勢累積了大筆財富。由於他生性海派，除了將毒品免費供應成員吸食外，有時也會帶領成員至聲色場所，整夜笙歌。後因政府雷厲風行的禁毒活動，雖安非他命的價格在短期間內以倍數成長，但銷售業績卻大不如前，而大夥卻仍不知節制，終究坐吃山空。在集團即將面臨「斷炊」的窘境，個案一提議眾人「下海行搶」集資3萬，再北上「批貨」除了供成員使用外，也可額外賺取「購毒基金」以利集團生存。

> 因為後來他（個案一）沒有錢，東西（安非他命）也都用完了，就想說做一兩票弄一點錢，再到桃園拿貨，然後再下來賣，賺一點錢。（個案四）
>
> 主要也是因為沒錢。（個案一）

(二) 決意過程

集團成員大多久未工作，身上金錢早已揮霍一空，實在湊不出3萬元。於是個案一在一次聚會的場合提出行搶計畫，相互約定只幹一、二筆湊足3萬元，眾人即收手。這個提議當時的確也讓在場的其他成員大吃一驚，剛開始眾人齊聲反對，但在現實的考量之下（誰也拿不出3萬元），再加上個案一的積極勸說，眼見成員一一點頭，原本意志堅定的成員，迫於團體壓力之下只有默默的點頭。

> 當初會去做，一開始我是反對，覺得不好，後來另外一個（同村）他說要去，我想說他都敢去了，我怎麼不敢，後來就一句話大

家就一起去。之前說好我們只要3萬塊,就做一、二次就收。(個案四)

　　之前個案一提議要做的時候,我也是說不要,而且拒絕好幾次,但沒辦法他就一直提一直講,最後就不好意思再拒絕。(個案六)

　　集團5人在意識清楚的情境下達成共識(個案三於第二起才加入),爾後的一切行動均由個案一全權策劃,其餘個人則靜待通知,其間並未有過太多的討論,亦無爭執產生。

(三) 目標選擇(時間、地點、對象)

　　誠如前文所述,集團之中以個案一為首,其除了供給毒品外,也策劃集團的一切行動。

　　首先,在行動時間的選擇上,大多在凌晨時分,因其認為晚間行人較少,加上視線昏暗除了下手容易,離開時亦可避免目擊者的眼光;「自己是覺得晚上比較安全,感覺人比較沒那麼多,也不會太晚,就大概凌晨吧。」(個案一)

　　在地點的選擇上則以「市區近郊」為主,主要也是郊區人跡較少,作案的過程中可排除其他未預見的變項(主要為目擊者);因集團原先只計畫作案1-2次湊齊3萬元即收手,故地點選擇以鄰近嘉義市為主。「剛開始也覺得民雄太近,好像不太好,不過想說只做一兩次,做完就收,應該是沒關係。」(個案四)

　　在對象的選擇上主要以「夜間營業」、「較多現金」、「無監視錄影」、「娛樂場所」為主;綜合以上四點特徵,「遊藝場」、「撞球店」、「電玩店」等場所,均為集團鎖定之目標;「目標主要鎖定『電動玩具店』、『撞球場』之類,感覺這裡的錢(現金)會比較多。晚上看起來覺得裡面沒什麼人,就會考慮動手。」(個案一)且以上地點也是成員平日經常光顧的地方,對附近的地理環境也可輕易掌握。「要搶的地方都是以前有來過的,就看看附近有沒有人呀,有會看看有沒有巡邏車,大家覺得沒問題就下車。」(個案二)「張××(個案一)尋找,目標儘量不要太冒險,搶的地方是我們之前都去過。」(個案五)

　　至於超商或行人方面則儘量避免，因前者可能會裝置監視設備，「超商也搶過一次，但不會選擇連鎖店，反而會找一般人開的。儘量是不找超商，主要也是希望避開攝影機。」（個案一）後者對成員而言為有較直接的「罪惡感」因此做罷。

　　　　我們不會去搶路人，我們搶撞球場、電玩店……因為他們裡面有「閒錢」，搶他們的錢比較不會覺得怎麼樣。（個案二）
　　　　我們是不會去搶路人，他們的錢是自己辛苦賺來，不行搶他們。反而撞球場、電玩店他們的錢也不是勞力錢，搶他們比較不會怪怪的。（罪惡感）（合理化）（個案五）
　　　　一開始會選擇「遊藝場」主要是因為覺得他們都是賺學生的錢，也不是什麼辛苦錢，搶他們的比較沒關係。（個案四）

　　至於最後一起犯案，集團一改從前，選擇以路人為目標，主要是採納個案三的建議，因其之前曾犯過一案，得手30餘萬，且該一案件至今仍未曝光（不知是被害者未報案，或者警方……），而此一抉擇也注定集團終將落網。

　　　　所以最後一次自己就覺得很「不智」，其中一個朋友提起，搶這些地方錢實在太少，乾脆找路人下手，除了有現金，還可以拿信用卡（應為金融卡）去領。第一次就失手了。（個案一）
　　　　最後那次是邱××建議的，因為他之前和他的朋友綁過一個女的，除了現金外，還有提款卡、信用卡，加一加有30多萬，而且那個案子到現在都還沒曝光。（個案二）

(四) 行動準備

　　在確定行動之前，個案一先行向車行承租一部自小客車，獨自一人尋找可能下手的地點，並依循路線標記先後順序，至於逃逸路線，則未曾事先考量「是沒有特別注意（逃逸路線），反正得手就趕快離開現場。」（個案一）在

行動所需的工具方面，安全帽、口罩個案一已先行放置車內，開山刀、玩具手槍則由個案四提供（因之前為解決朋友糾紛而準備，平時放置於住家附近的廟宇），待一切準備就緒，案主會於當天以行動電話聯絡成員至「指揮中心」集合或約定地點再一一會合。對於作案地點，個案一事前會絕對保密。

> 我沒有參與之前的計畫，都是張××（個案一）決定好了，才打電話給我，說要在哪裡接我這樣，上車後才把計畫告訴我，順便討論一下。（個案三）

> 張××（個案一）會先去找尋下手目標，然後再回到朋友家討論，但是他不會說出正確的地點位置。（個案四）

> 刀子是我的，是之前打架的時候買的，平常就放在附近寺廟的後面。安全帽是張××準備的，戴上後比較不會被認出來。（個案四）

至於成員的分工方面，主要由個案一負責開車（因只有他知道行動目標），個案五負責把風或充當內應，其餘個人則負責實際行動，包括控制現場、搜刮現金等。

> 多少會先講一下（角色分工），我是負責開車跟把風，其餘就進去搶。（個案一）

> 每次要去都是張××找我，「傢伙」（刀械、安全帽）都放在他的車上，只有張××固定負責開車，其他人就進去。（個案三）

> 並沒有詳細的分工，就一起進去。（個案四）

(五) 行動過程

當個案一將車輛開至標的物前，除自己留守車內，個案五有時留於駕駛座旁一起把風，有時會先進入目標實際勘查，再以行動電話回報訊息於車內，其他成員則伺機而動。「大部分就是到了之後，先找一個進去看一下，看裡面

的人會不會很多，然後打電話回車上，看怎麼樣，然後我們就進去。」（個案三）

一旦進入現場，成員馬上將鐵門拉下，並喝令現場人員不許亂動，同時其他成員則以刀械押住老闆，令其交出「現金」，或自行進入櫃臺搜刮錢財，整個行動過程以不超過三分鐘為限。

　　就進去之後馬上把鐵門拉下，通常會喊一聲「搶劫」（臺語），然後就叫裡面的老闆跟客人不要亂動，不然就先押住老闆，其他人就趕快搜刮。（個案一）

　　一般都是2-3分鐘，絕對不會超過3分鐘。（個案三）

另外，集團成員事先已有默契，進入現場主要以「現金」為主，且目標鎖定業主，至於其他客人主要不輕舉妄動，彼此可保相安無事；若一旦遭遇反抗，不論業主或客人，成員一概會毫不留情地痛下殺手，所幸集團所犯下五起強盜案件中，並未見被害人積極反抗，故未為造成嚴重流血傷害。但其中有1起，成員進入現場，並高喊搶劫，但老闆及現場其他客人並未加以理會，成員之一見狀，隨即揮刀砍向距離最近的客人，現場一片喧騰。

　　一進去馬上就先押住對方，對方也不會硬拼，我們只要錢，不會多此一舉去傷害他們，主要也是時間寶貴，通常一次不會超過3分鐘。（個案一）

　　如果反抗的話，應該就砍下去了。主要是針對老闆，其他人只要乖乖不要亂動就不會有事。（個案三）

　　一進去就先押老闆，然後就開始搜，因為我們主要是要錢，如果他們不反抗，大家就相安無事，反正我們一二分鐘就會離開。如果他們想要反抗，可能就會出人命。（個案四）

　　之前大家都有默契，只要有反抗，直接就打。（個案六）

至於在整個行動過程中，成員會在第一時間將現場大門關上，加上時間大

都已過凌晨，因此不易引起外界懷疑，也因此成員並不擔心警察巡邏或路上行人經過；但為了避免突發狀況產生，留置車內的成員會立即按汽車喇叭或以行動電話通知。

> 多少會考量，因為又不知道他什麼時候會出現，不過也沒想那麼多，就算遇到只要鎮定一點他也不會特別注意。（個案一）
> 會擔心，也有遇到巡邏車經過，大家裝作沒事，警車也開走了。（個案五）

(六) 利益分配

當集團結束一晚的「工作」之後，會立即回到「指揮總部」，簡單討論行動過程，並將一夜所得「平均」分配，之後便做鳥獸散。據成員所述，每次得款金額大約都在幾千元左右，與之前的期望相去甚遠。

> 回去之後就馬上把錢分一分（平均分配），天也都快亮了，大多解散睡覺了。不過會交代他們這兩天儘量避風頭。錢也很快就花完了，每次搶也都只有幾千塊，根本不夠用。（個案一）
> 多少會，大部分都是討論下次要搶哪些地方，要不要幹一票大的（賭場），但是沒有東西（槍），太危險。（個案三）
> 最多1萬多元，我覺得相當不值得。（個案三）
> 錢分完就各自回家，沒有很仔細的討論，大多是回家等候下次通知。（個案四）

(七) 成員主觀陳述犯案動機

研究者在整個訪談結束之前，均會簡單回顧整個談話過程，並詢問受訪者自覺，是在何種條件或因素之下，其會決定參與集團行動。而研究者亦將6人陳述綜合歸納成以下各點：

1. 經濟因素：由於成員之中大多揮霍成性，且不務正業，當面臨生活壓

力之時（毒品、金錢）又缺乏正當賺取金錢的管道，因此決定鋌而走險，以最迅速的方式，解決當前的困境。

2. 同儕壓力：集團成員6人之中有兩股力量，將其緊密連結；其一為「安非他命」，除個案三之外，其餘成員均長期仰賴個案一所免費提供之毒品，當個案一提出要求之時，成員心中雖有所不願，卻又無法瀟灑拒絕。其二為「情義」，長久以來，他們並非父母、師長心中的「好孩子」，只有在朋友面前才是「好兄弟」，為了朋友間所謂的義氣，他們也只有不顧一切後果地投入。

3. 僥倖心理：行動之初，成員大都心有餘悸，但兩次、三次之後，成員逐漸可以控制自己緊張、不安的心理，加上每次行動時間不超過三分鐘，且每次行動過程皆相當順利，使他們更加肆無忌憚。再者，成員對法律的認知不清，並不知道「強盜罪」（或盜匪罪）的嚴重性，且認為「搶一次」跟「搶兩次、三次」是一樣的，有因此犯下第一起之後，便回不了頭。

 **結　論**

根據前述之文獻探討與訪談分析，研究者將針對強盜集團之生活歷程與犯罪決意過程予以綜合敘述，並加以討論如下。

一、集團生活歷程

在前述六個個案之家庭中，有者家計富裕父母擁有自己的事業，有者家境艱難，父母必須付出極大心力才能勉強維持一家生計，但不論如何，他們卻都忽略了子女的教育問題，而讓忙碌的生活沖淡了親子間的情感。

然而，家庭與學校教育是奠定個人一生發展的重要基石。特別是當孩子走出家庭步入學校的當下，便得開始獨自體驗生命中的壓力與競爭。從上述六個案例中我們可以發現，他們面臨人生的第一場挑戰時，並沒有做好萬全的準備。他們課業表現不佳，他們拒絕上課，他們甚至選擇離開，而且毫不眷戀。在家裡，他們是不乖的小孩；在學校，他們是惡名昭彰的壞學生；但無論如何，他們在朋友的眼中，卻是永遠的「好兄弟」，於是他們選擇了朋友的懷抱。

少年脫離了家庭與學校的羈絆，轉而投入社會職場，但其好逸惡勞的本性，使得他們在追求慾望的過程中，缺乏延宕滿足的自制能力，以致偏離常

規，最後仍選擇偏差手段獲得立即滿足。誠如Sampson與Laub（1993）所提出：「非正式社會控制」的式微，將明顯提高個人產生偏差或犯罪行為的機會。本研究之6名青少年，其背離了家庭與學校的監督與控制，步入社會之後亦欠缺一份穩定且正當的職業，其非正式的社會控制機制幾乎完全崩解，再加上缺乏法意識的前提之下，僅靠法律強制規範，將難以嚇阻其走向犯罪之路。

再者，從前述之訪談分析中發現，集團6人在就讀國中階段，大多曾有過抽菸、曠課、賭博、打架、師生衝突……偏差行為；而其中更有4人曾犯有竊盜、毒品、公共危險、殺人未遂等多項前科，顯見彼等較一般青少年有著更高的犯罪「危險因子」（Risk Factors）。從其偏差或犯罪行為中，亦可歸納出「強盜犯罪」所涵蓋的「財產」及「暴力」二大成分；因此，從成員早期之偏差或犯罪行為中，已約略可見「強盜犯罪」之端倪。而此研究發現也與賓州大學Wolfgang（1987）等教授之同生群研究，追蹤1945年出生之974名青少年至30歲時，發現其中70%常習犯罪者，乃源自於青少年時期即有嚴重之偏差或犯罪紀錄；而青少年時期無犯罪紀錄者，成年後僅18%觸犯刑罰（引自楊士隆，2001）。研究復指出：少年常習犯長大後大多仍持續犯行，同時犯罪的嚴重性也隨著的年齡的成長而增加。

二、犯罪歷程

至於6人何以會走向犯罪之路，研究者從與個案的訪談中，歸納以下三點：(一)經濟因素：由於成員之中大多揮霍成性，且不務正業，當面臨生活壓力之時（毒品、金錢）又缺乏正當賺取金錢的管道，因此決定鋌而走險，以最迅速的方式，解決當前的困境；(二)同儕壓力：集團成員6人之中有兩股力量，將其緊密連結；其一為「安非他命」，成員長期仰賴個案一所免費提供之毒品，當個案一提出要求之時，成員心中雖有所不願，卻也無法瀟灑拒絕。其二為「情義」，長久以來，他們並非父母、師長心中的「好孩子」，只有在朋友面前才是「好兄弟」，為了朋友間所謂的義氣，他們也只有不顧一切後果的投入；(三)僥倖心理：行動之初，成員大都心有餘悸，但兩次、三次之後，成員逐漸可以控制自己緊張、不安的心理，加上每次行動時間不超過三分鐘，且每次行動過程皆相當順利，使他們更加肆無忌憚。再者，成員對法律的認知不清，並不知道「強盜罪」的嚴重性，且認為「搶一次」跟「搶兩次、三次」是一樣的，有因此犯下第一起之後，便回不了頭。此項研究發現與Jacobs與Wright（1999）對81名美國密蘇里州聖路易街搶劫犯之訪談研究相似，其發現

其中80名認為犯案之動機為急需金錢花用。且行為人之所以違反法律，是因為他們信奉於一套存在於低階層街角、區域的特殊而獨立的價值體系。若個體加入這些次文化組織，或與犯罪集團經常的接觸，即可能學習其規範與價值，進而從事犯罪行為，自然而然違反社會規範和法律。

其次，從集團犯罪的型態觀之，本個案研究所選擇犯案的目標，多以「遊藝場」、「撞球店」、「電玩店」為主，較符合Gilbert（1998）強盜犯罪類型中的「商業區強盜」。其行搶目標多以銀行、銀樓、便利商店、加油站等具有大量現金，常為年輕之藥物成癮者所為，且其很少傷害被害者。惟本研究個案之所以未選擇「銀行」、「銀樓」為下手目標，而改以遊藝場或其他少年經常聚集之場所行搶，主要原因除了搶劫銀行風險較高之外，研究亦發現：「對犯罪行為合理化」乃為其目標選擇的一大主因。此研究發現亦符合Taylor與Gottfredson（1986）所提出：財產犯罪選擇犯罪地域之考慮因素及發展過程的內涵，選擇警力及社區居民監控最薄弱的市郊夜晚下手，並考慮作案的酬賞、便利與風險評估；唯一不同點在於集團成員認為：「遊藝場」、「撞球店」、「電玩店」等場所，其經營所賺取之錢財乃為「不義之財」，且其所被搶之金額，並不需花費太多「勞力」即可賺回，再者成員僅取現金，並未傷害店家，故損害不大。此結果似乎可印證Sykes與Matza（1957）所提出「中立化理論」中，青少年往往對其所侵害之法益提出反駁（合理化），並為其自身犯行尋求正當性，以減輕心中矛盾與衝突。

若再以Conklin（1972）針對強盜集團所做之分類，本研究集團應較傾向於「專業強盜犯」或Barlow（1996）所提出之「職業強盜」；因集團在行搶前的目標選擇、結夥、行搶路線、工作分配、行動過程，甚至風險評估上均有所計畫與考量。惟該集團僅成軍二星期，彼此間的默契尚嫌不足，作案手法也未臻成熟，但若非警察在短時間之內即已偵破，該集團極有可能發展成更具組織與規模之職業犯罪集團。

強盜犯罪有其集團性、暴力性及組織分工等特性，在國內一直是治安單位的重點工作，亦是臺灣民眾長久以來無法擺脫的惡夢。然而在相關學術領域方面，卻不見專家學者積極進行實證研究（除1988年周震歐等曾對林宗誠等暴力犯罪集團進行個案研究之外，近十餘年來，幾乎一片空白）。本研究係在無任何奧援的情況下，從文獻蒐集、個案訪談、資料分析與彙整，耗時逾年，終究完成初步研究成果。本研究礙於種種限制，疏漏之處在所難免，尚祈學者先進不吝指正，並盼該文能有承先啟後之效，引發各界對「強盜世界」的積極研究。

參考書目

一、中文部分（依筆畫順序）

內政部警政署刑事警察局（2012）。臺閩刑案統計。內政部警政署刑事警察局。

王佩玲（1990）。強盜、搶奪犯罪被害者之研究。中央警官學校警政研究所碩士論文。

周震歐等（1988）。林宗誠等暴力犯罪集團之個案研究。臺北市政府研究發展考核委員會。

法務部（2013）。犯罪狀況及其分析。法務部。

楊士隆（2001）。少年犯罪生涯與常習犯犯罪研究之發展與啓示。犯罪學會訊，第2卷第2期。

楊士隆（2013）。犯罪心理學。五南圖書。

二、外文部分（依字母順序）

Abadinsky, H. (1983). The criminal elite: Professional and organized crime. Greenwood Press.

Allen, J. (1977). Assault with a deadly weapon: The autobiography of a street criminal (D. H. Kelly & P. Heymanned, Eds.). Pantheon.

Barlow, H. D. (1996). Introduction to criminology. Harper Collins.

Brown S. E., Esbensen, F. A., & Geis, G. (1996). Criminology: Explaining crime and its context (2nd ed.). Anderson Publishing Co.

Capone, D. L. & Nichols, W. W. (1976). Urban structure and criminal mobility. American Behavioral Scientist, 20: 199-213.

Clarke, R. V. (1992). Situational crime prevention: Successful case studies. Harrow and Heston.

Cohen, L. E., Cantor, D., & James, R. K. (1981). Robbery victimization in the U. S.: Analysis of a nonrandom event. Social Science Quarterly, 62(4): 644-657.

Conklin, J. (1972). Robbery and the criminal justice system. Lippincott.

Cornish, D. B. & Clarke, R. V. G. (1986). The reasoning criminal: Rational choice perspectives on offending. Springer-Verlag.

Cortes, J. B. & Gatti, F. M. (1985). Delinquency and crime: A biopsychosocial approach. Seminar Press.

Curtis, L. A. (1974). Criminal violence: National patterns and behavior. D. C. Health and Company.

Einstadter, W. J. (1969). The social organization of armed robbery. Social Problems, 17: 64-83.

Feeney, F. & Weir, A. (1975). The prevention and control of robbery. Criminology, 13: 104.

Gilbert G., Brown, S. E., & Esbensen, F. A. (1998). Explaining crime and its context (3rd ed.). Anderson Pub Co.

Hindelang, M. J. (1975). Criminal victimization in eight American cities: A descriptive analysis of common theft and assault. Ballinger.

Hollin, C. R. (1989). Psychology and Crime: An introduction to criminological psychology. Routledge.

Jackson, B. (1969). Exile from the American dream: The junkie and the cop. Atlantic Monthly, 219: 44-51.

Jacobs, B. A. & Wright, R. (1999). Stick-up, street culture, and offender motivation. Criminology, 37(1): 149-174.

Jeffery, C. R. (1989). An interdisciplinary theory of criminal behavior. In W. S. Laufer & F. Adler (Eds.), Advances in criminological theory (pp. 69-97). Transaction Publishers.

Katz, J. (1988). Seductions of crime: Moral and sensual attractions in doing evil. Basic Books.

Katz, J. (1991). The motivation of the persistent robber. In M. Tonry (Ed.), Crime and justice: A review of research, (pp. 277-306.). University of Chicago Press.

Koppen, P. J. V. & Jansen, R. W. J. (1998). The road to the robbery: Travel patterns in commercial robberies. British Journal of Criminology, 38(2): 230-246.

Kroese, G. J. & Staring, H. J. M. R. (1992). Prestige, professie en wanhoop: Een onderzoek onder gedetineerde overvallers, Prestige, profession, and despair: A study among robbers in prison. Gouda Quint.

Letkemann, P. (1973). Crime as work. Prentice Hall.

McClintock, F. H. & Gibson, E. (1961). Robbery in London. Macmillian.

Messner, S. F. (1985). Economic discriminalization and societal homicide rates: Further evidence of the cost of inequality. American Sociological Review, 54: 579-611.

Messner, S. F. (1985). Economic inequality and levels of homicide: An analysis of urban neighborhoods. Criminology, 214: 297-317.

Mile & Huberman (1994). Qualitative data analysis. Sage Publication.

Retting, R. P., Torres, M. J., & Garrett, G. R. (1977). Manny: A criminal addict's story. Houghton Mifflin.

Ross, P. R. & Fabino, E. A. (1985). Time to yhink: A cognitive model of delinquency prevention and offender rehabilitation. Institution of Social Sciences and Arts.

Sampson, R. & Laub, J. (1993). Crime in the making: Pathways and turning points through life.

Santtila, P., & Haapasalo, J. (1996). Neurological and psychological risk factors among young homicidal, violent, and nonviolent offenders in Finland. Homicide Studies, 1(3): 234-253.

Sutherland, E. R. (1937). The professional Thief. University of Chicago Press.

Sykes, G. M. & Matza, D. (1957). Techniques of neutralization: A theory of delinquency. American Sociological Review, 22: 664-670.

Taylor, R. B. & Gottfredson, S. (1986). Environmental design, crime, and prevention: An examination of community dynamics. In A. J. Reiss, Jr. & M. Tonry (Eds.), Community and crime. The University of Chicago Press.

Timrots, A. D. & Rand, M. R. (1987). Violent crime by strangers and nonstrangers. U.S. Department of Justice.

Travis, L. F. III. (1983). The case study in criminal justice research: Applications to policy/ analysis. Criminal Justice Review, 8: 46-51.

Wright, R. T. & Decker, S. (1996). Armed robbers in action: Stickups and street culture. Northeastern University Press.

Yochelson, S. & Samenow, S. E. (1975). The criminal personality, 1: A profile for change. Jason Aronsen.

第十二章　擴人勒贖問題與防治對策

楊士隆、程敬閏

前　言

　　1997年4月14日早上7點45分，臺灣知名藝人的獨生女白○燕從林口家中赴醒吾中學上課途中失蹤，當晚其母白○冰即接獲綁匪電話指示，在長庚球場後墳地找到一只裝有白○燕被切下的一截小指、多張照片及一封恐嚇信的塑膠袋，白○冰立刻向警方報案，隔日白○冰即接獲綁匪勒贖500萬美金的電話。警方也組成專案小組展開為期長達十二天的偵辦工作。至此，陳○興、高○民、林○生等3人所組成的擴人勒贖集團，正式躍居臺灣治安史上的頭號全民公敵，而擴人勒贖案件再次受到全民的重視。

　　隨著陳○興的伏法，白○燕綁架案也宣告落幕。然而，臺灣社會的擴人勒贖事件並未就此平息，不但贖金屢創新高，手段越演越烈，綁架的對象也從平民百姓直升至民意代表，甚至連民意代表都成了綁架集團的首腦（前高雄市前金區里長許○吉）。當時政府為了平息人民的憤怒與恐懼，朝野政黨在立法院超過半數委員連署，意將引進新加坡「鞭刑」，對抗國內日益惡化的社會治安，可見「治亂世用重典」的刑罰觀念，仍舊為我國刑事政策之主流。根據我國刑法第347條（2000年版本）：意圖勒贖而擴人者，處死刑、無期徒刑或七年以上有期徒刑。因而致人於死者，處死刑、無期徒刑或十二年以上有期徒刑；致重傷者，處死刑、無期徒刑或十年以上有期徒刑；且未遂犯罰之、預備犯亦同。雖法規範相當嚴厲，但依據警政署的統計，臺灣自1992至2001年間，每年仍約發生55起至138起擴人勒贖案件。

　　2001年中秋夜晚間8點多，臺中市議會副議長張○年正和多名親友，在五權路服務處旁邊的騎樓下烤肉，兩名男子到服務處（事後證實為薛○強盜殺人集團），以槍挾持被害者旋即加速揚長而去，隨後即電告家屬，要求贖金3億。雖案發三日後，張○年自行脫困，並一再對外宣稱是「一場誤會」，但擴人勒贖的事件已成事實。

　　為何有人甘冒「殺頭之罪」，仍執意為之？「嚴刑峻罰」是否真能有效抗

制犯罪？擄人勒贖集團係如何成軍？其成員之背景為何？其如何選擇或評估作案的目標？其如何規劃一套縝密的行動與被害家屬、檢警單位周旋？都是本文所亟欲探索的重要議題。

由於擄人勒贖案件常造成受害者極端恐懼與傷亡，故為民眾評估治安良窳之重要指標，如何預防其發生，並且在其發生後立即破案，深深考驗檢警部門之偵辦犯罪能力。但令人遺憾的是，雖然擄人勒贖犯罪案件持續發生，迄今國內對其之瞭解卻嚴重不足，而以媒體誇大、渲染或做臆測性之報導居多。有鑑於此，本章參酌國內外相關之研究文獻，並進一步分析我國最高法院針對擄人勒贖犯罪所做之判決內容，進行文本分析，以揭開其神秘面紗。

第一節 名詞解釋

一、擄人勒贖

依據刑法第347條規定：意圖勒贖而擄人者，此為「擄人勒贖罪」（俗稱綁票罪）。再者，根據2002年，同法新增第348條之1：擄人後意圖勒贖者，以意圖勒贖而擄人論。故而不論先有勒贖之意圖而著手擄人，抑或擄人之後，萌生勒贖之意，均可構成刑法上的「擄人勒贖罪」。

二、犯罪模式

所謂犯罪模式，係指慣行犯於每次作案時所習用的犯罪手段、方法或形式，亦即為犯罪定型或類型的意思，英文稱其為Modus of Operandi，簡稱M.O.。發展M.O.的價值在於其所掌握之基本原則，即是「每一個犯罪人都會以其特定的方式犯下其罪行」。因此，當一個犯罪者每次犯罪時，他會有同樣的，至少相似的行為趨勢（Holmes, 1989；引自吳芳富，2001）。偵查人員藉由這樣的行為趨勢的累積，將可有效的縮小其偵查範圍，並對犯罪嫌疑犯做特徵描繪（Profile Characteristics），進一步確定其偵查方向。

根據犯罪模式的理論，美國聯邦調查局已經成功的發展有關系列謀殺犯（Serial Killers）、強暴犯（Rapist）及縱火犯（Arsonist）的犯罪模式。國內許多的犯罪模式之學者專家，也多次強調建立犯罪模式檔案的重要性，可惜由於國內刑案紀錄在相關資料方面的遺漏或不完整，使得本土化犯罪模式的研究

一直也未能有重大突破。

　　而本研究將該觀點由「犯罪人」運用到「犯罪集團」，測試不同犯罪集團，從事相同的犯罪案件時，是否亦具有相類似的模式存在。

三、理性選擇

　　理性抉擇理論（Rational Choice）之觀點強調犯罪之決意（Decision）乃為獲取快樂，避免痛苦，而犯罪經常是對行動及事件做成本效益分析的結果。進一步說，許多累犯犯罪者從事犯罪行為經常是透過理性之思考與決策之過程，此涉及個人認知（Cognition）之思考層面，而並非完全為環境之外在影響（Cornish & Clarke, 1986; Hollin, 1989；楊士隆，2013）。

第二節　文獻探討

　　有關擄人勒贖集團犯罪案件之文獻，在國內（1990-1999年）近十年在國內僅止於刑事警察局臺灣刑案統計、內政部統計處分析（1998）之官方報告或陳桂輝（1999）之實務經驗論述，缺乏學界研究人員之研究。前述政府部門之資料著重於介紹發生案件之數目、月份、時間、犯案工具及擄人勒贖及關成員之年齡、教育、職業等。2000年以後則開始受到學界重視並開啟了諸多有關犯罪偵查實務以及刑事司法的相關研究。

一、國內擄人勒贖案件之境況

　　根據內政部統計處的報告指出1：擄人勒贖案件自1997年4月至11月間警察機關於白○燕案偵辦期間大力緝兇掃蕩後，該種暴力犯罪已有效遏阻而趨減緩。惟同年7月發生學童陳○捷遭綁架撕票案後，再度激起社會各界高度的重視。雖然，該案嫌犯張某已於同月22日被破獲，但仍有不同聲音質疑警察機關偵辦類似刑案的能力。

　　根據刑事警察局臺閩刑案統計（2019）之報告，自2000年以來到2018年，近二十年來，國內擄人勒贖犯罪之現況如下表所示：發生件數：以2017年發生3件最少，2002年發生83件最多，2004至2006年呈遞減趨勢，2007年以後呈現急遽減少的現象，2013年以後均維持在個位數的案件發生，顯見近年來學術研究與偵查實務的進步，已經有效的控制擄人勒贖案件發生。

表12-1　2000至2018年我國擄人勒贖案件發展趨勢

年	發生數（件）	破獲數（件）	嫌疑犯（人）	被害人（人）
2000年	77	75	202	91
2001年	76	74	236	98
2002年	83	73	210	103
2003年	73	72	217	93
2004年	80	76	238	98
2005年	65	66	226	92
2006年	64	61	240	74
2007年	38	40	176	63
2008年	29	29	97	37
2009年	18	18	82	37
2010年	19	18	74	22
2011年	10	11	58	14
2012年	11	11	45	19
2013年	8	6	34	11
2014年	5	7	16	7
2015年	7	7	33	8
2016年	4	4	10	9
2017年	3	3	23	3
2018年	5	5	35	6

二、國外擄人勒贖之境況

　　根據世界數據圖冊（Knoema）[1]網站統計資料指出[2]，該圖冊所列計的擄人勒贖事件係指：未經其意願非法拘留一人或多人（包括憑藉使用暴力、威脅、

---

[1] Knoema是綜合全球數據的綜合來源，擁有超過28億個時間序列，包括國際勞工組織，聯合國兒童基金會，中央情報局，世界衛生組織，美國人口普查，Facebook，亞馬遜和谷歌等1,200多個來源。Knoema提供的工具允許個人和組織發現，可視化，建模和呈現他們的數據以及世界數據。

[2] https://cn.knoema.com/atlas/topics/犯罪統計/綁架次數，檢索日期：2019/10/2。

欺詐或誘惑），其目的是索取他們的自由和非法利益或其他經濟利益或其他物質利益，或者迫使某人做某事或不做某事，但不包括關於兒童監護的糾紛（UN-CTS M5.5）。據此，2017年全球各地發生的擄人勒贖事件，以巴基斯坦居冠，從2010至2017年之間，每年均有高達近2萬起綁架事件，其次為南非平均在5,000起左右，再者依序為加拿大、德國、墨西哥、比利時等，平均每一年的發生件數都在千件以上。

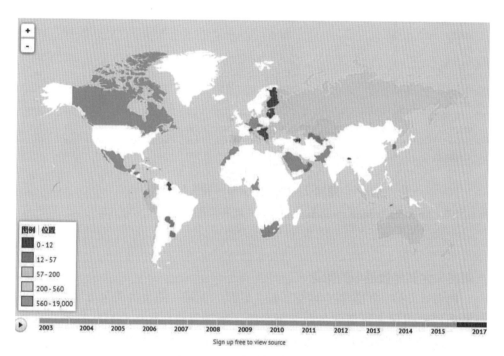

圖12-1　全球綁架案件熱點

資料來源：https://cn.knoema.com/atlas/topics/犯罪統計/綁架次數

　　根據國外文獻指出：在某些國家即使低調的人也會處於危險狀態。擄人勒贖保險項目常常在某些地區常常是被忽略的，但保險業者對這議題越來越關心，尤其是跨國經營的公司。根據保險統計局（The Insurance Information Institute, III）的研究表示，管理階層者比以前更容易被綁架。根據最近The UK s Hiscox Group的研究指出，雖然說綁架案件在統計上有增加，不過猜想應該會更多才對，應為有很多的犯罪黑數。許多受害者遇到綁架案常常私下處理且並

		2017	2016	2015	2014	2013	2012	2011	2010	2005
1	巴基斯坦	18,363	18,057	18,164	19,111	19,551	20,610	20,029	18,693	–
2	南非	5,455	4,991	5,013	4,692	–	–	–	–	–
3	德国	4,625	4,756	4,763	4,988	4,929	5,183	4,922	4,897	1,727
4	加拿大	3,778	3,775	3,593	3,290	3,231	3,637	3,780	4,301	3,896
5	墨西哥	1,219	1,221	885	1,592	1,888	1,512	1,344	1,284	325
6	比利时	1,170	1,201	1,171	1,151	1,163	1,185	1,194	1,122	919
7	喀麦隆	859	572	985	429	880	532	378	460	
8	厄瓜多尔	796	972	1,174	29	34	37	32	32	37
9	摩洛哥	764	520	662	–	974	556	–	–	295
10	沙特阿拉伯	590	–	–	–	–	–	–	–	–
11	乌克兰	556	–	–	–	–	–	–	292	178
12	贝宁	530	–	–	–	–	–	–	–	–
13	澳大利亚	482	537	532	550	594	638	676	611	–
14	新西兰	377	392	337	235	198	235	278	229	289
15	荷兰	352	393	435	414	524	585	560	645	910
16	俄罗斯联邦	320	292	344	325	442	512	520	519	1,135
17	罗马利亚	311	346	295	290	310	391	307	321	280
18	智利	300	338	279	293	274	254	327	259	151
19	葡萄牙	292	296	369	376	432	419	507	501	438
20	印度尼西亚	241	374	380	336	361	395	454	398	–

Sign up free to view source

圖12-2　全球綁架案件發生趨勢

資料來源：https://cn.knoema.com/atlas/topics/犯罪統計/綁架次數

未報案，尤其是發展中的國家。

　　再者，全球化的趨勢亦增加了擄人勒贖的風險。隨著經濟全球化的腳步，企業公司派遣員工到全球各地開創商機，根據專家指出，這樣的風潮大大提升了全球擄人勒贖的風險。據Burns與Wilcox特殊風險部門的副局長Jonathan Brown表示，擄人勒贖在全球大部分地區是獲利無數的犯罪事業，尤其是在南美洲及拉丁美洲。美國人在拉丁美洲被擄，除非付贖金，否則生還的機會相當渺茫，一般而言，如果有擄人勒贖保險，可能有高4倍的機會能活命（擄人勒贖保險包含僱用危機談判專家，若有擄人勒贖事件發生，談判專家會接管談判釋放人質。在大眾保險裡會支付成本，秘密情報、CIA、FBI的專家將會談判釋放人質，歹徒也知道他們將會和專家接洽）。

　　因此，自1970年以後十五年間，有錢生意人被綁架而勒索贖金者，占全美全部綁架案件48%，贖金則高達2億5,000萬美金。這些行為逐漸擴展延伸演變成對社會各階層的傷害行為。而著名或轟動社會的恐嚇（如千面人）或擄人勒

贖（如1930年代轟動全美之林白之子被綁架事件），更會激起大眾強烈的情感反應和安全的威脅，影響刑事立法、刑事執法及大眾的生活型態。同時以各種手段而達恐嚇取財之犯罪行為對被害者所帶來之死亡、身體傷害之潛在威脅，精神及心理之傷害，被害者形象及自由的損害，家庭、朋友及社區的焦慮與恐懼，更讓我們深覺擄人勒贖犯罪行為不能等閒視之，而應投入更大的關注、研究與防制（許春金，1996：347）。

除了危機管理的支出，擄人勒贖政策還支付心理諮商費用及危機後家庭安頓費用。政策目的是期望能協助當事人儘量回到擄人勒贖事件還未發生前的生活狀態。

三、擄人勒贖之型態

擄人勒贖案件與一般犯罪案件不同，犯罪者於綁架被害人之後，必須在一次或多次與被害者親屬聯繫勒索贖款，其程序則以控制人質（肉票），用各種方法恫嚇其家人，以達勒索財物的目的，一般常見之方法如下（引自陳桂輝，1999：20-21）。

(一)直接闖入：擄人之歹徒，毀壞門窗及防護設備，闖入被害人家中，登堂入室綁架被害人，並告訴其家人準備鉅額贖金，以便聽候通知贖人。此類綁匪，通常結夥攜帶武器行事，行動迅速，機動性大，如果被害人抵抗，則可能被殺害。綁架後，將人質監禁或窩藏於秘密處所，然後通知被害人家屬交付贖金，亦有經常變換人質窩藏處所，以防被發現。

(二)藉故拜訪：綁匪在選定綁架對象後，瞭解對象之生活習慣及居住環境，選擇各種適當方式綁架人質。藉機拜訪為其方式之一，趁機綁架被害人（如發生在2001年中秋夜，臺中縣副議長之綁架案即是）。亦有以送電報、信件、貨物等為藉口，計誘開門，然後衝入屋內綁架。

(三)守候跟蹤：守候綁架對象住宅附近，帶其回家時挾持上車，然後迅速駛離，有時二、三人跟蹤被害者至適當地點，藉故挾持。

(四)偽裝計誘：綁匪對於兒童，多利用誘騙方式。例如以糖果或問路引誘兒童至某處，隨即予以綁架，亦有綁匪佯裝小學老師以汽車接送其到學校或回家時，予以綁架，或以哄騙父母有急事找兒童予以誘騙綁架。有些綁匪趁被綁架之兒童在其住家附近遊玩或回家途中，強行擄走被害人。此外，以成年人為綁架對象者，綁匪乃多方以各種手段，設計或尋找藉口騙其洽談生意或約會，予以綁架。

另刑事警察局偵四隊何明洲隊長在其論著《犯罪偵察實務》中，亦提及現今臺灣擄人勒贖的手法約可歸納為以下各項（何明洲，2001）：

(一) 誘騙再暴力劫持上車。

(二) 戴面具劫持。

(三) 灌麻醉藥劑控制。

(四) 製造假車禍。

(五) 設計仙人跳。

(六) 冒充情治人員。

(七) 直接侵入住宅劫持。

至於，擄人勒贖集團成員之結夥過程、犯案歷程、集團成員與被害者之間是否存有關聯，以及集團與肉票（人質）的互動過程、集團與被害者的互動過程、集團如何與警政人員周旋？則均未見於文獻之中；職是之故，如何針對上述議題予以解析、澄清，均為本章之重點所在。

四、理性選擇的概念

根據理性選擇的概念係指，違法行為是發生在一個人考慮了個人因素（金錢的需求、仇恨、刺激、娛樂）和情境因素（目標物受到如何的保護及當地警方的效率）而決定冒險的時候。從事某一特定型態犯罪的決定，是在衡量各種訊息之後所作成的。相反地，放棄犯罪的決定也是由於犯罪人知覺到犯罪沒有經濟上的利益，或是他們覺得被逮捕的風險太大了（Siegel, 2003）。

理性選擇理論對犯罪的觀點採取包括犯罪及犯罪人的特殊化（Offense & Offender-specific）（Cornish & Clarke, 1986; Siegel, 2003），並且有所謂的潛在犯罪情境的「選擇結構屬性」（Choice-structuring Properties）（Cornish & Clarke, 1986），茲分述如下（引自江振亨，2002）：

(一)犯罪事件的特殊化：指犯罪人選擇性地對具有某些特性的特殊犯罪採取犯罪行為。例如以竊盜犯為例，其考量的因素包括犯罪對象的選擇、安全措施的突破、現金的數量、是否需要暴力、銷贓是否容易等。因此每一個犯罪均經過不同的權衡之後才著手實施犯罪行為，有其特別的報酬、風險及該犯行應備的特殊技巧。

(二)犯罪人的特殊化：指犯罪人並不是隨機的進行反社會行為，在違反法律之前，他們會簡單地分析犯罪狀況、機會、成本、利益及風險等，他們然後也會考量自己的動機、需求，例如是否缺乏金錢、性需求與興奮等。犯罪機會

的選擇只有在合法的途徑被排除後方有可能。

(三)**選擇結構屬性**：根據Cornish與Clarke的定義指出，選擇結構屬性是指一組達成某種犯罪的機會、成本及利益。理性選擇的觀點認為犯罪者會選擇特定的犯罪型態係根據其特殊的理由，犯罪者在作成本效益分析時，計算的因素包括誘因、預期的成本、風險程度、所需的技術，這都跟他們的目標、動機、經驗、能力、專業性及表現息息相關。不同變項相連使犯罪機會對不同的個人或團體有不同的吸引力。

根據上述之闡述，本研究擬以理性選擇的概念，檢視臺灣擄人勒贖犯罪集團之犯罪歷程，並據此建構我國本土擄人勒贖犯罪模式。

第三節　研究方法

本研究架構聚焦於擄人勒贖集團成員之犯罪決意與犯案歷程（含目標物擇定、擬定計畫與分工、實際行動及與被害者、家屬、警方之互動情形），揭開其犯案經過，以研擬妥適之防制對策。礙於研究之人力及經費之限制，以及犯擄人勒贖罪者，其絕大多數為重刑犯，甚已遭槍決，為避免大量的問卷施測，將帶給矯治單位行政作業上之困擾，以及顧慮研究人員之安全，故本研究乃採「文本分析」（Documentation）的方式，進行歸納相關文件資料之重要內涵，以彙整出一些與研究目的相關聯的主要脈絡或模式。

然擄人勒贖罪在「懲治盜匪條例」廢止之前（民國91年1月30日廢止），觸犯擄人勒贖罪者，無論其是否「撕票」均有被判死刑的可能。故本研究擬藉由司法院網站所提供下載之判決資料，整理近六年（1996-2001年）臺灣最高法院裁判確定書（觸犯擄人勒贖罪），作為歸納出擄人勒贖集團成員之基本資料、整體犯案過程、判決刑度等之補充資料，以建立擄人勒贖案件之模式，彌補文獻與實證資料之不足。

第四節　研究結果

本章蒐集最高法院判決確定（1996至2001年）之擄人勒贖案件，共計21

例，其中有6起爲單獨犯案，其餘15起均爲集團式（2人以上）犯案，合計所有參與擄人勒贖之成員，共計59名。茲就成員之犯案動機、成員結構與關係、與被害者關係、事前分工、犯案行動、勒贖金額、取款方式、與被害者之互動、與被害者家屬之互動、與警察之互動及科刑分述如下。

一、成員之基本社會人口資料

因本研究所採之研究對象乃臺灣最高法院有關擄人勒贖犯罪之有罪（已確定）判決書，對於犯罪人之基本資料（人別）都僅呈現「上訴人」之姓名、素行，對於同案之共犯資料（集團成員）的描述，則有則無，故而無法做一完整性之敘述。但綜覽21起案例，仍可粗略地勾勒出集團成員的特性爲：男性、無業（或無固定之職業）、多數有竊盜、槍砲、殺人、毒品等前科（詳見附錄）。

二、犯案動機

在犯案動機部分，幾乎百分之百來自「經濟因素」，且生活陷於「急迫狀態」，分析其導因則有以下數點：

(一)積欠債務：主要有經商失敗、長期沉溺賭博（包含：簽賭六合彩、電玩、股票等），導致正常生活型態受到極大影響，甚至失業。在缺乏經濟收入的窘境之下，又加上「討債」的壓力（多數曾向地下錢莊借貸），故鋌而走險，此類型所占比率最高。

(二)假釋期間，缺乏經濟來源：此類型多爲假釋期間未能適時找到一份合適的工作，在沉重的生活壓力之下，決定「做一票」，暫時脫離貧窮。

(三)因案逃亡或通緝中：此類型多爲「亡命之徒」，因犯案（多爲暴力或販毒之重罪）而遭受法院通緝，逃亡期間急需大量的現金，或認定終究難逃法網，故而越陷越深。

(四)吸食毒品：此類型又分有二種型態，其一係因「勒戒」假釋，基於某些因素賭癮又犯，因缺乏資金故而著手犯案。其二係因長期吸毒，急需金錢購買毒品（此類型大多直接押著被害人取款）。

三、成員結構與關係

在擄人勒贖集團成軍之初，通常係由某一人因生活陷於「急迫性」的困境（或因被逼債，或因吸毒等），進而籌劃擄人勒贖事宜。因擄人勒贖爲一連續性、階段性的犯罪，故而較多數的案例均由2人以上爲之，而集團的成員關係

中，又以下列三類占絕大多數，而起義者，即自然成為團體的領導。

(一)**朋友**：在集團成員間的關係上，「朋友」是最為常見的組合；而朋友關係的建立，又通常立基於「獄友」、「賭友」、「毒友」或「同案」（遭通緝或共同逃亡）之上，而當中又以經濟狀況較差者為優先考慮合作的對象。通常主謀在組織集團的方式有二：其一，直接告知對方作案的意圖，並商議利益的分配，以吸引成員加入；其二，並未直接告知作案意圖，而是以「團體壓力」（動之以情），並挑起朋友的「相對剝奪感」（如我們的日子這麼不好過，卻有一些人仍舊住洋房、開洋車，社會不公平等），讓朋友沒有理由拒絕。

(二)**兄弟**：「兄弟」共同犯案的案例，在擄人勒贖犯罪中，亦有多起案例。通常為一人經濟上出現困境，而兄弟也無力協助或其經濟狀況亦不佳，故而聯手犯案。

(三)**同居人**：通常係由同居之「男性」發起擄人勒贖之意圖，而同居人則扮演著「同命鴛鴦」的角色，從旁協助整起犯案之準備工作，甚至以「美人計」引誘被害人出面，以利擄人工作之進行。

四、集團與被害者關係

分析本章21起擄人勒贖案例發現，集團在選擇綁架之對象，在時間點上可分為，「事先擬定」——通常集團在成軍之前，主嫌已選定犯案對象，再招募成員以進行分工犯案；其次為「事後選定」——通常是在集團組成之後，再由成員提供適切之犯案對象，經集團評估之後，再做最後決定。另外，在選定犯案對象的決策點上，則可概分為「熟識」與「非熟識」二種，茲分述如下：

(一)**熟識**：所謂的「熟識」，在本研究中又可區分為二個層次：其一，「加害者與被害者彼此熟識」，指被害者通常為集團成員中某一人熟識之親友或舊識（如軍中同袍、同校或同班之友人、職場同事等），「實際的經濟水準」是集團的主要考量。其次為「被害者為地方之聞人」，指被害人為某一地區之名人，特別是經濟上的成就，集團僅單方面的知悉被害人，而被害人卻無從得知加害人之相關資訊。此類型的案件，通常加害者與被害者均具有相當強烈的「地域性」。

(二)**非熟識**：在擄人勒贖犯罪中，「熟識者犯罪」係為大宗，而「非熟識者犯罪」通常僅是例外。在本研究案例中，有3起為典型「非熟識者犯罪」，其中2起被害人均為年輕女性，共同特徵為「駕駛高級房車」，讓集團認定為

「有錢」，故而成為綁架的目標。另1起案例亦相當值得注意，加害人在無意間撿拾到被害人的「名片」，因名片上具有相當清楚之「職業頭銜」、「聯絡電話」、「地址」……，加害人只要按圖索驥，便能輕易掌握被害者之情資，進而成為被害的目標。

五、事前分工

在擄人勒贖犯罪型態上，無論是「單獨犯案」或「集團犯案」，均屬「計畫性犯罪」。因擄人勒贖係為「妨礙自由」與「恐嚇取財」之結合，為階段性之犯罪，犯罪人從計畫著手犯案到結束，通常需經過：組織集團、選定目標、觀察記錄被害者作息、計畫藏匿肉票地點、準備擄人相關工具及準備取款相關事宜等階段，且每一個環節均需詳實計畫，方可能完成一起擄人勒贖案件。其中，組織集團與選定目標，文前已有相關敘述故不多贅言，茲由觀察記錄被害者作息開始，分述如下：

(一)**觀察、記錄被害者作息**：在整個擄人勒贖犯案過程中，當「目標」選定之後，「何時」、「何地」下手，則是該階段的主要工作。通常，加害人對被害人的生活作息觀察時間為三天至五天，觀察內容可包含，離家及回家的時間、上班及下班的時間（如對象為學童，則為上學及放學時間）、用餐及休閒場所、出入使用之交通工具、停車地點、被害人的居家環境等。當加害人掌握了較「規律性」的資料後，便會進一步抉擇下手時機及地點。

(二)**計畫藏匿肉票地點**：通常加害人在著手擄人之前，均已選定藏匿肉票之地點，以便進一步與被害人之家屬談判交付贖款之相關事宜。因此，在人口居住相當稠密的臺灣，如何囚禁肉票，而又不至被警政單位或第三人輕易發現，以下三種藏匿肉票的地點，較為加害人所接受。郊區：通常為加害人居住之縣市或相鄰縣市之「山區工寮」或「郊區廢棄建築」。因上述地點均為人煙罕至，且交通複雜，除了肉票不易被發現之外，也相對增加警察救援肉票的困難；但相對地，在缺水、缺電，且蚊蟲又多的野外，無論加害者或被害者，均需忍受一段艱難日子，加上山區通訊容易受阻，在往返途中容易暴露行蹤。因此，部分集團會事先以第三人（變造之身分證或不知情的第三人）的名義租賃房屋作為集團密商及囚禁被害人之地點。以租屋作為行動據點，雖然有較高的活動機能，但複雜的出入情況，以及被害人的呼救聲，容易讓左鄰右舍察覺異樣，而報警處理，進而暴露行蹤。上述二種藏匿的地點均屬「固定式」，若整個勒贖行動拖得太長，就容易暴露地點，故而有集團將被害人直接囚禁於車輛

中（通常會蒙上被害者的眼睛）以「移動式」的方式，進行勒贖與取款。由於這種新型態的擄人勒贖方式的產生，也確實增加警方在偵辦案件上的困難。

（三)**準備擄人相關工具**：在預先準備的擄人相關工具一般可分為：1.交通運輸工具：集團成員通常會事先準備二部以上的車輛，作為監控被害人作息、進行擄人行動以及取款之用。通常車輛的取得來源又來自以變造的身分證向車行租車，或直接竊取車輛作為犯案工具，另有僅竊取車牌，加掛於自身的車輛，以混淆警方的偵辦。2.控制被害人之工具：在控制被害人的工具方面又可區分為二大類，一為制服被害人之工具，通常包含：槍（真槍及玩具槍皆有）、刀械、電擊棒等具有殺傷力之器具；另一類則為了囚禁被害人之用，如膠帶、繩索、手銬、安眠藥等。3.通訊工具：一般通訊工具在整個擄人勒贖案件中，亦扮演著相當重要的角色，如成員之間的聯繫、引誘被害人、與被害家屬進行聯繫等。因集團成員也相當清楚「通聯紀錄」係為警方偵辦該案件的重要線索，故而「公共電話」、「被害人的手機」、「王八機」（盜拷手機）便經常性地被使用在勒贖過程（成員會不斷地變化發話地點，以擾亂警方的追緝），其中又以「王八機」最令警方感到棘手。

六、擄人行動

當上述的相關工作均已備妥，下一步即是著手「綁人」，下列有四種方式，係為我國擄人勒贖案件中最常出現。

（一)**尾隨下手**：當集團觀察並記錄被害人的一段生活作息之後，便會選定最容易下手的時機，進行擄人。而最佳的時機通常為被害人離開住家或工作場所，暴露於自然場域時，集團成員便乘機挾持被害人。

（二)**守株待兔**：如同上述，集團成員同樣確切掌握被害人之作息，但不同於上者係採「動態跟監」的方式，而改以「靜態等待」被害人現身再予以挾持。通常集團成員會守候在被害人的駕車附近，或停妥車輛準備離開之際，迅速予以控制。

（三)**引君入甕**：當集團鎖定的目標係為某一公司（或店家）之經營者，便會以「洽商」的名義，計誘被害人步入事先設定的圈套，再予以控制行動；或者假借名義，誘騙被害人上當（如針對兒童）。

（四)**立意取樣**：前述三者，較屬有計畫性的犯案，是為擄人勒贖案件之常態。但仍有一類較為特殊的犯案模式，僅就被害人之穿著或駕駛之車輛，來斷定其經濟狀況，作為是否進行擄人的參照指標。而被害人的特徵又以女性、駕

駛高級車輛者為主。

七、勒贖金額

　　就整體擄人勒贖案件觀之，「擄人」僅是手段，其最終目的是在於贖款。然而勒贖金額的多寡，並無一定的比率或規則，端視集團人數、被害人的身分、經濟條件而定。但其中有一特殊現象，是值得進一步關注與探討，即集團成員往往錯判（高估）其犯罪所得。如本章的21起案例中（詳見表12-2），其最初所預期勒贖之金額分布在150萬至7,000萬之間，經與被害者家屬多次商議之後，其最後確認之贖金，則降至70萬至2,000萬之間，而整體勒贖金額（累計21案例）亦由最初的3億9,000餘萬，降至1億5,000餘萬。而真正取得贖款者，仍為少數，多數集團均在取得贖款之前，已遭警政單位偵破。

八、與被害者之互動

　　當集團決意進行擄人行動之後，被害人的合作與否，均直接影響贖款的取得。此外，集團在著手犯案之後，其心理亦相當緊張與不安，若被害人不肯合作，甚至抵抗、呼救或企圖逃脫，都將可能引發集團痛下殺手。為了達成順利取款的目的，以下四種情況，最常出現在擄人勒贖案件中：

　　(一)以藥物控制行動：擄人勒贖集團會選擇以藥物（安眠藥、鎮定劑、烈酒等）控制被害人，通常有二種情況：其一，一開始便是以藥物作為擄人的工具，趁被害者不注意或無防備之下，下藥迷昏被害人，並將其擄走；其二，則是對被害人的相關資料皆已掌握，如被害人家屬的聯絡方式等，以藥物控制被害人即是為了避免被害人反抗、逃跑或呼救。

　　(二)以恐嚇控制行動：集團成員並未以「實際的暴力」逼迫被害人就範，而僅是以「口語恐嚇」威脅被害人提供相關資料，或與其家屬聯繫，以利取得贖款。

　　(三)以暴力控制行動：集團成員直接暴力相向，試圖讓被害人心生恐懼，配合集團之要求。有者甚至會殘暴地凌虐被害人，以要求其家屬支付贖金。

　　(四)直接殺害：最後一種，是被害人、被害家屬、偵辦人員，甚至是集團成員均所不樂見的。有部分案例係集團作案之前，便已決意殺害被害人（通常集團成員之中與被害人有一定的熟識程度），以逃避事後之追緝。而多數殺害被害人的情況係發生在被害人極力反抗，甚至企圖脫逃，或者被害人指認出集團某成員的身分，故而慘遭殺害。另外一種特殊的情況發生在擄人勒贖案件僅

表12-2　勒贖金額及協商結果

個案	集團成員	預計勒贖金額	最後協商結果
NO：01	3	3,000萬	500萬
NO：02	1	380萬	380萬
NO：03	2	200萬	200萬
NO：04	1	600萬	20萬美金
NO：05	2	500萬	250萬
NO：06	2	300萬	300萬
NO：07	1	1,000萬	300萬
NO：08	4-6	500萬	500萬
	4-6	1,000萬	1,000萬
	4-6	5,000萬	2,000萬
	4-6	1,600萬	1,600萬
NO：09	4	500萬	200萬
NO：10	2	330萬	330萬
NO：11	4	300萬	300萬
NO：12	5	2,000萬	262萬
NO：13	1	150萬	120萬
NO：14	3	1,000萬	70萬
NO：15	4	7,000萬	1,700萬
NO：16	3	5,000萬	800萬
	3	5,000萬	2,000萬
NO：17	1	500萬	500萬
NO：18	4	3,000萬	500萬
NO：19	2	300萬	300萬
NO：20	5	150萬	150萬
NO：21	3	300萬	300萬
合　計		39,610萬	15,062萬
差　額		24,548萬	

有一人犯案的情況，因加害人通常是被害人相當信任的朋友或親屬，在缺乏警戒心的情況之下，才被擄獲，加害人在同時得控制被害人，一方面又得與其家屬周旋取款事宜，手忙腳亂的情形下，若被害人不肯合作，其被殺害的可能性便大幅升高。撕票案例之分析詳見表12-3。

表12-3　撕票案例分析

案號	集團人數	與被害人關係	撕票動機
02	1人	律師朋友	未能迷昏被害人故而殺之
04	1人	師生	被害人掙扎呼救
08	4-6人	無	拒付贖款
10	2人	勞雇關係	事先擬定殺人計畫
11	4人	熟識之友人	被害人反抗呼救
13	1人	無	被害人反抗
15	4人	勞雇關係	事先擬定殺人計畫
17	1人	高中同學之妻	事先擬定殺人計畫
18	4人	朋友	事先擬定殺人計畫

九、取款方式

(一)定點取款：此種以約定特定地點的取款方式仍屬傳統模式，集團成員可能會透過行動電話，事先規劃行車路線，故意讓被害家屬兜圈子，企圖擾亂警方的偵辦行動。在本研究中有一案例特別值得一提，集團成員模仿電影手法，事先竊走公用垃圾子母車，將其底部挖空並放置在特定的下水道出入口之上，成員預先躲在下水道中，待被害家屬將贖款拋入子母車中，贖款便會直接掉入下水道，成員便趁機取得贖款，由其他出口逃離，再由另一成員接應，順利逃脫。守候在外警察根本不知贖款已被取走。

(二)利用高速公路：由於定點取款常容易遭到警方埋伏，故而近來擄人勒贖集團發展出新的策略，事先由成員分散等候在高速公路不同路段，見時機成熟，即令被害家屬停靠路肩，指定之特定路段將贖款拋下，再由守候的成員將錢拾走。由於高速公路貫穿不同縣市，集團成員即利用警方偵辦轄區的盲點，讓警方在調度混亂的情況之下，趁隙取走贖款。

(三)利用鐵路：與前述理由相同，部分集團以改採「動線性」的取款方

式，來規避警方的查緝；不同的是，某些集團想到更聰明的方式，利用火車動線取款。特別是在假日，一列火車通常載運著近500名乘客，集團成員指定被害家屬搭乘特定之班次，並派員一同搭乘，隨時監控，待火車開到特定地點時，命家屬將贖款拋下，由等候之另一成員將贖款取走。由於火車的時間控制相當精準，且不容易緊急煞車，加上其路線亦貫穿不同縣市轄區，監控勤務安排十分不易，雖然鐵路警察局已規劃成立「跳車隊」（當家屬拋出贖款時，便一同跳車，追捕取款歹徒），但鐵路沿線地形崎嶇，且相當多變，若集團指定將贖款拋出之路段為溪流，警方縱使貿然跳車追捕，可能因此受到傷害。

(四)押人取款：多數的擄人勒贖案件，均係由被害人家屬交付贖款，但仍有一些特殊案例，係由集團成員押著被害人（或以詐騙的方式，如餵毒、綁炸彈等）直接取款。由於整起擄人勒贖案件，被害人均為知悉，故也無從報警偵辦，當被害人被釋放或者屍體被尋獲時，案件也已完成。惟此種手法在實務偵辦中常有模糊地帶，究竟該案件係屬「強盜」或「擄人勒贖」，非本研究所要探討之重點，故暫且不論。

十、偵辦模式

(一)傳統模式：傳統的擄人勒贖案件偵辦模式大多為：1.清查被害人之交往情形（包含通聯紀錄），但通常是大海撈針，且曠日廢時，一般的擄人勒贖案件從被害人被擄走至贖金的交付，通常僅有三天至五天，往往緩不濟急；2.清查轄區之不良分子，多數的擄人勒贖案件被害人與加害人通常具有強烈的地緣關係，但其限制也與前者相似；3.靜待歹徒取款時，趁機逮捕，但近來擄人勒贖集團已逐漸熟悉警方的偵辦手法，故而犯案模式也推陳出新，加上顧慮「人質」的安全，往往使得偵辦人員投鼠忌器，錯失逮捕契機；4.待人質釋回後，或尋獲屍體時，再進一步根據集團遺留的線索進行偵察，但事後的追緝往往無法挽回被害家屬人財兩失的悲劇。

(二)現代模式：拜現代科技之賜，警方偵辦擄人勒贖案件的技術，已有長足的進展，如電子監聽設備、電子訊號之追蹤、勘驗及鑑識工作的進步等。但相較先進國家的刑案偵辦，則仍有很大的發展空間，如GPS（全球衛星定位系統）的運用，加上空中警察隊的輔助，以三度空間的辦案技術，無論歹徒係透過何種形式取款，均能有效的追蹤。另外，透過犯罪資料庫的分析，以及心理描繪技術的運用，均能有助於勾勒出擄人勒贖集團的犯案模式，進而協助案件之偵辦。

十一、判　決

在2002年1月30日以前（懲治盜匪條例廢除，刑法第347條、第348條一併修訂），我國針對擄人勒贖案件的適用法律包括刑法第347條、第348條，以及懲治盜匪條例第2條；其中又後者為優先適用。而本研究所列之相關案例均為修法以前，故其判決仍以修訂前之法律條文為準：

※刑法第347條：（擄人勒贖罪）

意圖勒贖而擄人者，處死刑、無期徒刑或七年以上有期徒刑。

因而致人於死或重傷者，處死刑或無期徒刑。

第一項之未遂犯罰之。

預備犯第一項之罪者，處二年以下有期徒刑。

犯第一項之罪未經取贖而釋放被害人者，得減輕其刑。

※刑法第348條：（擄人勒贖結合罪）

犯前條第一項之罪而故意殺被害人者，處死刑。

犯前條第一項之罪而強姦被害人者，處死刑或無期徒刑。

※懲治盜匪條例第2條：意圖勒贖而擄人者，處死刑。

在討論擄人勒贖案件之判決時，依據上述法律條文的相關設計，「撕票與否」成為法官審理相關案件的重要關鍵因素。

(一)**殺害被害人**：首先由表12-4可以清楚得知，凡因勒贖而殺害被害人，絕大多數均會被判處死刑（除成員之中，參與程度較低者例外）。

(二)**未殺害被害人**：由表12-5的統計結果亦可以得到佐證，雖懲治盜匪條例第2條：意圖勒贖而擄人者，處死刑。但通常法官均會念在加害人尚不至泯滅人性，依其犯罪情狀如以法定刑之唯一死刑論處，實有過重而堪以憫恕之處，爰均依刑法第59條之規定分別酌量減輕其刑。

表12-4　擄人勒贖集團司法審判結果──撕票

案號	集團人數	與被害人關係	撕票動機	判決	備註
02	1人	律師朋友	未能迷昏被害人故而殺之	死刑	
04	1人	師生	被害人掙扎呼救	死刑	
08	4-6人	無	拒付贖款	死刑、無期	亡命集團
10	2人	勞雇關係	事先擬定殺人計畫	死刑	
11	4人	熟識之友人	被害人反抗呼救	死刑、無期	
13	1人	無	被害人反抗	死刑	
15	4人	勞雇關係	事先擬定殺人計畫	死刑	
17	1人	高中同學之妻	事先擬定殺人計畫	死刑	
18	4人	朋友	事先擬定殺人計畫	死刑	

表12-5　擄人勒贖集團司法審判結果──未撕票

案號	集團人數	與被害人關係	判決	備註
01	3人	保姆之兄弟	判決書未載明	
03	2人	生意往來	無期	
05	2人	無	無期	拾獲被害人之名片
06	2人	無	無期	被害人開富豪轎車
07	1人	熟悉友人之子	無期	
09	4人	成員之姊夫	無期	
12	5人	無	無期、12年、13年	主動釋放被害人
14	3人	生意往來	無期	
16	3人	無	無期	取款後釋放被害人
19	2人	無	無期、15年	
20	5人	業務往來	無期	
21	3人	無	無期	取款後釋放被害人

第五節 討 論

一、擄人勒贖犯罪是理性的嗎？

理性抉擇理論（Rational Choice）之觀點強調犯罪之決意（Decision）乃為獲取快樂，避免痛苦，而犯罪經常是對行動及事件做成本效益分析的結果。進一步說，許多累犯犯罪者從事犯罪行為經常是透過理性之思考與決策之過程，此涉及個人認知（Cognition）之思考層面，而並非完全為環境之外在影響。故而，違法行為是發生在一個人考慮了個人因素（金錢的需求、仇恨、刺激、娛樂）和情境因素（目標物受到如何的保護及當地警方的效率）而決定冒險的時候；相反地，放棄犯罪的決定也是由於犯罪人知覺到犯罪沒有經濟上的利益，或是他們覺得被逮捕的風險太大了。

然而，從擄人勒贖犯罪的本質觀之，當某人決意從事該行動時，其所可能思考的方向應有：(一)單獨為之？或尋求他人協助？(二)目標物為何？(三)如何控制（擄人）及處置目標物（囚禁或殺害）？(四)預計獲取的利潤（贖金）？(五)如何順利取得贖款，及規避警方的查緝？故而，絕大多數的擄人勒贖案件均有其「預備階段」，迨時機成熟，方著手行動。因此，從行為人的角度而言，擄人勒贖行為可視之為一「理性選擇」下的活動。既然擄人勒贖是理性選擇的行為，那為何有人甘願冒著「判死刑」的代價，仍願意為之？此一爭議無論是在刑事政策領域（重典能否治亂世？），或者犯罪學領域（具有理性思考能力的人，為何從事犯罪？）長久以來並無人能下一定論。若從本研究來看，絕大多數參與擄人勒贖行動的個人，均有一個極為相似的背景因素，即生活陷入急迫的困境（追債、長期失業、通緝逃亡等），而擄人勒贖是解決上述危機的唯一途徑。其次，從前述的研究分析亦可發現，大多數的案件，犯罪人一開始均高估其犯罪可能的所得，故而使其誤判為「犯罪是划得來」。至於，犯罪是划得來的，係為理性抉擇的結果，抑或為一非理性的信念，端看研究人員從什麼樣的角度切入。

二、擄人勒贖被害人是否具有共同的特徵？

由前述文獻警政署的統計分析中，僅記載擄人勒贖被害人的職業及教育程度，以2001年為例，擄人勒贖案件被害人計有98名，其職業以「無業」者略占多數，計有35名（其中男性18名，女性17名，達35.7%）；其次為「民意

代表、行政主管、企業主管及經理人員」，合計16名，占16.3%；再者爲「學生」，計有10名（10.2%）。教育程度部分以「高中畢業」者略占多數，計有23名，占23.5%；其次爲「國中畢業」，計有22名，占22.5%；再者爲「大專畢業」，計有15名，占15.3%。

　　然而若從本研究21起案例分析中，被害人的特性僅有一共同的特徵，即爲「被害人係爲有錢家庭」（加害人認爲）。因從事擄人勒贖活動的成員，其設定目標的觀察單位並非個人，而是「家庭」或「家族」，至於要綁架的實際對象爲何？則是何人容易下手爲定。故而本研究的被害人計有：學童、老人、婦女、壯年男子等，但其共同特徵均爲「有錢人家」。因此，不論個人的學歷高低、性別、年齡均有可能成爲擄人勒贖案件的被害人。

三、警察是否有能力偵辦擄人勒贖案件？

　　本章所欲探究的「能力」問題並非刻意貶抑刑事偵辦人員，而是針對日益精進的擄人勒贖手法與型態，現勤的警務人員是否能適時調整辦案技能，以達到有效控制犯罪。雖然依據警政署的歷年刑案統計分析顯示[3]：除1995年及2002年的破獲率各爲87.7%及88.0%之外，其餘各年的破獲率均在9成以上。但由於擄人勒贖案件的偵辦，並非僅是單純、迅速地將犯罪人繩之以法，更重要的是如何在積極偵辦的過程中確保「人質」的安全，根據本研究蒐錄的21起案例之中，便有9起案例的受害者遭殺害，撕票率高達42.9%。因此，投鼠忌器的結果，往往錯過破案的契機，而這是否也意味著我國的刑事偵察單位必要重新建立一套更科學、更有效率的偵辦技巧。

第六節　建議

一、民眾

(一) 密切注意居家附近或工作場所是否連續數日出現可疑車輛、人物，若有，則儘速與地方警政單位聯繫，當心已成爲擄人勒贖之目標。

(二) 多年未曾聯繫之同學、軍中同袍、職場同事、親戚等，突然連日拜訪，或

[3]　警政署網站，http://www.npa.gov.tw/count/xls/right3_4.xls

打探自己現在的就業情況、經濟情況時，則應特別留意，且勿單獨與其外出，如無法避免，則應清楚與家人交代去向、與何人相約，並隨時保持聯繫。

(三) 平日生活應保持儉樸、低調，避免與人為惡；婦女單獨外出，儘量避免駕駛高級房車，或過度華麗之裝扮，以免成為歹徒隨機下手的目標。

二、被害人

(一) 當民眾一旦不幸成為歹徒下手的目標，一定要保持高度的冷靜，並應避免無謂的抵抗，以免激起歹徒之殺機。

(二) 千萬別急著揭穿歹徒的身分（許多被害人均會被蒙住眼睛），縱使已得知其身分，僅牢記心中即可，以免歹徒殺人滅口。

(三) 儘量與歹徒建立合作的關係，至於案子是否能破？贖金是否能取回？均是次要的，「保住性命」才是最重要的。

三、警政單位

(一) 強化電信監控之作為，如歹徒以日本或香港等地之電信系統，以漫遊的方式在臺灣作為犯案聯繫的工具，我國警政單位是否有能力偵察？

(二) 加強空警隊之功能，以三度空間的偵察網路，將能有效因應我國日益發達之運輸系統所造成犯罪偵防的死角。如無論歹徒設定的取款方式係定點、高速公路或鐵路的空拋，若能配合空中的監控勤務，將能有效掌握歹徒的去向，以利後續營救人質，逮捕嫌犯之作為。

(三) 加強系統偵察之功能，如GPS之運用，因絕大多數的擄人勒贖集團其所要求贖金之支付，均以「現鈔」為主，若能把追蹤器置入其中，將能有效追蹤歹徒行蹤，並避免正面衝突，傷及人質或警務人員之安全。

(四) 政府相關單位應籌設「贖款基金」。當警政單位接獲家屬報案之後，政府應負起籌湊贖款的責任，避免家屬可能遭受擄人勒贖犯罪的二次傷害──「人財兩失」。另外，贖款基金亦可作為一種偵查手段，如可在贖金中裝置GPS或鈔票染色裝置，以作為事後案件偵辦的重要線索。縱然贖金遭歹徒取走，而未能破案，那也是警政單位應當自行負起的責任，不應額外加諸於「被害人」身上。

結 論：本土擄人勒贖犯罪模式之雛形

綜觀本研究之分析與歸納，我國擄人勒贖犯罪仍以「集團模式」居多。而集團的組成，通常由一位經濟遭遇急迫性困境者發起（如被追債、吸毒、假釋期間、逃亡通緝等），其吸收之成員多為兄弟、同居人及熟識友人，但其成員通常亦具有相同經濟問題。通常集團會以郊區或山區隱密廢棄之建築物，或以偽造之證件租賃房屋，甚至以行動車輛作為組織運作、囚禁人質之基地。至於目標之設定，通常由成員之中提出，經團體商議後決定，但亦有隨機選取下手目標（少數）；一旦決定目標之後，集團便著手準備相關運輸、通訊、制伏及控制被害人之工具，並積極觀察目標物之生活作息，以尋求適當之下手時機。當集團擄獲被害人之後，有則直接將其殺害（有三種可能：一、被害者與成員之一相當熟識，故而殺其滅口；二、多數犯罪人處於犯罪情境之中，亦屬高度緊張狀態，當被害人抵抗或呼救，將引發殺機；三、當擄人及勒贖均僅為一人所犯時，因無法兼顧人質之控制與贖款之取得，多數個人犯案者，會選擇殺害人質後，遂進行勒贖）。有則以藥物或恐嚇的方式，甚至暴力相向，逼迫人質就範。至於取款的方式，則有定點式、透過高速公路或鐵路運輸，以「丟包」的方式為之。因多數的擄人勒贖案件均有其強烈的「地緣關係」，故而破案的機率均維持8成至9成，而法院之裁判通常以「是否殺害人質」為指標，撕票者，罪大惡極——死刑；未撕票——「無期徒刑」（如圖12-3）。

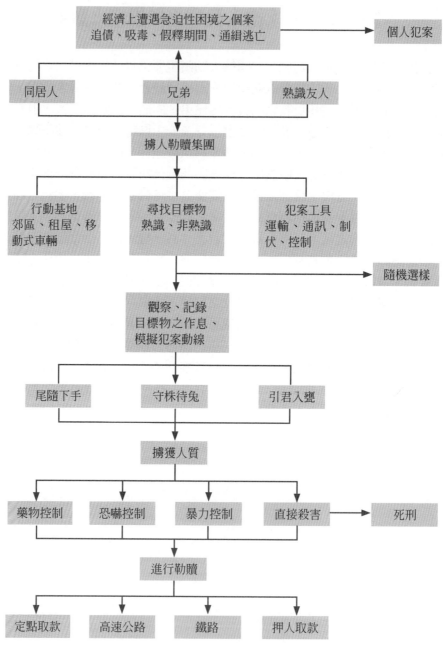

圖12-3　擄人勒贖犯罪模式

參考書目

一、中文部分（依筆畫順序）

內政部統計處。http://www.tsen.com.tw/lifelaw/9008/0807.htm，檢索日期：
　　2001/11/6。

內政部統計處分析（1998）。http://www.moi.gov.tw/W3/stat/，檢索日期：
　　2001/11/15。

內政部警政署刑事警察局（2002）。臺閩刑案統計。內政部警政署刑事警察局。

江振亨（2002）。犯罪是理性選擇？理性選擇理論的實證與面臨之挑戰。中華民國
　　犯罪學學會會刊，第3卷第4期。

何明洲（2001）。犯罪偵察實務（新論）。內政部警政署刑事警察局。

吳芳富（2001）。高雄地區搶奪犯罪成因與犯罪模式之實證研究。國立中正大學犯
　　罪防治研究所碩士論文。

許春金（1996）。犯罪學。三民書局。

陳桂輝（1999）。淺談有效處理擄人勒贖案件之原則。警光雜誌，第517卷，頁20-21。

楊士隆（2013）。犯罪心理學。五南圖書。

二、英文部分（依字母順序）

Abadinsky, H. (1983). The criminal elite: Professional and organized crime. Greenwood Press.

Allen, H. (1977). Assault with a deadly weapon: The autobiography of a street criminal (D. H. Kelly & P. Heymanned, Eds.). Pantheon.

Cornish, C. (1986). The reasoning criminal: Rational choice perspectives on offending. Springer-Verlag.

Hollin, C. R. (1989). Psychology and crime: An introduction to criminological psychology. Routledge.

Mile & Huberman (1994). Qualitative data analysis. Sage Publication.

Retting, R. P., Torres, M. J., & Garrett, G. R., (1977). Manny: A criminal addict's story. Houghton Mifflin.

Siegel, L. J. (2003). Criminology. Thomson Learning.

Travis, L. F. III. (1983). The case study in criminal justice research: Applications to policy analysis. Criminal Justice Review, 8: 46-51.

附　錄

案號NO：01	85年度台上第6175號
初累犯	初犯
動機	因經營遊藝場及簽賭六合彩，積欠債務1千多萬
集團人數	共3人
成員關係	生活中熟識之好友
事前分工	主嫌提供目標，其二人事先竊取二面車牌，以供綁人時之用。此外，以人頭帳戶開立金融帳號，供家屬匯贖金之用：並事先購買膠布、手套、頭套、口罩、手銬、安眠藥、童軍繩、電擊棒
與肉票關係	加害人保姆之兄弟（男性，擁有大批房地產）
犯案行動	駕駛預備擄人之箱型車，尾隨被害人，見時機成熟強行將被害人拉上箱型車，載往先前租用之拘禁處所
勒贖金額	3,000萬，後變更為500萬
與家屬互動	至鄰近縣市以公共電話向被害人家屬勒贖
與肉票互動	控制行動，並搜刮身上財物
取款方式	裁判書無記載
為何被逮捕	裁判書無記載
判決	裁判書無記載

案號NO：02	86年度台上第7265號
初累犯	初犯
動機	積欠酒店債務無力償還
集團人數	1人
成員關係	無
成員分工	事先向友人借車
與肉票關係	朋友（男性，從事律師工作）
犯案行動	以電話邀被害人外出用餐，用餐後伺機購買鎮定劑誘被害人服下，待被害人入睡後，著手擄人

勒贖金額	380萬
與家屬互動	以公共電話向被害人之妻勒贖，並約定次日會主動以電話聯絡
與肉票互動	被害人服用鎮定劑後，時睡時醒，加害人無適當時機下手綑綁以便藏匿控制，乃決意殺害被害人後再向其家人勒贖，遂基於殺人故意，將被害人殺害，並棄屍山谷
取款方式	約定隱密巷弄交付贖款
為何被逮捕	被害人之妻被勒贖後向其親友求助，經其友人報警，加害人再以公共電話向被害人之妻勒贖時，為警方監聽並鎖定發話地點查獲
判決	死刑，褫奪公權終身

案號NO：03	86年度台上第6502號
初累犯	累犯（違反麻醉藥品管理條例、肅清煙毒條例）
動機	缺錢花用、積欠地下錢莊債務及汽車貸款無力償還
集團人數	共2人
成員關係	朋友
成員分工	事先監視被害人生活作息，並模擬作案過程。並備妥絲襪、毛巾、尼龍繩、雙面膠布
與肉票關係	加害人因至銀樓選購金飾，得知被害人（女性）家人經營該銀樓，家境富裕
犯案行動	利用被害人接送小孩上下學之機會，待被害人返家，並停妥車輛下車步行回家之際，綁架被害人，載往山區囚禁
勒贖金額	200萬元
與家屬互動	以電話勒贖
與肉票互動	以雙面膠布貼住被害人之雙眼及嘴巴，以絲襪綑綁其雙手雙腳，並不准被害人動彈，被害人一有不從即以刀柄敲打其頭部及腳部
取款方式	加油站交付贖款
為何被逮捕	二嫌一同前往取款地點，被害人無人看管乘機自行掙脫綑綁，由他人協助報案
判決	無期徒刑，褫奪公權終身

案號NO：04	86年度台上第5334號
初累犯	初犯
動機	因沉迷遊樂場電動玩具之賭博，賭輸新臺幣100多萬、股票虧損600餘萬而負債、擔任自助會會首冒領會款300萬無法填補、房屋貸款20餘萬，無力償還

集團人數	1人
成員關係	無
成員分工	事先跟蹤被害人之作息，伺機行動。並至五金行購買鐵鍊、鎖頭。事先尋找偏僻處之空屋，作為拘禁肉票之地點
與肉票關係	曾為加害者之學生（男性，少年），悉知家境富裕
犯案行動	見被害人下課後，以上課為由誘騙被害人上車
勒贖金額	新臺幣600萬元、美金20萬元
與家屬互動	以公共電話通知被害人家屬，並警告其不得報警並等候電話
與肉票互動	反綁被害人之雙手、雙腳，並錄下被害人之求救聲音，預備聯絡取贖之用，後因被害人掙扎呼救，遂將被害人殺害並棄屍
取款方式	鬧區內多次變換地點
為何被逮捕	因被害者之屍體被人發現，而報警處理
判決	死刑，褫奪公權終身

案號NO：05	86年度台上第4166號
初累犯	累犯（前犯麻醉藥品管理條例案件）
動機	急需金錢花用
集團人數	2人
成員關係	舊識
成員分工	事先準備玩具槍，並尋覓山區空屋
與肉票關係	共犯中之一人拾得被害人（男性，從事裝潢工作）之名片
犯案行動	以公共電話打給被害人佯稱有房屋要請被害人裝修，誘被害人見面，嗣後以類似真槍之玩具槍，押住被害人，並限制其自由
勒贖金額	500萬
與家屬互動	直接向被害人勒贖
與肉票互動	被害人先以行動電話向其友人借得50萬交付加害人，後加害人又向被害人要求100萬之贖金否則即要將被害人殺害，故被害人又提領100萬交付加害人。被害人交付金額後，加害人即將被害人釋放
取款方式	市區交叉路口

為何被逮捕	嗣加害人又缺錢花用，復打電話給被害人，要求被害人給予5萬元，被害人佯稱答應，並報警處理，於交款時為警當場逮捕
判決	無期徒刑，褫奪公權終身

案號NO：06	86年度台上第2164號
初累犯	累犯（前犯賭博罪）
動機	認為被害人家境富裕，萌生擄人勒贖之意圖
集團人數	2人
成員關係	朋友
成員分工	事前備妥玩具槍、膠帶，並觀察被害人生活作息
與肉票關係	先前並無熟識，僅見被害人（女性，建築公司會計）出入均駕駛新車，認其富裕
犯案行動	先至被害人公司之地下停車場，並在被害人之自用小客車附近守候，待被害人進入該車內準備外出時，兩人即一擁而上，以假槍挾持被害人，並蒙住被害人之眼睛
勒贖金額	300萬
與家屬互動	被害人先以電話告知其公司董事長已被綁架之事，加害者接著向公司要求300萬，嗣後又打電話向被害人家屬勒贖，並要求被害人家屬聽從其指示交付贖款
與肉票互動	曾向被害人潑灑汽油於其頭部及手肘，揚言要將被害人和其座車燒毀
取款方式	路邊水泥管
為何被逮捕	取贖款時被埋伏之警察逮捕
判決	無期徒刑，褫奪公權終身

案號NO：07	86年度台上字第190號
初累犯	初犯
動機	平日開銷過大，以致入不敷出
集團人數	1人
成員關係	無

成員分工	事先觀察被害人作息，並備妥毛毯、棉被、鐵鍊，以及藏匿肉票之涵洞（郊區）
與肉票關係	與被害人之父母熟識，獲悉被害人（男性，兒童）家境富裕，起意綁架
犯案行動	先至被害人就讀之小學了解被害人之上學情形，觀察清楚後，駕車至小學側門，帶被害人至小學側門走出後，即向被害人請求至後車廂幫忙拿東西，待被害人不注意時，加害人將被害人推入後車廂
勒贖金額	1,000萬，嗣後商議為300萬
與家屬互動	以公共電話多次打電話至被害人家中勒贖
與肉票互動	以鐵鍊套住被害人之脖子，並曾因被害人反抗而打其臉頰
取款方式	市區交叉路口
為何被逮捕	經警監聽電話，並偽裝被害人的叔叔，以交付贖款為由趁機逮捕加害人
判決	無期徒刑，褫奪公權終身

案號NO：08	86年度台上第5845號
初累犯	累犯（槍砲、毒品、傷害等）
動機	加害人多為亡命之徒，因案遭通緝
集團人數	共4-6人
成員關係	朋友
成員分工	四處尋覓適當目標，準備槍械
與肉票關係	無特定關係，乃選定富裕者為其下手對象
犯案行動	(1)誘被害人（男性，開設賭場詐賭贏得鉅款）外出，談判不成，持槍將被害人射殺死亡 (2)持手槍將被害人（男性，經商）押入車內 (3)持手槍將被害人（男性，縣議員）押入車內 (4)持手槍將被害人（男性，經營房地產生意獲利）押入車內
勒贖金額	(1)500萬 (2)1,000萬 (3)初5,000萬，後降至2,000萬 (4)1,600萬
與家屬互動	以打電話方式聯絡被害人家屬交付贖款
與肉票互動	除(1)之被害人因不願交付加害者所勒贖之金額，遭殺害外，其餘被害人皆因交付金額後而釋放
取款方式	押人取款、餐廳停車場門口
為何被逮捕	警方長期布線，掌握行蹤
判決	無期徒刑、死刑

案號NO：09	87年度台上第1525號
初累犯	累犯（違反槍砲彈藥管制條例之罪）
動機	缺錢花用
集團人數	共4人
成員關係	朋友
成員分工	事先購買改造手槍，竊車（原本租車，後因車禍撞毀棄置），並藉機至被害人家中訪視，以熟悉環境
與肉票關係	共犯其中一人之姊夫
犯案行動	為熟悉被害人之環境，租小客車開至被害人住所附近以熟悉現場環境，並擬以該車為擄人之交通工具。加害人分持改造之土製手槍及未具殺傷力之玩具手槍一枝，伺機下手，下手擄人後，威脅被害人以電話通知其家人交付贖款。加害人取贖後，即將被害人釋放
勒贖金額	500萬，協議後降為200萬
與家屬互動	以電話與被害人家屬聯絡，並告知只是要錢，不會對其傷害，如報警即將之殺死，並催促交款
與肉票互動	將被害人擄上車後，為防止被害人認識四周景物，以衛生紙蒙住其雙眼再以膠帶黏住，且為使被害人心生畏懼，由加害者其中一人持土製手槍一枝交被害人觸摸，致被害人不能抗拒
取款方式	餐廳門口停車場
為何被逮捕	因事前曝光，警方已掌握加害人情資，待肉票釋回後，逕行逮捕
判決	無期徒刑等

案號NO：10	87年度台上第2733號
初累犯	初犯
動機	積欠地下錢莊債務
集團人數	共2人
成員關係	朋友
成員分工	先作初步商議，並決定無論是否取贖均將被害人殺害，並選定撕票地點，並勘查路線
與肉票關係	加害人之一曾為被害人父親所經營有限公司之拖吊車司機
犯案行動	嗣後開車至被害人住處守候，見被害人騎腳踏車上學時，便向前將被害人誘騙上車

勒贖金額	330萬
與家屬互動	以公共電話向其家屬勒贖
與肉票互動	綁架後隨即殺害被害人
取款方式	以行動電話以某公路段交付
為何被逮捕	被害人屍體被人發現，警方偵辦將加害人逮捕
判決	死刑，褫奪公權終身

案號NO：11	87年度台上第4163號
初累犯	累犯（殺人未遂）
動機	生活開銷過大，導致生活拮据
集團人數	共4人
成員關係	主嫌之同居人，及二名男性友人
成員分工	事先觀察被害人之生活作息，並備妥膠帶、繩索、登山刀、手銬、手套
與肉票關係	被害人（男性，蛋商）為同居人熟識之友人
犯案行動	開車跟蹤被害人伺機擄人，惟苦無良機；係由同居人出面邀約，再由同夥下手，以暴力控制被害人，並連同同居人一併擄走，使被害人不致生疑。以山區作為藏匿肉票
勒贖金額	300萬
與家屬互動	前後三次以公共電話向其家屬勒贖（撕票後）
與肉票互動	暴力毆打被害人，並以米酒強灌，以達控制被害人之目的；惟被害人一直有反抗、呼救之意，遂聯手將其殺害，並棄屍
取款方式	未註明
為何被逮捕	警方約談同居人，致使主嫌心虛逃亡，被害人屍體被人發現，警方偵辦將加害人逮捕
判決	死刑、無期徒刑，褫奪公權終身

案號NO：12	88年度台上第3746號
初累犯	主嫌另案通緝，同夥盜匪、竊盜前科
動機	因汽車當鋪經營不善，又沉迷賭博，積欠大量債務無力償還，經債主逼債，萌生歹念

集團人數	本為7人，後因2人心生恐懼，故更為5人
成員關係	相識之友人
成員分工	事先分頭購得刀械、瓦斯噴霧器、手銬、對講機等物，並預定藏匿肉票地點，勘查地形、路線、被害人家人之出入情形，並竊聽鐵工廠老闆之行動電話，得知老闆將出國，於是議定利用老闆不在家之機會綁架其幼子，商議之後並示範演練綁架動作
與肉票關係	初步議定為與加害人中之一人前有業務往來之代書，但因認為下手不易而作罷。後又議定以某鐵工廠老闆之兒子為勒贖對象
犯案行動	事先竊聽屋主手機通聯紀錄，確認其仍在國外未歸，以無線電作為聯絡方式，一人在外把風，二人持改造手槍、刀械、瓦斯噴霧器等侵入住宅，控制被害人行動。留下母親籌湊贖金，帶走幼兒作為人質
勒贖金額	2,000萬，後降為700萬，再降為300萬，最後議定262萬
與家屬互動	以電話與被害人家屬聯繫交款地點
與肉票互動	將肉票抱入加害人之車內行李箱，並由共犯中之一人看管拘禁。勒贖取款時加害人發覺有便衣埋伏，不敢下車取贖即逃逸，加害者見事跡敗露，隨即通知共犯將被害人釋放
取款方式	澄清湖售票處垃圾桶
為何被逮捕	被警查獲
判決	(1)無期徒刑，褫奪公權終身 (2)有期徒刑12年，褫奪公權8年 (3)有期徒刑3年

案號NO：13	88年度台上第1958號
初累犯	累犯並通緝中
動機	逃亡期間急需金錢
集團人數	共1人
成員關係	無
成員分工	開立人頭帳戶、購買汽油
與肉票關係	並無熟識，僅因被害人（婦女）駕駛豪華轎車，遂認定其富有
犯案行動	尾隨被害人進入地下停車場，待其下車時，企圖制服，但遭被害人抵抗，遂以預藏刀械刺傷十數刀，並將其勒昏擄走，帶往先前藏匿廢棄之軍用碉堡
勒贖金額	150萬，降為120萬

與家屬互動	以電話通知家屬，並謊稱被害人因車禍肇事，以支付賠償金，並指定匯入人頭帳戶
與肉票互動	原欲幫被害人止血，但見被害人失血過多陷入昏迷，遂將其勒斃，並加以焚燒
取款方式	匯款
為何被逮捕	家屬一直未能與被害人聯繫，推定已遭殺害，故報警並於加害人至銀行提款時，加以逮捕
判決	死刑，褫奪公權終身

案號NO：14	89年度台上第7325號
初累犯	初犯
動機	加害者因經營砂石業不善，積欠鉅額債務
集團人數	共3人
成員關係	朋友
成員分工	分頭購買刀械、手套、口罩、膠帶等。並持續5天輪流跟蹤被害人之行蹤
與肉票關係	加害者因承包砂石載運而認識從事土方買賣之被害人
犯案行動	打電話給被害人向其聲稱有生意要談，將被害人誘出，並以假槍枝威脅被害人上加害者所駕駛之車，被害人上車後以膠帶將被害人之雙眼及嘴部蒙住並加以毆打後帶至公墓監禁
勒贖金額	1,000萬，嗣後允以70萬為贖款金額
與家屬互動	直接向被害人勒贖，並未與被害人之家屬聯繫
與肉票互動	若肉票不聽從加害者之勒贖，加害者即予毆打，並餵食止痛藥謊稱為毒物，以飲料空罐綑綁其胸前，謊稱為遙控炸彈
取款方式	押人取款
為何被逮捕	加害者將被害者釋放，要其準備贖款，被害者乘機報警，其中二名成員向警方投案
判決	無期徒刑，褫奪公權終身

案號NO：15	89年度台上字第2196號
初累犯	主嫌為累犯（賭博罪）

動機	主嫌積欠賭債，經逼債甚急。共犯皆為經濟狀況不順遂，急於取得現款以解決經濟窘境
集團人數	共4人
成員關係	二者為兄弟，另二者為朋友
成員分工	觀察被害人上下班作息時間，以掌握行蹤；事先竊取贓車為交通工具；購買刀械、鹽酸、手銬等物；尋覓山區偏僻處，預先挖洞，待被害人供出家中聯絡電話之後，將隨即殺害，並毀屍掩埋
與肉票關係	加害人巧遇3、4年前從事買賣不動產買賣仲介業而認識之被害人，得知被害人仍從事不動產買賣仲介業，被害人之父親為建築商人，財力豐厚
犯案行動	事先埋伏被害人之處所外，以尖刀將被害人所乘之座車前輪刺破，待被害人擬更換備胎時，一擁而上將被害人押至贓車上並帶往山區藏匿
勒贖金額	7,000萬，後更為1,500萬，又更為1,700萬
與家屬互動	以竊得之行動電話向被害者之父勒贖，要求家屬獨自駕車，並以行動電話指出，不斷變換之交易地點，後因其父未能與肉票聯繫，認定其已遭殺害，遂故意拖延。加害人遂放棄第一次行動，隔日要求其母進行交易，並以火車作為取款工具
與肉票互動	因加害者與被害者熟識，故加害者在商議犯罪時即決議將被害人殺害，且擄人後加害人又被被害人認出，故綁架後將被害人殺害
取款方式	高速公路某路段丟包
為何被逮捕	取贖時被埋伏之員警逮捕
判決	死刑，褫奪公權終身

案號NO：16	89年度台上字第4583號
初累犯	主嫌因涉盜匪罪遭法院通緝
動機	逃亡在外經濟困難，並夥同經濟困難之友人共同為之
集團人數	共3人
成員關係	共同租屋居住人、朋友
成員分工	以變造之身分證承租屋舍作為藏匿肉票之用，並竊得汽車及車牌加以變造；購買玩具手槍、變造之「王八機」；觀察被害人之日常行動
與肉票關係	(1)與加害者同鄉之代書獨子 (2)探知某米商之經濟狀況良好

犯案行動	(1)駕車至被害人住家附近一路尾隨被害人,見時機成熟,持假槍將被害人強押至贓車後座,並以膠帶蒙住被害人之眼睛 (2)趁被害人吃完小吃步入店外時,加害人持未具殺傷力之手槍向被害人佯稱為刑事警察,將被害人強押上車,並以手銬將被害人銬住,以膠帶蒙住被害人之眼睛
勒贖金額	(1)初為5,000萬,降為3,000萬,最後以800萬成交 (2)5,000萬,後議定為2,000萬
與家屬互動	以「王八機」通知被害人父親準備贖金,並威脅不得報警
與肉票互動	(1)拘禁看管被害人,夜間以膠帶綑綁被害人手腳,並以強暴使被害人不能抗拒。順利取得贖款後,即將被害人釋放 (2)以高粱酒及安眠藥餵食被害人使被害人陷入昏睡,取贖後即將被害人釋放
取款方式	以下水道口上,放置特定鐵桶
為何被逮捕	經警循線查獲加害者在大陸之住處,由大陸公安人員逮捕,移交臺灣警方
判決	無期徒刑,褫奪公權終身

案號NO:17	89年度台上字第3822號
初累犯	累犯(恐嚇罪),曾任警務人員
動機	失業,負債累累,急需現款
集團人數	1人
成員關係	無
成員分工	加害人駕駛其所有之自小客車,暗中觀察被害人(高中同學之妻)之行動
與肉票關係	見高中同學往來甚密之夫妻頗有積蓄,即圖謀勒贖
犯案行動	加害人見被害人獨自駕駛機車出外辦事,即乘被害人停車路口等待綠燈之際,趨前與被害人打招呼,佯作巧遇,並誘使被害人上加害人之座車,被害人上車後,加害人即將被害人勒斃
勒贖金額	500萬
與家屬互動	以公共電話向被害人之夫勒贖
與肉票互動	擄人後即將被害人殺害
取款方式	未談及取款
為何被逮捕	被害人家屬接獲勒贖電話後即報警處理。翌日,被害者之屍體被人發現。警方推論其涉有重嫌,約談到案
判決	死刑,褫奪公權終身

案號NO：18	89年度台上字第925號
初累犯	主嫌為累犯（槍砲彈藥刀械管制條例）
動機	主嫌出獄後經濟拮据。共犯皆為經濟狀況不順遂，急於取得現款以解決經濟窘境
集團人數	共4人
成員關係	二者為兄弟，另二者為朋友
成員分工	觀察被害人上下班作息時間，以掌握行蹤；購買槍枝、尼龍繩
與肉票關係	被害人與成員之一熟識，為一木材進口商人
犯案行動	事先埋伏被害人之處所外，藉故寒暄，隨即以槍控制被害人
勒贖金額	3,000萬，後更為500萬
與家屬互動	以被害人之行動電話向其妻舅勒贖，後因妻舅發現有異，遂放棄，轉向被害者之子勒贖要求其子將贖款由高速公路上拋下
與肉票互動	因加害者與被害者熟識，故加害者在商議犯罪時即決議將被害人殺害，故取得贖款後將被害人殺害
取款方式	某銀行分行，改高速公路某交流道
為何被逮捕	尋獲綁票用之車輛，並從中取得指紋，掌握加害人之身分，隨後加以逮捕
判決	死刑，褫奪公權終身

案號NO：19	90年度台上第2107號
初累犯	累犯（前犯竊盜罪）
動機	缺錢花用並找不到工作
集團人數	共2人
成員關係	兄弟
成員分工	先購買膠帶、童軍繩、鐵鍊等工具，再租用小客車，在市區尋找作案目標
與肉票關係	與被害人（國中一年級新生）並無熟識
犯案行動	見被害人獨自騎乘腳踏車，乃駕車將被害人撞倒，並佯問被害人有無受傷，並予以送醫，騙被害人上車後，將被害人之雙眼蒙住並予以綑綁，並詢問其家中電話、父母姓名、住址、家庭成員等事項
勒贖金額	300萬

與家屬互動	以公用電話向被害人母親勒贖，要求其搭乘火車，並以指定地點拋下贖款，因自強號爲封閉式故無法將贖款拋出。遂改由高速公路之天橋放下籃子，要求家屬將存款放入，但因贖款過重，無法拉起
與肉票互動	控制被害人行動，並輪流看管，未加以傷害
取款方式	自強號列車、高速公路某路段
爲何被逮捕	家屬報案，警方於取款現場掌握加害人情資，隨加以逮捕
判決	無期徒刑，褫奪公權終身。有期徒刑15年，褫奪公權10年

案號NO：20	90年度台上第4139號
初累犯	累犯
動機	因在逃亡及假釋中，無固定收入維生，乃萌以擄人之犯罪方法以應需用
集團人數	共5人
成員關係	朋友
成員分工	事先租屋作爲開會及藏匿肉票之用；預購西瓜刀及鉛線
與肉票關係	與共犯中之一人與被害人（經營冥紙生意）認識
犯案行動	以公共電話向被害人聲稱欲購買冥紙，帶被害人至約定地點時，於被害人在車上卸貨之際，共犯中之二人持西瓜刀強押被害人至加害人準備之箱型車
勒贖金額	150萬
與家屬互動	以公共電話向被害人之妻勒贖金額，並要求家屬在特定高速公路路段將贖款拋下
與肉票互動	加害人向被害人要求贖金時，因加害人對金額不滿意，曾毆打被害人。後又因取贖不成又毆打被害人出氣，並以強暴手段迫使被害人錄音向被害人之妻證明其尙生存
取款方式	高速公路某交流道
爲何被逮捕	再次以電話要求贖款時，並警方鎖定發話位置，隨即查獲
判決	無期徒刑，褫奪公權終身

案號NO：21	90年度台上第4546號
初累犯	累犯（肅清煙毒條例、麻醉藥品管理條例、侵占、妨害自由等）
動機	於假釋期間缺錢花用
集團人數	共3人
成員關係	朋友

成員分工	並無明確分工或事前準備
與肉票關係	無熟識
犯案行動	於被害人公司之地下室停車場，加害人持假手槍抵住甫停好車之被害人，並將其押至加害者所準備之自小客車內，並予以毆打
勒贖金額	300萬，經討價還價降至100萬
與家屬互動	並未與被害者家屬聯繫，直接向被害人勒贖，由被害人通知其秘書提領現金後，交由被害人，被害人再交給加害者
與肉票互動	於綁架後曾毆打被害者，但在順利取贖後，即將被害者釋放
取款方式	押人取款
為何被逮捕	經警循線查獲
判決	無期徒刑，褫奪公權終身

第十三章　家庭暴力問題與防治對策

鄭瑞隆

 **前　言**

　　家庭理應是個快樂的地方，每個人在家庭中出生、成長、發展，長大之後經由婚姻制度又組成其自己的家庭，因此，家庭通常是個人得到溫暖與成長最多的地方，也是個人終生發展的發射臺（Launching Pad）；而婚姻與子女是大多數人所追求的愛情結晶，也是多數人得到幸福的泉源。但是近幾年來，在臺灣有許多的人（絕大多數是婦女與兒童），在其婚姻與家庭的生活當中，經常承受各式暴力的陰影，家庭暴力（Family Violence/Domestic Violence）成為許多女性與兒童少年肉體上、心靈、性及其他家庭生活方面的痛，甚至一輩子均難以平復。研究顯示，家暴被害是預測少年犯罪的顯著因素（鄭瑞隆，2006），若欲有效從根本預防少年犯罪，家暴防治需列為首要工作。

　　一般而言，家庭暴力的問題類型，依照被害對象之不同可分為婚姻暴力、兒童虐待（包括少年）、手足暴力、老人虐待及其他。暴力行為的種類則可分為身體虐待、精神虐待、性虐待、疏忽照顧、剝奪、限制、控制（含經濟控制）及其他等（鄭瑞隆，1988，2004）。我國對於家庭暴力問題之關切，始於民國70年代中期，台灣兒童暨家庭扶助基金會（TCF）開始對其案家提供保護受虐兒童的服務；對於受婚姻暴力婦女之關切則從民國70年代末期與民國80年代初期開始，尤其是民國82年10月27日發生了鄧如雯殺夫案，全國震驚注目。究其原因，鄧如雯乃其夫林阿棋施行性侵害與婚姻暴力之被害人，且鄧女全家人均飽受林阿棋迫害施暴。一時之間婦女在社會上之處境與遭受婚姻暴力之問題，甚至因而出現犯罪或身心失衡問題，備受公私部門注意，學者專家及立法部門倡議家暴防治如風起雲湧，民國87（1998）年6月24日制定了家庭暴力防治法（簡稱：家暴法），為亞洲國家或地區最先進、最周延的家暴防治專法。該法於民國88（1999）年全面施行。

　　傳統上婦女遭受婚暴之後，有些人逃離家庭尋求親戚朋友的庇護與援助；有些人默默承受不敢張揚或陷入無助、不知如何是好；有些人選擇反擊；只有

少數的人尋求公私立社會工作單位的專業協助；但是，也有人選擇用自我傷害或逃避的方式，例如，自傷、自殺、吸食毒品、逃家、逃學等（鄭瑞隆、許維倫，1999；鄭瑞隆，2001）。兒童因為年齡尚小，自我保護及處理自身問題的能力不足，在遭受暴力對待之後，求助能力欠缺，通常只能默默承受，除非是受暴情況嚴重被人發現，或是受傷嚴重送醫，經醫院報案後方能為政府與社會大眾所注意而加以保護。因此，兒童遭受暴力虐待之處境，更值得特別的關切。另外，傳統觀念常說：「家有一老，如有一寶」，可是近年來由於傳統倫理式微與社會經濟蕭條，常見聞有老人遭受子孫輩凌虐或遺棄，境況堪憐，甚至死亡多時才被發現，甚至遺體被自己豢養的家犬所啃食。老人遭受凌虐、遺棄或不當對待，是老人被虐待問題，也是家庭暴力問題。

過去的舊觀念總認為，家庭是一個私人的領域，家庭問題屬於家務事，夫妻間床頭吵床尾合，總不是外人可以瞭解或可以干預的，因此，存有所謂的「各人自掃門前雪，莫管他人瓦上霜」及「法不入家門」的傳統觀念；甚至在涉及家人之間的衝突糾紛時，縱然情節嚴重，也認為「家醜不可外揚」，而常用血緣、親族關係與感情上的觀點或習俗上的宗族慣例來處理。如果宗族中有明理公正的長輩，或家人間彼此遵循倫理道德、互相尊重愛惜、循規蹈矩，知所節制或反省，則當然法未必要進入家庭中去干擾或仲裁的。然而，因臺灣家庭結構功能已與過去不同，且從近幾年來國內不斷發生的諸多家庭暴力事件觀之，被傷害的被害人（絕大多數為婦幼或家庭地位弱勢者），其身心受創、經濟損失、醫療支出與社會服務成本至深且鉅（丁雁琪，2000），其慘狀及後續負面影響已是亟需國家社會的強勢介入保護；加害人之兇殘行徑、卑劣習性或偏差觀念與人格，更須以公權力為後盾的科際整合專業加以約制與處遇，方能使其改過遷善（高鳳仙，2017；鄭瑞隆，2003，2004）。我國家暴法之制定施行，已讓國家社會有專門的法律依據，對日漸嚴重的家庭暴力事件以公權力予以介入，依法（民事保護令）對施暴者進行鑑定及處遇，對受暴者加以保護、救援、安置、庇護、輔導、補助。家庭暴力是一種家庭成員間故意的犯罪行為，而且常是以暴力與控制為本質，值得相關領域之專家與實務人員特別關照之。

本章將介紹家庭暴力之成因理論、家庭暴力之後果、家庭暴力加害人與被害人之相關特質，以及家庭暴力之處遇與防治對策等相關議題，以提供犯罪防治與社會工作相關研究人員與實務工作者之參考。

第一節　家庭暴力之成因理論

解釋家庭暴力成因之學理甚多（Gelles, 1999; Barnett et al., 2011；鄭瑞隆，2001，2004），本節將對相關的學說理論做一探討，作為分析並解釋發生家庭暴力之根本，並據以對家庭暴力之防治與加害人之處遇提供學理依據。

一、生態系統理論（Eco-system Theory）

此論強調有機體（個體）與環境之間的關係，個體透過與其他系統互動良好，與環境之間和諧相處過程，才能有所發展。個體生態之描述有三個層次，即個人的層次（即所謂的微觀系統，micro system）、社會心理的層次（中系統，messo system）及社會文化的層次（巨觀系統，macro system），範圍由小而大。此論認為，暴力的發生是因為有機體（個體）與環境之間各層次互相不調和所致。例如父母親與子女之間，或家庭與周遭鄰里社區之間互相扞格，容易導致家庭暴力事件之發生。尤其，當小孩與父母親都有一些生心理發展方面的缺陷或限制時，或父母親有性格的問題（人格失調），或承受許多壓力，孩子有情緒困擾或行為失調情形下，虐待發生的危機最高。從巨觀系統來看，當社會文化縱容父母親使用過度的暴力去管教小孩，例如相信孩子是「不打不成器、管教就是打罵」，有問題的父母親也缺乏有效的社會支援力量與正確的親職知識與技巧，兒童虐待容易發生。家庭成員間系統（如夫妻系統）關係緊張或失調、爭吵，也會引發家庭成員間之暴力（Barnett et al., 2011），例如婚姻暴力或手足間暴力。

二、衝突理論（Conflict Perspective）

此論是從Marx與Engles的社會衝突的觀點來看家庭關係（Gelles, 1995）。論者表示，家庭就像其他社會制度一樣，家人間之衝突是可預見的；潛在的競爭結構是所有婚姻及家庭系統的一部分，家人關係就在競爭與衝突的結構關係中起伏前進。

家庭關係與家人間互動中，經常為了爭奪與控制有限的資源（包括社會的、心理的、情緒的及經濟的或時間資源），而產生彼此關係的糾紛與失去平衡，這是家庭生活中必然存在的特徵（鄭瑞隆，2004）。例如：有限的金錢，到底由誰先使用，什麼項目的支出優先，可能會產生的衝突。家庭中的空間分配、衛浴設備的使用、對子女或家人照顧責任分攤與時間的分配、情緒支持與

情愛的分配、休閒娛樂時間與花費之分配等，均可能發生衝突。家人間如果平日不善於溝通協商與妥協折衝，則通常會在各種衝突當中跌跌撞撞，彼此間關係失衡又趨平衡，平衡後又容易失衡，呈現出上上下下、平衡失衡間的交替循環。既然家庭成員間之衝突情形屬於必然，則家人間學習如何建設性地以正向的方式化解衝突，隨時檢討與調整，互相體諒容忍，是維繫良好家庭氣氛必要的課題，也是防治家庭暴力的基本原理（鄭瑞隆，2004）。

三、資源理論（Resource Theory）

此論認為資源（Resource）與權力（Power）是互賴的，掌握越多資源的人，就可行使越多力量（Force）或權力（可能也包括暴力）。資源指社會資源、個人人力資源、智慧資源、專門技術及經濟資源等。各種資源都是個人過正常社會生活與得到物質及心理安全所必需的，亦即個人生存發展必要的元素（鄭瑞隆，2004）。資源是有限的，而且通常也是分配不均的。沒有資源的人，為了獲取或分享資源，就要讓渡（Yielding）其權力予有資源的人，聽從其指令或為其效勞（Gelles, 1999）。此論在解釋婚姻暴力時，對於丈夫與妻子間之資源擁有與權力關係之解釋，顯得十分適用。

資源的代表物有許多形式，如金錢、勞力、情愛、時間、專業能力，資源在不同的時間點上有其不同的價值，給人感受到不同的快樂與價值（Gelles, 1999）。一位婚後未上班的全職家庭主婦，對於家事所需投入的時間與家事分配的比例，被期待要比整日在外辛勞工作的先生多，因為她沒有經濟收入的資源，因此必須以體力與時間對家事或育兒工作之投入來換取其先生的經濟支持。例如，在體力、時間與家事負擔方面，全職的家庭主婦讓渡其權力給先生，先生因為許多時間忙於工作，因此得到可以少做家事的優待，因為他提供家中所需之經濟資源。但是，如果先生忙於事業與工作，回家以後還要負擔多數的家事，這時對於怠惰的妻子難免產生埋怨，夫妻關係容易陷入緊張。如果是雙生涯家庭，夫妻兩人都工作，則家事分擔的方式就必須合理，讓彼此覺得舒服與合理。夫妻間之資源與權力互換之平衡點為何，是夫妻間生活默契或契約協商可以達成的，每一個家庭可能狀況不相同，只要各自覺得合理、舒服，可以接受即可。

然而，擁有許多資源的人會運用其力量或權力去達成心中所想的目的，但未必會公然地使用暴力使人畏懼或害怕。另外，沒有資源的人，也未必就不會使用暴力。例如，一位家無恆產的失業男子對其有工作的妻子常伸手要錢且施

加身體暴力，雖然他沒有什麼資源，但他的身體力量強過其妻子，當雙方不愉快時，仍可能以身體暴力去凌駕或控制其妻子，遂行其權力感及控制欲。

四、交換／社會控制理論（Exchange/Social Control Theory）

社會交換過程中的「成本」（Cost）及「報酬」（Benefit）概念，成為說明家庭關係的重要觀念，並且也可能是發展最快的理論之一。此論認為社會行為是一連串的交易行為或交互關係的行為（Transaction），家人關係也是如此。在交互關係的過程，每個人都試圖將自己的利益或報酬（Benefit or Rewards）擴增至最大，而將成本降至最低。在特定的情境下，一個人在交易中為了取得其他的利益，則他會願意付出一定的成本作為交換。當我們從某些地方獲得報酬，則我們也會回報相對的利益給他們。

男女之間的交往與是否決定結婚，雙方都會有一個考慮的過程，考慮雙方的匹配合不合適或值不值得，傳統「門當戶對」成為重要的概念，女子以美貌換取男子的財富與地位，例如許多美麗女子嫁入豪門或成為高收入行業者的美嬌娘；過去社會中女人的貞操用以交換個人價值與終身的幸福，這些例證均可用以說明交換理論。另外，男女雙方婚姻也常有交換之性質存在，當成本與效益相互不平衡時，暴力容易產生。例如男女雙方為他們的婚姻所投入的金錢與精力是否彼此相稱，相當重要，就像舊時代裡男方給女方聘金，女方給男方嫁妝，似乎也存有明顯交換之意味。

在社會控制方面，此派論者認為當使用暴力的效益比成本（付出的代價）還高時，暴力就會繼續被使用，使用暴力的成本高過其效益時（施暴者付出慘痛代價），暴力較能受到控制或抑制。而強大的社會控制力量（如公權力介入處罰暴力或來自社會網絡對暴力之譴責與制裁）可使使用暴力的成本增加而遏止暴力之使用（Barnett et al., 2011）。在我國，家庭暴力防治法之實施就是對家庭暴力行為最正式的公權力介入，制裁了家暴施暴者的違法行為，使其為家暴行為付出重大代價（施暴成本提高）。

五、社會生物學理論（Sociobiology Theory）

此論以演化觀點（Evolutional Perspective）解釋男女間之互動模式。男性與女性的生殖繁衍成功的方式與策略不同，男性以量取勝（男性每次射精可有數億隻精蟲，具長尾、快速游動、穿透力），具主動性與侵略性。由於生殖細胞如此的生物性質，男性會用主動接近女性並求愛，或用暴力來恫嚇女性，使

其在生殖功能上忠於自己，使女性的性事（Sexuality）能屈服於男性，且不再接受其他雄性為其性伴侶。與男性相比，女性之生殖細胞（卵子），呈現量少被動之性質。因此，論者認為生物學上之基本差異會影響男女性別在社會上之互動方式與基本的行為模式。過程中男性似比女性更易出現主動的攻擊性與支配性。這可說明為何夫妻或一般男女間出現暴力，常常是男性對女性使用暴力者多，美國哈佛大學人類學教授Wrangham（林秀梅譯，1999）對非洲猩猩研究中也發現，在與人類血緣最近的動物中，雄性動物對雌性動物的暴力遠多於雌性動物對雄性動物之暴力。

再者，由於人類生理構造與生殖方式之差異特性（男性無子宮，本身不會懷孕，只能讓女性懷孕；女性有子宮可孕育子代），故男性面對自己的子代，其疑慮與不確定性較大；女性則較不懷疑（近年來親子血緣鑑定已成為生技公司的重要業務）。人類生物若能確定自己養育的人是己身所出，通常較能愛得入心。因此，一般而言人類夫妻對於其親生子女較為疼愛，對於非親生之子女或他人之子女的愛，與對親生子女之愛相比較，仍有差別。此也說明為何當今社會許多男女會對於其同居人之年幼子女施加凌虐手段，甚至有許多致死案例。

六、女性主義理論（父權觀點與社會文化觀點）（Feminism: Patriarchal/Cultural Perspective）

女性主義論者認為許多女性與幼小孩童之所以遭受成年男性的暴力對待，是因為社會長久以來傳統牢固的父權思想觀念作祟，因此，要去除這些人際間的暴力行為，必須從顛覆父權思想觀念開始（Gelles, 1999）。

我們的社會、經濟、政治運作過程直接或間接地促成了父權社會秩序與家庭結構，父權思想貶抑女性，使女性永遠屈從於男性權威與控制之下。在性別不平等（男尊女卑、男強女弱、男進女退）的意識下，男性比女性在社會各層面掌握更大的權力與特權，因此，男性常會貶抑女性、壓迫女性、權控婦幼（Barnett et al., 2011），對女性存有許多錯誤的刻板印象，甚至將女性的身體加以物化，以金錢價值加以計價，因此造就了人類社會長久以來許多男性輕蔑女性，用金錢買賣女性身體，用暴力對待及控制女性的習慣。

舊時代裡父權社會還創造了許多箝制女性的觀念或制度。例如貞操、名節，一個年輕女性的貞操繫於其處女膜之有無，無處女膜或新婚初夜無「落紅」者表示無貞操，無貞操即無價值。女性若被性侵即因被玷污而名節受損，

無名節之女性就無價值。女性的貞操與名節就如同有價證券一般，因此，有些男性拼命要奪取女性之貞操（部分男性喜愛嫖處女），獲得征服、獨占與權力感。女性爲了保有其貞操與名節，則無法如男性一般公平競爭或行動自由。故某部分女性主義者認爲，女性必須擺脫貞操與名節之束縛，主動地丟棄貞操並不再爲貞操觀念所苦，方能與男性平起平坐、公平競爭（何春蕤，1995）。另外，部分女性主義者也從長久以來父權社會對女性不平等之婚姻習俗與婚姻法制、財產管理、子女監護，甚至墮胎權利等提出改革之議，希望從法制與社會習俗層面，將女性從父權體制之窠臼中拯救出來。

實證研究發現（鄭瑞隆、王文中，2002），婚姻暴力加害人絕大多數具有相當強固的父權觀念，認同女性應該順從男性，給男性維持面子，男性應該適度地駕馭或監管女性，對妻子之「管教」爲「必要之惡」，方能讓妻子安於其位，而不致於造次或出現不忠實的行爲，但父權觀念者卻也認爲妻子應該包容丈夫「風流」的行爲，施暴的男性可以容許自己外遇或不忠，但絕對無法接受妻子或女朋友有其他男人。

七、個人病理觀點（Individual Pathology Perspective）

個人之生理異常、腦部器質疾病或生化因子異常，可能與個體出現失控的暴力行爲有關的說法，是源自於犯罪生物學派與20世紀中葉實證科學的影響（Siegel, 2018）。個人的飲食不均衡或營養素缺乏（例如維他命B3、B6與維他命C缺乏）會引起抑鬱、躁狂、認知問題、記憶力損失、異常的性活動，並可能與反社會行爲有關（Krassner, 1986）。飲食中攝取過量的糖分和碳水化合物，與青少年之暴力與攻擊行爲有關（Schoenthaler & Doraz, 1983）。血糖濃度不足（Hypoglycemia）會引起個體易被激怒、焦慮、抑鬱、頭痛、昏花混淆，此與個人出現反社會或暴力行爲有關，從1943年Hill與Sargent的研究開始，一直都有學者提出證據支持這個說法（Yaryura-Tobias & Neziroglu, 1975）。

Wilson（1993）認爲荷爾蒙、酵素（腩）、神經傳遞物質等對於瞭解個人的行爲十分重要，另如腦傷、腦瘤、生化因子異常（染色體、內分泌、血清濃度）、精神狀態異常、人格偏差、低自控高衝動性格、傷後症候（家暴被害經驗），都有可能影響家庭暴力行爲之發生。

個體之心理失調（精神疾病與人格失調）會扭曲其對世界的觀點，而致不易控制行爲或容易有衝動行爲的出現（Barnett et al., 2011; Siegel, 2018）。有

研究指出，雖然家庭暴力之施暴者有精神疾患者只占小部分（Groff & Hubble, 1984; Milner, 1998; Williams & Finkelhor, 1990），但與對照組相比，兒童虐待的施虐者在各種心理病症的罹患比例均高於一般父母（Miller-Perrin & Perrin, 1999; Hunter, Childers, Gerald, & Esmaili, 1990）。

八、社會學習理論（Social Learning Theory）

此學派認為人類的攻擊行為並非屬於本能，而是經學習過程而來。個體透過觀察與模仿，形塑其行為模式（Bandura, 1977）。家庭生活的互動內容是孩童學習如何扮演父親或母親角色的學習過程，孩童經歷家暴被害經驗或經常目睹家暴發生，會將暴力的使用合理化，長大後較會以暴力方式處理家庭中之糾紛、壓力、危機（Miller-Perrin & Perrin, 1999），也會學習酒精濫用的行為（Barnett et al., 2011）。通常家庭也是一個人經歷到暴力的第一個地方，因為常經驗到暴力所以他們也會習慣於或容許暴力之使用。

孩童們也常從觀察暴力行為及其酬賞與處罰關係，增強或削弱其所習得的暴力行為模式。例如，孩童目睹父親以暴力毆打情緒激動、喋喋不休的母親，母親因遭受暴力而停止吵鬧，這樣的結果使得使用暴力者（父親）得到酬賞，達成所期待的目的，目睹兒童之暴力傾向也得到誘發。如果使用暴力的人得到的結果是被懲罰，得到痛苦的結果（付出痛苦的代價），則目睹的兒童之暴力學習可能會被削弱（Miller-Perrin & Perrin, 1999）。

由此論的觀點而知，家庭暴力的施暴者（加害人）往往也是從小在家庭生活當中經常遭受暴力對待，或經常目睹家人間使用暴力化解紛爭或控制他人（鄭瑞隆、王文中，2002；鄭瑞隆，2006），這樣的學習效果使得家庭暴力的危險一代傳過一代，形成代間傳遞的現象。雖然有童年遭受暴力或目睹暴力的孩童長大後未必一定會成為施暴者，但是兒童虐待的施暴者比一般父母親（非施虐者）其在小時候有更多的受暴或目睹暴力經驗，則是已經獲得許多研究的證實（Egeland, 1993; Widom, 1989a, 1989b）。童年受暴者長大後在青少年時期或成人時期出現犯罪行為的危險性亦較高（Widom, 1989a, 1995；鄭瑞隆，2000，2006）。許多婚姻暴力行為的形成與迷思，即是由此項社會學習的管道而來（Pagelow, 1984；陳若璋，1992）。

九、社會情境／壓力與因應理論（Social Situation/Stress and Coping Theory）

社會上之環境壓力、生活壓力、經濟壓力、人際壓力、工作壓力，使個體感受到因應無力，內在焦慮與挫折感升高的同時，其情緒與行為容易失控，忿懣情緒透過暴力形式（口語與行為）發洩。過程中婦女與兒童容易成為代罪羔羊（Scapegoat）。此因素易與其他因素相結合，例如，人格失調、個人病理因素使個體發生暴力虐待行為。

個體的資源、能力、機會與支持系統能力越大者，其成功地克服各項壓力之機率與能力越大，則個體較不易從這些壓力與挫折中導致身心失控，因此，也較不易發生暴力虐待行為。相反地，如果個體的資源、能力、機會與支持系統能力薄弱，甚至缺乏，則其成功地因應各種壓力之可能性大大地降低，此情形下，因身心失控而發生暴力虐待之可能性就相對的提高。此論可以說明，為何中下階層者或在經濟與社會較為蕭條混亂之時期，發生家庭暴力之機率較高（鄭瑞隆，2004）。

第二節　家庭暴力之後果

家庭暴力對於兒童與少年之影響層面甚廣，從相關的研究文獻觀察，至少有以下負面影響：引發家庭衝突（父母親之間或親子之間）、學校學習失敗、物質濫用（Substance abuse）、心理健康問題（Mental health problems）、偏差犯行、攻擊行為、犯罪、參與幫派活動、人格失調問題（包括反社會人格、邊緣性人格、人格解離），甚至連續殺人（Serial murder）（Mignon et al., 2002）。到底兒童是親自受暴對其心理與行為之負面影響較大，或是目睹家庭暴力對其負面影響較大，是一個值得深究的問題。相關文獻與實證研究均指出，不論親身遭遇或目睹家庭暴力，或者同時親身受暴及目睹暴力，均對孩童之心理健康與行為有顯著的負面效果（McClennen, 2010; Sternberg et al., 1993；Siegel, 2018；鄭瑞隆，2006）。

一、情緒、人格與精神問題

Sternberg等人（1993）的實證研究發現，兒童虐待的被害人與目睹暴力的兒童均比一般對照組兒童有更多心理鬱抑症狀，及內向型與外向型的行為問題。這些孩子比一般兒童更容易與其父母親、老師產生紛爭，較常覺得傷心、不被喜歡及較其同儕更不健康。被父母親身體虐待的孩子，在臨床上較常出現沮喪、憂鬱、憤怒、羞愧、罪惡感、低自尊、創傷後壓力疾患（Posttraumatic Stress Disorder, PTSD）、多重人格或解離人格，並與青少年時期的自殺念頭有關聯（Kazdin, French, Unis, Esveldt-Dawson, & Sherick, 1983; McClennen, 2010; Mignon et al., 2002）。Davies-Netzley等人對120位加州聖地牙哥地區患有嚴重精神病症的女性遊民（The Female Homeless）進行研究，發現她們比一般的女性遊民曾遭身體虐待與性虐待之比例更高，在孩童時期遭受虐待的經驗會增加日後的憂鬱人格（Depression）、自殺行為傾向（Suicidality）的機率，且會使這些婦女出現創傷後壓力疾患（Davies-Netzley et al., 1996）。嚴重心理疾患的女性遊民有75%的人在6歲至18歲之間曾經暴露於身體虐待與性虐待的經驗中；59%親身經歷了嚴重的身體虐待，56%曾經被家中或家庭外的長輩性虐待。這個發現說明了在兒童與少年時期遭受身體暴力與性暴力（或性虐待）對於女性日後的精神狀態（心理健康狀態）、憂鬱人格、自殺傾向，及無法過正常的家庭生活，有顯著的促發作用。

Spaccarelli等人（1994）曾經研究母親遭到婚姻暴力的兒童之心理健康問題，他們以303位10歲至12歲的兒童為對象，發現受研究兒童的家庭有30%的婚姻暴力盛行率，其父母親的婚姻與家庭有各種問題，例如離婚、酗酒或父親入獄服刑。女性兒童自陳在經歷婚姻暴力之後，她們出現各種行為問題，而男性兒童對於問題行為的自陳報告則較不明顯。Spaccarelli等人推論，父母親之間出現婚姻暴力，對於孩子的焦慮、憂鬱、低自尊及嚴重的偏差行為，有明顯的促發作用。

美國科羅拉多大學教授Silvern等學者以550名一般大學男女生為對象，以衝突因應量表（Conflict Tactics Scale, CTS）請他們逆溯回憶在18歲之前發生在家庭裡的暴力事件（Straus, 1990），並以Beck憂鬱量表（Beck Depression Inventory）、Coopersmith自尊量表（Coopersmith Self-esteem Inventory）及創傷症候檢核表（Trauma Symptom Checklist）（Briere & Runtz, 1989）蒐集受試者的心理憂鬱程度、自我概念與自尊程度，及與創傷事件相關連的心理症狀

（Silvern et al., 1995），結果發現：女生在童年時期曾經目睹父母間或父母與其伴侶間暴力者，與其憂鬱症狀、創傷症狀及低自尊顯著相關；男生亦出現與其憂鬱症狀顯著相關之情形。這可以說明爲什麼許多婚姻暴力受暴婦女之孩子經常出現明顯的心理創傷症狀，而且其影響效果持續久遠，延伸到子女長大成人時效果依舊存在 （Silvern et al., 1995）形成人格失調或精神官能症狀。對於暴露於家庭暴力的女生而言，她們會呈現缺乏自我效能與自我價值感，較可能產生無助與低自尊的性格（Pynoos & Eth, 1986; Pynoos et al., 1987; Silvern et al., 1995）。這些性格特質又與「被毆婦女症候群」（The Battered Woman Syndrome）相關（Walker, 2000）。

二、暴力或偏差行為與自我概念問題

不過亦有研究者認爲，或許觀看到父母親之間的暴力（配偶暴力，Spouse Abuse）對孩子的影響比較沒那麼直接，如果兒童親身遭受身體虐待，則影響效果比較直接（Sternberg et al., 1993），孩子的認知機制（Cognitive Mechanism）對於其目睹暴力所受之影響，扮演很重要的角色，甚至比孩子是否親自遭受暴力更爲重要（Sternberg et al., 1993）。Sternberg等人以遭遇暴力對待的孩子、目睹暴力的孩子，以及遭遇並目睹暴力的孩子爲觀察組，以一般兒童爲對照組，研究這些孩子們的外向型與內向型的行爲問題，發現如果母親與孩子同時受暴，則孩子會有較多的外向型與內向型行爲問題；如果母親未受暴，只有孩子受暴，則母親會認爲孩子的行爲問題並未十分嚴重。由此可見，如果兒童同時親身受暴且目睹其父母間發生暴力，對其身心之負面影響將可能是最爲嚴重，這就是所謂的「雙重厄運」（Double Whammy）（Hughes et al., 1989; Gelles, 1999；鄭瑞隆，2006）。

O'Keefe（1994）以185名7歲至13歲之兒童進行研究，發現目睹婚姻暴力的經驗量與兒童遭受父親身體暴力之量呈顯著正相關，與遭受母親之身體暴力則未呈顯著正相關；再者，目睹婚姻暴力的經驗量與兒童遭受母親之身體暴力兩者均與兒童嚴重的偏差或問題行爲呈現顯著正相關，這些發現都是在兒童的年齡、種族與父親狀態（親生或繼親）等變項被控制的情況下所發現。另外，O'Keefe（1994）也發現家庭暴力對於兒童問題行爲之預測，對女童之行爲預測力強過對男童之預測力，特別是外向型的行爲問題（Externalizing Behavioral Problems）。綜合O'Keefe的研究發現可知，目睹父母親婚姻暴力的經驗越多的兒童，其可能也曾遭受越多來自父親或母親的攻擊，特別是父親的攻擊可能

較多;另外,目睹父母親婚姻暴力的經驗越多的兒童,及遭受父親攻擊行為越多的兒童,其問題行為較多,特別是女童比男童更容易出現內向型的行為問題,而男童比女童更易出現外向型問題行為(McClennen, 2010)。

另有研究指出,遭受家庭暴力及父母親之不當對待(Maltreat-ment),包括兒童虐待與疏忽(Child Abuse and Neglect),對兒童在學校之表現有負面影響,且兒童較容易出現與管教相關的不良行為(Eckenrode, Laird, & Doris, 1993)。這些被虐待的兒童經常出現偏差行為而導致常被學校糾正或處罰,甚至遭到留校察看或退學的待遇。而被疏忽照顧的兒童,則在學業成績表現方面明顯地比同儕低落(Eckenrode et al., 1993)。Mignon等人(2002)指出,被虐待的兒童由於經歷了家庭中的混亂環境,引起他們憂鬱、心情低落與低自尊,使其學習動機降低;因虐待引起的腦部結構功能傷害及醫療上的疏忽,妨礙其在學校裡的表現。社會關係的恐懼或退縮使其在團體中學習和與人合作之關係受損傷。

研究指出,暴力犯罪少年及從事暴力行為而未被發現的少年比一般少年有較高的比例曾經暴露於嚴重的身體虐待,這些少年自陳自己的能力較低,處事態度較支持使用暴力攻擊,較常使用暴力為因應衝突的控制手段。該研究還發現,暴露於家庭暴力到出現嚴重的暴力攻擊行為之間的中介因子,是被害人(少年、兒童)支持暴力攻擊的信念(Beliefs Supporting Aggression)及透過攻擊式的控制行為去因應生活事件(Spaccarelli, Coatsworth, & Bowden, 1995)。故被害兒童少年在家庭暴力事件中之經驗學習內涵及心理認知內涵(亦即信念),對於其日後是否出現暴力攻擊或犯罪行為,存在有影響作用。因此,調整受暴孩童對暴力的認知與信念,是兒少暴力或偏差犯行防治的重要課題。

暴露於家庭暴力對孩子的自我價值感(Self-worth)與行為問題(Behavior Problems),有顯著的影響。Kolbo(1996)以臨床的個案(60名8歲至11歲的男女兒童)為觀察與測量的對象,發現:暴露於家庭暴力的經驗與女童的行為問題呈現顯著正相關,暴露於家庭暴力的經驗與男童的自我價值感呈現顯著負相關。亦即暴露於家庭暴力經驗愈多者,男童愈覺得沒有自我價值,可能導致自我概念較低與自暴自棄;女童則出現更多的行為問題。Kolbo(1996)也找出一些對於受害兒童的保護因子(Protective Factors),防止他們真正成為有心理、情緒與行為問題的個人。保護因子來自家庭是否有支持的力量(Support),當兒童遭受暴力或目睹暴力後,有無支持的力量在安撫或保障他們的

身心舒適與安全狀態，為他們受暴的負面效果提供復原力量（Resilience）。因為暴露於暴力對兒童的自我價值感有傷害，如果有力量介入去緩和那些負面的因子，使其不至於因為遭受或目睹暴力而心理與情緒受創，則孩子的心理健康仍能維持。儘管遭受到許多各式的暴力，有支持力量的男孩仍能夠維持相當的自我價值感，而缺乏支持力量的男孩若暴露於越多暴力的環境，則其自我價值感越形低落。另外，暴露於暴力的孩子本身之性別（Gender）與智力狀態（IQ）也對於其是否產生問題行為有中介作用力。Kolbo（1996）發現，以男孩為例，IQ較高者暴露於暴力之下，比IQ較低者較不易出現問題行為；女性孩童的IQ與暴露於暴力之間關係的性質則並不十分清楚。Kolbo（1996）認為，雖然孩童暴露於暴力之下未必一定出現行為問題，但是極可能有其他方面的問題。因此，給予暴露於暴力的兒童一個支持性的環境或情緒介入，對於防止受暴孩童出現行為或其他問題，應有實際的幫助（Kolbo, 1996; McClennen, 2010）。

三、罹患「缺愛症候群」、學業失敗與中輟問題

國內學者黃軍義與謝靜琪（2001）曾經研究中輟少年之形成因素，發現造成少年中輟的轉變因素，空虛的家庭為重要因素之一。特別是家長的管教方式令少年難以接受，長時期遭受忽視，感覺家庭欠缺溫暖與關愛，或者家中原來關愛者死亡，令其頓失依靠。事實上此情形為家庭對孩子之嚴重疏忽，或使孩子感受到情緒虐待。家庭的空虛與情緒缺乏支持成為青少年心情低落，導致向外去尋求慰藉與關愛的基本因素，此亦為少女罹患「缺愛症候群」（鄭瑞隆，2001）之基本症狀之一。陳慧女（1992）和鄭瑞隆（1997）曾經研究從娼少女之心理歷程與逃家原因，發現遭受嚴重疏忽、身體虐待及性虐待是十分顯著的生命事件，尤其在遭受親人性虐待（近親強暴或亂倫）之後，其自我價值感與自我概念遭到嚴重戕害，使被害女性少年開始變得自暴自棄，終至淪為從娼少女。

從社會學習理論（Social Learning Theory）來看，學者認為暴力行為和其他行為一樣，是經由學習的方式得來，而觀察模仿（Observation and Modeling）是一個很重要的學習歷程，暴力行為乃是示範學習的結果，養育者施用暴力行為，兒童與少年就可能從中學習相似的暴力行為。Mathew（1995）的研究也強調，攻擊是學習而來的行為，主要是家庭成員互動的結果。Bandura與Walters（1963）的研究也支持，兒童的行為（尤其是暴力行為）乃是直接

觀察或模仿父母親或同儕的行為而形成（Bandura & Walters, 1963; Bandura, 1977；鄭瑞隆，2006）。

偏差行為的研究者借用社會學習理論發展出獨特的「差異接觸理論」（Differential Association Theory）（Sutherland, 1939; Sutherland & Cressey, 1978; Siegel, 2018），此論認為，偏差行為是學習而來的，特別是在溝通的過程中與他人互動學習而得，其學習主要是來自親密的人際團體，例如家庭或學校，而不是經由政治力與法律規範。因此，以此觀點來看，在家庭暴力中成長的兒童，容易學習到以暴力的方式來解決問題，或獲得自己想要的結果，同時可能也對暴力或攻擊行為覺得理所當然，將暴力的使用合理化（鄭瑞隆，2006）。

四、暴力世代承傳與家庭病理

以暴力的世代承傳（Intergenerational Transition of Violence）觀點來看（Hampton & Coner-Edwards, 1993），在兒童虐待和暴力的文獻中共同的結論指出，一位觀察父母施暴（目睹暴力）或是成為暴力的受害者（親身經歷暴力），或在兒童期處於高度家庭暴力環境中的人，長大之後較容易成為施虐者（Cox & Conrad, 1996; Straus et al., 1980）。所以，從生態系統與社會學習的角度觀之，暴力的家庭環境與施虐的父母，容易教養出偏差行為或暴力行為的少年，成為犯罪少年之機率因而大增（鄭瑞隆，2006）。

如同毆打兒童一樣，毆打妻子事件也與遭受暴力的經驗有關，在幼年時期曾遭受暴力的男人，長大後比在幼年時沒有遭受暴力的男人，更常攻擊妻子。內科醫師 J. J. Gayford（1975）和其他研究者一樣，發現施暴者和受害者雙方，在孩童時都曾遭受過暴力研究，也發現曾經觀看父母間暴力的幼年經驗也與配偶間的攻擊有關。

從病理模式（Pathological Model）來看，家庭病理（Family Pathology）與兒童被虐待有密切關係，而遭受各式暴力虐待的孩子，其個人身心亦會出現較多的病理特徵，導致將來長大之後較容易出現暴力或其他違犯的行為，成為家庭暴力施暴者之機率較高（McClennen, 2010）。兒童成長早期在家庭中所接受的教養與關愛品質，對日後是否產生犯罪或偏差行為具有相當高的預測力（Hirschi, 1969），也就是說，青少年時期的偏差行為往往是孩童時期缺乏適當的家庭教養與關愛所造成。兒童少年會將其在家庭中之見聞與遭遇等經驗，內化為自己的價值、觀念、態度與信念，影響其身心健康，並形成其人格型態

與行為的模式，甚至成為青少年憂鬱症狀的病源（吳齊殷，1996；Cox & Conrad, 1996）。如果兒童少年從小在家庭中所獲得的遭遇與經驗是病態的，則這些病因會在無形當中滲入他們的心靈中，成為日後心理與行為問題的根源。

　　然而值得注意的是，這並不代表所有在兒童階段經歷暴力事件的暴力受害者，長大之後都會變成施虐者，同時這也不表示在幼年時期未經歷暴力經驗的孩童，長大之後就不會有暴力行為（Gelles, 1999）或犯罪，而根據Kaufman與Zigler（1987）指出約只有30%的施虐父母，在其兒童時期曾被暴力虐待過。

五、易成為犯罪人或施虐者

　　有許多文獻都直接或間接強調，家庭暴力被害經驗，與目睹家庭中成員使用暴力互相對待，對於家庭中成長中的兒童與青少年，有非常負面的影響，使得他們長大以後較易成為犯罪人或施虐者（Bartol, 1995; Wicks-Nelson & Israel, 1997; Widom, 1989a, 1989b；鄭瑞隆，2006）。犯罪少年中，曾在幼年遭受身體虐待之比例也不低（周震歐，1989；蔡德輝、楊士隆，2013；鄭瑞隆，2006），從娼少女小時候曾遭性虐待之比例達到30%（鄭瑞隆，1997）。

六、家庭暴力對兒童與少年之負面影響

　　與未曾遭受身體虐待的孩子相比，遭受身體虐待的孩子比較容易產生生理上、行為上與情緒上的傷害結果，這些事實獲得許多研究結果的支持（Ammerman, 1991; Cicchetti & Toth, 1995; Fantuzzo, 1990; Kolbo, 1992）。亦有研究者發現，有許多被虐待的孩子，他們的負面身心狀態會延續到青少年與成人時期，使其容易產生情緒低落與偏差行為的情形（Gold, 1993; Malinosky-Rummell & Hansen, 1993; Barnett et al., 2011）。Miller-Perrin與Perrin（1999）在她們的著作Child Maltreatment中整理出遭受身體虐待者在不同時期（兒童、青少年、成人）所出現的負面結果，這些說法與本文研究者的實證研究發現有許多可以互為呼應之處，茲分別說明如下（鄭瑞隆，2000；Miller-Perrin & Perrin, 1999; Crosson-Tower, 2002）：

(一) 身體虐待對兒童造成的負面影響

　　身體虐待對兒童造成身體傷害、情緒傷害、社會功能損失、智力功能損失。不過這些傷害都不是絕對的，可能是多重因素互相交互影響的結果，學者在做這方面的論述時，需要小心謹慎。這些結果的造成是機率的問題，換句話說，身體虐待對孩子造成的各種傷害結果與身體虐待行為本身是呈現正面相關

的關係，相關係數的大小因不同研究與觀察，會發現不同的結果，而人類社會行為科學之研究幾乎不可能產生完全正相關之情況。

在生理傷害（醫療問題）方面，大致上受虐兒童會有許多種程度不一的身體瘀傷、挫傷、裂傷、切割傷、燙傷或骨頭斷裂、內臟損傷，受傷的部位大多在屁股、背部、腹部、胸部、大腿、小腿、頭部、臉部、手腳等，其中以頭部受傷與內臟損傷內最容易致命。對嬰幼兒來說，搖撼症候群（Shaken Impact Syndrome）（又稱嬰兒搖晃症）也相當可怕，在嬰幼兒遭受猛烈搖晃之下，其腦部及眼底的血管與神經可能會因而斷裂出血，腦部組織可能會產生移位，造成腦出血、昏迷、甚至死亡，對孩子的智力傷害甚深（Miller-Perrin & Perrin, 1999; Tsai et al., 2005）。個人的研究也發現，家庭暴力受虐之後，孩子之身體受傷情形，與其他學者或醫師臨床上的觀察相似，而身體上的傷害對於少年日後偏差或犯罪行為的相關性，不容忽視，其與負面因應行為發生的相關性也十分明顯（都達正相關係數0.3以上），負面因應行為與少年偏差或犯罪行為之相關更達正相關係數0.5以上，身體暴力被害經驗可預測少年產生偏差或犯罪行為的傾向達31.5%（鄭瑞隆，2006），值得各界注意。許多父母親習慣以身體暴力管教孩子，實在需要加以調整，學習以非暴力與理性的方式，引導孩子的行為問題方是正途。

在行為問題方面，本研究發現受虐經驗較多的少年，其偏差行為也較為嚴重。其他研究者也發現，受虐兒童有較多的反社會行為（Antisocial Behavior），即使在婚暴、貧窮、家庭不穩定等因素獲得控制下，仍然有此發現。其他受虐兒會出現的行為問題，包括酗酒、藥物濫用、不守規矩（違抗行為）、叛逆、在家中或外面與人打架、財產犯罪、常被逮捕等，這些偏差行為的態樣，在本文作者的研究發現中，也獲得證實（鄭瑞隆，2006）。

在心理學變項之社會情緒問題上，受虐兒與照顧者的依附（Attachment）與社會互動情形較差，缺乏安全感、會躲避照顧者、與照顧者的聯繫漸薄弱，這種情形導致孩子在日後的社會性互動能力出現障礙，與同儕及成人的互動較差，因此缺乏結交朋友的能力，無法表現利社會行為（Prosocial Behavior），遊戲中與人合作能力較差。受虐兒童常有情緒障礙、自尊心較低，常有絕望、抑鬱與低自我價值感的表現（McClennen, 2010; Miller-Perrin & Perrin, 1999）。本文作者研究也發現，受暴的受試者表示其心理上常感悲傷難過、憤怒憎恨、沒安全感、焦慮不安、怪罪自己、想要報復、一片茫然等感覺（鄭瑞隆，2006）。

(二) 身體虐待對青少年造成的負面影響

　　青少年受虐後的影響，其實早自其在兒童期受虐時就一直延續下來。研究者發現，青少年的偏差與問題行為與其受暴力虐待的經驗密切相關，他們會出現反社會行為與暴力行為（例如：人際間暴力與約會暴力）（Dodage et al., 1990; Reuterman & Burcky, 1989），且會攻擊其父母親與手足（Kratcoski, 1984）。與一般為受暴的青少年相比，曾遭受身體虐待的青少年，其犯罪與偏差行為的比例較高（Kratcoski, 1984）。除此之外，曾經遭受身體虐待的青少年會出現的負面結果還包括，外顯性的行為問題、注意力失調問題、低自尊、物質濫用、學業表現低落、經常焦慮不安等（Truscott, 1992; Williamson et al., 1991）。

　　青少年受虐的負面結果會持續到成人時期，而使其出現社會功能失調與行為偏差，甚至會造成暴力行為的代間傳承（Wolfe, 1987）。在犯罪與暴力行為方面，Widom（1989b）的研究發現，與一般青少年的控制組相比，受虐組青少年因犯罪而被逮捕的比例較高，出現暴力犯罪行為情形較多，成年後犯罪的比例也較高。不過，也不是說受虐經驗絕對會使受虐青少年產生犯罪行為，因為度多數受虐青少年並未犯罪，而犯罪的青少年當中也有相當多的人並未有受虐報告的紀錄，可見青少年受虐經驗與犯罪行為之間的相關係術絕對不是完全正相關，而是達到不可忽視程度的正相關（Miller-Perrin & Perrin, 1999）。

　　本章作者認為，兒童與青少年遭受家庭暴力被害經驗之後，其產生偏差行為作為因應，甚至後來成為犯罪少年，深受家庭病理因素及其個人受暴後之身心創傷（個人病理狀態）之影響，儘管其影響力不是絕對的，但是其危險傾向甚高。受暴兒童與少年日後成為施暴者的現象，受到家庭生活中不當社會學習與偏差接觸感染，這也是家庭病理現象的一部分，因此，從消弭家庭病理以控制少年犯罪，應該是值得進行的治本工程（鄭瑞隆，2006）。

第三節　家庭暴力加害人特質與危險評估

　　鄭瑞隆與王文中（2002）曾經研究我國之家庭暴力加害人特質，特別是婚姻暴力施暴者之各種特徵，獲得如下的發現：

一、人口學特徵

　　婚姻暴力加害人通常是男性；多數成長於傳統核心家庭；教育程度不高，約為國中程度或高中職程度；年齡在30歲至55歲之間；約3成有明顯的生理疾病；職業以工農階層最多，大多數職業不穩定或失業；居住地區並不特別偏向某一類，即都市、鄉村與市鎮都平均分配。

二、社會與經濟地位特徵

　　婚姻暴力加害人約只有4成5有規律、固定的工作，而沒有固定工作、工作不穩定或失業者之比例合計超過一半，失業者近15%。由於教育程度不高及職業穩定度欠佳（甚至失業），故婚姻暴力加害人通常社會經濟地位不高（中等或中下居多），通常有經濟困窘的情形，經常會為了金錢的問題與配偶發生爭吵，是導致婚姻暴力行為發生之重要原因之一。

三、物質依賴特徵

　　婚姻暴力加害人逾6成有物質依賴的習慣，甚至成癮。有物質依賴者約有6成是酗酒（或酒精成癮），約近5%有濫用藥物的習慣。推估整體婚姻暴力加害人約有3成6酗酒或酒精依賴，約3%有吸毒習慣。

四、心理與人格特質

　　婚姻暴力加害人多數未能明確辨認自己的壓力源，且無法以正向的方式去處理壓力，不十分瞭解自己的情緒狀態，且認為情緒不好或壓力過大，大部分出自外在環境或他人因素而造成的，只有少部分是來自自己內在心理問題。加害人對自己負面情緒之處理多半不是正面或不具建設性的（例如喝酒），只是短暫的情緒發洩或逃避。多數加害人對於情緒之掌控能力不足，對於壓力的調適顯得較欠缺技巧。婚姻暴力加害人有極少數人（4.1%）可能有精神異常之現象，需進一步精神鑑定評估。

　　多數婚暴加害人對於性別間強弱之極化看法及刻板之性別角色觀點明顯且僵化，認為男強女弱是一種定則。認同傳統的大男人主義（男人為尊之想法明顯），認同以暴力方式獲得控制權，特別是金錢及限制行動。如果老婆當家，會常覺得沒有自尊感，很在乎自己的面子，以及在社會上和家裡的地位。

五、社會與人際關係特質

　　婚姻暴力加害人通常社會人際關係與社會技巧欠佳，處理人際衝突的能力

不足，易以破壞性的方式因應衝突關係與人際糾紛。但是也有2成4的加害人自認為人際關係很好；只有不到3%承認自己與同事常有衝突；近一半（4成3）認為自己在工作時與同事之關係普通。有3成6認為自己在早年求學時與同學關係普通；有2成9覺得自己與同學之關係很好。有4成4的加害人表示目前自己與兄弟姊妹之關係普通；但也有近3成與兄弟姊妹關係不佳或交惡。

六、婚姻與家庭關係特質

　　婚姻暴力有9成6發生在加害人的第一次婚姻；有9成7的加害人發生婚暴事件時已育有子女，子女人數大多數（約7成）是2或3位；婚姻暴力加害人通常是已婚的男性，亦有少數是離婚或與人同居之男性。結婚或同居年齡約27.3歲，早婚或晚婚之情形不明顯。

　　夫妻之性愛生活失調之情形普遍，超過五分之一的加害人先前一年內與配偶均無性行為。性愛生活失調之原因雖不甚清楚，但與感情不睦、個性不合、懷疑外遇、加害人性交方式不為配偶所喜歡、加害人對配偶強制性交有關。

　　夫妻婚姻生活中衝突原因，大致上有經濟問題、金錢處理方式衝突、生活瑣事、夫妻互動關係、性關係不協調（或無性生活）、子女管教問題、夫妻溝通不良覺得未受尊重、外遇問題、個性不合、家事分工問題、相對人偏差行為被干涉、相對人之精神症狀（妄想症狀）所致、相對人對於被害人疏於照顧家庭感到不滿、有婆媳問題等。

　　婚姻暴力加害人拙於婚姻與家庭經營，夫妻關係與感情疏離、冷漠，甚至交惡十分普遍。在子女管教上婚暴加害人所採取的方式絕大多數並不健康與正面，採取打罵與嚴厲體罰者多，此亦暴力管教之施行，與婚姻暴力行為可能有相關聯，甚至可被懷疑同時有施行兒童虐待行為之可能。

　　對於因婚姻暴力行為導致可能配偶欲請求終止夫妻關係（離婚），約有3成6的加害人可以接受，不能接受者占大多數（6成4），甚至有1成（10.6%）的加害人不僅不接受，還懷有敵意或可能會採取報復手段。

七、暴力行為特質與對暴力行為之認知

　　婚姻暴力加害人大多數（超過7成）是使用手腳對被害人拳打腳踢，並摻雜口頭辱罵，甚至冷嘲熱諷；有精神暴力者可能超過6成。約八分之一（15%）有用武器（非槍械）威脅，有用武器造成傷害者不到1成。約9成的婚暴加害人均屬中高危險程度者，超過一半（52.9%）是高危險群，再犯機率不

容忽視。婚姻暴力加害人約有3成同時對配偶之外之其他家庭成員施暴，值得注意。

多數婚暴加害人認同暴力行為是「必要之惡」，且宣稱自己常是被迫使然，因為被害人激怒他、太過分或應該得到教訓才能清醒，如果配偶能溫柔體貼，則能化解家裡的紛爭。可見對於暴力行為的責任經常往被害人身上推，且充滿想控制被害人之想法，希望被害人聽任他的控制與支配。相對人多數認同與瞭解暴力代間傳遞之可能性，認為暴力行為會影響小孩未來的身心發展與行為，但是當自己使用暴力時則不會考慮那麼多。

林明傑（2000）檢閱美加地區對婚暴犯之實證研究相關文獻，提出毆妻犯之三種類型：(一)只打家人型（Family Only）：其只對家人施暴，多無前科紀錄，較無心理疾病的問題，約占50%；(二)煩躁／邊緣型（Dysphoric/Borderline）：此型也會對家庭外之人施暴，但是不多。具有邊緣型人格異常，情緒容易變異與暴躁，約有25%；(三)暴力廣及／反社會型（Generally Violent/Antisocial）：此型毆妻犯也在家庭外有許多暴力行為發生，多會有犯罪前科紀錄，約占25%。一般而言，第(二)、(三)類型比第一類型危險性較高。

婚姻暴力之危險因子評估

在美國危險評估工具之使用是近二十年的事，目的在透過實際危險的評估增進被害人的安全，發展保護被害人的計畫，對加害人進行處遇，而法院與相關刑事司法機構用危險評估決定加害人的入獄與否的判決，與發展合適的處遇服務，則是比較晚近的發展（Roehl & Guertin, 1998）。

一般而言，對於家庭暴力加害人進行評估之項目如下：加害人最近一次對被害人攻擊之情形、加害人最近自殺或殺害他人的企圖、加害人與被害人關係之性質、加害人對被害人之威脅程度、性質與施暴行為之危險性、加害人藥物濫用與酒精濫用之歷史與情形、加害人之人格失調之情形（憤怒、衝動或行為失衡）、加害人原生家庭之暴力情形（含被害經驗）、加害人之犯罪前科與偏差行為情形、加害人對被害人使用暴力之次數與情境、加害人對其他家庭成員之施暴情形、加害人使用之武器類型與致命程度、加害人之就業情形、社交關係與經濟地位、加害人之精神健康狀況或治療情形。

從家庭暴力之相關理論及婚暴犯之特質加以觀察，婚姻暴力加害人個人之危險因子，至少有低教育程度、低收入、低職業地位、低自尊與自我概念、低肯定信心程度、自我能力感較低、有些有性攻擊的紀錄、對他人有暴力攻擊的

紀錄、在原生家庭親身受暴或曾經目睹暴力（Hotaling & Sugarman, 1986）。其他尚有物質濫用（酒精與藥物）、家庭缺乏凝聚力與適應壓力的能力、個人管理壓力的能力缺乏、缺乏支持系統與社會網絡之支持、家庭與環境問題與壓力較多等危險因子。另外，研究尚發現夫妻關係不睦、性關係不協調、子女管教問題、夫妻溝通不良覺得未受尊重、外遇問題、個性不合、家事分工問題、加害人偏差行為被干涉、加害人之精神症狀（妄想症狀）、加害人對於被害人疏於照顧家庭不滿、婆媳問題等也是十分明顯的婚姻暴力危險因子（鄭瑞隆、王文中，2002）。

　　暴力是學習而來的行為，因此，如果加害人被發現其在原生家庭中曾經遭受家庭暴力，或曾經目睹家庭暴力，或家人常用暴力（肢體暴力與精神暴力）處理衝突，或家人有暴力犯罪之紀錄，則其出現婚姻暴力之危險性會大增。

　　權力與控制欲強的男性，傾向於對性別間強弱之極化看法及刻板之性別角色觀點明顯且僵化，認為男強女弱是一種定則。認同傳統的大男人主義（男人為尊之想法明顯），認同以暴力方式對配偶加以控制權，以增加自己的安全感（鄭瑞隆、王文中，2002），特別是透過對配偶金錢及行動之限制，以及性行為的任意支配性，使得配偶向其輸誠與忠貞（部分新移民配偶較常遭遇此一狀況）。如果老婆當家，會常覺得沒有自尊感，很在乎自己在社會上及家裡的地位。

第四節　家庭暴力之評估與處遇

　　加害人的評估處遇對於保護被害人安全與預防加害人再犯，都是十分重要的工作。在家庭暴力加害人再犯情形方面，如果缺乏有效的介入處遇，有相當多的家暴案件會發展成更嚴重的暴力案件，包括殺人案件（Buzawa & Buzawa, 1996）。實際上，社會經常發生的一些家庭內的殺人事件，例如夫殺妻、妻殺夫、親殺子或手足間之互砍事件，都在家庭暴力的問題範圍，只是通常此類刑事案件都被以殺人案件加以處理，未必家暴事件予以介入。

　　美國學者Dutton（1995）估計家暴犯再犯比例大約在25%至50%之間。亦有研究顯示，如果沒有有效的處遇方案介入，32%的家暴受暴者會在相當短的期間內再次受暴（Langan & Innes, 1986）；在美國，被親密伴侶或已分手的前

親密伴侶所殺害的人當中，有大約三分之二在被殺害之前即已遭受身體虐待
（Campbell, 1995），這種情況在我國相信亦是如此；而Saunders（1995）進一
步指出，根據其研究，有參加家暴加害人處遇方案的加害人再犯率約36%，而
沒有參加該類處遇方案的加害人再犯率高達52%，可見對家暴加害人進行詳細
的評估與鑑定，並施予身心治療或輔導教育，確實可以有效地降低加害人再犯
的危險性（McClennen, 2010）。對臺灣當前家暴處遇的實務觀察，也發現對
加害人進行介入及處遇，可適度防止其再犯。

　　學者Edleson與Tolman（1992）提出對家暴加害人需進行生態系統評估
（Eco-system Assessment），不僅應考慮其施虐行為，也要對其個人之特質與
其所身處的情境、家人間之互動關係和社會環境進行評量，這些整體的評量結
果可以作為對加害人處遇的決定，並發展出個別化的處遇方案（Individualized
Treatment Program）。在評估過程中，臨床實務工作人員要特別注意加害人再
次施暴的危險性。區別加害人與一般人各種特質方面的差異，可以幫助實務工
作者有效地預估加害人之危險性，並根據個別特質施予適切處遇。評估的過程
從工作人員第1次接案接觸到加害人案主時就開始，一個完整的評估過程所需
的次數從1次到4、5次都有可能，在初次接案時工作人員或許要注意有無運用
危機干預（Crisis Intervention）的需要（Stordeur & Stille, 1989），包括逮捕、
隔離與安置，以確定被害人是否真正安全，及加害人的危險性是否真正暫時獲
得控制。

　　對於家暴加害人的評估，需採取多元資料來源的方式（Multiple Data
Sources），一個最重要的資料來源有加害人的伴侶（通常是被害人），這個
資訊來源也可以考驗或檢證來自於加害人的資訊是否正確可靠（Edleson & Tol-
man, 1992）。處理家庭暴力事件的其他單位對加害人蒐集的資料或製作的報
告，也是重要的資訊來源，例如刑事司法系統與其他助人專業單位，如警察筆
錄、司法人員調查訊問筆錄、醫療院所之病例紀錄、社會工作服務單位之紀錄
等。

　　基本上，加害人一般評估資訊的蒐集是以面對面訪談的方式進行，加上在
訪談之前或之後的一些制式或標準化表格的填寫，以及合適的心理測驗分析。
評估的項目內容，大致上有暴力虐待的性質、加害人個人的身心特質、環境的
因素、後續發展的可能情況、現行暴力行為的危險程度等方面，詳如表13-1所
示（Edleson & Tolman, 1992: 28）。

表13-1　評估之項目內容

暴力虐待的性質	發生的頻率
	發生持續多久
	嚴重程度
	類型（如：身體的、心理的、性方面的）
	造成的傷害
	其他受暴的目標（家庭內其他成員或家庭外的人）
	原生家庭的暴力（目睹暴力或本身遭遇暴力對待）
	否認施暴的類型
	各種證據來源間的一致性
個人的特質	行為上的缺陷
	抑鬱
	敵意
	酗酒與濫用藥物
	性角色與態度
	精神病理
	閱讀能力或學識
	智慧程度
	語言表達能力
環境的因素	現在的居住情形（如：與家人同住或分開居住）
	社會網絡（如：對施虐行為支持與否）
	外在的壓力來源
後續發展的可能情況	良心譴責的程度
	想與其伴侶復合的欲念
	涉入刑事司法體系的程度
	外在激勵因子的有效性與顯著性
	處遇方案與案主能力相符程度
	處遇方案有無考慮文化特殊性（文化敏感性）

表13-1　評估之項目內容（續）

現行暴力行為的危險程度	暴力的頻率與嚴重性增加中
	潛隱的或明顯的威脅
	案主擔心控制自己行為的能力
	飲酒與使用藥物情形
	接觸武器的情形
	過去使用武器的情形
	過去使用暴力行為的情形
	家暴加害行為致命性的高低
	否認暴行的程度
	暴力在其職業情境中被正常（慣常）化的情形
	表現出心理困擾的情形
	最近與家人分離或離家的情形
	孩子監護權的決定情形

　　家庭暴力加害人之評估與處遇十分迫要。對家庭暴力加害人處遇的內容，根據家庭暴力防治法第2條第6款「家庭暴力加害人處遇計畫」之規定，包括：「認知教育輔導、親職教育輔導、心理輔導、精神治療、戒癮治療或其他輔導、治療。」足見家庭暴力加害人之處遇內容十分多樣化，應該依個別加害人之身心狀況、人格特質、認知特徵、社會人際關係狀態、常涉習性和行為問題狀態等加以深入探索，精確地評估衡量，方能確定何種身心治療或輔導教育是該加害人最需要且可能是最有效之處遇方式。

　　然而，現在實務上對家暴加害人之司法審理或處遇上，常出現一個嚴重的困擾，就是法院民事庭法官常未能明確掌握當地能提供家暴加害人鑑定與處遇機構之能量，或處遇機構能提供何種處遇措施、有無具體成效？有時鑑定機構來不及將鑑定報告在法院裁判前提出，導致法官無從參酌。

　　根據「家庭暴力加害人處遇計畫規範」第二章第6條之規定，各直轄市、縣（市）政府主管機關應遴聘受過家庭暴力防治相關專業訓練且具實務經驗之專業人員，組成相對人評估小組，辦理相對人有無接受處遇計畫必要及其建議之評估。以確定相對人有無施以處遇計畫（身心治療與輔導教育）之必要，

並建議需處以何種處遇及多少時間之處遇。而評估小組成員有精神科專科醫師、諮商或臨床心理師、社工師、少年調查官、少年保護官、觀護人，或其他具有至少三年實務經驗之人員等，因此一旦法院法官要對家庭暴力事件相對人進行裁判之前，通常先囑託各縣市之評估小組對相對人先進行評估，再根據評估小組提出之處遇建議書做出最合適的裁定於通常保護令中；裁定書中需記載清楚，到底加害人之危險性如何？有無接受身心治療與輔導教育（處遇）之需要。若有，是需要接受何種處遇？甚至需接受多久或次數多少，均應清楚地載明，以利精神衛生、臨床心理與社會工作等相關人員對家庭暴力加害人進行處遇。為免曠日廢時，部分縣市兼採簡易鑑定或評估的作法（林明傑、陳慈幸，2007）。

鄭瑞隆與王文中（2002）根據實證研究，提出以下問題與指標，作為我國婚姻暴力加害人處遇評估（或鑑定）之參考項目：

一、個人特徵資料

(一) **個人收入**：個人收入偏低或無收入者，危險性高。

(二) **個人犯罪行為**：個人曾有犯罪行為，特別是暴力犯罪者，危險性高。

(三) **個人偏差行為**：個人有偏差行為習性，特別是賭博、酗酒與吸毒者，危險性高。

(四) **個人最近自殺或殺害他人的企圖**：有此企圖者，危險性高。

(五) **個人之精神健康狀況**：有精神疾病或精神官能症者，危險性高。

(六) **個人對法律及社會規範之觀點**：對法律及社會規範輕視或不理睬者，危險性高。

二、個人成長與原生家庭經驗

(一) **與原生父母或照顧者之關係**：疏離或交惡者危險性高。

(二) **家暴經驗或目睹兒童**：曾經遭受家庭暴力被害或目睹家庭暴力者，危險性高。

(三) **原生家庭成員之暴力行為**：原生家庭成員有習慣以暴力處理衝突者，危險性高。

(四) **原生家庭成員之犯罪行為**：原生家庭成員有暴力犯罪前科者，危險性高。

(五) **原生家庭成員之性別優越意識**：原生家庭成員之性別優越意識明顯且

僵化，例如，相信男尊女卑之價值觀念者，危險性高。

三、婚姻與家庭生活經驗

(一) 夫妻衝突事件頻率：夫妻衝突事件多者，危險性高。

(二) 家庭經濟狀況：家庭經濟狀況差者，危險性高。

(三) 被害人經濟依賴狀況：被害人經濟依賴加害人者，危險性高。

(四) 夫妻性生活情形：性愛次數過少或沒有性愛關係者，危險性高。加害人曾有強行要性，或因被害人之拒絕而極端憤怒者，危險性高。

(五) 對子女管教意見分歧情形：意見分歧情形嚴重者，危險性高。

(六) 與公婆之關係：若為女性被害人，與公婆之關係不良或有衝突者，危險性高。

(七) 娘家之社經地位：若為女性被害人，娘家之社會經濟地位低落者，或根本無娘家（如新移民配偶）者，危險性高。

(八) 夫妻之性別平等意識：夫妻之性別意識極端不平等者，危險性高。

(九) 夫妻之互信程度：夫妻間曾經互不信任對方之行蹤，懷疑對方不忠貞，或曾經跟蹤或監視、監聽者，危險性高。

(十) 夫妻之外遇情形：夫或妻曾經有外遇者，危險性高。

(十一) 對可能終止婚姻之反應：加害人對可能終止婚姻之反應激烈，或揚言報復者，危險性高。

四、婚暴過程與結果

(一) 婚暴發生時有無外力介入調處：婚暴發生時無外力介入調停、處理，或居家與外界隔離疏遠者，夫妻衝突不易被發現者，危險性高。

(二) 使用武器之情形：在夫妻衝突中曾經使用武器威脅或以武器傷害被害人者，危險性高。使用之武器致命性高者，危險性高。

(三) 接觸武器之方便性：加害人之職業或生活環境中容易取得致命武器者，危險性高。

(四) 被害人受傷情形：被害人曾有肉體明顯傷害者或曾因婚暴被害而住院者，危險性高。

(五) 加害人施暴行為態樣：加害人施暴行為態樣多種類者，危險性高。

(六) 加害人對其他家庭成員施暴情形：加害人若也對其他家庭成員施暴，危險性高。

　　(七) **加害人對婚暴行為承認程度**：加害人對婚暴行為不承認或極力避重就輕者，危險性高。

　　(八) **加害人對暴力行為之觀點**：加害人認為暴力行為乃必要之惡，甚至認為施暴行為沒有錯誤者，危險性高。

　　(九) **加害人違反保護令之情形**：加害人若曾受保護令之拘束且曾違反保護令者，危險性高。

五、個人心理特質、行為特徵與認知

　　(一) **加害人自尊與自我概念**：加害人之自尊與自我概念低落者，危險性高。

　　(二) **加害人占有欲與安全感程度**：加害人占有欲強且常覺得沒有安全感者，或認為生活中沒有可信任之人者危險性高。

　　(三) **加害人使用心理防衛機轉情形**：加害人經常過度使用心理防衛機轉者，危險性高。

　　(四) **加害人情緒穩定情形**：加害人情緒不穩定，容易衝動、暴怒或陷入憂鬱者，危險性高。

　　(五) **加害人壓力因應情形**：加害人處理壓力的技巧較差，常以破壞性的方式因應壓力者，危險性高。

　　(六) **加害人過度反應行為**：加害人常對外在刺激或生活事件過度反應者，危險性高。

　　(七) **加害人的人格型態**：加害人攻擊性強，或經診斷有邊緣性人格異常或反社會人格異常者，危險性高。

　　(八) **加害人的精神狀況**：加害人經診斷有精神疾病或症狀者，如躁鬱症，危險性高。

第五節　防治家庭暴力之對策與展望

　　家庭暴力防治不是單一領域的專業能夠克竟全功，需要社工、心理、警察、醫療、司法、教育、矯正、戶政等單位與專業人員通力合作，方能對家暴加害人與被害人進行周延的專業服務，協助被害人遠離暴力、加害人減少再犯。根據家庭暴力防治法的規定與精神，各縣市之家庭暴力防治中心直接負責

家暴事件之處理，社會工作人員是家暴事件的處理中心，對於家暴案件進行個案管理（Case Management），對被害人與加害人都有進行專業評估與處遇的職責，對於被害人所需之資源與專業協助都需加以提供，包括安置、醫療、經濟協助、職業訓練與就業安置、法律訴訟諮詢、心理諮商或治療、家庭重整、家庭評估處遇等。警察人員要依法保護被害人安全、約制告誡、制止相對人暴力行為或加以逮捕、對發生家暴之案家進行現場處理與救援行動、緊急性暫時保護令協助聲請及執行保護令、監督相對人遵守保護令、對違反保護令之相對人逕行逮捕送交檢察官。醫療單位（如衛生局與特約醫療院所）需與社工人員及臨床心理人員密切配合，在司法的裁定後盾下，對家暴加害人進行鑑定、輔導教育、戒癮治療或身心治療。教育人員、保育人員及其他專業人員在職務上極容易發現孩童或少年是否有遭遇家庭暴力或目睹家暴，或其家庭是否有家庭暴力之發生（如婚姻暴力或其他類型家暴行為），應該要儘快於二十四小時內向家暴中心通報，若知情不報或刻意隱瞞，會遭到行政處罰，即6,000元以上、3萬元以下之罰鍰（家暴法第50條及第62條）（高鳳仙，2017）。

其次，由於加害人之精神、心理、認知狀況與再犯危險之評估，屬於醫療或心理衛生體系之專業，為了協助法官能正確地裁判加害人是否應接受處遇及處遇內容，具備家庭暴力專業之學者專家與實務人員組成鑑定小組，需要有更多組合團隊，專責受理法院囑託之鑑定與處遇業務。目前家暴加害人、被害人「分流處理」的狀況也需改善，需要更多社工、醫療、刑事司法團隊合作，各地方政府之家暴中心均應該全面專責化並補實專職人力。

對於家暴加害人之成長歷程、心理動力與家人間互動關係全面瞭解，有助於處遇計畫之正確擬定，因此，鑑定人員或社工人員應該花時間與加害人、被害人充分訪談，並引用認知教育輔導模式、道德發展模式、社會控制模式及精神動力模式、自助團體、憤怒控制團體、家族治療、施虐者限制模式之處遇方案，對加害人進行改變與監控。現行我國多採用認知教育輔導模式，其成效有待觀察與驗證；醫療模式之戒癮治療（戒酒癮與藥癮）需要強力倡導與實施，因為許多加害人有酒精濫用的問題，部分有精神疾病問題。

在美國與加拿大近二十年來已經發展出許多家暴犯（特別是婚暴犯）之評估量表與處遇方案，例如Campbell（2000）之危險評估量表（Dangerousness Assessment, DA）、加拿大學者Kropp等人之配偶施暴危險評估量表（Spousal Assault Risk Assessment, SARA）（Kropp, Hart, Webster, & Eaves, 1999）、新罕布夏大學家庭研究中心Straus等人（1996）之衝突行為量表（The Revised Conflict Tactics Scale, CTS2）、美國科羅拉多州的AMEND及The Third Path，麻州之EMERGE方案、明尼蘇達州之Duluth方案（林明傑，2000）。這些危險評估量表與處遇方案各自有其長處與缺失，臨床上之效果也各有不同。在臺灣目前最廣爲使用的家暴加害人危險評估量表是TIPVDA，乃參考國外之危險評估量表進一步發展、本土化而成，總分15分，若在7或8分即被認定爲高危險。不過，由於該量表每一題均一分，並無加權或警報題，故對於被害人之致命危險認定，除了分數之外，仍須仰賴專業人員對於致命危險之專業判斷。

參考書目

一、中文部分（依筆畫順序）

Wrangham, R. & Peterson, D.，林秀梅譯（1999）。雄性暴力（Demonic males: Apes and the origins of human violence）。胡桃木文化。（原作1996年出版）

丁雁琪（2000）。家庭暴力存活者付出的代價。發表於全國婦女人身安全會議：家庭暴力之預防與處遇引言報告。

何春蕤（1995）。豪爽女人：女性主義與性解放。皇冠。

吳齊殷（1996）。教養實施與青少年併發性偏差行為。發表於解構青春少年時：1996年台灣青少年犯罪與矯治問題研討會，臺北市立師範學院與中華民國犯罪學學會。

周震歐（1989）。兒童虐待、忽視與少年犯罪。研考月刊，第148期，頁15-22。

林明傑（2000）。美加婚姻暴力犯之治療方案與技術暨其危險評估之探討。社區發展季刊，第90期，頁197-215。

林明傑、陳慈幸（2007）。家庭暴力防治法之困境及其改善。載於2007犯罪問題與對策國際研討會論文集（頁225-254）。

林慈玲（2003）。家庭暴力加害人評估鑑定與處遇。發表於家庭暴力防治專業工作研討會，4月24-25日，嘉義縣生命線協會主辦，國立中正大學法學院大法庭。

高鳳仙（2017）。家庭暴力法規之理論與實務（4版）。五南圖書。

陳若璋（1992）。台灣婚姻暴力高危險因子之探討。國立臺灣大學社會學刊，6月號，頁123-160。

陳慧女（1992）。從娼少女之個人及家庭特質與其逃家行為之分析。東吳大學社會學研究所（社工組）碩士論文。

蔡德輝、楊士隆（2013）。少年犯罪：理論與實務。五南圖書。

鄭瑞隆（1988）。我國兒童被虐待嚴重性之評估研究。中國文化大學兒童福利研究所碩士論文。

鄭瑞隆（1997）。少女從娼原因與防治策略之研究。犯罪學期刊，第3期，頁85-120。

鄭瑞隆（2000）。暴力犯罪少年家庭特徵與家庭生活經驗。犯罪學期刊，第5期，頁49-78。

鄭瑞隆（2001）。家庭暴力被害經驗與青少年偏差行為關係之研究。犯罪學期刊，第8期，頁215-246。

鄭瑞隆（2003）。家庭暴力防治社工專業處遇現況與困境。發表於家庭暴力防治專業工作研討會。

鄭瑞隆（2004）。親密暴力：成因、後果與防治。蜂鳥出版社。

鄭瑞隆（2006）。兒童虐待與少年偏差：問題與防治。心理出版社。

鄭瑞隆、王文中（2002）。家庭暴力加害人特質與處遇評估工具之研究。內政部委託研究報告（GPN 1009103928）。

鄭瑞隆、許維倫（1999）。遭受婚姻暴力婦女因應方式之研究。犯罪學期刊，第4期，頁225-272。

二、外文部分（依字母順序）

Ammerman, R. T. (1991). The role of the child in physical abuse: A reappraisal. Violence and Victims, 6: 87-101.

Bandura, A. (1977). Social learning theory. Prentice Hall.

Bandura, A. & Walters, R. (1963). Adolescent aggression. Ronald Press.

Barnett, O. W., Miller-Perrin, C. L., & Perrin, R. D. (2011). Family violence across the lifespan (3rd ed.). Sage.

Bartol, C. R. (1995). Criminal behavior: A psychosocial approach (4th ed.). Prentice Hall.

Beck, A. (1978). Beck depression inventory. Center for Cognitive Therapy.

Briere, J. & Runtz, M. (1989). The trauma symptom checklist (TSC-33): Early data on a new scale. Journal of Interpersonal Violence, 4: 151-163.

Buzawa, E. S. & Buzawa, C. G. (1996). Domestic violence: The criminal justice response. Sage Publications.

Campbell, J. C. (1995). Prediction of homicide of and by battered women. In J. C. Campbell (Ed.), Assessing dangerousness: Violence by sexual offenders, batterers, and child abusers (pp. 96-113). Sage Publications.

Cicchetti, D. & Toth, S. (1995). A developmental psychopathology perspective on child abuse and neglect. Journal of the American Academy of Child and Adolescent Psychiatry, 34: 541-565.

Coopersmith, S. (1981). Manual of the adult self-esteem scale. Consulting Psychologists Press.

Cox, S. M. & Conrad, J. J. (1996). Juvenile justice: A guide to practice and theory (4th ed.). Brown & Benchmark.

Crosson-Tower, C. (2002). Understanding child abuse and neglect (5th ed.). Allyn and Bacon.

Davies-Netzley, S., Hurlburt, M. S., & Hough, R. L. (1996). Childhood abuse as a precursor to homelessness for homeless women with severe mental health. Violence and Victims, 11(2): 129-140.

Dodage, K. A., Bates, J. E., & Pettit, G. S. (1990). Mechanisms in the cycle of violence. Science, 250: 1678-1682.

Dutton, D. G. (1995). The domestic assault of women: Psychological and criminal justice perspectives (2nd ed.). University of British Columbia Press.

Eckenrode, J., Laird, M., & Doris, J. (1993). School performance and disciplinary problems among abused and neglected children. Developmental Psychology, 29: 53-63.

Edleson, J. L. & Tolman, R. M. (1992). Intervention for men who batter: An ecological approach. Sage Publications.

Fantuzzo, J. W. (1990). Behavioral treatment of the victims of child abuse and neglect. Behavior Modification, 14: 316-339.

Gayford, J. J. (1975). Battering: A preliminary survey of 100 cases. British Medical Journal, 25(1): 94-97.

Gelles, R. J. (1995). Contemporary families: A sociological view. Sage.

Gelles, R. J. (1999). Family violence. In R. L. Hampton (Ed.), Family violence: Prevention and treatment (2nd ed., pp. 1-32). Sage Publications.

Gold, C. A. (1993). Long-term consequences of childhood physical and sexual abuse. Archives of Psychiatric Nursing, 7(3): 163-173.

Hampton, R. L. & Coner-Edwards, A. F. W. (1993). Physical and sexual violence in marriage. In R. L. Hampton, T. P. Gullotta, G. R. Adams, E. H. Potter III, & R. P. Weissberg (Eds.), Family violence: Prevention and treatment (pp. 113-141). Sage Publications.

Hirschi, T. (1969). Causes of delinquency. University of California Press.

Hughes, H., Parkinson, D., & Vargo, M. (1989). Witnessing spouse abuse and experiencing physical abuse: A Double Whammy? Journal of Family Violence, 4(2): 197-208.

Kaufman, J. & Zigler, E. (1987). Do abused children become abusive parents? American Journal of Orthopsychiatry, 57: 186-192.

Kolbo, D. J. (1992). Characteristics of child victims of physical violence. Journal of Interpersonal Violence, 7: 244-276.

Kratcoski, P. C. (1984). Perspectives on intrafamily violence. Human Relations, 37: 443-453.

Kropp, P. R., Hart, S. D., Webster, C. D., & Eaces, D. (1999). Spousal assault risk assessment guide: Users' manual. Multi-Health Systems, Inc.

Malinosky-Rummell, R. & Hansen, D. J. (1993). Long-term consequences of childhood physical abuse. Psychological Bulletin, 114: 68-79.

Mathew, D. (1995). Parenting groups for men who batter. In E. Peled, P. Jaffe, & J. Edleson (Eds.), Ending the cycle of violence: Community responses to children of battered women. Sage.

McClennen, J. C. (2010). Social work and family violence: Theories, assessment, and intervention. Springer Publisher Company.

Mignon, S., Larson, C. J., & Holmes, W. M. (2002). Family abuse: Consequences, theories, and responses. Allyn and Bacon.

Miller-Perrin, C. L. & Perrin, R. D. (1999). Child maltreatment: An introduction. Sage.

Milner, J. S. (1998). Individual and family characteristics associated with intrafamilial child physical and sexual abuse. In P. K. Trickett & C. J. Schellenbach (Eds.), Violence against children in the family and the community (pp. 141-170). American Psychological Association.

Pagelow, M. (1984). Family violence. Praeger.

Pynoos, R. S. & Eth, S. (1986). Witness to violence: The child interview. Child Psychiatry, 25: 306-319.

Pynoos, R. S., Frederick, C., Nader, K., & Arroyo, W. (1987). Life threat and posttraumatic stress in school-age children. Archives of General Psychiatry, 44: 1057-1063.

Reuterman, N. A. & Burcky, W. D. (1989). Dating violence in high schools: A profile of the victims. Psychology: A Journal of Human Behavior, 26: 1-9.

Roehl, J. & Guertin, K. (September 1998). Current use of dangerousness assessments in sentencing violence offenders. Report of Justice Research Center, The State Justice Institute.

Saunders, D. G. (1995).Prediction of wife assault. In J. C. Campbell (Ed.). Assessing dangerousness: Violence by sexual offenders, batterers and child abusers (pp. 68-95). Sage.

Siegel, L. J. (2018). Criminology (8th ed.). West Publishing Co.

Silvern, L., Karyl, J., Waelde, L., Hodges, F. H., Starek, J., Heidt, E., & Min, K. (1995). Retrospective reports of parental partner abuse: Relationships to depression, trauma symptoms and self-esteem among college students. Journal of Family Violence, 10(2): 177-202.

Spaccarelli, S., Sandler, I. N., & Roosa, M. (1994). History of spouse violence against mother: Correlated risks and unique effects in child mental health. Journal of Family Violence, 9(1): 79-84.

Sternberg, K. J., Lamb, M. E., Greenbaum, C., Cicchetti, D., Dawud, S., Cortes, R. M., Krispin, O., & Lorey, F. (1993). Effects of domestic violence on children's behavior problems and depression. Developmental Psychology, 29(1): 44-52.

Stordeur, R. A. & Stille, R. (1989). Ending men's violence against their partners. Sage.

Straus, M. A., Gelles, R. J., & Steinmetz, S. K. (1980). Behind closed doors: Violence in the American family. Doubleday.

Straus, M. A., Hamby, S. L., Boney-McCoy, S., & Sugerman, D. B. (1996). The revised conflict tactics scales (CTS-2): Development and preliminary psychometric data. Journal of Family Issues, 17(3): 283-316.

Sutherland, E. H. (1939). Principles of criminology. Lippincott.

Sutherland, E. H. & Cressey, D. (1978). Criminology (8th ed.). Lippincott.

Truscott, D. (1992). Intergenerational transmission of violent behavior in adolescent males. Aggressive Behavior, 18: 327-335.

Tsai, T. H., Cheng, J. L., Lin, M. C., Fan, W. S., Lin, C. W., & Lee, C. S. (2005). Shaken baby syndrome. Taiwanese Journal of Psychiatry, 19(3): 237-243.

Walker, L. E. A. (2000). Battered woman syndrome. Springer.

Wicks-Nelson, R. & Israel, A. C. (1997). Behavior disorders of childhood (3rd ed.). Prentice Hall.

Widom, C. S. (1989a). Does violence beget violence? A critical examination of the literature. Psychological Bulletin, 106: 3-28.

Widom, C. S. (1989b). Child abuse, neglect, and violent criminal behavior. Criminology, 27: 251-271.

Widom, C. S. (1995). Victims of child sexual abuse: Later criminal consequences. National Institute of Justice.

Williamson, J. M., Borduin, C. M., & Howe, B. A. (1991). The ecology of adolescent maltreatment: A multilevel examination of adolescent physical abuse, sexual abuse, and neglect. Journal of Consulting and Clinical Psychology, 59: 449-457.

Wolfe, D. A. (1987). Child abuse: Implications for child development and psychopathology. Sage.

第十四章 性侵害犯罪問題與防治對策

林明傑、曾姿雅

第一節 國內性侵害犯罪的統計與困境

我國在1994年及1997年1月間，國內分別通過監獄及社區之性罪犯心理治療的立法，前者是刑法第77條第3項「犯本法妨害風化罪章者，非強制診療不得假釋」（已於1999年刪除，由監獄行刑法第81條第2項取而代之），後者是「性侵害犯罪防治法」第18條。

2004年增訂刑法第91條之1與性侵害防治法第22條刑後強制治療，規定出獄前或社區治療中發現再犯危險仍高者，令入相當處所實施治療。此都是為防止刑期將滿或在社區輔導而再犯危險仍高者的強制收容治療。[1]而性侵害犯罪防治法第23條則明定警察可要求登記報到與訪查。[2]

雖法律方案尚屬完備，但依據筆者近年的觀察，國內之性侵害有以下之統計與困境。

一、從被害人年齡層來看，約6成為學生

從衛生福利部保護服務司2006至2017年的統計數據（表14-1）可看出性侵害事件通報數在2011年達最高峰，約1.1萬件，之後逐年下降。須留意的是被害者約6成是學生，其中12歲至18歲未滿為所有年齡層中被害比例最高，2016年占整體通報數約55%（表14-2），這年齡層是指國高中生，第二高為18歲至24歲之年齡層而12歲以下之國小生只占8%至9%。

---

[1] 刑後強制治療在美國稱SVPA，危險性侵者法案，規定高再犯危險將出獄者再犯危險仍高者得給予強制收容治療。爭議很大，但最後聯邦最高法院於1997年認定合憲，因為認定措施並非處罰。

[2] 梅根法案：Megan是一位7歲小女孩於1994年在New Jersey家附近被一名假釋之性侵者性謀殺，之後該州迅速通過法案要求假釋性侵者分四級，在召開聽證會後，依級予以通知社區或／與警局登記（notification or registration）。在此之前只有五州有類似法案，之後聯邦政府於1995年立法要求各州訂立該法，否則減少10%之聯邦司法補助經費。此事件爭議很大，但最後聯邦最高法院於2003年認定合憲，因為認定措施並非處罰。

表14-1 我國性侵害事件通報被害人職業性質統計前三名

項目別			年度											
			2006	2007	2008	2009	2010	2011	2012	2013	2014	2015	2016	2017
有紀錄之通報數			5,607	6,530	7,285	8,008	9,320	11,121 過去5年平均 +13%	11,066	10,901	11,086	10,454 過去4年平均 -1.5%	8,141	8,214
		增減		+11%	+10%	+10%	+16%	+19%	-0.5%	-1.5%	+1.7%	-5.7%	-22.1%	+0.9%
被害者職業性質前三名	學生	人數	3,308	3,805	4,319	4,818	5,884	7,483	7,951	7,026	7,121	6,557	4,869	4,880
		%	59%	58%	59%	60%	63%	67%	66%	64%	64%	63%	60%	59%
	無工作	人數	547	664	678	784	858	825	833	804	753	714	677	688
		%	10%	10%	9%	10%	9%	7%	7%	7%	7%	7%	8%	8%
	服務業	人數	560	587	556	602	667	672	737	731	696	698	652	676
		%	10%	9%	8%	8%	7%	6%	6%	7%	6%	7%	8%	8%

表14-2 我國24歲以下性侵害事件通報被害人數及比例

項目別			2006	2007	2008	2009	2010	2011	2012	2013	2014	2015	2016	2017
									年度					
整年性侵害事件總通報數			5,607	6,530	7,285	8,008	9,320	11,121	11,066	10,901	11,086	10,454	8,141	8,214
年齡層	6歲至12歲未滿	人數	513	557	617	658	822	944	948	796	853	903	592	574
		%	9%	9%	9%	8%	9%	9%	8%	7%	8%	9%	7%	7%
		年度增減	-	44	60	41	164	122	4	-152	57	50	-311	-18
	12歲至18歲未滿	人數	2,578	2,944	3,243	3,756	4,546	5,787	6,352	5,733	5,933	5,653	4,437	4,185
		%	46%	45%	45%	47%	49%	52%	57%	52%	54%	54%	55%	51%
		年度增減	-	366	299	513	790	1241	565	-619	200	320	-1,216	-252
	18歲至24歲未滿	人數	874	928	963	1,017	1,105	1,235	1,359	1,260	1,326	1,265	1,017	1,199
		%	16%	14%	13%	13%	12%	11%	11%	12%	12%	12%	12%	15%
		年度增減	-	54	35	54	88	130	124	-99	66	-61	-248	+182

　　據有豐富辦案經驗之嘉義市少年警察隊李永彥警員稱從其所偵辦之性侵與性交易案件中國高中生中仍以國中生約是高中生之4倍，並稱不論加害人與被害人國中生的思維都很容易衝動與好奇，而高中生則顯得相對成熟些（個人訪談，2013年11月12日）。當然另一個可能是高中只有高一是16歲以下，而與16歲以下者合意性交也是刑法處罰須科以刑責的年齡，所以高中生被害人當然比國中生被害人少。有兩點值得注意。

(一) 筆者認為通報量在學生2011年會大增是因立法院2011年11月起通過《教育人員任用條例》修正案，有妨害性自主罪前科者，將永不得擔任公立學校校長、教職員、教練等，已任用者可予解聘、免職；教育人員若知道校園發生性侵案卻未通報、導致再發生性侵案件，或偽造、隱匿性侵案相關證據，也可解聘、免職。2015年與2016年大降低，應只是回穩。

(二) 實務上發現約二分之一通報案件為合意未成年性交案，從下表可看出國高中之12歲至18歲為最高，且國中發生人數為高中之3倍，可看出國中生之心性極不穩定，且高中之高二生約16歲，即使合意性交且非交易已算合法，故高中生之心性除較穩外，只有約高一者可能為潛在被害人。因此國高中之宣導，最好之策略是教導安全網路行為與人際行為及法律界限，可幫助男生不要成為潛在加害人或被害人，而女生不要成為潛在被害人。

二、從罪名來看，約4成2為對未成年合意性交猥褻罪

　　2015至2017年各地方法院檢察署新收性侵害偵查案件，平均每年4,400件，十年前約為3,100件；經檢察官偵查終結起訴（含聲請簡易判決處刑）人數，平均每年1,900人，平均起訴率約為45%。以2017年來看，緩起訴處分211人，不起訴處分人數平均每年1,892人，占終結人數之比率44%。不起訴處分理由中，近9成為嫌疑不足；這五年來法院裁判確定有罪移送檢察機關執行者，由937人增至1,499人，定罪人數平均每年1,300人，無罪者平均每年161人，平均定罪率為86%，較全部刑案年平均95.9%定罪率為低（法務部，2006；法務部，2018）。

　　又依據細分類，2006年1月至8月性侵害罪犯之犯行：

(一) 對未成年人性交猥褻罪占42.5%，強制性交罪占31.1%，強制猥褻罪占14.5%，乘機性交猥褻罪占7.0%，其餘為利用權勢性交或猥褻罪及強盜罪結合犯等。

(二) 以犯罪人年齡來看，則以20歲至30歲未滿者（占42.0%），及30歲至40歲

未滿者之青壯年年齡層爲最多（占21.2%），合計約63%，平均犯罪年齡爲32.5歲。

(三) 以犯罪次數來看，初犯占51.5%，而具有性侵害前科之累再犯占22.1%。

三、性侵害再犯率有降低但近年又升高

從林明傑與董子毅（2005）之臺灣靜態危險評估量表建立研究中發現1994至1996年臺北、臺中、高雄監獄釋放之性罪犯七年再犯率爲11.3%；而1997至1999年三監獄釋放之性罪犯七年性侵害再犯率降低爲6.7%。該二段期間之差異應該只有輔導治療人員更能瞭解輔導治療之技巧，因爲監獄開始實施強制診療是在1994年，當時雖已開辦但是瞭解診療技術之人甚少，而1997至1999年內政部開始實施輔導治療人員之訓練，且1997年性侵害犯罪防治法通過，開始開辦釋放或緩刑的性侵者須參加社區輔導治療，因此可推論監獄與社區之輔導治療應該有其效果。

根據某大監獄2018年所作之性侵者追蹤七年再犯率研究中發現爲9%，比1997至1999年之再犯率6.7%高，惟此段時間之監督方案應越來越進步，如2004年增加電子腳鐐與地檢署每季主動邀警察、觀護人、與治療師召開性侵者核心個案會議。可推論性侵者再犯率上升原因可能是性侵者之治療技術出現斷層有關，也就是很有經驗的治療師漸漸退出而漸漸由較少經驗的治療師遞補，社區治療之原因應出在各縣市公立醫院不願意將治療經費合理分給參與的治療師而根據績效獎金分配給所有醫事人員，導致多推給由新任治療師接任，且繼續教育學分與督導制度也沒能發揮效果，此部分已提案五年，至今衛生福利部公立醫院管理委員會仍不提出解決方案故至今無解。監獄治療部分，監獄治療師原本沒比照社區治療師應有初階進階訓練，筆者在2019年提案後有改善比照之。

表14-3　1994至1996年釋放之性侵害類型與追蹤7年有無再犯之交叉表

類　　型	無	有	總計
成人強暴者	171人（89.1%）	21人（10.9%）	192人（45.5%）
家內兒童性侵害者	37人（92.5%）	3人（7.5%）	31人（9.5%）
家外兒童性侵害者	168人（87.4%）	24人（12.6%）	198人（45.0%）
總　　計	374人（88.7%）	48人（11.3%）	422人（100%）

註：(1)本表與下表已排除當時之妨害風化罪中非性侵害犯罪者。可知家內性侵害再犯率較低；(2)本表與下表均已排除與未滿16歲者之合意性交罪也不包含性交易幼年者；(3)本表與下表之總計為當年臺灣之性侵害者在監人數。1994年、1995年、1996年只有臺北與高雄二監獄，1997年起增臺中監獄。

表14-4　1997、1998、1999年出獄的不同類型性罪犯性侵害追蹤7年再犯分析

類　　型	無	有	總計
成人強暴犯	139人（92.7%）	11人（7.3%）	150人（36.1%）
強制侵害未成年 （12歲至18歲少男女）	167（96.5%）	6人（3.5%）	173人（41.7%）
家內兒童性侵害者 （12歲以下）	24人（96%）	1人（4.0%）	25人（6.0%）
家外兒童性侵害者 （12歲以下）	49人（83.1%）	10人（16.9%）	59人（14.2%）
其　　他	8人（100%）	0人（0%）	8人（1.2%）
總　　計	387人（93.3%）	28人（6.7%）	415人（100%）

第二節　性侵者之臨床診斷及心理評估

　　性罪犯絕不是一同質之團體，其間是有異質性的，如從人格特質、幼年發展史、兩性交往史、及性犯罪手法等皆可發現其中之確有差異存在，甚至可加以分類，以有脈絡之方式瞭解其犯罪特質及精神病理，更可依之加以研究並予心理治療。至今犯罪學及心理學者已許多分類學之學說或研究出爐（黃富源，1982）。一般而言我們依被害人是否達青春期（約13歲、14歲，DSM-

IV定為13歲）[3]將性侵者分為兩大群即成人強暴者與兒童性侵者（rapist & child molester）。

一、強暴者之臨床診斷

強暴者雖非DSM-IV之正式病名，但在該書之Other conditions that may be a focus of clinical attention章之V碼中則有其之命名，即「對成年人之性虐待」（Sexual abuse of adult, V61.1）一項，可見其亦為臨床上應加以注意之行為，應無疑義。

強暴者之分類學上最有名應有兩個，即Groth（1977）或Groth（1979）及Knight與Prentky（1990）（又稱麻州分類法）。Groth（1977, 1979）是理論上之分類法，在臨床評估及治療上較常使用。

Groth（1977）係以權力及憤怒二軸來評估強暴者之心理動機，而區分出不同類型之強暴者，並可依之瞭解其行為病理，而擬出合適之治療策略。

(一) Groth（1977）之分類主要有二軸以分析強暴者，即權力與憤怒：分四類

1. 權力型（power rapist）

此種性侵者係透過以武器、強制力、威脅將對身體傷害而恐嚇被害人，以達成尋回權力感，並控制被害人。身體上之攻擊常只是用來控制並制服被害人以達到征服被害人之目的。此類強姦犯之人際溝通能力甚差，在生活中之性與非性方面常有不夠格感，因其少有個人表達情緒之管道，性就變成其自我意像及自尊之核心議題。因此，強姦就成為其再確認對其性之夠格感與認同感，及對其有力量與有能力之一種方法。所以此型之犯罪行為常是預謀的，也有強迫之幻想，幻想著被害人最初雖會抵抗，但終究仍會感謝及欣賞。以下是細部之區分：

(1) 權力再肯定型（power reassurance）：主要是以強姦行為來減輕其內在之性不夠格感（sexual inadequency），並從被害人身上尋求其自己男子氣概（masculinity）之證明。

(2) 權力斷言型（power assertiveness）：主要是以強姦行為來表現其力量、控制、及支配。並認為他們有權要被害人之性，或以性上之操控權要其被害人「乖乖聽話」（keep his women in line）。

---

[3] DSM-IV是美國精神醫學會（American Psychiatric Association）出版之精神疾病診斷統計手冊第四版（Diagnostic and Statistical Manual of Mental Disorders- 4th ed.）（1994）。

筆者認為此型與上型之差別在於此型在侵害行為上有較多之攻擊性，而人格上也有較多之反社會性。此外，許多因住宅竊盜而犯強姦罪之人應可歸為權力型，因其對物件所有權的不尊重，含括了婦女之性自主權；而約會強暴亦多可歸此類，至於應歸何細分類，則仍可依其攻擊性及反社會性決定。

2. 憤怒型（anger rapist）

此型之強姦經常伴隨著不必要之暴力、貶抑、與使被害人受屈辱之性行為，此強姦是為了要發洩怒氣，而性成了其表達憤怒的一項武器。他們對女性表現出極多之憤怒與敵意，而且犯行常指向一群有重要象徵之女性，並突發地與其衝突，以轉換其內在之憤怒。被害人雖可包括所有年齡之婦女，然較多會是年齡稍大之婦女。又可細部區分為兩類：

(1)憤怒報復型（anger retaliatory）：他們常會想到要傷害、貶抑、並羞辱被害人，並以突發滿足之暴力為重要指標。他們視強姦為懲罰與羞辱婦女的好方法，也是發洩因被害人或其代罪羔羊而導致心理挫折的出口。

(2)憤怒興奮型（anger excitement）：他們通常會造成被害人嚴重之身體傷害甚至死亡。他們會以色情化之儀式折磨被害人，並在感受被害人痛苦上也會變的得色情化。在某些案例中，當攻擊者性喚起時，常也是其行為更暴力甚至導致謀殺的時候。而被害人的特質常會是其想要羞辱或毀滅的象徵。

筆者認為二者差別主要再在於憤怒興奮型之身體傷害（而非性）犯行中有興奮之快感，而憤怒報復型則明顯在於發洩怒氣。

經整理其分類可做如表14-5及圖14-1。

表14-5　Groth之強暴者分類學（使用「權力」與「憤怒」兩軸）

	Groth（1977）		Groth（1979）	許春金、馬傳鎮（1992）
權力	權力再肯定型（□1） 37.5%		權力型 （55%）	權力型 （61.7%）
	權力斷言型 （□2） 16.5%			
憤怒	憤怒報復型 （□3） 40.0%		憤怒型 （40%）	憤怒型 （35.2%）
	憤怒興奮型 （□4） 6.0%		虐待狂型（5%）	虐待狂型（3.1%）

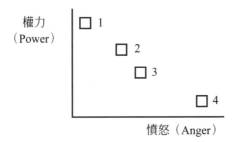

圖14-1 權力強暴與憤怒強暴間之直角軸關係

(二) Groth（1979）分三類

Groth在1979年Men Who Rape一書中則將分類調整為三類，即只是將權力斷言型及權力再肯定型合併為權力型，而將另兩類各改名稱為憤怒型及虐待狂型（如表14-5）。筆者認為上二者中仍以1977年之分類較有脈絡且易懂。

(三) 麻州之強暴者分類（簡稱MTC: R3）

Knight與Prentky（1992）以群聚分析（cluster analysis）發展出以統計為基礎之分類學，經過三次之更正，其以四個類目，即機會、廣泛憤怒、性、以及報復，發展出九個類型強暴者（見圖14-2）。因其以統計為根據，近年來之研究多以之為依據（Brown & Forth, 1997; Barbaree, Seto, Serin, Amos, & Preston, 1994）。

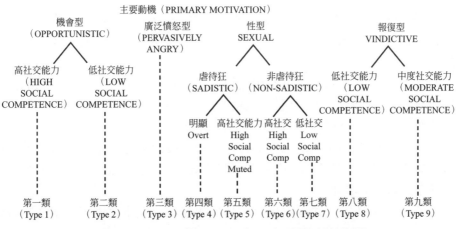

圖14-2 Knight與Prentky（1992）強暴者之分類

二、兒童性侵者之臨床診斷

(一)Groth兒童性侵者之分類（亂倫犯亦可依以下分類），注意，以下是以主要之性偏好（main sexual preference）對象是否為兒童為區分。

1. 退縮型（regressed type）：在其一生中曾與適當之同儕有過性關係，然因一些情境上之壓力（如長期失業、身體傷殘、或遭成年婦女之貶抑，尤其在性上），使他們漸失身為男人之信心，於是他們轉移性的滿足到較不具威脅性的未成年兒童身上（而且也只有兒童才不會知道其性能力如何）。Groth稱約占51%。筆者認為臺灣應占97%。

2. 固著型（fixated type）：他們終其一生只能被兒童（也可能是男童）所吸引，且無法在發展中獲得性心理上之成熟。經研究發現，此可能與幼年受虐甚至性虐待有關，造成其無法發展與成人之信任關係，轉而與兒童親近，並以性為表達其關懷的方法之一。臨床經驗顯示此型之被害人有可能會固定在同一年齡之男童，原因可能是其首次之受虐年齡亦在此年齡，因而性心理成長固著在該年齡上，停滯不前（Hunter, 1990）。Groth稱約占49%。筆者認為臺灣應占3%。

美國固著型如此之多，筆者認為歐美紐澳之問題嚴重實在是因天主教長期政教合一與對政治有大影響力導致被性侵之男童長大後身心受創，對婦女沒有性慾望也不想結婚反而喜歡男童，漸漸地此類人物當上神父而避開結婚也可源源不絕接觸兒童導致性侵兒童案件不絕。有興趣者可進一步查閱「神職人員性侵害兒童」，筆者認為嚴謹執法與教會不包庇才可能遏止改正。國內也須如此才能不步上其後塵。

另外，Groth（1979）又以權力動力、獵誘手法、及暴力介入程度（此方面與強姦犯類似）來區分成三類，因此與上述兩型相乘，兒童性侵者可區分為六型：

1. 權力型傷害：此型係採溫和或利誘之方式尋求被害人之合作或配合，最多只有恐嚇，而較少造成身體之嚴重傷害。在某些個案中，初始可能以成年人為攻擊目標，在失敗後，會轉而以兒童為目標。

2. 憤怒型傷害：此型之犯行中有較明顯之發洩憤怒與傷害，目標兒童也常會是其憤怒對象之替代物，因此在一些個案中，罪犯可能對夫妻大吵後分居之小孩予以毆打並姦淫。

3. 虐待狂型傷害：此型為最少，其特徵在於以嚴重之傷害兒童性器官或

其他身體部位為快感，甚至是性方面之快感。

因此與上述兩型相乘，兒童性侵犯可區分為六型。此與Groth與Burgess（1977）分性壓迫型（sex-pressure）（又分引誘型enticement type、誘陷型entrapment，各占34.30%、28.46%）與性暴力型（sex-force）（又分剝削型exploitive、虐待狂型sadistic，各是29.92%、8.02%）兩型只是小有不同而已，個人認為sex-pressure應即上述之權力型傷害，而exploitive及sadistic即上述之憤怒型傷害及虐待狂型傷害（以137個加害人為研究對象）。

(二)麻州兒童性侵者之分類（簡稱MTC: CM）：Kinght與Prentky（1989）以群聚分析發現兒童性侵者可用兩軸區分，即對兒童性偏好之固著程度（degree of fixation）及與兒童之交往接觸量（amount of contact），分有24種（4×6）兒童性侵者。

另外有關兒童性侵者被害人性別偏好之兩篇研究整理如表14-6：

表14-6　兒童性侵者對被害人性別偏好之比率表

	只對女童	只對男童	男女童皆有
Abel et al. (1988)	67%	12%	20%
Marques (1989)	64%	26%	11%

依前所述，兒童性侵者有兩個重要的診斷標準，即主要之性偏好（main sexual preference）對象是否為兒童，及暴力介入之程度。尤其前者亦被納入DSM-IV對戀童症（pedophilia, 302.2）之診斷標準，其專對型（exclusive type）即以主要之性偏好對象只為兒童，而非專對型（nonexclusive type）則不是，即還包括成年人；因此我們可知前者即固定型，而後者即退縮型。此外DSM-IV還提出應註明案主係以男童或女童為對象，或兩者皆有。DSM-IV診斷戀童癖之標準如下：

1. 六個月期間，一再出現強烈性興奮之幻想、性衝動、或行為，而內容是與未達青春期之兒童或兒童們（一般是年齡13歲或以下）進行性活動。

2. 此幻想、性衝動、或行為造成臨床上之重大痛苦，或損害社會、職業、或其他重要領域之功能。

3. 患者至少已16歲，且至少比準則A之兒童或兒童們大5歲。

注意：青春晚期與另外12歲、13歲之兒童有發展中之性關係者，勿包含在內。

　　此處筆者要特別提出兩點：(1)不宜以曾有或現有婚姻或成人性對象為評定其是否是固定型兒童性侵者之標準，因為此型可能會被迫結婚，或與已有小孩之婦女結婚，而主要是想對其兒童性侵害。Groth與Birnbaum（1978）亦指出有12%之固定型兒童性侵者會因非性之理由而結婚，然而其主要性偏好對象仍不變；(2)臨床上可能會有性侵者先後犯有成人之強暴及對兒童之性侵害，依筆者之見其可能會是權力再肯定型之強暴者漸而演變成退縮型之兒童性侵者，或者在二型間游移，因其病理均有退縮或低自我肯定之成份。

　　綜合對前述之瞭解，再加上以上之詢問，則應可瞭解案主之病理及可能之治療難易度，臨床經驗及研究顯示，各類性侵者之治療難易度是會有所不同的，在林明傑（1998a）之研究中，即發現臺灣及密西根參與監獄方案之臨床人員對各類性侵者之治療難易度主觀感受排名是一致的，由難而易，分別是：虐待狂型強暴者、固定型兒童性侵者、權力型強暴者、憤怒型強暴者、及退縮型兒童性侵者（依Groth, 1979之分類）（Groth及Robert McGrath對此之解釋見林明傑，1999）。此外，案主若疑有智商或情緒精神上之困擾，則宜再作進一步之心理衡鑑與診斷治療。

　　至於固著型之兒童性侵者為何會常鎖定自己初次受害年齡之兒童，應是臨床治療上值得瞭解的主題。Gerber（1990）認為兒童性侵害被害者為何轉變成兒童性侵害之加害者，應有以下幾個變數：初次受害之年齡、受害期間多久、創傷之程度、及性激起之經驗。其並認為有兩個理論可解釋之：

1. 心理分析理論

(1)固著（fixation）之概念：Erikson（1963）曾提出正常之心理發展會因創傷而出軌，並會固著於發展中之某個階段。

(2)自我防衛機轉之概念：Anna Freud（1946）認為個人為解決本能慾望之焦慮而產生自我防衛，而其運作之方式則是扭曲事實與無意識下運作，譬如，其可能否認其曾受害之經驗、或壓抑之，或認同其加害人，並以性侵害其他人之方式抵消（undoing）其曾受害之焦慮；此焦慮可能很強，而使受害者會有強迫性之反覆行為，此不是自傷，就是傷害別人。密西根州立大學臨床心理教授Andrew Barclay曾提出女性之性受害者較易acting in，即自傷；而男性之性受害者較易acting out，即傷人（personal communication, 3, 22, 1997）。

2. 社會學習理論

Bandura（1977）認為人類行為是由多種形式之學習及增強而來，因此被害人可能聯結幼年受虐經驗與性上之愉悅及激起的複雜感覺，而此感覺又聯結同性或異性之性經驗，因而學到以同方式取得愉悅。臨床上之實證研究中，Freund與Kuban（1994）證實自我報告中曾提及幼年曾受性傷害者與戀童症有關連，然而與一般之性侵者則無明顯關連。

第三節　國外之防治對策

一、再犯預防技術

美國及加拿大是世界上性侵者心理治療最先進的國家。根據美國Safer Society Foundation在1994年之全美性侵者治療方案調查，其蒐集1,784個參與研究調查之監獄、社區、及學校之性侵者輔導方案中，發現採用「認知行為取向」（cognitive behavioral approach）與「再犯預防取向」（relapse prevention approach）最多，各占40%及37%（Freeman-Longo et al., 1995）。因此可知前二者幾乎是美國性侵者心理治療技術的主流，其實二者甚為接近，而後者亦是取用前者之理論及技術為基礎而實施之。

依作者所知，在Association for Treatment of Sexual Abuser（ATSA）[4]之大力推薦下，至1999年為止，再犯預防取向應已超前而成為主流。我們實可將此法稱之為「以再犯預防為取向之認知行為療法」（cognitive behavioral therapy with relapse prevention approach, CBT/RP）。因此可知，美加之主流臨床界係以上述之療法作為性侵者心理病理之瞭解，也依之作為心理治療的技術。此外，加拿大著名之矯治心理學者Paul Gendreau（1996）亦指出「再犯預防技術」為有效罪犯處遇方案（effective intervention with offenders）七原則的其中之一。

如前所述，「再犯預防取向」是取用「認知行為取向」（cognitive behavioral approach）之理論及技術為基礎而實施之。因此先介紹認知行為療法，認知行為療法係由Meichenbaum（1985）發展而成（更早可溯自Ellis, 1973及

---

[4] ATSA之網站見www.atsa.com

Beck, 1963），其強調「自我內在對話」對影響個人行為之重要。而其主軸是，行為改變之先決條件是案主應先注意到他們自己是怎麼想、怎麼感覺、及怎麼行動之整個過程，以及瞭解到他們的行為對別人的影響。在如何更有效地增進因應技巧中，其提出三步驟，即一、觀念期（conceptual phase）：在建立諮商關係外，亦須提供案主關於問題本質正確客觀的知識及認知行為技術之原理；二、技巧獲得及預演期（skill-acquisition and rehearsal phase）：教導案主較好的認知及行為（如建立內在對話，肌肉放鬆）技巧並預演，以因應壓力及高危險情境，避免及防範問題行為之發生；三、應用及追蹤期（application & follow-through phase）：鼓勵案主將習得之認知及行為技巧應用在實際環境中，並追蹤與檢討並回饋（Meichembaum, 1985; Corey, 1996）。因此可知提供正確客觀之知識給案主，讓其瞭解其觀念與正確客觀之知識確有落差，及臨床上對案主情形及症候之研究瞭解，對認知行為治療相當重要。

而「再犯預防」模式是Marlatt於1980年代初發展出來，原是用來維持有成癮行為者之戒癮，其認為戒癮的成功不在治療時，而是在治療後案主能維持其改善，否則其再犯可能性仍高（Marlatt, 1982; Marlatt & Gordon, 1985）。所以，雖以「認知行為療法」（cognitive behavioral therapy, CBT）為基本原理，然其治療重點係放在如何幫助犯罪者認出及修正自己之認知感受行為鏈，以「內在加強自我管理（internal self-management）」及「外在引進社會監督（external supervision）」之方法，有效阻斷自己潛在之「再犯循環」（relapse cycle），藉以防止再犯（Pithers & Cumming, 1995）。所以，治療方案之設計則強調需先有「教育課程階段」（educational module，約5次之課程式教學）使性侵者瞭解臨床發現可能有的認知感受行為鏈（見圖14-3）及再犯循環（如圖14-4），然後才是「輔導治療階段」（therapeutic module，約一年至二年，每週1次之輔導團體），其中由每位案主提出自己於犯行前所有的可能前兆（precursors）並視之為高危險情境並提出自己如何「內在加強自我管理（如戀童症者避開小學及兒童遊戲場，成人強暴者不可再看色情出版物或喝酒）」及「外在引進社會監督（找到好友或治療師監督其行為）」避開該高危險情境，並與團體成員討論可行的方法（林明傑，1998b）。

成效方面，臨床研究顯示，CBT/RP或CBT之療效發現約可減少一半之再犯率（Steele, 1995），是目前所發現效果較好者，三個重要研究可為參考。[5]

----

5 請參見元照法律網www.angle.com.tw增補資料之說明。

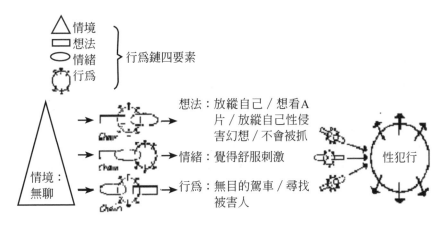

圖14-3　偏差認知感受行為鏈

資料來源：王家駿、林明傑等譯（2001）。

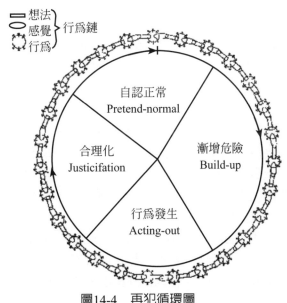

圖14-4　再犯循環圖

資料來源：王家駿、林明傑等譯（2001）。

臨床研究CBT/RP或CBT之療效發現約可減少一半之再犯率（Steele, 1995），是目前所發現效果較好者，以下為三個重要研究：

（一）Hall（1995）集合自1989年後12篇較有信效度的性侵者治療後再犯率研究，作meta-analysis，最後發現認知行為療法有效，其總合之效果量（effect size，請詳見Cohen, 1988）為0.12，應可視為有「小效果量」（Cohen認為大中小效果量之界限各為0.30以上、0.30-0.20、及0.20-0.10；但Dush（1987）認為0.33以下均應視為假藥效應（placebo effect），而中、大、及很大的效果量之界線各應為0.33-1.0、1.0-1.5、及1.5及以上）。發現認知行為治療與荷爾蒙治療均為統計上明顯有效，而行為治療則否，且前二者之效果無明顯差異。接受三種治療之性侵者比未接受治療之性侵者的再犯率有明顯之差異（19% vs. 27%）。[6]

（二）Gallagher等人（1999）集合25篇性侵者治療後再犯率之研究，並依之區分七種療法作meta-analysis（整合分析），發現整體而言治療比未治療有較低之再犯率，七種療法中六種有正面的效果（平均效果量均為正），只有行為混合療法（augmented behavioral treatment）反而會有負面效果。其他之中，認知行為混合再犯預防法與一般認知行為法之平均再犯率各為7%及5%，而且平均效果量各為0.43及0.47（二者各有10篇及3篇研究）；而外科閹割（只有一篇，係於德國之研究）之再犯率不到1%，是最低者；其他則尚有一般行為療法、化學療法、及社會心理治療法。

（三）佛蒙特州（Vermont）之社區方案：McGrath等人（1998）從佛蒙特州某郡之122位性侵者從1984至1995年之追蹤研究中，分三組，認知行為治療組（CBT）、一般治療組、及未治療組，其再犯率之研究發現如下：CBT組在再犯性犯罪之減少上與其他兩組達顯著差異，而違反假釋規定上兩治療組均達顯著之減少，但此兩組未達顯著之差異。但在非性之暴力犯罪及非暴力犯罪上，三組間均未達顯著差異。

（四）Lösel與Schmucker（2005）：兩位德國學者以後設分析檢視69篇研究共約2萬餘名性侵者發現有治療者比沒有治療者性侵再犯率各為11.1%與17.5%，降低了6.4%之再犯率，勝算比（odds ratio）為1.7，降低再犯率37%。

----

[6] Quinsey等人（1993）則提出對療效研究之建議，其中提到臨床療效研究仍應以達「臨床顯著」（clinical significance），而非只是「統計顯著」（statistical significance）。有關clinical significance，請見Jacobson與Truax（1991）。

其中可看出化學去勢與手術去勢均有最高之效果，但這有方法學之問題。認知行為療法則顯出有較佳之效果，以此法之研究中有治療者比沒有治療者性侵再犯勝算比為1.45。

RP首先用在性侵者是在1980年左右，Richard Laws、Janice Marques與William Pithers在加州Atascadero州立醫院討論而得，並由Laws及Marques在加州矯治局支持下在該院實驗推行，而Pithers則到Vermont州計畫推行。二者模式內容不盡相同，但均係以RP為主要架構。Safer Society Foundation之諮商師Robert Freeman-Longo在得到Pithers的協助下亦編印RP之書籍影帶及犯人手冊，推行全國多州（Laws, 1989）。

然RP發展者近年發表以下RP無效之研究。

（一）Marques、Day、Nelson與West（1994）從1985年起以在加州Atascadero State Hospital州立病監醫院之性侵者實施RP之實驗方案，將人員區分為實驗組98人、同意對照組97人、與不同意對照組96人三組，經過在監治療後出獄之兩年追蹤，再犯性侵比率各為8.2%、13.4%、12.5%。雖RP取向之治療有降低再犯率但該差別並未能達到統計顯著。

（二）Marques、Wiederanders、Day、Nelson與van Ommeren（2005）經過八年的再犯率研究，加州監獄之性侵者實驗方案（California's sex offender treatment and evaluation project, SOTEP），從1985至1995年，以隨機抽取加州性侵者中約200人，分三組，即自願治療組、自願對照組、非自願對照組，治療組須兩年治療及一年社區監督以其他兩個無治療之性侵者在監對照組追蹤其性侵與其他暴力之五年再犯率，發現並未達顯著差異。而且此結果在區隔成人性侵者與兒童性侵者之再犯率比較也是如此。但若仔細探究參與實驗之性侵者，其若行為若能符合方案之目標者比未能符合者越有較低的再犯率。作者最後引述若能夠根據Andrews與Bonta（2003）的RNR原則（risk, need, responsivity）也是方案規劃能根據靜態風險、動態需求、方案個案相應性就能夠改善案主之再犯率，也期待未來方案能朝向此邁進。

雖然以上兩篇研究並未能廣泛支持RP模式有效，但本試驗方案的確是RP方案施用於性侵者之鼻祖方案。筆者於1998年參觀時也認為十年投入如此龐大之資源只給該州約200位受試者實在不是好的全州方案。RP太強調認出與轉換高危險情況、想法、情緒性慾、及行為，多屬於留意自己的負面與缺點，遺漏了應對案主培力並鼓勵找出自己優點並朝自己的理想生活邁進，如此才能使案主的自信增高後才能增加自我效能而增加改善自我的動機與持續力量。此點大

多數資深臺灣輔導者多會補上，但資淺者常沒能活用以改善RP之缺點（林明傑等人，2016）。

　　紐西蘭學者Ward於2000年和2003年先後提出自我規範模式（self-regulation model, SRM）與好生活模式（good life mode, GLM）並與加拿大於1990年即提倡接近RP之危險—需求—相應性模式（risk-need-responsivity, RNR）（Andrews et al., 1990）互相批評筆仗。自我規範太過冗長複雜，不太實用，以下簡介後兩者如下。

1. 好生活模式

　　Tony Ward及其同事提出好生活模式（GLM）（Ward & Stewart, 2003），其採取正向心理學治療理念，與傳統強調透懲罰及降低再犯的理論不同，強調個案的復歸，認為治療者與案主共同建立美好生活的藍圖，增進個案改變動機，以降低再犯之可能。GLM是以RNR為原則設計，其目的結合了降低再犯風險和增加幸福感。因此GLM以復原為中心要點，希望以利社會（prosocial）實現之方式來達成案主人生的主要目標（primary goods）。GLM認為人類生來會有十個需要達成所有的主要目標，而在某種程度上，人們會依照個人特定的價值觀與生活態度來權衡及選擇主要目標，並排列優先順序。次要目標（secondary goal）則為實現主要目標之具體手段，或是用以滿足人們的生活目標，如：透過上大學來滿足知識需求，亦或是透過參與運動或文化團體來滿足社群需求。GLM認為人們因為無法以利社會之方式來滿足主要目標，才產生犯罪，即為個人的好生活計畫是具有缺陷的，而這些缺陷也可能涉及了次要目標（如：一個人透過對孩子性犯罪來滿足主要目標之關係需求）。代表當個人追求主要目標時，無好生活計畫之規劃或狹隘，忽視了重要的需求，或是當人們追求一個主要目標時，反而削減了另一個主要目標，以及缺乏內在、外在之能力，來以利社會之方式追求主要目標。

2. RNR模式

　　Andrews與Bonta（1990, 2003）提出矯正方案須符合RNR原則（risk, need, responsivity），也就是方案規劃能根據案主的靜態風險、動態需求[7]、方案個

---

[7] 靜態危險因素（static factor）是指與預測目標（如再犯或致命）有顯著關聯的犯罪歷史因素，又稱歷史因素，如犯罪手法、被害人特性、犯罪者年齡、前科史等。此部分除犯罪者年齡會增加外，其餘是不會變動的，如若曾在二十年前性侵男童，即使以後性侵女童或成年者，這輩子都會有曾性侵男生這一性侵者靜態再犯因素。動態危險因素（dynamic factor）可以說是與預測之目標

案相應性來規劃與調整就能夠改善案主之再犯率。

McGrath等人（2010）調查美加性侵者治療方案之研究，發現當詢問男性成人性侵者方案中最能描述該單位之「一個治療取向」則前五個為認知行為65%、再犯預防15%、好生活模式5%、多系統3%、RNR3%，另當詢問最能描述單位之「三個治療取向」則前五個為認知行為92%、再犯預防67%、心理教育模式30%、好生活模式29%、自我規範模式22%（後二者均由紐西蘭學者Tony Ward提出，將簡介如下）。若將2002年與2009年回答最能描述單位之三個治療取向比較則認知行為是91.9%及92.0%，而再犯預防是79.7%及66.7%，前者未達顯著差異而後者達顯著差異。至於好生活模式與自我規範模式則在2002年並未納如研究。

有研究者指出國內可先依RP模式瞭解並治療性侵者，再累積足夠臨床經驗與臨床研究，待日後可以依發現而予以修正，甚至找出一條本土模式之理論及治療方法（林明傑，1998）。而法務部之性侵者研究報告亦發現文化差異在此一論題之重要性（黃軍義、陳若璋，1997）。

筆者也根據實務治療經驗，評估此三模式之優缺點，認為應可相互取長補短，並提出以現實療法、優勢觀點、及再犯預防為取向之認知行為療法並取名為整合矯正諮商模式，其作法為確定方向、找出優點、找出作法、慢慢做到四階段作為國內實施矯正諮商與矯正方案之較佳技術（林明傑，2018）。

二、監獄方案

美國之監獄性侵者心理治療方案可分成兩種：(一)在監完成之方案：即指所有性侵者心理治療方案均在監獄中完成，大多數之州均採此，如Michigan、New York、Kansas、Pennsylvania等。本文將舉Michigan為例，將於下段說明之。(二)移至醫院完成之方案：即指有意願接受治療者，在最早釋放日前二年至三年移至州立醫院參與治療方案，如Oregon、Massachusetts、California[8]。

（如再犯或致命）有顯著關聯的關於犯罪者言行態度等動態因素，又稱機構因素，如現在對犯罪的言行態度、監督或輔導的配合程度、工作婚姻與居住穩定度等。此部分若案主改善則會顯現在對犯罪想法、對監督或治療的配合、或生活逐漸穩定上顯示出來而分數會越來越低而變好，當然也可能變糟。此部分又常可分為評估近一年來的穩定動態因素（stable dynamic factor）與只評估近三個月或一個月的急性動態因素（acute dynamic factor）（詳見林明傑，2018）。

[8] Oregon之醫院方案於1995年已關閉，而加州Acastedero醫院之方案於1999年改成依「性暴力危險犯人法案」（詳見後）治療及收容危險性罪犯之方案，以醫院模式治療「一般性罪犯」應只剩下麻州之Bridgewater Treatment Center（Freeman-Longo, Personal communication, June16, 1999）。

最有名的方案是已有三十年之加州Atascadero State Hospital，其治療亦是採用再犯預防模式為基礎之認知行為心理治療（Steele, 1995）。每週四至五小時的團體心理治療，每週一小時由所分配之心理師或社工師及每週二小時由護理人員作個別心理治療。治療包含一系列的課程，含放鬆訓練、性教育、人類性行為、社交技巧訓練、壓力及憤怒管理與假釋前準備教育。該方案自1988年起作一系列的評估報告（Marques et al., 1994）。

三、密西根監獄之性侵者心理治療方案

Michigan之新近方案是於1993年才定案實施，是兩年之治療方案[9]，其過程規定如下（Bureau of Health Care Service in Michigan Department of Corrections, 1993）：

(一)在接收新犯中心中，性侵者同一般罪犯均須做心理測驗（含MMPI-II，班達、畫人、文字數字對照等四測驗）。[10]

(二)性侵者均被轉介與心理師晤談，晤談後心理師依其罪行決定是否推薦參與假釋前治療（規定過去曾另犯其他重罪者不予推薦），錄音心理測驗之解釋、交打字員打字。

(三)被推薦之性侵者於最早釋放日前二年經面談依其自願進入治療方案。進入前，須再完成Multiphasic Sex Inventory、Sone Sexual Questionnaire、Life History Questionnaire及MMPI-II（若上次所作已過兩年須再做）（各量表之介紹詳見林明傑，2000）。

(四)進入兩年的方案中，前六個月為標準化的性心理教育課程。以20人、30人之團體與每週二小時之上課並以討論方式進行。在二十二週的課程中，依序分五部分，每部分約三週至五週。含瞭解性犯罪（含法律、性犯罪之分類及特質），被害者之衝擊、性教育（如何培養正常兩性關係，及性行為）、人際技術（含壓力憤怒管理、認知扭曲、性偏差循環、介紹再犯預防Relapse prevention之技巧），及評估（含完成Multiphasic Sex Inventory、Sone Sexual Questionnaire、Life History Questionnaire、及MMPI-II測驗，課程總測驗，進入治療團體前心理準備之討論）。課程設計及教學影帶主要採用Safer Society

---

[9] 後來因等候名單過多，而於部分監獄採行只有一年的加速方案，到1998年中，全州改採一年之加速方案，教育課程亦改由在治療團體中進行。

[10] 密西根監獄臨床人員之工作除提供性罪犯團體心理治療外，尚有攻擊性犯人之團體心理治療及每週輪班作新收人犯中心之心理測驗（離新收中心較遠者及社工師則免）。

Foundation（在Vermont州）之出版品。

　　(五)後一年半爲團體心理治療，採用開放式團結，成員可能在不同時間進出。由一位心理師或社工師帶領，每週二小時。心理師每半年寫一次案主的進步報告，撰寫之先後可與案主討論及修改，再存檔或若將屆假釋則交由假釋委員會參閱。團體中全爲性侵者，但並不區隔成人強暴者與兒童性侵者。

　　以上所述爲性侵者與一般罪犯共囚的一般監獄的方案，而密西根自1992年起設有一座全國著名的性侵者專監收容性侵者（Muskegon State Prison, Level I & II）[11]，雖說專監，其實際總囚犯爲960人，而性侵者約740人約占77%，共有八舍房，而只有二舍房提供全面向的性侵者的心理治療，其目的是爲鼓勵其他舍房之性侵者表現良好以爭取進入方案，並且集中受治療者到同一舍房可避免居住環境中受其他不同類囚犯的騷擾，也可提供性侵者間較安全的分享討論作業或心得的環境，此外，同監之其他類型犯人亦是危險性較低之犯人，因此對性侵者之可能威脅或虐待亦降低。其「全面向的治療方案」包含如下：全部工作人員的投入，含正副典獄長、舍房長Resident Unit Manager，副舍房長、心理師、社工師、獄警，獄內學業老師、牧師、運動指導員，已改善之性侵者、與社區之AA（alcoholic anonymous，即戒酒自助匿名團體）及NA（narcotic anonymous，即戒毒自助匿名團體）人員；每週二小時團體治療外，尚有每月一次的性侵者自助團體（訂有30個主題，讓其自由選擇討論）；假釋前半年性侵者可依自願找家人或重要友人，累積二至五家人後，由牧師、社工員在獄內教堂召開八小時的聚會，教導親友如何支持他們，如何幫助他們防止再犯，並連結監獄與社區的支援網絡；假釋前由監獄社工員召開個案研討會，邀集住所之社會局家庭服務人員，矯治局觀護人員，三個治療機構人員，一婦女庇護所人員研商該犯的假釋計畫及如何助其防止再犯。另外獄內社工員也參與Muskegon當地警局及假釋辦公室的聯繫會報。本方案所使用的心理教育治療教材亦引用Safer Society Foundation之出版品。

四、抑制模式：臨床與司法處遇之整合新趨勢

　　性侵者之社區處遇方面，美國科羅拉多州發展出有名之「抑制模式」（containment model）其認爲對較高危險的假釋性侵者應有較密集的觀護（如

---

[11] 據美國司法部出版之Sourcebook of Criminal Justice 1996年版之統計，全美共有22州有特殊之專監或專舍以提供性罪犯治療方案（Bureau of Justice Statistics, U.S. Department of Justice）。

每週三次至五次之面對面監督）、每三個月或半年一次到警局之測謊儀測謊（polygraph testing，詢問其有無再接近高危險因子，如有無再看色情出版品、接近小學、酗酒、有無再犯等，題目由輔導治療師與測謊員擬定）、及每半年或一年作一次陰莖體積變化測試儀（penile plethysmography）（English, Pullen, & Jones, 1996）。據麻塞諸塞州觀護局訓練主任Steve Bocko表示根據一份研究顯示該模式有極佳之效果，研究顯示參加者三年內再犯率不到2%，而未參加者3年內再犯率27%[12]。佛蒙特州（Vermont）性侵者處遇方案之行政主任Georgia Cumming及臨床主任Robert McGrath（2000）更提出一新名稱「性侵者之社區監督鑽石圖」（supervision diamond）（圖14-5），即認為性侵者之社區監督應有如菱形鑽石之四個角且缺一不可，此四個元素為觀護人之社區監督、社區之輔導治療師、案主之支持網路（如好友或輔導中之其他成員）、及定期之測謊。至2001年止，據知全美約有15個州已有此一方案。

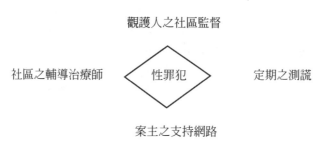

圖14-5　性侵者之社區監督鑽石圖（supervision diamond）

資料來源：Cumming & McGrath (2000).

五、危險評估

美國（如MnSOST-R，見附錄1）及加拿大（如RRASOR、Static-99，其中Static-99見附錄2）均已發展準確度不錯之再犯危險評估量表且以之運用於假釋評估、保釋評估、或相關之處遇需求之專家評估。而國內之相關危險因子之研究目前之相關研究只有三篇[13]，惟本土之量表已經完成，詳見林明傑、董子毅

---

[12] 個人通訊，June 2，2000。

[13] 陳若璋、劉志如、王家駿（2002），性暴力連續犯危險因子分析研究，女學學誌：婦女與性別研究，第13期，頁1-46；陳若璋、劉志如（2001），五類型性罪犯特質與預測因子探討，中華心理衛生學刊，第14卷第4期，頁59-98；孫鳳卿（2001），性侵害加害人之犯罪型態與危險性探討，

（2004；見附錄3）。建議臨床或矯正人員可依實際案例運用再犯危險評估量表，並可向法官或檢察官報告並解釋依該量表該案主顯示在幾年內有多少機率的再犯率，使其能有科學之依據，以在社會大眾之人權及加害者之人權中尋求一個平衡點，使刑法之特別預防理論在我國除保安處分之外，能更完備地建立再犯危險評估之機制。

第四節　美加與我國的性侵者再犯危險評估量表

一、再犯危險評估

　　Vermont州方案之臨床主任兼Addison郡之社區治療主持人Robert McGrath（1992）曾經就性罪犯之再犯危險評估提出五要素：

(一) 再犯的可能性，其中有以下五項考慮：

1. 犯罪類型：McGrath（1992）從多項再犯研究中發現，未接受治療之暴露狂再犯率最高，其次是強暴犯；兒童性侵害犯中又以侵犯不認識之男童者比侵犯不認識之女童者有較高之再犯率；而亂倫犯是所有性侵害犯中再犯率最低。

2. 多重性倒錯（multiple paraphilias）：有多重性倒錯之性侵者比單一性倒錯之性侵者有較高之再犯率。Abel等人（1987）作一治療後追蹤一年之研究中發現，平均再犯率為12.2%，而曾侵害男女童均有之兒童性侵害犯再犯率則為75%。另外曾有暴露或偷窺犯史之性侵者，再犯率亦高於沒有此犯罪史之性侵者。Vermont之另一研究亦發現家外之兒童性侵害犯，曾性侵犯男女童皆有者，再犯率為55%，而只侵犯男童或女童者，再犯率則為10%至11%。

3. 暴力之使用程度：Marshall與Barbaree（1988）之研究發現性侵害中使用暴力之程度，是再犯高危險之預測因素。

4. 偏差之性激起：McGrath（1991）曾就七篇相關研究作綜合，發現其中六篇顯示偏差之性激起與再犯率有正相關存在。

5. 犯罪史：一般罪犯而言，有前科者之再犯率會比無前科者高，而性侵者

高雄醫學大學醫學研究所碩士論文。

之研究亦有如此之發現（Quinsey et al., 1995）。

(二)再犯之可能傷害程度：如果性侵者曾有使用暴力相向之行為史，則未來再度使用暴力之危險亦大增，譬如過度綑綁、挾持、毆打等。

(三)何種情況下再犯容易發生：應考慮之高危險情境，每人可能不同，但以下六點可能要考慮：

　1. 接近潛在被害人之機會：如兒童性侵害犯在假釋後，是否常有機會碰見兒童。

　2. 物質濫用：有無再藥物或酒精濫用。

　3. 色情出版品：曾常用色情出版品之性侵者，是否有機會再接觸或購買。

　4. 工作地及居住地：此兩地及中間路程是否有機會與潛在被害人接觸或引發某些負面情緒之可能情形。

　5. 交通工具之使用：若交通工具之使用曾是個案之手法之一，則再使用又乏監督之情形，亦使之容易再犯。

　6. 情緒狀態：Pithers、Beal、Armstrong與Petty（1989）發現就性侵犯之近期前兆上，強暴犯常會是「憤怒」（88%；兒童性侵害犯則是32%）。兒童性侵害犯則常是「憂鬱或焦慮」（各是38%，46%；強暴犯則是17%，27%）。失去工作或與他人之關係常會是特別高之危險情境，因此瞭解其情緒狀態是極重要的。

(四)瞭解再犯之可能被害對象為誰：從過去之犯罪史中，瞭解再犯之可能被害對象為誰，並作好評估及預防之工作。

(五)再犯之可能時間：Frisbie（1969）五年之研究發現，一般而言，強暴犯在假釋後九個月內之再犯危險性最高，之後逐年下降；兒童性侵害犯則是假釋後二年至三年內之再犯危險性最高。

二、重要之再犯評量表

　　Hanson與Bussiere（1998）之meta-analysis研究中發現若以臨床人員之臨床判斷則對日後再犯性犯罪、其他暴力犯罪、及任何之犯罪之預測效度（Pearson's r）各只有0.10、0.06及0.14，而若以統計為基礎之再犯預測量表，則各可達0.46、0.46及0.42。因此我們可知量表評估之重要性。國內之量表已委託國內學者建立中，今介紹若干重要評估量表。

(一) Minnesota州之性罪犯篩選評估表（MnSOST-R）

附錄1表格是Minnesota州矯治局委託Iowa State University心理系發展完成。是近年來所發展之危險評估量表中預測效度最高者（達r = 0.45，ROC = 0.76）。因為其主要是運用於性侵者釋放前之危險評估（以Megan's Law依其危險性要求作警局登記或／社區通知）（Walsh, 1997），故適合於國內監獄在性侵者參與治療後期並假釋前之危險評估。由臨床人員依某性侵者檔案資料之描述而評分。1999年4月之新修訂版共有16題，區分有兩大要素：1.歷史／靜態因素（historical/static variables）（即指該罪犯在犯行中之特質）：包括前12題，性犯罪之定罪次數、性犯罪史之長度、性犯行曾否發生在公共場所、是否曾使用強制力或威脅、是否曾有多重之性侵害行為、曾否侵犯13歲至15歲之被害人、被害人是否是陌生人、個案青少年時曾否有反社會行為、有無藥物濫用或酒精濫用之習性、及就業史；2.機構／動態因素（institutional/dynamic variables）：包括最後4題，即在監所中有無違規紀錄、監禁中藥癮治療之紀錄、監禁中之性侵者心理治療紀錄、個案出獄時之年齡是否滿30歲。

(二) 靜態因素九九評估表（Static-99）

附錄2表格共10題，對性侵者之再犯性之可能性的預測效度提升到r = 0.31，ROC = 0.71，於1999年9月公布，此為目前美加最常使用之量表。至2002年又發展出「性罪犯靜態因素2002評估表（Static-2002）」。

(三) 台灣性罪犯靜態再犯危險評估量表

林明傑、董子毅（2005）之台灣性罪犯靜態再犯危險評估量表（TSOS-RAS-2004）（見附錄3）之建立及其外在效度之研究中以不同之樣本共分兩次研究，研究一為建立之研究，研究二為外部效度之研究。

1. 在研究一，蒐集於1994至1996年從臺北及高雄監獄出獄之性侵者共423位為樣本，填入由RRASOR、Static-99、及MnSOST-R蒐集之危險因素且依據臺灣資料現況而建立之15項因素量表初稿，追蹤至2003年2月查閱刑案資料註記以瞭解其有無再犯，平均追蹤期為7.6年。篩選危險因素之統計方法為卡方、Somer's d、羅吉斯迴歸、以及Cox迴歸。發現共有8個因素可以列入，分別為：(1)性犯行遭起訴加上判刑確定的次數；(2)過去被判刑確定之任何犯行次數；(3)在保護管束中又犯下性犯行；(4)該次性犯行中的「非性暴力行為」；(5)該次性犯行被害者有13歲至15歲少女且小加害人5歲以上；(6)

該次性犯行被害者之性別；(7)該次性犯行的被害者人數；(8)預估出獄時的年齡。以分別追蹤一年、三年、及七年及各所篩選顯著之因素建立量表，發現預測效度各為r = 0.238（ROC = 0.767）、r = 0.328（ROC = 0.811）、及r = 0.312（ROC = 0.752），均為中度且滿意之效度。然以成人強暴犯、家外兒童性侵害犯、家內兒童性侵害犯三類性侵者觀之，其預測效度各為r = 0.231（ROC = 0.736）、r = 0.380（ROC = 0.765）、及r不顯著（ROC = 0.590）。並將此8題之量表作為定稿。

2. 在研究二，蒐集於1997至1999年從臺北、臺中、及高雄監獄出獄之性侵者共421位為樣本，填入此8題之量表，追蹤至2004年10月平均追蹤期為7.2年。以全體樣本追蹤三年有無再犯，發現r = 0.232（ROC = 0.763）。而以1997年追蹤七年共7人再犯，r = 0.000（ROC = 0.693），其可能因為部分樣本追蹤未達七年致樣本不夠所致。

　　本研究是國內第一個性罪犯靜態再犯危險評估量表之研究，在未來發展動態再犯危險評估量表可作為研究參考資料。

　　此外尚有兩個動態量表，即如下，詳見林明傑（2018）。

1. Sex Offender Need Assessment Rating（性罪犯需求評估量表，SONAR）是由加拿大法務省矯治研究室資深研究員Hanson與Harris（2000）發展出來。分穩定因素與急性因素，各為5題及4題。

2. Sex Offender Treatment Needs and Progress Scale（性罪犯治療需求及進步量表，SOTNPS）是由前美國Vermont州矯治局性侵者矯治方案室臨床主任與行政主任McGrath和Cumming（2003）發展出來。其分為六個向度，共22題。

第五節　結　論

　　筆者用以下兩點做結尾：

　　一、國內性侵害的治療監督體系已大致完備。讀者比較性侵害與其他犯罪應會發現以下。

(一)性侵害防治法律所通過的立法都很能快速反映民眾需求，尤其是婦幼遭受嚴重傷亡的案件後，這是因為婦女選票也是民主政體下執政黨要爭取的。

(二)性侵害防治的投入研究遍布在社會心裡病理、再犯評估、輔導治療、司法方案等甚為周全，這也是新防治法律通過後，政府依據法律而增加撥款做相關研究與規劃方案之法定職責。而也可看出我國在監獄提供專業心理治療也是從1993年監獄之性侵者開始。

(三)性侵者的輔導治療及再犯危險與改善評估也都是在我國監獄與社區較其他各犯罪類型中最為完備。對有興趣投入犯罪心理之學生，可以根據此完備之體系研究對其他犯罪人之進一步瞭解。

(四)各縣市政府對性侵者、家暴者、成癮者在監獄與社區都需大量的治療師，期待有興趣於司法心理的同學投入。

　　二、性侵害的預防策略上也須用心投入：從被害人6成為學生即可知教育可以多提供預防教育。如親子學習單（如附錄4）、性別教育月的定期宣導與話劇比賽、法律教育等。尤其親子學習單在中小學的使用上都能有顯著效果（祈好君，2011；郭孟芳，2010）。[14]陳慧女（2014）主編適合小學與幼兒園的目睹家暴、兒童虐待、性侵害預防的繪本教材也附有親子學習單[15]，都是值得推廣的預防方案，實務中也發現透過老師在課堂講解親子學習單後再帶回家跟家長一起討論填答，可以讓單親父母更留意新交往對象是否對兒少有傷害，甚至使原本有傷害動機的家長減少傷害意願，真正達到預防犯罪的發生而保護婦幼。

---

[14] 祈好君、林明傑、劉俊良（2011），家庭暴力與性侵害防治親子學習單之成效研究，亞洲家庭暴力與性侵害期刊，第7卷第1期，頁13-46；郭孟芳（2010）以親子學習單實施性侵害防治宣導之研究：以雲林縣某國中為例，國立中正大學犯罪防治研究所碩士論文。

[15] 陳慧女（2014），中小學家暴性侵防治繪本守護童年系列（全套4本）：1.盟盟的煩惱──性侵害與性騷擾；2.豪豪的祕密──性侵害療癒；3.嘟嘟的恐懼──兒童虐待；4.奇奇的不安──目睹家暴兒，翰林出版社。

參考書目

一、中文部分（依筆畫順序排列）

林明傑（1998a）。臨床人員對不同類型性罪犯治療難易度之看法暨對性罪犯治療之態度——臺灣與密西根之比較研究（英文版）。Michigan State University未出版之碩士論文。http://pilot.msu.edu/user/linminch

林明傑（1998b）。美國性罪犯心理治療方案之方案及技術暨國內改進之道。社區發展季刊，第82期，頁175-187。

林明傑（1999）。性罪犯之心理評估暨危險評估。社區發展季刊，第88期，頁316-340。

林明傑（2000）。美加婚姻暴力犯之治療方案與技術心理評估暨其危險評估之探討。社區發展季刊，第90期，197-215。

林明傑（2018）。矯正社會工作與諮商：犯罪心理學的有效應用（2版）。華都文化。

林明傑、張晏綾、陳英明、沈勝昂（2003）。性侵害犯罪加害人之較佳方案及三個爭議方案。月旦法學雜誌，第96期，頁160-185。

林明傑、鄭瑞隆、董子毅、連珮琦、曾姿雅（2003）。性侵害犯罪加害人再犯危險評估量表之建立研究——靜態與動態危險因素之探測與整合。財團法人婦女權益促進發展基金會2002年研究計畫。

林明傑、呂嘉豐、陳建霖（2016）。矯正諮商中再犯預防模式之缺點及其改善：兼論新取向的提出。亞洲家庭暴力與性侵害期刊，第12卷第2期，頁113-146。

許春金、馬傳鎮（1992）。強暴犯罪形態與加害者人格特質之研究。臺北市研考會。

黃富源（1982）。強姦犯之分類研究。警學叢刊，第25卷第4期，頁101-117。

二、外文部分（依字母順序排列）

Abel, G. G., Becker, J. B., Mittelman, M., Cunningham-Rathner, J., Roulean, J. L., & Murphy, W. (1988). Self-reported sex crimes of nonincarcerated paraphaliacs. Journal of Interpersonal Violence, 2(1): 3-25.

Bandura, A. (1977). Social learning theory. Prentice Hall.

Barbaree, H. E., Seto, M. C., Serin, R. C., Amos, N. L., & Preston, D. L. (1994). Comparisons between sexual and nonsexual rapist subtype: Sexual arousal to rape, offense precursors, and offense characteristics. Criminal Justice and Behavior, 21(1): 95-114.

Bays, L., Freeman-Longo, R., & Hildebran, D. (1996). Who am I and why am I in treatment: a guided workbook for clients in evaluation and beginning treatment (series number 1). Why did I do it again? Understanding my cycle of problem behaviors: a guided workbook for clients in treatment (series number 2). How can I stop? Breaking my deviant cycle: a guided workbook for clients in treatment (series number 3) Empathy and Compassionate action- issues and exercises: a guided workbook for clients in treatment (series number 4) Brandon, Vermont: Safer Society Foundation/Press. 王家駿、林明傑等譯（2001）。攔截性風暴：性罪犯的治療四手冊。合記出版社。

Brown, S. L. & Forth, A. E. (1997). Psychopathy and sexual assault: Static risk factors, emotional precursors, and rapist subtypes. Journal of Consulting and Clinical Psychology, 65(5): 848-857.

Corey, G. (1996). Theory and practice of counseling and psychotherapy (5th ed.). Brooks/Cole Publishing Company.

Cumming, G. F. & McGrath, R. J. (2000). External supervision: How can it increase the effectiveness of relapse prevention? In R. Laws, S. Hudson, & T. Ward (Eds.), Remaking relapse prevention with sex offenders: A sourcebook (pp. 236-253). Sage.

English, K., Pullen, S., & Jones, L. (1996). Managing adult sex offenders on probation and parole: A containment approach. American Probation and Parole Association.

Erikson, E. (1963). Childhood and society (2nd ed.). W.W. Norton.

Freeman-Longo, R., Bird, S., Stevenson, W. F., & Fiske, J. A. (1995). 1994 Nationwide survey of treatment programs and models: Serving abuse-reactive children and adolescent and adult sex offenders. Safer Society Program & Press.

Freund, K. & Kuban, M. (1994). The basis of the abused abuser theory of pedophilia: A further elaboration on an earlier study. Archives of Sexual Behavior, 23(5): 553-563.

Gallagher, C. A, Wilson, D. B., Hirschfield, P., Coggeshall, M. B., & MacKenzie, D. L. (1999). A quantitative review of the effects of sex offender treatment on sexual offending. Corrections Management Quarterly, 3(4): 19-29.

Gendreau, P. (1996). The principles of effective intervention with offenders. In A. T. Hartland (Ed.), Choosing correctional options that work: Defining the demand and evaluating the supply (pp.117-130). Sage.

Gerber, P. N. (1990). Victims becoming offenders: A study of ambiguity. In M. Hunter (Ed.),

The sexually abused male, 1: prevalence, impact, and treatment. Lexington Books.

Groth, A. N. (1979). Men who rape: the psychology of the offender. Plenum.

Groth, A. N. & Burgess, A. W. (1977). Motivation intent in the sexual assault of children. Criminal Justice and Behavior, 4(3): 253-264.

Groth, A. N. & Birnbaum, H. J. (1978). Adult sexual orientation and attraction to underage persons. Archives of Sexual Behavior, 7(3): 175-181.

Groth, A. N. & HobSon, W. F. (1983). The dynamics of sexual assault. In L. B. Schlesinger & E. Revitch (Eds.), Sexual dynamic of antisocial behavior (pp. 106-172). Charles, C. Thomas Publisher.

Hall, G. C. N. (1995). Sexual offender recidivism revisited: A meta-analysis of recent treatment studies. Journal of Counseling and Clinical Psychology, 63: 802-809.

Hanson, K. (1997). The development of a brief actuarial risk scale for sexual offense recidivism (Rapid Risk Assessment for Sex Offense Recidivism, RRASOR). Department of the Solicitor General Canada. http://www.sgc.gc.ca/EPub/corr/e199704/e199704.htm

Hanson, R. K. & Bussiere, M. T. (1998). Predicting relapse: A meta-analysis of sexual offender recidivism studies. Journal of Consulting and Clinical Psychology, 66(2): 348-362.

Hanson, R. K. & Thornton, D. (1999). Static 99: Improving actuarial risk assessments for sex offenders. Department of the Solicitor General Canada. http://www.sgc.gc.ca/epub/Corr/e199902/e199902.htm

Hunter, M. (1990). Abused boys: The neglected victims of sexual abuse. Fawcett Columbine.

Knight, R. A. & Prentky, R. A. (1990). Classifying sexual offenders: The development and corroboration of taxonomic models. In W. L. Marshall, D. R. Laws, & H. E. Barbaree (Eds.), Handbook of sexual assault: Issues, theories, and treatment of the offender (pp. 23-54). Plenum.

Laws, D. R. (1989). Preface. In D. R. Laws (Ed.), Relapse prevention with sex offenders (pp. vii-ix). Guilford.

Laws, D. R. (Ed.) (1989). Relapse prevention with sex offenders. Guilford. 王家駿、林明傑等譯（2001）。性罪犯的再犯預防療法。五南圖書。

Lin, M. J., Maxwell, S. R., & Barclay, A. M. (2000). The Proportions of different types of sex offenders and the degree of difficulty in treating them: A comparison of the perception of clinicians in Taiwan and in Michigan. International Journal of Offender Therapy and Comparative Criminology, 44(2): 222-231.

Lösel, F. & Schmucker, M. (2005). The effectiveness of treatment for sexual offenders: A comprehensive meta-analysis. Journal of Experimental Criminology, 1(1): 117-146.

Marlatt, G. A. (1982). Relapse prevention: A self-control program for the treatment of addictive behaviors. In R. B. Stuart (Ed.) Adherence, compliance, and generalization in behavioral medicine (pp. 329-378). Brunner/Mazel.

Marlatt, G. A. & Gordon, J. L. (1985). Relapse prevention: Maintenance strategies in the treatment of addictive behaviors. Guilford Press.

Marques, J. K., Day, D. M., Nelson, C., & West, M. A. (1994). Effects of cognitive-behavioral treatment on sex offender recidivism: preliminary results of a longitudinal study. Criminal Justice and Behavior, 21(1): 28-54.

McGrath, R., Hoke, S., & Vojtisek (1998). Cognitive-behavioral treatment of sex offenders: A treatment comparison and long-term follow-up study. Criminal Justice and Behavior, 25(2): 203-225.

McGrath, R. J., Cumming, G. F., Burchard, B. L., Zeoli, S., & Ellerby, L. (2010). Current practices and emerging trends in sexual abuser management: The safer society 2009 North American survey. Safer Society Press.

Meichenbaum, D. (1985). Stress inoculation training. Pergamon Press.

Mossman, D. (1994). Assessing predictions of violence: Being accurate about accuracy. Journal of Consulting and Clinical Psychology, 62: 783-792.

Pithers, W. D. & Cumming, G. (1995). Relapse prevention: A method for enhancing behavioral self-management and external supervision of the sexual aggressor. In B. K. Schwartz & H. R. Cellini (Eds.), The sex offender: Corrections, treatment and legal practice (pp. 12-1~12-18). Civic Research Institute.

Quinsey, V. L., Harris, G. T., Rice, M. E., & Cormier, C. A. (1998). Violent offenders: Appraising and managing risk. American Psychological Association.

Rice, M. E. & Harris, G. T. (1995). Violent recidivism: Assessing predictive validity. Journal of Consulting and Clinical Psychology, 63: 737-748.

Steele, Nancy (1995). Cost effectiveness of treatment. In B. K. Schwartz & H. R. Cellini (Eds.), The sex offender: Corrections, treatment and legal practice (pp. 4-1~4-15). Civic Research Institute.

附錄1：明尼蘇達性罪犯篩選評估表
Minnesota Sex Offender Screening Tool-Revised（MnSOST-R）

姓名＿＿＿＿＿＿＿＿＿＿　出生年月日＿＿＿＿＿＿＿＿＿＿

A.經歷／靜態因素（historical/static variables）		8.性犯行（遭起訴或定罪）中曾侵犯 13 歲至 15 歲之被害人，且加害者比被害人大 5 歲或以上	＿＿
1.因性犯罪而判刑確定之次數（含此次定罪）	＿＿		
一次	0		
二次或以上	+2	沒有	0
		有	+2
2.性犯罪史之長度	＿＿		
少於 1 年	-1	9.性犯行（遭起訴或定罪）中，被害人是否是陌生人？	＿＿
1 年到 6 年	+3		
超過 6 年	0	沒有任何一被害人是陌生人	-1
		至少有一被害人是陌生人	+3
3.是否曾在保護管束中又犯下性犯罪(遭起訴或定罪）	＿＿	資料不足，無法確定	0
沒有	0	10.有無任何資料或檔案顯示案主青少年時曾有反社會行為？	
有	+2	沒有	-1
		有零星之反社會行為	0
4.有無任何性犯罪（遭起訴或定罪）是發生在公共場所	＿＿	有經常且重覆之反社會行為習性	+2
沒有	0	11.有無藥物濫用或酒精濫用之習性？（在此次犯行或撤銷緩刑假釋前 12 個月）	
有	+2	沒有	-1
		有	+1
5.是否曾有在任何一次性犯行（遭起訴或定罪）中，使用強制力或威脅	＿＿	12.就業史（在此次犯行前之 12 個月期間）	＿＿
從沒有過	-3	在犯行前有穩定的就業情形達一年或以上	-2
曾有至少一次過	0	照顧家庭、退休、全職學生、或殘障以無法工作	-2
6.是否曾有在任何一次性犯行（遭起訴或定罪）中，對一個被害人在一次接觸中而有多重之性侵害行為	＿＿	部分工時、季節性之工作、不穩定工作	0
沒有過	-1	失業、或失業有一長段時間	+1
曾有過	+1		
7.性犯行（遭起訴或定罪）中，所有被害人之年齡層為何？請先將所有符合之項目打勾：		**經歷／靜態因素之總分** ＿＿＿＿＿＿	
□6 歲或以下			
□7 歲至 12 歲			
□13 歲至 15 歲，且加害者比被害人大 5 歲或以上			
□16 歲或以上			
無所謂年齡層，或只有 1 年齡層	0		
有二個或以上之年齡層	+3		

B. 機 構／動 態 因 素（institutional/dynamic variables）		
13.在監所中有無違規紀錄	___	
無重大之違規紀錄..........................	0	
有一次或以上之重大違規紀錄...........	+1	
14.監禁中藥癮治療之紀錄	___	靜態與動態因素之相加總分 _____
不必接受治療／時間不足／沒機會......	0	
接受推薦治療且完成治療/或假釋時仍在接		
受治療......................................	-2	評語：
被推薦治療，但案主拒絕接受、中途停止	+1	
被推薦治療，但被工作人員要求退出...	+4	
15.監禁中之性罪犯心理治療紀錄	___	
不必接受治療／時間不足／沒機會......	0	
接受推薦治療且完成治療／或假釋時仍在		
接受治療....................................	-1	
被推薦治療，但案主拒絕接受、中途停止	0	
被推薦治療，但被工作人員要求退出......	+3	
16.案主出獄時之年齡	___	
30 歲或以下.................................	+1	
31 歲或以上.................................	-1	
機構／動態因素　之總分 _____		

評估人員姓名 _____ 　　評估日期 _____

評估機構 _____ 　　電話號碼 _____

說明：

‧本版為1999.4之修訂版。

‧本評估表之評分與性罪犯之再犯率之相關係數（即預測效度）為0.45，是近年來之最高者。

‧全表無版權問題，評分細節及研究說明請自以下網站下載：

　http://www.psychology.iastate.edu/faculty/epperson/homepage.htm，再選擇MnSOST-R（依指示先下載adobe之閱讀程式，如果已有，則應先打開該程式再下載）。

‧MnSOST-R之適用對象為男性成人性罪犯，青少年之版本尚未發展出來。

‧題目中之名詞定義說明：

　(1)第四題之「公共場所」的定義為某地方由人們或社區所共同使用或維持的，或開放給特定他人之某地方。如公園、停車場、巷道、酒店、餐廳、或建築物中之樓梯、電梯、走道等。

　(2)第六題：「多重之性侵害行為」指以下之行為中有超過一項者（即兩項或以上者）：

-陰莖插入陰道	-以外物插入肛門	-強迫被害人對加害人手淫或性撫摸
-陰莖插入肛門	-加害人性撫摸被害人（fondle）	-加害人對被害人手淫
-手指插入陰道	-強迫被害人對加害人口交	-強迫被害人自己手淫
-手指插入肛門	-加害人對被害人口交	-加害人暴露自己之陰莖（與強暴區隔）
-以外物插入陰道	-親吻	-其他強迫之性行為，如強迫被害人與他人或動物性交

MnSOST-R得分與再犯率對照表

危險程度	MnSOST-R得分	6年內性犯罪再犯率
1（low／低）	3及以下	16%
2（moderate／中）	4至7	45%
3（high／高）	8及以上	70%
建議轉不定期監禁（civil commitment）（極高危險）	13及以上	88%

註：(1)本表之性罪犯再犯基線為35%。本評估表之評分與性犯罪之再犯率之相關係數（r）為 0.45，ROC為0.76。

(2)建議轉civil commitment（近強制治療及不定期監禁之義）之組係為高危險組中之其中 一小組（subset）。

附錄2：靜態因素九九評估表（Static-99）

1.以前性犯罪次數（不包含其他犯行；若判刑確定與指控分屬不同分數，則以高分爲準）

[　　]

・沒被起訴過；也沒被判刑確定　　0
・1-2次被起訴；1次判刑確定　　1
・3-5次被起訴；2-3次判刑確定　　2
・6次（或以上）被起訴；4次（或以上）判刑確定　　3

2.以前所被判刑確定之任何犯罪行爲之次數　　　　　　　[　　]

・3個或以下　　0
・4個或以下　　1

3.有無曾有「未身體接觸之性犯罪」（如暴露狂、戀物癖、打猥褻電話、窺淫狂、
持有色情出版品。注意，不含自我承認之次數）而被判刑確定者　　　[　　]
・沒有　　0
・有　　1

4.性犯行中有無曾有「非性之暴力行爲」（如謀殺、傷害、搶劫、縱火、恐嚇、持刀槍威脅等）

[　　]

・沒有　　0
・有　　1

5.以前是否曾有「非性之暴力行爲」　　　　　　　　　[　　]
・沒有　　0
・有　　1

6.性侵害受害者中是否曾有非近親者（近親指一般法律上禁止結婚之近親關係）　[　　]
・沒有　　0
・有　　1

7.性侵害受害者中是否曾有陌生人（不認識或認識未超過24小時之被害人即屬陌生人）[　　]
・沒有　　0
・有　　1

8.性侵害受害者中是否曾有男性　　　　　　　　　　　[　　]
・沒有　　0
・有　　1

9.所預測的年齡是否低於25歲　　　　　　　　　　　[　　]
・不是　　0
・是　　1

10.曾否與所愛過之人同居超過2年以上　　　　　　　　[　　]
・沒有　　1
・有　　0

總分　｛　　｝

Static-99 之再犯評估危險各得分群之再犯率

	危險等級	再犯性犯罪			再犯其他之暴力犯罪		
		5年	10年	15年	5年	10年	15年
0分	低危險	0.05	0.11	0.13	0.06	0.12	0.15
1分		0.06	0.07	0.07	0.11	0.17	0.18
2分	中低危險	0.09	0.13	0.16	0.17	0.25	0.30
3分		0.12	0.14	0.19	0.22	0.27	0.34
4分	中高危險	0.26	0.31	0.36	0.36	0.44	0.52
5分		0.33	0.38	0.40	0.42	0.48	0.52
6分（及以上）	高危險	0.39	0.45	0.52	0.44	0.51	0.59
（平均 3.2		0.18	0.22	0.26	0.25	0.32	0.37）

註：1.本評估表之評分與性犯罪之再犯率之相關係數為0.33，ROC為0.74。本表之性罪犯再犯基線設定為5年18%，10年22%，及15年26%。

2.全表無版權問題，評分細節及研究說明請自以下網站下載：
http://www.sgc.gc.ca/epub/Corr/e199902/e199902.htm。

附錄3[量表二頁之一]
台灣性罪犯靜態再犯危險評估量表（第一題補註版）
林明傑 Ph.D.

案主姓名：＿＿＿＿＿＿＿＿ 評估者姓名：＿＿＿＿＿＿＿

身份證字號：＿＿＿＿＿＿ 施測地點：[ ]監所 [ ]社區

受害者類型：[ ]成人 [ ]13-16歲（□家內□家外） [ ]13歲以下（□家內□家外）

入監日期：＿＿年＿＿月＿＿日 期滿日期：＿＿年＿＿月＿＿日

評估日期：＿＿年＿＿月＿＿日

[填寫及計分方法]：就個案在以下八題中所符合之項目框號內在三種追蹤期下打勾，並依照該框號右邊之數字計分，將三追蹤期之三總分填寫於最下一列。並三總分重複寫於下頁「分數、危險分級、再犯率轉換表」之最上第二列，之後再依據該總分在各追蹤期之再犯危險分級打勾，並可依據該表得知其平均再犯率。

評量的題項	時間	一年（12個月）	三年（36個月）	七年（84個月）
	累積平均性侵害再犯率	2.1%	5.0%	11.3%
1.性犯行遭「起訴」加上「判刑確定」的次數（含該次），因94年後改一罪一罰，須還原有連續犯概念之處罰／以終審幾次判斷	二次	[ ] 0	[ ] 0	[ ] -1
	三至五次	[ ] +1	[ ] +2	[ ] +3
	六次以上		[ ] +6	[ ] +6
2.過去被「判刑確定」之任何犯行次數（不含該次）	三次以下		[ ] 0	[ ] 0
	四次以上		[ ] +2	[ ] +2
3.在保護管束中又犯下性犯行	從未	[ ] 0		
	曾經有過	[ ] +2		
4.該次性犯行中的「非性之暴力行為」	從未		[ ] -1	[ ] -2
	曾經有過		[ ] 0	[ ] +1
5.該次性犯行被害者有13歲至15歲少女，且小加害人5歲以上	從未		[ ] 0	
	曾經有過		[ ] +1	
6.該次性犯行被害者之性別	只有女性	[ ] 0	[ ] 0	[ ] 0
	包含男性	[ ] +2	[ ] +4	[ ] +5
7.該次性犯行的被害者人數	一人	[ ] 0	[ ] 0	[ ] 0
	兩人以上	[ ] +1	[ ] +2	[ ] +2

評量的題項	時間	一年 （12個月）	三年 （36個月）	七年 （84個月）
	累積平均 性侵害再犯率	2.1%	5.0%	11.3%
8. 欲評估的年齡	未滿25歲			[ ]　+1
	25至40歲			[ ]　0
	超過40歲			[ ]　-1
該案主之總分				

註：第一題性犯行遭「起訴」加上「判刑確定」的次數（含該次），因民國94年後改一罪一
　　罰，須還原有連續罰概念，建議以該個案被終審幾次判斷，若被終審一次或兩次，則各
　　是兩次與四次，不問被害人有幾人。

[量表二頁之二]

台灣性罪犯靜態再犯危險評估量表之
「分數、危險分級、再犯率轉換表」

時間		一年 （12個月）		三年 （36個月）		七年 （84個月）	
該案主之總分							
量表總分數之全距		0～6		-1～15		-4～17	
再犯危險分級 與 平均再犯率	低危險	[ ] 0～1	0.8%	[ ] -1～3	3.3%	[ ] -4～0	5.5%
	中危險	[ ] 2～4	15.4%	[ ] 4～6	20.0%	[ ] 1～6	25.5%
	高危險	[ ] 5～6	0%	[ ] 7～15	40%	[ ] 7～17	41.7%
發展樣本	原始分數之預測準確度	相關r	.238		.328		.312
		ROC	.767		.811		.752
	切分分二級後之ROC[低-中高]	ROC	.793		.665		.704
	敏感度（sensitivity）		66.6%		38.1%		65.9%
	特異度（specificity）		92.0%		94.5%		73.1%

時間		一年 （12個月）	三年 （36個月）	七年 （84個月）
外部樣本 原始分數之預測準確度	相關r		.232	不顯著
	ROC		.763	.693

註：(1)發展樣本為民國83、84、85年出獄之性罪犯，而外部樣本為民國86、87、88年出獄之性罪犯。(2)敏感度，應可稱正猜對率，即在再犯之一群中猜中其會再犯之比率；特異度，應可稱負猜對率，即在不再犯之一群中猜中其不再犯之比率。(3)外部樣本並未做一年之再犯率追蹤。

注意事項

1. 本量表之定義「性侵害再犯」包括觸犯了民國88年以前的刑法第221條至第234條，包括強姦罪及準強姦罪、共同輪姦罪、強姦殺人罪、姦淫幼女罪、利用權勢姦淫猥褻罪等，或是觸犯了民國88年以後所修訂之妨害性自主罪章的第221條（強制性交罪）至第229條（詐術性交罪）等罪名，且起訴者，即為有再犯性侵害犯罪。

2. 本量表適用之評估對象不包括：a.因性侵害案件而獲判緩刑者。b.兩小無猜型：性侵害案件雙方皆未成年（小於16歲），且加害人對被害者之性行為是合意性行為（即被害者本身同意該性行為）。

3. 本量表可複製使用，亦可在網頁搜尋「中正大學林明傑 期刊 技術報告」下載取得，但仍建議在使用前詳細地閱讀量表操作手冊之說明。

附錄4

預防性侵害親子學習單（中學生版適合國一到高三） 中正大學犯罪防治系性侵研究室

家長您好：

這是一份親子學習單，是在老師教完學生後再繼續請您一起完成的教學。以下分三部分請您跟學生一起討論後完成。最後謝謝您的積極參與並祝福您全家。

您可以YouTube影音平台上搜尋「國高中網路性侵害」或「國高中性侵」

一、關於性侵害防治之法律

1. 「性侵害犯罪」就是刑法「妨害性自主罪」。

2. 相關法律如下：

   (1) 強制性交罪：刑法第221條「對於男女以強暴、脅迫、恐嚇、催眠術或其他違反其意願之方法而為性交者，處三到十年有期徒刑。」

   (2) 強制猥褻罪是判六月到五年有期徒刑。（猥褻是指強制對他人實施性交以外的性觸摸行為，如胸部、性器官、屁股、大腿內側。）

   (3) 對16歲以下者即使同意而性行為或猥褻者均要判刑。國家認定兒童沒有同意性行為之能力，故即使其同意性行為，實施者也算犯罪。

      a. 姦淫未滿14歲者罪：刑法第227條第1、2項「對於未滿十四歲之男女為性交者，處三年到十年有期徒刑。」「對於未滿十四歲之男女為猥褻之行為者，處六個月到五年有期徒刑。」

      b. 姦淫14-16歲者罪：刑法第227條第3、4項「對於十四歲以上未滿十六歲之男女為性交者，處七年以下有期徒刑。」「對於十四歲以上未滿十六歲之男女為猥褻之行為者，處三年以下有期徒刑。」

   (4) 與少年性交易罪：兒童少年性剝削防治條例第22條「與未滿十六歲之人為性交易者，依刑法之規定處罰之。十八歲以上者與十六歲以上未滿十八歲者為性交易者，處一年以下有期徒刑、拘役或十萬元以下罰金。」

   (5) 受自己監督、扶助、照護之人，利用權勢或機會為性交者，處六月到五年有期徒刑。（刑第228條）

   (6) 和誘脫離家庭監督罪：帶未滿20歲之人在外而家長不知犯刑法妨害家庭罪，刑法第241條規定「和誘未滿二十歲之男女，脫離家庭或其他有監督權之人者，處三年以下有期徒刑。」

   (7) 不及抗拒觸摸罪：性騷擾防治法第25條第1項「意圖性騷擾，乘人不及抗拒而為親吻、擁抱或觸摸其臀部、胸部或其他身體隱私處之行為者，處二年以下有期徒刑、拘役或併科新臺幣十萬元以下罰金。」

二、如何預防性侵害

1. 對上網認識的人跟您要手機或想約您外出見面千萬要拒絕。要謹慎交友及朋友介紹之朋友。

2. 對有人想要親吻您、觸摸您大腿內側、胸部、與陰部，您有決定權，設立界線明確告知不要。

3. 對被人性騷擾或性侵害要能告訴導師或輔導室老師，使有犯罪的人能受到處罰以防範再發生。也可以撥打113或通報ecare網頁。

4. 18歲前不能喝酒：酒精會使人降低意識而作出不理性的行為。而且不熟的人邀喝酒或嗑藥，都要能清楚說出「不好意思，我有事要先走」。外出時要盯緊自己的飲料。

5. 性平教育法第2條，性霸凌指透過語言、肢體或其他暴力，對於他人的性別特徵、性別氣質、性別傾向或性別認同進行貶抑、攻擊或威脅，但並非屬於性騷擾的行為（如說娘炮、男人婆、對他人做阿魯巴等）。均屬需記過之行為。

6. 網路安全：

   (1) 網路不要告訴別人自己的資料，或留下電話。網路千萬不可約見面、若真想去也想安全回家，則務必要到其電話，請親友撥問何時可讓其回家再去會比較安全，因為對方已知道若不讓你回家，手機被報警可抓到人。（這方法救了不少少女）

   (2) 跟網友聊天，或是有人留言、寄電子郵件給你，內容有讓你不舒服或是比較色情的對話，應告知導師或家長。

   (3) 如果有人提供來源不明的金錢或買網路遊戲的點數，要特別警覺，避免落入陷阱。

   (4) 若想追求，務必要先知道年齡。且須知道高三生才能有合法合意性交。

三、供親子討論之是非題

1. [　] 15歲的小強與13歲半的小芳約好到小強家性行為，發生後不算犯罪行為。

2. [　] 某18歲半男生在網路與16歲半之翹家女生相約在男方家性行為，並住兩晚，這不算犯罪。

四、家長意見交流欄

1. 這份學習單對我和孩子有幫助：
   □同意 □普通 □不同意

2. 我已經瞭解有關性侵害法律規定：
   □同意 □普通 □不同意

3. 請家長提供您對於性侵害防治的建議或意見：

_____

_____

家長簽名_____關係上，您是學生之____

第十五章　跟蹤騷擾行為問題與防治策略

吳聖琪

 **前　言**

　　Meloy博士（1998）指出跟蹤騷擾是一種古老的行為，但卻是新興的犯罪類型（Stalking is an old behavior but a new crime.）。跟蹤騷擾（stalking）犯罪堪稱是20世紀新興的犯罪類型，雖然跟蹤騷擾行為並非近年才出現，但將跟蹤騷擾行為犯罪化則是自1990年後才開始，美國加州首先立法，世界第一部跟蹤騷擾防治法典於焉出現，自此之後不但美國各州及聯盟在短短三年內陸續完成立法，這一股趨勢潮流蔓延至世界各地，包括歐洲、北美加拿大、澳紐、亞洲等地之國家紛紛立法，臺灣的跟蹤騷擾防制法也於2022年6月1日正式施行，將跟蹤騷擾行為犯罪化。

　　英、美等先進國家十分重視家庭暴力、性侵害與跟蹤騷擾等三類犯罪問題，並統稱為「人際暴力」（inter-person violence）（Sylvia & Jonathan, 2004），係由於此三種暴力犯罪均建立在人際關係之上，家庭暴力係發生於家庭成員之間的各種暴力犯罪，至於性侵害犯罪部分，近年來無論國內外均以認識者所犯的性侵害罪所占比例最高，而跟蹤騷擾犯罪亦以現有或曾有親密關係之伴侶所占比率最高，此三種犯罪問題加害人與被害人的生命歷程關係密切，發生率高，每年受害者達數百萬人，不僅造成被害人立即性的身體上之傷害，更對被害者及其家人造成長期的心理創傷，影響正常生活、侵犯個人隱私權、危害行動自由，尤有甚者，許多個案因而遭到殺害。

　　此三類犯罪因其具有發生在親密關係的人際互動之共通性，故稱為人際暴力，但其犯罪之適用對象、行為態樣以及處遇和防治策略本質實各有所差異，有鑑於此，許多國家針對此三類不同的人際暴力犯罪制定專法加以規範，分別為家庭暴力防治法、性侵害犯罪防治法以及跟蹤騷擾防治法，此外更進行大規模的全國性被害調查，瞭解各種人際犯罪之現況及問題特性，據以實施相關的因應政策，周全被害人之權益保障。

第一節　跟蹤騷擾犯罪問題之嚴重性

　　跟蹤騷擾目前在許多國家已經定義為犯罪行為，並且以各種形式立法予以規範，如美國加州最早於1990年通過「反跟蹤法」，英國於1997年6月通過「防止騷擾法」，日本於2000年通過「跟蹤騷擾防治法」，2007年德國通過「固執跟蹤懲罰法」等，均以立法行動將跟蹤騷擾行為犯罪化，部分國家甚至將法律置於刑法的位階，足見各國對跟蹤騷擾問題之重視。

　　從行為的表面態樣來看，跟蹤騷擾行為與其他重大刑案如殺人、搶奪、傷害等相比，惡性較輕微，但其看似正常的禮貌、關心、社交甚至是追求行動何以令人感到恐懼？又何以讓世界各國紛紛立法予以規範呢？

　　其一，據統計，跟蹤騷擾之行為在各國盛行率皆很高，從1990年代到2000年代美國與英國之調查研究均顯示，跟蹤騷擾行為係以男性加害女性為主之行為，被害人多為年輕女性，且以發生在熟人之間較多（法思齊，2013）。許多女性深受跟蹤騷擾所苦，在跟蹤騷擾後可能是極危險之重大傷害，若未能制定專法予以規範，防止更嚴重之傷害行為，按一般法律規定，被害人於受到實質上的傷害後訴諸法律，恐無法提供足夠之保障。

　　英國全國性的自陳報告被害統計顯示，19%的女性及12%的男性在一生中曾遭到跟蹤騷擾（法思齊，2013）；在美國估計約有15.2%的女性及5.7%的男性一生中曾遭跟蹤騷擾（Breiding et al., 2014）；日本政黨之調查統計顯示，日本國內20、30歲的年輕女性中，平均4人就有1人曾有跟蹤騷擾的被害經驗（陳慈幸，2011）。日本跟蹤騷擾者數量，在過去十年來以倍數成長，光是2011年就有超過2萬名跟蹤騷擾者，尾隨在女性的身後，他們大多是愛慕者、前男友或是不甘心離婚的前夫，而跟蹤騷擾者最後痛下殺手的案例也逐年飆升（TVBS新聞，2014）。

　　雖然女性被害比例較高，然而男性亦可能遭到跟蹤騷擾被害，據統計各國男女一生中被害比率略有不同，女性一生中約有10%至20%，男性一生中約有5%至10%的機率遭受跟蹤騷擾，其比例亦不低，因此，探討跟蹤騷擾犯罪，不應將其侷限於女性被害或婦女權益之議題。

　　其二，除了高盛行率外，跟蹤騷擾行為可能是嚴重危害行為之前奏曲，其常伴隨著家庭暴力、性侵害、傷害、恐嚇、妨害自由，甚至是殺人等重大犯行，潛在危險性相當高。根據研究，跟蹤騷擾行為與暴力行為之關係雖非必

然，但問題確實存在（法思齊，2013）。根據美國司法部（Department of Justice）於1998年發表之研究報告可知，約有25%到30%之跟蹤騷擾行為會牽涉到暴力，同年之資料亦顯示約有2%的被跟蹤騷擾者遭到殺害，36%成為暴力傷害犯罪之被害人，有高達81%被現任或前任親密伴侶跟蹤騷擾之被害人也同時受到對方暴力相向（White & Cawood, 1998）。

　　1999年由6位學者針對跟蹤騷擾行為與親密伴侶間殺害女性（femicide）行為之調查研究發現，76%遭親密伴侶殺害及86%遭親密伴侶殺害未遂之女性遇害前曾遭到跟蹤騷擾，54%之被害人在遇害前曾向警方報案（McFarlane et al., 2006）。由此可見跟蹤騷擾行為常為暴力行為之前兆，其潛藏的暴力危害風險實不容小覷。

　　其三，跟蹤騷擾行為並非單一或偶爾為之的行為，持續時間動輒數週、數月，甚至長達數年，造成被害人相當大的恐懼與困擾，不但影響正常生活的進行，有些人甚至搬家或更換工作以躲避騷擾，或因而產生創傷後症候群、身心症等等。隱含著暴力威脅的跟蹤騷擾行為對被害者所造成的影響層面，甚至大於一般暴力行為之被害人。黃靜怡（2007：152）對大學生之跟蹤騷擾被害人調查研究發現在生理層面有35.7%曾出現恐慌的現象，39.3%出現噁心的現象，約有27.4%之被害人必需改變上學路線及社交生活。

　　Brian H. Spitzberg（2002）針對103篇研究報告進行後設分析，包含超過7萬名受測者，經分析發現這些研究中平均的盛行率女性為23.5%，男性為10.5%，跟蹤騷擾平均達2年以上，女性被害者平均占75%，77%都發生在之前認識的關係，49%是前任情侶關係。其中42篇的研究中發現肢體暴力發生率平均為33%，有17篇研究發現性侵害發生率高於10%。32篇研究報告指出平均約有40%違反禁制令，且其後發生更嚴重的事件占21%。

　　綜上，跟蹤騷擾是非常特殊的犯罪類型，嚴重威脅個人的生命、身體、心理、財產等安全，行為態樣複雜且期間動輒長達數年，與其他犯罪相比較可發現，它具有「犯罪延續性」——亦即是犯罪持續的期間短則數星期、數月，長則可能持續數年之久，令被害人痛苦不堪；它具有「犯罪態樣複合性」——亦即是它不若其他單一的犯罪類型，如殺人、偷竊、詐騙、搶奪等，構成要件明確具體且單一化，跟蹤騷擾犯罪的行為包括長期跟蹤、尾隨、監視、恐嚇、寫信、打電話、傳簡訊、甚至利用電信設備掌控行蹤等，行為態樣多元，許多的加害人是同時進行多項騷擾行為，令被害人防不勝防；另其「危害層面廣」——對於被害人造成嚴重身體、心理、財產等方面傷害，令被害人恐懼、

精神壓迫，失眠、憂鬱、躁鬱、緊張、影響生活甚至工作、學業等等，加害人可能是配偶、親人、朋友、男女朋友、同學，甚至是完全不認識的陌生人；跟蹤騷擾犯罪「潛在危險性高」，許多跟蹤騷擾犯罪表面上的行為態樣很容易令人輕忽，尤其是執法人員，如在定點守候、目視、送禮物、寄信、打電話等，更重要的是「跟蹤騷擾犯罪蒐證不易」，許多的跟蹤騷擾行為態樣難以舉證，如在住處或上班處所留下物品、破壞機車等，若非現場守候實難以證明係加害人所為，即使跟蹤、尾隨、守候等，也容易以行動自由、言論自由加以辯駁，如剛好路過或同住於附近，並非刻意跟蹤或在某處守候等藉口推託，舉證困難而無法加以制裁，造成被害人求助無門或對司法體系喪失信心不願意求助的狀態，跟蹤騷擾犯罪所帶來的社會問題實不容輕忽。

第二節　跟蹤騷擾行為本質探討

　　根據美國疾病控制預防中心每週發病率及死亡率報告（Center of Disease Control and Prevention, Morbidity and Mortality Weekly Report, September 5, 2014）的資料顯示，在美國一年有750萬名民眾遭到跟蹤騷擾，約15%的女性及6%的男性一生中曾遭到跟蹤騷擾，由此可見跟蹤騷擾犯罪之嚴重（Breiding et al., 2014）。

一、跟蹤騷擾犯罪之定義

　　在跟蹤騷擾行為犯罪化行動中，最重要，也是最根本的第一步即是對跟蹤騷擾行為加以定義，自美國加州於1990年首先制定跟蹤騷擾防治法後，各州及聯邦陸續立法，世界各國亦紛紛立法，然而各國法律中對於跟蹤騷擾之定義不盡相同，甚至同一個國家之中不同州別或是不同行政區域所採用之定義也有所出入。

　　以下節分別針對美洲、歐洲、亞洲、澳紐等地區具代表性之法律定義進行討論。茲以美國、英國、德國、日本、新加坡及澳洲以及臺灣等定義分別探討，茲分如下：

(一) 美　國

　　依據美國法律及司法學會（institute for law and justice, ILJ）對於跟蹤騷擾

的定義，是一種犯罪行為，大多數的刑事法典對於跟蹤騷擾的定義有三個構成要件（Miller, 2001）：

1. 是一種有意識的行為、意圖性的騷擾、惱人或警告性的行為，例如重複地傳送資訊、跟蹤、毀損、以及其他不受歡迎的行為。
2. 對被害人或其家人的安全施加明確或不確定的威脅。
3. 跟蹤者的行為實際造成被害人合理的恐懼。

　　因此，跟蹤騷擾行為有三個主要的要素：「有意圖的行為、對被害人施加威脅以及造成他人恐懼。」（圖15-1）即加害人意圖達到某種目的，基於故意而進行讓被害人感到騷擾、困擾或緊張的行為，且對於被害人或其家人造成生命安全上的威脅，致令其感到恐懼。

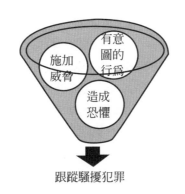

圖15-1　跟蹤騷擾行為要素示意圖

資料來源：參考自Miller（2001），研究者自行繪製。

　　另美國司法部國家犯罪被害人中心（National Center for Victims of Crime, 2002）提供執法人員對於跟蹤騷擾犯罪的定義是指：「對於某一特定人進行一系列的行為，造成任一合理之人感到恐懼，即構成跟蹤騷擾犯罪。」

　　該中心提出跟蹤騷擾與其他犯罪類型間最主要的區別有二點：

　　1. 跟蹤騷擾是加害者鎖定目標後即對被害人進行一系列騷擾行為，而非單一的行為。一般的犯罪多依加害者的目的，針對被害人進行單一犯罪行為，如傷害、恐嚇、性侵害等，然而，跟蹤騷擾者卻可能對於鎖定的目標進行一系列不同的犯罪行為，如名人遭瘋狂粉絲跟蹤騷擾，可能長期遭到跟蹤、尾隨、監視、送禮物、電話騷擾甚至傷害等。

　　2. 造成任一合理之人感到恐懼：跟蹤騷擾是否構成犯罪，端視跟蹤騷擾

對被害者所造成的恐懼而定，即以被害人之主觀感受爲基準，以被害人遭到跟蹤騷擾後是否因而感到恐懼而定。但許多跟蹤騷擾行爲並未造成任何實質的傷害，對被害人所產生的效果亦因人而異，部分被害人僅感到困擾，尚未達到恐懼的程度，但同樣的行爲對於較敏感的人實施卻可能令其驚恐不已，故行爲產生之效果是構成跟蹤騷擾之另一大要素。

(二) 英　國

依據英國內政部（2004）對於跟蹤騷擾的定義係指：進行二個或以上一系列的騷擾事件，包括警告、或導致被害人感到恐懼、緊張或憂鬱，如：電話或信件騷擾、在住家或工作場所外徘徊守候以及毀損財物等（Sylvia & Jonathan, 2004）。

在法律定義上，依據1997年跟蹤騷擾防治法（The Protection from Harassment Act 1997）規定騷擾是指：意圖騷擾或應該知道自己的行爲構成騷擾，實施至少二段（episodes）以上的一系列行爲（a course of conduct）。

另在英格蘭、威爾斯、曼島以及北愛爾蘭另將騷擾分爲二種等級，第一級的騷擾是指騷擾行爲令被害人感到緊張、憂鬱，更嚴重的騷擾則是指騷擾行爲令被害人產生對暴力之恐懼。在蘇格蘭則只有一種等級的騷擾犯罪。騷擾他人包括造成被害人緊張或憂鬱。

(三) 日　本

日本對跟蹤騷擾之行爲定義係依據跟蹤騷擾防治法第2條之規定，係指任何人糾纏或損害他人身體安全、居住及名譽或行動自由等等，使他人感覺不安之行爲，並可分爲「積極糾纏被害人行爲」與「一般Stalker行爲」二種（陳慈幸，2011）。

1. 「積極糾纏被害人行爲」係對於抱持戀愛感情之特定對象表示愛意，因得不到對方回應而心生怨恨之情，於是對被害人、其配偶、直系或同居之親屬，或其他與被害人關係親密之特定人士進行下列各款行爲：
   (1) 埋伏、阻擋對方去路，或於對方之居住所、工作職場、學校或是其他被害人經常出入之場所進行監視、或者到以上之場所對被害人進行跟蹤、騷擾之行爲。
   (2) 向被害人告知其疑遭監視之事，或進行被害人知曉其已遭監視之行爲。
   (3) 要求被害人與其約會、交往及脅迫被害人行使其無意願之事。

(4) 向被害人行使粗暴言行。

(5) 連續打不出聲的騷擾電話。或是發內容空白的傳真給被害人。

(6) 寄送污穢物、動物屍骸或是其他明顯使人不愉快的物品給被害人，或事前告知對方欲對其行使以上行為。

(7) 告知被害人欲損害其名譽，或是要脅對方即將進行令其受害之事。

(8) 對被害人跟蹤騷擾，或寄送其他令被害人感受不悅之色情雜誌、書報等。

2. 「一般stalker之行為」係指對特定被害人行使上述一到第四款行為，也就是損害被害人之身體安全、居住安全及其名譽或行動自由等。

　　在日本跟蹤騷擾行為多發生在親密伴侶或男女朋友間之間的感情糾葛，男女間不當追求，甚至是報復性的傷害行為等，因此其跟蹤騷擾防治法主要針對伴侶關係或情感糾葛、愛戀痴纏等情境而制訂，其他種類如對名人、明星之跟蹤騷擾或職業型如記者、徵信社等以及精神障礙或疾患之人，甚至是陌生人進行的跟蹤騷擾行為，則並未納入主要保障之範圍。

(四) 德　國

　　根據德國2007年刑法第238條強烈騷擾罪Article 238 of Penal Code "Intense Harassment"（2007）（van der Aa & Römkens, 2013），規定如下：

1. 任何人以下列方法違法跟蹤騷擾他人，而嚴重影響其生活作息者，處三年以下有期徒刑或罰金：

   (1) 侵探其置身場所。

   (2) 意圖利用電信工具、其他通訊方式或第三人與其建立關係。

   (3) 濫用他人個人資料訂購物品或服務，或利用第三人與其接觸。

   (4) 威脅傷害他人或其親近之人的生命、身體、健康或自由。

   (5) 其他類似的犯行。

2. 如加害人的行為造成被害人本人、家人或親近之人生命上的危險或嚴重傷害，處三個月以上五年以下有期徒刑。

3. 如加害人的行為造成被害人本人、家人或親近之人死亡，處一年以上十年以下有期徒刑。

4. 第1項之行為需告訴乃論，但經刑事追訴機關認為基於重大公共利益、公權

力有必要介入者除外[1]。

(五) 新加坡

依據新加坡的騷擾防治法（Protection From Harassment Cap. 256A）規定：任何人意圖造成他人騷擾、緊張或憂鬱，並以任何的方法實施下列行為，因而造成被害人或任何人感到騷擾、緊張或憂鬱，即構成騷擾犯罪：

1. 使用任何威脅、恐嚇、污辱的言詞或行為。
2. 任何以威脅、恐嚇、污辱的方式進行的連絡行為[2]。

(六) 澳　洲

根據澳洲跟蹤騷擾資源中心（Australian Stalking Information and Resource Centre）指出跟蹤騷擾不只是在刑事法律上定義為跟蹤騷擾犯罪，同時也發展出處理跟蹤騷擾問題之臨床醫學上的定義。

跟蹤騷擾的定義為：「重複地且持續地進行之一系列的行為，在違反他人意願之情況下強迫加諸於別人之通訊或連絡[3]。」

而在法律方面，以新南威爾斯的2007年家庭與個人暴力犯罪法案（Crime【Domestic and Personal Violence】 Act 2007）為例，跟蹤騷擾行為包括監視或趨近被害人或時常出現在被害人的辦公室、經常去的場所社交或休閒場所附近。

(七) 臺　灣

跟蹤騷擾防制法於2021年11月19日經立法院三讀通過，於2022年6月1日正式施行。除將跟蹤騷擾行為犯罪化外，並透過書面告誡、保護令、預防性羈押等，強化被害人保護為本法之特色。依據該法第三條規定，跟蹤騷擾行為是指以人員、車輛、工具、設備、電子通訊、網際網路或其他方法，對特定人反覆或持續為違反其意願且與性或性別有關之下列行為之一，使之心生畏怖，足以

---

[1] 立法院國會圖書館，http://npl.ly.gov.tw/do/www/billIntroductionContent?id=34，檢索日期：2016/3/1。

[2] The Statutes of The Republic of Singapore Protection From Harassment Act (Chapter 256A), Revised Edition 2015, Prepared and Published by The Law Revision Commission Under The Authority of The Revised Edition OF The Laws Act (Chapter 275).

[3] Australian Stalking Information and Resource Centre, http://www.stalkingresources.org.au/is-stalking-a-crime/ (last visited: 2016/9/20).

影響其日常生活或社會活動：

1. 監視、觀察、跟蹤或知悉特定人行蹤。

2. 以盯梢、守候、尾隨或其他類似方式接近特定人之住所、居所、學校、工作場所、經常出入或活動之場所。

3. 對特定人為警告、威脅、嘲弄、辱罵、歧視、仇恨、貶抑或其他相類之言語或動作。

4. 以電話、傳真、電子通訊、網際網路或其他設備，對特定人進行干擾。

5. 對特定人要求約會、聯絡或為其他追求行為。

6. 對特定人寄送、留置、展示或播送文字、圖畫、聲音、影像或其他物品。

7. 向特定人告知或出示有害其名譽之訊息或物品。

8. 濫用特定人資料或未經其同意，訂購貨品或服務。

對特定人之配偶、直系血親、同居親屬或與特定人社會生活關係密切之人，以前項之方法反覆或持續為違反其意願而與性或性別無關之各款行為之一，使之心生畏怖，足以影響其日常生活或社會活動，亦為本法所稱跟蹤騷擾行為。

(八) 小　結

綜上，由前述美國、英國、日本、德國、澳洲、新加坡、臺灣等國家之法律規定觀之，各地對於跟蹤騷擾之定義實存有相當之差異，因應著各地不同的文化背景及民情需要，制定出不同的跟蹤騷擾防治法令，以保護個人身心安全、行動自由、生活私密領域或資訊隱私，免於受到糾纏行為侵擾，以達到維護個人人格尊嚴之目標。

二、跟蹤騷擾行為之態樣

跟蹤騷擾行為有別於一般犯罪，若單獨片斷地觀察加害者所表現出來的行為態樣，如送禮物、打電話、寄信、拍照等，可能完全與犯罪無關，甚至同樣的行為實施的對象不同，產生的效果也大相逕庭。而即使加害人實施犯罪行為，如偷竊、恐嚇、毀損等，亦難以讓人洞察僅為一系列跟蹤騷擾犯罪態樣其中之一，尤其是對於執法者而言，更容易針對單一事件進行處置，輕忽跟蹤騷擾犯罪對被害者之身心傷害與潛在之危險性。

以下分別就跟蹤騷擾犯罪行為態樣在法律上、犯罪統計上以及協助被害人辨識犯罪指標等面向進行探討。

(一) 法律上規範之行為態樣

多數的個案中，加害者係長期地進行一系列不同的行為，甚至維持數年的跟蹤、騷擾、恐嚇、威脅被害人，所抱持著實則為同一犯罪動機。如此特殊的犯罪類型，對於執法人員不啻是一大挑戰，在面對跟蹤騷擾者時，需長期全面檢視犯罪歷程，加害者背後之動機與被害者的恐懼等，逐步地、抽絲剝繭地拼湊出隱藏在背後的原貌。

部分國家的法令中並未提供列舉式的跟蹤騷擾行為態樣，而是採廣泛式地加以定義解釋，由執法人員針對案情加以判斷。另部分國家之法律除對跟蹤騷擾清楚加以定義外，亦對於常見的跟蹤騷擾行為態樣予以列舉式的規定，二者相互搭配，以利第一線執法人員能在最短的時間內辨識犯罪並予以適當之處置。

如前述日本的積極跟蹤騷擾行為與一般騷擾行為之態樣，又如新加坡之騷擾防治法（Protection from Harassment）及臺灣等，均是在法律條文中明文列舉違法之行為態樣。

依據新加坡的騷擾保護法（Protection from Harassment）第7條第3項列舉常見的跟蹤騷擾行為態樣如下：

1. 尾隨被害人或與其有關之人。
2. 以各種方法連絡或試圖連絡下列人員：(1)被害人或與其有關之人；(2)涉及或看來是關於受害人，或有相關的人；(3)看來是源自受害人或是相關的人。
3. 進入或處於任何處所（公共場所或私人場所）或被害人住家附近，或有關之人的住宅、辦公處所或任何被害人及其有關之人常去的地方外面遊蕩。
4. 干擾被害人或與其有關之人的財產（不論加害人是否從其財產中獲取利益）。
5. 致送或寄送物品給被害人或其有關之人，或留下某物讓被害人發現、吸引被害人或與其有關之人的注意。
6. 監視被害人或與其有關之人。

(二) 犯罪統計上之意義

明確界定跟蹤騷擾行為之態樣，除了可作為執法之依據外，另一方面，在犯罪之統計上相當重要，各項犯罪統計之結果最重要即是運用在刑事司法領域中，據以研擬犯罪對策。然而鑑於各地區各機構所進行之犯罪統計、調查、

研究所採用之跟蹤騷擾行為態樣並無統一之規範，不同的跟蹤騷擾犯罪行為態樣必然直接影響到統計結果，因此，跟蹤騷擾犯罪在統計上常出現落差與不一致的情形，甚至同一個單位前後時間所進行之統計結果亦因對跟蹤騷擾之行為態樣定義不同，而影響比較分析之結果。如美國疾病管制局（CDC）2010年與2011年的統計報告即發生此一現象[4]，對於犯罪之監控、比較、分析工作造成相當大的困擾與障礙。

美國疾病管制局2010年調查報告中（Black et al., 2011），對跟蹤騷擾之定義及行為態樣統計指標為：「被害人連續遭到同一名跟蹤騷擾者實施下列行為之數種，或多次反覆進行同一種行為，致其感到恐懼，或相信自己或身邊親密的人會遭其傷害或殺害：

1. 打騷擾電話、語音信箱或傳簡訊、接起來就掛斷電話。
2. 傳騷擾的電子郵件、即時通或以社交軟體傳簡訊。
3. 送卡片、花或禮物。
4. 在遠處監視、追蹤或以耳機、相機、全球定位系統監視。
5. 趨近或出現在被害人的住處、工作場所或學校。
6. 故意放置讓被害人發現的奇怪或威脅性的物品。
7. 故意潛入被害人家中或車上嚇被害人或讓被害人知道跟蹤騷擾者曾經到過此處。」

(三) 協助被害人求助之辨識指標

跟蹤騷擾之行為態樣另一重要功能即是提供被害人能自我辨識的準則，便於即時求助預防被害。依據美國Stalking Resource Center提供被害人的資訊，雖然各地法律不同，但實務操作上跟蹤騷擾的行為定義指：「對某特定人進行一系列的行為，並造成任一合理之人感到恐懼的程度。跟蹤騷擾是嚴重的犯罪、常伴隨著暴力，且隨著時間愈久暴力程度也愈升高。」跟蹤騷擾者會進行下列的行為[5]：

1. 尾隨或無論你在何處均會隨時出現。
2. 送給你不想要的禮物、信件、卡片或電子郵件。

---

[4] Stalking Resource Center, https://victimsofcrime.org/our-programs/stalking-resource-center/stalking-information/stalking-statistics (last visited: 2016/9/20).

[5] Stalking Resource Center the National Center for Victims of Crime, https://www.victimsofcrime.org/our-programs/stalking-resource-center (last visited: 2016/3/1).

3. 破壞您家、汽車或其他的財物。

4. 監視你的電話或電腦使用的情況。

5. 運用科技如隱藏式攝影機或全球定位系統追蹤你。

6. 開車經過你家、學校或辦公室，或在這些地方外面流車守候。

7. 威脅要傷害你或你的家人、朋友或寵物。

8. 透用運用公共紀錄或線上搜尋裝置、聘僱私家偵探、翻找過濾你的垃圾或連絡你的朋友、家人、鄰居、同事等方式瞭解你的行蹤及各種動態資訊。

9. 在網路上、公共場所或口頭上把你的資訊公開或散播不實的謠言。

10.其他控制、追蹤或恐嚇你的行為。

　　上述這些行為雖然有部分單獨而言尚未達犯罪之程度，但是卻足以令被害人對自己或家庭成員的安全感到恐懼，其所造成之威脅與其他犯罪相比尤有甚者，同時更可能是嚴重暴力犯罪之警訊，因此被害人如遭遇跟蹤騷擾者上述行為，即應有所警惕並尋求司法協助，以避免衍生後續嚴重之傷害發生。

(四) 網路電訊騷擾（cyberstalking）之探討

　　由於數位化時代的來臨，利用網路通訊系統之跟蹤騷擾之型態也跟著轉型並因應而生，舉凡以手機簡訊、或利用網路如社交軟體LINE、Facebook、微信、推特、email等電子通訊作為媒介或工具，均可達到加害者監控被害人之目的，與傳統加害人親自進行之跟蹤騷擾，更為簡便、即時，且無遠無遠弗屆。

　　尤其此一犯罪形態對於青少年族群影響更為深遠，國內外均曾發生女星遭網路霸凌、騷擾而自殺之事件（中央社，2015），顯見青少年族群對於網路社交依賴程度愈深，重視網路世界之另類人際關係，一旦遭受有心人士利用網路跟蹤騷擾或霸凌，不當訊息或資訊將迅速傳播無法控制，對於被害人所造成的傷害層面亦難以想像，因此造成許多被害人難以承受傷害而以自殺結束生命。

　　電子通訊器材提供了加害者另一個更為恐怖、更具控制力、破壞力的跟蹤騷擾工具與管道，透過電子通訊器材，加害者可以隨時隨地、不分晝夜、毫不費力地騷擾被害者，不受時間及地點的限制，對於被害者所造成的恐懼感更為嚴重，甚至部分被害者遭到網路電信跟蹤騷擾長達一段時間亦不自覺，因此網路跟蹤騷擾成為當前執法的重點與挑戰。

　　有鑑於此，為因應社會之需求，世界各國之跟蹤騷擾防治法亦隨之修訂，增訂電信跟蹤騷擾犯罪之法律規範，如日本、英國等。而在臺灣亦將以電話、

傳真、電子通訊、網際網路或其他設備，對特定人進行干擾之行為態樣納入跟蹤騷擾的定義之一，且經內政部警政署統計此類騷擾行為態樣已占跟騷行為的首位[6]。

電訊騷擾的被害者多半是青少年，因為他們是網路通訊的主要使用族群，因此也深受其害。據Urban Institute針對5,647名高中進行調查，研究發現電訊騷擾傷害的嚴重程度是身體傷害的2倍，心理傷害的2.5倍，性脅迫的5倍（Zweig & Dank, 2013）。青少年遭到通訊騷擾的途徑及比例如下：

1. 未經允許使用其社交帳號者占8.7%。
2. 傳簡訊或電子郵件等要求違反意願之性行為占7.4%。
3. 逼迫傳個人性交或裸體照給對對方占6.8%。
4. 傳送大量令人感到安全受威脅的簡訊占6.1%。
5. 在網路散播當事人不雅照占5.5%。
6. 在其個人網頁中留下討厭的資料占5.1%。
7. 利用網路、電子郵件或智慧型手機等散播不實謠言占5%。
8. 當我未回應簡訊或接電話時會做一些讓我恐懼的事占4.2%。
9. 寄給被害人一些不雅的性交照片或裸照占3.8%。
10. 利用被害人的社交網站中的資料來騷擾被害人占3.7%。
11. 寄送即時簡訊或對話令人感到恐懼占3.4%。
12. 利用手機或傳簡訊威脅傷害安全占2.7%。
13. 未經同意拍攝個人影片傳給朋友占2.6%。
14. 威脅被害人傳送個人不雅照或裸照給他占2.6%。
15. 開立一個令被害人感到不安的個人檔案網頁占1.3%。

此一調查是第一個大規模針對通訊騷擾的調查研究，反映出青少年當前遭受通訊騷擾的現況及行為態樣，其結果可作為日後進行通訊騷擾研究之重要參考。

(五) 小　結

在跟蹤騷擾犯罪的行為態樣方面，因目的性、功能性不同，而有不同的取向，但可以得知，若從法律層面著眼，各國普遍採取較為嚴謹的觀點，如是為了進行犯罪統計，則較法律層面寬鬆，同時視統計之目的而略有不同。最後在

---

[6] 內政部警政署全球資訊網，https://www.npa.gov.tw/ch/app/data/view?module=wg203&id=18630&serno=be32b74b-f727-41b0-a1cc-330b0329028a，檢索日期：2024/7/8。

協助被害人辨識危險情境並即時求助，其對於行為態樣之定義則更為寬鬆，讓被害人在疑似遭到跟蹤騷擾時及早求助，相關資源及時介入阻斷後續之潛在危險。而利用網路電子通訊工具進行之新形態跟蹤騷擾對被害人傷害層面更為深遠，各國除了修法加以規範外，執法上亦是一大挑戰。

第三節　跟蹤騷擾行為盛行率探討

藉由對於犯罪問題之盛行率調查，可以瞭解犯罪行為之現況，加被害人口統計、嚴重程度，行為態樣等，從而研擬防治對策。然而跟蹤騷擾行為態樣複雜特殊，由於各國及各區域對犯罪定義不同，直接影響調查之結果以及參考價值。

另由於跟蹤騷擾犯罪之被害人報案率低，為避免官方統計之黑數及統計定義所造成之落差等偏誤，影響對跟蹤騷擾犯罪之認知，本文以美國、英國、加拿大全國被害調查為參考依據，呈現實際之犯罪概況；在亞洲部分，尚無大規模之被害調查，本文以日本之跟蹤騷擾案件統計數據以及臺灣與跟蹤騷擾相關犯罪之統計數據，探討亞洲地區之現況。

一、美國跟蹤騷擾犯罪之盛行率

根據美國疾病管制局全國親密伴侶及性暴力調查2010年總結報告（National Intimate Partner and Sexual Violence Survey, 2010 Summary Report）指出（Black et al., 2011）：

(一) 在一生被害經驗及調查前一年的被害經驗部分（表15-1）：

1. 在美國每6名女性就有1名約16.7%一生中曾遭到跟蹤騷擾，且令其感到恐懼或者相信自己或親近的人會遭到傷害或殺害。
2. 美國1,930萬的成年女性中有大約4%的女性在調查前一年內曾遭到跟蹤騷擾。
3. 美國每19名男性中就有1名男性，大約是5.2%的男性一生中曾遭到跟蹤騷擾，且令其感到恐懼或者相信自己或親近的人會遭到傷害或殺害。
4. 美國大約1.3%的男性在調查前一年內曾遭到跟蹤騷擾[7]。

---
[7] 本調查中跟蹤騷擾之定義係指一名被害人連續遭到同一名跟蹤騷擾者實施下列行為之數種，或多次反復進行同一種行為，致其感到恐懼，或相信自己或身邊親密的人會遭其傷害或殺害：

表15-1　美國民眾遭跟蹤騷擾被害統計表

	一生中曾遭到跟蹤騷擾		調查前一年內曾遭到跟蹤騷擾	
	加權百分比	估計被害人數	加權百分比	估計被害人數
女性	16.2%	19,327,000	4.3%	5,179,000
男性	5.2%	5,863,000	1.3%	1,419,000

參考資料：Black等人（2011），筆者自行編譯繪製。

百分比%

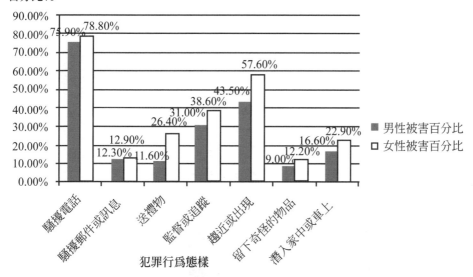

圖15-2　NISVS 2010全美跟蹤騷擾被害人被害類型長條圖（男女性一生被害經驗統計）

參考資料：Black等人（2011），筆者重新編譯。

(二) 全美跟蹤騷擾被害類型統計詳如圖15-2所示：

1. 由圖2-1-2可以發現，男女性的被害類型所占百分比相當一致。

1.打騷擾電話、語音信箱或傳簡訊、接起來就掛斷電話。

2.傳騷擾的電子郵件、即時通或以社交媒體傳簡訊。

3.送卡片、花或禮物。

4.在遠處監視、追蹤或以耳機、相機、全球定位系統監視。

5.趨近或出現在被害人的住處、工作場所或學校。

6.故意放置讓被害人發現的奇怪或威脅性的物品。

7.故意潛入被害人家中或車上嚇被害人或讓被害人知道跟蹤騷擾者曾經到過此處。

2. 在女性被害人方面，有超過四分之三的被害人遭電話騷擾，有超過一半以上被害人遭到趨近或跟蹤騷擾者出現在家中、工作場所或學校，三分之一以上被害人遭監視、尾隨或以各種設備器材追蹤。

3. 在男性被害人方面，有超過四分之三的被害人遭電話騷擾，有將近有一半被害人遭到趨近或跟蹤騷擾者出現在家中、工作場所或學校，三分之一的被害人遭監視、尾隨或以各種設備器材追蹤。

(三) 在加害人類型方面，如圖15-3所示：

1. 女性被害人部分，加害人為親密伴侶者占三分之二（66.2%），有四分之一（24.0%）遭到點頭之交跟蹤騷擾，有八分之一（13.2%）遭到陌生人跟蹤騷擾。

2. 男性被害人部分，加害人為親密伴侶者占四成（41.4%），與遭到點頭之交的百分比（40.0%）相當跟蹤騷擾，有五分之一（19.0%）遭到陌生人跟蹤

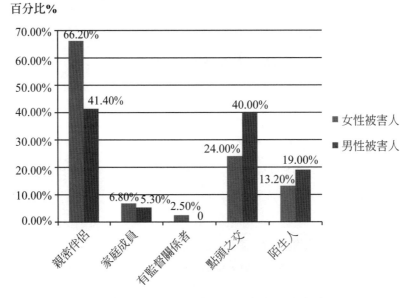

圖15-3　美國跟蹤騷擾犯罪加害人類型統計圖

註：1.親密伴侶是指被害人初次遭加害者施暴報案時所陳述之關係。
　　2.包括直系、旁系血親及姻親。
　　3.上司主管或上級指揮官，老師、教授、教練、牧師、醫生、治療師及護理人員。
　　4.包括朋友、鄰居、家人的朋友、第一次約會對象、認識不深及不太熟悉的朋友。
參考資料：Black等人（2011），筆者自行編譯繪製。

騷擾，家庭成員則占5.3%。

3. 由此可知女性遭到親密伴侶跟蹤騷擾比例最高，而在男性害人方面則以點頭之交及親密伴侶最高，其中男性遭到陌生人及點頭之交者跟蹤的百分比高於女性。

(四) 在跟蹤騷擾被害的加害人數量統計方面，如圖15-4所示：

1. 女性被害人部分，一生中曾遭受一名加害人跟蹤騷擾的百分比占76.0%，遭2名加害人跟蹤騷擾占六分之一（17.0%），遭3名以上加害人跟蹤騷擾者占十四分之一（7.1%）。

2. 男性被害人部分，一生中曾遭受一名加害人跟蹤騷擾的百分比占82.2%，遭2名加害人跟蹤騷擾約十分之一（9.6%）。

(五) 在初次被害的年齡統計方面：

1. 有超過一半以上的女性被害人及超過三分之一的男性被害人初次被害年齡低於25歲；大約有五分之一的女性被害人和十四分之一的男性被害人，初次被害的年齡介於11歲到17歲之間，有四分之一的男性被害人（29.6%）和四分之一的女性被害人（28.5%）初次遭到跟蹤騷擾的年齡介於25歲到34歲之間。

2. 女性初次被害年齡統計如圖15-5所示，女性以18歲至24歲最高，25歲至34歲

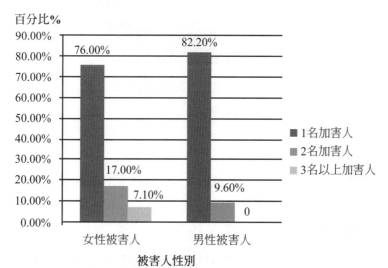

圖15-4　跟蹤騷擾被害的加害人數量統計圖

參考資料：Black等人（2011），筆者自行編譯繪製。

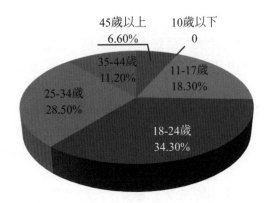

圖15-5 美國女性初次被害年齡統計圖

參考資料：Black等人（2011），筆者重新編譯。

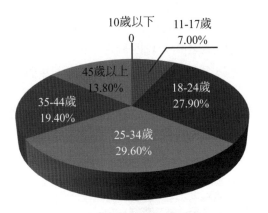

圖15-6 美國男性初次被害年齡統計圖

參考資料：Black等人（2011），筆者重新編譯。

次之，11歲至17歲居第三高。

3. 男性初次被害年齡統計如圖15-6所示，以25歲至34歲最高，18歲至24歲次之，35歲至44歲位居第三。

二、英國跟蹤騷擾犯罪盛行率

英國內政部（Home Office, 2004）於2001年進行全國犯罪被害調查（The 2001 British Crime Survey），針對英格蘭及威爾斯進行跟蹤騷擾犯罪之調查，

該調查之對象為22,463名16歲到59歲的男性及女性，研究結果發現如下（Sylvia & Jonathan, 2004）：

(一) 在調查前一年中8%的女性及6%的男性曾遭跟蹤騷擾被害，可以推估有超過1,200,000名女性及900,000名男性被害。

(二) 19%的女性及12%的男性在一生中曾遭受過跟蹤騷擾被害。

(三) 女性遭受嚴重跟蹤騷擾被害（伴隨有暴力行為）案件中，加害者為親密伴侶者占37%，認識者占59%，陌生人占7%。而在男性被害人中，親密伴侶所為者占8%，認識者占70%，陌生人占30%。

(四) 在前一年曾遭受跟蹤騷擾的被害人中有9%的女性及17%的男性並未告訴任何人。

(五) 前一年遭跟蹤騷擾被害者中只有約三分之一（31%的女性及30%的男性）報警求助。

三、日本跟蹤騷擾犯罪盛行率

日本學理為瞭解跟蹤騷擾犯罪之現況，對全國20歲以上成人男女為樣本進行調查後發現以下狀況（陳慈幸，2011）：

(一) 52%的女性及29%的男性曾有感受過被特定人士跟蹤騷擾行為之經驗。

(二) 42%的女性及20%的男性曾有感受到特定人士實施跟蹤騷擾行為之恐懼感。

(三) 22%的女性及40%的男性有因跟蹤騷擾被害或恐懼而使得自己脾氣失控，而導致自傷或傷害他人之行為。

另以日本政黨之調查統計亦發現日本國內20歲、30歲的年輕女性中，平均4人中即有1人曾有跟蹤騷擾的被害經驗。

再對照日本東京都警視廳（相當於我國直轄市警察局）最新統計資料顯示，被害者的性別中女性約占85%，男性約占15%（陳慈幸，2011）。

四、加拿大跟蹤騷擾犯罪盛行率

根據加拿大司法部統計資料分析[8]，將跟蹤騷擾犯罪分為下列幾個面向探討：

(一) 警方及法院的民眾報案統計數據：

---

[8] Department of Justice, http://www.justice.gc.ca/eng/rp-pr/cj-jp/fv-vf/har/part1.html (last visited: 2016/4/27).

1. 2009年大約有20,000件的刑事跟蹤騷擾報案紀錄,案件數量逐年升高,與2008年相比增加了57%。

2. 依據2009年的警方報案數據顯示,女性被害占三分之二以上(76%)。

3. 在2009年的刑事跟蹤騷擾案件中男性加害人占78%,女性和男性被害案件的加害人大部分都是男性(85%女性被害人,64%的男性被害人)。

(二) 在被害調查方面,依據加拿大司法部統計局2004年的一般社會被害調查(Statistics Canada's General Social Survey, GSS on Victimization)資料顯示:

1. 有11%的女性及7%的男性,也就是2,300,000名加拿大人,在調查往前推五年內曾遭到跟蹤騷擾(占加拿大15歲以上人口的9%)。

2. 80%的案件中加害者為男性,女性加害人很少,其被害人有9%是女性,5%是男性。

3. 依據2004年GSS的調查統計發現23%的被害人認識加害人,17%是現任或前任的親密伴侶,14%僅是認識不深的朋友,18%是同事、鄰居或親戚,不到四分之一的被害人遭陌生人跟蹤騷擾。

4. 只有約十分之一(11%)的被害者聲請禁制令,其中有49%違反禁制令的規定。

(三) 在危險因子方面:

1. 大部分的被害人為15歲到24歲之間的女性(19%),在男性被害人部分,比例最高為15歲至17歲,占6%,其次是18歲至24歲,並且發現被害的風險隨年齡增加而下降。

2. 原住民被害(7%)比非原住民被害(3%)高出2倍,離婚(7%)及單身(6%)的女性被害機率比其他人較高。(過去一年內的被害經驗)

(四) 跟蹤騷擾案件特性:

1. 一半以上的女性被害人(52%)遭到電話騷擾,三分之一受到監視(34%),遭到恐嚇或威脅者佔34%;而在男性被害人方面,56%的被害人遭到恐嚇或威脅,39%遭到電話騷擾,24%被威脅要傷害其寵物或破壞財物。

2. 被害人與加害人認識程度愈深,愈可能採取多種不同的跟蹤騷擾手段。67%女性被害人及54%男性被害人遭親密伴侶以多重方式騷擾。

3. 2004年的統計顯示,21%的被害者遭跟蹤騷擾達一年以上,29%的女性被害人和21%的男性被害人遭跟蹤騷擾期間在六個月到一年之間,31%的男性被

害人被跟蹤騷擾期間少於一週。

4. 被害的期間長短與雙方關係有相關，遭跟蹤騷擾長達一年以上的被害人有61%是遭到前配偶跟蹤騷擾，26%是前男女朋友。雙方沒有親密關係者約持續六個月到一年，遭陌生人跟蹤騷擾大多是在一週以內（41%）。

5. 大約有四分之一的被害者（28%）不只遭到一人跟蹤騷擾，且男性略高於女性。（33%比25%）

五、臺灣跟蹤騷擾犯罪相關案件統計資料

　　依據內政部警政署的統計資料[9]，自2022年6月1日跟蹤騷擾防制法施行後，迄2024年5月31日受理案件數計有5,897案，其中一般跟騷3,532案、家暴併跟騷案件2,365案，被害人以女性居多，共5,233人，男性則有664人；加害人部分則以男性占大多數，共計有4,941人，女性有691人，不詳為265人。行為態樣前三名分別為：通訊騷擾（3,598次）、盯梢尾隨（3,252次）及監視觀察（2,683次）。核發書面告誡計有4,023件，約占68%，其中一般跟騷計有2,341案，家暴跟騷案件計有1,682案，違反跟騷保護令案件計有125件。

六、小　結

　　從各國的統計可以發現跟蹤騷擾犯罪的盛行率相當高，被害人以女性為主，男性被害亦不在少數，被害形態男女性略有差異，女性較容易遭到電話騷擾，而男性則以恐嚇、毀損財物或傷害寵物居多；而加害人以男性居多，且多為認識者，尤其親密伴侶跟蹤纏的比例較一般人高，離婚或單身女性遭到跟蹤騷擾的比例也較一般人高，認識的加害人跟蹤騷擾的方式多元，不僅限單一形態，且持續的時間在半年以上到一年之間比例較高，陌生人的跟蹤騷擾則期間較短，多在一週以內。

　　然而值得注意的是，對於跟蹤騷擾犯罪的定義不同將造成統計上的誤差；而另外一方面，實際發生跟蹤騷擾的案件應遠高於統計上所呈現的數字，究其原因，一方面是因為被害人不願意報案或未能察覺，另一方面則是警方對於案件之辨識敏感度不高，造成紀錄上之缺漏。

---

[9] 內政部警政署全球資訊網，https://www.npa.gov.tw/ch/app/data/view?module=wg203&id=18630&serno=be32b74b-f727-41b0-a1cc-330b0329028a，檢索日期：2024/7/8。

第四節　跟蹤者（stalker）之類型

　　國外針對跟蹤騷擾者之分類進行過許多的研究，並提出相當多的研究報告，但各研究對於跟蹤騷擾者至今仍無統一之分類標準，瞭解跟蹤騷擾者犯罪之原因有助於進行後續之處遇策略，並涉及到立法之法律內涵，因此對於跟蹤騷擾者應進一步探究，然而目前國內並未針對跟蹤騷擾者之成因進行分類研究，又美國是最早將跟蹤騷擾犯罪法制化的國家，對於跟蹤騷擾犯罪的研究以及處理累積多年經驗，因此歐洲各國、加拿大及澳、紐等國，多以美國之經驗作爲重要的參考。

　　就美國長期的研究將跟蹤騷擾犯罪的原因分爲二大類，而此二種分類法也爲加拿大、澳洲等其他世界先進國家所採用，分別是「洛杉磯警察局的分類框架」（LAPD Framework）以及「以雙方關係及案件爲基準的跟蹤騷擾分類法」（RECON）二種。茲分述如下：

一、洛杉磯警察局的分類框架（LAPD Framework, 1993，以下簡稱LAPD框架）

　　LAPD框架爲洛杉磯警察局危機處理小組所研發，加拿大皇家騎警行爲科學部門亦援引作爲危險評估的理論框架。此分類框架將跟蹤騷擾原因分爲三種類型：分別是色情狂（erotomania），戀愛強迫型（love obsessional）以及單純強迫型跟蹤騷擾者（simple obsessional stalker），茲就三種類型發生的原因說明如下（Zona et al., 1993）：

　　(一)被愛妄想（erotomania）：它是精神疾病中的一種妄想症，加害人妄想別人瘋狂地愛上他，對象通常是異性，而且社經地位比他高，例如公司的主管、違規行駛在路上被攔下來卻沒有開單的警察、兒科醫生、偶像明星或是教堂的牧師等，但也可能只是一個未曾謀面的陌生人。

　　(二)情愛強迫型跟蹤騷擾者（love obsessional stalker）：與前一種類型剛好相反，這一類的人對於愛情一直出現強迫性的想法，認爲他愛的對象不愛他，他們通常都患有精神疾病，例如精神分裂症、狂躁，一心想要把對方的感情贏回來，因而實施跟蹤騷擾。

　　(三)單純的強迫型跟蹤騷擾者（simple obsessional stalker）：此類型與前一種分類不同之處在於被害人多是親密伴侶。雙方在某種程度上有關係，可能

只是非常短暫的接觸，例如盲目約會，一夜情等，通常是男女朋友關係或是雙方有婚姻關係者。跟蹤騷擾者不能接受二人關係已經結束，抱持著「如果我不能得到她，別人也休想得到她（他）」之信念，進行一系列騷擾、恐嚇及威脅行為。部分跟蹤騷擾者目的是為了報復，有些則是誤以為透過這些手段可以讓對方回心轉意，但大部分單純強迫型的跟蹤者並沒有精神上的疾病，許多會有長期的人格障礙方面的問題。

二、以雙方關係及案件為基準的跟蹤騷擾分類法（RECON）

RECON係學者Mohandie等人（2005）分析北美大樣本的跟蹤騷擾者後，於2004年所提出的分類法，因此相當具有參考價值，且非常容易分類及運用。

RECON將跟蹤騷擾者分為四種類型，分別是親密伴侶跟蹤騷擾者（intimate stalkers）、點頭之交型的跟蹤騷擾者（acquaintance stalkers）、針公眾人物跟蹤騷擾者（public figure stalkers），以及陌生跟蹤騷擾者（private stranger stalkers）等四種，分別說明如下：

(一)**親密伴侶型跟蹤騷擾者**：例如夫妻、前配偶、同居男女朋友關係，通常是感情糾紛所致，但這是最危險的一種，常有犯罪紀錄、暴力傾向以及藥酒癮等。他們會趨近被害者，危險程度會愈來愈嚴重。研究有一半以上會對被害者肢體傷害，且再犯率高。剛分開的時間危險性最高，在分手前的階段可能會有發生家庭暴力。

(二)**點頭之交型跟蹤騷擾者**：例如是雇主與受雇者，商店的櫃臺小姐和顧客之間、或者是一般的普通朋友之間等，屬於單方的愛戀，這一類的暴力情形是親密伴侶型的一半，但有三分之一會恐擊被害人或破壞他們的財物，而且再犯率高，減少接觸的強度會弱化他們的暴力攻擊行為。但這些人非常矛盾，有強大的慾望想要跟被害者重新開始。

(三)**公眾人物跟蹤騷擾者**：例如對政治人物、偶像明星、校園的風雲人物等高知名度的人物或明星產生過度迷戀，不斷追逐或事先掌握對方行程並到目的地守候或尾隨，有些追星族只是單純的喜愛，而有些則過度迷戀幻想，甚至為了獨占對方而將其殺害之情形發生。和其他類型相較之下，此一類型的女性跟蹤騷擾者比例較高，但整體而言仍是男多於女。例如國內外許多知名的影星遭到粉絲攻擊、潑撒穢物或持械攻擊導致傷亡的案件均是屬於此一類型。

(四)**陌生跟蹤騷擾者**：此類型的被害人與加害人並不相識，因加害人患有精神上之疾病，強迫性地迷戀某一類特徵的對象，一旦偶然發現目標即死纏不

放，認定對方是自己的伴侶，甚至欲將對方占為己有，如遇阻礙則可能進行危險的傷害行為。有些跟蹤騷擾者會有自殺傾向，多數並無犯罪前科或藥物濫用的紀錄，這一類跟蹤騷擾者也會威脅被害人，甚至暴力攻擊被害人或破壞財物。

另這四種類型又可以依雙方之間的關係（relationship）分為認識者與不認識者二大類，分別是：

(一)認識者關係：指現有或曾有親密關係的伴侶，以及點頭之交如雇主與員工關係、朋友關係或店家與顧客等。

(二)不認識者關係：如對公眾人物以及陌生人的跟蹤。

但特別值得注意的是，跟蹤騷擾者通常不只出現單一類型之行為，有可能會同時出現數種類型，這些分類也並非涵括全部行為，且不能用它們來作為全面危險評估的替代品。

跟蹤騷擾者在本質上通常是有強迫症且具有相當的危險性。不論分類結果如何，都應該認定跟蹤騷擾者有能力殺死被害人，任何一個遭跟蹤騷擾者認定會對其行為造成阻礙的人都有被害的危險，包括警察、檢察官及婦保社工人員等。有些跟蹤騷擾者會透過謀殺、自殺來與被害者合而為一，因此跟蹤騷擾者任何自殺的聲明或動作都要視為具有高度危險的威脅，同時應該要檢查跟蹤騷擾者的醫療背景，包括是否有憂鬱症、曾因精神病住院治療及其他顯示他或她可能會自殺的指標。

造成跟蹤騷擾的因素很多，目前對於跟蹤騷擾者的動機尚無一套完整的論述，但在伴侶之間最重要的就是權力與控制，而對他人進行跟蹤騷擾者多具有一種甚至多種的心理困擾，小到個人的人格障礙，嚴重者可能有精神上的疾病。他們不會理會被害者的感受，堅持自己強迫性的想法，而且不一定有就醫紀錄，所以有些沒有精神疾病的病史，但多數有犯罪的前科或藥酒癮。最常見的是有酒精依賴、情緒失調以及精神分裂症。

雖然許多的跟蹤騷擾者並未罹患精神疾病，然而心理上的障礙在跟蹤騷擾者中並不少見，引起各國刑事司法及醫療體系的關注。在美國及澳洲的研究中發現，至少有50%的跟蹤騷擾者患有某種程度的心理障礙、人格缺陷、思覺失調症或其他的精神失調、憂鬱，以及常見的藥物濫用等問題。目前墨爾本和紐約的研究單位正在嘗試著釐清不同人格障礙者成為跟蹤騷擾者之盛行率差異研

究[10]。（McEwan et al., 2009; Mohandie et al., 2006; Rosenfeld, 2004）

由上述研究可以發現，跟蹤騷擾者患有精神上或人格上的障礙比例甚高，因此，以一般的處罰手段如監禁或罰金等實難以嚇阻其犯行，應可思考是否比照現行協助吸毒者戒癮的模式，對於經評估鑑定患有精神上或人格障礙的跟蹤騷擾者以「病犯」的模式處理，治療其精神或情緒上的疾患。在制定法律之時，比照家庭暴力防治法之模式，納入加害人評估鑑定之機制，如加害人經評估、鑑定結果認定具有精神上、人格上或是心理上缺陷，以刑罰搭配處遇治療，方爲治本之道。

此外，加害人除上述所列類型外，實務上尚有部分未涵蓋之類型，茲補充如下：

(一)記者、私人偵探等商業行為之跟蹤者：部分新聞媒體爲了追逐新聞而鎖定某特定對象加以跟蹤、尾隨、跟拍，窺探隱私等，多半是名人或偶像，但與前述之類型不同的是其跟蹤騷擾是有目的性的蒐集窺探個人隱私，爲了某種商業之利益而進行之跟蹤行爲，例如有些國家的皇室成員常因遭到小報記者跟拍而困擾不已。

(二)針對型之抗議者：爲了某一意識型態或訴求，鎖定對象抗議示威遊行，跟著對象的行蹤進行抗議，如影隨形，如政府官員可能因實施某項政策而遭到反對者尾隨、守候並於公眾場合抗議。

(三)債務糾紛之跟蹤騷擾者：由於雙方有財務糾紛，一方爲了追討債務而跟蹤、尾隨對方，或爲了要求對方還債而進行各種騷擾、潑漆等行爲。

(四)偵查犯罪之跟蹤者：警方或執法單位爲了查緝犯罪或緝捕犯罪者，長期跟監、埋伏、守候，甚至運用科技監聽或使用GPS衛星定位等，等待適當時機一舉就擒。

綜上，跟蹤騷擾之行爲多元，是否構成犯罪尚需考量跟蹤者主觀的動機，所進行的客觀行爲態樣，以及其跟蹤行爲是否達侵害被害人的人權、隱私權甚至傷害到生命、身體、財產等情形加以判斷。

---

[10] Stalking Risk Profile, https://www.stalkingriskprofile.com/what-is-stalking/stalking-and-mental-illness (last visited: 2016/9/12).

第五節　跟蹤騷擾犯罪對被害者之影響

　　跟蹤騷擾犯罪對被害人的影響通常是很廣、十分嚴重同時可能會造成心理上的重大創傷。許多的被害者感到需隨時保持警戒、脆弱的、失去主控權、壓力大以及焦慮，為了應付跟蹤騷擾問題可能耗盡了他們的精力，他們可能經歷失去信任感、長期的情緒失調、每天的生活作息嚴重地被打斷，甚至被迫搬家躲避跟蹤騷擾者，被害者的情況隨著新的跟蹤騷擾行為出現而每況愈下，而且還要擔心對他們的孩子及其他身邊的人造成傷害。

　　跟蹤騷擾的被害人也可能引發的不同行為反應，許多被害人採取行動以避免遭到跟蹤及監視，如改變平常的路線，避免單獨外出並放棄休閒活動，為了保護自己他們可能過濾所有的電話，並變更電話號碼、電子郵號、郵政信箱、駕照甚至是名字及個人資料等，更激烈的作法包括暫時或永遠搬家，或遠離孩子將他們交給親近的朋友或親戚照顧，並捨棄工作。

　　當刑事司法體系無法保護被害人免於遭到跟蹤騷擾時，被害人從跟蹤騷擾行為的影響中復原將更為困難。

　　Mullen（2001）調查澳洲100名被害者發現其生活發生重大的變化，詳如下所列：

一、94%的被害者主要的生活型態改變或修改他們的日常活動。
二、70%的被害者減少其社交活動。
三、50%的被害者降低其工作或學業的出席率（由於個人因素曠職【課】或因跟蹤騷擾者在公司或學校守候）。
四、40%的被害者搬家。
五、34%的被害者變更工作地點或學校。

　　該研究也發現被害者在心理上產生嚴重的困擾，諸如：

一、80%的人感到焦慮。
二、75%的人產生睡眠障礙。
三、55%的人經常會想到跟蹤騷擾者導致憂鬱（通常因一些生活瑣事如電話鈴響或門鈴而激起）
四、50%的人會食慾不佳。
五、50%的人有極度的疲倦感、虛弱或頭痛。
六、38%的人對他人反應麻木，包括感到分離。

七、33%的人要到和跟蹤騷擾者有關聯的地方時感到噁心想吐。

八、25%的人酒精及香菸的使用量。

九、25%的被害者認真考慮要自殺。

綜上，對於跟蹤騷擾被害人而言，所受到的影響是全面的，從個人的身體、心理、情緒、人際關係、到工作、家庭、學業、休閒活動等，都因為跟蹤騷擾者的騷擾而變調，因此，跟蹤騷擾在美國許多州的法律中，將其列為重罪，其來有自。

第六節　跟蹤騷擾行為與其他犯罪之關聯性探討

跟蹤騷擾與家暴在許多不同的方面是相互影響的，據美國犯罪被害中心（2002）調查發現親密伴侶跟蹤騷擾81%的女性曾遭受加害人肢體傷害。被親密伴侶跟蹤騷擾的女性有31%遭到對方性侵，對前任親密伴侶跟蹤騷擾者在關係結束前更可能對被害人實施肢體暴力或性侵（Mullen, 2001）。

跟蹤騷擾通常是家暴的特徵之一，且與家暴相似，它是代表一替權利與控制。在一項針對跟蹤騷擾與跟蹤騷擾前的關係之研究中發現，關係持續期間有超過50%的女性被跟蹤騷擾者遭到精神上的暴力，65%遭到肢體暴力以8.6%的女性遭到性侵害。如果跟蹤騷擾定義為一系列令被害人恐懼的行為，則涉及到家暴的關係同時也就涉及到跟蹤騷擾的行為。

家暴與跟蹤騷擾都與致命的暴力有連結性。根據研究在美國女性遭殺害者有超過三分之一是死於被現任或前任的親密伴侶之手。估計約有25%到35%的跟蹤騷擾案件涉及到暴力。

當跟蹤騷擾行為衍生暴力時，它通常是致命性暴力的前導行為。研究也顯示跟蹤騷擾的案件在親密伴侶凶殺案件中占有很大的比例。有超過75%的女性遭親密伴侶殺害既遂和未遂的案件中，曾在案發前一年中遭到跟蹤騷擾。但只有大約5成的被害者會去報案，那些未報案者有些認為跟蹤騷擾不是犯罪，或者不認為警方可以幫助他們，有些認為報案會讓跟蹤騷擾更嚴重，而報案者中有20%的人表示警方並未針對他們所報案之情形有所作為。其他被害者可能因為他們將跟蹤騷擾行為的危險過於低估或極小化，或者將跟蹤騷擾行為怪罪到自己身上。

　　跟蹤騷擾在定義上並非是單一的行為而是一系列的行為。它可能混合了明顯的犯罪行為及看似無威脅性的單獨行為，犯罪及非犯罪行為的模式及前後關係構成了跟蹤騷擾犯罪。跟蹤騷擾行為通常還涉及下列犯罪類型：

一、侮辱被害人。

二、違反保護令。

三、性侵被害人。

四、破壞、毀損被害人的財物。

五、侵入被害人的家中偷竊或偷竊被害人之物品。

六、威脅、恐嚇被害人。

七、殺害被害人的寵物。

八、其他常見的跟蹤騷擾行為還包括寄卡片或禮物給被害人、在電話答錄機或電子信箱留訊息給被害人、加害人公布被害人的個人資料、跟蹤被害人、到被害人的上班處所去找被害人、在被害人的住處守候、未經被害人同意拍攝其照片並寄給他（她）、監控被害人的上網及使用電腦的紀錄、使用科技設備蒐集被害人的影像或資訊等。

　　因此，除了跟蹤騷擾防治法外，許多的跟蹤騷擾案件還牽涉到其他法律，包含家庭暴力防治法、威脅恐嚇，侮辱、企圖謀殺、綁架、毀損及其他的財產犯罪、偷竊、性侵害、恐怖主義或恐怖威脅、打匿名電話及其他形式的騷擾、竊聽等刑事法令。

　　雖跟蹤騷擾犯罪與其他犯罪間有密切的關聯性，然而究竟是跟蹤騷擾犯罪導致其他嚴重暴力犯罪，或是其他暴力犯罪衍生跟蹤騷擾犯罪，其間之因果關係尚無直接的證據足以證明，但跟據各國研究顯示遭親密伴侶殺害之被害人在遇害前遭到跟蹤騷擾的比率很高，由於當事人及執法人員對於跟蹤騷擾行為過於輕忽，導致嚴重後果。

　　因此，跟蹤騷擾犯罪實非表面上之行為看來如此的微不足道，對於被害人所造成的恐懼亦絕非小題大作，而多半是危險暴力犯罪的前兆。

第七節　跟蹤騷擾犯罪之因應策略

　　跟蹤騷擾犯罪之形成十分複雜，不論在形式上、動機、影響以及加害人

的人格特質等均呈現相當大的異質性，因此要防治跟蹤騷擾犯罪也應全方位地作爲，除了在司法上警察的作爲、檢察體系、司法體系包括民、刑事法律行動甚至行政措施外，被害人本身也需採取自我保護措施，更必須結合跟蹤騷擾者的心理醫療處遇等，才能發揮有效的嚇阻並解決問題（Davis & Chipman, 2001; Mullen et al., 2009; Pinals, 2007）。

Rachel D. MacKenzie等（2011）之研究亦指出，在防治跟蹤騷擾犯罪上，如果缺乏加害人的處遇措施，單純以司法的途徑是無法奏效的。更何況法律的執行上常出現落差，有些案件中民事保護令更可能會刺激加害人而適得其反，置被害人於更危險的處境，對於部分跟蹤騷擾者而言，除了保護令外，尚應搭配處遇治療措施才能有效防治跟蹤騷擾犯罪。

應注意的是處遇治療應依個別化之差異與需求而設計，對於加害人是否需進行處遇以及在進行處遇作爲前，均應事先由專業醫療人員實施評估鑑定，瞭解是否具有心理、精神上之障礙並對症下藥，針對加害人的心理障礙、需求以及個人的特殊原因等，作出正確的處斷，對於有精神上疾病的加害人必須要施以藥物治療，一般的心理障礙則需視情況進行心理介入輔導等相關處遇計畫。

如前所述，研究發現加害人許多都有某種程度的心理困擾，且未能針對其徵結處理而無法徹底解決問題，對此，臺灣之立法機關應納入參考並審愼評估研議，過度依賴司法及警察，忽略加害人之個別差異與需求，針對問題點予以解決，實難以有效的停止瘋狂無理性的騷擾行爲。

另被害人之服務亦是一重要的工作，跟蹤騷擾之被害人與家庭暴力被害人、性侵害被害人三者均屬於人際間的暴力之被害人，尤其是跟蹤騷擾對於被害人之精神壓力更大，需要社工人員提供心理上之協助，共同擬定安全計畫、庇護安置、陪同開庭等。

欲以司法解決精神上的疾患或心理上的障礙所促發的問題行爲，或許就民眾的觀感認爲司法能爲其伸張正義，然而追根究柢恐淪爲徒勞無功之舉，因此仍需各相關單位通力合作配合始爲上策。如臺灣行之有年且運作順暢之家庭暴力安全防護網方案[11]，建構一共同的資訊交流平臺，除了司法機構、檢察體

---

[11] 跨機構家庭暴力危險評估會議（Multi-agencies domestic violence risk assessment conference，簡稱 MARAC，臺灣稱爲馬瑞克會議）係英國家庭暴力防治工作之重要政策，我國內政部家庭暴力防治委員會於1998年派員出國考察後引進臺灣，實施家暴安全防護網方案，以跨網絡之合作綿密家庭暴力安全防護工作，成效良好迄今仍持續推動。

系、警政、社政、衛生醫療、教育等網絡單位同步到位，啓動加害人之處罰、醫療處遇、約制查訪、被害人保護令及服務措施等，始能將政府安全保障的能量發揮到最大（MacKenzie & James, 2011）。跟蹤騷擾全方位處置架構圖如圖15-7。

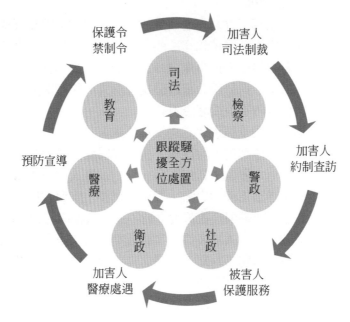

圖15-7　跟蹤騷擾犯罪全方位處置架構圖

資料來源：筆者自行繪製。

本章節針對各國現行因應跟蹤騷擾犯罪分爲司法上之處罰、被害人保護措施以及加害人處遇策略等三大面向，分別探討如下：

一、司法之追訴行動

由於被害人遭到跟蹤騷擾第一個求助單位也是最仰賴的莫過於警察機關，司法機關之偵查行動也均以警察之受理案件、蒐證紀錄、偵查結果爲依據，警察受理案件後依據被害人所提出之指控，蒐集相關證據，判定是否構成犯罪並移送司法機關依所觸犯之罪名予以起訴、定罪裁處。

由於跟蹤騷擾犯罪的行爲態樣複雜多元，許多看似無害的行爲造成被害人莫大的恐慌與心理壓力，因此各國在立法時亦產生相當的爭議，處於保護被害

人權益與維持其他人的人權之天平上，取得平衡實非易事，稍一不慎即可能變成過度干預人權。（McEwan, Mullen, & MacKenzie,2007; Sheridan, Blaauw, & Davies, 2003）

美國警方為因應跟蹤騷擾犯罪之處理，建立了一套標準處理程序及跟蹤騷擾行為分類分級處理機制：

(一) 建立標準作業程序

由於跟蹤騷擾行為之態樣極為多元，且犯罪之惡性程度不一，對於不同嚴重程度之跟蹤騷擾行為如均採用同一套作業模式，恐易造成執法上之爭議，且亦令被害人處於更危險之情境中。因此，建立一套標準作業程序，幫助第一線的執法警察單位早期辨識個案，即能協助警察立即作出最適切之回應策略。

美國司法部社區導向警政服務辦公室（U.S. Department of Justice Office of Community Oriented Policing Services），為了協助警方因應各種跟蹤騷擾行為之前後脈絡、個案之差異等，作出最適當之處置作為，建立一套因應跟蹤騷擾行為處理程序與分級處理機制，提供處理跟蹤騷擾行為之十項參考步驟，同時將各種常見之跟蹤騷擾行為，依危險程度予以分級，提供警察人員處置策略之參考，包括保護被害人之作為及控制加害人之作為，提供給第一線的警察人員在最短的時間內作出最正確的判斷及處置（National Center for Victims of Crime, 2002: 22-27）。

所提供之處理跟蹤騷擾問題十項參考步驟分別如下：

1. 早期辨識跟蹤騷擾行為：由於跟蹤騷擾行為具有潛在之致命風險，因此警方愈早辨識出跟蹤騷擾行為對被害人之保障就愈高。藉由詢問被害人、查詢之前的報案紀錄或保護令之內容等，都有助於警方早期辨識加害人。

2. 取得有效的被害人資訊：警方應主動與被害人聯繫以取得加害人正在進行的跟蹤騷擾行為資料，如電子郵件、電話、傳真、不受歡迎的禮物等，以及被害人的恐懼、對照家人、鄰居或朋友的說詞，交叉檢視被害人陳述之真實性，作為處理之準據。

3. 確認被害人在司法程序中全程受到專業的支持性服務：如諮商師或被害者保護服務人員可以協助被害人採取必要之安全措施，詳細紀錄加害人跟蹤騷擾之行為，製作安全計畫及發展支持網絡，提供庇護處所及心理健康服務，權衡民事保護令之利弊得失。被害者保護扶助機構同時也可以協助警方發展更有效的跟蹤騷擾防治策略並提供警方教育訓練。對於特殊個案如部分個案疑

似有精神疾病、藥酒癮等問題、殘障者及年長者、同性間的跟蹤騷擾、少數宗教、種族或團體、新移民等，其所需之服務與一般個案不同，處理這些特殊個案時應具有敏感度，同時並提供所需之服務。

4. 運用協同、跨領域合作取向：跟蹤騷擾問題涉及的範圍很廣，因此需要不同領域的機構及人員相互合作，共同保護被害人並提供所需的服務，如家庭暴力庇護所、心理精神治療處遇機構、住宅聯盟、學校、信仰團體、守望相助機構以及被害人保護扶助機構等。因此，建立一套橫向聯繫機制及資訊共享平臺是必需的。此一部分如我國現行處理家庭暴力案件，各縣市均推動家暴安全服務綱專案，每月召開跨機構安全評估會議，透過此一平臺共享個案資訊並共同擬定安全服務計畫並管制執行情形及成效，對於被害人之安全保護實為一理想之策略。

5. 執行所有相關的法律：由於跟蹤騷擾問題可能涉及不同的法律，警方應依其行為涉及法律進行偵查及法律追訴，提高對加害人的嚇阻效果。

6. 評估跟蹤騷擾者的危險程度：危險評估對控制跟蹤騷擾者是非常重要的手段。警方應對每一個個案進行評估。尤其應對跟蹤騷擾者的人格特質以及行為保持警覺，有助於瞭解是否將轉變為暴力傾向。曾對親密伴侶性侵、曾有刑案前科以及藥物濫用是暴力的跟蹤騷擾者最強的辨識指標。曾任親密伴侶對於被害者之日常活動瞭若指掌，因此也最具危險性。而加害人是否有精神上的疾病或情緒上的困擾也是一項重要的暴力指標。透過危險評估警方可以優先處理個案，將個案分類，同時提供保釋、釋放、判刑、緩刑及精神醫療之強制住院治療等手段之參考。

7. 警告並逮捕跟蹤騷擾者：有些加害者不諳法令或認為與被害者的關係其行為不致構成犯罪，因此警方必需要告知其行為違反跟蹤騷擾防治法，一旦合明確違法事由，警方應立即逮捕。

8. 運用跟蹤騷擾分類分級作業手冊：警方發展出一套分類分級作業手冊，可依據個案之情況及危險程度作出適切之因應策略及保護措施。

9. 監控跟蹤騷擾者並蒐集相關證據：持續監控可以確保加害者的所在位置，以保護被害人，特別是保釋或緩刑期間，同時亦可以蒐集相關的證據。

10. 提供被害者單點接觸服務（single point of contact）：警察機關及檢察機關應提供被害人單點接觸服務以確保案件檔案包含所有相關的資料，以及被害人接受到持續的協助。而所有的警察人員均應接受跟蹤騷擾調查及處理能力訓練，以提供被害者服務。

(二) 跟蹤騷擾分級處理機制

美國司法部社區導向警政服務辦公室（U.S. Department of Justice Office of Community Oriented Policing Services）累積多年的工作經驗，以問題導向警政策略，將各種跟蹤騷擾行為之危險程度分為四級。

然而良好完善制度立意完善，能否落實仍應加化警察執法人員之教育訓練，無論是對法令之認知，作業流程操作之熟悉度，對跟蹤騷擾犯罪本質之認識與瞭解，對待被害人之敏感度、服務態度與技巧等，均需不斷的加以訓練教育，才能發揮法律最大的效果，保障民眾的權益。

二、被害人保護措施：保護令、禁制令、書面告誡、安全計畫、民事賠償及處遇等

對於跟蹤騷擾犯罪之被害人保護措施目前各國之規定有民事保護令、禁制令、和平約制書或警察核發警告令，協助被害人製作安全計畫措施及遭受身體、心理與財產之損害時向加害人請求民事賠償之程序等。

(一) 核發民事保護令、禁制令、和平約制書、警告令及書面告誡等措施

在各國的法令中，多數有保護令或禁制令之機制，民眾遭到跟蹤騷擾可向法院聲請核發保護令、禁制令，要求加害人停止跟蹤騷擾之行為。加拿大另有「和平約制書」（加拿大司法部，2004）[12]，日本除了法院核發之禁制令外，為立即提供民眾之安全需求，另建立由警察機關核發「警告令」之機制，在臺灣係由警察機關核發書面告誡。分別討論如下：

1. 法院核發保護令、禁制令

部分國家或地區之被害人可向法院提出民事保護令或禁制令，由法院審核核發，限制加害人不得再實施跟蹤騷擾行為，部分國家或地區之保護令準用家庭暴力防治法之保護令，如在美國有15個州有特別的跟蹤騷擾保護令，另有些國家則準用家庭暴力防治法之保護令規定[13]。

在澳洲保護令分為二種，一種是適用家庭暴力案件的家庭暴力保護令

---

[12] 加拿大跟蹤騷擾被害人手冊，加拿大聯邦政府司法部部長授權由加拿大聯邦司法部宣傳聯絡司發行，安大略省渥太華市K1A 0H8。

[13] The National Center for Victim of Crime, https://victimsofcrime.org/our-programs/stalking-resource-center/stalking-laws/criminal-stalking-laws-by-state (last visited: 2016/6/20).

（apprehended domestic violence order, ADVO），另一種則是針對防止個人遭到暴力之個人暴力保護令（apprehended personal violence order, APVO）[14]。

依據美國的跟蹤騷擾防治法規定，當加害人有下列情況時，被害人即可據以向法院聲請保護令，法院開庭審理後核發保護令：

(1) 犯跟蹤騷擾罪。

(2) 威脅、騷擾、跟蹤、網路跟蹤騷擾或對被害人施身體上的傷害。

(3) 威脅要傷害被害人或其家庭成員或任何一個與被害人親近之人。

(4) 故意傷害或殺害家裡的寵物。

(5) 威脅以武器如刀、槍等傷害被害人。

(6) 曾經有暴力犯罪或威脅使用暴力的前科紀錄。

(7) 曾對他或她聲請過其他的保護令。

(8) 破壞個人財物、電話、通訊設備、衣服或其他屬於被害人的物品。

保護令的內容包含下列事項，被害人可依實際需要申請：

A.發生任何的騷擾犯罪應立即被告知。

B.對被害人提供任何所需的保護措施，包括禁止任何事項或指揮執法機構提供所需的保護。

C.法院核發保護令後二十四小時內要送到轄區警察機關，並由警察機關通知相關之單位。

在臺灣若行為人經警察機關依規定為書面告誡後二年內，再為跟蹤騷擾行為者，被害人得向法院聲請保護令；另檢察官或警察機關得依職權向法院聲請保護令。

2. 加拿大之和平制約書

此乃加害人與政府協議性質之文書，並對加害人產生約束的效力，由加拿大省級法院的法官根據刑法制定的法庭命令，或是肇事者與法庭達成的協議，期限可長達十二個月，該文件可包括一些合理的條件，如不得與被害人、其子女及家人接觸，不得擁有槍支等等。當被害人有充分的理由覺得某人（如前伴侶）可能會對其本人或子女造成身體上的傷害或財產損壞時，即可考慮採取和平制約書之方式。

和平約制書是由被害人向警察局提出申請，並由警察單位協助向法院申

---

[14] Australian Stalking Information and Resource Centre, http://www.stalkingresources.org.au/is-stalking-a-crime/ (last visited: 2016/6/20).

請，約制書是一種協商性質的文書，因此被害人可能需要律師協助，在某些省份，聯邦指控律師或被害人保護機構亦可以協助提出申請。

和平制約書核發時間需要數個星期，但適用範圍僅限於頒發制約書的相關省份。若加害人違反約制書的規定，被害人應該立即報警，該人即可因違反約制書遭起訴，並可能被判監禁或科或併科罰款，並留下犯罪紀錄。

3. 日本之警告令

依據日本2000年之纏擾防治法第6條規定，警察本部長或警察署長在受理stalker犯罪之被害人申請援助時，如證明加害人的行為違反第2條規定之積極糾纏行為，並認定加害人有重覆加害行為之虞時，為保護被害人的身體、居住、名譽、行動自由之安全，經相關機關認可並確有其緊急必要性時，得不依照行政程序法之規定，不給予加害人任何陳述意見或辯解之機會，即依國家公安委員會規則之規定，發布暫時命令，規定對方不可再行此加害行為。

4. 臺灣之書面告誡

依臺灣的跟蹤騷擾防制法規定，警察機關受理跟蹤騷擾行為案件，應即開始調查、製作書面紀錄，並告知被害人得行使之權利及服務措施。經警察機關調查有跟蹤騷擾行為之犯罪嫌疑者，警察機關應依職權或被害人之請求，核發書面告誡予行為人；必要時，並應採取其他保護被害人之適當措施。而行為人或被害人對於警察機關核發或不核發書面告誡不服時，得於收受書面告誡或不核發書面告誡之通知後十日內，經原警察機關向其上級警察機關表示異議。對於異議，原警察機關認為有理由者，應立即更正之；認為無理由者，應於五日內加具書面理由送上級警察機關決定。上級警察機關認為有理由者，應立即更正之；認為無理由者，應予維持。行為人或被害人對於前項上級警察機關之決定，不得再聲明不服。

(二) 製作被害人安全計畫

從各國之執法經驗得知，為了強化執法效果，被害人所提供之資訊愈完整，愈能有助於第一線警察人員瞭解個案，早期辨識出個案並作出適切之回應。跟蹤騷擾案件之執法困難處在於舉證，因此，被害人對於遭受跟蹤騷擾過程及細節記錄得愈完整，對於日後案件之偵查及證明能力愈強。

為了協助被害人舉證，許多國家製作被害人之教戰手冊以為因應，如美國犯罪被害者中心製作之「跟蹤騷擾被害者手冊」，針對被害者所需的相關

資訊，包括認識跟蹤騷擾行為、製作日誌、案件檢核表、被害者應採取行動自我保護、尋求司法協助、研擬安全計畫、如何照顧自己的身心及維持生活品質等。其中以案件檢核表對於執法機關最為重要，其範例如表15-2。

表15-2　美國跟蹤騷擾被害人日誌（範例）

日期及時間	地點	跟蹤騷擾方式	被害人之回應	相關目擊者
2016.09.19	Workplace	Hundreds of phonecalls within one hour	Not answer	colleague

資料來源：Spence-Diehl（1999），研究者自行翻譯繪製。

　　另為協助司法順利起訴加害者，美國犯罪被害者中心提出「跟蹤騷擾被害者手冊」「建立司法起訴個案檢核表」[15]（如表15-3），建議被害者蒐集相關事證並與警察單位保持聯繫，以利進入司法程序後協助檢方順利起訴加害者，有效嚇阻加害人。

表15-3　美國跟蹤騷擾被害人司法起訴個案檢核表

檢核 （請打勾）	內容紀要
	建立案件詳細檔案。
	影印州政府核發之跟蹤騷擾防治法令並隨身攜帶。
	將所有報案紀錄建檔記錄。
	如果是跨越轄區的案件，應確認各個轄區的警察單位都有相關警察單位的案件紀錄資料。
	確認每一個新涉入調查的警察單位都能取得先前所有跟蹤騷擾犯罪的案件紀錄。
	與受指派主辦案件的偵查人員保持聯繫管道。
	取得被害者保護服務組織的協助。

---

[15] The National Center for Victim of Crime, https://victimsofcrime.org/our-programs/stalking-resource-center/stalking-laws/criminal-stalking-laws-by-state (last visited: 2016/6/20).

表15-3　美國跟蹤騷擾被害人司法起訴個案檢核表（續）

檢核 （請打勾）	內容紀要
	每一次被害都要報案，特別是違反防治令的案件。
	保留所有的證據。
	保存所有透過網路的聯繫紀錄。
	保留所有的電話紀錄或答錄機的紀錄。
	向網路業者舉發網路騷擾案件。
	接到電話騷擾時立即使用電話追蹤功能（在美國通常是按*57鍵）追蹤發話者並向警方報案。
	要求同事、家人、鄰居、朋友們記錄下跟蹤騷擾者與他們作過的接觸與聯繫資訊，包括在一旁觀察到的過程亦同。
	如果情況允許，可租一台監視器或用攝影機將跟蹤騷擾的行為拍攝記錄下來。
	考慮申請禁治令以強化案件的司法保護能力。

資料來源：Spence-Diehl（1999），研究者自行翻譯繪製。

　　臺灣警方受理跟騷案件後會提供被害人安全提醒單，內容包跟蹤騷擾犯罪的定義、遭遇跟騷的因應作為以及派出所、家防官的緊急連絡電話等，讓被害人隨身攜帶。

(三) 民事賠償之請求權

　　跟蹤騷擾犯罪對於被害人之身體、心理造成嚴重的傷害，或財物方面遭到破壞，甚至產生後遺症，被害人之身心健康往往要經過數年仍無法復原，除了需要接受治療處遇之外，更增加了許多額外的花費，如失去工作、搬家、裝設電子監錄系統、接受心理治療等，因此為彌補被害人，應向加害人請求民事損害賠償，以補償其財物上之損失。

　　以美國為例，除了刑事的跟蹤騷擾防治法外，目前共有加州、肯德基州、密西根州、內布拉斯加州、奧勒岡、羅德島、南達可達州、德州、維吉尼亞州以及懷俄明州等10州，另外訂定民事的跟蹤騷擾法令，提供被害者向加害人請求賠償之法源依據。

　　依據美國的跟蹤騷擾模範民事法典（Model civil stalking statute）[16]，跟蹤騷擾被害者可向加害者提出損害賠償。損害賠償可依據加害人所觸犯的刑事跟蹤騷擾罪造成的損害提出請求，無論加害人是否遭到起訴或判決，若被害人均得向加害人請求補償性賠償以及懲罰性之賠償。

　　民事賠償對於被害人而言，提供了另一種形式保障，由於刑事跟蹤騷擾案件中，舉證是一大困難，許多案件定罪不易，法官對於曖昧不明的案件，在缺乏明確的證據下，難以將加害人定罪，從被害者之角度觀之，搭配民事之損害賠償制度，亦不失爲一適切可行之思考方向。

三、加害人處遇策略：危險評估、治療、追蹤管制

　　Rachel D. Mackenzie與David V. James（2011）指出，對於跟蹤騷擾犯罪而言，單純以司法之手段難以發揮完全嚇阻之效果，發生跟蹤騷擾行爲之問題根源，並非全然仰賴刑事之處罰即可獲得解決，而聲請保護令、禁制令，在部分個案中更可能適得其反，愈發激怒加害人，致令被害人處於危險的情境中。因此，欲解決跟蹤騷擾問題，應探究其行爲發生之原因，否則處罰可能讓病態的跟蹤騷擾者暫時停止跟蹤行爲，並將目標轉移到另下一個被害人身上。

　　據研究資料顯示跟蹤騷擾者普遍都有心理障礙（mental disorder），跟蹤騷擾行爲可能是因精神上的疾患所導致，或是跟蹤騷擾行爲本身即爲精神疾患之徵候。跟蹤騷擾者可能發生心理上障礙非常複雜，在法庭中的跟蹤騷擾者常發現有妄想症、精神分裂症、躁鬱症、憂鬱症等問題（Kienlen et al., 1997; Meloy & Gothard, 1995; Roberts, 2002; Schwartz-Watts & Morgan, 1998; Schwartz-Watts, Morgan, & Barnes, 1997; Zona et al., 1993）。

　　因此，對於病態的跟蹤騷擾者，應該進行精神鑑定、心理評估，並針對個人之困擾予以個別之處遇治療，包括精神病管理（psychiatric management），心理介入（psychlogical interventions）等計畫方案，部分跟蹤者甚至需要搭配使用精神藥物治療等，才能有效處理其問題行爲（MacKenzie & James, 2011）。

　　另評估工具的準確性關乎後續處遇之效果，因此，評估工具之使用與研發亦爲一重要之方向，如英國Fixated Threat Assessment Centre（FTAC）以及澳洲

---

[16] Jeffrey Dion, Esq. Director, National Crime Victim Bar Association, https://victimsofcrime.org/docs/src/model-civil-stalking-statute.pdf?sfvrsn=0 (last visited: 2016/9/14).

的問題行為方案（problem behavior program），即為目前創新的方案（MacKenzie & James, 2011）。

英國的FTAC是將警察與心理精神醫療二大領域的專業結合，由具有精神護士醫療及心理醫生等心理精神醫療背景的警察成立Whist小組負責評估跟蹤騷擾者的行為，並負責後續的轉介處遇及追蹤列管，經研究發現此方案具有本當的成效，並可推廣應用於更多的跟蹤騷擾案件之處理（James et al., 2010）。

澳洲墨爾本維多利亞之法庭心理健康研究機構（Institute of Forensic Mental Health, Forensicare）則是兼具評估與專業處遇的單位，除了提供專業的處遇外，同時可承接其他處遇方案失敗的個案給予專業治療，最重要的是和其他法院的精神醫療機構最大的差異是，Forensicare負責處理整個維多利亞市個案，將法庭的個案轉銜到社區，以及針對嚴重的心理疾病的社區處遇治療等。

在臺灣的跟蹤騷擾防制法亦納入治療處遇的規範，法院於審理終結後，認有跟蹤騷擾行為之事實且有必要者，應依聲請或依職權核發核發跟騷保護令，並得命相對人完成治療性處遇計畫，相對人如違反保護令，即屬違反保護令罪，可處三年以下有期徒刑、拘役或科或併科新臺幣30萬元以下罰金。

四、小 結

由此可得知，對於跟蹤騷擾犯罪之防治，除了尋求司法之管道，立法加以犯罪化，科以刑罰制裁外，尚包括核發民事保護令、禁制令及警告令、書面報告、和平約制書以達到即時嚇阻加害人繼續其跟蹤騷擾行為之命令；協助被害人強化自我保護措施如製作安全計畫書，以加強自我保護之能力等事前及早介入措施，預防被害之策略；另事後再犯預防工作方面，包含提供加害者醫療處遇治療，被害人請求民事損害賠償等作為，從三級預防的角度，由警察、檢察官、法官、衛生醫療處遇人員及社工等分別在事前、事中、事後處理跟蹤騷擾犯罪問題，彼此環環相扣，缺一不可。

第八節　跟蹤騷擾犯罪與犯罪預防模式

從犯罪防治之角度出發，跟蹤纏擾行為極可能是嚴重犯罪之前階段行為，如能在事前及早辨識出潛在加害人，並有效遏止此行為，即能預防更嚴重之後果發生。相較於事後之司法制裁，在犯罪發生事前或事中階段即予以制止，避

免發生更嚴重之犯罪或降低犯罪之傷害，更能達到犯罪預防之效果。

犯罪預防是一種治本性的工作，包括廣泛之各種活動，即消除與犯罪有關之因素，增進刑事司法發覺犯罪，瞭解犯罪現象，判斷犯罪原因及健全犯罪人之社會環境能力，並進一步減少促進犯罪預防之措施，諸如：政治、社會、經濟制度之改革、法令之修正、社會福利以及人力運用等均可稱為犯罪預防工作（蔡德輝，1983：48-49）。

以目標為導向之犯罪預防模式係由學者Brantingham及Faust藉公共衛生疾病預防模式（public health model of disease pevention），說明犯罪預防治動之分類所提出。根據公共衛生疾病預防之觀點，第一層次之預防（primary prevention）係指避免疾病或問題發生之預防工作，此包括注意環境、污水處理、滅絕蚊蠅、疫苗接種、營養教育及身體之定期檢查等。第二層次之預防（secondary prevention）係指鑑定出那些人有較易發生疾病之可能，然後介入這些個案，並採取預防措施，避免進一步陷入更嚴重之疾病，此包括對貧民區居民實施X光檢查或其他身體檢查，以期早日發現病患症狀並予治療。第三層次之預防（tertiary prevention），係指採行必要之措施，對已患病嚴重之病患予以治療，以避免其死亡或病情進一步惡化（蔡德輝、楊士隆，2012：338-341）。

上述三層次之預防對於防治犯罪具有關鍵性之影響。首先透過環境設計減少犯罪之聚合；其次對可能產生偏差與犯罪之虞犯予以早日預測、鑑定與干預，預防行為進一步惡化。最後，則對已發生犯罪行為之犯罪人加強輔導、矯治，避免其再犯。

跟蹤騷擾犯罪成因複雜、犯罪型態多元、犯罪再犯率高、潛在危險性高，許多的加害人具有精神或情緒上之障礙，因此單純以刑罰並不足以嚇阻犯罪，治標不治本。因此，應從犯罪前、犯罪進行中與犯罪後全面加以預防，採行公共衛生犯罪預防模式三層次之預防策略，在第一層次預防以加強教育、宣導，建立民眾對於跟蹤騷擾犯罪之認識與自我預防保護之觀念，並透過環境設計，增加犯罪之困難；第二層次預防採取有效的干預措施並及早辨識危險的加害人，可透過保護令、防制令之核發，要求加害人不得進行跟蹤騷擾行為，同時協助被害人製作安全計畫書，以因應緊急突發狀況之自我保護，並加強蒐證之能力，作為日後處罰之依據。第三層次之預防係針對跟蹤騷擾者之再犯預防，以刑事、民事責任，並配合醫療處遇機制，嚇阻加害人，並針對需要治療之加害人提供處遇，從根本解決其問題。

參考書目

一、中文部分（依筆畫順序）

TVBS新聞（2014）。誰尾隨？兩萬名跟蹤騷擾者 日本警方公布。12月12日發布。http://news.tvbs.com.tw/world/558249，檢索日期：2016/9/18。

中央社（2015）。楊○穎兄哽咽：網路霸凌逼妹上絕路。4月23日發布。https://www.cna.com.tw/news/firstnews/201504235007.aspx，檢索日期：2016/9/20。

法思齊（2013）。美國反跟追法（Anti-Stalking Law)之研究——兼論我國相關法制之建構。東吳法律學報，第24卷第3期，頁1-47。

陳慈幸（2011）。司法改革的另一思考：從日本跟蹤騷擾（Stalker）防治法談起。司法新聲，第97期。

黃靜怡（2007），跟蹤行為及其被害型態實證探討：以國立中正大學學生為例。國立中正大學犯罪防治研究所碩士論文，頁152。

蔡德輝（1983）。犯罪預防之定義。載於犯罪學辭典（頁48-49）。中央警察學校。

蔡德輝、楊士隆（2012）。犯罪學。五南圖書。

二、外文部分（依字母順序）

Black, M. C., Basile, K. C., Breiding, M. J., Smith, S. G., Walters, M. L., Merrick, M. T., Chen, J., & Stevens, M. R. (2011). The national intimate partner and sexual violence survey: 2010 summary report. National Center for Injury Prevention and Control Centers for Disease Control and Prevention Atlanta.

Breiding, M. J., Smith, S. G., Basile, K. C., Walters, M. L., Chen, J., & Merrick, M. T. (2014). Prevalence and characteristics of sexual violence, stalking, and intimate partner violence victimization - National intimate partner and sexual violence survey, United States, 2011. MMWR, 63(8): 1-18.

MacKenzie, R. D. & James, D. V. (2011). Management and treatment of stalkers: Problems, options, and solutions. Behavioral Sciences & the Law, 29(2): 220-239.

McFarlane, J. M., Groff, J. Y., O'Brien, J. A., & Watson, K. (2006). Secondary prevention of intimate partner violence: A randomized controlled trial. Nursing Research, 55(1): 52-61.

Meloy, J. R. (1998). The psychology of stalking. In J. R. Meloy (Ed.), The psychology of stalking: Clinical and forensic perspectives (pp. 1-23). Academic Press.

Miller, N. (2001). Stalking laws and implementation practices: A national review for policy-makers and practitioners. Institute for Law and Justice.

Mohandie, K., Meloy, J. R., McGowan, M. G., & Williams, J. (2005). The RECON typology of stalking: Reliability and validity based upon a large sample of North American stalkers. Journal of Forensic Sciences, 51(1): 147-155.

Mullen, P. E. (2001). Stalkers and their Victims. Psychiatric Times, 18(4).

National Center for Victims of Crime (2002). Problem-oriented guides for police problem-specific guides series guide no.22 stalking. http://www.cops.usdoj.gov (last visited: 2016/3/1).

Spence-Diehl, E. (1999). Stalking: A handbook for victims. Learning publications Inc.

Spitzberg, B. H. (2002). The tactical topography of stalking victimization and management. Trauma, Violence, & Abuse 3(4): 261-288.

Sylvia, W. & Jonathan, A. (2004). Domestic violence, sexual assault and stalking: Findings from the British crime survey. Home Office Research, Development and Statistics Directorate.

van der Aa, S. & Römkens, R. (2013). The state of the art in stalking legislation: Reflections on European developments. European Criminal Law Review, 3(2): 232-256.

White, S. G. & Cawood, J. S. (1998). Threat management of stalking cases. In The psychology of stalking: Clinical and forensic perspectives (pp. 296-315).

Zona, M. A., Sharma, K. S., & Lane, J. (1993). A comparative study of erotomanic and obsessional subjects in a forensic sample. Journal of Forensic Sciences, 38(4): 894-903.

Zweig, J. & Dank, M. (2013). Teen dating abuse and harassment in the digital world: Implications for prevention and intervention. Urban Institute.

第十六章　暴力犯罪中之幫派、組織犯罪

陳慈幸

 前　言

　　暴力犯罪當中之幫派與組織犯罪為影響治安的一大問題，然而，「幫派」與「組織」，這是很類似，但又不同的概念。簡單來說，幫派犯罪與組織犯罪，他們的共通點就是在利益的收取，差別在組織型態的跨國性。90年代末起的組織犯罪型態，例如恐怖主義組織、人口販運，以至於近年詐騙集團犯罪，可發現組織犯罪型態聚焦在跨國性的犯罪型態，而幫派犯罪則侷限於本國內犯罪，雖部分有發展出跨國的型態，這些跨國型態的幫派，之後就慢慢演化成組織犯罪。

　　本章改版的重點是，第一節將部分定義與統計進行更新。第二節則是整理並更新我國80、90年代至現在幫派犯罪與組織犯罪之狀況。

第一節　幫派、組織犯罪之定義與法規

　　筆者在前面已有說明：幫派犯罪與組織犯罪的相同點在收取利益，這些利益除了有形的金錢利益外，亦有無形的政治利益。筆者認為，幫派犯罪與組織犯罪的不同點在幫派犯罪的犯罪行為比較侷限在本國境內，犯罪手法較為偏向傳統的暴力性質，而組織犯罪則是跨國性的犯罪型態居多，犯罪手法多變，除恐怖主義組織尚有暴力型態以外，多數組織犯罪都非以暴力型態為主來迴避法規之取締。除此之外，部分幫派為了收取更多利益，轉而演變為跨國性組織犯罪，這也就是幫派犯罪常與組織犯罪有重疊討論的狀況，也導致國內的研究在早期都是把幫派與組織犯罪合併一起探討，惟近年因詐騙犯罪增多，因犯罪型態與組織型態跟傳統的幫派犯罪有所歧異，故近幾年的幫派犯罪與組織犯罪的學術研究才會逐漸不同。

　　首先我們先從幫派犯罪與組織犯罪兩者所適用的法律進行說明。

在下一節亦會一併說明我國幫派犯罪法規適用的歷史，此部分先從現行法規進行說明。我國幫派犯罪所適用之刑法為第154條參與犯罪結社罪。其內容為：「參與以犯罪為宗旨之結社者，處三年以下有期徒刑、拘役或一萬五千元以下罰金；首謀者，處一年以上七年以下有期徒刑犯前項之罪而自首者，減輕或免除其刑。」

前述「以犯罪為宗旨結社」之概念可參考27年上字第2118號判例，其要旨為：「係指其結社以妨害公共安寧秩序及其他某種類之犯罪為目的者而言，若因對於某人挾嫌，希圖加害，而與多數共犯結合商議，相約為特定之一個犯罪之實行，不能依該條項論罪。[1]」

在1996年12月組織犯罪防制條例（下稱：本條例）公布實施前，國內組織型態（含幫派犯罪）皆依據刑法進行取締。然而，1990年後期金融與電信服務業的發達，特別是兩岸電信業務的開通與便利，詐騙型態的犯罪開始發生（寇得曼，2022），故有特別法之本條例制定的開始。

根據資料，國際上組織犯罪相關法規是緣起於2000年的聯合國打擊跨國有組織犯罪公約（*United Nations Convention Against Transnational Organized Crime*，下稱：公約，同時參表16-1之簡要內容）。從前述公約可發現，聯合國已注意到組織犯罪之犯罪型態除具有跨國性外，並以洗錢等方式進行非法收益的獲取，本節後續有介紹日本組織犯罪相關規定，其概念與公約大致雷同。

表16-1　聯合國打擊跨國有組織犯罪公約條文一覽（中譯）

聯合國打擊跨國有組織犯罪公約條文 United Nations Convention Against Transnational Organized Crime
第1條　宗旨
第2條　名詞解釋
第3條　適用範圍
第4條　保護主權
第5條　參加有組織犯罪集團行為的刑事定罪
第6條　洗錢行為的刑事定罪
第7條　打擊洗錢活動的措施

[1] 此部分可參照最高法院判例要旨下冊，頁190。相關資料可查詢法規資料庫，https://law.moj.gov.tw/LawClass/ExContent.aspx?ty=J&JC=B&JNO=2118&JYEAR=27&JNUM=001&JCASE=%E4%B8%8A，檢索日期：2024/5/19。

第8條　腐敗行為的刑事定罪
第9條　反腐敗措施
第10條　法人責任
第11條　起訴判決和制裁
第12條　沒收和扣押
第13條　沒收事宜的國際合作
第14條　沒收的犯罪所得或財產的處置
第15條　管轄權
第16條　引渡
第17條　被判刑人員的移交
第18條　司法協助
第19條　聯合調查
第20條　特殊偵查手段
第21條　刑事訴訟的移交
第22條　建立犯罪記錄
第23條　妨害司法的刑事定罪
第24條　保護證人
第25條　幫助和保護被害人
第26條　加強與執法當局合作的措施
第27條　執法合作
第28條　蒐集交流和分析關於有組織犯罪的性質的資料
第29條　培訓和技術援助
第30條　其他措施；通過經濟發展和技術援助執行公約
第31條　預防
第32條　公約締約方會議
第33條　秘書處
第34條　公約的實施
第35條　爭端的解決
第36條　簽署批准接受核准和加入
第37條　同議定書的關係
第38條　生效
第39條　修正
第40條　退約
第41條　保存人和語文

資料來源：行政院洗錢防制辦公室資料，https://www.amlo.moj.gov.tw/media/10684/7327103319
　　　　52.pdf?mediaDL=true，檢索日期：2024/5/20。

　　然而，我國在90年代制定本條例時，因當時公約尚未正式實施，故在於本條例第2條之制定時，主要是參考刑法第154條參與犯罪結社罪之法例與外國立法例而為擬定[2]。1996年版本條例第2條中規定：

　　「本條例所稱犯罪組織，係指三人以上，有內部管理結構，以犯罪為宗旨或以其成員從事犯罪活動，具有集團性、常習性及脅迫性或暴力性之組織。」

　　從前述1996年版本條例第2條的規定雖可替當時一部分組織犯罪進行解套，但也造成了幫派犯罪與組織犯罪取締適用上的混淆，也使得部分以詐術為主的組織犯罪類型無法以本條例進行取締。於此，本條例於2017年3月31日進行修正，同年4月19日公布之本條例第2條修正為：「本條例所稱犯罪組織，指三人以上，以實施強暴、脅迫、詐術、恐嚇為手段或最重本刑逾五年有期徒刑之刑之罪，所組成具有持續性及牟利性之有結構性組織。

　　前項有結構性組織，指非為立即實施犯罪而隨意組成，不以具有名稱、規約、儀式、固定處所、成員持續參與或分工明確為必要。」

　　參此階段的修法理由主要是將公約第2條國內法化而進行修正[3]，此可參考

---

[2] 此部分之立法理由為：
　1. 明定本條例防制對象「犯罪組織」之定義。
　2. 參考刑法第154條「參與犯罪結社罪」之法例及外國立法例擬定。
　3. 本條所謂「內部管理結構」者，在於顯示犯罪組織之內部層級管理之特性，以別於一般共犯或結夥犯之組成。另所謂「集團性」、「常習性」、「脅迫性」或「暴力性」等特性，乃犯罪組織表彰於外之組織性質，揆之外國立法例，均有所考，而上開四大特性，毋需兼具，時或顯露其一。其義在於表徵犯罪組織所具有「以眾暴寡」、「不務正業」、「施加脅迫」或「加諸暴力」等特性。
　4. 參考立法例：
　　(1) 三人以上：義大利刑法第416條。
　　(2) 以犯罪為宗旨或以其成員從事犯罪活動：義大利刑法第416條、德國刑法第129條。
　　(3) 集團性：義大利刑法第416條之2、德國刑法第129條a。
　　(4) 常習性：美國聯邦法律第十八編第1961條。
　　(5) 脅迫性：義大利刑法第416條之2。
　　(6) 暴力性：瑞士刑法第260條。
　參考立法院法律系統，https://lis.ly.gov.tw/lglawc/lawsingle?00C3737A6AE6000000000000000000320
00000007FFFFFD^04574112050900^00000000000，檢索日期：2024/5/20。
[3] 此部分之修法理由為：
　1. 依照聯合國打擊跨國有組織犯罪公約（以下簡稱公約）第2條，所稱「有組織犯罪集團」（organized criminal group），係由三人或多人所組成、於一定期間內存續、為實施一項或多項嚴重犯罪或依本公約所定之犯罪，以直接或間接獲得金錢或其他物質利益而一致行動之有組織結構之集團；所稱「嚴重犯罪」，指構成最重本刑四年以上有期徒刑以上之刑之犯罪行為；至

公約第2條之定義當中為：

「在本公約中：

(a)『有組織犯罪集團』係指由三人或多人所組成的、在一定時期內存在的、為了實施一項或多項嚴重犯罪或根據本公約確立的犯罪以直接或間接獲得金錢或其他物質利益而一致行動的有組織結構的集團；

(b)『嚴重犯罪』係指構成可受到最高刑至少四年的剝奪自由或更嚴厲處罰的犯罪的行為；

(c)『有組織結構的集團』係指並非為了立即實施一項犯罪而隨意組成的集團，但不必要求確定成員職責，也不必要求成員的連續性或完善的組織結構；

(d)『財產』係指各種資產，不論其為物質的或非物質的、動產或不動產、有形的或無形的，以及證明對這些資產所有權或權益的法律文件或文書；

(e)『犯罪所得』係指直接或間接地通過犯罪而產生或獲得的任何財產；

於「有組織結構之集團」，指並非為立即實施犯罪而隨意組成之集團，但不必要求確定成員職責，也不必要求成員之連續性或完善之組織結構。另公約第34條第2項，要求締約國應將公約第5條所定之犯罪，予以罪刑化，爰配合該公約國內法化，檢討犯罪組織之定義。

2. 修正第1項犯罪組織之定義如下：

(1) 原「內部管理結構」，其意義與範圍未臻明確，致實務認定及適用迭生爭議，亦與公約第2條有關「有組織結構之集團」規定不符。就犯罪組織之性質，原規定以具常習性為要件，易使人誤解犯罪組織須有犯罪之習慣始能成立。再者，目前犯罪組織所從事犯罪活動，已不限於脅迫性或暴力性之犯罪活動，犯罪手法趨於多元，並與上開公約以實施嚴重犯罪之規定及犯罪組織而直接或間接獲得金錢或其他物質利益而犯罪之牟利性要求不符，爰參酌公約之規定，修正犯罪組織之定義。

(2) 犯罪組織具有眾暴寡、強凌弱之特性，常對民眾施以暴力脅迫等犯罪行為，危害社會甚大，故仍有維持原脅迫性、暴力性之必要，而酌作文字修正。

(3) 參照公約有組織犯罪集團之定義，以構成最重本刑四年以上有期徒刑以上之刑之犯罪行為為要件，並不以脅迫性、暴力性之犯罪為限，且參酌我國現行法制並無最重本刑為四年以上有期徒刑以上之刑之規定，故為配合我國法制及公約，並避免本條例之適用範圍過廣，爰定明限於最重本刑逾五年有期徒刑（即不包括最重本刑為五年有期徒刑）之刑之罪，始為犯罪組織之犯罪類型。

3. 依照公約實施立法指南說明，有組織結構之集團，包括有層級（hierarchical）組織、組織結構完善（elaborate）或成員職責並未正式確定之無層級結構情形，亦即不以有結構（structure）、持續（continuous）成員資格（membership）及成員有明確角色或分工等正式（formal）組織類型為限，且並非為立即實施犯罪而隨意組成，故為避免對於有結構性組織見解不一，爰增訂第2項之規定。

參見https://lis.ly.gov.tw/lglawc/lawsingle?00C3737A6AE60000000000000000032000000007FFFFFD^04574112050900^00000000000 （f）『凍結』或『扣押』係指根據法院或其他主管當局的命令暫時禁止財產轉移、轉換、處置或移動或對之實行暫時性扣留或控制；

（g）『沒收』，在適用情況下還包括『充公』，係指根據法院或其他主管當局的命令對財產實行永久剝奪；

（h）『上游犯罪』係指由其產生的所得可能成爲本公約第6條所定義的犯罪的對象的任何犯罪；

（i）『控制下交付』係指在主管當局知情並由其進行監測的情況下允許非法或可疑貨物運出、通過或運入一國或多國領土的一種做法，其目的在於偵查某項犯罪並辨認參與該項犯罪的人員；

（j）『區域經濟一體化組織』係指由某一區域的一些主權國家組成的組織，其成員國已將處理本公約範圍內事務的權限轉交該組織，而且該組織已按照其內部程序獲得簽署、批准、接受、核准或加入本公約的正式授權；本公約所述『締約國』應在這類組織的權限範圍內適用於這些組織。

For the purposes of this Convention:

(a) "Organized criminal group" shall mean a structured group of three or more persons, existing for a period of time and acting in concert with the aim of committing one or more serious crimes or offences established in accordance with this Convention, in order to obtain, directly or indirectly, a financial or other material benefit;

(b) "Serious crime" shall mean conduct constituting an offence punishable by a maximum deprivation of liberty of at least four years or a more serious penalty;

(c) "Structured group" shall mean a group that is not randomly formed for the immediate commission of an offence and that does not need to have formally defined roles for its members, continuity of its membership or a developed structure;

(d) "Property" shall mean assets of every kind, whether corporeal or incorporeal, movable or immovable, tangible or intangible, and legal documents or instruments evidencing title to, or interest in, such assets;

(e) "Proceeds of crime" shall mean any property derived from or obtained, directly or indirectly, through the commission of an offence;

(f) "Freezing" or "seizure" shall mean temporarily prohibiting the transfer, conversion, disposition or movement of property or temporarily assuming custody or control of property on the basis of an order issued by a court or other competent authority;

(g) "Confiscation", which includes forfeiture where applicable, shall mean the permanent deprivation of property by order of a court or other competent authority;

(h) "Predicate offence" shall mean any offence as a result of which proceeds have been generated that may become the subject of an offence as defined in article 6 of this Convention;

(i) "Controlled delivery" shall mean the technique of allowing illicit or suspect consignments to pass out of, through or into the territory of one or more States, with the knowledge and under the supervision of their competent authorities, with a view to the investigation of an offence and the identification of persons involved in the commission of the offence;

(j) "Regional economic integration organization" shall mean an organization constituted by sovereign States of a given region, to which its member States have transferred competence in respect of matters governed by this Convention and which has been duly authorized, in accordance with its internal procedures, to sign, ratify, accept, approve or accede to it; references to "States Parties" under this Convention shall apply to such organizations within the limits of their competence.[4]」當中(a)之規定。

爾後，又因新型態組織犯罪興起，本條例第2條第1項又於2017年12月15日修正，2018年1月3日公布，此次修正為：「本條例所稱犯罪組織，指三人以上，以實施強暴、脅迫、詐術、恐嚇為手段或最重本刑逾五年有期徒刑之刑之罪，所組成具有持續性或牟利性之有結構性組織。

前項有結構性組織，指非為立即實施犯罪而隨意組成，不以具有名稱、規約、儀式、固定處所、成員持續參與或分工明確為必要。[5]」

---

[4] 此部分之翻譯文乃參考電子六法全書，https://www.6laws.net/6law/law2/%E8%81%AF%E5%90%88%E5%9C%8B%E6%89%93%E6%93%8A%E8%B7%A8%E5%9C%8B%E7%B5%84%E7%B9%94%E7%8A%AF%E7%BD%AA%E5%85%AC%E7%B4%84.htm，檢索日期：2024/5/20。

[5] 本次修法理由為：

1. 原第2條第1項規定犯罪組織之定義，係參酌聯合國打擊跨國有組織犯罪公約第2條所稱「有組織犯罪集團（Organized criminal group）」定義而修正，並規範組織需有持續性、牟利性及結構性等要件。

2. 參諸現行立法說明，因考量目前新興組織犯罪崛起，犯罪組織所從事犯罪活動，已不限於脅迫性或暴利性之犯罪活動，犯罪手法趨於多元，而將牟利性要件修正為犯罪組織之構成要件之一。惟新興犯罪組織雖有可能因企業、公司化之經營而以營利為目的，然將犯罪組織定義限於

截至改版為止，本條例最新修正為2023年5月，其內容為表16-2。

表16-2　2023年5月立法院三讀通過修正之組織犯罪防制條例條文一覽

第3條
發起、主持、操縱或指揮犯罪組織者，處三年以上十年以下有期徒刑，得併科新臺幣一億元以下罰金；參與者，處六月以上五年以下有期徒刑，得併科新臺幣一千萬元以下罰金。但參與情節輕微者，得減輕或免除其刑。
以言語、舉動、文字或其他方法，明示或暗示其為犯罪組織之成員，或與犯罪組織或其成員有關聯，而要求他人為下列行為之一者，處三年以下有期徒刑，得併科新臺幣三百萬元以下罰金：
一、出售財產、商業組織之出資或股份或放棄經營權。
二、配合辦理都市更新重建之處理程序。
三、購買商品或支付勞務報酬。
四、履行債務或接受債務協商之內容。
前項犯罪組織，不以現存者為必要。
以第二項之行為，為下列行為之一者，亦同：
一、使人行無義務之事或妨害其行使權利。
二、在公共場所或公眾得出入之場所聚集三人以上，已受該管公務員解散命令三次以上而不解散。
第二項、前項第一款之未遂犯罰之。
第4條
招募他人加入犯罪組織者，處六月以上五年以下有期徒刑，得併科新臺幣一千萬元以下罰

均需有牟利性，恐過於狹隘，且使執法蒐證及舉證困難，導致具有眾暴寡、強凌弱，常對民眾施以暴力、脅迫等危害社會甚鉅之持續性組織犯罪行為，僅因難以舉證該組織具有牟利性質，而無法有效訴追及嚴懲不法，顯已背離人民之法感情及對法的期待，而有修正必要。

3. 又參照其他國家立法例，對於組織犯罪之定義本不一致，例如：1994年11月21日聯合國會員國發表「那不勒斯政治宣言和打擊有組織跨國犯罪的全球行動計畫」後，於1996年7月24日第47次全體會議中，對組織犯罪給予定義：「所謂組織犯罪係為從事犯罪活動而組成之集團；其首領得以對本集團進行一套控制關係；使用暴力、恐嚇或行賄、收買等手段，以牟利或控制地盤或市場；為發展犯罪活動或向合法企業滲透而利用非法收益進行洗錢；具有擴大新活動領欲至本國邊界外之潛在可能性，且能與其他組之有組織跨國犯罪集團合作」，可知追求利潤之牟利性可為組織犯罪之特徵之一，但非必要之特性，是以，具有持續性或牟利性之有結構性的組織活動，均應納入組織犯罪之定義歸範以為妥適，爰將原第1項規定「所組成具有持續性及牟利性之有結構性組織」，修正為「所組成具有持續性或牟利性之有結構性組織」，以符合防制組織犯罪之現況及需求。

4. 第2項未修正。

金。

意圖使他人出中華民國領域外實行犯罪，而犯前項之罪者，處一年以上七年以下有期徒刑，得併科新臺幣二千萬元以下罰金。

成年人招募未滿十八歲之人加入犯罪組織，而犯前二項之罪者，加重其刑至二分之一。

以強暴、脅迫或其他非法之方法，使他人加入犯罪組織或妨害其成員脫離者，處一年以上七年以下有期徒刑，得併科新臺幣二千萬元以下罰金。

前四項之未遂犯罰之。

第6條之1

具公務員或經選舉產生之公職人員之身分，犯第三條、第四條、第六條之罪者，加重其刑至二分之一。

第7條

犯第三條、第四條、第六條、第六條之一之罪者，其參加、招募、資助之組織所有之財產，除應發還被害人者外，應予沒收。

犯第三條、第六條之一之罪者，對於參加組織後取得之財產，未能證明合法來源者，亦同。

第8條

犯第三條、第六條之一之罪自首，並自動解散或脫離其所屬之犯罪組織者，減輕或免除其刑；因其提供資料，而查獲該犯罪組織者，亦同；偵查及歷次審判中均自白者，減輕其刑。

犯第四條、第六條、第六條之一之罪自首，並因其提供資料，而查獲各該條之犯罪組織者，減輕或免除其刑；偵查及歷次審判中均自白者，減輕其刑。

第13條

犯本條例之罪，經判決有罪確定者，不得登記爲公職人員候選人。

　　從前述筆者之說明當中，讀者可發現我國於本條例制定前後，我國於本條例第2條當中犯罪組織的界定經歷了幾次修法，關於此部分日本幫派犯罪與組織犯罪則有較爲明確的規定。日本幫派犯罪主要依據「幫派成員不當行爲防制法」（日本法規原名：「暴力団員による不当な行為の防止等に関する法律[6]」）之規定，組織犯罪主要依據「組織型犯罪處罰及不法犯罪收益規制法」（日本法規原名：組織的な犯罪の処罰及び犯罪収益の規制等に関する法律[7]）之規定。

---

[6] 平成3年（1991年）5月15日法律第77号。
[7] 平成11年（1999年）法律第136号。

首先於「幫派成員不當行為防制法」第2條中幫派與相關行為之定義為以下：

「第二条　この法律において、次の各号に掲げる用語の意義は、それぞれ当該各号に定めるところによる。（中譯：本法中各款名詞之定義，於各款規定定之）

一　**暴力的不法行為等**　別表に掲げる罪のうち国家公安委員会規則で定めるものに当たる違法な行為をいう。（中譯：所謂暴力之非法行為之定義，是依據別表當中國家公安委員會所制訂）

二　**暴力団**　その団体の構成員（その団体の構成団体の構成員を含む。）が集団的に又は常習的に暴力的不法行為等を行うことを助長するおそれがある団体をいう。（中譯：幫派之定義，即所集團成員有集團性或常習性助長實施暴力性非法行為之虞之團體。）

三　**指定暴力団**　次条の規定により指定された暴力団をいう。（中譯：指定幫派之定義，即為下一條規定所指定之幫派之意。）

四　**指定暴力団連合**　第四条の規定により指定された暴力団をいう。（中譯：指定幫派聯會[8]之定義，於第四條之規定所指定之幫派之意。）

五　**指定暴力団等**　指定暴力団又は指定暴力団連合をいう。（中譯：指定幫派等之定義，即所謂指定幫派或是指定幫派聯會之意。）

六　**暴力団員**　暴力団の構成員をいう。（中譯：幫派成員之定義，是幫派構成人員。）

七　**暴力的要求行為**　第九条の規定に違反する行為をいう。（中譯：暴力性之強要行為之定義，即違反第九條之行為。）

八　**準暴力的要求行為**　一の指定暴力団等の暴力団員以外の者が当該指定暴力団等又はその第九条に規定する系列上位指定暴力団等の威力を示して同条各号に掲げる行為をすることをいう。（中譯：準暴力強要行為，指指定幫派之成員向自己指定幫派或第九條所規定之其他指定幫派以威嚇手段實施同條各款之行為。）」

---

[8] 此部分類同於我國工會、漁會。

　　日本依據前述「幫派成員不正行爲防制法」第2條第3款之規定，是以「指定幫派」方式進行控管，此種方式於世界先進諸國當中是一種較爲特別的防治幫派犯罪控管之策略。表16-3即爲2024年筆者改版爲止官方統計日本指定幫派列表，讀者可翻閱本書前幾版與本版對照，可發現近幾年日本各幫派略有變動與萎縮，此亦是指定幫派防治策略發揮成效之一個重點。

表16-3　2022年日本指定幫派一覽表

No	名稱	組織辦公室所在地	負責人	成員人數（概要）	勢力範圍
1	六代目山口組	兵庫県神戸市灘区篠原本町4-3-1	篠田 建市	約3,800人	1都1道2府40県
2	稲川会	東京都港区六本木7-8-4	辛 炳圭	約1,900人	1都1道15県
3	住吉会	東京都新宿区新宿7丁目26番7号	小川 修	約2,400人	1都1道1府14県
4	五代目工藤會	福岡県北九州市小倉北区宇佐町1-8-8	野村 悟	約230人	4県
5	旭琉會	沖縄県中頭郡北中城村字島袋1362	永山 克博	約230人	1県
6	七代目会津小鉄会	京都府京都市左京区一乗寺塚本町21-4	金 元	約40人	1道1府
7	六代目共政会	広島県広島市南区南大河町18-10	荒瀬 進	約120人	1県
8	七代目合田一家	山口県下関市竹崎町3-13-6	金 教煥	約40人	2県
9	四代目小桜一家	鹿児島県鹿児島市甲突町9-24	平岡 喜榮	約50人	1県
10	五代目浅野組	岡山県笠岡市笠岡615-11	中岡 豊	約60人	2県
11	道仁会	福岡県久留米市京町247-6	小林 哲治	約370人	4県
12	二代目親和会	香川県高松市塩上町2-14-4	吉良 博文	約40人	1県
13	双愛会	千葉県市原市潤井戸1343-8	椎塚 宣	約100人	2県

表16-3　2022年日本指定幫派一覽表（續）

No	名稱	組織辦公室所在地	負責人	成員人數（概要）	勢力範圍
14	三代目俠道会	広島県尾道市山波町3025-1	池澤 望	約70人	5県
15	太州会	福岡県田川市大字弓削田1314-1	日高 博	約70人	1県
16	十代目酒梅組	大阪府大阪市西成区太子1-3-17	李 正秀	約20人	1府
17	極東会	東京都新宿区歌舞伎町2-18-12	高橋 仁	約350人	1都12県
18	二代目東組	大阪府大阪市西成区山王1-11-8	滝本 博司	約80人	1府
19	松葉会	東京都台東区西浅草2-9-8	伊藤 義克	約330人	1都7県
20	四代目福博会	福岡県福岡市博多区千代5-18-15	金 國泰	約70人	2県
21	浪川会	福岡県大牟田市八江町38-1	朴 政浩	約170人	1都5県
22	神戸山口組	兵庫県加古郡稲美町中村池之跡1379-10	井上 邦雄	約330人	1都1道2府12県
23	絆會	大阪府大阪市中央区島之内1-14-14	金 禎紀	約70人	1都1道1府9県
24	関東関根組	茨城県土浦市桜町4-10-13	大塚 逸男	約100人	1都1道3県
25	池田組	岡山県岡山市北区田町2-12-2	金 孝志	約70人	1道3県

資料來源：參考日本公益財團法人暴力追放愛知縣民會議資料，https://www.boutsui-aichi.or.jp/guidance/list/，檢索日期：2024/5/16，作者進行整理。

　　其次，日本於組織犯罪之處罰著重於犯罪不當所得之取締，此可參考日本「組織型犯罪處罰及不法犯罪收益規制法」第2條各項當中，除針對「組織」之定義有詳細規定外，第2項之後皆在解釋犯罪不當所得之定義。

　　根據日本「組織型犯罪處罰及不法犯罪收益規制法」第2條第1項對於「組織」之規定為以下：

　　「この法律において「団体」とは、共同の目的を有する多数人の継続的結合体であって、その目的又は意思を実現する行為の全部又は一部が組織（指揮命令に基づき、あらかじめ定められた任務の分担に従って構成員が一体として行動する人の結合体をいう。以下同じ。）により反復して行われるものをいう。

　　中文簡譯：本法所規定之「組織」之定義，是具有共同目的之多數人持續性團體，其目的或實踐意思表示行為之全部或一部分行為是基於組織（是為基於指揮命令所為，並於一開始所規定之任務分擔之下，組織成員整體共同行動之人的結合體。下同）之下所重複實施之行為。」

　　從前述定義當中，可查知組織犯罪之定義要件主要著重於「基於組織命令下具於共同目的持續性之團體」，

　　此部分主要是因應組織犯罪類型多樣化。其次，於第2條[9]第2項之後，可

9　第二条　この法律において「団体」とは、共同の目的を有する多数人の継続的結合体であって、その目的又は意思を実現する行為の全部又は一部が組織（指揮命令に基づき、あらかじめ定められた任務の分担に従って構成員が一体として行動する人の結合体をいう。以下同じ。）により反復して行われるものをいう。
　　2　この法律において「犯罪収益」とは、次に掲げる財産をいう。
　一　財産上の不正な利益を得る目的で犯した次に掲げる罪の犯罪行為（日本国外でした行為であって、当該行為が日本国内において行われたとしたならばこれらの罪に当たり、かつ、当該行為地の法令により罪に当たるものを含む。）により生じ、若しくは当該犯罪行為により得た財産又は当該犯罪行為の報酬として得た財産
　イ　死刑又は無期若しくは長期四年以上の懲役若しくは禁錮の刑が定められている罪（ロに掲げる罪及び国際的な協力の下に規制薬物に係る不正行為を助長する行為等の防止を図るための麻薬及び向精神薬取締法等の特例等に関する法律（平成三年法律第九十四号。以下「麻薬特例法」という。）第二条第二項各号に掲げる罪を除く。）
　ロ　別表第一（第三号を除く。）又は別表第二に掲げる罪
　ニ　次に掲げる罪の犯罪行為（日本国外でした行為であって、当該行為が日本国内において行われたとしたならばイ、ロ又はニに掲げる罪に当たり、かつ、当該行為地の法令により罪に当たるものを含む。）により提供された資金
　イ　覚醒剤取締法（昭和二十六年法律第二百五十二号）第四十一条の十（覚醒剤原料の輸入等に係る資金等の提供等）の罪
　ロ　売春防止法（昭和三十一年法律第百十八号）第十三条（資金等の提供）の罪
　ハ　銃砲刀剣類所持等取締法（昭和三十三年法律第六号）第三十一条の十三（資金等の提供）の罪
　ニ　サリン等による人身被害の防止に関する法律（平成七年法律第七十八号）第七条（資金等の提供）の罪

發現日法規對於犯罪不正收益上之規定非常詳細，其中除解釋涉及日本國內外犯罪收益之認定（第2條第2項第1款），以及組織犯罪犯罪類型當中涉及收益問題最多之麻藥與向精神藥取締、安非他命取締法、賣春防治等相關法規（第2條第2項第2款以下）

　　　從前述可發現，日本於90年代至2000年代已將傳統幫派犯罪與組織犯罪定義進行分流並制訂相對應的法規，使得以洗錢等不當收益之非暴力性性質之組織犯罪亦可得到防制效果。

　　　根據前述的脈絡，下一節特針對我國幫派、組織犯罪各時期犯罪型態進行介紹。

- - - - - - - - - - - - - - -

三　次に掲げる罪の犯罪行為（日本国外でした行為であって、当該行為が日本国内において行われたとしたならばこれらの罪に当たり、かつ、当該行為地の法令により罪に当たるものを含む。）により供与された財産

イ　第七条の二（証人等買収）の罪

ロ　不正競争防止法（平成五年法律第四十七号）第二十一条第四項第四号（外国公務員等に対する不正の利益の供与等）の罪

四　公衆等脅迫目的の犯罪行為等のための資金等の提供等の処罰に関する法律（平成十四年法律第六十七号）第三条第一項若しくは第二項前段、第四条第一項若しくは第五条第一項（資金等の提供）の罪又はこれらの罪の未遂罪の犯罪行為（日本国外でした行為であって、当該行為が日本国内において行われたとしたならばこれらの罪に当たり、かつ、当該行為地の法令により罪に当たるものを含む。）により提供され、又は提供しようとした財産

五　第六条の二第一項又は第二項（テロリズム集団その他の組織的犯罪集団による実行準備行為を伴う重大犯罪遂行の計画）の罪の犯罪行為である計画（日本国外でした行為であって、当該行為が日本国内において行われたとしたならば当該罪に当たり、かつ、当該行為地の法令により罪に当たるものを含む。）をした者が、計画をした犯罪の実行のための資金として使用する目的で取得した財産

3　この法律において「犯罪収益に由来する財産」とは、犯罪収益の果実として得た財産、犯罪収益の対価として得た財産、これらの財産の対価として得た財産その他犯罪収益の保有又は処分に基づき得た財産をいう。

4　この法律において「犯罪収益等」とは、犯罪収益、犯罪収益に由来する財産又はこれらの財産とこれらの財産以外の財産とが混和した財産をいう。

5　この法律において「薬物犯罪収益」とは、麻薬特例法第二条第三項に規定する薬物犯罪収益をいう。

6　この法律において「薬物犯罪収益に由来する財産」とは、麻薬特例法第二条第四項に規定する薬物犯罪収益に由来する財産をいう。

7　この法律において「薬物犯罪収益等」とは、麻薬特例法第二条第五項に規定する薬物犯罪収益等をいう。

第二節　鳥瞰近三十年我國幫派與組織犯罪之狀況

於本章第一節筆者即有提及，我國於90年代起即對於幫派犯罪、組織犯罪有所研究，本部分將以筆者自行歸納的方式，將我國幫派犯罪與組織犯罪相關研究動態分為四個時期進行簡要分析[10]：

第一時期1996年本條例實施前。這個時期是本條例公布實施以前，根據資料，我國當時幫派犯罪主要分有組織型幫派，例如竹聯幫、四海幫、天道盟等積極向地盤外擴張的狀況與傳統角頭型態固守原有地盤為重心，組織型幫派定有幫規與內部管理階層，發展出較具規模的企業型態進行管理，反之角頭型因鞏固原有地盤為重心，但當所在地地盤工商業發展順利時，角頭便能從中獲取相當的利潤，反之若是該地區逐漸沒落，角頭也只能隨著地盤沒落而逐漸消失（鄭傑云，2018）。80年代的臺灣幫派活動最嚴重的狀態是勾結政治進而或許更多利益，例以資料當中顯示：「……臺灣早期的基層民意組織、農漁會、水利會，幾乎都和地方勢力掛鉤或是把持，相對地因為根深蒂固，中央單位也不想得罪地方仕紳，所以採取安撫取代剷除的手法，希望可以讓地方勢力可以協助政府處理相關建設或是工程。而也因為如此，幫派的勢力才會覬覦這一塊大餅，幾乎處處可見到地方勢力、幫派的影子在各級民意代表之中。但在歷朝政府的強力掃蕩下，這些勢力漸漸地淡化不再出現在檯面上，但每到了選舉期間，仍是會見到這些椿腳的影子。……（楊永緝，2022）」

在第一節當中也有提及，80年代臺灣傳統詐騙手法的「金光黨」，於90年代金融與電信的發達，手法也開始轉變，當時假綁架、假檢警、購物詐騙等電信詐欺手法開始成為主流（寇得曼，2022）。

由於當時因應幫派犯罪與組織犯罪的猖獗狀況所依據的法規為「檢肅流氓條例」與刑法第154條參與犯罪結社罪，前述已說明部分組織型的幫派逐漸發展成為企業型態的管理方式，其犯罪手法不再是傳統的暴力型態，再加上檢肅流氓條例」有部分疑義（此部分可參照以下第二時期）進行大法官解釋，以及刑法第154條等規定已逐漸無法因應當時幫派犯罪型態。這個時期的研究，也因犯罪型態的關係主要集中在傳統的角頭型犯罪與組織型的幫派犯罪手法與犯罪類型，最負盛名為學者蔡德輝與楊士隆等人[11]。

---

[10] 本部分可同時參考陳慈幸（2023：217-231）。
[11] 有關幫派分類與相關研究可參考蔡德輝、楊士隆（1999）。

第二時期：1998年後本條例公布實施後至2017、2018年本條例之修正。

前述已談到本條例除將公約內國法化之外，也因應國內組織型態幫派改變而進行制定，「檢肅流氓條例」經大法官第636號解釋宣布部分條文違憲[12]，並於2009年1月公布廢止，也可將組織型幫派犯罪與組織犯罪特別法化。

1998年公布施行之本條例第2條規定：「本條例所稱犯罪組織，係指三人以上，有內部管理結構，以犯罪為宗旨或以其成員從事犯罪活動，具有集團性、常習性及脅迫性或暴力性之組織。」

2001年，美國發生了911事件[13]，防止恐怖主義組織犯罪的發生成為當時國際上一個非常重要的問題，1998年公布施行之本條例第2條的構成要件對於處理組織型幫派犯罪與恐怖主義組織之犯罪型態算是合宜，此時的研究當中，最負盛名的亦是學者蔡德輝與楊士隆，在其所著的專書當中亦有論述當時犯罪型態（蔡德輝、楊士隆，2002：229）。

----

[12] 大法官第636號解釋之內容：檢肅流氓條例（以下簡稱本條例）第2條第3款關於敲詐勒索、強迫買賣及其幕後操縱行為之規定，同條第4款關於經營、操縱職業性賭場，私設娼館，引誘或強逼良家婦女為娼，為賭場、娼館之保鏢或恃強為人逼討債務行為之規定，第6條第1項關於情節重大之規定，皆與法律明確性原則無違。第2條第3款關於霸占地盤、白吃白喝與要挾滋事行為之規定，雖非受規範者難以理解，惟其適用範圍，仍有未盡明確之處，相關機關應斟酌社會生活型態之變遷等因素檢討修正之。第2條第3款關於欺壓善良之規定，以及第5款關於品行惡劣、遊蕩無賴之規定，與法律明確性原則不符。
本條例第2條關於流氓之認定，依據正當法律程序原則，於審查程序中，被提報人應享有到場陳述意見之權利；經認定為流氓，於主管之警察機關合法通知而自行到案者，如無意願隨案移送於法院，不得將其強制移送。
本條例第12條第1項規定，未依個案情形考量採取其他限制較輕微之手段，是否仍然不足以保護證人之安全或擔保證人出於自由意志陳述意見，即得限制被移送人對證人之對質、詰問權與閱卷權之規定，顯已對於被移送人訴訟上之防禦權，造成過度之限制，與憲法第23條比例原則之意旨不符，有違憲法第8條正當法律程序原則及憲法第16條訴訟權之保障。
本條例第21條第1項相互折抵之規定，與憲法第23條比例原則並無不符。同條例第13條第2項但書關於法院毋庸諭知感訓期間之規定，有導致受感訓處分人身體自由遭受過度剝奪之虞，相關機關應予以檢討修正之。
本條例第2條第3款關於欺壓善良，第5款關於品行惡劣、遊蕩無賴之規定，及第12條第1項關於過度限制被移送人對證人之對質、詰問權與閱卷權之規定，與憲法意旨不符部分，應至遲於本解釋公布之日起一年內失其效力。參司法院網站，https://cons.judicial.gov.tw/docdata. aspx?fid=100&id=310817，檢索日期：2024/5/19。

[13] 2001年9月11日，四架被劫持的飛機撞向了象徵美國經濟、政治和軍事實力的兩座標誌性建築。該襲擊造成2,996人死亡，這是有史以來美國本土遭到的規模最大的襲擊，其後果延續至今。正是在此次襲擊後，美國發動了所謂的「反恐戰爭」，包括入侵阿富汗和伊拉克。……（AnaPais、CeciliaTombesi，2021）。

　　然而，在國際上的焦點恐怖組織犯罪的發生時，一些非暴力型的組織犯罪型態卻也開始產生改變並壯大，例如詐騙集團與人口販運，此也促使本條例第2條與部分條文於2017年與2018年分別進行了修正。詐騙集團在這個時期開始活躍並開始成為臺灣社會的夢魘，主要是90年代後兩岸關係的問題，根據實務文獻指出：「……90年代後期，兩岸開通電信業務與建置海底電纜，詐騙集團逐漸轉移陣地到中國大陸沿海各省，對臺灣民眾實施電信詐騙，利用2000年選後兩岸政治的緊張、司法互助的困難，建立起躲避司法追緝的安全網。……（寇得曼，2022）」根據此，我國雖修正刑法增訂加中詐欺罪進行防堵，惟兩岸政治關係的敏感，導致無法具體進行防治，此可參考以下資料：「……立法院在2014年修正刑法，針對詐騙集團增訂加重詐欺犯規定後，足以擺脫以往輕判的印象，然2016年選後，兩岸關係宛如回到2次政黨輪替以前，共打協議逐漸名存實亡，兩岸多次跨國搶人，中國大陸主張受害者為當地民眾，不同意背後有政治壓力的法務部或刑事局將嫌犯帶回，共打協議越來越難執行，方便了跨國詐騙集團主謀逍遙海外，詐欺被告人數慢慢回到2008年以前的水平。……，此外，因少年事件處理法對於少年犯罪行為給予寬容之態度，此也導致2018年詐騙集團開始利用少年為車手，也使得詐欺犯罪為少年犯罪之首要……（寇得曼，2022）」。再論人口販運的問題，我國對於人口販運政策一直是非常積極的對應，從政府防治政策與相對應的法規制定，充分顯示出我國對於人口販運防制之決心，也使得我國在國際社會當中受到較高之評價，此可參考以下實務資料：「……我國防制人口販運的重點主要是：區分為4P面向，包括追訴（Prosecution）、保護（Protection）、預防（Prevention）及夥伴（Partnership），從一開始的犯罪預防工作，進而強化對於犯罪被害人的妥適保護及加害人的追訴，乃至結合民間資源強化政府效能與加強國際交流與合作。以及法規之制定，行政院於2006年11月頒布『防制人口販運行動計畫』，並於2007年成立跨部會『防制人口販運協調會報』（2020年5月8日更名為行政院防制人口販運及消除種族歧視協調會報）作為聯繫平臺，由本署負責整合各部會資源，全力執行防制工作。此也使得當時我國人口販運防制評比獲得第一級國家……[14]」

　　2020年新冠疫情發生，民眾的生活型態因疫情封控的原因，轉而以網路為

---

[14] 至2024年為止我國已連續十四年獲得全球防制人口販運評比獲列第1級國家，此可參考內政部移民署（2024）。

多，再加上新冠疫情導致經濟衰微，詐騙犯罪與人口販運開始結合，成為下一個時期嚴重的人口販運詐騙型態的發生（內政部移民署，2024），關於此，我們會留待下一個部分一併說明。

　　第三時期新冠疫情發生至2024年現在。2020年開始，臺灣進入了長達三年餘的新冠疫情封控（陳潔，2023），新冠疫情封控造成民眾上網時間、失業率增加，此也使得詐騙集團有犯罪實施之機會。根據資料，這個時期詐騙集團主要由中國大陸、臺灣、香港幫派經營，疫情期間利用民眾上網習慣以線上各種投資與工作廣告進行詐騙，此時期最嚴重的狀況是部分因中國近年嚴格取締詐騙犯罪，詐騙集團紛紛轉移至東南亞國家的柬埔寨，因柬埔寨由於中國一帶一路倡議造成經濟快速發展又加上位於金三角地帶監管較不嚴謹，故詐騙集團多數集中於柬埔寨，此時詐騙集團已成為「世界影響力」的全球性產業（黃嬿，2022）。

　　承上述，後疫情時代最為嚴重的莫過於發生於柬埔寨的人口販運詐騙案件，根據資料，柬埔寨的人口販運詐騙手法是：「……誘騙民眾到柬埔寨工作，實際上是以每人數十萬元代價，將受害者賣到柬埔寨，被賣到柬埔寨的民眾被關押、毆打、護照也被沒收，強迫從事詐騙工作，甚至被轉賣，……受騙者抵達柬埔寨後，被迫從事詐騙工作，護照被收走、被要求支付高額贖金才能返臺，受騙者人身自由受到嚴重限制，若不從或業績不好會被毆打、體罰、關進小房間等，甚至被性侵，摘取器官，或是直接在當地轉賣掉……（李秉芳，2023）」有關此種類型的詐騙，我國警政單位也列為列管案件以重大案件進行偵辦，此可參考以下資料：「……警政署也清查近年赴柬埔寨仍未返國者有4,679人，截至2022年9月28日已發掘疑似被害人310人，跨部會合作救援285名國人返國。因警政署將此類案件予以列管，並以重大案件偵辦後，2022年8月後就開始被害案件就開始下降……（韓瑩、彭耀祖，2022）」然而，在國際關注柬埔寨人口販運詐騙的同時，我國境內也發生假求職真詐騙的臺版柬埔寨詐騙案件，新聞資料指出：詐騙集團以假徵才手法，誘騙61名求職者登門接洽，隨即遭控制行動、遭暴力毆打、扣留存簿，並拘禁凌虐強逼他們當人頭帳戶（胡肇芳，2022）。此外，至改版為止，目前官方的統計，2023年詐欺案件發生數計3萬7,823件，較上年增加8,314件（+28.17%）[15]；其中，近5年投資詐

---

[15] 須說明的是，2019年為1,894件，2020年為2,852件，2021年為4,896件，2022年為6,542件（警政署統計室，2024a）。

欺犯罪件數其中以「投資詐欺」較上年增加5,233件（+79.99%）最多，此外，2023年各年齡層的被害人當中，未滿18歲「假網路拍賣（購物）」最多，18歲至29歲各年齡層以「解除分期付款詐欺（ATM）」最多，30歲以上各年齡層以「投資詐欺」最多（警政署統計室，2024a）。為此，行政院於2023年5月4日通過「新世代打擊詐欺策略行動綱領1.5版」，精進「識詐」、「堵詐」、「阻詐」及「懲詐」四大面向，並陸續通過「打詐5法」（中華民國刑法、人口販運防制法、個人資料保護法、洗錢防制法、證券投資信託及顧問法）等修正案（修正重點請參考表16-4）（行政院新聞傳播處，2023）。

表16-4　2023年修法通過打詐五法重點

刑法

一、增訂加重剝奪行動自由罪

對於三人以上共同犯罪者；攜帶凶器犯之；對精神、身體障礙或其他心智缺陷之人犯之；對被害人施以凌虐；剝奪被害人行動自由七日以上之行為，處一至七年有期徒刑，得併科100萬元以下罰金。因而致人於死者，最重處無期徒刑，致重傷者，則處五至十二年有期徒刑。

二、增訂加重詐欺類型

以電腦合成或其他科技方法製作關於他人不實影像、聲音或電磁紀錄之方法（即深偽影像或聲音）而犯詐欺罪者，處一至七年有期徒刑，得併科100萬元以下罰金。

個人資料保護法

為落實保護民眾個資之責任，本次修法旨係促使非公務機關投入人力、技術及成本，並有助於政府推動打擊詐欺相關政策，重點如下：

一、設置個資保護獨立監督機關

明定由個人資料保護委員會擔任主管機關，藉以呼應憲法法庭第13號判決，要求三年內完成個資保護獨立監督機制之意旨，以解決目前分散式管理之實務監管問題，並與國際趨勢接軌。

二、提高非公務機關違反安全維護義務之裁罰方式及額度

非公務機關保有個資檔案者，若未採行適當之安全措施、未訂定個資檔案安全維護計畫或業務終止後個資處理方法者，違者處2至200萬元罰鍰，並令其限期改正，屆期未改正者，按次處15至1,500萬元罰鍰。

洗錢防制法

由於人頭帳戶係詐騙集團主要犯罪工具，為阻斷詐欺、洗錢等不法金流源頭，本次修法採

取「全面防堵」、「標本兼治」方向，重點如下：

一、增訂無正當理由收集帳戶（號）罪

此針對收簿集團訂定獨立刑事處罰規定，如無正當理由收集他人向金融機構申請開立的帳戶、向虛擬通貨平臺及交易業務之事業，或第三方支付服務業申請的帳號，而有下列行為：冒用政府機關或公務員名義；以廣播電視、電子通訊、網際網路或其他媒體等傳播工具，對公眾散布；以電腦合成或其他科技方法製作關於他人不實影像、聲音或電磁紀錄；以期約或交付對價使他人交付或提供；以強暴、脅迫、詐術、監視、控制、引誘或其他不正方法等情形者，最重處五年有期徒刑，或併科3,000萬元以下罰金。

二、增訂任何人無正當理由不得將帳戶（號）交付、提供予他人使用罪

違反規定（符合一般商業、金融交易習慣，或基於親友間信賴關係或其他正當理由者除外）而有下列行為者：期約或收受對價而犯之；交付、提供之帳戶或帳號合計三個以上；經警察機關裁處告誡後，五年以內再犯者，最重處三年以下有期徒刑，或併科100萬元以下罰金，此乃為避免處罰法網過密，且衡平刑罰之嚴屬性，故採「先行政後司法」立法模式。此外，要求金融機構、虛擬通貨平臺及交易業務事業及第三方支付服務業者端，進行高風險帳戶之功能控管，如關閉、暫停或限制該帳戶（號）之功能，使業者從管理面著手，以降低再犯風險。

三、增訂法人罰金刑以及收集帳戶罪之域外效力

為能從源頭打擊詐騙集團，並阻斷藉境外收受人頭帳戶、收簿犯罪之效，新增法人罰金與國人在域外涉犯時，得適用本罪等相關規範。

人口販運防制法

為防制國人受騙至柬埔寨等外國淪為豬仔遭遇不人道凌虐事件再度發生，以強化打擊犯罪集團剝削、奴役及利用被害人犯罪等新型人口販運態樣，藉之加強保障被害人權益。本法大幅度修正，其中攸關民眾權益者如下：

一、增訂鑑別不服異議制度

防制人口販運工作應以保護被害人權益為核心，本法規定司法警察機關查獲或受理經通報之疑似人口販運案件時，應即進行被害人之鑑別，受鑑別人對於鑑別結果不服者，得於鑑別通知書送達翌日起二十日內，以書面敘明理由，經原鑑別機關向其上級機關提出異議。

二、保障被害人權益

本法明定主管機關對於被害人（含疑似者），應自行或委託民間團體提供下列協助：人身安全保護、必要之醫療協助、通譯服務、法律協助、心理輔導及諮詢、於案件偵查或審理中陪同接受詢（訊）問、在外居住房屋租金補貼及其他必要之經濟補助、福利服務資源之諮詢及轉介、就業技能及教育訓練、安置服務等。

三、加強保護兒童或少年

害人若是兒童或少年，經查獲疑似為有對價之性交或猥褻行為，或經法院依「兒童及少年

性剝削防制條例」審理認有疑似上述行為者，優先適用該條例予以安置保護。

四、保護被害人個資

因職務或業務知悉或持有被害人之姓名、照片等個資者，應予保密，而政府機關公示有關人口販運案件之文書時，亦不得揭露前項個資。另規定宣傳品、出版品、廣播、電視、網際網路或其他媒體業者，原則不得報導或記載人口販運被害人之個資，除非經有行為能力之被害人同意、犯罪偵查機關或法院依法認為有必要、人口販運被害人死亡，但以上例外條款不適用於被害人為兒童及少年者。

五、避免二次傷害

因考量被害人身心受創，其於偵查或審理中受訊問或詰問時，法定代理人、家長、家屬、醫師或其信賴之人，經被害人同意得陪同在場，並陳述意見。另對被害人為訊問、詰問或對質，得依聲請或依職權在法庭外為之，或利用聲音、影像傳真之科技設備或其他適當隔離方式將被害人與被告隔離。

六、擴大嚴懲人口販運惡行

如利用不當債務約束或他人不能、不知或難以求助之處境，使人從事有對價之性交或猥褻行為者，處六月至五年有期徒刑，得併科300萬元以下罰金，意圖營利犯罪者則處一至七年有期徒刑，得併科500萬元以下罰金；以強暴、脅迫、恐嚇、拘禁、監控、詐術等方法，使人提供勞務者，最重處五年有期徒刑，得併科300萬元以下罰金，意圖營利犯罪者則處一至七年有期徒刑，得併科500萬元以下罰金；若以前述方法，使人從事勞動與報酬顯不相當之工作或實行依我國法律有刑罰規定之行為者（此包括利用未滿18歲之人），處一至七年有期徒刑，得併科500萬元以下罰金，另利用不當債務約束、他人不能、不知或難以求助之處境、扣留重要身分證明文件而違法者，最重處三年有期徒刑，得併科100萬元以下罰金，對於意圖營利者訂有加重其刑之規定；凡摘取他人器官者，若是以前述方法（處7年以上有期徒刑，得併科1,000萬元以下罰金）、利用不當債務約束或他人不能、不知或難以求助之處（處五至十二年有期徒刑，得併科800萬元以下罰金）、或對未滿18歲之人（處七年以上有期徒刑，得併科1,000萬元以下罰金），意圖營利或因而致人於死、重傷者，則另有加重其刑規定。

七、增強政府採購連結

為接軌國際採購貿易協定、強化人權保障，並促進產業供應鏈的合法正當競爭秩序，增訂犯人口販運罪而有罪判決確定標對象或分包廠商，經外國法院判決有罪確定者，亦同。中央主管機關應將判決有罪確定者之名稱、罪名及其他必要資訊，刊登於政府採購公報。證券投資信託及顧問法鑑於網路投資詐騙猖獗，多透過網路假借名人招攬或引誘投資，經參酌實際投資詐騙廣告之內容態樣，俾使網際網路平臺提供者等網路傳播媒體業者落實廣告審查義務，期能阻絕網路投資詐騙，以提供國人更安全之投資環境。本次修法重點：

一、增訂非屬證券投資信託事業及證券投資顧問事業者不得從事之廣告行為類型

例如不得使人誤信其業經主管機關核准經營證券投資信託、顧問等業務；從事投資分析

時，不得以提供有價證券投資建議為目的之客戶招攬或投資勸誘行為；不得為保證獲利或負擔損失之表示；不得引用各種推薦書、感謝函、過去績效或其他易使人誤認有價證券投資確可獲利的類似文字或表示；不得冒用政治、財經、金融、影視等著名人士或公司名義，對有價證券進行推介、招攬或引誘投資；與前述相關之其他不當推介行為。此外，明定網路傳播媒體業者，不得刊登或播送違反前開規定之廣告，於刊登或播送後，始知有前開情事者，應主動或於司法警察機關通知期限內移除、限制瀏覽、停止播送或為其他必要之處置。對於因誤信廣告內容或因被詐欺而受有損害者，應與委託刊播者、出資者負連帶損害賠償責任，但已依規為必要處置者，不在此限。

二、增訂網路傳播媒體業者違反規定之罰則

業者若違反規定未於通知期限內移除、限制瀏覽、停止播送或為其他必要之處置者，由通知之司法警察機關處12至60萬元罰鍰，並責令限期改善；屆期不改善者，得按次連續處2至5倍罰鍰至改善為止。

資料來源：李志強（2023）。

　　在法規層面來看，從第一時期的幫派與組織犯罪型態以刑法第154條參與犯罪結社罪、檢肅流氓條例進行取締，第二時期的本條例公佈實施、修正，以及人口販運組織相關條例陸續修正實施，第三時期打詐五法修正實施，事實上從本條例與其他法規不斷修正，可客觀察知組織型幫派在從事組織犯罪時，會因應法規的狀況不斷轉型，反而傳統角頭型幫派犯罪卻因地區改變與發展，漸漸式微。

　　以上就是到2024年為止，近三十年來我國幫派與組織犯罪之狀態。

結　論

　　從文中歸納可得知，1980至2000年左右，因我國當時幫派與組織犯罪之型態以角頭型與組織型幫派為主，故本條例以特別法於1996年公布實施時，在第2條之組織定義上侷限於「脅迫性、暴力性」之定義，但後續因我國組織犯罪之型態轉變，故本條例於2016、2017、2018與2023年分別進行了修正，配合刑法參與犯罪結社罪、加重詐欺罪，成為取締幫派與組織犯罪重要法規。然而，從80年代起至今，可發現傳統角頭型幫派的消長外，組織型幫派集團朝向詐騙方向進行犯罪行為的改變，特別於2020年新冠疫情的封控期間開始，民眾逐漸

依賴網路的生活型態以及封控後所造成的經濟衝擊，此些狀況也促使詐騙集團的犯罪手法轉為更科技化，甚至利用邊境管理較為不嚴格的經濟新興國家境內結合人口販運的手法進行詐騙行為，即使我國對於人口販運、刑法相關法規相繼修正，都難以徹底取締。

　　至本書改版為止之2024年5月，我國的幫派、組織犯罪情形仍以詐欺犯罪最為嚴重，臺灣民眾收到詐騙集團簡訊、網路上無法辨認的是否真假的購物、投資訊息等竟已成為日常生活當中常會發生的事情。其中最為矚目的是以少年為車手的詐騙案件增多，例以警政署2022年之統計來說，少年犯罪涉及詐欺案件，共達1萬1437人（占26.49%），毒品案則有3,544人（占8.21%），與上年比較，詐欺案件增加1,421人（+14.19%）最多，毒品案減少1,015人（-22.26%）（警政署統計室，2024b）。為此，司法院於2023年召開業務聯繫會議，除分析少年涉及詐騙的主要原因有：成因包括：求職不易、欠缺法律常識、心存僥倖、同儕關係、社會經驗不足、網路陷阱等原因，故易受不法集團或不良組織利用而參與詐欺行為，也針對少年事件的深化少年詐欺非行保護處分之輔導、修訂業務相關參考手冊及試辦新版少年事件審前調查報告等事項（少年及家事廳，2023）。也就是從前述所提及2018年詐騙集團利用少年成為詐騙行為人至今，此種情形非但沒有改變，反而轉為嚴重，這也是令人所擔憂的。

　　文中已提及我國近年提出打詐五法因應詐欺犯罪，但詐欺犯罪利用我國與大陸政治的敏感關係與部分東南亞國家的治安的漏洞進而肆虐。目前詐騙犯罪已是全球性的議題，所以詐騙犯罪的防治不僅只有本國內的防堵，全球性打擊犯罪的合作才是一個關鍵。詐騙集團所行使的犯罪手法通常善於利用政治的敏感與漏洞，也就是要徹底防堵詐騙集團的擴大，我們一定要思考突破政治敏感關係，進行全球性犯罪預防合作，才會使取締詐騙犯罪不再是一個口號。

參考書目

Ana Pais、Cecilia Tombesi（2021）。911事件20週年：改變歷史的那天早上分分秒秒都發生了什麼。BBC NEWS中文，9月10日。https://www.bbc.com/zhongwen/trad/world-58511295，檢索日期：2024/5/22。

內政部移民署（2024）。防制人口販運。1月15日發布。https://www.immigration.gov.tw/5385/5388/7178/225325/，檢索日期：2024/5/23。

少年及家事廳（2023）。因應曝險少年行政輔導先行新制施行在即 司法院召開業務聯繫會議 分析少年詐欺非行成因、提出解決方案。司法院，4月28日。https://www.judicial.gov.tw/tw/cp-1887-855342-4746c-1.html，檢索日期：2024/5/27。

行政院新聞傳播處（2023）。新世代打擊詐欺策略行動綱領1.5版。行政院，5月25日。https://www.ey.gov.tw/Page/5B2FC62D288F4DB7/b69642ae-2f91-4295-be09-e91747e1eb0b，檢索日期：2024/5/24。

李志強（2023）。強力打擊詐欺犯行——淺談打詐五法修正重點。政風電子報，第212期。https://www.anws.gov.tw/Epaper/EpaperDetailC004560.aspx?KeyID=5c5b55de-a76c-4597-a4e4-04227652db9e&Cond=cab9fdca-ce0f-405a-8a67-0a45a5894d4b，檢索日期：2024/5/24。

李秉芳（2023）。誘騙88台灣人赴柬埔寨當「豬仔」，人口販運集團主嫌李振豪一審判18年。關鍵評論，4月13日。https://www.thenewslens.com/article/153128，檢索日期：2024/5/24。

胡肇芳（2022）。「台版柬埔寨」詐騙震驚社會！假求職真詐騙4手法，如出現「關鍵訊號」千萬別相信。104職場力，11月7日（今周刊授權轉載）。https://blog.104.com.tw/4-ways-of-job-fraud/，檢索日期：2024/5/24。

寇得曼（2022）。台灣如何成為詐騙之島？詐欺為何變成第一大犯罪？獨立評論，8月12日。https://opinion.cw.com.tw/blog/profile/509/article/12617，檢索日期：2024/5/19。

陳慈幸（2023）。刑事政策：概念的形塑（增修4版）。元照。

陳潔（2023）。新冠襲台3週年系列報導【數據篇】疫情3年了，你好嗎？——7大關鍵數據，解析全台超過900萬人感染、1萬5千人死亡下該被看見的事。報導者，1月18日。https://www.twreporter.org/a/covid-19-third-anniversary-coverage-data，

檢索日期：2024/5/23。

黃嬿（2022）。失業、孤立，專家：網路詐騙氾濫是COVID-19副產品。科技新報，11月23日。https://technews.tw/2022/11/23/online-fraud-is-the-side-effect-of-covid-19/，檢索日期：2024/5/23。

楊永祺（2022）。觀點投書：黑道下的台灣政治圈。風傳媒，12月24日。https://www.storm.mg/article/4668967，檢索日期：2024/5/20。

蔡德輝、楊士隆（1999）。犯罪學（初版）。五南圖書。

蔡德輝、楊士隆（2002）。犯罪學（2版）。五南圖書。

鄭傑云（2018）。揭開社會的黑暗面：台灣黑幫的組織、地域和省籍情結。故事，12月4日。https://storystudio.tw/article/gushi/taiwan-underworld-organization-2，檢索日期：2024/5/20。

韓瑩、彭耀祖（2022）。柬埔寨詐騙／已救援285國人 受害案減少9月僅1件。公視新聞網，10月3日。https://news.pts.org.tw/article/602667，檢索日期：2024/5/24。

警政署統計室（2024a）。警政統計通報（113年第14週）。4月3日發布。https://www.npa.gov.tw/ch/app/data/doc?module=wg057&detailNo=1224599461083222016&type=s，檢索日期：2024/5/27。

警政署統計室（2024b）。警政統計通報（112年第24週）。6月14日發布。https://www.npa.gov.tw/ch/app/data/list?module=wg057&id=2218&page=0&pageSize=15，檢索日期：2024/5/27。

第十七章　警察職場暴力與防治對策

楊士隆、賴擁連

前　言

　　近年來發生於職場之暴力（Workplace Violence）或稱工作場所暴力，為保全管理專業（Security Professional）所密切關注。根據美國職場暴力研究所（the Workplace Violence Research Institute）之研究，職場暴力係指任何攻擊職員的行動，使其工作環境充斥敵意，並對職員身體上或心理上造成負面影響。這些行動類型包括所有肢體或語言攻擊、威脅、強迫、恐嚇，和各種形式的騷擾（引自Kaufer & Mattman, 2000）。隨著職場衝突之增加，此項暴力已被認為係職業傷害與死亡之第三大要因（Fox & Levin, 1994）。而在諸多行業中，警察是討論職場暴力最典型的職業，主要原因在於警察是街頭公務員（Street-level Bureaucrats），經常暴露於其無法預期的職場暴力之風險與情境中（LeBlanc & Kelloway, 2002）。晚近國內亦發生多起警察職場暴力事件，並導致嚴重基層員警之傷亡，此外，組織內部的結構與文化，亦會導致部分員警感受職場暴力。然而在此方面之調查研究並不多。為此本章將檢視職場暴力與警察職場暴力之現況、型態與成因，並於文後研擬防制對策以對，希冀引起政府與學界重視，俾以減少警察職場暴力事件之發生。

第一節　職場暴力之沿革與發展

　　職場暴力之相關文獻，以美國為例，最早可回溯至1917年發生於美國紐澳良之員警槍殺警察局長及隊長事件。一名員警因經常缺勤被暫停職務，而在情緒極端紛擾下，於舉行公聽會前夕，闖進局長室槍殺了局長。據調查這位警員具有精神方面之疾病（Mental Illness）（Workplace Violence Prevention Institute, 1994: 2）。

　　根據Meadows（2001: 118-122）之敘述，雖然此類事件在各職場持續發生，但相關之研究並未展開。1980年，南島公司（the Southland Corporation）進行之一項防制便利商店搶劫專案研究，始揭開序幕。但遲至1987年由衛生行政期刊所公布發表之論著，始逐漸引起重視。1993年由西北人壽保險公司（North Western National Life Insurance Company）所從事之「職場恐懼及暴力」（Fear and Violence in the Workplace）係一項較具周延與規模之研究，主要之發現如下：

一、暴力及騷擾影響員工之生產力與健康。

二、工作壓力與職場暴力／騷擾間存有高相關。

三、騷擾者多為同事或老闆；攻擊者多為顧客。

四、改進人際關係並強化其效能之預防方案，將可降低暴力之層次。

　　1990年代，由國立職業安全與衛生研究所（The National Institute for Occupational Safety and Health, NISOSH）所進行之一系列研究，進一步揭開職場暴力之內涵（Richardson, 1993）。這些研究檢視在職場暴力死亡之原因與場所，其發現職場死亡之主要因素為殺人事件，許多被害者為在零售業工作之女性員工，而導致死亡之主因為遭搶劫。此外，由人力資源管理學會（The Society of Human Resource Management）對479名人力資源經理之調查更提供重要之訊息（Harrington & Gai, 1996）。研究發現33%之經理曾經歷職場暴力，其中75%係打鬥，17%係槍擊，9%涉及刀械攻擊，6%屬性攻擊行為。男性占攻擊事件之80%。超過60%之事件導致嚴重傷害，並需醫療處遇。研究並指出推銷員（Sales）、行政經理主管（Executive/Manager）、計程車司機（Taxi Driver/Chauffeur）、警察／執法人員（Police/Law Enforcement）及警衛（Security Guard）等較易遭受嚴重攻擊。

　　1995年美國南加州大學危機管理研究中心（Center for Crisis Management）在國際設備管理協會（International Facility Management Association）之贊助下，進行一項較具規模之研究（Harrington & Gai, 1996: 2），對其1,500名人力資源經理及安全主管之調查發現，43%之受訪者在過去三年內經歷職場暴力。最常見之暴力型態包括恐嚇電話、炸彈威脅及員工間之爭鬥。而令人擔憂的是，64%之受訪者指出其並未有接受防範暴力之訓練。

　　陸續之職場暴力顯示，並無任何之場所或職場可免於暴力之威脅（Kelleher, 1996），而在此情況下，晚近學界與實務界紛紛投入研究以期減少事件之發生。

第二節　職場暴力之嚴重性與傷害

職場暴力之嚴重性可從國外之相關研究略知。根據Kaufer與Mattman（2000）之彙整文獻，職場暴力之嚴重性如下：

一、西北人壽保險公司（The Northwestern Life Insurance Company）研究指出四分之一全職上班族曾在工作中被騷擾、恐嚇威脅或攻擊。

二、美國管理協會（The American Management Association）之調查發現，50%的公司在四年內發生過工作場所暴力，30%之職場則發生一次以上之暴力，25%係由現任職員所促成，9%係由以前職員所引起。

三、美國司法部門（U.S. Department of Justice）則發現1993年有1,063件工作場所殺人事件發生，43位係由先前僱用之員工所觸犯。研究預測，未來四分之一的員工會成為工作場所暴力受害者。

四、美國加州（CAL/OSHA）亦發現職場暴力正在增加，攻擊和暴力行為成為工作時死亡的首要原因，1992至1993年職場殺人增加25%以上。計程車司機、安全警衛、便利商店店員、珠寶店職員、小汽車旅館櫃臺接受人員在所有職業中具最高死亡比率。

五、1995年職場暴力研究所則估算，每年美國商業損失超過360億美元，包括生產力之降低、喪失性命、受傷、諮商、法院訴訟費用、危機管理之費用等。

此外，根據Warchol（1998）之分析1992至1996年美國職場暴力之被害情形則有以下之發現：

一、平均每年有超過200萬之美國居民是職場暴力之被害者。

二、每一年有超過1,000次的職場殺人案件發生。

三、最常見之被害型態是簡單攻擊（Assault），預估每年發生155萬件，同時每年發生51,000件之性侵害案件及84,000件搶劫案件。

四、每一年有23萬警察人員在執勤中遭受非暴力的攻擊。

五、大約有40%非致命攻擊行為之被害者反映他們認識施暴者。

六、女性比男性更可能因認識對方而受到攻擊。

七、大約有12%非致命的職場暴力傷及被害者，在這些傷害行為中大約有一半需要接受醫療處遇。

八、親密關係者（現任及前任之配偶、男朋友、女朋友）占職場暴力之1%。

九、在各行業中，以零售業（Retail Sales）被害情形占第一位（每年約近30萬件），警察／執法機關（Police/Law Enforcement）占第二位，教職（Teaching）占第三位（每年約近15萬件），醫療機構（Medical）占第四位，心理衛生（Mental Health）占第五位，交通運輸（Transportation）占第六位，私人警衛（Private Security）占第七位（每年約近6萬件）。

　　另外，根據楊志明等（1997：32-34）回顧國立職業安全衛生研究所（NIOSH）之調查顯示，職場暴力之傷害與日遽增（包含致命性與非致命性之襲擊事件），其中以：一、經常面對顧客；二、現金交易；三、計程車及運輸司機；四、無固定工作地點；五、監護人員；六、單獨作業；七、值夜人員；八、在高犯罪區域工作；九、保全人員等最易遭受攻擊，而國內因缺乏完整之通報系統與統計，故這些職場暴力之盛行率與仍無法充分得知。然而，邊立中等（2014）針對勞委會（勞動部前身）勞工安全研究所配合行政院主計處於2010年舉辦之「人力資源調查」時所附帶執行的「工作環境安全衛生狀況認知調查」，針對男女性受僱者各9,509與7,777人所進行之問卷調查，進行分析。結果發現男女性受僱者職場暴力盛行率分別為：言語暴力6.80%與7.48%、心理暴力3.39%與4.06%、肢體暴力0.81%與0.48%，以及性騷擾0.38%與1.70%。再者，勞動部勞動及職業安全衛生研究所（2018）又於2016年進行勞動環境安全衛生狀況認知調查，對臺灣各縣市受雇者、雇主業者22,397名取樣，發現受雇者面臨語言暴力（8.57%）最高，其次依序為心理暴力（4.20%）、性騷擾（1.05%）及肢體暴力（0.92%）。雇主及自營作業者認為工作時遭遇的職場暴力，以語言暴力（4.79%）最高，其次為心理暴力（1.90%）、肢體暴力（0.90%）及性騷擾（0.50%）。此類研究應每年持續調查，以掌握未通報之案件，提供政府消弭職場暴力之參考。

第三節　職場暴力之型態

　　學者Johnson等人（1994: 26）及Blow（1994）等曾區分職場暴力為以下四類型態：

　　一、強盜及其他商業犯罪（Robbery and Other Business Crime）：係指搶劫犯以武力對高危險行業如各服務站、速食業餐館等員工進行掠奪傷害之行為

（McMurry, 1995）。

　　二、家庭以及誤導之感情案件（Domestic or Misdirected Violence）：係指家庭之紛爭被帶到職業而言。換言之，經常是被激怒之人至職場尋覓配偶、情人理論或報復，而導引之暴力，其亦可能傷及無辜之第三者。根據1995年之對美國27州248家公司安全主管之調查，家庭暴力轉而在職場發酵占相當高之比率，而93%之受訪者指出家庭暴力問題已成為公司安全之重要問題。

　　三、雇主導引之情境（Employer-directed Violence）：一般係指離職的員工因遭受免職或不公平之懲處而引發之暴力。

　　四、恐怖主義與憎恨性犯罪（Terrorism and Hate Crimes）：Hess與Wrobleski（1996）指出在示威與抗議中展現之暴力行為後果可列為第5項職場暴行型態。

　　此外，美國加州職業衛生與安全部門（California Division of Occupational Health and Safety, Cal/OSHA, 1994）之職場安全準則（Guideline for Workplace Security）後來則區分職場暴力為以下四項型態（Cited in Wilkinson, 2001: 155-156; Runyan et al., 2000: 116）：

　　一、第一類型（Type I）：此項類型職場暴力之當事人與機構組織間無任何關聯，一般其主要目的為進入職場搶劫或從事其他犯罪活動（如發生於2003年6月3日雲林縣虎尾鎮肉品市場運鈔車搶案）。

　　二、第二類型（Type II）：此項類型職場暴力更加複雜。當事人基本上係機構組織服務之接受者或被害者（例如顧客、病人或旅客）（如唐姓牧師利用課程及傳道時間要求女信徒脫衣或對女信徒加以猥褻或性侵害）。

　　三、第三類型（Type III）：此項類型職場暴行則涉及與機關工作有某種程度關係之當事人所發動之攻擊行為。當事人為機關目前之職員或先前之員工，其與原機關組織之雇員、監督長官或經理係熟識者（如發生於2002年4月間一名國中特教老師於夜間潛入之前同事家欲加以行竊，未料被發現因而殺死同事）。

　　四、第四類型（Type IV）：此項職場暴力基本上屬於家庭暴力類型，其係由家庭之人際衝突波及（Spillover）至職場中之暴力。其多數與被害者熟識，但並非職場中之員工或顧客（家人到另一家人的職場實施暴行）（如2003年2月所發生，謝姓網球國手的父親，因兩人意見不合而到比賽球場追打謝姓國手之事件）。

第四節　警察職場暴力之盛行率

　　在許多方面，警察是討論職場暴行的典型職業。與那些暴力是罕見且是意外事件的職場相比，暴力是警察工作可預期但無法預知的一部分，例如2024年4月，一位員警於板橋車站取締一名抽菸民眾時，無預期的遭這名民眾拿美工刀砍傷三刀（李明威等人，2024）。換言之，警察是最常面臨與接觸無預期職場暴力的高風險職場工作。在美國，1993至2002年間，有636名警察被謀殺，57萬4,900名警察成為了暴力襲擊的受害者。僅在2002年，平均每六十六小時就有一名警察被殺害，每九分鐘就有一名警察成為暴力襲擊的受害者。重複的分析顯示，美國警察遭受暴力犯罪的比率遠高於任何其他職業群體。例如1993至1999年間，每1000名警察的暴力受害率為261，約是下一個受害最嚴重的群體——計程車司機的2倍（US. Department of Justice, 2001）。早期在加利福尼亞州於1979至1981年所進行的研究也提供了類似的發現，亦即警察的謀殺率為每10萬人中有20.8人，是所有職業群體中最高的，也比一般男性的謀殺率還要高出10倍（Kraus, 1987）。然而，這些統計數據僅反映了警察的被害情況，但並未包括警察目睹公眾對其施加的暴力犯罪行為，例如語言攻擊、威脅、恐嚇和各種形式的騷擾。換言之，民眾的敵意和暴力是美國警察日常活動的組成部分，導致警察工作經常被比喻為戰爭或形容為平民戰鬥（Paton & Violanti, 1996; Perrott & Kelloway, 2010; Violanti & Paton, 1999）。

　　在美國以外的英語系已開發國家，情況了解得更少，數據更難以取得或發布。例如，在加拿大，加拿大統計局（Statistics Canada）並未針對警察職場暴力與其他類型職場暴有所區別公布。但一些學者的研究指出，加拿大警察的謀殺率似乎並未高於一般人群（Parsons, 2004）；然而，加拿大警察確實面臨較高的民眾攻擊，例如Boyd（1995）從不列顛哥倫比亞省的工傷補償委員會的索賠資料數據發現，在1982至1991年間，每1,000名工人中有超過250名向警察部門提出索賠，這一比例略高於醫護人員，Boyd（1995）進一步指出，警察與醫護人員這兩個群體的索賠數量超過了其他所有群體的總和兩倍以上。此外，針對警察的嚴重暴力事件（如刺傷和槍擊）發生率更是醫護人員的10倍以上。然而，正如Boyd（1995）所指出的，加拿大的警察職場暴力的數量仍然留下了許多未解之謎。

　　來自歐洲的數據更少。如同Parsons（2004）在其文獻探討之研究結論

指出，歐洲研究人員對於警察議題之研究，著重於情境動態、警員特徵和犯罪者特徵等方面，但對於警察職場暴力的盛行率調查是忽略的。然而Parsons（2004）指出一個有趣研究發現是關於警員性別與遭受襲擊的關聯性，顯示女性警員遭受襲擊的比例與她們在警察組織中的比例是相當。這一發現與一般推論認為女性警員因為人際交往技能較強或男性不願襲擊女性警員而不太可能面臨襲擊的說法是相矛盾的。另一方面，儘管這一發現有數據上的限制（樣本過少），但也可以解釋女性警員在職場上的職業平等（Occupational Equality）已經越來越接近男性警員的證據。

反觀臺灣，根據內政部警政署所公布的警政統計度年報，僅針對員警因公死死亡人數進行統計，然而並未針對因公傷亡之人數進行系統性與常年性的統計，換言之警察在職場上遭遇暴力行為之數據，依然難以獲得齊全。然根據較早的警政署（2012）之統計資料，2002至2011年間全國警察人員因公傷亡人數，最多為2008年778人，2003年453人最少，2011年685人，近10年平均傷亡人數為637人。晚近，依內政部（2018）統計，近五年（2013-2017）員警因公傷殘人數每年平均高達904人，較2011年警政署所公布資料平均人數637人為高。換言之，警察職場暴行的議題，應受關注。

第五節　職場暴行之成因

在職場暴力之成因分析方面，文獻顯示不同學者呈現獨特看法（Hess & Wrobleski, 1996: 631-632）。首先學者Olmos（1994: 9）指出職場暴力增加之社會文化因素包括：
一、職場暴力反應一般之社會情況。
二、我們的國家似乎迷戀暴力。
三、我們的刑事司法體系似乎迷失了方向，並且無法有效處理犯罪問題，而警察亦公開承認無法有效率地保護我們。
四、我們不良的經濟表現製造了許多失業與財物安全問題。
五、美國人似乎偏愛槍枝，使用槍枝在觸犯暴力行為時較刀械、徒手、拳頭等容易。
　　Baron（1995）則指出以下之組織管理問題為職場暴力之重要原因：

一、無法有效處理公司存在之問題。
二、依據職務高低論功行賞。
三、員工被視爲工具。
四、高階長官言行不一。
五、成功標準不一。
六、機構與員工間缺乏互信。
七、不誠實，無法直接溝通。
八、工作負荷增加，缺乏責任。
九、工作氣氛欠佳。
十、規定反覆，無法援用。
十一、獨斷之管理型態。
十二、抱怨管理不當。
十三、對於員工工作環境及安全之需求缺乏注意。

　　Johnson等人（1994）另指出，暴力之文化、逐漸增加之經濟壓力、「有毒」（Toxic）之工作環境以及缺乏責任感等，使得暴力不斷傳染開來。所謂有毒之工作環境係指高度權威管理型態、監督尺度不一，無法預測，管理上入侵隱私，並且極端隱密等。

　　在個人因素方面，McClure（1999: 79-83）彙整文獻指出，諸如濫用藥物、酒癮、憂鬱症、焦慮與無法因應壓力及心理神經之違常等個人心理、情緒問題，在促成職場暴力上亦扮演重要角色。

　　綜合各項因素，職場暴力確有複雜之個人、組織管理與社會文化成因，在互動之影響下，爲職場安全投入不可預期之變數。

第六節　暴力之徵候與暴力犯之特質

　　某些徵候常常是暴力之最佳預測指標。例如當事人經常收到恐嚇電話、人身騷擾及源源不斷的饋贈、情書、禮物等（Meadows, 2001: 126）。學者Baron（1993）係研究職場暴力殺人犯之專家，其研究指出暴力犯具有以下特徵：
一、暴力之歷史（前科）。
二、精神病之證據。

三、色情狂。

四、物質依賴。

五、憂鬱。

六、病態歸咎他人之型態。

七、神經系統功能之損傷。

八、挫折忍受力低。

九、對武器相當有興趣。

十、人格違常之證據。

十一、在暴力事件發生前大聲喊叫。

十二、莫名其妙與怪異之行為表徵。

學者Brandt與Brennan（1994: 11）之研究指出暴力掠奪者主要之特質如下：

一、33歲至35歲之男性。

二、中途轉業或不滿家庭生活現況。

三、獨缺乏支持系統。

四、低自尊。

五、在離職率高之環境中工作。

六、在就業歷史上不穩定。

七、將自己的缺點經常投射給別人。

八、具有恐嚇同事或長官之歷史。

九、對他人抱持懷疑之態度，並感覺被迫害。

十、注意他人之違規情形並作成紀錄。

十一、對武器極具興趣，也許是一收藏家或製造者。

學者Graham（1992: 83）則認為管理者應留意濫用藥物之徵候，在面臨壓力下，衝動控制情形、暴力情節與犯罪行為之歷史、妄想及自戀之人格特質。此外，學者Johnson等人（1994: 27）指出監督長官應學習、注意員工之行為改變，包括逐漸增加之缺席率、突然與工作脫節、不規則之工作型態、愈嚴重之紀律問題、個人表現之急劇改變、莫名其妙之憤怒及無法接受批評等。McClure（1996）另指出這些徵候應即早辨識，俾以即時介入（Intervening），避免事件至一發不可收拾之階段。

第七節　警察職場暴力之成因分析

　　暴露於職場暴力會對於警察的壓力和憂鬱程度，產生顯著的負面影響。換言之，警察人員的職場暴力不僅會影響他們的心理健康，進而導致工作倦怠、身體健康問題、離職，甚至也會發生警察不當使用暴力進而回擊民眾與執法（Fix & Powell, 2024; Dursun & Aytac, 2021）。因此，實有探究警察職場暴力之成因。而警察職場暴力之成因，可以區分為職場外部環境與職場內部環境因素（Perrot & Kelloway, 2010），分別說明如下。

　　一、外部職場因素（Extra-occupational Factors）：包含職場風險暴露、工作本質、輪班與長時間工作、不佳的社區關係、犯罪活動增多與媒體大肆惡意喧染與不足的教育訓練等因素，這些因素會導致警察成為職場暴力的被害者，而民眾為加害者。

　　(一)職場風險暴露（Occupational Risk Exposure）：警察人員經常會遇到不僅可能發生而且是預料中的職場暴力情境。這種職場暴力主要來自於民眾，特別是一些具有攻擊與暴力傾向（組織犯罪或暴力犯罪）之犯罪者、受毒品影響或精神與情緒狀況不穩定者、以及取締聚眾集會或陳抗事件的民眾。在上述的場合中，警察最容易受到施暴與攻擊之機會。

　　(二)警察工作本質（Nature of Police Job）：警察工作的本質包括干預危機（Intervening in Crisis）、執行法律（Enforcing Laws）和維護公共秩序（Maintaining Public Order），而執行上述的工作通常都是在動盪的情況下進行。因此，與其他職業相比，警察工作的本質自然地讓警察面臨更高的暴力風險。

　　(三)輪班和長時間工作（Shift Work and Long Hours）：由於警察工作的特殊性，為確保警察二十四小時的輪班與執勤，遂發展出警察的輪班值勤與長時間工作的上班態樣。而日夜顛倒不規則的工作時間和長時間的輪班制度，可能會導致警察人員容易疲勞和警覺性降低，進而影響導致難以有效地評估風險與管理衝突的能力，遂引發出值勤過當、出言不遜，讓民眾有機會對警察施暴或攻擊。

　　(四)不佳的社區關係（Poor Community Relations）：警察與社區的關係，代表警民關係的良莠與否，既是風險因素，也是保護因素。如果警民關係不良，可能會導致更多的民眾對抗和攻擊警察，至少不配合警察的活動；相反地，良好而積極的社區關係，可以幫助減少警民之間發生衝突，連帶也減少警

察的職場暴力之發生。

(五)犯罪活動增多（Increased Criminal Activity）：隨著社會經濟的發展，各類犯罪活動也在增加，然而，民眾對於自身權益的主張以及對於法律概念的普及，對於警察的干預與介入活動，若察覺沒有遵守正當法律程序或依法行政，反而導致警察在執法過程中，受到質疑與挑戰，特別是在執行介入家暴案件、打擊毒品犯罪、酒駕犯罪以及組織犯罪時，經常面臨民眾或嫌疑犯的暴力反抗。

(六)媒體大肆惡意喧染（Media Sensationalism）：媒體的特性就是希望帶風向、主導議題，以升高民眾的關注力，而警察的執法與辦案一直是民眾所關注的焦點（章光明、賴擁連、汪子錫，2012）。部分媒體對於警察偵辦案件或警察執法，擴大地偏頗喧染或報導，都會導致民眾對於警察於執行某些工作時的刻板印象（例如酒駕攔停），進而於是類的警民接觸時，容易因為刻板印象而對警察執法有疑義、產生不滿，衍生言語衝突或肢體攻擊。

(七)不足的教育訓練（Inadequate Training and Education）：警察在處理緊張局勢而不升級為暴力方面的教育訓練程度會顯著地影響他們所面臨的職場暴力風險。研究顯示，警察人員在執法方面的教育與訓練不足，會導致他們在高壓力的情況下做出錯誤的決策，進而衍生出嚴重的警民肢體衝突（Dursun & Aytac, 2021）。

二、內部職場因素（Intra-occupational Factors）：係指組織內部影響警察成為職場暴力被害之動態與互動因素，包含職場內部敵意、缺乏支持與同理心、組織的不公平與不佳的人際關係等，這類職場因素所衍生的職場暴力行為，加害人與被害人都是警察。

(一)內部敵意（Intra-occupational Hostility）：係指警察在職場上所面臨的來自同事或上司的敵對行為與負面互動，這種敵意可能源自於性別／種族刻板印象、工作勞逸不均、與權力鬥爭等。在美國的研究顯示，少數族裔與女性員警傳統上都被認為是警界的外來者（Outsiders），因此警察遭遇到警察職場的敵意與霸凌，例如Wexler與Logan（1983）的研究顯示，有80%的女性受訪員警宣稱遭遇男性員警的負面態度；Perrott（1999）的研究也發現非裔警察在職場上察覺到白人同僚對渠等存有敵意之態度。這樣的內部敵意容易因為工作上的意見不合或衝突進而提升為職場暴力。

(二)缺乏支持和同理心（Lack of Support and Empathy）：主管和同僚的支持系統在舒緩警察的壓力和緩和暴力方面，確實發揮著至關重要的作用。研究

顯示，缺乏主管的同理心和支持，可能會導致基層員警的壓力增加、工作滿意度降低，進而衍生更多的職場暴力衝突事件。因此，警察內部支持系統，例如諮商服務、同儕支持小組和壓力管理計畫等的可用性，有助於降低或減緩警察職場暴力的發生。

(三)**組織的不公正**（Organizational Injustice）：警察部門對於公平和公正待遇的看法，也會影響警察人員的士氣和行為，進而衍生出職場暴力行為。例如感受到的組織不公不義的員警，會導致內部的不滿和爭端，進而升級為暴力，在職場上對於認為公正公平的獲益者進行施暴。

(四)**不佳的人際關係**（Poor Interpersonal Relations）：警察人員間的人際關係品質亦可以顯著地影響其職場暴力情境。不良的人際關係的警察，一般而言就是具有不善於溝通、自以為是（我行我素）、衝動性格以及無法融入團體等特性，經常容易與人發生衝突或口角後，在某些情況下甚至升級為暴力，導致警察職場暴力的發生。

(五)**警察內部文化與壓力**（Intra Culture and Job Stress）：警察部門內部的文化之一就是過於強調使命必達，這樣的內部文化表示對於工作的要求很高，例如限期破案，工作的高壓會對警察人員帶來負面的影響，特別是加劇警察內部的緊張局勢，導致衝突和暴力事件的產生。

第八節　警察職場暴力之影響與結果

遭受職場暴力的警察，無論是肢體或是非肢體的暴力，對於其本身、家庭及組織，均會產生莫大的衝擊與影響。首先，從個人本身的衝擊層面談起。研究顯示，經歷過職場暴力的警察，恐會產生工作壓力（Perrot & Kelloway, 2010; Toch, 2002）、對於職場的工作危險程度產生恐懼、心理的困擾和憂鬱症狀（Leino et al., 2011）。此外，研究顯示部分的員警會呈現創傷後壓力疾患（Post-traumatic Stress Disorder, PTSD），例如Harvey-Lintz與Tidwell（1997）針對南洛杉磯警察與一件大規模警民衝突後所進行的研究發現，有17%的受訪員警宣稱他們符合PTSD的標準，其中女性受訪者占28%。更有甚者，研究也發現有些警察嚴重地依賴迴避因應對策（Avoidance-coping Strategies），例如轉移注意力（Displacement），進而衍生過度飲酒的行為（Excessive use of Alcohol）（Beehr et al., 1995），例如Richmond等人（1998）在澳大利亞針對具有職場暴力經驗且存有心理困擾的員警所進行之研究發現，有48%的男性員警及40%的女性員警存有過度飲酒的情況，遠高於一般社區民眾的10.5%男性及7%的女性。這一部分的研究發布後，引起民眾與政府的大量關注，畢竟員警過度的飲酒行為，除損及健康外，也引發其執勤時是否處於最佳精神狀態之疑慮。最後，Loo（1999）的研究也指出，部分員警在職場上被投訴以及受到心理的創傷，恐與其自殺息息相關，但這部分需要進一步的實證調查。

　　其次，在家庭層面方面，最常發生的結果就是離婚。雖然Terry（1981）早期的研究顯示並沒有這樣的關聯性，但隨後的Maynard與Maynard（1982）發現，警察的配偶經常報告他們家庭生活與工作需求之間存在著不相容、部門對家庭需求的漠視以及配偶與其他警察過度社交等情形，導致婚姻關係存在裂痕。Roberts與Levenson（2001）指出，警察會把在職場上遭遇不滿或不順的負面情緒帶回家中，並以衝突或冷戰的方式在關係中呈現，導致家庭失和，婚姻維繫的壓力過大，最後導致離婚的結果。此外，研究也發現，即使婚姻關係依然存續，但警察家庭發生家暴案件，時有所聞。例如Johnson（1991）的在美國東岸兩個警察局728位警察人員的研究發現，有40%的受訪警察宣稱他們在接受訪問前的六個月確實有發生家庭暴力的經驗。另外，Neidig等人（1992）針對385位男性警察人員以及他們的妻子115位的研究指出，分別有37%的受訪男性警察與41%的受訪妻子指出他們家中有發生過不同型態的暴力行為（例如推、抓、摑、踢、咬、揍、丟東西、掐脖子、毆擊、拿刀子或槍恐嚇威脅、使用刀子或槍傷害）。這樣的數據高出軍人家庭（32%），而且是一般家庭的4倍（Straus & Gelles, 1990）。

　　最後，受到職場暴力經驗的員警，在職場上的作為最常見的因應作為就是迴避，例如以身體不是為由請假、缺席、或請調其他單位或機關，以為因應；此外，即使沒有請假、缺席或請調其他機關，最廣泛採用的迴避策略就是犬儒主義（Cynicism），Niederhoffer（1967）首次概述警察人員如何運用犬儒主義作為逃避職場問題的應對機制，同時也提出警察文化如何鼓勵使用這種方式，例如強調績效與運用服從性、配合性高者取代犬儒主義信奉者。如同前述，過度飲酒也是另一種形式的迴避應對策略，雖然對組織也會造成影響，例如值勤時影響服務品質與執法程序；但犬儒主義的迴避措施，對組織的影響程度最為顯著，例如表達出無意見、不配合、不積極與疏離的態度，讓組織的目標無法達成（Perrot et al., 2004）。此外，受到職場暴力經驗的警察人員，亦可能將其

職場暴力的經驗怪罪於組織，進而衍生出敵意或冷漠，對於組織的工作氣氛、團隊合作與主管的領導統御，亦有影響（Perrot & Kelloway, 2010）。

第九節　職場暴力之預防

　　衍生職場暴力原因甚廣，涵蓋個人、雇主、機構與整體家庭與社會環境因素等（McClure, 1999），故在預防工作上亦無萬靈丹，必須兼顧各層面因素，同時針對不同型態之職場暴行，採行必要預防與管理策略（Witkowski, 1995），並且實地操作演練，落實防制措施，始能使危害降至最低。相關之職場暴行預防措施如下（Kaufer & Mattman, 2000: 1-11; Wilkinson, 2001: 156）。

一、僱用合適之員工

　　在職場暴力上，如何僱用合適之員工扮演極為重要之角色（Kaufer & Mattman, 2000）。首先應對申請者之履歷表內容詳加查證（此項作法可自己查證，亦可外包透過徵信社為之），以確保應徵者具備應有之資格、技術與工作經驗。其次，應透過電話之聯繫，以確認應有之正確地址與姓名，再對他寄出面試函。同樣重要的是必須對應徵者面談，同時由具經驗者給予第二次不同時間之面試，以確認其提供之資料。另可透過健康檢查，以瞭解其精神與健康情形。

　　另一項重要工作為檢查應徵者之前科紀錄，此項作法有助於瞭解其未來工作之適任與否與可能狀況。最後，在僱用時應對所有階層之應徵者做全面調查，非侷限於基層人員，同時不應基於成本考量僱用不適任者，蓋稍一不慎，即可能釀成悲劇，讓公司鉅額損失。

二、擬定職場防暴計畫

　　擬定職場防暴計畫，以供機關人員參考與執行是有必要的。學者Kaufer與Mattman（2000）指出，理想之防暴計畫發展過程一般涵蓋下列要素：
(一) 形成執行委員會。
(二) 評估當前形勢。
(三) 確立方針並執行政策。
(四) 建立秘密資訊蒐集和評估中心（熱線）。

(五) 發展訓練計畫。

(六) 檢視審查應試員工篩選過程錄影。

(七) 檢視離職過程。

(八) 準備危機應變計畫。

(九) 持續測試應變計畫並予改進。

三、危機處理機制與程序之建立

　　雖然機構已有良好之防暴計畫與政策，但一旦遭遇緊急事故，仍須做好危機處理工作。因此，成立危機處理小組（Crisis Responses Team）妥善因應威脅事故的發生有其必要。此項危機處理必須確立每人回應之職責與程序，同時一旦處理機制與程序建立後，必須記錄下來，並加以測試且持續測試，以便作業程序保持流暢，不致延誤。主要之危機處理小組成員，應包括（Wilkinson, 2001: 156-157）：

(一) 必要的人力資源，以蒐集管理同事以及受雇者的資料。

(二) 安全人員，以處理職場的安全並且適當運用執法的資源。

(三) 醫療團體，提供威脅者的心理評估，及評估施暴者的風險，並且在傷害發生時提供必要的醫療協助。

(四) 法律諮商，提供危機處理之相關法律知識，作好暴行發生後續之處理工作。

四、強化主管與員工之專業訓練

　　另一項職場暴行之預防措施可強化對主管與員工之專業訓練著手，這些訓練的領域包括壓力管理、衝突的處理以及對員工酒精與藥物濫用之警覺性。

　　主管人員尤其必須接受以下之專業訓練：掠奪者的剖繪、員工的危險因素、問題發生的訊息與徵候、暴行的發展順序、工作場所的互動、性騷擾以及公平的處理程序等（Johnson, 1994: 81-82）。

五、強化風險管理措施

　　對於工作環境的風險評估有助於預防職場暴行，其主要的評估內容包括：過去經驗的檢視、周邊鄰里的犯罪型態、工場的經驗、特殊工作的性質及工作環境的配置（Layout）。某一些工作可能蘊含高度的暴力危險性，我們必須瞭解以下各點（Wilkinson, 2001: 156）。

(一) 員工晚上自己是否一個人工作。

(二) 我們的員工是否在危險的鄰里工作。
(三) 是否有其他措施可減少這些風險，例如：結伴而行、電話查詢。
(四) 員工是否有處理危機的經驗，並且知道在面臨威脅時如何處理。
　　此外，亦應加強工作環境的安全管理措施：
(一) 除內部職員外，是否有其他的訪客或維修人員可接近職場。
(二) 在整棟建築物是否有足夠的光線。
(三) 建築系統本身是否能允許員工安全地在夜晚工作，包括職場與停車場。

六、強化職場之人身與環境安全之管理措施

　　雖然職場暴行係屬於內在的事務，但強化物理環境安全措施對於整體之抗制職場暴行仍然是非常重要的。例如：倘員工因故被停止僱用，而對職場人員構成威脅時，相關之電子監控系統即可加以記載發生衝突之情境，留下證據。同時警鈴大作亦可引起其他安全人員制止，減少衝突與傷害之發生。

七、強化溝通，建立無毒（Nontoxic）之工作環境

　　預防必須強化溝通以消除潛在的衝突情境，其中較重要者必須建立雙向的溝通，保持愉快的工作氣氛。其次，應致力於消除「有毒」之工作環境，包括高度權威管理型態、監督尺度不一，管理上入侵他人隱私等，建構「無毒之工作環境」（Nontoxic Work Environment）（Johnson et al., 1994），以避免衝突危險因子之衍生。

八、落實零容忍與一致性之執法政策

　　安全管理的專業，一般認為預防職場暴行最有效率的方法，是採行零容忍（Zero Tolerance）策略，一般人大致認為此向政策意思著威脅的行動立即遭致解僱，但學者Wilkinson（2001: 156）卻認為零容忍的意涵是指來自工作上的肢體與口頭上的威脅是無法被接受的。採行必要的措施如：對威脅的員工加以諮商，有時即可舒緩問題的發生。整體而言，專家建議假使沒有辦法對這些威脅加以妥善處理，即可能破壞員工對管理的信心。其次，執法的一致性與零容忍同等重要。那麼，一般而言員工會將執法的一致性視為整體公司政策的一部分，假使執行的標準不一，即容易使員工產生犬儒主義（Cynicism），並破壞整體組織之功能與福祉。大部分的企業在這部分大都忽視，並且無法先發制人（Proactive）的介入，也因此一件小事即可能醞釀成大災難，一發不可收拾。

九、工會適時介入與協助

　　根據焦興鎧（2000：30）之撰述，在預防職場暴行之問題上，工會組織扮演一重要之角色。尤其「在雇主對相關受雇者進行調查與懲戒訪談（Investigatory and Disciplinary Interview）時，工會可在場協助其會員，在這種情形下，工會即有可能扮演所謂『消氣閥』（Escape Valve）之角色，而在團體協約之一般訴訟程序（Grievance Procedures）及勞動仲裁（Labor Arbitration）制度等，如能運用得當，亦可減少或舒緩會員導致暴力之憤怒、挫折感及沮喪情緒發生。尤其如果工會組織能與雇主共同合作，協力推展受雇者協助方案、應變小組及防止暴力計畫等，且在雇主發布絕不容忍暴力行為之書面政策時表達支持立場，更鼓勵其會員參與雇主所提供各項相關之訓練課程，則必能透過勞資合作之方式，有效降低此類不幸事件之發生頻率」。

第十節　警察職場暴力之防制策略

　　Boyd（1995）臚列了處理職場暴力的五大領域（Five Areas）策略，Perrot與Kelloway（2010）將其套用於警察職場領域，進而提出以下幾點防制警察職場暴力之策略。

　　一、滾動式檢視警察執勤時的法規命令：為了減少警察職場暴力行為，警察部門需要滾動地重新檢討與評估哪些法規命令實際上是要執行的，但那些是不需要執行的；如果必須差異化地執行，則要告訴執行員警執行時應考量的情境脈絡與變數，例如執行親密關係案件中，應該針對不同的施暴程度與情境脈絡（例如是否小孩在場目睹暴力事件），提供警察人員可以調整執法強度的自由裁量權限，例如調停、轉介或是逮捕。這些裁量權限的提供以及警察選擇何種裁量權限進行執行可能都會導致正面的支持或負面的批評聲浪，但無論如何滾動式的修正相關法律規定並授權第一線警員促其考量所屬環境的情境脈絡變數進而做出決策以減少其職場暴力行為是主要的考量爭點。

　　二、提供完善的裝備與輔助執法工具：近年來，警察部門在加強職場的環境設計以提高安全性，一直受到基層員警的支持。例如，以前購買防彈背心是個別警員的責任，但現在通常是由警察部門主動提供並制定相關的規範執行採購。同樣地，輔助執法工具，如Taser槍的引進，使警察能夠使用更有效且對

員警和嫌疑犯都更加安全的執法工具,均可降低警察在職場上的傷亡。此外,晚近世界各國民眾示威與陳抗事件層出不窮,每每造成民眾與員警的傷亡,更加深彼此間的敵意。警察在應對此類事件時,不僅需要關注適當的裝備和環境設計策略,以有效地找出人群中的「煽動者」,還需要結合更多的心理學和社會心理學知識,以協助確定何時使用武力或採取較溫和的方法以緩解緊張局勢。換言之,提供完善裝備與輔助執法工具,不僅強調物理,也強調心理兩方面的革新,警察需要靈活以應對不斷變化的社會環境,以確保自身和民眾的安全。

三、**警察應持續的與社區民眾進行溝通**:雖然民眾對於警察的信任程度或滿意度都是很高的,但那是一種印象,但如果涉及警民接觸或警民對峙、衝突時,民眾對於警察的滿意度就會下降。此時對於民眾加強論述警察在一些對峙或攔停場合執法的正當性以尋求民眾的支持,進而降低民眾的疑慮與敵意,就非常重要。因此,警察部門必須加大外展努力(Outreach Efforts)和公眾教育,以促進對警察在前述場合執法角色的了解,減少將警察視為敵人的觀念。此外,警察部門應該針對不友善的社區,例如少數移民社區、外籍移民聚集較多的社區以及較為弱勢貧窮的社區,進行溝通與對話,降低渠等敵視警察的鴻溝。特別是聘僱這些少數族裔者擔任此區的警察或是聘僱精通此一社區語言的通譯擔任警察執法工作的助手,在美國的一些研究均發現確實能減少警民衝突之效益(Perrot, 1999)。

四、**警察應該提供專業諮商服務系統**:近年來警察當局已採取措施,承認職場暴力確實有害於被害員警的個人家庭與組織等層面,也認識到被害員警在被害後需要得到專業的諮商服務與支持系統。儘管傳統上的大男人主義之警察文化,對於警察不可能有心理脆弱性的一概念,但自20世紀80年代以來,隨著對警察作為PTSD被害者認識的增加,這一情況開始改變(Reiser & Geiger, 1984)。在一些西方國家提出員工援助計劃(Employee Assistance Programs),警察部門會提供諮商服務,包括重大事件壓力的事後處理,並且經常性地要求警察人員參加一些強制性的諮商會議。甚至必要時的轉介服務、停職休長假以及輔導轉入他職等,讓一些曾受職場暴力創傷的員警找到其他符合其專業與需求的工作,對警察職場與部門而言,亦是一種雙贏的結果(Amaranto et al., 2003)。

五、**強化警察人員在職培訓課程**:加強警察在處理暴力事件和群眾活動方面的專業培訓,以提高其應對突發事件的能力,至關重要。這些培訓課程主

要集中在戰術技術方面，包括自衛戰術、危機情境的情境模擬、創新技術的使用和人群進出的掌控。此外，也有一些培訓課程係有關於人際溝通與技巧，例如調解、談判和衝突解決時使用的技術等。同時，安排一些心理健康教育的課程，幫助警察人員管理壓力與情緒，因應壓力之策略與技術。此外，亦能教授員警如何運用一些簡易快篩量表初步進行心理創傷或憂鬱症狀之評估，並提供適切的諮詢服務與轉介管道，將有利於員警自我檢視以接受專業的治療，迅速成功復原，回復以往的最佳身體狀態。

參考書目

一、中文部分（依筆畫順序）

李明威、楊荏惇、盧以馨、張晏碩、劉俊男（2024）。板橋站襲警！警中刀倒地畫面曝 通勤旅客目睹驚。Yahoo!新聞，4月10日。https://tw.news.yahoo.com/板橋站襲警-警中刀倒地畫面曝-通勤旅客目睹驚-052900050.html

章光明、賴擁連、汪子錫（2012）。警察犯罪預防政策行銷與媒體運用。載於2012警政治安策略研討會論文集（頁129-172）。

勞動部勞動及職業安全衛生研究所（2018）。勞動環境安全衛生狀況認知調查：2016年（ILOSH105-A309）。

焦興鎧（2000）。工作場所暴力問題之預防及處理。勞工行政，第152期，頁26-32。

楊志明、陳永煌、劉紹興（1997）。職業及工作場所相關之暴力事件。中華職業醫學雜誌，第4卷第1期，頁31-36。

邊立中、鄭雅文、陳怡欣、陳秋蓉（2014）。職場暴力盛行率與受雇者健康狀況之相關。台灣公共衛生雜誌，第33卷第1期，頁36-50。

警政署（2012）。警政統計通報（101年第2號）：高雄市警察人員傷亡概況。內政部全球資訊網。https://www.moi.gov.tw/

二、外文部分（依字母順序）

Amaranto, E., Steinberg, J., Castellano, C., & Mitchell, R. (2003). Police stress intervention. Brief Treatment and Crisis Intervention, 3: 47-53.

Baron, A. (1993). Violence in the Workplace: A prevention and management guide for business. Pathfinders Publishing of California.

Beehr, T. A., Johnson, L. B., & Nieva, R. (1995). Occupational stress: Coping of police and their spouses. Journal of Organizational Behavior, 16: 3-25.

Blow, R. (1993). Stamped out. The New Republic, January 1994: 47.

Boyd, N. (1995). Violence in the workplace in British Columbia: A preliminary investigation. Canadian Journal of Criminology, 37: 491-519.

Brandt, G. T. & Brenna, J. M. (1994). Workplace time bombs can be defused. Security Concepts.

Cal/OSHA (1994). Cal/OSHA: Guidelines for work security. In State of California department of industrial relations division of occupation safety and health (pp. 1-22.). Author.

Castillo, D. N. & Jenkins, E. L. (1994). Industries and occupations at high risk for work-related homicide. Journal of Occupational Medicine, 36: 125-132.

Dursun, S. & Aytac, S. S. (2021). Workplace violence against police officers and the effect of workplace violence on mental health. P. J. M. H.S., 15 (12): 3491-3493.

Fix, R. L. & Powell, Z. A. (2024). Policing stress, burnout, and mental health in a wake of rapidly changing policies. J Police Crim Psych, 39: 370-382.

Fox, J. A. & Levin, J. (1994). Firing back: The growing threat of workplace homicide. Annals, 536: 16-30.

Grahm, J. P. (1992). Disgruntled employees-ticking time bombs? Security Management, November.

Harrington, K. L. & Gai, E. J. (1996). Research on workplace violence, summary report. In B. W. Michael (Eds.), Workplace violence: An increasing problem in our society. California Lutheran University.

Harvey-Lintz, T. & Tidwell, R. (1997). Effects of the 1992 Los Angeles civil unrest: Post trauma stress disorder symptomatology among law enforcement officers. Social Science Journal, 34: 171-183.

Hess, K. M. & Wrobleski, H. M. (1996). Introduction to Private Security (4th ed.). West Publishing Company.

Johnson, D. L. (1994). A team approach to threat assessment. Security Management, September.

Johnson, D. L., Klehbauch, J. B., & Kinney, J. A. (1994). Breaking the cycle of violence. Security Management, February.

Johnson, L. B. (1991). On the front lines: Police stress and family well-being. In Hearing before the select committee on children, youth, and families, house of representatives: 102 congress first session May 20 (pp. 32-48). U.S. Government Printing Office.

Kaufer, S. & Mattman, J. W. (2000). Workplace violence: An employer guide. Workplace Violence Research Institute.

Kelleher, M. D. (1994). Profiling the lethal employee. Greenwood Publishing.

Krott, R. (1994). Reaching the breaking point: Workplace Avengers. Security, September.

Leino, T. M., Selin, R., Summala, H., & Virtanen, M. (2011). Violence and psychological distress among police officers and security guards. Occupational Medicine, 61: 400-406.

Loo, R. (1999). Police suicide: The ultimate stress reaction. In J. M. Violanti & D. Paton (Eds.),

Police trauma: Psychological aftermath of civilian combat (pp. 214-254). Charles C. Thomas.

Maynard, P. E. & Maynard, N. E. (1982). Stress in police families: Some implications. Journal of Police Science and Administration, 10: 302-314.

McClure, L. F. (1996). Risky business: Managing employee violence in the workplace. Haworth.

McClure, L. F. (1999). Origins and incidence of workplace violence in North America. In T. P. Gullotta & S. J. McElhaney (Eds.), Violence in home and communities. National Mental Health Association Sage Publications.

McMurry, K. (1995). Workplace violence: Can it be prevented? Trial, 31: 12.

Neidig, P. H., Russell, H. E., & Seng, A. F. (1992). Interspousal aggression in law enforcement families: A preliminary investigation. Police Studies, 15: 30-38.

Niederhoffer, A. (1967). Behind the shield: The police in the contemporary society. Doubleday.

Olmos, R. A. (1994). Is the workplace no longer safe? Security Concepts, April: 9.

Parsons, J. R. L. (2004). Occupational health and safety issues of police officers in Canada, the United States, and Europe. SafetyNet, Newfoundland Centre for Applied Health Research, Memorial University of Newfoundland. Newfoundland.

Paton, D. & Violanti, J. M. (1996). Traumatic stress in critical occupations: Recognition, consequences and treatment. Charles C. Thomas.

Perrott, S. B. (1999). Visible minority applicant concerns and assessment of occupational role in the era of community-based policing. Journal of Community and Applied Social Psychology.

Perrott, S. B. & Kelloway, E. K. (2010). Workplace violence in the police. In E. K. Kelloway, J. Barling, & J. J. Hurrell (Eds.), Handbook of Workplace Violence (pp. 211-229). Sage.

Perrott, S. B., Corey, S. A., & Kelloway, E. K. (2004). Coping with violence and hostility: Evidence from police officers, schoolteachers, and registered nurses. Poster session presented at the Canadian Psychological Association Convention, Newfoundland.

Reiser, M. & Geiger, S. P. (1984). Police officer as victim. Professional Psychology: Research and Practice, 15: 315-323.

Richardson, S. (1993). Workplace homicides in Texas, 1990-1991. Compensation and Working Conditions, 45: 1-6.

Richmond, R. l., Wodak, A., Kehoe, L., & Heather, N. (1998). How healthy are the police? A survey of life0style factors. Addiction, 93: 1729-1737.

Roberts, N. A. & Levenson, R. W. (2001). The remains of the workday: Impact of job stress and exhaustion on marital interaction in the police couples. Journal of Marriage and the Family, 63: 1052-1067.

Runyan, C. W., Ronda, C. Z., & Zwerling, C. (2000). Administrative and behavioral interventions for workplace violence prevention. American Journal of Preventive Medicine, 18: 116-127.

Straus, M. & Gelles, R. (1990). Physical violence in American families: Risk factors and adaptations to violence in 8,145 families. Transaction.

Terry, W. C. (1981). Police stress: The empirical evidence. Journal of Police Science and Administration, 9: 61-75.

Toch, H. (2002). Stress in policing. American Psychological Association.

Violanti, J. M. & Paton, D. (Eds.) (1999). Police trauma: Psychological aftermath of civilian combat. Charles C. Thomas.

Warchol, G. (1998). Workplace violence, 1992-1996. Bureau of Justice Statistics.

Wexler, J. G. & Logan, D. D. (1983). Sources of stress among women police officers. Journal of Police Science and Administration, 11: 46-53.

Wilkinson, C. W. (2001). Violence prevention at work: A business perspective. American Journal of Preventive Medicine, 20(2).

Witkowski, M. J. (1995). Workplace violence: problems and prevention suggested by Cal/OSHA workplace security guidelines. Security Journal, 6: 213-218.

Workplace Violence Prevention Institute (1994). Complete Workplace Violence Prevention Manual.

第十八章　監獄暴行問題與防治對策

楊士隆、任全鈞

前　言

　　自古以來「明刑弼教」與「刑期無刑」一直是我國獄政管理的最高指導原則，在過去數十年中，我國獄政已有長足的進展，尤其是近年來軟、硬體設備的改善更是明顯，相對的亦顯示出囚情穩定，與國外相較動輒暴動死傷十數人的情形相較，我國獄政管理的成績應值得肯定。但我們卻不可因此而自滿。

　　在矯正機構日常業務均以防患脫逃、自殺、暴行之發生列為重點工作，故習慣上稱為「行刑三大事故」，而中尤以暴行發生的機率最高，若是一旦發生戒護事故，將會帶來以下影響：

　　第一，一旦發生戒護事故，則收拾殘局必將耗費相當時間、人力，有關的調查、報告繁雜，但通常並未配置特別人員專責其事，致使機構在業務整理上無法竟其功。

　　第二，代表一般社會發言之傳播媒體，往往會針對事故的發生大肆報導、抨擊，致使社會大眾對矯正機構產生不良觀感，造成往後業務運作的困難，甚至會破壞鄰近社區的和睦關係，招惹民嫌，被迫遷移陣地之情事發生。

　　第三，負責其事之相關職員必然會受到某種程度的處分，但也因此而難免打擊職員之服勤士氣。

　　第四，依事態的嚴重程度，有可能成為國會議員質詢的材料，官方為應付質詢，勢將陷於愁思苦慮（黃昭正，2007：110）。

　　因此戒護事故的發生，將給矯正機構帶來極大的負面影響，如何防止事故的發生，誠為矯正當局努力的重要課題。本章將以戒護三大事故中發生頻率最高影響最大的暴行著手。監獄暴行之發生，不僅影響受刑人服刑基本權益，同時因情欠缺穩定結果，將使犯罪矯治功虧一簣，因此亟待深入探討，瞭解衍生暴行之相關因素與原因，俾謀求妥適對策因應。

第一節　暴行類型與盛行率

　　在暴行的類型與盛行率上，在國外暴行的類型，依Bartollas與Conard（1992: 421-29）的分類從施行方式與侵害對象為分類標準。若以方式來分，可細分為五類：暴動或嚴重違規事件、受刑人間互傷行為、性侵害、受刑人傷害管教人員行為，以及受刑人自傷行為等五類。若以對象分則可分為受刑人間之暴行、管教人員與受刑人間之暴行、受刑人對公物為對象之毀損行為等三類。而Gaes與McGuie（1985）將監獄暴行分為：受刑人間無持有武器的暴行、受刑人間持有武器的暴行、受刑人間對管教人員無持有武器暴行，與受刑人對管教人員間持有武器暴行。而國內的分類依法務部於1999年所訂定受刑人違規情節及懲罰參考標準表，其中有關暴行部分計有：徒手互毆或毆人；集體鬥毆、持械互毆；集體鬧房、騷動；以及脅迫、暴行管教人員等四項。

　　而在盛行率上，經查國內近年來已有數篇論及有關違規或暴行的呈現情形，其調查方式可分為二種第一是自陳問卷，第二是官方資料呈現。但並未有暴行盛行率的分析。

　　首先以自陳問卷方式本土研究結果如下：陳慶安（1992）調查臺灣臺北、桃園、新竹少年監獄、臺中與臺南等5所監獄，採用隨機抽樣方式抽取受刑人550名，以瞭解其違規行為，結果發現：從來沒有違規者有244人（53.5%），有一次違規者有291人（28.3%），二次違規者有51人（11.2%），三次或三次以上者計32人（7.0%）。

　　其次鄧煌發與林健陽（1996）援用楊士隆與林健陽之「監獄受刑人擁擠問題實證之研究」原始資料，進行「受刑人輕微暴行相關因素之研究」，全國各監獄之有效樣本計1,155名中，有關違規經驗上，在受刑人過去一年中有違規經驗者，計有247人，在1,150個有效樣本中共占21.5%；換言之，約有超過五分之一的在監服刑受刑人曾在過去一年內有觸犯監規之情事發生。

　　國內在監獄暴行的調查中，在高千雲與任全鈞（2000）調查全國監獄暴行發生情形，採用分層隨機抽樣，計有效問卷1,093份，其暴行調查結果發現：依嚴重程度區分為由徒手互毆，至最嚴重的暴行管教人員，無徒手互毆或毆人經驗者計1,025人（93.8%），有此經驗者計68人（6.2%）；無集體鬥毆、持械互毆經驗者計1,072人（98.1%），有此經驗者有21人（2.0%）；無集體鬧房、騷動經驗者計1,076人（98.4%），有此經驗者計17人（1.6%）；無脅迫、暴行

管教人員經驗者計1,089人（99.6%），有此經驗者計4人（0.4%）。而在筆者（2001）於2001年1月初針對全國各監獄進行分層比例隨機抽樣，有效回收問卷計1,675份。依嚴重程度區分為打架、至最嚴重的搖房、騷動，在監期間無打架經驗者計1,105人（66.9%），有此經驗者計541人（32.7%）；無打群架經驗者計1,271人（76.9%），有此經驗者計有376人（22.8%）；無持械攻擊他人經驗者計1,457人（88.2%），有此經驗者計有190人（11.5%）；無脅迫攻擊管教人員經驗者計1,498人（90.7%），有此經驗者計有150人（9.1%）；無搖房、騷動經驗者計1,449人（87.5%），有此經驗者計有203人（12.3%）。而曾佳茂（2015）調查二所監獄共回收352份有效問卷，其中最近半年有鬥毆違規者43位，占16.8%，無此經驗者占多數83.2%，有216位，呈現1：4的分布。

而官方資料呈現上，周愫嫻等人（2011）利用矯正署所提供的資料統計違規行為中，從2007至2009年整體違規行為成長約6%，其中人犯攻擊人犯的暴行成長19%，擾亂秩序類也成長了16%。賴擁連（2014）採用官方資料方式，抽取七所矯正機構查詢2007年上半年違規行為，其結果發現：943位違規人犯中25.6%為自戕行為及其他類型，28.4%為挑釁與侵犯管教人員，而人犯間的攻擊行為占第一位為46.0%。

表18-1　2007至2009年各矯正機關所有人犯違規案件數

違規類型	2007年 次數（%）	2008年 次數（%）	2009年 次數（%）
鬥毆打架類	3,177（30.7）	3,369（32.6）	3,773（34.3）
賭博財物類	166（1.6）	125（12）	141（1.3）
私藏違禁物品類	1,531（14.8）	1,030（10.0）	1,188（10.8）
紋身、猥褻類	174（1.7）	158（1.5）	97（0.9）
脫離戒護視線、意圖脫逃類	17（0.1）	7（0.1）	1（0.0）
擾亂秩序類	4,574（44.3）	5,104（49.5）	5,294（48.1）
違抗管教類	699（6.8）	523（5.1）	514（4.6）
合計	10,338（100.0）	10,316（100.0）	11,008（100.0）

資料來源：周愫嫻等人（2011）。

最近一次是林學銘（2018）統計2013至2014年矯正署所蒐集違規行為資料計有16,089件，其中以擾亂秩序為最多，計有7,787件（48.4%）鬥毆打架次之占所有違規行為中的31.6%，二者合計已占所有違規行為的8成（詳如表18-2）。

表18-2　2013至2014年各矯正機關所有人犯違規案件數

違規行為樣態	事件數	百分比（%）	累積百分比（%）
擾亂秩序類	7,787	48.4	48.4
鬥毆打架類	5,090	31.6	80.0
私藏違禁物品類	1,810	11.2	91.3
違抗管教類	936	5.8	97.1
賭博財物	235	1.5	98.6
紋身、猥褻類	196	1.2	99.8
意圖脫逃類	35	0.2	100
合計	16,089	100	

資料來源：林學銘（2018）。

由上述的統計分析可知暴行越嚴重人數越少，但與高千雲、任全鈞（2000）的研究分析結果相較，突顯楊士隆與任全鈞（2002）的研究所調查的暴行比率高出甚多，其調查的對象可知，在進行調查時，將受試者分為二組：一組為一般組，一組為違規組，在違規組方面，以各監獄最近6個月內曾違規受刑人為主計有590名（35.8%），其中曾經打架違規者計260名（15.7%），若將違規組的人數扣除，則與高千雲、任全鈞的調查的結果有相類似的結果。因此基本上臺灣地區暴行情形並不普遍，惟在周愫嫻等人（2011）的調查中有日漸增加的趨勢，而林學銘（2018）的調查則是與周愫嫻等人（2011）的調查一致，大致維持在3成左右。

在調查監獄暴行中有二種調查方式分別是官方資料與自陳問卷，但各有其缺點，在官方資料中最大的缺點是犯罪黑數，輕微暴行會受到受刑人之間不可告人的祕密所引起的暴行，或受到欺凌不敢向管教人員舉發；管教人員自由裁量權的影響等因素，會有低估的現象。而自陳問卷則會受到記憶、以及對暴行的定義不清楚，尤其是輕微（Petty）暴行所造成的偏誤。

　　因此本文採用監獄暴行的盛行率，推估其真貌，我們可以瞭解，監獄中受刑人打架甚而打群架，是嚴重的違規行為，對於受刑人的刑期影響甚鉅，輕則延後半年提假釋，重則只能期滿出監（對刑期短的受刑人而言），從監獄管理當局而言，亦是對管理上的一種挑戰，若是監獄暴行發生頻繁，會令外界對該監獄的囚情有不穩定的印象，為瞭解監獄暴行的盛行率，一般而言是採用官方資料與自陳問卷方式比較其差異性，而推估其盛行率。楊士隆與任全鈞（2002）的研究中查詢法務部矯正司的相關統計資料中，並未有正式有關暴行的統計資料，只能由每日的囚情通報簿中，計算自2000年7月1日至2000年12月31日由各監獄陳報的資料中有關暴行的部分加以統計之。而自陳報告中，本問卷則詢問受刑人最近半年中（2000年7月1日至2000年12月31日止）是否有以下四項之情形代表之，分別是：一、是否曾因打架違規；二、雜役幹部動用私刑；三、同學私底下互毆；四、曾經被拓房（新收時被欺侮）等四項，會採用這四題以瞭解暴行黑數之故，乃因除以筆者在監所服務的經驗外，並詢問有關實務工作人員所得，經討論最常發生暴行卻未為官方所察覺的情形有上述四種發生頻率較多，仍以私底下互毆頻率最高，其次為幹部動用私刑。

　　盛行率官方與自陳報告的比較由表18-3可以瞭解，官方資料暴行盛行率為27.15/1,000而自陳報告盛行率為390.3/1,000，自陳報告的暴行盛行率為官方資料的14.38倍。

表18-3　比較官方資料與自陳報告暴行的盛行率

	數　量	盛行率
官方資料	789	27.15/1,000
自陳報告	644	390.3/1,000

註：1.官方資料是統計由2000年7月1日至2000年12月31日所發生之次數，自陳報告則是以2001年1月至同年2月底止所進行的調查。
　　2.盛行率是各監獄中每1,000人次暴行所發生的數量。

第二節　受刑人暴行之影響

　　受刑人於服刑期間倘對其他受刑人或管理人員施暴，亦或遭暴力侵害如雞姦、勒索錢財、毆打等，其影響層面與衝擊是深遠的。茲分別敘述其可能之影

響如下。

　　一、致被害者恐懼、憤怒、憂鬱與面臨精神疾病之壓力：受刑人遭施暴被害後，心理狀況極易呈現憂鬱、焦慮、敵意、身心症、恐懼與低自尊（Norris et al., 1997），嚴重者身心受創或生命遭剝奪，造成永久之傷害。而較令人擔憂的是部分被施暴者可能長期處於極端恐懼、害怕，造成心理神經症與適應不良行為，無法順利服刑。

　　二、造成被害者適應困難，以退縮消極之方式因應或加入幫派以尋求庇護：部分被害者在畏懼施暴者之下，極可能在生活之各層面退縮下來，而有逃避行為（Avoidance Behavior）（Norris et al., 1997），無形中喪失許多應有之權益。例如，不敢參加各類休閒與運動，或擔心遭報復等而心神不寧。此外，部分被害者在面臨威脅下，為求自保，只好加入幫派組織，以尋求保護，避免遭受傷害（林茂榮、楊士隆，2002）。此等特殊之適應，造成犯罪者監禁生活至為痛苦，且使其重返社會更加的困難。

　　三、導致機構囚情不穩，服刑欠缺安定：受刑人間如果發生鬥毆或其他暴行，將可能導引更進一步，甚至大規模之暴行發生。例如，假使幫派分子A君與另一幫派分子B君爭執或鬥毆，在缺乏適度之管理下，極有可能促使問題進一步惡化，造成幫派間之集體鬥毆事件，甚至衍生傷亡，直接或間接影響囚情之穩定。

　　四、施暴者可能遭施用戒具與懲罰：對他人施暴之結果，依監獄行刑法第22條第1項之規定：「受刑人有脫逃、自殺、暴行或其他擾亂秩序行為之虞時，得施用戒具或收容於鎮靜室。」至於施用之戒具則包括腳鐐、手銬、鏈鎖、捕繩等。此外，暴力行為亦將遭違紀懲處，包括訓誡、停止接見1次至3次、強制勞動1至5日、停止購買物品、減少勞作金及停止戶外活動1至7日不等之懲罰。

第三節　受刑人暴行之相關因素

　　受刑人之間暴行的發生多數並非突發事件，而是事前已有前兆，或是彼此之間累積許多的恩怨未適當地宣洩，所產生的結果等因素，因此，我們有必要瞭解暴行之相關因素，首先將介紹監獄環境的特殊性，其次將分析監獄擁擠、

監獄氣氛、監獄管理情境與個人因素與暴行的關聯性。

一、監獄環境的特殊性

矯正機構由於以一道圍牆阻隔了與外界的接觸，使得一般社會大眾並不瞭解其運作，亦由於這道圍牆形成矯正機構特有的文化。監獄由於有剝奪（Deprivation）及身分貶抑（Status Degradation）的特性，因此受刑人服刑之生活適應問題乃格外引人注意；某些受刑人可能退縮至自己的世界中並與其他受刑人完全隔離，部分受刑人亦可能在犧牲其友伴的利益下，攫取私益以換取生存；另外受刑人則可能完全的投入受刑人組織之團體，經由團體凝聚力物質聲望的分配，以減輕監禁的痛苦，這適應心態端視受刑人之價值觀與生活背景而定（楊士隆，2003）。

Goffman（1961）提出整體性機構（Total Institution）描述矯正機構的特殊性，所謂整體性機構係指「多數人生活及工作的地區，這些人與社會隔離一段時間，並由管理當局控制他們的生活」。整體性機構有下列幾項特質：第一，完全的控制：控制受刑人以達成目標與維持囚情。第二，完全的架構：控制受刑人的環境與活動。第三，完全的融合：受刑人必須強迫適應生活環境。第四，完全的孤立：受刑人生活的環境與社會完全的隔離，不受外界影響（Farrington, 1992）。

基本上整體性機構，管理者與被管理者有一道無法跨越的鴻溝，尤其是在矯正機構，管理者的權力是法律所賦予的，而受刑人則是經由一連串的法定儀式標籤為罪者，將其隔離於社會，由一般民眾變為犯罪者，不再享有公民權利。就如同電影「刺激一九九五」（Shawshark Redemption），片中所述描述，當這群犯罪人由警備車押解，進入戒護區後，典獄長或是戒護科長便會告知他們的身分與應遵守事項，這是一項最重要的標籤儀式，也就是宣布今後你的身分是受刑人，你的行為必須與你的身分相稱，所有行動必須經管教人員的同意，不能離開戒護視線，強迫參加各項活動，強迫作業及與聲名狼藉的重刑犯同一舍房，可以說完全失去自主性。一般社會衣著代表著社會地位與經濟能力，但在這種地方，即使你有再多的錢，也必須著上灰老鼠般的制服，完全沒有區別，你也被禁止有任何未經檢查的物品，因為那會危及其他人的安全。

以上這些標籤的儀式為的是創造與維繫權威與道德的階級制度，儘管有些人批評Goffman整體機構的描述並非完全真實，其目的在於嘗試以概括的方式去解釋類似機構諸如修道院、精神院等的現象，卻無法瞭解矯正機構的獨特副

文化，並且Goffman過於簡化矯正機構的生活，其觀念中，這些機構中他們理想的典型（Ideal Type），而非是他們眞實生活中的樣子（Farrington, 1992）。事實上Goffman的描述雖有其瑕疵，但無可否認，整體機構的概念仍爲人所接受。

犯罪者被送入監獄後，他們的痛苦才眞的開始，Sykes（1958）認爲監禁有五大痛苦：自由的剝奪、物質與服務的剝奪、異性關係的剝奪、自主權的剝奪及安全的剝奪，其中尤以安全的剝奪最令他們感到不安，因爲入監執行後，須面對數以千計罪犯，而這些犯罪人有不少屬於具攻擊性並有長期犯罪歷程之暴力犯或幫派分子，這對於大多數犯罪人言，將造成精神上之緊張狀態，而缺乏在正常社會中存有之安全感。換句話說，對犯罪人而言，最糟的一件事情爲他（她）們必須與罪犯長久的住在一起。

就矯治實務之審察，受刑人入監後不久很快地將意識到受其他人測試（Tested）——「稱斤兩」。一旦其無法保護其財物或人身安全，很可能爲其他受刑人乘虛而入而受侵害。相反地，假如受刑人因此獲利，其亦可能因此遭致多的麻煩，因爲部分受刑人可能想評量老大展現其威風而加以挑戰。因此無論被挑戰（測試）是否得利或失敗，皆將使受刑人存有不安全之情緒狀態。因受刑人之間彼此不信任，在彼此眼中認爲他們是危險分子或是麻煩人物，但他們眼中看法卻不認爲他們是那種具有攻擊性的人，如他準備攻擊他人，相信對方亦有所準備，因爲這種不安全感的產生，他們便會彼此相互支持與合作，以壯聲勢，讓人有一種不可欺侮之感，但這並不保證會永遠安全，他們的心中依然害怕隨時被攻擊的危險。受刑人若是失去安全感，焦慮的程度將會提高（楊士隆，2007），不僅是因爲隨時有被攻擊的危險，而且會質問自己保護自我安全的能力，這種不確定感是隨時存在的，他們必須與其他受刑人同住在一間舍房，即使是管教人員的監督也是於事無補，因爲戒護視線的死角與機會總是會存在，且他們亦不願向戒護人員報告，二者畢竟是屬於對立的狀態，若是向管教人員報告在其他受刑人的眼中不僅是懦夫，亦是「抓粑子」，嚴重違反了受刑人之間的規定（不向管理人員打小報告，二者之間是對立的），以後的日子更是難過，爲此寧願與其他受刑人鬥毆亦不願違背受刑人之間的規定，因此，我們可以瞭解何以受刑人之間互毆的情形如此頻繁，甚至有時爲了一點小事大打出手，在如此封閉與不安全感的環境中生活，暴行似乎是無可避免，因爲它不僅是工具性的象徵，亦是表達性的象徵。由以上的敘述可以瞭解監獄的生活可以說與外界大異其趣，因此，許多事情有其背後特殊的意義存在，暴行即是

最好的一個例子。

　　受刑人間擁有一種以暴力解決問題的價值觀，這在管理階層的眼中是一項相當嚴重的現象，因爲這會無形中助長了受刑人間以暴力解決問題的氣氛，這種價值觀在受刑人的心中亦是相當矛盾，受刑人們相信監獄沒有安全感，隨時都有被攻擊的可能，他們必須武裝起來。如此，不僅加深了監獄社會問題，亦增加他們被害的可能性，最令人諷刺的是，以暴力解決問題，不僅容易成爲被害者，而且亦違反監規，使得假釋之日遙遙無期，若是不以武力解決問題，亦會被人視爲懦夫，不僅無法免於被害，反而成爲他人欺凌的對象，如此常使受刑人陷於兩難。

二、監獄擁擠與暴行

　　研究監獄擁擠與暴行之間的關係有許多不同的結果，有正相關、負相關或是無關聯性者，重要相關結果如下：Stojkovic與Covell（1992）研究顯示，越是擁擠之監獄，其暴行發生亦越頻繁；相反地，亦有不少的實證研究發現，監獄擁擠與暴行之發生無必然之關係或相關極小（Farington & Nuttall, 1980）。因此，Stojkovic與Covell對監獄擁擠造成監獄暴行之說法，抱持存疑之態度。

　　然而Gaes與McGuire（1985）針對美國19座聯邦監獄之研究結果發現，擁擠程度是暴力傷害行爲最有力之指標，其研究結果完全支持監獄擁擠與受刑人暴行有高度相關存在之命題；另美國Paulus在研究監獄擁擠對受刑人行爲之影響時發現，矯正機構的環境空間與受刑人暴行有關，尤其舍房空間人口密度越高，其負面影響越大（楊士隆、林健陽，1995）。

　　Farrington與Nuttall（1980）研究監獄擁擠與暴行的相關性發現：在英國的監獄中，小型監獄受刑人越擁擠，則暴行發生的頻率越高，這樣的結果，可能的原因之一是大型監獄中暴行的黑數比較多，或是監控力不足所致，但這項研究的發現並不鼓勵增加收容額編制，因爲若是受刑人與管教人員的比例不增加，將反而產生更多的暴行。

　　他們亦認爲，一般社會的印象認爲監獄擁擠與暴行的增加具有密切的關聯，其中有一項可能是因爲美國的監獄爲例，大型的監獄多是高度管理監獄，管教人員與受刑人的比例相當接近，其監控力自然增加，降低了暴行發生的機會，因此其他因素似乎比擁擠因素更相關。

　　而Franklin、Franklin與Pratt（2006）採用統合分析（Meta-analysis）方式分析有關違規（含暴行）與監獄擁擠的研究，其結果發現監獄擁擠與違規行爲

基本上無明顯的關聯，會產生研究有不同的結果，可能是取樣、對擁擠的定義、變項的測量方式等；而其他的重要因素更能預測違規行為，如年齡、暴行前科、管理是否上軌道等。

在本土性之研究方面，楊士隆、林健陽等人（1995）針對臺灣地區所有監獄抽樣調查結果發現，影響男性受刑人違規行為之成因與女性受刑人之成因不盡相同。男性受刑人違規行為之成因與女性受刑人違規行為之成因除與影響女性受刑人違規行為之因素：管教人員關懷程度較少、被害經驗較多、教育程度較高等因素外，尚有，監獄擁擠程度較嚴重、刑期較長、判刑紀錄較多等因素。監獄擁擠因素與女性受刑人違規行為無關，但在男性受刑人方面，監獄擁擠則成為影響受違規行為最大因素。楊士隆、任全鈞（2002）的研究發現：雖說監獄擁擠對於監獄暴行具有解釋力，但解釋力不大，相反的監獄越擁擠不見得會產生監獄暴行，反而在法定收容額以下的監獄易產生監獄暴行。本文認同Farington與Nuttall（1985）及Franklin等人（2006）的看法：在一般社會的印象認為監獄擁擠與暴行的增加具有密切的關聯，其中有一項可能是因為，大型的監獄多是高度管理監獄，管教人員與受刑人的比例相當接近，其監控力自然增加，降低了暴行發生的機會，尚有其他因素似乎比擁擠因素更相關。由本研究即可看出除了監獄擁擠因素之外，尚有其他因素影響著監獄暴行，在本研究中比監獄擁擠變項更具解釋力的尚有戒護安全、教化、機會等因素，因此監獄暴行絕非單獨取決於監獄擁擠變項。

三、監獄氣氛與暴行

Toch（1985）從監獄氣氛著手（Social Climate）以瞭解對於暴行的影響，其發現下列因素將會促成暴行的發生。

(一)獎賞（Pay Off）：暴行能獲得獎賞或地位上的鞏固，且得到同儕間的敬重，在他們的眼中是具有英雄氣概。

(二)免罰或是保護因素（Immunity or Protection）：監獄中的文化中有一點是莫管他人閒事坐自己的牢，監獄中有明文規定暴行的罰則，但有時牽涉到證據問題及舉證困難，對施暴者欠缺證據無法懲罰，另外違禁品的交易、借用等亦是促成免罰的原因，違禁物本身即不容存在機構中。因此借貸或借用過程中難免會有以暴力脅迫，或是不公平交易情形發生持有人不敢向管教人員聲張，即使對持有人暴力相向，亦不會為人所發覺。

(三)機會因素（Opportunities）：在矯正機構中機會因素與管教人員的反

應、監督及日常活動有關，由於受刑人整日活動於狹小的及固定的空間中，對於有心的人而言，他們往往能察覺暴行最好的時機卻不會爲人發現，因此機會因素似乎是無可避免，如減少機會因素的產生，加強受刑人心中的強制力，才是能減少監獄暴行的方式之一。

(四) 誘惑挑戰與刺激因素（Temptations Challenges and Provocations）：在矯正機構中有許多非法利益與權力的爭奪常會促成暴行的發生，如地下經濟行爲不但滿足了受刑人各項需求，並且使得部分受刑人獲取更多的權威與利益，因爲它具有以上的特質，可能導致監獄暴行，另外幫派地盤與成員間的衝突更有可能促成大規模的暴行發生。

(五) 人身自由的限制因素（Justificatory Premises）：監獄是一個強制性的機構，所以入監執行後，須面對數以千計的罪犯，而這些犯罪人中，有不少是屬於有攻擊性，有長期犯罪歷程之暴力或幫派分子，這對於大多數受刑人而言，將造成精神上之緊張狀態，而缺乏在正常社會中存有之安全感，換言之，對受刑人而言，最糟的一件事爲他（她）們必須與罪犯長期住在一起，卻不知何時會引起衝突或遭受攻擊。

另外在Scherf（1983）的研究發現監獄暴行的發生，有時並沒有什麼特殊的意義，許多的暴行與幫派有所關聯：在許多大型監獄中暴行發生的日漸增加，並且亦能解釋在道德敗壞的環境中所創造出的社會團體，此話怎講，依Toch（1977）指出治療性的氣氛與矯治計畫最重要的一項功能，便是提供受刑人社會支持與凝聚力，若是監獄失去了這功能只是將受刑人關在舍房無作爲，取而代之的便是監獄中的幫派，如此暴行的發生與復仇將會不斷地發生。

惡作劇（Horseplay）亦是暴行發生的因素之一，監獄的生活作息固定，生活一成不變了無生趣，缺少外界的刺激，爲了增添生活中的樂趣，往往受刑人之間會有一些競爭，但是常會失去控制或是雙方認知上的差異而大打出手造成非當初所能預料的局面，不僅無聊的現象會發生在受刑人間，有時亦會發生在管教人員身上，管教人員主要的工作便是監督，這種日子一久有時便會顯得無聊、想找一點刺激，尋求工作上的樂趣，受刑人就是一個最好的對象，他們會找一難題讓受刑人解決，看他們的反應。

最後，在許多大舍房的監獄中，會產生許多的挫折，Toch（1977）及Sykes（1958）認爲它創造了心理的剝奪、恐懼感與不安，將有可能發生更多的暴行，受刑人會爲了自保，而形成聯盟或是加入幫派，若是受他人的挑釁會進行反擊。

四、監獄管理與暴行

DiIulio（1987）曾對於剝奪模式提出批判，認為在監獄如此的環境中剝奪是無可避免的情形，許多的案例中可以瞭解良好的管理制度即使再難以管教的受刑人，亦受制於現實環境必須遵守規定；DiIulio認為監獄暴行的產生代表著管理上的問題，諸如受刑人氣焰高漲、管理人員離職率高、門禁管制不夠嚴密、受刑人不服從管教的比率提升、管教人員間士氣低落及高層人員無心於管理上等狀況，將促使受刑人有機可乘，暴行的發生率將增加。

在相關的研究中，Useem與Kimball（1989）的研究發現：組織與管理是決定監獄發生暴行與否的重要因素。Farmer（1988）的研究則更進一步指出，即使監獄長期以來因情不穩定，若是對組織與管理加以改進，仍有可能改善因情不穩的狀態。McCorkle等人（1995）以官方資料研究全美371所州立監獄暴行的情形，結果發現不良的監獄管理是預測受刑人毆打管教人員的最佳指標，另外他們亦發現各項處遇計畫是一項有用的管理工具，若監獄中有許多受刑人參與各項教育、職業訓練、工場作業將能降低受刑人暴行的發生；因為它使受刑人忙於上述的活動而不會將心思放在其他事情上，如此不僅有助於對受刑人的控制，亦有助於受刑人自我改善，若是參與活動的受刑人違規，則他將失去一切，最嚴重的是，陳報假釋的日子延長，因此權衡得失將免於違規。

而在國內，高千雲與任全鈞（2000）研究結果如下：第一，在生活壓力與暴行關聯性：受刑人感到生活壓力越大，越容易有暴行之發生。第二，管教支持與暴行關聯性：監獄管教人員若是越不關心受刑人，越有可能產生暴行。第三，受刑人生活壓力關聯性：社會距離越疏離、管教人員越不關心受刑人、管理程度越嚴格、刑期越長、監禁時間越長、男性受刑人年齡越輕、喪偶、離婚及分居者、犯次越多者，有上述情形者有較高的生活壓力。第四，受刑人社會支持關聯性：社會距離越遠、個人壓力越大、年齡越大、分居、離婚及喪偶者，有上述情形者有較多的社會支持。第五，受刑人社會距離關聯性：受刑人生活壓力越大，越沒感受到社會支持、刑期越長者，有上述情形者有較多的社會距離。

五、情境（機會）因素與暴行

相關研究發現情境因素在監獄暴行中亦占有不可或缺之要素，Harris與Varney（1986）的研究發現許多暴行；即使受刑人具有暴力傾向，但情境或機會因素仍然不可忽視；因此他們認為暴行是個人特質與機會因素互動的結果。

Miethe與Robert（1990）的研究發現，雖然管教人員能抑制暴行的發生，但若與有犯罪動機之人接觸頻繁，暴行依然有可能發生，此即表示若矯正機構建築結構中戒護視線的死角多，創造了較多的被害機會。Kratcoski（1988）研究機會因素與管教人員受攻擊之相關性，結果發現：發生的地點、時間、及工作經驗與管教人員受攻擊相關。

Steinke（1991）研究受刑人間的暴行及對管教人員暴行，其結果發現：首先在受刑人暴行，若是一些固定、正常的活動則較不可能發生，例如工場、補校；較常發生的地點則是庫房、樓梯間等死角，監控力較少的地點；而對管教人員的暴行亦與受刑人間的暴行相似，多數發生在無結構、非經常性的行為，如浴室、庫房等；另外受刑人對管教人員施暴多數是單獨所為，但卻與發生的時間無關。

而在國內，楊士隆、任全鈞（2002）的研究發現：機會因素對於監獄暴行不僅具有直接效果，亦具有間接效果，換言之，機會因素若是產生，將促使暴行的發生，或是其他因素與機會因素的互動亦將產生暴行。因為基本上監獄發生的地點多數為監控力不足的地點，因為沒有一個人願意在從事違規行為之時被管教人員發現，即使是留下證據，亦必須不能承認，而管教人員亦是不追根究柢其發生的原因。至於是否如日常活動的地點較不易發生，非經常性或是無結構的地點較易發生則有待進一步的研究。

六、個人背景因素與暴行

Wright（1991）研究10所監獄暴行發現，在個人背景上，具有暴行的受刑人比其他受刑人年紀平均小3歲，他們入監前多數是無業、教育程度低、單身未婚，另外在犯罪紀錄上與其他受刑人相較並無差異，但第一次服刑的年紀卻相當年輕，而在具有暴力傾向受刑人這一組的背景特質上與暴行受刑人有相似的結果。較為突出之處是他們所犯的罪多數為暴力犯罪（例如強姦、強盜、重傷害），但是殺人罪卻不多見。這項研究的結果與Irwin（1980）及Johnson（1987）所形容的監獄為家型犯罪人（State-raised Convicts）特質相似，這些人屬於社會的邊緣人，青少年時期即進入刑事司法系統中，而且多具有服刑的經驗。

Flanagan（1983）之研究指出受刑人之年齡、藥物濫用之經驗、犯罪類型及刑期長短等變項與其在監之違規行為有相當顯著之關係存在。Franklin等人（2006）利用統合分析結果亦發現，年紀輕的受刑人（18-25歲）其違規或暴

力行為高於其他年齡層的受刑人。

在國內的研究陳慶安（1992）以抽樣問卷調查方式，抽取臺北、新竹、臺中、臺南及高雄等5所監獄受刑人456名發現，違規受刑人與未違規受刑人在性別、結婚與否、犯罪類型、刑期長短、在監時間及服刑經歷等變項上有顯著之差異存在。鄧煌發與林健陽（1996）的研究則發現，受刑人較易發生輕微暴行之特性為：男性、無宗教信仰者、刑期越長、進入監獄執行之時間越長、過去判刑或服刑次數越多、累進處遇級別越高、觸犯暴力犯罪類越多、對監獄各項措施越不滿意、違規行為越多、遭受被害經驗越多之受刑人，在監服刑期間比較容易發生輕微暴行。而高千雲與任全鈞（2000）的研究亦有相同的結果：觸犯暴力犯、毒品犯罪類型越多、男性、未婚狀況、年紀越輕者及累進處遇級別越高者越容易發生暴行，惟有刑期、犯次與服刑次數並未發現與暴行有關聯性。而在楊士隆、任全鈞（2002）之研究發現：累進處遇級別越高、刑期越短、男性及教育程度越低、服刑經驗越多、越有暴力或是衝動性格者越有可能發生監獄暴行。林學銘（2018）的研究亦發現：鬥毆打架以發生在炎熱天氣、日間時段舍房內，刑期未滿五年者為最多；同時受刑人之間發生衝突行為上，年齡愈輕、入監前無收入、管理適應差及人際互動壓力大者，愈容易與人發生衝突，以上由國內外的相關研究比較中可以發現：多數共同一致的研究結果在於多屬男性、教育程度低，服刑經驗多、具有暴力傾向（但入監罪名不一定是以暴力犯為主）、累進處遇級別越高者（Wright, 1991；陳慶安，1992；鄧煌發與林健陽，1996；高千雲與任全鈞，2000）會產生這種結果或許是如Wright（1991）所言，這些人屬於社會的邊緣人，青少年時期即進入刑事司法系統中。

綜合上述可知，暴行受刑人，在個人背景上具有以下的特徵：男性、未婚、年紀輕、暴力犯罪類型、刑期與在監時間越長、進出矯正機構次數越多者等，在監服刑期間均較易發生暴行。

第四節　受刑人暴行衍生之徵候

依據監獄社會學之研究，在暴行或是騷動發生之前皆會產生某些先期的事故，假若能及早發現這些徵兆，及時加以處理則將能使即將發生的騷動消弭於

無形，有關暴動發生的徵候國外相關文獻分述如下：

美國學者Wilsnack與Ohlin以紐約時報報導、地區報紙、社論及書籍為分析資料來源，針對1951至1953年以及1968至1971年兩階段時期，探討美國二個監獄共計發生14件之暴動滋擾事件的個案，從而釐出監獄發生暴動滋擾事件之九大先決條件，依其比例高低次序分述如下：

一、行政的不穩定性：矯治系統的變動或不穩定性均足以造成矯治政策制定的不確定性。（計14件，占100%）

二、剝奪：對受刑人施以較嚴苛的管理與限制。（計13件，占92.86%）

三、過去的事故：少數受刑人試圖利用機會伺機報復或彌補過去的問題而採取行動。（計13件，占92.86%）

四、外在壓力：矯治系統以外的有組織性或官方的變動，意圖迫使監獄做政策或實務上的改革。（計12件，占85.71%）

五、監獄人口壓力：監獄擁擠容易造成受刑人相互間的衝突或職員間的摩擦。（計11件，占78.57%）

六、社會大眾：矯治政策制定者及大眾瞭解監獄的問題並要求改革。（計11件，占78.57%）

七、改革的誠意：對受刑人之各項提議承諾或處遇方案並未完全實現，使其感到監獄對改革沒有誠意。（計11件，占78.57%）

八、職員的緊張與憂鬱：尤其對裝備不佳的戒護人員常有心理上的緊張。（計11件，占78.57%）

九、職員間的衝突：對監獄之各項決策或職權公開衝突，包括職員間或高階層間的摩擦。（計7件，占50.00%）

美國聯邦矯正研究所（The National Institute of Corrections, NIC）開設名為「監獄暴行之抗制」（Containment of Prison Violence）之課程，為使學員能確實留意監獄內之緊張壓力徵候，而能有效掌控監獄大小暴行。

一、受刑人間存有不安之氣氛。

二、受刑人各小團體異常的安靜祥和。

三、有意逃避與管教人員接觸（目光或言語之接觸）。

四、突然增加日常生活必需品之採購。

五、轉配房與轉配業之申請案件突然增加。

六、受刑人不尋常的聚集。

七、雞毛蒜皮之事件突然增加。

八、充滿煽動文字之作品出現。

九、從事一般活動時，受刑人突然缺席。

十、受刑人抱怨次數增加。

十一、其他機構騷動的侵擾。

十二、發生針對個人、種族或團體之傷害行為。

　　總合上述研究文獻，受刑人之暴行原因與徵候之範疇不離下述五大範圍之影響（引自林健陽、鄧煌發，1996），亦即：監獄外社會氣氛之影響、監獄建築結構之影響、受刑人人格特質、受刑人間行為互動之影響及受刑人與管教人員（措施）之影響。

第五節　受刑人暴行之理論詮釋

　　由於研究監獄暴行有從各種不同的角度著手，因此其解釋監獄暴行之相關模式亦有互異，由參考文獻獲知，解釋監獄暴行的相關模式中計有監獄擁擠模式、社會控制模式、剝奪模式及輸入模式，受刑人平衡理論與行政控制理論（McCorkle & Miethe, 1995; Useem & Reisig, 1999），而筆者亦嘗試對於前述幾項解釋模式進行本土化的考驗，其結果一併分述如下。

一、監獄擁擠模式（Crowding Model）

　　Cox等人（1984）提出社會互動需求模式（Social Interaction-demand Model）解釋監獄擁擠所產生的效果，因為運用於矯正機構的資源有限，隨著監獄人口的增加，舍房更加擁擠，受刑人活動空間緊縮，各項生活服務諸如飲食、工作、衛生、醫療、康樂活動等品質之降低，嚴重影響收容人應享有各項基本生活權益及資源分配不足的現象。除了有形的物質層面外，它亦將增加不確定感的程度、認知的負擔、社會互動引起的衝突，在受刑人的心理層面上將提升害怕、焦慮、認知緊張及挫折感程度，最後這種壓力的顯現與下列因素有關監獄擁擠的容忍、沮喪、血壓、情緒的變化、疾病的產生及攻擊。綜合言之，監獄擁擠、爆滿之結果將使原本並非舒適之環境更加雪上加霜，對收容人身心之健康影響至鉅，其層面包括違規行為、暴行、壓力、心理疾病、自殺行為、死亡率等。

二、社會控制模式（Social Control Model）

社會控制模式是利用一些強迫性的改變例如判決、裁定等正式的法定儀式改變及影響許多的關鍵（Bond）。例如態度、參與感、信仰等，社會控制假設是植基於早期監獄研究的文獻（Cloward, 1960; McCleery, 1961），Irwin（1980）研究加州監獄體系發現暴行與派系的關聯性，在監獄中有效的社會組織將會被幫派及其他小團體所取代，若是各團體之間產生緊張與不合，暴力相向的可能性將會大增，各種族的爭端多數是依賴調停與溝通解決，但若是各團體之間衝突提升（此種可能性是比較少），則監獄中的生態將會產生變化，小團體會萎縮，大的幫派團體擴充，其他人必須加入以求自保。由社會控制模式的觀點可知，監獄暴行是建立權力與產生衝突的一項重要機轉，且這類型的暴行是較接近於工具性的暴力行為，而非出於監獄擁擠之下所產生認知上的緊張，引起的暴行。

當本研究提出這二項模式是解釋暴行時或許會認為二者相異性大，事實上二者觀念上有重疊，二者對於暴行的控制與緊張的解釋是相似的（Ekland-Olson, 1986）。Ellis（1984）曾提出這二者觀念上綜合的可能性、資源的缺乏、環境的變化、監獄人口數及社會控制間接影響監獄暴行；而監獄擁擠，則影響三項社會控制的要素：第一，削弱受刑人與管教人員互動的附著；第二，監獄過程中地下化的利益及懲罰將減少；第三，類似於第一點，削弱受刑人之間結構上的交流，亦即削弱地下化間人際的信任感，如此透過他們入監前所形成的人際互動模式及入獄後受到機構性的控制，擁擠與結構變化將會使暴行增加。

不確定感與人際的互動二者觀念上整合的可能性，互動過多所產生的不確定感或許並不會影響監獄暴行，然而，若是受到監獄擁擠的影響，而產生人際間互動變化頻繁與不穩定，就必須注意是否會影響暴行。

三、剝奪模式（Deprivation Model）

在一些相關的監獄副文化的研究中發現，監獄暴行只是反應出受刑人在適應監獄生活中的一項行為表徵，或是個人認知及動機上的延伸（Ellis et al., 1974; Bartollas et al., 1976; Feld, 1977），前者就是剝奪模式，後者則是輸入模式，此二者為當今解釋受刑人適應監獄生活的主要二理論，就功能理論來說受刑人監禁過程中的退化、剝奪或痛苦所產生適應行為的反應，矯正機構具有塑造受刑人適應環境監獄化的影響，在監獄化的過程是受刑人隨著服刑時間的推

移而漸適應監獄中的生活，加上對監獄社會獨特風俗與價值觀之學習，而完全融入監獄社會中。相反的輸入模式則持不同的看法，認為受刑人適應監獄生活的方式是於入監前即已形成的態度、價值觀及經驗的表徵。

從剝奪的觀點視之，監獄的特性與結構，部分受刑人可能在犧牲其友伴的利益下攫取私益，以換取生存，另外之受刑人則可能完全投入受刑人組織之團體，經由團體的凝聚力及物質的分配以減輕受刑人的痛苦，提供一些受刑人對他人的剝削與侵害，這些侵害決定了剝奪的量與質，相同的機構中監督的嚴密程度與機會的有無，亦是決定暴行多寡的原因之一，如此受刑人在工具性的暴力將有所差異，因為在監禁過程中所產生的剝奪能藉暴力解決。例如物質與性的剝奪即能透過這種工具性的暴力獲得紓解，在這種強制性的機構中無法讓每位受刑人都能獲取那已經有的物質享受（例如違禁書刊、現金等），惟有透過暴力才能獲得特權與地位。

四、輸入模式（Importation Model）

剝奪模式認為受刑人的暴行視為對監獄環境的功能性適應，但輸入模式則認為受刑人受到經驗及認知的影響而形成對人和事的態度。因此暴行只不過是於其入監前行為類型的反應，並非完全對監禁的反應，蓋許多價值、行為型態在入監前即已形成，於入監後攜入，如許多的受刑人之間具有暴力傾向，如此監獄副文化中具有暴力的使用的特性，僅是受到輸入模式的影響，而非剝奪模式認為的副文化中具有暴力的特質，受刑人入監後必須適應環境，影響其行為模式。例如我們可以發現在監獄的江湖規定中有一部分是與社會上社經階層相似，例如強硬、拒絕軟弱、熱愛身體強壯、精神上強硬態度、經常以暴力解決問題、暴力並不認為是一種非法的行為等（Wellford, 1967; Thomas, 1971）。另外許多幫派分子在外界社會中因爭奪地盤、利益衝突或仇殺，而入監後又再度相遇，如此對復仇的一方而言，正是復仇的好機會。甚至許多受刑人於街頭經驗中習得生存技巧，如何在社會中剝奪他人的方式以求生存，相同的這些人入監後一樣會以相同的手法施暴或是訴諸於武力，以解決監禁中的痛苦。

在比較剝奪模式與輸入模式對監獄暴行的解釋上，Poole與Regoli（1983）比較4所管理取向上差異的少年矯正機構暴行發現，戒護取向的少年矯正機構暴行發生率高於教化取向的少年矯正機構，亦即機構的類型是影響暴行發生的原因之一；其次，除了機構類型外，入獄前的暴力傾向是最佳的暴行預測因子，此外種族是影響教化取向機構暴行的因子，而在以拘禁為主的少年機構則

是以收容人內規（Inmate Code）最具解釋力。由以上的比較分析可以瞭解，輸入模式與剝奪模式對暴行的解釋，並無法比較出何者為優，而是依所研究的對象與機構管理方式或是其他的變項所影響，因此在考驗二理論之時應注意外因變項對解釋力的影響。

五、受刑人平衡理論（Inmate-balance Theory）

在1950年代有一群學者嘗試發展出一理論解釋監獄社會的適應（Cloward et al., 1960），他們的理論是建基於Donald Clemmer《監獄社會》（*the Prison Community*）一書中（1940）；他們認為監獄是一個小型的社會，他們有自己的角色扮演、內規、領導階級等，這些非正式的社會控制使得監獄內能相安無事，保持平靜；在管理階層方面，他們會給予這些領導分子，一些特權以為回報，而這些領導分子則會視情形將其所獲得的特權分一些給予幹部作為鼓勵；然而在這一種管理系統下，獄政管理階層必須有限度的容忍一些違規行為，例如私下傳遞消息、違禁書刊等行為。這種的管理方式，管教人員的工作只是容許一定範圍內的違規行為，其餘的秩序管理由受刑人自行運作，亦即管教人員退出圍牆由受刑人自行管理，這種管理模式稱之為受刑人平衡理論；而造成受刑人之間的暴行與騷動的原因，依該理論的解釋為當管教人員欲介入或剝奪受刑人的特權或是對寬鬆的政策緊縮時，亦即破壞了管理階層與被管理階層的平衡時，暴行即有可能產生。贊成此一理論的學者認為（Sykes, 1958; Bright, 1996），首先，由許多的監獄暴動案例中可以發現，監獄在發生暴動之前整個囚情已陷入不佳的狀況之下，而管理階層越想控制受刑人則反彈越大，最後造成暴動的事件只不過是導火線。另外管理階層破壞了受刑人與管理階層之間的生態平衡，當管理階層所給的特權越多，受刑人所要的也就越多，一旦當管理階層發現，日漸難以掌控整個情勢時，勢必要收回所給的特權，此時即有可能發生抗爭，甚而產生騷動或暴動，到最後生態的重組。

在許多的個案研究中支持受刑人平衡理論；首先是Sykes（1958）分析紐澤西州監獄暴動的原因發現：當時的管理當局，欲緊縮管理的政策，例如限制娛樂活動的時間與空間、違禁品的搜查日益嚴格，此舉嚴重破壞了當時生態的平衡，而最後造成二次的暴動。而Colvin（1982, 1992）亦肯定受刑人平衡理論，根據其研究1980年發生於新墨西哥州Santa Fe監獄（Penitentiary of New Mexico at Santa Fe）暴動發生的原因發現：暴動發生的關鍵原因在於嚴厲搜查禁藥與減少先前的處遇計畫，此舉破壞了監獄內部的非正式控制社會機轉，加

上處置不當最後引發暴動。

但Useem與Kimball（1989）及Useem等人（1996）新近的二項研究則不同意受刑人平衡理論的論點，而支持行政控制理論；該二項研究蒐集並分析從1971至1991年所發生的15所監獄暴動，其結論認為並無所謂破壞了管理與被管理之間平衡的情形，相反的是行政管理階層功能不彰，公權力無法執行的結果。

六、行政控制理論（Administrative-control Theory）

行政控制理論是以《*Governing Prisons*》（DiIulio, 1987）、《*States of Siege*》（Useem & Kimball, 1989）二本書為基礎引申而來，雖說該二書作者不同，但它們卻有一致的結論：監獄囚情不穩定是由於管理不良的結果。管理不良（Administrative Breakdown）將會產生以下的結果：第一，管理不良受刑人將會覺得管理不公、資源分配不均，因為有辦法的人可以享受特權，即使違規亦可以私下了結，而一般的受刑人只能聽天由命；第二，最前線的戒護人員變得不敢管事，抱持著消極不管事的心態，只求自保，每天例行工作功能的發揮亦是事倍功半，相對的亦容易造成受刑人集體勢力的坐大，公權力日漸消弱。最後，受刑人形成一股隨時可掌控監獄的勢力，暴動的發生不需要什麼特殊的理由，只要這些受刑人想要，他們即可掌控整個監獄，這個時候公權力已無功能。

在支持行政控制理論的相關文獻上，除了Useem與Kimball（1989）及Useem等人（1996）的研究外，McCorkle等人（1995）官方資料研究全美317所州立監獄暴行的情形，結果發現不良的監獄管理是預測受刑人毆打管教人員的最佳指標，另外他們亦發現各項處遇計畫是一項有用的管理工具，若監獄中有許多受刑人參與各項教育、職業訓練、工場作業將能降低受刑人暴行的發生；但亦可瞭解一旦控制了控制變項，則監獄管理無法預測監獄暴行。最後Useem與Reisig（1999）蒐集全國317所成人高度與中度管理的州立監獄的相關資料，其研究方法跳脫傳統的研究發生事故的監獄，而以比較研究法的方式，比較曾發生與未發生暴動監獄的差異，結果發現：行政控制理論解釋力較受刑人平衡理論高，但在某些情形下二者是互補的。

總之，受刑人平衡理論主張受刑人騷動或是暴行的發生，由於管理階層破壞了監獄內非正式的社會控制所造成的結果。相反地，行政控制理論則主張，暴行或騷動的發生是由於公權力無法彰顯的原因。另外，二者的主張是相對立

的，受刑人平衡理論使我們認爲行政控制與監獄秩序是負相關，換言之管教人員或公權力介入越多，則囚情越不穩定，而行政控制理論則是有效的行政控制與監獄秩序是正相關。

七、本土化的驗證結果

在解釋監獄暴行的相關模式中，有監獄擁擠模式、社會控制模式、剝奪模式及輸入模式，受刑人平衡理論與行政控制理論等，上述理論並非完全獨立、互斥，而是具有重疊之處。本土化的研究中有採用自陳問卷、質性訪談及官方資料分析等三種以能深入瞭解監獄暴行原因與驗證相關理論。

楊士隆、任全鈞的研究（2002），由複迴歸與路徑分析的結果發現戒護安全，若再加上教化的影響力，則可以解釋將近三分之二的監獄暴行。因此有效良好的管理，再加上提供受刑人適度的文康活動或是宗教活動與技能訓練，可以說是減少監獄暴行的有效良方。其次是監獄擁擠、攻擊性。從路徑分析圖來看行政控制模式（Useem & Kimball, 1989）較適用於臺灣地區的監獄暴行，如Useem與Kimball（1989）所述監獄囚情不穩定是由於管理不良的結果。

同時亦發現輸入模式中受刑人刑期、服刑經驗、攻擊性，不僅對監獄暴行產生直接的效果，亦透過機會因素影響監獄暴行。換言之，若具有攻擊傾向的受刑人，在服刑期間與其他受刑人互毆或是產生其他暴行的可能性，將高於一般受刑人，這代表著輸入模式在本研究中亦具有解釋力，但其解釋力不如行政控制模式，這二種模式並不互相衝突，可從微觀與鉅觀的層面分析之，從微觀的層面即是輸入模式，受刑人所具有的特性不會因爲入監服刑而有所改變，相反地，他們只是反應其於社會中的行爲模式，我們無法去控制其行爲，但卻有辦法透過監督的方式或是防止其機會的產生，來阻止暴行的發生，例如現各矯正機關對於幫派背景者皆列爲列管人員，即是最好的一例。而在鉅觀的部分即是行政控制理論，矯正機關各種管理制度上軌道，若有問題立即予以解決。讓收容人有申訴的管道、辦理各種教化與技訓活動，紓解其監禁的痛苦，如此將能有助於監獄暴行發生的機率。

詹益鵬（2008）採用質性研究法，採立意抽樣，抽取20名曾有鬥毆違規經驗之受刑人進行訪談，其結果發現：引發暴行的原因包括思念親人、入不敷出、吸菸限制、擁擠悶熱及刑期短、無假釋、幫派分子等個人基本特性因素。其結論認爲監禁之痛苦爲暴行之根源、擁擠悶熱與個人基本特質亦產生一定的影響，而行政管理之良窳卻對監獄暴行之發生有抑制或放大的決定性影響。

　　而另一近年來本土化的研究（賴擁連，2014）則是利用官方資料進行分析，從個人層級及機構層級，探討受刑人攻擊管教人員及其他人犯的行為，其結果發現：個人層級變項中僅吸毒經驗與累進處遇對攻擊管教人員產生顯著預測，亦即累進處遇級別較低及無吸毒經驗者較有可能產生暴行，累進處遇級別為我國獄政之特色，國外文獻中並未探討此一變項，其所代表的意義即是服刑時間，累進處遇級別越低者，侵犯管教人員的機會越高，因其剛入監服刑各種規範尚在摸索中，有些人就會以衝撞體制方式表達，但隨著漸適應監獄生活（如監獄化），較不會以非理性的方式表現。

　　其次在監獄層級變項中，監獄擁擠、戒護管理層級與人犯獎賞經驗能預測人犯侵犯管教人員的同時，戒護管理層級、人犯參與教化活動與接見次數顯著解釋受刑人間的暴行。

　　由以上的調查研究的結果中可以瞭解到，從鉅觀的層面，行政控制模式解釋監獄暴行，而微觀的層面由輸入模式解釋之。或是以不同層級面相探討，皆有助於我們對監獄暴行的瞭解。

第六節　預防受刑人暴行之對策

　　鑑於受刑人暴力行為之潛在威脅與衝擊，故有必要採行積極措施展開預防。然而從前述分析可知暴行之成因至為複雜，包括監獄外社會氣氛之影響、監獄建築結構之影響、受刑人人格特質、受刑人間行為互動之影響及管教人員之措施等，因此預防之相關措施亦必須是多向度的（Multi-dimensional），始能展現具體防治之預防效能，茲進一步分述如下。

　　一、改變易衍生暴行之建築結構：監所之建築格局亦可能影響受刑人暴行之發生，例如，在缺乏防衛空間（Defensible Space）之監所建築提升受刑人衍生暴力之機會，而大舍房的監獄，則較易令受刑人產生挫折，造成心理的剝奪、恐懼感與不安，進而衍生暴行（Sykes, 1958; Toch, 1977）。故有必要加強建築物之防衛空間安全設計，避免過多之死角與起鬥毆之心，俾節省人力，強化戒護安全。

　　二、改善監獄擁擠，致力於人道化關懷：部分國外研究顯示，越是擁擠之監獄，其暴行發生亦越頻繁。例如Gaes與McGuire（1985）針對美國19座聯

邦監獄之研究即發現，擁擠程度是暴力傷害行為最有力之指標；另美國Paulus
（1988）在研究監獄擁擠對受刑人行為之影響時亦發現，矯正機構的環境空間
與受刑人暴行有關，尤其舍房空間人口密度越高，其負面影響越大。本土之研
究則初步證實監獄擁擠因素影響男性受刑人違規行為之發生（楊士隆、林健
陽，1995），因此司法行政部門應採行以下措施，包括：檢討罪名除罪化、拓
展外出制度、普設社區處遇機構、加強犯罪預防等，以改善監獄擁擠狀況，並
致力於人道化管教與關懷，以減少暴行之發生。

　　三、強化戒護管理工作，減少受刑人依附幫派情形：研究指出監獄暴行
的產生代表著以下管理的問題：諸如受刑人氣焰高漲、管理人員離職率高、
門禁管制不夠嚴密、受刑人不服從管教的比率提升、管教人員間士氣低落及高
層人員無心於管理上等狀況（DiIulio, 1987），因此應採行必要措施，如統一
管教方法、注意配房及配業、隔離監禁、強化勤務督導與管理等（黃徵男、林
金藏，1998），以減少暴行之發生。此外，鑑於部分受刑人為求生存與自保，
而有依附犯罪組織之行為，而此為暴行衍生添加諸多變數（林茂榮、楊士隆，
1997），故矯正機構應主動掌握其組織行為動向，並運用各項措施如致力於調
查分類、協助其脫離幫派與犯罪集團組織、宗教宣導、獨居監禁審察、心理諮
商、內觀法等，對受刑人趨附犯罪組織與副文化之行為加以預防與阻絕。

　　四、強化辨識衍生暴行之徵候，即時疏導與處理：前述美國聯邦矯正研
究所指出倘能留意監獄內之緊張壓力徵候，包括受刑人間存有不安之氣氛、
受刑人各小團體異常的安靜祥和、有意逃避與管教人員接觸（目光或言語之接
觸）、轉配房與轉配業之申請案件突然增加、受刑人不尋常的聚集，以及從事
一般活動時，受刑人突然缺席、受刑人抱怨次數增加等，有助於掌控監獄暴行
之發生。因此，早期辨識受刑人暴力行為之徵候並予及早介入輔導與疏導，有
助於避免暴行之日益惡化。

　　五、暢通申訴管道，解決不滿與衝突：監獄係限制自由之地域，活動空間
狹小，各類型受刑人聚集於此服刑難免遇有爭執，而恃強凌弱之情形，亦難以
避免。故監獄應暢通申訴管道，審慎公平處理受刑人暴行違規事項，以避免再
衍生事端，或造成受刑人之冤屈。其中申訴規定，應明顯張貼於受刑人監禁處
所，並於受刑人入監時明確告知之。而對於恃強凌弱之受刑人則應嚴加考核與
管教，以避免其造成衝突與暴行之源頭。

　　六、強化酬賞及康樂活動之安排，減輕監禁之痛楚：監獄之生活較為例行
性，而監禁本身則充滿痛楚，受刑人面臨生活各層面之剝奪，常因而違規甚而

衍生暴行（林茂榮、楊士隆，1997）。因此，矯正機構應致力於各項文康育樂活動之推展，強化酬賞，以減輕監禁之痛苦。蓋有經驗之管教人員皆知，文康活動係維持紀律及培養團隊精神之有效方法，其有助於將受刑人之精力發洩於建設性之活動上，緩和單調之生活，並減輕壓抑之情緒。

　　七、採行認知行為療法，致力於改變暴力受刑人偏差之思考型態：鑑於晚近犯罪矯治學術與實務界專家紛紛指出，暴力犯罪人存在許多認知缺陷與思考扭曲現象，因此矯正行政部門有必要採行認知行為療法（Cognitive-behavior Therapy）等專業化之處遇，以對其偏誤之犯罪思考型態（Criminal Thinking Patterns）予以干預、介入處理，減少暴行之發生（楊士隆、吳芝儀等，2000）。

 **結　論**

　　綜合言之，受刑人暴行之發生對受刑人本身、監獄機關與整體社會均將產生不良影響，亟待法務當局正視，積極展開預防作為。受刑人暴行問題涉及層面甚廣，發生的原因主要涵蓋鉅觀及微觀因素，包括：一、受刑人本身的暴力傾向特質：監獄內發生暴力行為之四種特徵：年紀輕、低階層、充滿憤怒與恐懼及有暴力行為經驗之受刑人；二、社會因素：幫派傾軋、族群互斥、走私違禁藥物案件增加，亦會增長監獄暴力行為之發生；三、機構結構因素：擁擠、缺乏隱私、資源匱乏、未充分配業、武器之取得容易，並普遍存在之高緊張生活、權威壓力等均為促進受刑人發生暴力行為之因素（Bartollas & Conard, 1992; Stojkovic & Covell, 1992）。在預防受刑人暴行方面，筆者以為舒緩受刑人暴行問題必須以宏觀的視野，對前述衍生暴行之各項相關因素予以剷除，主要之作為包括改變易衍生暴行之建築結構改善監獄擁擠，致力於人道化關懷強化戒護管理工作，減少受刑人依附幫派情形，強化辨識衍生暴行之徵候，暢通申訴管道解決不滿與衝突，強化酬賞及康樂活動之安排減輕監禁之痛楚，採行認知行為療法致力於改變暴力受刑人偏差之思考型態等，其應有助於舒緩受刑人暴行之發生。

參考書目

一、中文部分（依筆畫順序）

周愫嫻、李茂生、林育聖、Hebenton（2011）。我國矯正政策與管理機制之研究。行政院研究發展考核委員會委託計畫（RDEC-RES-099-018）。

林茂榮、楊士隆（2002）。監獄學：犯罪矯正原理與實務。五南圖書。

林學銘（2018）。受刑人違規行為成因及其對策之研究（未出版之博士論文）。中央警察大學犯罪防治系。

高千雲、任全鈞（2000）。生活壓力、社會支持、社會距離與監獄暴行關聯性之研究。警大學報，第36期，頁317-33。

陳慶安（1992）。受刑人違規行為影響因素之研究（未出版之碩士論文）。中央警察大學。

曾佳茂（2015）。監獄處遇制度的抑制性對受刑人暴力違規行為影響之研究：以累進處遇、縮刑及假釋制度為例。犯罪學期刊，第18卷第2期，頁79-116。

黃昭正（2007）。戒護事故之研究。載於楊士隆、林健陽（主編），犯罪矯治：問題與對策（5版，頁109-128）。五南圖書。

黃徵男、林金藏（1998）。矯正實務。矯正協會。

楊士隆（2001）。台灣地區監獄暴行之研究。行政院國家科學委員會專題研究計畫。

楊士隆（2007）。受刑人生活適應問題之研究。載於楊士隆、林健陽（主編），犯罪矯治問題與對策（5版，頁77-93）。五南圖書。

楊士隆、林健陽（1995）。監獄受刑人擁擠問題之實證研究。行政院國家科學委員會專題研究計畫。

楊士隆、任全鈞（2002）。台灣地區監獄受刑人暴行之實證研究。警大學報，第39期，頁345-373。

楊士隆、吳芝儀等（2000）。認知行為處遇法在犯罪矯正上之應用。法務部矯正人員訓練所。

詹益鵬（2008）。監獄受刑人鬥毆違規事件之研究（未出版之碩士論文）。國立中正大學。

鄧煌發、林健陽（1996）。監獄受刑人輕微暴行相關因素之研究。警大學報，第27
　　卷第2期，頁177-206。

賴擁連（2013）。揭露監獄違規人犯挑釁與侵犯行為之危險因子。警學叢刊，第44
　　卷第4期，頁63-88。

二、外文部分（依字母順序）

Bartollas, C. & Conrad, J. P. (1992). Introduction to correction. Harper Collin.

Bartollas, C., Miller, S. J., & Dinitz, S. (1976). Juvenile victimization: The institutional paradox. Halsted Press.

Bright, C. (1996). The powers that punish: Prison and the politics in the Era of the big house, 1920-1955. The University of Michigan Press.

Cloward, R, A. (1960). Social control in prison. In R. Cloward, D. R. Cressey, G. H. Gosser, R. McCleary, L. E. Ohlin, G. M. Sykes, & S. Messinger (Eds.), Theoretical studies in social organization of the prison. Social Science Research Council.

Colvin, M. (1982). The 1980 New Mexico riot. Social Problems, 29: 449-63.

Colvin, M. (1992). The penitentiary in crisis: From accommodation to riot in New Mexico. State University of New York Press.

Cox, V. C., Paulus, P. B., & McCain, G. (1984). Prison crowding research: The relevance for prison housing standards and a general approach regarding crowding phenomena. American Psychologist, 39: 1148-1160.

DiIulio, J. Jr. (1987). Governing prisons. Free Press.

Ekland-Olson, S. (1986). Crowding, social control, and prison violence; Evidence from the post-ruin years in Texas. Law & Society Review, 20 389-421.

Ellis, D. (1984). Crowding and prison violence: Integration of research and theory. Criminal Justice and Behavior, 11: 277-308.

Ellis, D., Grasmick, H. G., & Gilman, B. (1974). Violence in prisons: A sociological analysis. American Journal of Sociology, 80: 16-43.

Farmer, J. F., (1988). A case study in regaining control of a violent state prison. Federal Probation, 52: 41-47.

Farrington, D. P. & Nuttal, C. P. (1980). Prison size, overcrowding, prison violence and recidivism. Journal of criminal Justice, 8: 221-231.

Farrington, K. (1992). The modern prison as total institution? Public perception versus objective reality. Crime & Delinquency, 38: 6-26.

Feld, B. (1977). Neutralizing inmate violence: Juvenile offenders in institutions. Ballinger.

Flanagan, T. J. (1983). Correlates of institutional misconduct among state prisoners. Criminology, 21: 29-39.

Franklin, W. T., Franklin, C. A., & Pratt, T. C. (2006). Examining the empirical relationship between prison crowding and inmate misconduct: A meta-analysis of conflicting research results. Journal of Criminal Justice, 34: 401-412.

Gaes, G. G. & McGuire, W. (1985). The contribution of crowding versus other determinants of prison assault rates. Journal of Research in Crime and Delinquency, 22: 41-65.

Goffman, E. (1961). Asylums: Essays on the social situation of mental patients and other inmates. Anchor Books.

Harris, G. T. & Varney, G. W. (1986). A ten-year study of assaults and assaulters on a maximum security psychiatric Unit. Journal of Interpersonal Violence, 1: 173-191.

Irwin, J. (1980). Prison in turmoil. Little, Brown.

Johnson, R. (1987). Hard times: Understanding and reforming the prison. Brooks/Cole Publishing.

Kratcoski, P. C. (1988). The implications of research explaining prison violence and disruption. Federal probation, 52: 27-32.

McCleery, R. H. (1961). The governmental process and informal social control. In D. R. Cressey (Ed.), The prison: Studies in institutional organization and change. Holt, Rinehart and Winston.

McCorkle, R. C., Miethe, T. D., & Drass, K. A. (1995). The roots of prison violence: A test of the deprivation, management, and not-so-total institution models. Crime and Delinquency, 41: 317-331.

Miethe, T. & Robert, M. (1990). Opportunity, choice, and criminal victimization: A test of a theoretical model. Journal of Research in Crime and Delinquency, 27: 243-266.

Norris, F. H., Kaniasty, K., & Thompson, M. P. (1997). The psychological consequences of crime, In R. C. Davis et al. (Eds.), Victim of crime (2nd ed.). Sage Publications.

Poole, E. D. & Regoli, R. M. (1983). Violence in juvenile institutions: A comparative study. Criminology, 2: 213-232.

Scharf, P. (1983). Empty bars: Violence and crisis of meaning in prison. Prison Journal, 63: 114-124.

Steinke, P. (1991). Using situational factors to predict types of prison violence. Journal of Offender Rehabilitation, 17: 119-132.

Stojkovic, S. & Covell, R. (1992). Corrections introduction. Anderson.

Sykes, G. M. (1958). The society of captives: A study of a maximum-security prison. Princeton

University Press.

Thomas, C. W. (1971). Conflicting processes of socialization in the prison community. Georgia Journal of Corrections, 1: 34-43.

Toch, H. (1977). Living in prison. The Free Press.

Toch, H. (1985). Social climate and prison violence. In M. Braswell, S. Dilingham, & R. Montgomery (Eds.), Prison violence in America (pp. 37-46.).Anderson.

Useem, B. & Kimball, P. A. (1989). States of siege: U.S. prison riots 1971-1986. Oxford University Press.

Useem, B. & Reisig, M. D. (1999). Collective action in prisons: Protests, disturbances, and riots. Criminology, 37: 735-759.

Useem, B., Camp, C. G., & Camp, G. M. (1996). Resolution of prison riots: Strategies and policies. Oxford University Press.

Wellford, C. (1967). Factors associated with the adoption of the inmate code: A study of normative socialization. Journal of Criminal Law, Criminology, and Police Science, 58: 197-203.

Wright, K. N. (1991). The violent and victimized in the male prison. Journal of Offender Rehabilitation, 16(3-4).

第十九章　從犯罪學視角分析暴力恐怖主義犯罪

王伯頎[1]、許華孚[2]

　　本文從犯罪學角度切入，分析恐怖主義相關理論發展，釐清恐怖主義活動、恐怖犯罪之定義、特性與相關之理論，並由微觀與巨觀觀點分析恐怖主義之成因，後就恐怖主義活動與恐怖主義犯罪之差異做一說明。亦即能清楚地分辨事件發生究竟為暴力恐怖活動或是暴力恐怖犯罪？除犯罪學外，各研究領域（如社會學、心理學等）對於恐怖活動的理論解釋為何？又其恐怖活動於不同背景下的心理脈絡為何？接著，也想瞭解恐怖活動者的動機為何？恐怖活動所帶來的影響有多大？最後，提出我國未來對暴力恐怖主義犯罪活動應如何因應等，本文試圖由上述角度切入分析，期望能對暴力恐怖主義犯罪能有更全面與完整的理解。

第一節　有關恐怖主義犯罪的理論解釋

　　恐怖主義是嚴重侵犯人權、擾亂國際秩序及危害國家安全的國際犯罪。一般而言，恐怖主義的相關活動類似犯罪行為，且所從事的行為基本上乃是危害社會治安的犯罪行為，以下幾個犯罪學理論可對恐怖主義盛行之原因作出部分解釋，也讓大眾對恐怖主義的成因有部分的認識與瞭解[3]。

一、挫折攻擊論（frustration aggression hypothesis）

　　此理論為學者Berkowitz所提出，基本論點認為，當個體或群體謀求的某些利益或目標遭受阻礙或挫折時，反應方式之一為對引發挫折感的對象加以攻擊。而恐怖主義活動之所以發生，可能源於恐怖組織與恐怖分子心理上的挫折

[1] 銘傳大學犯罪防治系所副教授、內政部犯罪防治中心第9屆委員，法務部司法官學院犯罪防治研究中心研究委員／刑事政策與犯罪防治研究專刊執行編輯。
[2] 國立中正大學犯罪防治系所教授兼國際長、臺灣青少年犯罪防治研究學會理事長。
[3] 相關理論內容，請參閱黃富源、范國勇、張平吾（2006），犯罪學概論，三民書局；胡聯合（2001），當代世界恐怖主義與對策，東方出版社。兩書內對於相關理論有完整的解釋與說明。

感（Friedland, 1992），如恐怖分子在個人事業或生活中的挫敗經驗，或其所處社會階級、種族、地區等在該社會、經濟或政治上遭到歧視及不公平對待，或在社會變遷的現代化進程中，因追求實現某些願望時遭受忽視、遺棄、或被剝奪，產生挫折感及不滿現況情形，於是以訴諸恐怖的暴力犯罪攻擊行動表達不滿。而導致挫折感原因有以下幾種理論：

(一)**社會不平等理論**：此理論強調，社會經濟及政治的不平等為挫折感的根源，如經濟上的貧富差距懸殊，政治上的獨裁、不公平統治，或在社會上遭受歧視及社會地位日趨邊緣化等因素。

(二)**階級壓迫理論**：此理論認為，居於統治的宰制階級透過各種方式與手段壓迫被統治的被宰制階級，此為恐怖組織與恐怖分子產生挫折感的來源。

(三)**相對剝奪理論**：此理論認為，當個人期望與現實之間所產生落差時，便會產生失望或被剝奪感覺，當此一落差大到無法容忍時，便容易產生挫折感及暴力攻擊行為，如進行改革、革命或製造恐怖活動。

(四)**期望中斷理論**：此理論指出，當個人的期望突然落空或被迫中斷時，因其期望速度仍以未中斷前的速度增長，必然導致期望與現實之間的矛盾衝突，因而產生挫折感。

(五)**地位不一致性理論**：此理論認為，當個人經濟、教育與政治地位之間產生不一致情形，亦容易產生挫折感。

因此，為避免社會暴力攻擊情形發生，主政者應盡量設法消除社會存在的不公平、不公正、不合理及不合人民期望的諸多現象，努力解決貧困、失業、貧富不均等社會資源分配不均問題，提高政治民主，尊重少數族群的合理訴求，保障人民的參政權等，以減少恐怖分子滋生事端的機會與頻率。

二、實力理論

此理論認為，隨著社會生活條件、經濟起飛及政治自由民主的變遷與發展，能促使恐怖主義活動滋生及發展；因為恐怖組織及恐怖分子透過此一趨勢，更容易獲得龐大的經濟資源，自由組織各種合法的社會團體吸收成員及資金，以掩護及資助非法恐怖活動。他們認為，恐怖主義組織的戰略，並不是去爭取民眾的支持，而是向政府及民眾展現其實力。

(一)**規範理論**（anomie theory）：此理論認為，恐怖主義產生原因在於社會結構存在著某些緊張狀態，如在社會所支持與肯定的合法目標，與企圖達到此一目標的手段之間存在矛盾與不一致的失衡狀態，即社會如果過度強調合法

目標的重要性，但卻無法提供民眾達到此一目標的手段與機會，此一結果極可能促使極端份子訴諸恐怖暴力活動。因此，為避免恐怖主義活動的產生，社會應盡可能提供民眾獲取合法目標的均等機會，並針對社會結構中存在的諸多不公平及不合理措施加以改善，預防民眾透過非法手段與方式去實現目標，甚或完全否定現行的社會價值目標，以革命方式企圖推翻政府或企圖建立新的社會價值體系。

(二)模仿與學習理論（imitation or learning theory）：此理論認為，模仿並不是人類天生具有的本能，是後天在生存的社會環境中逐漸習得及內化（強化）社會價值規範而來，人們具有透過觀察（暗示的刺激）而模仿（行為反應）他人及學習社會行為的能力，是行為、環境與個人間互動的結果。如大眾傳播報導恐怖暴力活動的新聞，反覆播出的暴力攻擊行為極易受到強化，容易誘發民眾的模仿與學習，作為其遭遇問題的解決方式。一般而言，恐怖活動方式依序以爆炸、綁架及劫機形式的恐怖活動最容易被學習，暗殺及襲擊的學習性相對較低。

(三)學習反轉性理論：此理論認為，恐怖主義活動雖具有學習性，但並非一直累加上升，而是達到一定的臨界點後，恐怖主義活動的發生非但不會增加未來恐怖活動的發生數，且會減少其發生，亦即會產生逆轉效果。原因是恐怖主義活動的滋生與發展結果，嚴重影響社會及國家安全，必然會引起政府的關注，增加反恐的預算支出及充實反恐措施與人員，破壞或削弱其組織體系，使恐怖活動更難得逞。

(四)標籤理論（labeling theory）：此理論認為，恐怖主義與偏差行為一樣，是社會反應與評價的結果，亦即恐怖主義或恐怖分子是被社會貼上不受歡迎及應受責難的標籤，是在一種特殊形式符號互動過程的結果而展現出來的反社會行為。因此，在暴力事件或加害者被貼上恐怖主義行為或恐怖分子的過程中，他們也會因「自我實現預言」的作用而接受或適應該角色，其中社會、政府機構與新聞傳播的反應常在此一過程中扮演積極的關鍵角色。換言之，恐怖主義行為是社會本身透過制定什麼是構成恐怖主義與恐怖分子的法律要件，及其相對應的法律懲罰所「製造」出來的；唯有透過「除罪化」及勿隨意加上恐怖主義及恐怖分子的標籤，才可能避免強化其組織與恐怖行為。

(五)戲劇理論及傳播理論：戲劇理論認為，人們的行為必須放在社會的大舞臺來觀察，強調個人行為係透過印象管理來進行表演，其目的在於充分展現其希望表示的行為及行為的意義。如恐怖分子在傳播媒體面前常表現出恐怖分

子的殘酷形象,以製造恐怖效果,擴大其影響力;或極力表現出被逼迫、走投無路才鋌而走險的弱勢傾向,以博得同情。但在私底下則可能有著與一般常人一樣的價值觀與道德感。因此,對恐怖主義者而言,暴力行為並不是恐怖主義的真正目的,只是希望傳達其企求達到政治目的的一種手段而已;恐怖分子常是表演或宣傳專家,透過傳播媒體傳遞訊息,以遂行其恐怖活動的目的。

三、副文化理論(subcultural theory)及文化衝突論(culture conflict theory)

此理論認為,一個社會必然存在著一個主流文化,同時也存在著各行各業屬於不同群體的副文化(subculture),當副文化價值與主流文化相衝突時,其成員可能會為維護其副文化而訴諸暴力活動,或形成恐怖主義活動。因此,為避免滋生恐怖主義活動,政府亟應正視不同社會文化間的協調、融合與相處問題。

四、衝突功能理論(conflict function theory)

此理論認為,恐怖主義暴力衝突活動產生的必要條件包括以下三項:
(一) 人類本身具有潛在的攻擊本能。
(二) 社會本身存在著資源分配不均(不公平)的現象。
(三) 民眾對產生此一不均(不公平)社會結構的合法性持否定態度。

五、自戀攻擊理論(narcissismaggression)

Pearlstein(1991)根據自己的個案研究,指出這些政治性恐怖主義者,成為政治性恐怖主義者的重要原因,都與自己的自戀受到傷害或失望有關。這些政治性恐怖主義者,在成長過程中,對自己充滿自信,但是在政治主張上與現實社會或統治當權格格不入,復以自己的政治理想或主張,得不到當局者的重視,因之受到傷害,乃將這種自戀的傷害與失望,轉而成為對當權的攻擊,而終成為一個政治性的恐怖分子。

六、心理動力理論(psychodynamic accounts)

Kellen(1982)認為鑑定(identification)與仿同(identity),是心理動力說中最重要的元素,該論點包括:個人在青年期以前的早期階段,必須發展出明確的性別角色仿同,假如不能達成,則將發生嚴重的仿同危機。恐怖主義者需要尋求對某件事物、或是某位人物,或是某一理念的認同,並且為此認同

犧牲奉獻，而恐怖主義者所尋求認同的人則可能是恐怖主義組織的領導者，尋求對某件事物或是某位人物或是某一理念的認同。而這種認同，對恐怖主義者而言，就是他的恐怖主義動機，是一種強烈的、無可分離的，歸屬於恐怖組織需求的聯結也因此會產生，對其所屬恐怖主義組織的忠誠不二，必要時也會爲此動機或組織認同而犧牲生命。

　　易言之，當一個社會下層階級或邊緣成員缺乏向社會上層流動的合法機會，其被剝奪感愈強烈，則該社會愈可能產生恐怖主義的暴力衝突活動。當恐怖主義組織透過製造震驚社會的恐怖活動，迫使政府打擊與圍剿恐怖組織，對於恐怖組織保持與社會敵對的緊張關係，明顯區分組織與社會的界限，對其組織內部的團結與凝聚力有其正面積極的功能。

　　對社會本身而言，恐怖組織的存在及政府對該組織的圍剿打擊，可使一般民眾瞭解社會規範，並與該組織劃清界線，有利於社會的團結與整合，構築一道反恐怖主義的全民治安防線。因此，恐怖主義的暴力衝突活動雖然不見容於社會，但也是值得重視的社會安全閥與預警機制，它一方面提醒民眾注意，一方面提醒處於權力結構核心的主政者，應多關心社會邊緣人所遭受的不公平待遇或困境，努力化解其中的矛盾與衝突，才可能減少類似「白米炸彈客」的挑釁與攻擊。當然要想對恐怖主義／行動有完整的瞭解，除上述相關理論外，還必詳細地考慮心理社會脈絡、動機，以及行動的後果，才能對相關行爲之法令適用問題做正確的解析。

　　綜合上述各項理論可知，恐怖主義的成因大多爲一部分人民因爲社會上所存在的不公平現象受到壓迫，所企求的目的無法以正當手段獲得，在失望之餘轉而訴諸恐怖暴力行動。當一個社會中階級流動的機會愈越低，底層階級的人民的被剝奪感會更加強烈，愈有可能造成恐怖主義的崛起。近年來媒體傳播科技無遠弗屆，當人民觀看反覆播放的恐怖攻擊新聞時，極有可能產生模仿效應，將暴力行動作爲解決不公平待遇的手段。此外，當媒體在暴力事件中爲加害者貼上恐怖分子標籤的過程中，他們也會因如同標籤理論所說的「自我實現預言」的作用而接受或適應該角色，這種現象對於維持社會安定而言並不樂觀，因此社會應盡可能提供民眾獲取合法目標的均等機會，並針對社會結構中存在的諸多不公平及不合理措施加以改善，預防民眾透過非法手段與方式去實現目標，才是防治恐怖攻擊的根本之道（黃巧嵐，2018）。

第二節 恐怖主義活動者的動機：微觀觀點

Moghaddam與Marsella（2004: xi）認為，「恐怖主義的源頭非常複雜，而且他涉及到歷史、政治、經濟、社會與心理因素等。就這些因素來說，心理因素是被研究得最少、最不被瞭解的，或許它也是最重要的一個」。

在恐怖活動動機的解釋上，Bandura（2004）斷定恐怖分子是透過認知重建工作（cognitive restructuring）來正當化他們的恐怖行動，包括如下：

一、道德的正當性：恐怖活動分子透過告訴自己這樣的行為具有社會價值，同時也具有終極道德與善意目的，來獲致道德的正當性，使人從事可被指摘的行徑。

二、委婉的語言（euphemisitic language）：人的行為在給予經過消毒或中性化處理的語言之後，通常會變得比較殘忍。必然地，他們所用的語彙是把人「消耗掉」而非把人給殺了，以及用「附帶的損害」來指稱在爆炸中喪生的百姓。Bandura提供了許多豐富的比喻和委婉言詞的例子來強調他的觀點，例如爆炸任務被稱作是「服務中的標的」，而炸彈則被稱為「垂直散開的清除人員設計」。

三、有利的比較等部分（advantageous comparison）：恐怖分子相信他們的生活方式和文化的基本價值比被他們攻擊的文化要優越。例如，美國聯邦在阿拉伯國家的眼裡，是個該被責罵的對象（Staub, 2004），因為許多問題都是因為美國聯邦的各種政策和措施所造成，有利的比較會大量的引用歷史資料將其暴力行為正當化。

Bandura也指出，恐怖組織在發展動機的工作上，同時也採用了脫離措施（disengagement practice），像是去人性化、責任轉移以及責任分散等。其中包括去人性化（dehumanization）與責任轉移（displacement of responsibility）兩種做法。去人性化的作法是認為將被殺害對象去人性化後，這些人類將不再被視為是有感情或值得關心的人，而只是次人類的形式（Bandura, 2004: 136），殺害這些人士，將不會有任何之罪惡感。而責任轉移做法則是，恐怖分子把自己的行為看成是來自權威者的命令或要求，不是自己的責任，以減輕內心的罪惡感。

第三節　恐怖主義活動的心理社會脈絡：巨觀觀點

心理社會脈絡（psychosocial context）是指對特定行為的發展和擴張有鼓舞作用的某些社會和心理環境。心理社會脈絡是一種認知建構的世界，它來自孕育於文化中個人之社會化過程，也獲得其支撐。這裡所謂的文化範圍可能很廣，可以包括整個國家；也可能很小，只包個人所處的小團體。因此有與整個社會相對應的心理社會脈絡，也有與小型次級文化相對應的心理社會脈絡。

Ervin Staub假定，某些特定文化會促成恐怖團體的成論形。此一解釋類似前述文化衝突論或副文化理論的觀點。第一個特性是貶抑文化（culture devaluation），它是指一個團體或文化挑選了另一個團體或文化做為代罪羔羊或是意識形態上的敵人。「它可能是由一些信念組成，例如他們是懶惰的、或智能有限的、或善於操弄的、或道德敗壞的，或者他們是危險的敵人，意圖摧毀我們的社會與團體」（Staub, 2004: 158）。例如，許多國家或文化認為美國對於世界上的苦難漠不關心，也對全球文化各地的差異和地區特性感覺遲鈍。許多人相信這種漠不關心的態度影響了美國聯邦，使其對全球身處貧窮和不利條件者，採行了政治壓抑的政策。此外，有些人相信美國文化對於傳統文化的認同、宗教維繫和生活方式等，是一種真實而且迫切的威脅。

多數的非白人團體相信美國社會的「主流」價值和自己次文化的價值並不一致。絕大多數這樣的人接受這個差異，或在這樣的系統之下努力地改變這個主流觀點。然而，有些人或許採取的是恐怖主義者的路徑。亦即，Staub所討論的貶抑文化概念可包含是恐怖主義者與類似恐怖行動的個人和團體。

第二個特性涉及到不平等（inequality）、相對剝奪（relative deprivation）與不公正（injustice）等的知覺。除此解釋類似前述挫折攻擊論中「社會不平等理論」及「相對剝奪理論」的論述。身於不利地位、無權和被迴避的人比一般人更可能加入暴力或恐怖組織的原因，不單單只是藉以滿足自己的基本需求，而是也希望能從恐怖組織獲得社群與認同感。Staub稱呼這種處境為困難生活條件（difficult life conditions），其特徵是飢餓、疾病、缺乏社群感，也缺乏自己和家人的庇護處所。「沒有物質資源的人，也沒有可失去的東西，他們是加入極端組織的極佳人選。而組織允諾一旦那些擁有資源者從權位中被移除，將予以更好的生活條件。」（Wagner & Long, 2004: 211）組織所允諾的不僅僅是更好的生活條件，它還提供了歸屬感。D. M. Taylor與Louis（2004）也

做了一個相似的論述，那就是除了不利的經濟和政治因素之外，心理認同的需求也把一些人拉進恐怖組織。他們主張，「恐怖組織提出的簡化的世界觀，使得他們的組織顯得特別有吸引力，因為他們提供了一種集體認同」（Taylor & Louis, 2004: 184），恐怖組織同時也填補了許多人重要的心理上的空虛。許多人加入恐怖組織，也可能是因為他們「具有道德原則，這使他們去認同那些處於困難條件，或是被不公平對待的人」（Staub, 2004: 259）。此如同巴勒斯坦人民被剝奪的還不只是一個民族的自由，他們被剝奪的還有民族的自尊和受別的民族尊敬的權利。另一方面，當巴方試圖改變這一情境時，發現自己根本無法對抗以色列的軍事優勢，當這種群體需求與客觀現實可能性之間的矛盾日益突出，無助感日益增強時，一些極端分子就會偏執地採取極端方式改變現實自我以符合理想的自我，求得自我意識的統一。

第三個特性是，大多數恐怖組織具有很強的階級性，此論述亦類似於前述挫折攻擊理論中的「階級壓迫論」。有時候成員會把領導者描述成是全能的、令人信服與具有個人魅力的人。Staub把這種心理社會特性稱為對權威者高度的尊敬（a strong respect for authority）。有些人會加入組織，單純是為了擺脫令他們不滿意的自我意象，而把自己交給有吸引力的領導者和層層相扣的命令組織。處身於具有挑戰性或令人興奮的階層內，最讓他們感到舒服。整體而言，這些真實的或知覺到的情境，最容易再有更好生活的允諾召喚時，成為恐怖主義者招募新人的溫床。

故若以犯罪心理學的視角出發，可發現恐怖主義者有兩大特殊心理現象：

一、**價值與偶像崇拜**：許多的恐怖主義組織首腦，都是具魅力的表演者，透過他們的表演鞏固組織的凝聚力，也傳達組織的價值，如恐怖分子在傳播媒體面前常表現出恐怖分子的殘酷形象，以製造恐怖效果，擴張影響力；或極力表現出被逼迫、走投無路才鋌而走險的弱勢傾向，以博得同情。對恐怖主義者而言，暴力行為並不是恐怖主義的真正目的，只是希望傳達其企求達到政治目的的一種手段而已。追隨恐怖主義組織首腦的恐怖主義組織成員，對自己所屬組織的價值必是信奉不疑，而對組織首腦也更是忠貞愛戴，當做偶像，視為君父加以崇拜（Horgan, 2005）。

二、**鳳凰情結**（the phoenix complex）：政治性、與理想性的恐怖分子，在從事恐怖活動時會懷抱的一種必要時可以準備身亡的心理狀態。這種心態稱之為「鳳凰情結」，這些恐怖分子，明知其從事恐怖行為之風險極高，但是卻不在乎死亡，緣於他們相信如果能夠犧牲個人的生命，以換取其所追求的理想

與希望並獲得舉世的矚目，個人的生命是微不足道的（Hubbard, 1986）。

第四節　恐怖主義活動與恐怖犯罪的差異

　　林泰和（2015）所著恐怖主義研究概念與理論一書中，針對傳統戰爭、游擊戰、恐怖攻擊與犯罪的各項特質進行比較如下：

表19-1　傳統戰爭、游擊戰、恐怖攻擊與犯罪的各項特質比較表

	傳統戰爭	游擊戰	恐怖攻擊	犯罪
戰鬥規模	大	中	小	極小
武器	制式軍事武器	步兵武器或砲兵（有時）	輕武器	輕武器或手持武器
戰術	通常各軍種聯合作戰	指揮官型戰術	專門戰術，如綁架、暗殺等	專門戰術，如綁架、暗殺等
目標	軍事單位、工業或運輸基礎設施，例外時攻擊民眾	多數為軍事、警察與行政部門人員、政敵	大部分為國家象徵、政敵與公眾	任何人
預期效果	主要為物理性摧毀，附帶心理消耗	通常是對敵人物理的消耗戰	主要為心理脅迫，亦有附帶物質損害	獲取物質利益
控制領土	是	是	否	否（但可能控制地盤）
制服	軍制服	通常穿著制服	不穿制服	不穿制服
戰區承認	戰爭限制在承認的地理區域	戰爭限制在交戰郊區	沒有承認的戰區，全球跨國際作戰	沒有承認戰區，全球跨國犯罪
國際合法性	是（若依照國際規範）	是（若依照國際規範）	否	否
國內合法性	是	否	否	否
政治動機	是	是	是	否

資料來源：林泰和（2015）。

　　恐怖主義（Terrorism）所採取的恐怖活動，與恐怖犯罪不同，雖然兩者都會引起社會的恐慌，或造成實際的傷害，但是從其特性、組織與目的上仍可區別相異之處，恐怖主義活動係指具有宗教或政治極端意念與狂熱的團體，針對特定的對象，以恐怖暴力的手段，陷個人、團體、社會、政府或國家，於恐怖驚駭的情境，以遂行其政治、社會、宗教、經濟、信念的目的。

　　根據FBI（1999: ii）的定義，「所謂的恐怖行動事件是指，以暴力行動或以對人命有危險的行為，在違反聯邦政府或任何州政府刑法規定的情況下，威嚇或強迫政府、社會大眾、或其下之任何部門者」。Sternberg（2003: 229）把恐怖主義簡單的定義成「有系統地使用恐怖，特別是作為一種強迫之手段」。Hallett（2004）把這個名詞定義為，一種針對人或財務的誇張犯罪，犯罪者只能從中獲得象徵性的或心理的滿足，該段文字特別強調誇張性的犯罪，且只能獲得象徵性的滿足，無法獲得真正實體物質。但比較代表性的仍以Marsella的定義及美國愛國者法案之定義較為大眾所引用。Marsella（2004: 16）認為「恐怖主義／行動可以被寬廣地看成(a)有一些人或團體(b)針對社會大眾(c)使用武力或暴力(d)並且企圖造成恐懼(e)做為強迫個人或團體改變其政治或社會立場的手段」；愛國者法案（USA PATRIOT Act13）界定則為：所有涉及(A)危害人身安全的、違反美國或任何國家刑法的行為；(B)顯然意圖要(i)強暴或脅迫平民群眾(ii)強暴或脅迫影響政府政策(iii)藉由大規模破壞、暗殺或綁架以影響政府行為；(C)主要發生在美國司法管轄權境內的行為[4]。聯合國有關威脅、挑戰與變遷之高層小組（UN High Level Panel on Threats, Challenges and Change）提出建議之恐怖主義定義，則為「任何構成恐怖主義行動，是假如其企圖是欲引起一般人民或是非戰鬥人員身體之嚴重傷害或是死亡，目的是要脅迫人民或是迫政府或是國際組織從事或是放棄任何行動」[5]。

　　而恐怖犯罪，則為單獨的犯罪者，採取暴力、攻擊、脅迫、恐嚇等方式要脅他人或政府，使其引起財物損失、造成心理恐懼或不安全感，以達到犯罪者

----

[4] 原文："the term 'domestic terrorism' means activities that─ '(A) involve acts dangerous to human life that are a violation of the criminal laws of the United States or of any State; (B) appear to be intended─ (i) to intimidate or coerce a civilian population; (ii) to influence the policy of a government by intimidation or coercion; or (iii) to affect the conduct of a government by mass destruction, assassination, or kidnapping; and (C) occur primarily within the territorial jurisdiction of the United States.' "

[5] Achievements of the Outcome Document 2005 World Summit, http://www.un.org/summit2005/documents.html

所預期實現之願望。兩者之間雖然有部分的相似，如恐怖主義者與恐怖犯罪者都會經由恐怖的活動或犯罪以遂行他們的信念；但恐怖犯罪卻不全然為恐怖主義者所為，因此國內有學者將其定義做仔細區分如表19-2。

表19-2　恐怖主義活動與恐怖犯罪的區別

區別	從事恐怖主義活動者	從事恐怖犯罪者
從事者特性	具組織性，如：蓋達組織。	多半為單獨行動的個體，不具組織性。如：高鐵炸彈案、臺鐵松山火車站爆炸案等。
犯罪史	不一定有傳統類型的犯罪史，但多有恐怖活動史。	多半不具傳統犯罪史，也無恐怖活動史。
動機	所具偏執信念的性質較為寬廣，如宗教、政治、特定組織或團體、軍事信念等。	所具偏執信念的性質較為狹隘，且多為伴隨其生活經驗的回應。
傷害性程度	傷害目標明確且較嚴重，以引起注意或企圖達其目的。	雖有時具嚴重性，但因包括技術、資源不足等特性，其傷害性較不確定。
活動技術	常有專業恐怖專業，從事恐怖活動的技術純熟。	技術較不純熟，使用的手法多為學習而來，較少自行開發的技術或方法。
傷害對象	針對阻礙其信念、宗教、政治發展的對象或團體，以昭明其主張。	無針對性，目的在擴大社會不安。
事件特性	具持續性，以延續其恐怖效果，強化其主張成功可能，且有非達目的不中止之特性。	不一定具持續性，但具有傳染性。
事件後從事者身分	為求效果，往往予以公開化。	為躲過偵查，往往隱身自己，具高度匿名性。

資料來源：張平吾等人（2010）。

第五節　暴力恐怖主義犯罪活動的影響

恐怖行動的本質基本上是心理性的；它的目的就是要造成文明社會嚴重

的害怕和心理的脆弱感（Levant, 2002）。Ditzler（2004）認爲「恐怖分子的動作，有很大的部分是以他們所帶來的衝擊而訂定的，而且特別是他們的心理效應」。毫無疑問地，「911的攻擊達到了它們的目的：造成全球的害怕、不確定和恐怖的心理狀態」（Marsella, 2004）。在已知恐怖主義／行動的本質是心理性的前提下，心理學在下面這些工作上的角色就更顯得重要了：瞭解它、反制它，以及處理它所造成的創傷效應（Levant et al., 2004）。

在911的攻擊事件之後，在一項全國性的調查裡有44%的人表示，自己已經歷到相當大的壓力，有90%的人則表示，他們在攻擊後體驗到一些壓力（Schuster et al., 2001）。不過，研究資料也顯示族群背景、性別和年齡都對恐怖主義／行動的反應有影響。在全國各地接受Walker與Chestnut的調查研究的人當中，有許多人表示聯邦政府太過於涉入外國事務裡，現在那些國家要報復了。此外，也有許多人表示美國政府有一種錯誤的安全感，即相信恐怖組織不會對美國加強於其他國家和文化團體之政策予以報復（Walker & Chestunt, 2003）。

以2013年4月25日的波士頓馬拉松賽爆炸案而言，根據《華盛頓郵報》記者Juliet Eilperin所做的分析報導，說明美國人是否在面對恐怖主義之時變得過於自滿？答案似乎是肯定的。她在文中寫道，蓋洛普在2013年4月初進行的民調中顯示，百分之零的美國人認定「恐怖主義」是美國眼前最重要的問題。先前的六次民調之中，恐怖主義也只占1%或不到1%，而在911事件後一年內，則超過20%。她也分析，波士頓炸彈攻擊可怕、嚇人且毫無意義，也吸引了全國的目光。不過，恐怖分子要的就是吸引目光，以扭曲民眾對於真正威脅的認知。在波士頓馬拉松設置兩顆炸彈，是個惡毒又瘋狂的大屠殺行動，但它不見得預示著恐怖主義宣傳會更爲廣布，也不表示政策或行爲有必要大幅改變。政治人物和多數新聞媒體避免猜測炸彈客的身分，而在缺乏資訊的情況下，民眾也不願意妄作結論。如果美國人可以維持住這種冷靜的態度，或許就能逐步減少發動恐怖行動的誘因。

上述概念似乎印證了Wagner與Long（2004）所述：「有壓倒性的多數證據顯示，以暴力回應暴力只能引起未來更多的暴力」。軍事攻擊行動很少能真正解決問題，除非它是在回應對於國家和其住民即將到來的真實威脅。國際恐怖主義／行動不太可能減緩下來，除非暴力的根本原因能被檢視和更正。「這些原因經常包含了在滿足人類基本需求過中所遭遇之真實地和想像的不公正，這些基本需求有因應困難的生活處境、不安全感、缺乏自決的權力，以及其社

會認同不被尊重等」（Wagner & Long, 2004: 219）。心理學的研究也指出，當代國際社會的各種嚴重衝突經常會造成觸目驚心的傷害，實際上留下的仇恨是一種帶有強力破壞性的動力因素。恐怖活動的深層動力就是這種心中的刻骨仇恨。亦即雖然心理學者對那些受到恐怖行動影響的人提供了許多心理服務，但更重要的是要設法預防它的發生，而非以牙還牙，以眼還眼的復仇應報。

Marc Sageman的研究發現：「恐怖活動者他們當中有四分之三來自中產階級或是社會上層……絕大多數（90%）來自有雙親照顧的完整家庭……上過大學。從多種角度看，這些人在他們的社會上都是最好、最光鮮的一群……沒有家庭或工作上的問題……已婚，已經有孩子……。」但這些為了信仰情願獻出自己的生命的都是什麼樣的人呢？來自不同文化背景的自殺式炸彈攻擊者是不是都具有相同的或類似的心理狀態？首先，這些人會覺得他們被置身於自己的文化之外，是無用武之地的英雄；其次。他們唯一能做貢獻的方式是通過暴力與自我毀滅；而且，這些人所處的精神狀態使他們根本不把自己的犧牲者當做人來對待。「升入天國」在加沙的伊斯蘭聖戰組織的訓練營地中，伊斯蘭激進分子就是向12歲到16歲的巴勒斯坦青少年灌輸這樣的思維方式的，伊斯蘭歷史一直推崇為聖戰獻身的烈士精神。

Marc Sageman也認為，以「團體動力學」的角度觀之，仍未成為恐怖分子的人之所以參與聖戰，是因為既有社會聯繫的作用，像已經是恐怖分子或已決定加入恐怖組織的朋友。在65%的案例中，在他們參與聖戰的過程中，既有的友誼扮演重要角色。人際關係有助於超越不願犧牲自己的自然傾向。因此，消滅謀殺式自殺的方法之一，是瞄準會影響個人危險的團體，例如蓋達組織（蔡耀明譯，2006）。

近年來，隨著網路逐漸發達與興起，以網路為工具產生的新興暴力恐怖主義活動值得重視。「網路恐怖主義」（cyber terrorism）一詞最早見諸1997年美國國際安全學界研究，其論述網路世界與恐怖主義結合將產生高度威脅，呼籲各界重視網路安全；其後即有學者陸續在網路戰、網路犯罪、網路恐怖主義等領域，探討網路襲擊技術、方式與影響，並對網路恐怖主義訂下多種定義。時至今日，全球上網人口以及臉書、IG、推特等社交平臺貼文進入雲端，社交網站顯已成為世人重要資訊來源，恐怖分子早期以駭客手法，藉惡意軟體所行的電腦病毒癱瘓、竊密，或執行實體破壞等網路攻擊行動，所形成的心理威脅已轉變為透過訊息載體的直接攻心作為，透過心理感染、意識扭轉、精神迫害等方式發揮影響的網路恐怖主義，幾已成為是類活動最新趨勢與對國際安全的重

要危害。鄒文豐（2017）指出，21世紀初期，網路恐怖主義遂行方式仍局限於對特定機構網路攻擊、侵擾，惟「911」事件後開展的國際反恐戰爭，卻刺激其快速發展；一方面，中東反恐戰事雖有打擊恐怖組織成效，但對消弭恐怖主義卻收效甚微，除培養讓ISIS等勢力茁壯土壤，更因壓縮恐怖組織生存空間，使其有轉往虛擬空間擴張動能；另一方面，也由於反恐戰爭對中東人民造成的間接傷害，以及使國際情勢更形混亂，讓極端團體益加依賴網路訴諸悲情、宣揚主張，網路空間遂成恐怖主義蔓延孳生溫床。2010年以來，隨資訊技術日新月異，網路恐怖主義對國際安全秩序威脅更與日俱增。

表19-3　網路恐怖主義主要威脅形式比較表

實體威脅	目前尚未實際發生，為網路攻擊有能力對資訊、金融、水電、能源、交通、基礎建設等造成破壞或使其癱瘓。
心理威脅	恐怖分子利用網路的開放性與便利性，進行煽動、恫嚇、宣傳、渲染恐怖攻擊等作為，用以影響社會大眾思想、營造恐懼氛圍或招募新血。
資訊威脅	恐怖分子對特定的網路節點發起攻擊，目的是破壞系統運作、阻礙作業或竊取機密資訊等。

資料來源：鄒文豐（2017）。

第六節　面臨暴力恐怖主義犯罪活動的因應之道

　　我國可能因為政治、經濟、社會或兩岸關係的不穩定及不安因素，激起部分不滿分子透過學習國際恐怖分子行為，在各地製造擾亂治安問題，如「白米炸彈客」案，可能引發「非傳統性威脅」的擴散效應，實應儘速建立標準化的危機處理機制。

　　而為因應恐怖分子攻擊，行政院於2004年建立「反恐行動組織架構及運作機制」，將反恐界定為「國安」及「行政」雙軌機制，針對恐怖行動的性質區分為暴力、生物、毒化物、放射性物質、重大公共建設、資通和其他等七類。行政院並成立「反恐管控辦公室」，裝設「綠、黃、紅」三個恐怖攻擊警示燈，當遭受恐怖攻擊時，警示紅燈亮起，行政院長立即召開「反恐行動政策會報」，針對各種狀況啟動相關應變措施。內政部警政署亦設立任務編組的「反恐科」，針對非軍事行動的恐怖攻擊提出各種反恐行動作為。國軍亦針對類似

可能的「斬首行動」成立反恐部隊，爲各種恐怖攻擊展開反恐電腦兵推演習。另以我國反恐機制論之，平時依據隸屬總統之國安體系與行政院系統並行之「雙軌制」精神進行運作，亦即透過「行政院反恐怖行動政策會報」、「行政院國土安全辦公室」、「國家安全會議反恐情勢綜合研判小組」與「國家安全局反恐怖情報整合中心」等4個單位組成之體系落實反恐作爲。應變時以國安體系爲主，依據國安局「反恐怖情報整合中心」提供之情資進行初判，並經國安會「反恐情勢綜合研判小組」正式提出判定結果，即將發生恐怖攻擊事件一旦判定則立即升高處理層級，改由國安會啓動「反恐危機決策小組」負責緊急應變時危機處理之決策。

就我國而言，我國遭受恐怖主義的威脅不是全然沒有，但是成爲國際恐怖主義攻擊直接鎖定目標的可能性不大，主要因爲臺灣民主發展已趨成熟，未有施行暴力攻擊的組織。其次則是臺灣社會多元的宗教文化，任何宗教均有其支持者且不會互相排斥，故伊斯蘭教之激進言論在臺灣並不多見。另外，由於海島的地緣特性，目前沒有證據顯示有國際恐怖主義組織活動之案例，對臺灣之滲透也相對困難。

然而，這是否意味著我們不需要反恐？答案是否定的，因爲臺美之間均維持良好關係，臺灣也自視爲美國友邦，使得臺灣仍有受到恐怖主義威脅的可能。加上恐怖主義是由「非對稱性」而來之威脅，藉由「震驚效果」而達成其訴求目標也是極爲可能，若從國家與團體之實力對比而言，我國仍有成能成爲恐怖分子進行非對稱性攻擊之目標。

此外，我國境內印尼及菲律賓的外籍勞工人數眾多，「伊斯蘭祈禱」團體（JI）、與「阿布沙耶夫武裝組織」（ASG）等恐怖組織，亦可能利用我國引進之外勞，吸引其成爲新成員，並利用發達之外貿而開設帳戶進行洗錢、購置硬體裝備，且在恐怖主義與跨國組織性犯罪逐漸結合的趨勢下，臺灣內部之幫派組織與組織性犯罪團體亦可能與地區之恐怖組織接觸，或尋求偷渡管道、槍械供給或藏匿協助，進而助長其勢力延伸至我國境內（林釗圭，2012）。

從國土安全而言，反制恐怖主義已經是21世紀國家安全的優先項目之一。原因即在於恐怖攻擊事件，不僅可能造成民眾重大傷亡，同時透過傳媒即時轉播，非常容易引起社會各層面的動盪與不安。張淑中（2013）曾引用犯罪學「日常活動理論」來說明高鐵爆炸案與波士頓爆炸案，並認爲需提升培養全民的反恐意識，或許可作爲借鏡參考。

其運用犯罪學理論探討此次行李炸彈案，一般而言，炸彈攻擊若要成功

發生，至少在時間與空間上要有三項因素聚合在一起：一、具有犯罪動機及能力的「加害者」，例如有暴力傾向的不滿時勢分子；二、容易接近且有弱點的「合適標的物」，例如人潮眾多的車站、百貨公司或大型活動場合（如此次美國波士頓舉行馬拉松比賽的終點站）等；三、有能力遏止犯罪發生的「監督者」不在場（例如警察、保全人員或具有危機意識不特定的人都不在現場）。

換言之，此次在臺灣差點造成重大人員傷亡的行李炸彈案，其實已符合上述三個基本條件。只是，由於歹徒作案方法與炸彈技術仍有些拙劣，才未能順利引爆炸彈。經由此事件的寶貴經驗，讓一般民眾深刻瞭解到恐怖攻擊事件的發生，已絕非只是他人的「瓦上霜」，它隨時可能成為我們的「門前雪」，但大家完全不自知。簡言之，未來民眾到人潮洶湧的地方時，可能都要培養並具有「自我保護意識」與「防範恐怖攻擊意識」等預防觀念，培養全民反恐意識。

在犯罪學研究領域中，犯罪者內心的「動機」，往往是最難分析與理解，更有甚者，部分精神異常者之犯罪更屬於無動機之犯罪。以現今恐怖主義活動的型態而言，組織性的恐怖主義活動，在動機、行為與背景等部分，事證較無明確，認定也較無爭議。但若是屬於疑似行為者本身並無與任何組織相聯絡，僅為個人行為之孤狼式恐怖主義（a lone wolf, lone-wolf terrorist）[6]，如孤狼式攻擊發生時，其特性究係為恐怖主義活動或是恐怖犯罪，如何快速有效認定將會是實務運作上難以解決的問題，將會面臨何機構有權認定，以及冗長調查過程是否來得及應付快速變化的獨狼攻擊行為之問題，故認定過程如何符合程序正當性的要求，將會是針對暴力恐怖主義犯罪活動必須深入解決的難題。

王伯頎以2024年2月底基隆八堵分駐所值班臺遭貨車衝撞事件，比喻猶如日本自衛隊「孤狼式攻擊」，受訪時曾指出，「孤狼式攻擊」通常指單一個人策劃與執行暴力襲擊，部分孤狼襲擊的嫌兇動機，單純出於情緒失控、個人復仇，難以預防或發現。部分犯罪者心理會有「殺人後結束自己生命」的情形，主要是傷害別人後「回魂了」，發現自己良心不安、有愧疚感，而選擇同歸於盡（李定宇、張曼蘋，2024）。如果以我國發生過的案件而言，除上述案件外，2014年臺北捷運隨機殺人事件、駕車衝撞總統府事件，2024年臺中捷運傷人事件都可以歸列為此類型的恐怖攻擊。

---

[6] 請參閱張福昌（2013），孤狼恐怖主義與內部安全。收錄於第九屆「恐怖主義與國家安全」學術研討會論文集，頁17-33。

　　身為犯罪防治領域研究者，本文期望能夠通過對暴力恐怖活動、恐怖犯罪的釐清、恐怖活動理論的說明、暴力恐怖活動心理社會脈絡的剖析、恐怖活動者的動機等面向，對暴力恐怖主義犯罪活動有全面性瞭解，藉以拋磚引玉，更加強對此一領域之研究，並就我國如何因應以建構全面性的社會安全之防護網，期待可為我國暴力恐怖主義犯罪防治工作的參考。

參考書目

一、中文部分（依筆畫順序）

Shermer, M.，蔡耀明譯（2006）。自殺炸彈客不是自殺：科學揭開了自殺炸彈客的神秘面紗！科學人，第48期2月號。http://sa.ylib.com，檢索日期：2013/6/20。

李定宇、張曼蘋（2024）。男偷車撞死警察再被火車輾斃 專家：如日本自衛隊「孤狼式攻擊」。聯合報，3月2日。https://vip.udn.com/vip/story/121942/7803190，檢索日期：2024/6/10。

林泰和（2015）。恐怖主義研究概念與理論。五南圖書。

林釗圭（2012）。參加2012年美國聯邦調查局太平洋地區講習報告（行政院各機關因公出國人員報告書）。行政院。

張平吾、黃富源、范國勇、周文勇、蔡田木（2010）。犯罪類型學。國立空中大學。

張淑中（2013）。開始培養反恐意識。自由時報。http://www.libertytimes.com.tw/2013/new/apr/17/today-o6.htm，檢索日期：2013/4/18。

黃巧嵐（2018）。我國警察機關對恐怖攻擊防制作為之探討——以重大暴力攻擊事件為例。銘傳大學社會與安全管理學系兩岸與犯罪防治碩士在職專班碩士論文。

鄒文豐（2017）。淺析網路恐怖主義之發展與全民心防的重要。青年日報。http://www.ydn.com.tw/News/207691，檢索日期：2018/4/18。

二、外文部分（依字母排列順序）

Bandura, A. (2004). The role of selective moral disengagement in terrorism and counterterrorism. In F. M. Moghaddam & A. J. Marsella (Eds.), Understanding terrorism: Psychosocial roots, consequences, and interventions. American Psychological Association.

Ditzer, T. E (2004). Malevolent minds: The teleology of terrorism. In F. M. Moghaddam & A. J. Marsella (Eds.), Understanding terrorism: Psychosocial roots, consequences, and interventions. American Psychological Association.

Federal Bureau of Investigation (1999). Terrorism in United States: 1998. U.S. Department of Justice, Counterterrorism Threat Assessment and Warning Unit.

Friedland, N. (1992). Becoming a terrorist: Social and individual antecedents. In L. Howard (Ed.), Terrorism: Roots, impacts, responses. Praeger Publications.

Hallett, B. (2004). Dishonest crimes, dishonest language: An argument about terrorism. In F. M. Moghaddam & A. J. Marsella (Eds.), Understanding terrorism: Psychosocial roots, consequences, and interventions. American Psychological Association.

Horgan, J. (2005). The psychology of terrorism. Routledge/Taylor and Francis Group.

Hubbard, D.G. (1986). Winning back the sky: A tactical analysis of Terrorism. Saybrook Publishing Company.

Kellen, K. (1982). On terrorists and terrorism: A rand note N 1942 RC. Rand.

Levant, R. F. (2002). Psychology responds to terrorism. Professional Psychology: Research and Practice, 33: 507-509.

Levant, R. F., Barbanel, L., & DeLeon, P. H. (2004). Psychology's responds to terrorism. In F. M. Moghaddam & A. J. Marsella (Eds.), Understanding terrorism: Psychosocial roots, consequences, and interventions. American Psychological Association.

Marsella, A. J. (2004). Reflections on international terrorism: Issues, concepts, and directions. In F. M. Moghaddam & A. J. Marsella (Eds.), Understanding terrorism: Psychosocial roots, consequences, and interventions. American Psychological Association.

Moghaddam, F. M. & Marsella, A. J. (2004). Introduction. In F. M. Moghaddam & A. J. Marsella (Eds.), Understanding terrorism: Psychosocial roots, consequences, and interventions. American Psychological Association.

Pearlstein, R. (1991). The mind of the political terrorist. Scholarly Resources.

Schuster, M. A., Stein, B. D., Jaycox, L. H., Collins, R. L., Marshall, G. N., & Elliott, M. N. (2001). A national survey of stress reactions after the September 11, 2001, terrorist attacks. New England Journal of Medicine, 345: 1507-1512.

Staub, E. (2004). Understanding and responding to group violence: Genocide, mass killing, and terrorism. In F. M. Moghaddam & A. J. Marsella (Eds.), Understanding terrorism: Psychosocial roots, consequences, and interventions. American Psychological Association.

Sternberg, R. J. (2003). A duplex theory of hate: Development and application of terrorism, massacres, and genocide. Review of General Psychology, 7(3): 299-328.

Taylor, D. M & Louis, W. (2004). Terrorism and the quest for identity. In F. M. Moghaddam & A. J. Marsella (Eds.), Understanding terrorism: Psychosocial roots, consequences, and interventions. American Psychological Association.

Wagner, R. V. & Long, K. R. (2004). Terrorism form a peace psychology perspective. In F. M. Moghaddam & A. J. Marsella (Eds.), Understanding terrorism: Psychosocial roots, consequences, and interventions. American Psychological Association.

Walker, K. L. & Chestunt, D. (2003). The role of ethnocultural variables in response to terror-ism. Cultural Diversity and Ethnic Minority Psychology, 9: 251-262.

第二十章　生態恐怖主義與相關攻擊事件

任怡靜[1]、蘇義淵[2]、楊曙銘[3]

前　言

　　近年來，生態恐怖主義逐漸成爲許多先進國家的新關注點。許多大規模的自然災害的發生進一步加強了民眾對環境保護的認識與重視：如2005年發生於美國的卡翠娜颶風（Hurricane Katrina）、2004年東南亞和2011年日本的311海嘯，以及2023年美國夏威夷的山火。更甚者，日本311海嘯導致了大量人員死亡，以及因核電廠故障而導致的爆炸，進而引起民眾因使用核能而對環境產生的影響而產生恐慌及對環境保護的憂慮。此外，夏威夷山火除了導致數以百計的人失蹤以外也造成拉海納鎮有80%的地方遭到嚴重破壞，美國舊金山民眾因而發起遊行抗議，呼籲政府擬議多項環境保護法。此類的天災事件往往會提高人們對環境保護的意識問題（Gore, 2013），而這些情況一般都與社會和政府施政有關。

　　在過去，這種緊張局勢往往會激化環保團體對企業、工廠或個人實施暴力行爲（Carson, 2013; Chermak et al., 2013）。爲了防止生態恐怖主義發展並能夠制定有效的預防策略，相關機構與研究人員必須要能夠瞭解問題的本質。

　　生態恐怖襲擊造成的破壞並非微不足道。舉例來說，在20世紀90年代發生於美國太平洋西北地區的一系列的縱火事件，對伐木業造成了很大的影響與損失。根據美國聯邦調查局（USA Federal Bureau of Investigation, FBI）2006年的調查報告指出，地球解放陣線（Earth Liberation Front, ELF）被認爲是美國境內首要的恐怖威脅，並且估計造成大約100萬美元的損失。

　　爲了應對這些相關威脅，近年來美國已經通過了幾項聯邦法律來防止恐

---

[1] Ph.D. candidate at the Department of Criminology, Law and Society, George Mason University.

[2] S.J.D., American University, Washington college of Law.

[3] Department of Criminology, Law and Society, George Mason University.

怖主義行動，包括1992年的動物企業保護法（Animal Enterprise Protection Act of 1992），1996年反恐怖主義和有效死刑法（Antiterrorism and Effective Death Penalty Act of 1996）等等。此外，在令人震驚的911事件之後，許多國家也開始建立相關法律機制以防範恐怖主義，如2001年的美國愛國者法（USA Patriot Act of 2001）。

然而，即使生態恐怖主義的威脅逐漸擴大，關注該主題的學術研究與討論仍然非常有限。在過去十五年裡，雖然恐怖主義的研究受到越來越多的關注，但對於生態恐怖主義仍然不夠重視。迄今為止，只有少數研究討論與之相關的問題。

第一節　恐怖主義起源與歷史發展

恐怖一詞最早於西元前105年由拉丁文的terrere（意思是「被嚇唬」）而來。1795年，革命政府使用「恐怖主義」一詞來指稱恐怖統治。而1798年法國大革命時期的雅各賓專政（法文原文為la Terreur），則被視為恐怖主義統治（恐怖主義、恐怖統治）的起源；此後，「恐怖分子」一詞多為貶義。即使恐怖統治最開始是由國家政府施行的，但近代的「恐怖主義」大多是指私人團體或個人對無辜者的濫殺與攻擊。

David .C. Rapoport（2004）的研究指出，現代恐怖主義大致上可分類為四起歷史浪潮（The Four Waves of Modern Terror）：無政府主義、反殖民主義、新左翼主義以及宗教主義。

無政府現代恐怖主義起源於1880年的俄羅斯，並於十年間蔓延至西歐、巴爾幹半島以及亞洲，是歷史上第一個全球性的恐怖主義。在此一時期最著名的事例就是三K黨（Ku Klux Klan, KKK），三K黨在美國南北戰爭後，致力於控制被解放黑奴的政治和社會地位，並反對由美國聯邦軍隊在南方強制實行的改善黑人待遇政策，三K黨將此政策視為對白人種族優勢地位的威脅，因此三K黨也被稱為白人至上主義。無政府恐怖主義於1890年代達到高峰，在此高峰期間有許多針對沙皇與俄羅斯政府官員的暗殺行動，無政府恐怖主義時期於1920年代結束。

反殖民現代恐怖主義自1920開始共持續約四十年，第二次世界大戰結束

以後，亞洲、非洲與拉丁美洲等殖民地人民要求擺脫殖民統治，並採取游擊戰等方式以期實現民族獨立。為了對抗殖民政府，殖民地人民選擇恐怖主義手段來消滅殖民政府的警察、軍隊及其家人。例如南非著名指揮官納爾遜‧曼德拉（Nelson Rolihlahla Mandela）建立的民族之矛（原文是科薩語uMkhonto we Sizwe，英文為Spear of the Nation）組織，該組織使用諸如炸彈、AK-47步槍和手榴彈等武器對南非種族主義政權發動恐怖襲擊。而民族之矛也被南非政府與美國政府列為恐怖組織，並禁止民族之矛在其境內活動。

　　第三波恐怖主義始於1960年後期至21世紀前期，被David Rapoport分類為新左翼恐怖主義。第二次世界大戰之後，受到以蘇聯為首的共產主義國家支持、訓練與援助左翼恐怖組織，開始打擊以美國為首的傳統西方列強。值得一提的是，此時期的恐怖攻擊開始出現了劫持飛機等手段，每年發生的劫機事件都在100起以上。同此期間，恐怖組織「黑色九月」在1972年德國慕尼黑奧運舉辦期間發動恐怖攻擊事件。日本境內也於此一時期發展出奉行恐怖主義的極左翼武裝組織，名為「日本赤軍」。

　　第四波恐怖主義浪潮最顯著的特點是宗教因素，故被歸類為宗教恐怖主義。自1979年起，大約有一半以上的恐怖攻擊是由各樣的宗教組織策動，其原因主要為宗教衝突。根據David Rapoport的研究預測，宗教恐怖主義可能一直延續至2025年結束，並被另一波新的恐怖主義浪潮取代。

　　在這段期間，宗教恐怖攻擊在世界上的能見度提高。例如1993年發生於美國紐約市（New York City）世界貿易大樓（World Trade Center）及1995年奧克拉荷馬市（Oklahoma City）聯邦辦公大樓（Alfred P. Murrah Federal Building）的汽車炸彈攻擊後，引起了世人開始對宗教恐怖主義的注意。前者造成了6人死亡、1,042人受傷；而後者更造成了167人死亡和近千人受傷。世人對相關事件的關注，在2001年9月11日蓋達組織襲擊美國紐約州曼哈頓的世界貿易大樓事件（簡稱為911恐怖攻擊）中到達巔峰，該事件摧毀了紐約世界貿易大樓，並造成五角大廈（The Pentagon）建築物及多個航班班機毀損，共計造成2,977人死亡、24人失蹤。

　　此一時期的著名宗教恐怖攻擊事件除了911恐怖攻擊以外，也包括東京地鐵毒氣案以及持續動盪不安的以巴衝突等等。宗教恐怖主義浪潮時期所使用的攻擊方式與前三波恐怖主義最為不同的就是使用自殺式炸彈攻擊。

　　至於恐怖攻擊所能影響的範圍更可遍及全世界。根據美國國土安全局（United States Department of Homeland Security, DHS）所資助的國家恐怖主

義與對策研究聯合會（National Consortium for the Study of Terrorism and Re-sponses to Terrorism, START）計畫中全球恐怖主義資料庫（Global Terrorism Database, GTD）所呈現的數據顯示，自1970至2012年這四十二年間，發生在南亞地區的攻擊事件最多，共有23,682件，發生攻擊事件最少的地區是澳洲，但仍有236件，顯見恐怖攻擊幾乎無處不在。

　　然而，由於國家立場不同，從另一個國家的角度來看，某個國家的自由鬥士可能被他國視為恐怖分子。因此，恐怖主義一詞的定義在很長一段時間內都沒有明確的共識。依GTD的定義（LaFree & Dugan, 2007），恐怖行動被定義為特定的犯罪行為，而其本質為「威嚇以暴力行為或實際使用非法武力和暴力，透過恐懼、壓迫、恐嚇的手段來達到政治、經濟、宗教或社會目的」。根據此定義，行為除了對所針對的目標產生傷害之外，還要對其它個人、社會造成間接的恐懼和威脅。因而，行為的背後經常有固定組織的支持，甚至是其它國家級組織的支持，才能造成規模較大的危害。

　　根據攻擊的目標、使用的手段與方式，以及政治、社會、宗教、組織犯罪等不同的研究面向，恐怖主義被分為不同的類型。其中，近年來越來越受重視的一個類別是生態恐怖主義（Eco-terrorism）。由於翻譯的差異，也稱為環保恐怖主義或者綠色恐怖主義。因為生態恐怖主義多發生在已開發國家，所以近年來相關研究逐漸受到關注，本篇將針對此一類型的恐怖主義做深入的介紹與探討。

第二節　生態恐怖主義之界定

　　目前對於生態恐怖主義的定義尚未有明確的界定，而且也仍然有許多的爭議（Eagan, 1996）。關於生態恐怖主義的定義，可從學術研究以及執法實務兩方面來界定。大多數學者認為使用「生態恐怖主義」一詞可能具有貶義，污名化了使用極端方式來表達意識形態以達成環境或動物權利保護目的的團體與工作者。這些群體並未對人命、人身健康造成威脅，通常他們僅僅針對工廠、研究機構和皮草公司等企業，旨在提高人們對環境或動物權利問題的認識。因此，一些學者質疑生態恐怖主義一詞的適當性，並質疑這個術語是否對這些環境保護團體或動物權利保護組織貼上負面的標籤。

在實務領域上，美國FBI將生態恐怖主義定義為「具有環境保護性質的地方性組織出於環境及政治原因，針對個人或財產（或其他目標外人士）使用或威脅使用暴力的犯罪」。根據此一定義，FBI於2002年將美國所面臨的生態恐怖主義威脅歸類在特殊面向恐怖主義（Special-interest Terrorism）一欄，而其攻擊的對象主要是破壞環境的開發商或是違反動物權利的企業或是研究組織。

綜合學術與實務，本文將生態恐怖主義一詞定義為：團體或個人為了保護環境或動物權利之目的而對他人或企業之財產使用或威脅使用暴力行為之主張。

第三節　生態恐怖主義之背景與發展

1973年，挪威哲學家Arne Naess於提出了深層生態學（Deep Ecology）理論，並從那時起一直倡導國際深層生態運動。Naess將生態取向（Ecological Orientation）劃分成以人為本的觀點和環境引導的方法。而後者構成了深層生態學的基礎。深層生態學的核心思想是每個生物都有內在的價值（Goodwin, 2007），並且所有生物都應得到平等的尊重和特權。也就是說，在地球上的一切生命或物品都同等重要，無論是人、動物還是石頭。然而，人類經常打破食物鏈的平衡，有時被視為自然界食物鏈最大的敵人，因為人類消耗了地球上的大部分資源，但回饋甚少。深層生態學對於許多動物權利保護者和環境保護活動家有著巨大的影響，並激發了現代環境運動（Eagan, 1996; Liddick, 2006; Carson, 2013）。

儘管對於環境保護有共同的哲學思想與目標，但不同的團體卻遵循著不同的方法。主流環保組織採取非暴力方式來實現他們的目標，如倡導或依法定程序提案立法；而其他團體傾向於使用更激進的策略，這些策略通常被稱為「直接行動」（Direct Actions）。

採取直接行動的激進環保主義者傾向於採用激烈的方法來反應環境問題，包括罷工、靜坐、革命和示威，其中許多相關行動對經濟造成損害（Loadenthal, 2013）。直接行動也包括非暴力和低暴力活動，例如僅針對財產的破壞活動，儘管財產的破壞活動是否屬於非暴力行動的範圍仍然存在爭議。

Eagan（1996）認為綠色和平組織（Greenpeace）是第一個採取直接行動

的環保組織，該組織的首次行動則屬1971年抗議美國核試驗的行動。為了實現其目的，該組織一個小團隊從溫哥華起航前往阿拉斯加，破壞核試驗場地。除了Greenpeace，其他團體如地球解放陣線（Earth Liberlization Front, ELF）和動物解放陣線（Animal Liberlization Front, ALF）也採取了直接行動的方式。這些團體成員認為他們的行動如果對於人類或其他動物造成威脅才算是暴力行為。因此，若行動僅僅破壞財產則是合理的，並且不應該被視為暴力行為（Goodwin, 2007; Loadenthal, 2013）。

採取直接行動的這些運動通常被稱為「綠色無政府主義」，並結合了無政府主義與環保主義的各種元素。綠色無政府主義者反對現代化和資本主義，並宣稱藉由直接行動來保護環境。許多綠色無政府主義者也同時身兼ELF和ALF的成員，目標是針對那些會對環境造成傷害的設施或設備，例如宣稱攻擊食品加工廠、皮革公司、伐木工廠和研究設施。

由於意識形態不同，關注動物權利保護的團體與注重環境保護的團體之間存在明顯的分歧。兩者之間最大的區別是動物權利保護的對象不包括無生命的物體，例如河流和樹木；而環境保護團體關注的對象則是整個生態系統。動物權利保護團體形成的起源可以追溯到19世紀的英國。1824年，第一個動物保護組織，動物保護協會（Society for the Protection of Animals, SPCA）成立。然而，直到19世紀70年代中期，在兩位著名的動物權利倡導者Peter Singer和Tom Regan對大眾揭露與宣導醫學實驗相關的動物所面臨的情狀，人們才開始關注醫學實驗相關的動物權利。Singer所著「動物解放」（Animal Liberation）一書則被視為動物解放運動的指南。

第四節　生態恐怖主義著名組織

據美國FBI統計，ALF與ELF自1976年以來，於美國已犯有1,100多起犯罪行為。而在過去十年裡，這兩個組織以及其次團體也被視為是美國境內嚴重的恐怖主義威脅之一。

一、動物解放陣線（Animal Liberation Front, ALF）於1976年在英國成立。屬於扁平式組織模式，沒有成員名單或組織認可的官方領導人。因此，任何遵循該組織手冊採取行動者，皆被視為其成員。ALF雖然對於皮革公司、動物實

驗室及農場有過多起攻擊，但該組織聲稱自1976年以來沒有任何一個人或動物因為他們的行動受到傷害，並反對將其歸類於生態恐怖主義。然而，實驗數據（Empirical Data）並不支持此一說法。根據全球恐怖主義資料庫（Global Terrorism Database, GTD）以及生態事故數據資料庫（Eco-incidents Database, EID）之資料顯示，自1970至2011年，與ALF相關的攻擊已有403起，其中包括一起暗殺攻擊和二十七起爆炸事件。此外，參與生物之研究人員也是ALF攻擊的目標，並使用諸如爆炸設施和暗殺等策略令這些研究人員感受到威脅。因為ALF採取的爆炸、縱火、暗殺等積極、直接的攻擊行為，也造成被攻擊的公司生有數百萬美元以上的損失。該組織被FBI認定是近年來最大的威脅。

　　二、地球解放陣線（Earth Liberation Front, ELF）於1977年設立於英國，1993年擴展至歐洲、紐西蘭和澳洲，並於1997年擴散到美國。主要理念是鼓勵對環境造成威脅的目標（特別是開發商或伐木商）採用直接行動的方式，以破壞其設備、設施或是阻擾開發程序為目的。ELF是從另一個環保激進團體——「地球第一」（Earth First!）——所分裂出來的組織，如同Earth First!一樣，ELF也參與多起破壞財產等犯罪行為，並採用多種策略達成其目標。其中，縱火是該組織最常使用的方法之一。例如為了保護猞猁（Lynx）的棲息地，ELF縱火燒毀了一個滑雪度假勝地並造成1,200萬美元的損失。根據GTD以及EID之資料顯示，自1970至2011年，約有230起攻擊事件是由ELF主導或與該組織相關，其中約有51起為縱火事件。另外，ELF成員也會利用各式的騷擾方式（稱為Monkeywrenching），包括樹坐（Tree Sitting）、阻塞道路、打樹釘、破壞機具等。在1986年期間，EarthFirst!也在亞利桑那州切斷了Palo Verde核能發電廠的電線，不僅引起大規模的停電，也引發大眾對於斷電可能引發的核能事故（例如反應爐爐心融毀）的恐慌與威脅。

　　在美國國土由激進的環境保護主義者和激進動物保護團體所犯或與之相關的1,108起攻擊中，約有336起攻擊是由ALF所發起，225起攻擊由ELF所發起，其中並有2起事件造成人員傷亡。

　　儘管ALF與ELF兩個團體所關注的目標不盡相同，這兩個團體的數個成員一起成立了另一個被稱為「家庭」（The Family）的組織。這個被稱為「家庭」的組織宣稱自1996至2001年以來，縱火和破壞行為已經造成約4,800萬美元損失。因為造成巨大的財產損失，美國FBI成立逆火行動（Operation Back-fire）專案以調查並預防相關事件。迄今，此專案已成功解決「家庭」所犯的四十多起犯罪事件，許多該組織成員也已經被法院判處監禁之刑。

三、停止杭廷頓虐待動物（Stop Huntingdon Animal Cruelty, SHAC）是成立於1999年的非營利組織，目的是要阻止杭廷頓生命科學公司（Huntingdon Life Science, HLS）在實驗室中利用活體動物作爲實施製藥、生物與化學實驗與測試活動的對象。SHAC主要採用的行動是針對HLS實施抗議活動，並針對該公司的董事、董事會成員、職員們及其家屬實施恐嚇、網路跟蹤（Cyber-stalking）、騷擾的行爲。除此之外，還會破壞、侵入HLS的動物實驗室，搗毀其實驗器材並釋放被用來實驗的動物。美國FBI在2005年將SHAC列爲美國國內的生態恐怖團體之一，還曾經應用1992年動物企業保護法（AEPA of 1992）起訴過SHAC的成員。最後，SHAC在2014年8月對外宣佈停止運作。

第五節 美國的生態恐怖主義模式

自1970至2012年，美國的生態恐怖主義攻擊事件從1987年開始增加，並於1989年達到了四十年來的第一個高峰，然後逐漸下降。接著，從1999年開始，生態恐怖主義攻擊事件又開始迅速增加，並在2001年達到了此一階段的高峰期：當年共有163起生態恐怖主義攻擊事件。隔年（2002年），攻擊事件急遽下降，但2003年再次攀升至約100起攻擊事件，此後逐漸下降。

在此期間，無論是環境保護團體或者動物保護團體的整體攻擊趨勢皆非常接近。除了2001年，環境保護團體組織的攻擊數量在該年達到了歷史高點，然而並非所有類型的生態恐怖攻擊都遵循著相同的發展模勢。極端環保主義者的攻擊事件在2001年迅速達到頂峰，並在不久之後急劇下降。而動物權利保護團體的攻擊事件在1996年左右開始上升，並在下降趨勢之前大約十年間持續發動攻擊。

對於生態恐怖主義而言，僅有少數因爲造成巨大的財產損失的事件而可以得到社會廣泛的關注。但就像黑天鵝效應一樣，這類事件的實際數量往往超出了正常預期的範圍，也對相關的預測產生不小的影響。根據黑天鵝效應所推測，生態恐怖攻擊事件在某些年份導致了巨大的財產損失。例如在2000年共發生101起事件並造成了35,556,750美元的損失，但在2001年，共發生163起事件卻造成13,191,974美元的損失。根據環境保護以及動物權利保護兩個面向來分析生態恐怖攻擊所造成的財產損失，可以發現自1970至2012年之期間，激進環

境保護團體於美國發動攻擊所造成的財產損失有兩個高峰期，而激進的動物權利保護團體所造成的財產損失則僅有一個高峰期。這些高峰期皆集中於1998至2004年期間。因此，在1998至2004年期間針對生態恐怖主義之政策是否有所改變，實有深究之必要。

　　另一方面，從地理位置分布的角度來看，生態恐怖主義者在美國發動的攻擊事件多聚集於加州、俄勒岡州、華盛頓州和紐約州。其中，加州是最有可能的目標攻擊。

　　進一步分析，若將生態恐怖主義攻擊類型分成：與動物權利保護相關、與環境保護相關，以及和前述兩者皆相關等三方面，統計結論是與動物權利保護相關的攻擊為59.28%，與環境保護相關的攻擊率為40.63%，與這兩種意識形態皆相關的攻擊則為0.09%。此一分類面向顯示，與動物權利保護相關的攻擊集中在加州和紐約州。再次，加州受到攻擊的風險最高。

　　與環境保護相關的攻擊或非組織僅為個人的攻擊則傾向於聚集在西岸，包括加州，俄勒岡州和華盛頓州；同樣的，加州受到攻擊的風險亦為最高。從生態恐怖主義所選擇的攻擊方式或者策略來看，激進的環保團體和ALF都聲稱無意造成任何傷亡，實際上卻並非如此。大約5%至6%的攻擊屬於縱火或爆炸事件；進一步檢查攻擊事件之數據，可確認1990年2月8日針對田納西大學獸醫學院院長被槍殺的致命事件是由激進的動物權利保護組織所造成。其餘尚有12起係屬於人員傷害案例。

　　以上所述之案例與常見的恐怖主義事件相比，雖然生態恐怖主義攻擊事件所造成的傷亡人數並不是很高，但卻令人質疑激進的環境保護團體和動物權利保護團體所提出的和平主張是否真實。究其根本，對於攻擊方法或策略的選擇在某一部分也決定了此方法或策略是否導致人身傷亡的可能性。而當一個團體變得越來越激進的時候，選擇對於實現最終目標不那麼「有效」的方法也會越來越困難。

　　另外一個可以關注的重點是生態恐怖主義攻擊的目標大約有70.77%係針對企業（Businesses）的財產：如伐木工廠、滑雪勝地、毛皮工廠和使用動物活體實施測試的公司組織。與其他恐怖攻擊不同，生態恐怖主義者從未針對外交官、外交機構或大眾運輸系統發動攻擊（除了某一次是攻擊軍事基地）。相對於其他恐怖主義，此結論突顯出生態恐怖主義的獨特性。

第六節　美國以外的生態恐怖主義活動

　　雖然生態恐怖攻擊事件普遍發生在美國國土之內，但由於地理位置鄰近的原因，生態恐怖主義團體也於加拿大發動多起攻擊事件。一些生態恐怖主義團體更將其基地設立於加拿大並在美國境內發動攻擊。例如由Paul Watson與其他人在1978年共同創立、登記於荷蘭的海洋保護者協會（Sea Shepherd Conservation Society，簡稱Sea Shepherd）。Watson本人即為加拿大國民並被認定為生態恐怖分子，他本人倡議並鼓勵在北美地區使用極端方式促進海洋保護。Sea Shepherd亦採用直接行動來對抗發生於公海區域的捕鯨與違法捕魚活動，特別是針對日本在南太平洋與南極海區域實施的捕鯨行為。自創立以來，該協會之成員已經在數國（包括冰島、葡萄牙與西班牙等）的破壞活動中炸沉了數艘船隻，也曾被日本政府威脅要針對該協會及其成員控以海盜罪或生態恐怖主義的訴訟。加拿大政府也將生態恐怖主義視為國內主要威脅之一，2013年在名為「加拿大公共安全」（Public Safety Canada）的報告內容中便將極端環境保護主義者列為可能對加拿大造成的主要危害。

　　根據本章對生態恐怖主義的定義，確認共有八起發生於加拿大境內的事件是由激進環境保護團體和動物權利保護團體組織所發起的攻擊，主要是利用爆炸的方式攻擊建設或者基礎設施，而且大多是由ELF與ALF兩個組織所策動。

　　值得一提的是這八起攻擊事件都集中於加拿大與美國之邊境，其中有兩起案發地點位於艾伯塔省（Alberta），四起發生在英屬哥倫比亞（British Colombia），另外兩起則位於安大略省（Ontario）。

　　雖然發生於加拿大的生態恐怖攻擊並不多，但由於美國和加拿大之間地理、經濟和社會接近度的關係密切，對於此類威脅不容忽視。也就是說，應關注美國與加拿大兩國法律對此一事件的互動效應，特別是雙邊合作的意義。進一步分析生態恐怖主義攻擊事件，可以發現攻擊的熱點（Hot Spot）集中於加拿大英屬哥倫比亞省以及美國華盛頓州，可能是因為這些地方是旅行者或肇事者出入兩國邊界的主要通道。

　　除了美國與加拿大，在日本也有生態恐怖主義活動發生，主因乃源自於其堅持之捕鯨傳統。在現今被視為殘忍和野蠻的捕鯨行為，於日本最早可追溯至12世紀，而現代捕鯨活動則始於19世紀90年代。對於居住在近海地區的日本人，鯨肉是很普遍的飲食選項。日本人食用鯨魚的歷史悠久，特別是在二次世

界大戰期間，由於日本境內食物短缺，鯨肉成為主要的蛋白質來源。因此，對於日本人，特別是老一代人而言，食用鯨肉有特殊的意義：提醒他們過去的歷史背景以及日本社會如何在戰爭失敗後轉變並重建。近年來由於國際捕鯨委員會（International Whaling Commission, IWC）禁止商業捕鯨，因此許多捕鯨活動都在環保團體與全球的監督下進行。日本在科學研究及文化遺產保護的傳統下持續捕鯨的活動一直是反捕鯨團體關注的焦點，並導致多起由極端環境保護者或動物保護者所發起的攻擊事件。

　　總而言之，反捕鯨運動與日本的捕鯨漁民之間存在著部分的文化歷史衝突。在強烈的環境保護基本主義之下，反捕鯨團體和國際社會很難理解日本的捕鯨文化。由於Greenpeace以及Sea Shepherd持續破壞日本鯨類研究所（Institute of Cetacean Research）南極研究中心的捕鯨研究船隻，其總幹事Seiji Ohsumi博士將這些破壞、攻擊行為稱為生態恐怖主義活動，導致Paul Watson與Sea Shepherd被美國法院判決禁止接近或騷擾日本之捕鯨行動。

　　激進環境保護主義者針對日本的攻擊可分為兩類：一是反對向當地農民徵用土地以便建立千葉縣機場而對於成田機場所發起的攻擊，另一方面則是如上述般主要由Greenpeace以及Sea Shepherd所發起針對捕鯨的攻擊。將位於日本的生態恐怖攻擊事件加以分析，則發現主要的攻擊地點皆集中於日本本土的成田機場附近，而針對捕鯨船的攻擊地點則位於公海區域。

　　除了因捕鯨而產生的衝突，日本國內的環保主義者也被日本境內的大規模自然災害所激發，例如2011年的日本311大海嘯導致核電廠發生故障，造成當地核污染和全球核災恐慌。此一事件同時加深了環保組織對核電安全以及潛在環境污染的擔憂。

　　比較生態恐怖主義對於日本與加拿大攻擊的數據，發現類似的案件並沒有很多，甚至不足以進行有意義的量化分析，但卻協助、提供我們窺見生態恐怖主義的多元樣貌：亦即發生於日、美、加的生態恐怖主義攻擊事件的原因與行為態樣完全不同。由此可見，關於生態恐怖主義的動機也許會因文化而異。也就是說，因應生態恐怖主義的策略並沒有一種統一或是可以完全適用的模式。

　　總而言之，生態恐怖主義的趨勢可說是變化不定，也特別受到動物權利保護和環境保護兩者的意識形態所啟發。因此，未來若想進一步了解生態恐怖主義，合理的步驟是要能夠確定推動每個發展趨勢的原因。

第七節 對生態恐怖主義之干預效果

　　爲了防止生態恐怖主義發展，美國有制定下列幾個與生態恐怖主義相關的聯邦法律：

　　一、1988年的反毒品濫用法（The Anti-Drug Abuse Act of 1988）。該法建立了國家藥物管制政策辦公室（Office of National Drug Control Policy, UN-DCP），主要是針對毒品貿易的買賣雙方的規範方式。雖然此法最初的立法目的與生態恐怖主義無關，但在同一時期，因生態恐怖主義團體常利用樹釘作爲攻擊方式之一（將金屬桿、釘子或其他材料錘擊到樹幹或更高的位置，以便在砍伐樹木的過程中對鋸子造成損壞，甚至造成伐木工人傷亡；鋸木廠處理木頭時也可能對其設備產生損壞，引發從業人員在從業時的恐懼感），常造成慘烈的人員傷亡事故，以致反毒品濫用法將這種利用樹釘之攻擊方式也列入規範內容裡。反毒品濫用法第1864節（Section 1864）以下規定亦稱反樹釘法（Law Against Tree Spiking, 1988），凡在聯邦土地或印地安保留地之範圍內故意使用危險和傷害性設備者，若致人於死，法院可判處行爲人有期徒刑或無期徒刑；若致人於重傷害，可判處四十年以下有期徒刑或罰鍰；若致人於傷，可判處二十年以下有期徒刑或罰鍰；若導致他人財產之損害，或是使被害人提出相對應行爲的費用累積達一萬美元以上者，則可判處罰鍰或有期徒刑二十年以下。

　　二、1992年動物企業保護法（Animal Enterprise Protection Act of 1992, AEPA of 1992）。本法所定義之動物企業，其範圍包括「將動物用於食品或纖維生產，農業，研究或測試的商業或學術企業；動物園，水族館，馬戲團，牛仔競技表演或合法的競爭性動物活動；或旨在促進農業藝術和科學發展的任何公平或類似活動」的企業均包含在內。例如大學實驗室，皮草零售商，食品生產工廠和醫療中心等，都成爲極端動物權利保護者攻擊的犧牲者。因此，本法旨在防止動物權利保護主張之個人或團體使用暴力或其他破壞性方式來達成其目的。如果因爲他們故意對動物相關企業實施偷竊或對其財產（包含活體動物與紀錄）生有損害或增加損失之行爲，並造成動物相關企業超過一萬美元的損失者，這些極端動物權利保護者將可能被判處罰鍰或一年以下有期徒刑。若攻擊之行爲致他人重傷害者，行爲人則可能面臨十年以下有期徒刑或無期徒刑。1992年的AEPA只處罰針對動物相關企業的故意破壞或是干擾的行爲，但不處罰共謀（Conspiracy）的行爲。

三、2006年動物企業恐怖主義法（Animal Enterprise Terrorism Act of 2006, AETA of 2006）。本法提供美國司法部門對於針對動物相關企業實施生態恐怖主義之個人或團體有逮捕、起訴和定罪的權力，處罰的範圍涵蓋經濟損失和對相關人員生命的威脅或傷亡。本法確認違法的行為與對象包括：「出於破壞或干擾動物企業的經營目的，而在州際間或國際間商業旅行，或使用或導致使用州際或國外商業的郵件或任何設施的人」；或是為出於破壞或干擾動物企業的經營之目的而(A)故意針對動物企業使用的任何不動產或個人財產（包括所使用或出售的動物及相關產品、檔案）造成損害或損失，或與以下目的有聯繫的個人或實體的不動產或個人財產；或與動物企業的關係或與動物企業的交易之人；(B)故意以死亡、嚴重人身傷害、故意破壞行為、損害財產、非法入侵、騷擾或恐嚇等行為威脅某人或某人的直系親屬、配偶或親密伴侶之人；(C)共謀或試圖共謀之人。

在罰則的設計上，2006年AETA也比1992年AEPA更嚴格。若任何人造成動物相關企業的經濟損失未超過一萬美元者，處一年以下有期徒刑或罰鍰；若經濟損失超過一萬美元但未超過十萬美元者，處五年以下有期徒刑與罰鍰；若經濟損失超過十萬美元者，處十年以下有期徒刑或罰鍰。若威脅他人使之重傷者，處五年以下有期徒刑與罰鍰；若致他人重傷害者，處二十年以下有期徒刑或罰鍰；若致他人於死者，處罰鍰、有期徒刑或死刑；共謀或企圖共謀者，則處與行為人同罪。

與前述1992年的AEPA不同的是，2006年AETA涵蓋的範圍更廣：包括破壞、騷擾、威脅與共謀等行為，並將受保護範圍擴大，包括動物相關企業的人員和公司；在刑度設計上也比1992年的AEPA設計的刑度嚴重許多。但是2006年AETA並未禁止合法表達的言論自由。

四、2001年美國愛國者法（USA Patriot Act of 2001），全名是「通過提供攔截和阻止恐怖主義所需的適當工具來團結和強化美國法」（Uniting and Strengthening America by Providing Appropriate Tools Required to Intercept and Obstruct Terrorism Act of 2001, USA Patriot Act of 2001），USA Patriot Act of 2001則是該法縮寫，旨在透過使用適當之手段來阻止或避免恐怖主義。由於此法的目的是防止未來的恐怖攻擊，因此擴大了警察機構的管轄範圍，對象亦包括被懷疑與恐怖主義相關的外國人。同時，本法也將恐怖主義的定義擴大到國內恐怖主義。本法所稱之「國內恐怖主義」包括「發生在美國土地管轄範圍內並違反了美國聯邦刑法或任何州刑法的行為，並涉及危害人類生命的行為」。

該法授權FBI可以針對嫌疑人或是恐怖主義集團的通話、談話甚至是電磁紀錄實施監聽；聯邦法院甚至可以核發搜索令給FBI，允許他們針對國內、外的恐怖分子裝置跟監設備；並且授權給FBI可以申請搜索令以搜索嫌疑人的電子郵件、語音信箱等紀錄；還允許FBI可以在公眾場所或公眾設施（如圖書館、大學的電腦實驗室、網咖店等）跟蹤、監督嫌疑人的所有通訊往來紀錄。如果嫌疑人被懷疑是在從事恐怖活動，FBI還可以直接派發命令，要求網路與電信服務商提供嫌疑人的所有紀錄，包括付款方式、地址、姓名、長途、本地之通話紀錄與所有相關的電信服務，不需要另外向法院申請傳票。同時要求聯邦地方法院在核發搜索令時，在時效上給予更多的彈性，讓FBI可以在「合理的期間」（Reasonable Period）內完整的實施搜索行動。FBI還可以向法院聲請裁定並要求特定商家提供外國或國際恐怖組織的所有商業紀錄，「商家」的範圍包括書店、媒體、醫療院所與其他個人資料，並可以進一步的要求這些商家不得向任何第三人透露搜索的內容。而國內、外恐怖團體與個人電磁紀錄的監督與搜索令的內容，只要符合調查的「重要」目的都可以加以蒐集。本法擴大了FBI調查的權限並增加偵查活動的便利性，也招致了許多批評，認為2001年美國愛國者法的授權內容違反了美國憲法增修條文第5條關於正當程序（Due Process）的要求。

　　這幾項法律通過並實施前後幾個月，生態恐怖主義活動分別受到不同的影響。首先是1988年反毒品濫用法的實施，此法干預了專門針對伐木者的攻擊事件，因此對生態恐怖主義有正向的干預效果，但僅限於抑制了極端動物權利保護者。1992年AEPA通過後則有些適得其反，極端動物權利保護主義者相關的攻擊事件反而增加了，但卻對極端環境保護主義者沒有顯著的抑制效果。2001年美國愛國者法之效果與前者相仿，僅對於極端動物權利保護主義者有所影響。另一方面，2006年的AETA則對生態恐怖主義（無論是動物權利保護或環境保護主義）活動發揮強大的威懾作用，甚至在該法通過的九個月後，仍然有效干預、抑制生態恐怖主義活動之發展。

　　對於1992年AEPA通過後反而使極端動物權利保護主義者相關的攻擊事件增加，可能有幾項原因。其一是新法的實施有可能進一步喚醒群眾對於動物權利保護的認識，使得更多的激進者選擇採取直接行動的方式來達成其目的。另外一個原因則是新法擴大了司法控制的範圍，使得原本可能被忽略的事件都被列入調查。最有可能的是，此法單純地在短期內造成了更多起攻擊事件。

　　將1992年AEPA與2006年AETA互相比較，後者的干預效果明顯較前者更

好。2006年AETA不但將動物相關企業列入保護，也將企業員工與相關人員列入。此外，2006年AETA處罰條款也更加嚴苛，並增加了民事賠償。這些都是提高干預效果的原因之一。

　　長期而言，無論是1988年的反毒品濫用法或是1992年AEPA，對於生態恐怖主義攻擊事件的干預或抑制都沒有顯著效果。相反的，2006年AETA在實施後至少三年內都發揮了很好的威懾作用，該法在實施後的三年內有效降低了超過25起的生態恐怖主義攻擊事件。值得注意的是，對於長期的干預效果來說，2001年美國愛國者法是上述這四個聯邦法律當中威懾作用最強大的。該法從實施後第一年起就對於生態恐怖主義事件展現了良好的干預效果。雖然2001年美國愛國者法並不是專門針對抑制或預防生態恐怖主義所制定的法律，但確實對於抑制生態恐怖攻擊的發生具有很大的影響力。該法對於極端動物權利保護主義的活動，有效降低了超過25起事件，而對極端環境保護主義的活動，則有效降低了超過75起事件。

　　除了透過法律來防範生態恐怖主義以外，Carson等人（2020）也試圖了解政府的政策談話以及其他作為是否對生態恐怖攻擊的發生有抑制效用。

　　他們分析了1970至2007年間在美國發生的1,068起生態恐怖攻擊，並與1989至2012年間的200萬條路透社報導進行交叉分析（有關GATE資料庫請參考Chenoweth & Duga, 2016）。研究結果支持嚇阻理論，當攻擊行為被處罰的機率提高時，攻擊發生的可能性降低；同時，當政府的行為或言論與環境保護的方向背道而馳，例如，環境開發法案的鬆綁，或是政府對於氣候變遷及碳排放政策的不支持，也會激化生態恐怖組織的攻擊行為。雖然刑罰對生態恐怖攻擊有顯著的嚇阻效果，但加重刑罰並沒有任何加成效果，換句話說，訂定嚴刑峻法對減少生態恐怖攻擊的效果不如刑罰的確定性來得有用。最後，Carson等人（2020）指出，當政府對生態恐怖分子釋出善意，例如提供減刑或緩刑的選項，亦或是協助生態恐怖組織轉型成合法組織，都能減少相關的攻擊行為。

　　加拿大政府因應生態恐怖主義的發生所制定的法律有：1985年加拿大刑法典（Canada Criminal Code of 1985）、1990年動物健康法（Health of Animals Act Subsection of 1990）以及1994年的候鳥公約法（Migratory Birds Convention Act of 1994）。長期來看，1994年的候鳥公約法在頒布後三年內，極端動物權利保護者發動的攻擊事件有增加，平均每年約有八起事件是由極端動物權利保護者所發起的攻擊。除此以外，其他兩項法律所產生的影響並不顯著。

　　就極端環保分子在日本本土針對農地徵收行為或是動物權利保護活動而發

動之攻擊行為，日本政府並沒有制定類似美國的反生態恐怖主義法律來處罰極端環保分子或動保分子，而是適用日本的刑法，將之視為違反刑事法律之罪犯或是以違反社會秩序事件加以處理。而外國極端動保分子在公海或南極海區域實施的騷擾或攻擊日本捕鯨船隻的行為，因為都發生在公海區域，日本政府因欠缺國際法依據與管轄權而無法限制該協會的騷擾行為而作罷，沒有針對外國極端動保分子的行為而提起訴追。

第八節　我國發展生態恐怖主義的可能

　　雖然我國在學術上與實務上尚未針對生態恐怖主義及其相關攻擊事件加以定義，但近年來眾多的環境保護議題，不僅讓我國人民開始關注，甚至親身參與環境保護與提升動物權益保障之運動；也使得在恐怖主義的各項分類中，生態恐怖主義於我國發生的可能性較其他類別的恐怖主義發展更值得各界加以關注。

　　近十年間，我國較為重大的環境保護事件有2011年反對國光石油化學工業的投資開發案、2013年由綠色公民行動聯盟等150個民間團體共同發起的反核遊行、2014年426凱道反核事件、2014年三義外環道開發爭議導致石虎棲地遭受破壞的保護石虎運動（並直接促成2017年臺灣石虎保育協會之成立）、2014年為收容中流浪犬、貓的安樂死問題而舉辦的動物保護法修法遊行、2017年的反亞泥運動以及反空氣污染遊行。

　　但是我國也有發生類似美國的極端環保團體實施騷擾（Monkeywrenching）的行為。2013年有樹黨成員（主要是潘翰聲與潘翰疆兄弟）實施達12天（288小時）的樹坐抗爭活動，目的是要抗議、延滯新北市板橋區江翠國中因興建游泳池與地下停車場工程之必要，而需移植72顆老樹的計畫；2018年7月「幸町百年老樹聯盟」之召集人潘翰疆、古文發兩人，因反對正隆紙業公司在臺北市杭州南路、濟州南路路口施作商二特都更案的興建過程，將工地範圍內的老樹實施斷根的作業，進而採取達277小時（約11天）的抱樹抗爭活動等。然而樹黨以及幸町百年老樹聯盟這兩個組織並沒有被我國檢警單位列為極端環境保護團體；成員們實施的樹坐、抱樹等抗議行動並沒有被視為是恐怖活動，也沒有被認定為是刑事不法之行為，故警方僅以行為者違反社會秩序維護法來

實施處罰。這些事件反映出在環境保護議題越來越受國人重視的背景下，國內環保團體或是環保運動分子正嘗試透過各種方式來提升、喚醒國人對環境保護之意識。是否會有採取較為極端策略的個人或團體出現在我國社會之中，確實值得有關機關持續關注並預備相關應對手段。

　　在實驗動物權益保障的相關法律中，我國衛生福利部在2016年10月通過「化妝品衛生管理條例」部分條文修正，新增第23條之2，規定化妝品製造、輸入或販賣業者在國內進行化妝品或化妝品成分之安全性評估，除了該成分被廣泛使用，且其功能無法以其他成分替代，或具評估資料顯示有損害人體健康之虞，需進行動物試驗，並經中央主管機關許可者外，均不得以動物作為檢測對象。因此，在我國化妝品成分的安全性評估程序中，原則上不能以活體動物作為檢測、實驗的標的。本條例新增之法條將於2019年11月9日起開始實施，實施之後在我國要利用活體動物作為化妝品成分的實驗對象就會減少許多，相對的也會減少動物權利保護組織或是個人向化妝品公司或實驗機構發動抗議活動的數量。其次，我國動物保護法在2014年修法後確認針對流浪或被棄養的寵物（亦即貓、犬）實施「零撲殺」的保護措施，並在2016年正式實施。也因為寵物零撲殺的修法過程中多能接受動物保護團體的意見與建議，大幅降低發生動保團體與各級政府衝突的機會，也不會激化極端動物權利保護團體的產生。

　　目前我國因應恐怖主義之對策主要是2004年所提出的「反恐怖行動組織架構及運作機制」，此機制採用「雙軌一體制」的設計。「雙軌」是指由國家安全會議負責情報整合及情勢研判，並由行政院的「國土安全辦公室」則依據不同的恐怖攻擊型態加以應變。「一體制」則指的是「國土安全辦公室」下設之九個應變工作小組，因為均隸屬在行政院體系之下，故稱一體制。九個應變工作小組負責反恐整備及應變，包括危機管理、減災及復原工作。由於我國之文化、地理位置等因素，生有恐怖主義威脅的可能性偏低，加上目前我國較為關注並有採取措施因應相關反恐機制的焦點多集中於國際賽事（如世界大學運動會、聽障奧林匹克運動會等等），對於生態恐怖主義相關的研究及重視很少。但由於經濟發展的需求引起土地開發與環境保護之間的衝突日益增加，抱持環境保護主義之個人或團體傾向採取極端手段並導致國內產生生態恐怖主義活動的可能性也不應被忽略。

結　論

　　根據生態恐怖主義相關研究顯示，生態恐怖攻擊相較其他類型的恐怖攻擊而言，其攻擊目標多集中於私人公司或企業之財產、設施，雖對產業造成巨大的財產損失，但此類攻擊活動均非故意針對人員生命、健康所實施的暴力活動。從立法的角度，目前僅有美國頒布專門針對生態恐怖主義的法律，考慮到目前為止美國仍然是遭受生態恐怖主義者攻擊最頻繁的國家（超過1,000起事件），因此美國較其他國家更需要相關法律以干預生態恐怖主義，也就不令人意外。

　　美國這些針對生態恐怖主義活動所制定的聯邦法律，其干預效果不盡一致，其中2006年AETA與2001年美國愛國者法顯然具有更強的威懾力。進一步說明之，2006年AETA對生態恐怖主義攻擊事件的發展有全面的影響力，無論是基於環境保護主義或動物權利保護主義為由所策劃之攻擊活動，都具有干預或抑制的效果。而2001年美國愛國者法對任何單一類型的生態恐怖攻擊都沒有影響，但卻顯示對整體的生態恐怖主義活動的抑制生有良好的干預效果。

　　值得一提的是上述兩個法律皆為美國911攻擊事件後所頒布。其中2001年美國愛國者法授權執法機構可以監測被列為觀察對象的環境保護主義者，並在2006年AETA的規範下，使生態恐怖主義者面臨更嚴厲的刑事處罰和罰款。經研究結果證明懲罰的嚴厲程度與威懾的有效程度之間呈現正相關的結果。因此，為了有效防止生態恐怖主義的發展，對於執法機構執行勤務時可採取的措施和相關罰則均應作為抑制其活動發生之主要策略。

　　另一個需要深思的問題為是否有必要將這些極端的環境保護主義者或動物權利保護主義者貼上恐怖主義的標籤？由於在大多數的情況下，這些極端分子並不打算造成任何人的傷亡，因此稱其為恐怖分子可能會對他們的行為造成誤導。此外，因為動物權利保護組織和倡導者可能因為沒有辦法可以依循立法程序來對利用動物的相關企業或政府機構提出他們的訴求，所以缺乏動物權利保護的全國性立法也可能是造成動物權利保護主義者激化的原因之一。

　　目前我國並無任何生態恐怖主義之事件發生，但仍應思考相關立法的重要性以防患於未然。雖然已經有許多法律、法規來保護野生動物、一般動物與寵物，但動物實驗室裡被測試的實驗用動物與經濟動物，其權利卻僅有有限的法律規範加以保護。而參照其他國家的生態恐怖主義攻擊事件與相關防範措施，

過度重視經濟發展與資源開發而缺乏保護動物與自然資源這方面的法律或法規，是導致環境保護主義者或動物權利保護主義者採取激進方式的主要原因之一。因此，我國不但要詳加考慮相關環境保護立法，更要考慮是否有必要制定相關標準和規則來保護被實驗動物的權利。而且政府也應該重視公眾參與的機會，增加與環保團體、動保團體與居民的溝通機會與次數，如此才能降低暴力衝突事件發生的機率。另一方面，我國具有高競爭潛力的生物科技研發基礎，為了要推展、保障動物相關企業發展的機會，政府應該制定適當的法律，壓制不法的暴力行為發生，提供相關從業人員平安、穩定的工作環境，可以達到永續經濟發展與保護環境的目的。再者，政府應該評估我國國情與文化，儘量避免將激進行為人士冠上「恐怖分子」或「恐怖主義」的稱呼。在法律的適用上也可以考慮日本與加拿大的做法，儘量以既有的刑法或是社會秩序維護的法律作為適用之依據，減少制定特別法或單行法規，如此也可以避免激化政府與環保人士之衝突，以穩定社會發展。

參考書目

一、中文部分（依筆畫順序）

行政院反恐怖行動管控辦公室編（2006）。我國反恐組織架構及運作機制。行政院。

行政院衛生福利部（2016）。化粧品衛生管理條例。

法務部（2002）。反恐怖行動法草案。http://www.junghe.tpc.gov.tw/law/law_d7.htm

國土安全部組織圖。http:www.dhs.gov/xabout/structure/editorial_0644.shtm

二、外文部分（依字母排列順序）

American Legislative Exchange Council (2013). The Animal and Ecological Terrorism Act (AETA). http://www.alec.org/model-legislation/the-animal-and-ecological-terrorism-act-aeta/

Carson, J. V. (2014). Counterterrorism and radical eco-groups: A context for exploring the series hazard model. Journal of Quantitative Criminology, 30(3): 485-504.

Carson, V. J., Dugan, L., & Yang, S.-M. (2020). A comprehensive application of rational choice theory: How costs imposed by, and benefits derived from, the U.S. Federal Gogverment affect incidents perpetrated by the radical eco-movement. Journal of Quantitative Criminology, 36: 701-724.

Chermak, S. M., Freilich, J. Duran, C. & Parkin, W. (2013). An overview of bombing and arson attacks by environmental and animal rights extremists in the United States, 1995-2010. Final Report to the Resilient Systems Division, Science and Technology Directorate, U.S. Department of Homeland Security. START.

David, C. R. (2004). The four waves of modern terrorism. In A. Cronin & J. Ludes (Eds.), Attacking terrorism: Elements of a grand strategy. Georgetown University Press.

Eagan, S. (1996). From spikes to bombs: The rise of eco terrorism. Studies in Conflict & Terrorism, 19: 1-18.

Federal Bureau of Investigation (2002). The threat of eco-terrorism. http://www.fbi.gov/news/testimony/the-threat-of-eco-terrorism

Federal Bureau of Investigation (2008). Operation backfire. http://www.fbi.gov/news/speeches/operation-backfire

Fur Commission USA (1993). The animal enterprise protection act of 1992 and mandated report. http://www.furcommission.com/theanimal-enterprise-protection-act-of-1992-and-mandated-report/

Global Terrorism Database. Overview of the GTD. http://www.start.umd.edu/gtd/about/

Goodwin, K. (2007). Postmodernism, deep ecology and the idea of wildness: Some problems with Drenthen's formulations. Journal of the European Ethics Network, 14: 501-512.

Gore, A. (2013). Earth in the balance: Forging a new common purpose. Earthscan.

International Whaling Commission (IWC). Revised management scheme. http://iwc.int/rmp

Japan Whaling Association. Index: History of whaling. http://www.whaling.jp/english/history.html

Japan Whaling Association. Index: Q & A. http://www.whaling.jp/english/qa.html

LaFree, G. & Laura, D. (2007). Introducing the global terrorism database. Terrorism and Political Violence, 19(2): 181-204.

Liddick, D. R. (2006). Eco-terrorism: Radical environmental and animal liberation movements. Praeger.

Loadenthal, M. (2013). The green scare & eco-terrorism: The development of US counterterrorism strategy targeting direct action activists. In J. Del Gaudio & J. A. Nocella (Eds.), The terrorization of dissent: Corporate repression, legal corruption and the animal enterprise terrorism act. Lantern Books.

Naess, A. (1973). The shallow and the deep, long-range ecology movement. A summary. Inquiry, 16: 95-100.

Public Safety Canada (2013). Summit on the economics of policing: Strengthening Canada's policing advantage.

R. v. Thurston, 1994 ABCA 179.

Re: the United States of America and Barbarash, 2002 BCSC 1430.

Smith, R. K. (2008). Ecoterrorism?: A critical analysis of the vilification of radical environmental activists as terrorists. Environmental Law, 38: 537-576.

Tabachnick, B. G. & Linda, F. (2001). Using multivariate analysis. Pearson/Allyn & Bacon.

Takashi, Hamano（嬈野 喬士）(2009). エコ・テロリズム—過激化する環境運動とアメリカの内なるテロ. 洋泉社.

Teva Pharmaceuticals USA, Inc v. Stop Huntingdon Animal Cruelty USA, A. 2d, 2005 WL 1010454 (N.J.Super.Ch.2005).

The Animal Liberation Front. Who is the ALF? http://www.animalliberationfront.com/ALFront/ALF_leaflet_biteback.pdf

The Federal Bureau of Investigation (FBI). Operation backfire, help find four eco-terrorists. http://www.fbi.gov/news/stories/2008/november/backfire_11908

The Japan Times (November 12, 2005). Activists in 1978 Narita protest pay up. http://www. japantimes.co.jp/news/2005/11/12/national/activists-in-1978-narita-protest-pay-up/#.U0Z-446iSxiN

United States of America and Barbarash, 2002 BCSC 1721.

United States v. Joel Andrew Wyatt, 408 F.3d 1257, 35 Envtl. L. Rep. 20,107, 2005 Daily Journal D.A.R. 6117 (9th Cir. 2005).

United States v. Katherine Christianson, 586 F.3d 532 (7th Cir. 2009).

United States v. Kendall Tankersley, 537 F.3d 1100, C. A. 9 (Or.) 2008; 129 S.Ct. 2766, 174 L.Ed.2d 271, 77 USLW 3517, 77 USLW 3666, 77 USLW 3668 (U.S. Jun 08, 2009).

United States v. Stop Huntingdon Animal Cruelty Inc., etc. 06-4211, 2007 (US Court of Appeal 3rd Circuit).

Wagner, A.K., S.B. Soumerai, F. Zhang, & D. Ross-Degnan. (2002). Segmented regression analysis of interrupted time series studies in medication use research. Journal of Clinical Pharmacy and Therapeutics, 27: 299-309.

Yang, S.-M., Su, Y.-Y., & Carson, J. V. (2014). Eco-terrorism and the corresponding legislative efforts to intervene and prevent future attacks. Canadian Network for Research on Terrorism, Security, and Society.

第二十一章　孤狼恐攻與隨機殺人概況、形成與防制對策

楊士隆、鄭凱寶

 前　言

　　2017年臺灣總統府憲兵遭刺案：2017年8月18日上午，50歲男子呂軍億先進總統府附近軍史館偷走武士刀，再衝入總統府砍傷憲兵，警察在其背包搜出一面中共五星旗，並供稱不滿時任總統蔡英文兩岸政策要斬首之（李泰誼，2017）。

　　2022年南加州教會槍案：2022年5月15日下午，68歲的臺灣移民周文偉（中國和平統一促進會成員－拉斯維加斯分支會理事）15日下午來到位於加州拉古納伍茲（Laguna Woods）的日內瓦長老會教堂（Geneva Presbyterian Church）行凶，當時台僑聚集的「爾灣臺灣基督長老教會」在這裡租借場地舉行活動，槍擊案共造成52歲台裔醫師鄭達志身亡及五人受傷（翁世航、朱家儀，2022），犯案動機係不滿臺灣獨立之政治傾向，仇恨主張臺獨的長老教會（Hayes & Tebor, 2022）。

　　伊斯蘭極端主義系列：2020年10月29日9時，在聖母院內發生遭刀襲擊致三名死者案，案犯卜拉欣（Brahim Aioussaoi）是突尼斯人，於9月20日進入歐洲，乘船到意大利蘭佩杜薩島，後抵達法國，案發後警方向反覆說「真主至大」的案犯射傷，隨後進入醫院，並在其包裹發現二把刀及可蘭經（BBC中文網，2020）。2024

年3月22日22時，由四名塔吉克斯坦公民[1]持槍襲擊番紅花城市大廳音樂廳（謝文哲，2024），造成144死551傷（Gerdo, 2024），隨後由伊斯蘭國主張犯案，但俄羅斯卻指稱由烏克蘭策劃犯案，惟經烏克蘭否認（聯合新聞網，2024）。

從上述新聞事件可知，除俄羅斯莫斯哥音樂廳遭恐怖攻擊的案犯超過一名外，餘均係獨自行動的孤狼（long-wolf）恐怖攻擊，攻擊形態已從集團式（group）走向獨自行動的孤狼（long-wolf），其分野為2001年美國遭受911攻擊後的一連串反恐作為，美國前總統歐巴馬（Barack Obama）在2016年於佛羅里達州麥克迪空軍基地（MacDill Air Force Base in Tampa）演說，強調美國在打擊伊拉克與敘利亞伊斯蘭國（IS）的行動中，已讓其喪失大半領土、失去對主要城鎮的控制（李蘇竣，2016a）。其他國家在應對恐怖主義——孤狼恐怖攻擊，則有調整應處作為，例如在德國，由於2016年12月19日晚間，柏林的耶誕市集卡車衝撞攻擊事件後，內閣於同年月22日決議通過一系列法律，允許增強如體育場館、購物中心或交通設施等公共場所的監視錄影系統；同時也將修改私人數據保護法，讓監控系統可以進一步拓展，以保障人民的健康、安全與自由，透過監視錄影的監控公共場合是「極度重要的」（李蘇竣，2016b）。

另在臺灣分別於2014及2024年發生捷運隨機殺人事件，其態樣與上述案例類似，但未被全球恐怖主義資料庫（Global Terrorism Database, GTD）（LaFree & Dugan, 2007）定義、收錄為恐怖攻擊，准此，孤狼恐怖攻擊與隨機殺人存有某些相同，亦有差異，本文於是簡介恐怖主義意涵及概況、孤狼恐怖攻擊與隨機殺人意涵與特性、孤狼恐怖分子與隨機殺人者形成情形，最後提出相關的防制對策。

---

[1] 達勒德忠·米爾佐耶夫（Dalerdzhon Mirzoyev）、賽達克拉米·穆羅達利·拉恰巴利佐達（Saidakrami Murodali Rachabalizoda）、沙姆西丁·法裏杜尼（Shamsidin Fariduni）和穆罕默德索比爾·法伊佐夫（Muhammadsobir Fayzov）。

第一節　恐怖主義意涵及概況

依全球恐怖主義資料庫的定義，恐怖行動被定義為特定的犯罪行為，而其本質為「威脅要使用或確實的使用非法武力和暴力，透過恐懼、壓迫、恐嚇的手段來達到政治、經濟、宗教或社會目的」（LaFree & Dugan, 2007），以下分別簡介恐怖主義意涵及概況。

一、恐怖主義意涵

Bruce Hoffman（2006）認為恐怖主義的一些主要特徵是可以辨識的，他提出將恐怖分子與其他罪犯作出區分，也將恐怖主義與其他犯罪做出區分，結果得出恐怖主義是：

(一) 不可避免地以政治為目的或動機。

(二) 訴諸暴力或揚言要訴諸暴力。

(三) 計劃要對目標或受害人以外的人物或團體造成深遠的心理影響。

(四) 由具備可被識別的指揮系統及隱蔽細胞系統的組織指揮行動，其成員穿著制服或佩戴可被識別的徽章。

(五) 由亞國家組織或非國家行為者干犯。

二、近十年全球恐怖主義概況

根據「經濟與和平研究所」（The Institute for Economics and Peace）自全球恐怖主義資料庫[2]整理出全球恐怖主義指數（Global Terrorism Index, GTI，遭恐怖主義威脅程度0至10分[3]），臺灣恐怖主義指數為0（Institute for Economics and Peace, 2024b），在163個國家與地區中並列排113名（聯合新聞網，2016），與鄰近的日本（0.42）及韓國（0.58）同屬遭受恐怖主義攻擊之

---

[2] 由馬里蘭大學學院市分校（University of Maryland, College Park）維護的全球恐怖主義資料庫蒐集整理，並由經濟與和平研究所出版全球恐怖主義指數（Global Terrorism Database, n.d.）。

[3] 首先依據某一年發生下列四個指標的數量及權重：恐怖事件（incidents，權重1）、死亡（fatalities，權重3）、受傷（injuries，權重0.5）、人質（hostages，權重0.5），接著按上述定義所收錄的恐怖主義事件之各項指標乘以相應權重後加總所得每個國家當年度的總原始分數，再使用事件發生五年加權平均來反映恐怖事件隨時間變化的潛在心理影響，權重每年遞減，以反映較早事件的影響減弱（發生當年占52%、次一年26%、次二年13%、次三年6%、次四年3%），最後將原始分數映射到以10為底的對數尺度上，範圍在0到10之間（Institute for Economics and Peace, 2024a: 76）。

「低度風險」國家，而恐怖攻擊事件較多的法國（5.94、排名18）、中國大陸（5.89、排名21）及美國（4.40、排名32），以及2022年爆發俄烏戰爭前的俄羅斯（5.61、排名23）、烏克蘭（4.46、排名30），均屬恐怖主義攻擊之「中度風險」國家（如圖21-1），另根據中正大學2016年「上半年度全國民眾犯罪被害暨政府維護治安施政滿意度調查」之資料顯示，有超過半數的民眾（51.5%）擔心受到國際恐怖分子攻擊（中正大學，2016）。

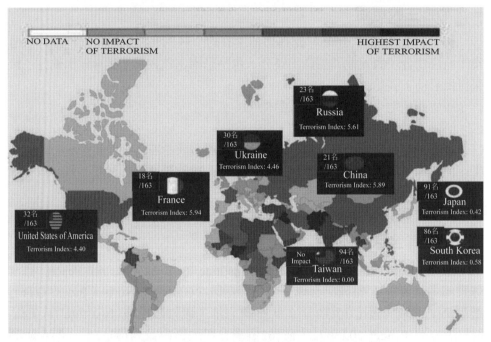

圖21-1　2015年全球恐怖主義風險指數差異分布圖

　　然而臺灣在2017年發生總統府憲兵遭一名男子刺傷，犯案動機為不滿時任總統蔡英文對兩岸政策的主張（李泰誼，2017），經全球恐怖主義資料庫（Global Terrorism Database, GTD）引用（Taipei Times, 2017）收錄，致當年恐怖主義指數上升至0.58（排名86），此後未發生恐怖主義事件，遂逐年降低，分別為2018年0.33（排名96），2019年0.18（排名102），2020年0.09（排名96），2021年0.04（排名94），2022年恢復至0（並列排名94），惟觀察恐怖主義指數雖逐年降低，但在全球排名約在96名左右，即便2022年指數歸零，排

名亦並列為94，可知全球各國恐怖主義指數逐年下降，遭恐怖主義威脅程度逐年降低。

　　另以2023年前述主要國家比較，臺灣恐怖主義指數依舊為零，與鄰近的日本（1.19、排名64）、韓國（0.00、並列排名89）及中國大陸（0.58、排名73）同屬「低度風險」國家，而恐怖攻擊事件較多的美國（4.14），仍屬「中度風險」國家，但法國（2.65、排名38），以及交戰中的俄羅斯（3.02、排名35）、烏克蘭（1.69、排名54），均降為「中低度風險」國家（如圖21-2），全球中低風險以下國家亦較為增加，顯見遭全球恐怖主義威脅程度已獲得明顯改善。

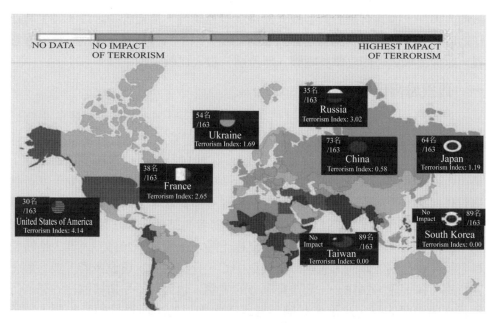

圖21-2　2023年全球恐怖主義風險指數差異分布圖

第二節　孤狼恐怖攻擊與隨機（無差別）殺人意涵與特性

　　恐怖主義發展至今，基本上，可以分爲18世紀末到第二次世界大戰、二戰後到蓋達組織、蓋達組織時期等三大時期（張福昌，2011：92-96），其共同點爲恐怖分子係受到激進意識形態感召的個人，漸漸轉至有組織的恐怖主義分子團體，而在911事件後，恐怖主義的行動方式，有了很大的改變，除了「團體的」恐怖攻擊行動之外，也出現愈來愈多「單獨的」恐怖攻擊，也就是「孤狼恐怖主義」（Lone Wolf Terrorism）的崛起（張福昌，2013：17-33），另隨機殺人事件，因其有別於典型殺人動機爲有意圖性、被害者特定性，發生時往往造成社會恐慌而被誤認爲是孤狼恐怖主義，以下將分別簡介孤狼恐怖攻擊意義，並提出孤狼恐怖攻擊與隨機（無差別）殺人比較。

一、孤狼恐怖攻擊

　　孤狼恐怖攻擊，因具有高度自主性，係不受恐怖主義組織影響的恐怖分子，使用激烈之暴力行爲，例如暗殺、大規模屠殺，將暴力行爲當成事業經營，利用恐怖行動獲得個人成就感（Barnes, 2012），而最常被引述的定義，是由Burton與Stewart（2008）所提出的：「孤狼即是個人的獨自行動，其行爲沒有任何組織的授意，甚至沒有與任何組織有所接觸。」這個定義的目的，是要與其它組織化的恐怖活動做區分，以行動者的結構分類，用個體的、團隊的、甚至是國家級的角度來分類（引自楊士隆、王俸鋼，2015）。其人格特質具有反社會行爲之傾向，包括以自我爲中心、反抗權威、虛僞多詐，並合理化其行爲（楊士隆，2018）。而這種區分的主體，也因此不是傳統關注的恐怖行動背後所潛藏的特定政治、意識形態或宗教的目的，而是行動者的個人特質（Vasilenko, 2004）。舉例來說，Breivik在2011年於Norway的爆炸與槍擊事件就是孤狼恐怖攻擊。

二、孤狼恐怖攻擊特性

　　依Hamm與Spaaij（2015）的研究指出孤狼攻擊者的個人背景因素（Background Factors），大多爲無業者、有前科的單身男性白人，相對於團體恐怖分子，孤狼恐怖分子的年紀較長、教育程度較低、有較多的心理病態問題；相較

於蓋達基地組織者，他們較多爲與社會脫節者。

　　根據Bakker與de Graaf（2011）之分類描述，孤狼恐怖分子具有以下四項特徵：(一)單獨行動：孤狼恐怖分子不受任何個人、團體或組織的支援；(二)不接受任何組織的命令：孤狼恐怖分子與潛藏間諜（Sleeper）不同，孤狼恐怖分子可以自己決定、策劃行動，而不受該組織之指揮系統所控制；(三)不與任何組織聯系：孤狼恐怖分子行動時不與組織接觸，但是在行動之前的準備工作或激進化過程中，卻用不同方式與組織極端分子接觸或學習，以達到個人激進化的目的，因此孤狼恐怖主義不包括與組織有聯系的恐怖分子；(四)攻擊的目標大多是社會的自然人（引自張福昌，2013：23）。

　　美國司法部爲建立美國孤狼恐怖攻擊個案研究資料庫，委託學者Hamm與Spaaij（2015）研究指出，符合以下定義的個案，納入研究資料庫：
(一) 獨自從事政治暴力的個人。
(二) 不屬於任何恐怖組織／團體或網絡。
(三) 不受任何領導者指揮或直接影響。
(四) 作案手法與戰術直接來於自己，而非他人指揮。

　　Hamm及Spaaij依上列定義自1940至2013年的已發表的回顧研究、傳記與回憶錄、日記、政府報告、法院文件、百科全書等文件，篩選出98個美國孤狼恐怖攻擊個案，計有21個分類變項，共整理出2,058項原始資料（透過三人團隊的雙盲變項編碼）。上述98個案中有38個在2001年的911事件發生前，60個在之後，但後者中有15個屬於執法單位的臥底行動，因牽涉到機密的告發者與臥底探員而排除之。因此，1940至2000年有38個案，2001至2013年有45個案。

　　1940至2000年有38個案，犯下171起攻擊，奪走98條人命及305人受傷，並以槍械及自製炸彈爲主要武器，大約40%個案從事超過1起攻擊；2001至2013年有45個案，犯下45起攻擊，奪走55條人命及126人受傷，使用槍械及自製炸彈以外，尚有飛機、生化武器、刀及建築設備。以致命性來說，1990年代則爲最血腥的十年，孤狼恐怖分子造成212名受害者，包括30名死者及182名傷者。

　　Hamm與Spaaij（2017）整理美國自1940至2016年中期的孤狼恐怖主義，篩選123個美國孤狼恐怖攻擊個案，在2001年的911事件發生後至2016年中期，計有85名個案，發起84起攻擊案件並造成258人死亡或受傷，其中42件是使用槍械，使用槍械者有一半係用多重武器（21件），38%使用單把手槍（16件）。

三、隨機（無差別）殺人特性

　　隨機（無差別）殺人，加害人對於被害人之選擇沒有特定條件，意即加害人與被害人彼此之間是陌生或非親近的關係，而隨機性可擴大到時間、地點、被害人與殺人方式。學者Petee等人（1997）曾依照殺人動機、如何選擇被害人兩標準，將「大規模殺人」犯罪，發展了一套非常複雜的分類法。他們共分了九類（引自周愫嫻，2017：10-12）：

　　(一)選擇被害人：基於憤怒報仇、選擇特定被害人行兇者，這種嫌犯不會隨機殺人，他們選擇的被害人，通常兩造之間長期有各種恩怨情仇所致。

　　(二)選擇案發地：基於憤怒報仇、選擇特定地點行兇，此類嫌犯動機雖也是憤怒報仇，他們選擇的目標通常是「傷心地」，但不會選定特定被害人。

　　(三)隨機選擇被害人與案發地：基於憤怒仇恨殺人，但被害人與地點均分散不定。這裡又可分為兩種亞型：1.刻意選定特定團體或類型的人；2.真正地隨機選擇地點、對象。

　　(四)家庭／情感糾紛：基於家庭糾紛或情感殺人，又可分為兩種亞型：1.家人間殺人；2.情人間殺人。

　　(五)個人衝突或情緒失控：基於直接的個人衝突或口角殺人，看起來與第一類型類似，但此類殺人動機通常是基於現場一時情緒失控所致，異於第一類因長期的關係不佳或宿怨所致。

　　(六)其他犯罪引起：基於其他犯罪引發的殺人，如強盜、搶奪等犯罪，為了控制或隱藏其他犯罪而行兇。

　　(七)幫派殺人：幫派之間為了利益、地盤、仇恨等的打殺械鬥，通常嫌犯人數眾多。

　　(八)意識形態引起：基於政治動機的殺人事件，包括恐怖主義分子的攻擊活動，動機多半是政治、宗教、種族等意識形態之爭，或無法容忍對方的立場所致。又可分為兩種亞型：1.行兇者在現場；2.行兇者不在現場。

　　(九)原因不明：其他無法歸類者，通常指無法辨識行兇者的殺人動機。

　　依照Petee等人的分類，真正地「隨機選擇被害人」（無差別殺人）者，僅有第(三)類，且理論上與嫌犯一定是陌生人關係，在Petee的分類中，除了第(一)、(四)類，加、被害人兩造關係一定是認識或家人外，其餘則可能是單純陌生人，但也可能夾雜了認識者或家人。此外，Petee的分類未能指出精神疾患、人格或情緒障礙在殺人動機上扮演的角色（周愫嫻，2016；周愫嫻，

2017）。

四、孤狼恐怖攻擊與隨機（無差別）殺人特性比較

近十年全球恐怖主義攻擊，雖已逐年降低，但有別於有政治目的、有組織及指揮體系等典型恐怖攻擊，孤狼（lone-wolf）恐怖攻擊在學理上可歸納爲：(一)孤單的狀態，亦即是個別執行的或是還有其他人介入；(二)指導，亦即是自我決定的行動，抑或是受到外部的指導與控制；(三)動機，基於個人的報復抑或是政治、社會、宗教等之其他原因（汪毓瑋，2016：562-563）。惟與孤狼（lone-wolf）恐怖攻擊類似的係隨機（無差別）殺人，爰整理前述二類案例如表21-1、表21-2。

表21-1 近十年孤狼恐怖分子攻擊案例

姓名／年齡	Mohamed Lahouaiej-Bouhlel／31歲	呂軍億／50歲	Brahim Aioussaoi／21歲	周文偉／68歲	Dalerdzhon Mirzoyev等4人／32歲
事件	法國尼斯貨車及槍擊[4]	臺灣總統府刀刺憲兵	法國尼斯聖母院割喉	南加州教會槍擊	莫斯科音樂廳槍擊
時間	2016/7/14	2017/8/18	2020/10/29	2022/5/15	2024/3/22
地點	法國尼斯濱海步道	臺灣總統府	法國尼斯聖母院	南加州日內瓦長老教堂	莫斯科克洛庫斯音樂廳
手段	貨車衝撞並槍擊人群	武士刀砍傷總統府憲兵	刀割喉	手槍射擊教會活動人群	燃燒彈、槍、刀
傷亡	87死[5]、458傷[6]	1傷	3死、1傷	1死、5傷	144死、551傷

---

[4] BBC中文網（2016）。法國尼斯大貨車衝撞人群：84人喪生。7月14日發布。http://www.bbc.com/zhongwen/trad/world/2016/07/160714_france_nice_attack，檢索日期：2024/6/4。

[5] San Diego Union Tribune (2016). Nice truck attack claims 86th victim. https://www.sandiegouniontribune.com/sdut-nice-truck-attack-claims-86th-victim-2016aug19-story.html (last visited: 2024/6/6).

[6] Rubin, A. J. & Blaise, L. (2016). A third of nice truck attack's dead were Muslim, group says. The New York Times, July 19. https://www.nytimes.com/2016/07/20/world/europe/nice-truck-attack-victims-muslims.html (last visited: 2024/6/6).

表21-1 近十年孤狼恐怖分子攻擊案例（續）

犯案動機	伊斯蘭激進派、歧視移民	不滿時任總統兩岸政策	伊斯蘭激進派、移民歧視	不滿臺獨、仇恨臺獨的教會	伊斯蘭激進派
國籍	法籍突尼斯裔	臺灣	法籍突尼斯裔	美籍臺裔	吉爾吉斯
犯罪代價	遭警方擊斃	殺人未遂，六年八個月[7]	遭警方擊傷、審理中	審理中	審理中
備註	移民持槍暴力等五件前科、	其父係大陸來臺退役老兵、2017年起失業	無	無	無

表21-2 近十年隨機殺人案例

姓名／年齡	鄭捷／21歲	林英昌／55歲	植松聖／26歲	崔元鍾／22歲	洪淨／20歲
事件	臺北捷運江子翠站殺人	臺北松山車站爆炸	日本神奈川障害院殺人	南韓京畿道隨機殺人	臺中捷運隨機殺人
時間	2014/5/21	2016/7/7	2016/7/26	2023/8/7	2024/5/21
地點	臺北捷運萬華往松山站車廂	松山車站北駛車廂	日本神奈川縣障害院	城南市人行道、百貨商場	臺中捷運市政府站車廂
手段	瑞士刀、水果刀	爆裂物	刀刺	車撞、刀刺	刀刺
傷亡	4死、24傷	25傷	19死26傷	1死、13傷	3傷[8]

---

[7] 潘千詩（2018）。總統府砍憲兵 呂軍億殺人未遂等罪判6年8月定讞。三立新聞網，9月13日。https://www.setn.com/News.aspx?NewsID=429260，檢索日期：2024/6/9。

[8] 趙麗妍、郝雪卿、蘇木春（2024）。乘客持刀傷人 台中捷運公司還原2分鐘經過。中央通訊社，5月21日。https://www.cna.com.tw/news/asoc/202405210259.aspx，檢索日期：2024/5/28。

表21-2　近十年隨機殺人案例（續）

犯案動機	臉書留言做大事	以自殺方式報復社會	障害者不該存在世上	引起警方注意	模仿臺北捷運隨機殺人
國籍	臺灣	臺灣	日本	韓國	臺灣
犯罪代價	死刑（已執行）	三十年四月	死刑（尚未執行）	審理中（一審無期徒刑）	審理中
備註	案犯偏好文組、順父意念理工[9]	罹癌厭世、求職不順、與家人相處不睦[10]、竊盜酒駕前科	離職障害院接受精神疾病治療出院後四個月犯案[11]	思覺失調症停藥復發[12]	遭醫院身心科列管[13]

　　由上可知，隨機（無差別）殺人則為不特定的犯罪時間、地點，以及被害者的選擇，惟犯案動機區分為典型隨機（無差別）殺人係「非因情、財、仇性」，以及非典型的「因情、財、仇性」（周愫嫻，2017：15），例如鄭捷在捷運上隨機殺人，臺北捷運公司主張鄭捷以無差別殺人的行為，遂行暴力意識形態或其他類似意圖之目的，至使民眾恐懼，屬於合約中恐怖主義不賠除外事項，惟經法院判決鄭捷行為非屬恐怖主義，臺北捷運公司仍應賠償，係因恐怖主義行為，是指任何個人或團體，運用武力、暴力、恐嚇、威脅或破壞等行為，以達到其政治、宗教、信仰、意識形態或其他類似意圖的目的，包括推翻、脅迫或影響任何政府，或致使民眾或特定群眾處於恐懼狀態（法源編輯

9　自由時報（2014）。北捷殺人狂男大生瘋砍 4死22傷。5月22日發布。https://news.ltn.com.tw/news/focus/paper/781094，檢索日期：2024/5/28。

10　李育材（2021）。台鐵列車爆炸案 罹癌炸彈客因帆布包現形。鏡周刊，3月13日。https://www.mirrormedia.mg/story/20210307soc006，檢索日期：2024/5/28。

11　產經新聞（2016）。相模原の障害者施設、刺され19人死亡 「元職員」と話す26歳の男逮捕。7月26日發布。https://archive.ph/20160726002704/http://www.sankei.com/affairs/news/160726/afr1607260005-n1.html#selection-513.0-513.34，檢索日期：2024/5/28。

12　謝佳娟（2023）。南韓隨機砍人案釀1死13傷！警方公開「犯嫌正臉照」身份曝光。CTWANT周刊王，8月7日。https://www.ctwant.com/article/275112，檢索日期：2024/6/9。

13　陳孟萱（2024）。中捷砍人案洪男「心智正常」！有再犯可能遭羈押 未禁見原因曝光。CTWANT周刊王，5月23日。https://www.ctwant.com/article/338683，檢索日期：2024/6/9。

室，2015）。孤狼恐怖攻擊之背後仍存有個人、政治及宗教等意識形態；因此可知孤狼恐怖攻擊與隨機（無差別）殺人相同之處為不特定的犯罪時間、地點，以及被害者，相異之處為孤狼恐怖攻擊的犯罪動機需包含政治、社會、宗教等之其他原因。

第三節　孤狼恐怖分子與隨機（無差別）殺人者形成情形

　　美國歷經911事件後十六年，所面臨的恐怖攻擊模式已出現變化，依Spaaij（2012）、Hamm與Spaaij（2015）的研究指出，911事件前的171次攻擊中，有34起涉及威脅性或未遂攻擊（threat or aborted attacks）；拜科技所賜，911事件後，大量的威脅性或未遂攻擊增加，包括反墮胎的炭疽病惡作劇（anthrax hoaxes），刺殺歐巴馬總統候選人未遂攻擊等多樣性，共通性為具備政治、宗教及其他意識形態，且能傳遞訊息（恐怖）予大眾者，以下分別敘述孤狼恐怖分子的形成所，以及自對個人與政治不滿的反對者到恐怖主義的激進化過程，分述如下：

一、孤狼恐怖分子的形成

　　依Hamm與Spaaij（2015）的研究顯示相對剝奪感導致孤狼恐怖主義，在社會排除下，孤獨的個人感覺到他們被有權力者剝奪，進而形成對政府的不滿應對其失業、歧視與不公平對待負責。他們的暴力是達不到目標的偏差調節手段（緊張理論）。因為超過一半的孤狼恐怖攻擊者擁護右翼、反政府意識形態、白人至上主義。

　　而Artiga（2011）歸納孤狼式恐怖分子的動機通常有以下幾種：(一)利用恐怖行動傳達其信念；(二)利用恐怖行動提高民眾對某些議題之重視，例如散播生化病毒，促使民眾對環境污染議題之重視；(三)影響國家之經濟與政治進程；(四)散播恐懼；(五)糾正社會之不公正行為，例如屠殺被無罪釋放之犯罪人（Bates, 2012）。但在分類孤狼恐怖分子的動機原本就有相當程度的困難，很容易因為背後的動機多元的複雜，使得孤狼恐怖分子的意識形態難以適當的歸類。孤狼恐怖分子的心理社會側寫特性如前所述，相當的孤立且與他人的相

處無法完全投入，且自身多以受害者自居、並且有容易妄想的特質，這使得他們的意識形態往往有自己的一套邏輯和建構方式，可能是一群橫跨政治、宗教和特定社會目的之意識形態的扭曲融合，而產生的背景則是來自其自身所受到的挫折和對這個世界的負面感受（Spaaij, 2010）。

　　此外，Deloughery與共同研究者（2013）在研究美國的孤狼攻擊與其他恐怖集團攻擊模式分布差異時也指出，比較101起孤狼攻擊行為，以及424起恐怖主義團體的攻擊發現，孤狼攻擊的主要區域跟因種族性別以及性向引起的46,000件憎恨攻擊（hate crime）的地理區域有很高的重疊性。簡言之，孤狼攻擊行為較易發生的區域為人口密集、住宅自有比率低、以及優勢白人占率高（種族同質性高）的地區。

　　典型恐怖主義的恐怖分子形成，係由特定團體招募或吸引投入可被識別的指揮系統及隱蔽細胞系統的組織指揮行動，但孤狼恐怖分子不具備上述特色，受恐怖主義團體影響，成為其追隨者，惟不見得經過該團體訓練，因此恐怖分子，已從團體透由社群媒體影響，到個別的激進化場所形成，分述如下：

(一) 恐怖主義團體透由社群媒體影響孤狼恐怖分子

　　國際恐怖主義常運用社交媒體、新興科技，創新宣傳與吸收新成員的方式壯大其組織，攻擊模式亦不拘於傳統形式，日新月異。據印尼國家通訊社Antara報導，前印尼伊斯蘭國成員Sarwani現身說法表示，伊斯蘭國恐怖組織物色的追隨者是年輕人，其中不乏知名大學的學生。事實證明，在印尼發生的19起自殺爆炸案，犯案的都是學生、大學生和青年。Sarwani說，恐怖組織的追隨者有許多是印尼知名大學的學生。他說，恐怖組織不會終止極端主義思想，為激進伊斯蘭意識形態而戰（中時新聞網，2016）。

(二) 激進化處所（Loci of Radicalization）形塑孤狼恐怖分子

　　識別出激進化處所很重要，因為該處所係將個人激進化推進為暴力極端主義，由圖21-3得知，911事件前最常見的處所為極端團體（26%），在911事件後，傳統處所被非軍事（市民）工作場所（20%），以及非正式線上社會網絡（informal online social networks）與媒體（20%）取代。

　　但是親近極端主義團體，在911事件後發生了變化，每10位孤狼恐怖分子，只有4位表現過親近極端主義組織，在911事件前有6位。由於孤狼恐怖分子常孤立於社會外，隨著互聯網聊天室、陰謀網站、臉書與推特的興起，其可

透過線上接觸分散的人,激進化途徑的親近激進團體外,另外興起親近線上同情者(online symphatizers),渠等有一致的信念,由於過去的親近激進團體多由現實世界的接觸,這種新進的線上親近模式,推翻了孤狼恐怖分子不與別人交流的假設。

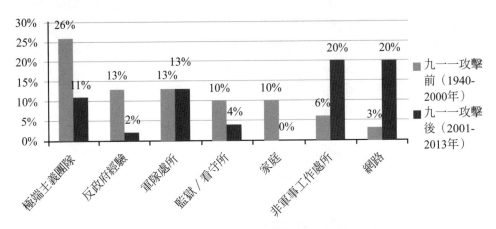

圖21-3　1940-2013年美國孤狼恐怖分子激進化處所

資料來源:Hamm & Spaaij (2015).

二、激進化過程:從政治反對者到孤狼恐怖主義

　　孤狼恐怖攻擊主義的激進化過程,依Hamm與Spaaij(2015)的研究顯示,孤狼恐怖分子始於個人與政治不滿,進而親近極端團體或線上支持者,漸漸到形成孤狼恐怖主義,分述如下:

　　(一)個人與政治不滿(personal and political grievance):孤狼恐怖分子傾向於結合個人與政治不滿。911事件前,結合上開兩者有30件(總件數38)約占80%,911事件後,兩者兼具者有36件(總件數45)亦約占80%,相較於激進團體的集體不滿之動機,有明顯不同。

　　(二)親近極端團體或線上支持者(affinity with extremist groups or sympathizers):孤狼恐怖分子傾向於親近極端團體,並透過網路線上或有線電視,尋找信念與其一致的極端團體。911事件前,有63%孤狼恐怖分子親近有組織的極端分子,包括美國南部分裂主義者(Southern segregationist)、新納粹團體(neo-Nazi groups)、巴勒斯坦運動、反墮胎團體。911事件後,有42%孤

狼恐怖分子親近極端組織，包括蓋達基地組織（al-Qaeda）、美國保守派團體「茶黨愛國者」（Tea Party Patriots）、新納粹國家聯盟（neo-Nazi National Alliance）。

(三)推動者（enablers）：孤狼恐怖分子可透過以不自覺地協助攻擊計畫的方式直接啟動，或透過鼓勵恐怖主義的人間接進行，而在個人層面上，推動者是為某人不知不覺地執行可能的**發動攻擊任務**，或透過間接的受恐怖主義鼓舞的人。在911事件前有57%的孤狼恐怖分子受他人推動發動攻擊；在911事件後，成長到67%且幾乎是間接推動。以911事件後的聖戰（jihadists）來說，最多人被奧薩瑪・賓・拉登（Osama bin Laden）以及安瓦爾・奧拉基（Anwar al-Awlaki）推動啟發；至於911事件後的白人至上反政府運動極端分子來說，最多人被威廉・皮爾斯（William Pierce）推動啟發。

(四)廣播意圖（broadcasting intent）：雖然孤狼恐怖分子與社會隔絕，但同時他們**透過口頭陳述、威脅、信件、宣言和錄像宣傳與外部人進行交流**，類似於蓋達基地組織與ISIS成員上傳到互聯網的聖戰殉教視頻。廣播意圖可以明確提及即將到來的攻擊，廣播意圖可能發生在攻擊之前的數週、數天甚至數小時內。從預防的角度來看，廣播意圖可能是最重要的共同點。廣播意圖在孤狼恐怖分子中普遍存在，但也有無廣播攻擊意圖的案例，例如2013年洛杉磯國際機場槍擊案。[14]在911事件前有84%的孤狼恐怖分子在攻擊前有廣播；911事件後則有76%的孤狼恐怖分子通常不止一次播出他們的意圖。廣播通過電子郵件、短信、臉書和推特，簡報的發表進行。發表對象包括家人、朋友、心理健康提供者、運輸工作者和警察，還有對報紙編輯，甚至有致國會議員與美國總統的信。

(五)觸發事件（triggering event）：觸發事件是孤狼恐怖主義的催化劑，這類事件在恐怖組織成員中很常見。對孤狼來說，**觸發事件可能是個人的或政治的，或者兩者的組合**。觸發事件有時是直接的，其他時候，隨著時間的推移，是緩慢累積，直到其在壓力下迅速發生，引發攻擊行為。在911事件前，有84%具備觸發事件，911事件後為71%。

---

[14] 2013年11月1日上午9時20分，孤狼恐怖分子Ciancia進入洛杉磯國際機場第三航廈，從印有「要把運輸安全局的人員與豬殺掉」的紙條的袋子中拿出一把半自動M&P15來福槍的槍擊，造成三名美國運輸安全管理局的官員和五名旁觀者死亡或受傷。調查發現，當天稍早嫌犯發送短信給他在新澤西州的兄弟表示即將自殺，旋由其父親在上午10時6分通報洛杉磯警察局，六分鐘後警察趕到嫌犯的公寓，但為了防止剛剛開始的槍擊事件已經晚了四十五分鐘。

　　(六)孤狼恐怖主義（Lone Wolf Terrorism）：孤狼恐怖分子，在經觸發事件的發生下，進而引發攻擊行為。由孤狼恐怖分子的激進化過程可知孤狼主義的共同點（the commonalities of Lone Wolf Terrorism）形成了激進化模式（如圖21-4），Hamm與Spaaij（2015）指出孤狼恐怖攻擊主義的激進化模式，開始於個人和政治不滿（personal and political grievance），成為親近極端主義團體（affinity with extremist group）的基礎。接下來是識別推動者（enabler），然後是廣播意圖（broadcasting intent）。最後是觸發事件（triggering event）的催化劑（catalyst），引發孤狼恐怖分子犯案。

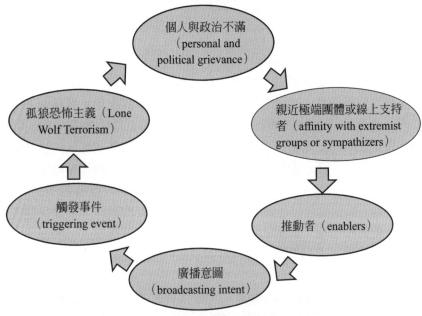

圖21-4　孤狼恐怖攻擊主義的激進化模式

資料來源：Hamm & Spaaij (2015).

三、隨機（無差別）殺人

(一) 隨機（無差別）殺人者

　　隨機（無差別）殺人成因眾多，除了精神疾病或毒品肇因外，多半與家庭問題及案犯失（無）業，以及媒體報導造成的社會恐懼與模仿效果有關，周愫

嫻（2017）的研究，以前述因子編成問卷實施問卷調查，計回收有效問卷，監獄209名殺人犯，以及50名「一般民眾」作對照組，殺人犯組區分「親密殺人組」、「熟識殺人組」、「陌生人非隨機殺人組」、「陌生人隨機殺人組」，結果發現（表21-3）：

1. 各組自尊、暴力態度、憤世嫉俗等人格特性、精神疾病無顯著差異。
2. 陌生人隨機殺人者，比對照組有更低的同理心，較多生長多重高風險家庭、親密關係冷淡、國中小中輟率高，但與對照組的反社會人格、孤獨感、憂鬱症、藥酒癮、少年與成年前科則無顯著差異。
3. 同樣是殺人者中，不論哪一種類型，他們的人格特性中有六項相似（自尊、對暴力態度、憤世嫉俗、憤怒、憂鬱、社交焦慮感），其他相似的社會關係與行為，尚有親密關係均淡薄、藥酒成癮性高、中輟率高、出身高風險家庭機率高、少年及成人前科多。
4. 各組殺人犯中，陌生人隨機殺人組有三項顯著與其他殺人犯相異之人格特徵，更高度的反社會人格、更強烈孤獨感、更低的同理心。

表21-3　各組人格特性、身心健康、人際關係與社會風險因子差異檢定

N＝259	親密殺人組	熟識殺人組	陌生人非隨機殺人組	陌生人隨機殺人組	一般民眾（對照）組
人數	63	78	58	10	50
占比	30.1%	37.3%	27.8%	4.8%	100%
反社會**				隨>親	對>親
自尊					
同理心***	熟>隨	熟>隨			均>各組
暴力態度					
憤世嫉俗					
憤怒***	親>對	熟>對	非>對		
孤獨*				隨>非	
憂鬱***	親>對	熟>對	非<對		
社交焦慮***	親>對	熟>對	非<對		
親密關係**	親>對	熟>對	非<對		

表21-3　各組人格特性、身心健康、人際關係與社會風險因子差異檢定（續）

N＝259	親密殺人組	熟識殺人組	陌生人非隨機殺人組	陌生人隨機殺人組	一般民眾（對照）組
高風險家庭*				隨＞對	
社會疏離					
憂鬱快篩***		熟＜親	非＜親		對＞熟＞非
藥酒癮***	親＜對	熟＜對	非＜對		
精神病史					
國中學歷*		熟＜對	非＜對	隨＜對	
就業狀態					
少年前科			非＞親		
成年前科	親＜熟		非＞親		

註：親＝「親密殺人組」，熟＝「熟識殺人組」，非＝「陌生人非隨機殺人組」，隨＝「陌生人隨機殺人組」，對＝「一般民眾對照組」（ANOVA p<.001***,p<.01**,p<.05*；未標註＝無顯著差異）

(二) 隨機（無差別）殺人者形成

　　根據周愫嫻（2017）研究，深度訪談「陌生人隨機殺人組」10位、陌生人非隨機殺人組」5、加害人家屬2位，以及非屬於上揭15案直接被害人及家屬3位，訪談結果發現，隨機（無差別）殺人者，除精神病、人格障礙與酒精藥物濫用三者之間對於陌生人隨機殺人行為之可能作用，仍屬未定論外，殺人暴力行為成因可能來自成長於多重高風險家庭、親密關係冷淡、低同理心，國中小中輟，前述因素與弱社會連結，個人緊張、以及社會的暴力信念、解組與迷亂多面向連結後，可能導致隨機殺人事件之發生。

四、案例分析

　　以本文前述孤狼恐怖分子，以及隨機（無差別）殺人案例，分別依Hamm與Spaaij（2015）孤狼恐怖攻擊主義的激進化過程，周愫嫻（2017）隨機（無差別）殺人形成模式，分述如下：

(一) 孤狼恐怖分子激進化模式

孤狼恐怖分子激進化模式，計有六個階段，分別為個人與政治不滿、親近極端團體或線上支持者、推動者、廣播意圖、觸發事件、孤狼恐怖主義／攻擊行動，以本文所舉案例，依媒體報導資料按前述激進化模式，整理發現（表21-4），均有政治意圖（臺灣係統獨問題、其他為伊斯蘭國）及親近激進團體，最後作案，惟其餘階段不明顯。

表21-4　孤狼恐怖分子激進化模式

姓名／年齡	Mohamed Lahouaiej-Bouhlel／31歲	呂軍億／50歲	Brahim Aioussaoi／21歲	周文偉／68歲	Dalerdzhon Mirzoyev等4人／32歲
個人政治不滿	伊斯蘭激進派、不滿法國歧視移民	父親是中華民國遷臺軍人、不滿時任總統蔡英文兩岸政策	伊斯蘭激進派、移民歧視	父親是中華民國遷臺軍人、不滿臺獨、仇恨臺獨的教會	伊斯蘭激進派
親近極端團體	響應了伊斯蘭國的號召，針對伊斯蘭國的敵對國家採取行動[15]	常收看中央電視，讚嘆中國大陸祖國建設，希望早日完成統一[16]	未經證實	中國和平統一促進會拉斯維加斯分會、臺灣中華統一促進黨	疑親近伊斯蘭國組織呼羅珊分支（Islamic State-Khorasan, IS-K[17]）
推動者	疑為伊斯蘭國	效法中國殉職飛行員王偉烈士精神	疑為伊斯蘭國	無	疑為伊斯蘭國

---

[15] Williams, R. A. I. (2016). Nice terror attack: Isis claims responsibility for lorry massacre in French coastal city.Independent, July 16. https://www.independent.co.uk/news/world/europe/nice-terror-attack-isis-claims-responsibility-lorry-massacre-france-coastal-city-a7140381.html (last visited: 2024/6/10).

[16] 羊正鈺（2017）。預謀九個月，偷日本刀闖總統府兇手今遭北院羈押。關鍵評論，8月19日。https://www.thenewslens.com/article/76562#google_vignette，檢索日期：2024/6/10。

[17] Gardner, F.(2024). IS-K: Who are the Islamic State jihadists blamed for Moscow attack? BBC, March 26. https://www.bbc.com/news/world-middle-east-68660050 (last visited: 2024/6/10).

[18] 張庭瑜（2022）。周文偉作案前寄七冊日記 本報交警方處理。世界日報，5月18日。https://web.archive.org/web/20220519020546/https://www.worldjournal.com/wj/story/121148/6321807，檢索日期：2024/6/10。

表21-4 孤狼恐怖分子激進化模式（續）

廣播意圖	無	無	無	作案前寄「滅獨天使日記」七冊給「世界日報」洛杉磯分社[18]	無
觸發事件	無	無	法國中學老師帕蒂（Samuel Paty）[19]向學生展示了先知穆罕穆德有爭議的漫畫	2021年其妻肺癌末期，同年10月出售拉斯維加斯公寓作為醫療費[20]	無
恐怖主義攻擊	2016/7/14在法國尼斯濱海步道襲擊中高喊「阿拉至大」	2017/8/18在臺灣總統府犯案後供稱斬首時任總統蔡英文	2020/10/29在法國尼斯聖母院襲擊中高喊「阿拉至大」	2022/5/15在南加州日內瓦長老教堂槍擊聚會會友	2024/3/22在莫斯科克洛庫斯音樂廳槍擊

(二) 隨機（無差別）殺人形成模式

　　隨機（無差別）殺人，除精神病、人格障礙與酒精藥物濫用三者之間對於陌生人隨機殺人行為之可能作用，仍屬未定論之外，有更低的同理心，**較多生長多重高風險家庭、親密關係冷淡、國中小中輟率高**，並與**弱社會連結，個人緊張**，以及社會的暴力信念等因素連結後，產生隨機（無差別）殺人。以本文所舉案例，依媒體報導資料按前述激進化模式，整理發現（表21-5），未有中輟、明顯低同理心與高風險家庭因素，惟大多有較差親密關係，低度社會連結、高度個人緊張、社會暴力信念，以及部分個案具有精神疾病、人格障礙與物質濫用。

----

[19] 轉角國際（2021）。怪物的眼淚：法國中學歷史老師被斬首事件「一年懊悔真相」。10月18日發布。https://global.udn.com/global_vision/story/8664/5824938，檢索日期：2024/6/10。

[20] Taxin, A., Ritter, K., & Bharath, D.(2022). Authorities: Hate against Taiwanese led to church attack. AP NEWS, May 17. https://apnews.com/article/religion-shootings-california-1be9931f502664693afbdaa3f1c f6c57 (last visited: 2024/6/10).

表21-5　隨機（無差別）殺人形成模式

姓名／年齡	鄭捷／21歲	林英昌／55歲	植松聖／26歲	崔元鍾／22歲	洪淨／20歲
同理心	未調查	未調查	對障害院住民肢體語言暴力	未調查	未調查
風險家庭	經濟優渥完整家庭	未調查原生家庭	未調查	完整家庭	經濟優渥完整家庭
親密關係	國小暗戀女同學受挫	結婚2年即離婚	未調查	未調查	與家人感情好，無女友
國中小學中輟	板橋高中畢業，東海大學生	未中輟	大學畢業	大學生	高雄某醫專生
社會連結	曾任班代，聚會熱絡	油漆工、沒有朋友	未調查	社會孤離	常在臉書分享自拍
個人緊張	文組興趣，不符父母理工期待；遭二名小學女同學告狀	罹扁桃腺癌二十多年，跟家人疏離、獨居於廂型車	2013年4月障害院員工，因暴力行為，2016年2月離職	人群社交恐懼症	無
社會暴力信念	好讀大逃殺等書籍，撰寫殺人小說	未調查	安樂死重度身心障礙者，幫助日本進步	未調查（停藥復發，感覺有人跟蹤）	未調查

表21-5　隨機（無差別）殺人形成模式（續）

精神病物質濫用	無	無	高中時吸食大麻、「藥物性精神病」、「妄想性障礙」[21]	2015年國中時精神疾病治療、2020年思覺失調症[22]	2020年精神病治療列管[23]
犯案	2014/5/21在板橋江子翠站捷運車廂刀刺	2016/7/7在松車站電聯車廂爆炸	2016/7/26在日本神奈川障害院（智能障礙機構）刀刺	2023/8/7在南韓京畿道城南市人行道、百貨商場刀刺	2024/5/21在臺中市政府站捷運車廂刀刺

第四節　孤狼恐怖攻擊與隨機（無差別）殺人防制對策

　　孤狼恐怖攻擊，Madhani（2011）指出這種以個人為唯一策劃、執行者的恐怖活動形態，並非是憑空出現，而這些恐怖分子的行為模式和人格心理特質，也有一定的軌跡可循，瞭解這樣的模式，就有進一步預防、因應的空間。但隨機（無差別）殺人不一定具備孤狼恐怖分子有政治、宗教等犯罪動機，其犯罪動機不明顯或謂不一而足，其共同點係沒有特定被害者、特定作案地點與時間。是以，各國防制對策多元，例如挪威著重在領導者指揮能力、正確辨識現有風險人口、應變機制及機關間情報交流與溝通；美國聯邦調查局著重風險通報、分類、評估、管理、資源連結轉介五階段，組成緊急事件風險管理團隊之「風險管理科學」，日本與臺灣重視犯罪人之社會、心理、精神疾病因素（周愫嫻，2017）。以下分別說明兩種攻擊防制對策。

---

[21] 李中謙（2020）。「我可以協助日本前進！」曾寫信給國會議長預告犯罪，平成殺人魔植松聖判死，風傳媒，3月26日。https://www.storm.mg/article/2448240，檢索日期：2024/6/10。

[22] 朱冠宇（2023）。韓隨機殺人嫌陷「嚴重妄想」拒對死者道歉：她是跟蹤集團成員。CTWANT周刊王，8月9日。https://www.ctwant.com/article/275645，檢索日期：2024/6/10。

[23] 許宥孺（2024）。中捷3刀男「出身醫學世家」父整復所5星高評價...急宣布停業。ETtoday新聞雲，5月21日。https://www.ettoday.net/news/20240521/2743200.htm，檢索日期：2024/6/10。

一、孤狼恐怖攻擊防制對策

　　Hamm與Spaaij（2015）指出暴力激進化的過程非常複雜，以至於政府尚未有連貫一致的政策，來制止孤狼恐怖主義，尤其缺少的是理解孤狼的犯罪思維方式和使他們走上暴力極端主義之路的具體情況的理論指導，因此，犯罪學生命歷程理論（criminological life-course theory）可以用來確定（identify）導致恐怖主義的各個軌跡（individual trajectories）的順序，以及這些轉折點（turning point）在激進化共同點的深入程度。美國外交事務教授Daniel Byman分析孤狼今昔策略（Anderson, 2017），認爲各國政府有必要採取另類方針應對，並提出多項建議，從各方面打擊獨行恐怖分子，本文綜整Byman（2017）、Hamm與Spaaij（2015）的研究建議如下：

　　(一)洞察孤狼恐怖攻擊前的激進化過程：由於孤狼恐怖攻擊主義的激進化模式，開始於個人和政治不滿，成爲親近極端主義團體的基礎，接下來是識別推動者，然後是廣播意圖，最後的共同點是觸發事件或恐怖主義的催化劑（catalyst）。因此建議執法部門和情報部門爲防止孤狼恐怖攻擊主義的能力，洞察這些過程可能會爲調查人員提供一種檢測系統，或者「簽名」——盡可能少地出現——具有恐怖主義意圖的個人在準備攻擊時將表現出來。

　　(二)識別潛在的孤狼恐怖攻擊分子：由於孤狼在恐怖攻擊前的激進化過程將產生諸如個人和政治不滿，廣播恐怖主義意圖，與在線同情者／極端主義團體的關係，對促成者的依賴以及觸發事件等「簽名」。當與區域專家（宗教學者，心理學家，通訊專家，爆炸專家等）匯集的情報融合在一起時，這些簽名可以確定狼群攻擊如何形成的指標。

　　(三)加強全民監控恐攻意圖：在孤狼恐怖主義的新趨勢下，單靠警察等治安與情報部門之官方力量已無法有效反恐，因此全民的參與變得很重要，且有鑑於大約8成的孤狼恐怖分子發動攻擊前，將廣播意圖，包含本文所舉孤狼恐怖分子周文偉，在做案前寄信給媒體，惟警方處置作爲不及，無法有效遏止能發生的教堂槍擊案。

　　(四)孤立孤狼：正如上述，孤狼往往接觸恐怖主義後漸趨激進化，因此政府有必要打擊恐怖組織的宣傳，著力廣納情報，拘捕嫌疑組織領袖，以無人機摧毀恐怖組織的宣傳塔。

　　(五)減低殺傷：限制持有爆炸物，令恐怖分子較難製造大殺傷力炸藥，但半自動步槍則不在此限，例如釀成87人死亡的法國尼斯貨車撞擊及槍擊案，以

及俄羅斯莫斯科音樂廳133死，主要武器是半自動步槍。槍械管制，絕對有助減低孤狼的殺傷力，例如本文孤狼恐怖攻擊，槍械管制的臺灣僅造成一名戍守總統府憲兵脖子遭砍傷。

(六)反制任何孤狼可能製造出來的「英雄形態」：多數孤狼式恐怖分子都有自己自成一格的意識形態，而且會因此攻擊他所認定的「敵人」，而這樣的認定，難免會有人群把恐怖分子當作英雄，而現今的網路傳播又比過去要快，因此經由特定動機的鼓吹，這類英雄形象的塑造是很難控制的，然而這類的現象，很容易誘發更多類似的恐怖活動，或催化使特定行動者變得更加積極。一個可以考慮的方式是，新聞媒體可以盡量不要焦聚在犯罪者身上，而是將焦點轉到受害者，強調他們的無辜、需要幫助，如此就有可能沖淡或降低孤狼式恐怖行動所可能誘發出來的自我英雄式的滿足感（楊士隆、王俸鋼，2015）。

(七)監控網路：鑑於恐怖組織倚賴社交網路宣傳，情報機關監管帳戶動態，要求社交媒體如Facebook和Twitter加緊審查與恐怖主義相關的言論，甚至查封帳戶，有助打擊恐怖組織吸納人手。一項研究顯示，ISIS雖有數以萬計Twitter帳戶，但只有少數投放於傳訊，自從Twitter於2014年起著手查禁恐怖組織帳戶，ISIS的社交網絡宣傳效力已見下降。

(八)反向宣傳：近年ISIS為防範滲透，已拒絕不少外來人士加入組織，政府大可利用偏執心態，散播虛假消息擾敵，或是發動駭客入侵激進網站，製造混亂打擊宣傳，或是直接關閉網站。另一方面，政府亦應反宣傳恐怖主義，例如邀請前激進主義者作證。

(九)融合與溝通：政府不應因零星恐襲而孤立伊斯蘭教派，反而要給予支持，同時維持治安，減少因歧視或罪案而衍生的暴力，增加供出恐怖分子的誘因，才可團結伊斯蘭社群協力反恐，畢竟孤狼僅屬少數，亦是伊斯蘭教徒的公敵，政府必須加以運用，比起孤立伊斯蘭社區，與伊斯蘭溝通與融合才是更務實的反恐手段。

二、隨機（無差別）殺人防制對策

面對隨機（無差別）殺人之異質化，各國有多元防制對策，惟共同點係多著重在案加發生前的識別風險人口、各機關情報交流有效管理可能發生案件，以及案件發生的應變機制強化，以降低傷亡，還有少數針對處遇個案復歸社會之對策，本文以周愫嫻（2017）整理挪威、美國、日本文獻，並邀專家學者以焦點會議內容分析，指出最重要的是整合政府所有處遇系統，此項工作涉及機

關的橫向與縱向合作，具體建議如下：

(一) 整合二、三級預防防治處遇系統

一級預防，諸如改變人心與社會結構、重建社會文化等工作，涉及社會文化與氣氛的改變，因而務實在二、三級預防措施，亦即著重在早期的發現與隨後的個別處遇，前者可針對社會之高風險人口，例如性侵、家暴被害人，或兒少保護案件的通報與受理案件，以系統串接各機關，即早識別高風險人口，並可讓個別處遇計畫的內容更為豐富，聚焦於重點。

(二) 多層次的系統整合

基於地方自治精神，原則上中央僅負責規劃與資金、員額的提供，把實際上的系統運作，交付予地方政府負責，惟各縣市作法不一，欠缺資源共享機制。因此可先縱向整合中央與地方，在中央建置雲端資料共享，接著地方政府各執行機關可透過下列三步驟：1.受案層次：接受通報、簡易受案、初步評估、設定案號有效管理；2.評估階段：收案後，由各縣市設置之「社會安全團隊執行長」（team manager），召開多元系統整合會議，由各機關代表進行個案分析、議決多元資源投入，以設計個別處遇計畫；3.執行與追蹤：由社會安全團隊執行長安排 各種社會資源的分層介入，進行行政聯絡，以及追蹤各層次的執行程度，使各個階段工作者可以資訊流通。

(三) 去除系統整合的本位主義問題

為去除執行各機關的本位主義問題，可透過各縣市設置之「社會安全團隊執行長」（team manager），其因具備對各個領域有基本的理解，就個案的核心問題，由各領域專家或服務提供者，議決主、協辦執行者，並定期、不定期滾動式檢討，以強化團隊運作，避免互不合作對對系統運作的阻礙。

(四) 整合司法和行政系統的三級預防

在一般的行政系統已經進行社會安全系統的整合時，司法與矯正更生系統也應該要跟進，引入更多的處遇資源，以便在監所或其他設施中給予適當處遇後，將受處遇者透過假釋等機制，順利而逐步地回到設施外的社會安全系統之中。當然，這個三級預防中的關鍵人「觀護人」，可能需與社會安全團隊有更多磨合，也可能有因角色不同而發生之潛在衝突，需先考量兩者之合作模式與分工。

參考書目

一、中文部分（依筆劃順序）

BBC中文網（2016）。法國尼斯大貨車衝撞人群：84人喪生。7月14日發布。http://www.bbc.com/zhongwen/trad/world/2016/07/160714_france_nice_attack，檢索日期：2024/6/4。

BBC中文網（2020）。法國尼斯襲擊案：一文了解襲擊者、受害者與事件背景。10月30日發布。https://www.bbc.com/zhongwen/trad/world-54745400，檢索日期：2024/5/28。

中正大學（2016）。105年上半年度全國民眾犯罪被害及政府維護治安滿意度電話問卷調查。https://deptcrc.ccu.edu.tw/index.php?option=module&lang=cht&task=pageinfo&id=129&index=7，檢索日期：2024/5/30。

中時新聞網（2016）。印尼前IS成員：IS鎖定吸收年輕人。4月15日發布。http://www.chinatimes.com/realtimenews/20160415004403-260408，檢索日期：2018/5/12。

朱冠宇（2023）。韓隨機殺人嫌陷「嚴重妄想」 拒對死者道歉：她是跟蹤集團成員。CTWANT周刊王，8月9日。https://www.ctwant.com/article/275645，檢索日期：2024/6/10。

羊正鈺（2017）。預謀九個月，偷日本刀闖總統府兇手今遭北院羈押。關鍵評論，8月19日。https://www.thenewslens.com/article/76562#google_vignette，檢索日期：2024/6/10。

自由時報（2014）。北捷殺人狂男大生瘋砍 4死22傷。5月22日發布。https://news.ltn.com.tw/news/focus/paper/781094，檢索日期：2024/5/28。

李中謙（2020）。「我可以協助日本前進！」曾寫信給國會議長預告犯罪，平成殺人魔植松聖判死。風傳媒，3月26日。https://www.storm.mg/article/2448240，檢索日期：2024/6/10。

李育材（2021）。台鐵列車爆炸案 罹癌炸彈客因帆布包現形。鏡周刊，3月13日。https://www.mirrormedia.mg/story/20210307soc006，檢索日期：2024/5/28。

李泰誼（2017）。偷軍刀闖總統府砍憲兵，呂軍億求刑7年。風傳媒，10月13日。

https://www.storm.mg/article/343752

李蘇竣（2016a）。任內最後反恐演說 歐巴馬向川普喊話。新頭殼，12月27日。http://newtalk.tw/news/view/2016-12-07/79833，檢索日期：2024/5/29。

李蘇竣（2016b）。柏林恐攻後德國通過擴大監控系統相關法案。新頭殼，12月22日。https://newtalk.tw/news/view/2016-12-22/80329，檢索日期：2024/5/30。

汪毓瑋（2016）。恐怖主義威脅及反恐政策與作為（上）。元照。

周愫嫻（2016）。無差別殺人犯罪：一種罕見而荒謬的暴力型態。犯罪與刑事司研究，第26期，頁83-112。

周愫嫻（2017）。陌生者間（含隨機殺人）之犯罪特性與防治對策研究。法務部司法官學院委託研究。

林芳穎（2023）。南韓「殺人預告」氾濫成災：無差別攻擊事件之下，是「孤立青年」的不滿？換日線專欄，8月9日。https://crossing.cw.com.tw/article/17971，檢索日期：2024/5/28。

法源編輯室（2015）。捷運隨機殺人不屬恐怖主義活動 臺北地院：保險公司應理賠。法源法律網，11月10日。https://www.lawbank.com.tw/news/NewsContent.aspx?NID=132040，檢索日期：2024/5/28。

翁世航、朱家儀（2022）。南加州教會槍擊案凶嫌周文偉曾在台任教多所大學，中國和平統一促進會撇清關係。關鍵評論，5月18日。https://www.thenewslens.com/article/167004，檢索日期：2024/5/28。

張庭瑜（2022）。周文偉作案前寄七冊日記 本報交警方處理。世界日報，5月18日。https://web.archive.org/web/20220519020546/https://www.worldjournal.com/wj/story/121148/6321807，檢索日期：2024/6/10。

張福昌（2011）。歐盟內政與司法合作：反恐議題解析。商務印書館。

張福昌（2013）。孤狼恐怖主義與內部安全。載於第九屆「恐怖主義與國家安全」研討會論文集（頁17-33）。中央警察大學出版社。

許宥孺（2024）。中捷3刀男「出身醫學世家」 父整復所5星高評價...急宣布停業。ETtoday新聞雲，5月21日。https://www.ettoday.net/news/20240521/2743200.htm，檢索日期：2024/6/10。

陳孟萱（2024）。中捷砍人案洪男「心智正常」！有再犯可能遭羈押 未禁見原因曝光。CTWANT周刊王，5月23日。https://www.ctwant.com/article/338683，檢索日期：2024/6/9。

楊士隆（2018）。犯罪心理學（修訂新版）。五南圖書。

楊士隆、王俸鋼（2015）。獨狼式恐怖分子之特性、攻擊模式與防制對策。載於楊士隆（主編），暴力犯罪：原因、型態與對策。五南圖書。

趙麗妍、郝雪卿、蘇木春（2024）。乘客持刀傷人 台中捷運公司還原2分鐘經過。中央通訊社，5月21日。https://www.cna.com.tw/news/asoc/202405210259.aspx，檢索日期：2024/5/28。

潘千詩（2018）。總統府砍憲兵 呂軍億殺人未遂等罪判6年8月定讞。三立新聞網，9月13日。https://www.setn.com/News.aspx?NewsID=429260，檢索日期：2024/6/9。

聯合新聞網（2016）。我國遭恐怖攻擊危險度 全球排名第113。10月26日發布。https://www.gvm.com.tw/article/35112，檢索日期：2024/5/30。

聯合新聞網（2024）。俄羅斯發生恐攻釀多人死傷 烏克蘭稱與其無關。3月23日發布。https://udn.com/news/story/6809/7850593，檢索日期：2024/5/28。

謝文哲（2024）。莫斯科音樂廳恐攻案！俄羅斯再逮4人 爆伊朗早就給警告。鏡週刊，4月2日。https://www.mirrormedia.mg/story/20240402edi008，檢索日期：2024/5/28。

謝佳娟（2023）。南韓隨機砍人案釀1死13傷！警方公開「犯嫌正臉照」身份曝光。CTWANT周刊王，8月7日。https://www.ctwant.com/article/275112，檢索日期：2024/6/9。

轉角國際（2018）。門外的抉擇：佛州校園槍擊案，校警「失能」的致命4分鐘。2月23日發布。https://global.udn.com/global_vision/story/8662/2996006，檢索日期：2018/4/18。

轉角國際（2019）。川崎無差別殺傷事件：受害小學的應變，與日本社會的兇案追查。5月29日發布。https://global.udn.com/global_vision/story/8662/3840453，檢索日期：2024/5/28。

轉角國際（2021）。怪物的眼淚：法國中學歷史老師被斬首事件「一年懺悔真相」。10月18日發布。https://global.udn.com/global_vision/story/8664/5824938，檢索日期：2024/6/10。

二、外文部分（依字母順序）

Anderson, E. (2017). Daniel Byman's advice for countering lone wolf terrorists. Homeland Security Digital Library, February 27. https://www.hsdl.org/c/daniel-bymans-advicefor-countering-lone-wolf-terrorists/ (last visited: 2018/5/11).

Bakker, E. & de Graaf, B. (2011). Preventing lone wolf terrorism: Some CT approaches addressed. Perspectives, 5(5-6): 43-50.

Barnes, B. D. (2012). Confronting the one-man wolf pack: Adapting law enforcement and prosecution responses to the threat of lone wolf terrorism. Boston University Law Review, 92: 1614-1662.

Bates, R. A. (2012). Dancing with wolves: Today's lone wolf terrorists. Journal of Public and Professional Sociology, 4(1): 1-15.

Deloughery, K., King, R. D., & Asal, V. (2013). Understanding lone-actor terrorism: A comparative analysis with violent hate crimes and group-based terrorism. Final Report to the Resilient Systems Division, Science and Technology Directorate, U.S. Department of Homeland Security. START.

Gardner, F. (2024). IS-K: Who are the Islamic State jihadists blamed for Moscow attack? BBC, March 26. https://www.bbc.com/news/world-middle-east-68660050 (last visited: 2024/6/10).

Gerdo, V. (2024). Number of those injured in Moscow terrorist attack revised upward to 551. TASS Russian News Agency, March 30. https://tass.com/emergencies/1768159 (last visited: 2024/5/29).

Global Terrorism Database (n.d.). Frequently asked questions/who funds the GTD. https://www.start.umd.edu/gtd/faq/ (last visited: 2024/6/3).

Hamm, M. & Spaaij, R. (2015). Lone wolf terrorism in America: Using knowledge of radicalization pathways to forge prevention strategies (Final Report). U.S. Department of Justice.

Hamm, M. & Spaaij, R. (2017). The age of lone wolf terrorism (Final Report). U.S. Department of Justice. Columbia University Press.

Hayes, C. & Tebor, C. (2022). 'Exceptional heroism': California churchgoers stopped rampage, hogtied suspect after deadly shooting. USA TODAY. https://www.usatoday.com/story/news/nation/2022/05/15/geneva-presbyterian-church-shooting-suspect-victims/9788206002/ (last visited: 2024/5/28).

Hoffman, B. (2006). Inside terrorism. Columbia University Press.

Institute for Economics and Peace (2024a). Global terrorism index 2024. https://www.visionofhumanity.org/wp-content/uploads/2024/02/GTI-2024-web-290224.pdf (last visited: 2024/6/3).

Institute for Economics and Peace (2024b). Maps & data. http://visionofhumanity.org/indexes/terrorism-index/ (last visited: 2024/5/30).

LaFree, G. & Dugan, L. (2007). Introducing the global terrorism database. Terrorism and Political Violence, 19(2): 181-204.

Rubin, A. J. & Blaise, L. (2016). A third of nice truck attack's dead were Muslim, group says. The New York Times, July 19. https://www.nytimes.com/2016/07/20/world/europe/nice-truck-attack-victims-muslims.html (last visited: 2024/6/6).

San Diego Union Tribune (2016). Nice truck attack claims 86th victim. https://www.sandiegouniontribune.com/sdut-nice-truck-attack-claims-86th-victim-2016aug19-story.html (last visited: 2024/6/6).

Spaaij, R. (2010). The enigma of lone wolf terrorism: An assessment. Studies in Conflict & Terrorism, 33: 854-70.

Spaaij, R. (2012). Understanding lone wolf terrorism: Global patterns, motivations and prevention. Springer.

Taipei Times (2017). Presidential guard cut in sword attack. https://www.taipeitimes.com/News/front/archives/2017/08/19/2003676771?fb_comment_id=1409074599206275_1409346299179105 (last visited: 2024/6/4).

Taxin, A., Ritter, K., & Bharath, D.(2022). Authorities: Hate against Taiwanese led to church attack. AP NEWS, May 17. https://apnews.com/article/religion-shootings-california-1be-9931f502664693afbdaa3f1cf6c57 (last visited: 2024/6/10).

Vasilenko, V. I. (2004). The concept and typology of terrorism. Statutes and Decisions, 40: 46-56.

Williams, R. A. I. (2016). Nice terror attack: Isis claims responsibility for lorry massacre in French coastal city. Independent, July 16. https://www.independent.co.uk/news/world/europe/nice-terror-attack-isis-claims-responsibility-lorry-massacre-france-coastal-city-a7140381.html (last visited: 2024/6/10).

產經新聞（2016）。相模原の障害者施設、刺され19人死亡 「元職員」と話す26歳の男逮捕。7月26日發布。https://archive.ph/20160726002704/http://www.sankei.com/affairs/news/160726/afr1607260005-n1.html#selection-513.0-513.34，檢索日期：2024/5/28。

第二十二章　暴力犯罪被害與被害補償

陳慈幸

前　言

　　二次世界大戰後，學界興起被害學理研究風潮（陳慈幸，2003），之所以有此波動湧現，主要的原因除加害者研究已至探測極限，還有涵蓋到人權議題之重視。近幾年我國對於特別著眼於兩性平權議題，也對被害人與其家屬權益保障的重視。

　　本文之重點主要是涵蓋在三個部分，首先是我國法規與犯罪學相關理論上「被害」的定義，其次是國內外犯罪被害研究相關歷史與學說發展，最後一個部分則是我國犯罪被害權益保障程序與法規進行說明。本文最後一個部分也是本次的改版重點，筆者將針對2023年2月修正實施的「犯罪被害人權利保障法」（下稱：本法）與2023年6月發布之「犯罪被害人權利保障法施行細則」（下稱：本法施行細則）與補償金相關規定進行重點式說明。

第一節　「犯罪被害」與「犯罪被害人」之定義

　　傳統上，犯罪被害者研究歸屬於犯罪學領域，雖近期對於犯罪被害者學已有多數實證研究，然探究犯罪原因時，仍會偏重於加害者的部分，主要是因為刑事程序需對於加害者進行追訴的關係。一個人遭遇犯罪被害，特別是暴力犯罪被害之後所經歷身體、心理傷害及財產損失，是人生中巨大之創傷，更甚者，媒體、雜誌肆意渲染，鄰里不當謠言聳動、許多人便屈膝於此種傳言，靜者樂觀言語惑動之戰場，動者便伺機大肆攻擊，如此之重大心理負擔等二度傷害，亦是繼續紛擾犯罪被害人之重大要因。

　　「犯罪被害人」之詞彙的由來，根據國內學理之論，較可追溯於Benjamin Mendelsohn於1956年所出版「被害者學：生物、心理及社會學的一門新科學」

之論述中（張平吾，2003：5）。從前述文獻可得知，「犯罪被害者」這個詞彙被學說定義是二次世界大戰後，屬於晚近被定義的名詞之一。日本學說在70年代就將「被害」之定義分有廣義與狹義（參照圖22-1），其中，廣義說又分廣義與最廣義說，廣義說指：「觸犯法律行為的被害」，最廣義說是指：「含狹義與廣義的所有被害」；此外，狹義說是指：「犯罪學上的被害」，最狹義說是指：「刑事法上的犯罪行為的被害」（諸澤英道，1975，2001：44；轉載於陳慈幸，2010：7）。

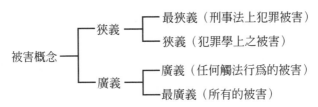

圖22-1　日本學說對於「被害」定義的說明

資料來源：諸澤英道（1975，2001：44）；轉載於陳慈幸（2010：7）。

我國對於犯罪被害與犯罪被害人相關之定義，可參照本法第3條當中各款名定義進行說明：

首先是犯罪行為之定義。犯罪行為是指：下列在中華民國（以下簡稱我國）領域內，或在我國領域外之我國船艦或航空器內所犯，依我國法律有刑罰規定之行為；其依刑法第18條第1項、第19條第1項及第24條第1項前段規定不罰者，亦同：

(一)人身侵害犯罪行為：故意或過失侵害他人生命、身體者。

(二)性侵害犯罪行為：犯刑法第221條至第226條之1、第228條、第229條、第332條第2項第2款、第334條第2項第2款、第348條第2項第1款與兒童及少年性剝削防制條例第33條、第34條第1項至第5項、第35條第2項或其未遂犯、第36條第3項或其未遂犯、第37條之罪者；其犯刑法第227條之罪而犯罪被害人有精神、身體障礙、心智缺陷或其他相類情形或因受利誘、詐術等不正當方法而被害，或加害人係利用權勢而犯之或加害人與犯罪被害人為家庭暴力防治法第3條所定之家庭成員者，亦同。（本法第3條第1款第1目、第2目）

其次，(一)在犯罪被害人的部分：指因犯罪行為致生命、身體或性自主權遭受侵害之人。（本法第3條第2款）(二)家屬的部分：指本法第3條第2款之犯

罪被害人之配偶、二親等內親屬及以永久共同生活為目的同居一家之人。（本法第3條第3款）。

　　其他有關於本法相關之規定，將於本文第三節之部分進行說明。

第二節　國內外犯罪被害研究相關歷史與學說發展

　　雖然前述有說明Benjamin Mendelsohn於1956年首以「犯罪被害人」之名詞進行專書的發表，惟日本學者指出，國外實際上將犯罪被害人相關議題進行歷史分類為1968年時美國學者Stephan Schafer之「The Victim and his Criminal」之專書。

　　以下摘錄日本學說對於「The Victim and his Criminal」之專書進行重點式說明：

　　Schafer認為犯罪被害人相關理論之研究，可分以下三個階段：

　　「第一階段：『黃金時期』（Golden Age）：『以牙還牙，以眼還眼』應報刑之觀念在當時相當普遍。雖此時期被允許以強制手段懲處犯罪人，但此種方式，卻無法給予被害人及其家屬適度之照料與關懷，並且，以強制手段報復加害人並非為懲治加害人之最佳方式。

　　第二階段：『衰退期』（Decline）：由於近代法令漸漸修訂並日趨整備，學界普遍重視加害人懲處、處遇政策。因高度重視加害人方面的結果，導使被害人地位不受重視。

　　第三階段：『復興期』（Revival）：1960年後因世界犯罪學領域發展已成為主流，被害者學之研究已趨成熟。（諸澤英道，2001：1）」

　　相對於國外犯罪被害人研究，國內犯罪被害與犯罪被害人相關研究，可分為為三個體系，第一個體系代表學者為蔡德輝教授與楊士隆教授，主要以犯罪學理論對應的角度與生物因素論進行犯罪被害的分析；第二個體系代表學者為張平吾教授，為深入以犯罪被害者理論探究暴力被害原因。

　　以下，針對前述二個體系學說重點分述如下：

一、第一個體系：以犯罪學理論對應的角度與生物因素論進行犯罪被害分析（代表學者：蔡德輝教授、楊士隆教授）

　　此外，蔡德輝教授等人以Hindelang等人所提出之「生活方式暴露理論」

（A lifestyle/Exposure Model of Personal Victimization），以及Cohen與Felson所提出之「日常生活被害理論」（Routine Activity Theory of Victimization），說明個人被害除有因生活方式暴露所導致成之加害型態外，被害型態原因尚有「生活形態」與「犯罪情境」之二大部分，遂以「強化個人自我保護措施」之方向，提出暴力犯罪被害之預防觀點（蔡德輝、楊士隆，2002：228）。除此之外，蔡德輝教授與楊士隆教授也提出「生物因素論」，其理論聚焦在遺傳的因素，以生理學觀點（腦部活動）觀點與生物、化學觀點說明犯罪被害之原因（蔡德輝、楊士隆，2002：220）。

第一個體系的學者群雖是以犯罪學理論對應角度探討犯罪被害與被害人研究，卻是國內第一個對於犯罪被害進行理論的介紹與分析，此也開啓國內犯罪被害研究的一個肇始。

二、第二個體系：純粹以犯罪被害者理論探究暴力被害原因（代表學者：張平吾教授）

國內被害者學專書最早爲2003年學者張平吾教授所著之「被害者學概論」，其專書集結國外重要的被害者學理論，張教授也於此專書中提出自己許多重要的觀點。張教授是目前國內被害者學研究重要學者之一，其主張有與第一個體系蔡德輝教授、楊士隆教授等所主張的犯罪被害理論相同以外，其專書並針對犯罪被害類型進行深入之探討。

張平吾教授專書當中彙整了以下的理論：Hindelang、Gottfredson與Gafo-falo所提出之「生活方式暴露理論」，以及Cohen與Felson所提出之「日常生活被害理論」，另外尚有闡述個人為何重複被害，此爲Sparks所提出「個人被害因素理論」，以及探討遭遇犯罪之影響會導致一個人成爲犯罪者，此爲Widom於1995年所提出「暴力循環模式」，此外，另有心理學理上針對「個人處於無可避免之環境下，久而久之便習得忍耐」之Overmier與Seligman所提出「無助學習理論」，以及探討被害客體與被害特性之「一般系統理論」，與探討被害個人特性傾向之屬性與認知之過程之「特質論」等（張平吾，2003：103-113）。另外，張平吾教授的專書除有針對犯罪被害提出論述外，其中一個重大的特色在於有針對各式暴力犯罪被害類型進行分類並分析。以下分別就張教授專書中針對殺人犯罪被害、性傷害、婚姻暴力被害等逐一探討之。

(一) 殺人犯罪被害之原因

　　有關殺人被罪被害之原因，張平吾教授以憤怒攻擊理論（The Theory of Angry Aggression）、挫折攻擊理論（Frustration Aggression Hypothesis）、角色互動論（Role Interaction Theory）對於殺人行為之被害狀況進行原因性探討。需注意的是，憤怒攻擊理論和挫折攻擊理論的理論定義是相反的概念，也就是憤怒攻擊理論所主張之重點是「人類感受負面情緒而為產生之攻擊行為（張平吾，2003：129）」，相反地，挫折攻擊理論當中所主張「人類有目的之活動受到阻礙時，便產生攻擊行為（張平吾，2003：131）」。相對於前者二理論，角色互動論則以社會心理學觀點，探討加害與被害之間衝突之角色互換關係，此種互換關係，有「正向之角色互換」與「逆向之角色互換」，正向之角色互換是：「被害者向加害者之轉化，亦即被害是後來發生攻擊行為之直接促進因素與必要條件，如『暴力循環』、『代際間之虐待』等，被攻擊者變成攻擊者，被虐待者變成虐待者（張平吾，2003：134）」；而逆向之角色互換則是「從加害者向被害者之轉化，此種現象為自己之侵害或攻擊行為導致或促使自身死亡，或者因其掠奪性的、非法的、不誠實之行為為其自身被害之促進因素；如因行搶及偷竊而被殺、販毒而被搶，粗暴父親被兒子殺死、詐欺者反被詐騙，以及犯罪幫派分子被殺害等……（張平吾，2003：134）」。

(二) 性傷害

　　張教授的專書當中對於性傷害所彙整之理論則有性別歧視論（Gender Inequality Theory）以及暴力容許論（Legitimate Violence）、色情傳媒感染論（Pornography）、社會解組論（Social Disorganization Theory）等，亦即皆以社會學之觀點理論為主要探究。

　　性別歧視論是指父系社會所刻畫之性別不平等環境，暴力容許論則是「一個贊成用暴力以及以追求社會目標（如學校秩序及社會控制）之社會，也愈容易將此種暴力現象轉化到社會其他現象中，亦即容許使用較多『合法暴力』之社會，必然會產生較多之『非法暴力』行為……（張平吾，2003：151）」。另外，社會解組論則以「……社會變遷結果，新舊規範間之矛盾、衝突所引起之社會解組現象，傳統性機構（如家庭、學校、教會、鄰里等）之社會控制力逐漸喪失，社會產生高犯罪率、高自殺率、高心理疾病罹患率、高失業率及遊民比率現象，而此種社會解組現象愈嚴重之社會，愈容易產生暴力傷害之犯罪，同時也有較高之強制性交發生率（張平吾，2003：151）」。

　　此外，張教授於性傷害學理當中，提出色情傳媒感染論，其主要論點「色情傳媒與性傷害無相關論」、「色情傳媒與性傷害負相關論」、「色情傳媒與性傷害正相關論」三大部分。「色情傳媒與性傷害無相關論」主要說明性傷害行為與色情傳媒間，並無明顯證據證明此二者具有模仿、學習或促進作用；而「色情傳媒與性傷害負相關論」與「色情傳媒與性傷害正相關論」，前者則以「色情傳媒對個人而言，具有宣洩作用，亦即色情傳媒對個體之性成熟與發展具有積極性幫助……（張平吾，2003：151）」，後者則以「色情傳媒對性暴力傷害具有正面學習、煽惑及助長效果……（張平吾，2003：152）」。

(三) 婚姻暴力

　　張平吾教授專書中對於婚姻暴力之理論，則以整合社會學理論與生物醫學理論。其主要為以個人內在因素論（Intraindividual Theory）、家庭結構因素論、社會文化結構論（父權論）論（Sociocultural; Patriarchy）、無助學習論（Learned Helplessness）、暴力循環論（The Cycle of Violence）、整合論（Integration Theory）、創傷融合理論（Traumatic Bonding Theory）。

　　個人內在因素論與無助學習論主要以心理、醫學為基礎論點，前者主張在於「被害人內在負因所導致違常行為（Abnormal Behavior）（張平吾，2003：166）」，而後者則以根據「個體期望和相信他對事件之反應，將佈置影響未來事情發展結果，亦即個體學習到她對事件之期望反應不會達到其預期效果，於是對該事件便習於冷淡而不加以反應……。（張平吾，2003：168）」之論點，說明女性在面臨婚暴而無放棄家庭之原因，乃為「離開家庭，缺乏經濟上之依賴，生活頓時陷入困境；他們自覺除了家庭之外，無處可去；家中年輕子女之感情依賴，常是割捨不下因素；缺乏謀生技能（張平吾，2003：168）」等之論點。此外，張平吾教授專書中有提出創傷融合理論，強調「被毆打之婦女之所以沒有離開被毆打環境，與斯德哥爾摩症（Stockholm Syndrome）極類似……，亦即被害人長久被孤立及不當對待，造成其生活上之恐懼不安，最後變成無助、接受控制，且依賴加害者提供生存必需品，於是逐漸對加害者造成某種程度之認同……（張平吾，2003：171）。」

　　相對於前述論點，張平吾教授則另外以社會學理論闡述婚姻暴力被害之成因，例如，家庭結構因素論主要以「家庭管教不當、家庭結構缺陷、家庭成員關係不和諧，亦即病理家庭（張平吾，2003：167）」，以及闡述「婚姻暴力產生原因，乃是社會文化結構因素所造成之父權體制社會中，對女性地位之歧

視（張平吾，2003：167）」之「社會文化結構（父權）論」則以社會學理論
為主要論點。

　　張平吾教授針對暴力產生原因之複雜性，提出整合論（integration the-
ory）。此論點主要以Gelles於1987年所指出：「……婚姻暴力是結構壓力
（structural stress）下之調適與反應及社會化經驗二種狀況交互作用之產物，
結構壓力（structural stress）帶來個體之挫折及角色期待行為，挫折可能直接
引起個體以暴力方式表達，且當資源匱乏時，個體無法以正常手段達成角色
期待，很可能導致個體以暴力作為解決問題方法。（張平吾，2003：170）」
此外，上述論點後，張平吾教授另結合Straus之論點而為解釋家庭暴力產生原
因，亦即Straus於1980年所提出「一般系統理論（General Systems Theory）」
中，解釋「……視家庭暴力為一種系統與系統間環環相扣所導致之持續性
情境，包括個人因素、家庭因素及社會因素三方面……（張平吾，2003：
170）。」

　　前述二大體系是形成國內犯罪被害與被害人研究的重要論述，我國近年
因對於被害與被害補償之重視，於2023年時修正並通過本法，根據官方資料
說明，此為2017年司法改革國是會議當中針對「保護被害人與弱勢者的司法」
進行討論並做成多項決議，將過往「犯罪被害人保護法」當中僅對於被害人進
行補償與保護之概念進行提升，並參考聯合國「犯罪與權力濫用被害人之司法
基本原則宣言」、歐盟之「犯罪被害人權利、支援及保護最低標準指令」而來
（行政院新聞傳播處，2023）。以下特針對本法與本法施行細則相關之被害人
權益與補償相關概念進行說明。

第三節　我國犯罪被害權益保障程序與法規

　　本法於2023年2月8日修正通過，其前身為犯罪被害人保護法。前述已有
說明，本法主要參考聯合國、歐盟相關被害人權利保障規定，然而，我國犯
罪被害權益則著重在保障犯罪被害人與其家屬的權益，提供支持性的服務與經
濟的不足，以修復其犯罪所造成的傷害（本法第1條）。本法總共分為七章，
參閱第一章「總則」主要說明環繞本法之重要名詞解釋與本法之目的；第二章
的「保護服務」主要說明服務之對象；第三章的「犯罪被害人保護命令」是繼

家庭暴力防治法、跟蹤騷擾法之外，我國第三個有保護令規定之法規；第四章為修復式司法，根據資料，我國推動修復式司法主要起因於根據2002年聯合國經濟與社會委員會草擬「刑事案件中使用修復式司法方案之基本原則（Basic principles on the use of restorative justice programmes in criminal matters, ECOSOC Res. 2000/14, U.N. Doc. E/2000/INF/2/Add.2 at 35 (2000)）當中認為修復式司法對於犯罪的處理可提高當事人對犯罪處理結果的滿意度、降低再犯率與減少社會對立等優點，我國於2010年即針對板橋等8處地方檢察署開始試辦「修復式司法試行方案」，2012年9月更擴大至各地方檢察署。然而，前述亦同時說明，2017年之司法改革國是會議將「實踐修復式正義」列入重點討論，法務部則在2018年起陸續完成「推動修復式司法方案實施計畫」之修正，正式全面性推動於偵查階段案件之修復式司法方案。同時刑事訴訟法修正案於2019年12月10日三讀通過，增列檢察官於偵查中、法官於審理中得轉介修復等規定，此亦是修復式司法成文化、法制化之開始（法務部，2024）。除了前述之刑事訴訟法之規定外，少年事件處理法與本法都將修復式司法入法，提升犯罪被害人權益之保障。除此之外，本法第5章為「犯罪補償金」之規定，相較於修法前之「犯罪被害人保護法」，本法在這裡進行了「犯罪被害人保護法」當中所發生的補償金程序不備（例有領取順位的問題）之修正，讓被害人可順利申請與領取犯罪補償金；本法第6章則是保護機構，也是協助重建犯罪被害人與其家屬而設；第7章則為附則。

結　語

　　犯罪為違反社會規範及侵害人類基本權利之行為。亙古以來，針對犯罪問題之探討，已成為人類社會哲理思考之重點。相對於犯罪原因論之思考，近年來因人權之重視，被害者學之探討亦成為國際間首重之議題，從廣義性犯罪被害之探討，近來所探測之方向，已從較為細緻之犯罪分類，例如「是否為一般犯罪，或者為暴力犯罪」等之議題發展。

　　於此風潮之中，暴力犯罪之被害狀況，亦因其被害程度較其他犯罪類型之嚴重，而成為學理與實證研究當中亟欲探討之議題。另，承繼於此種議題，被害人於暴力犯罪被害後所產生之心理壓力與輔導，亦是探測暴力犯罪被害原因

論時，所需一併處理之重要問題，詳言之，探測暴力被害原因論，除可發現加害與被害之原因外，亦可發現被害人之屬性進而針對被害人之情狀進行後續輔導。

　　「暴力犯罪原因論」或為「暴力犯罪被害原因論」，溯源某一現象之緣由，為複合一種「關於現象之實體與抽象」之深層思考性問題。然誠如犯罪原因論橫亙於幽幽學理間所無法得證般，暴力犯罪被害原因也或因被害人之個人特質與環境多變而無法真正探得。

　　儘管如此，多數學理與實證探究仍於暴力犯罪被害原因論汲汲探尋，相對於傳統對於各種被害原因論之探討，近年來研究之聚焦，已在刑事司法、被害後之生活照料、心理支持、或社會上對犯罪加害人之關注等議題上，此種研究方向或者可稱為對被害人更深之救贖，也或者，等同於一種研究歷程僅隨著時光流逝。

附件　犯罪被害補償金申請書

犯罪被害補償金申請書					
				年度補審字第　號	
申請人	姓　名	性別	出生年月日	國民身分證統一編號	職　業
	住 居 所			連絡電話及行動電話	
代理人	姓　名	性別	出生年月日	國民身分證統一編號	職　業
	住 居 所 或 事 務 所			連絡電話及行動電話	
被害人	姓　名	性別	出生年月日	國民身分證統一編號	職　業
	住 居 所			連絡電話及行動電話	

申請補償之種類項目及金額	□遺屬補償金	因被害人受傷所支出之醫療費	新臺幣　元
		因被害人死亡所支出之殯葬費	新臺幣　元
		因被害人死亡致無法履行之法定扶養義務	新臺幣　元
		因被害人死亡致家屬心靈遭受痛苦之精神慰撫金	新臺幣　元
	□重傷補償金	因被害人受傷所支出之醫療費	新臺幣　元
		受重傷被害人所喪失或減少之勞動能力或增加之生活上需要	新臺幣　元
		因被害人重傷致心靈遭受痛苦之精神慰撫金	新臺幣　元
	□性侵害補償金	因被害人受傷所支出之醫療費	新臺幣　元
		受性侵害被害人所喪失或減少之勞動能力或增加之生活上需要	新臺幣　元
		因被害人被害致心靈遭受痛苦之精神慰撫金	新臺幣　元

申請人與被害人之關係	□本人　□父母　□配偶　□子女　□祖父母　□孫子女 □兄弟姐妹　□其他_____		
補償金之支付方式	□一次支付　□分期付款（分　　期，每期　　個月）		
申請補償金之事實及理由	被害發生之狀況及報案情形		
	補償項目及金額之說明及計算方式		
	被害人或其遺屬與加害人之關係及加害人之基本資料	加害人姓名：_____　　男□　女□ 敘述：	

	得申請補償金優先順序之說明	
	其他事實及理由	
已參加社會保險之項目	☐全民健康保險　☐勞工保險　☐公教人員保險 ☐軍人保險　☐農民健康保險　☐學生團體保險 ☐就業保險　☐強制汽車責任保險　☐國民年金保險 ☐其他：	
已受有社會保險給付之項目及金額		
已受有損害賠償給付之項目及金額		

依其他法律規定 得受金錢給付 之項目及金額	
檢 附 文 件	

此　致
臺灣　　地方法院檢察署犯罪被害人補償審議委員會

申請人：＿＿＿＿＿＿（簽章）

代理人：＿＿＿＿＿＿（簽章）

中　華　民　國　　　年　　月　　　日

參考書目

一、中文部分（依筆畫順序）

行政院新聞傳播處（2023）。犯罪被害人權益保障法新法7月上路 陳揆：犯罪被害人
保護法制重要里程碑 為人權立國再啓新篇章。行政院，6月30日，https://www.
ey.gov.tw/Page/9277F759E41CCD91/47bb08bc-48a1-4474-adc3-ab4a6783d236，檢
索日期：2024/6/10。

法務部（2024）。用一個新鏡頭來看犯罪 建立以人為本的柔性司法體系。4月19日發
布。https://www.moj.gov.tw/2204/2205/2323/2354/2388/2389/2390/8941/post，檢索
日期：2024/6/10。

張平吾（2003）。被害者學概論。三民書局。

陳慈幸（2003）。由政策觀點檢視我國被害者學之興起、發展與研究建議。法務通
訊，第2176、2177、2178號。

陳慈幸（2010）。犯罪被害與鑑識：犯罪被害者學的另層次的思考。新學林書局。

蔡德輝、楊士隆（2002）。犯罪學。五南圖書。

二、外文部分（依字母順序）

諸澤英道（1975）。被害者の権利と被害者学—新しい被害者学の試み—。青柳文熊
教授退職紀念論文集，法學研究第49卷第1號，頁205-225。

諸澤英道（2001）。新版被害者学入門。成文堂。

國家圖書館出版品預行編目資料

暴力犯罪：原因、類型與對策／楊士隆主編.
--五版.--臺北市：五南圖書出版股份有限
公司, 2024.09
面；　公分
ISBN 978-626-393-722-2 (平裝)

1.CST: 暴力犯罪

548.547　　　　　　　113012757

1V57

暴力犯罪：原因、類型與對策

主　　　編 ― 楊士隆（312）
作　　　者 ― 王伯頎、任全鈞、任怡靜、吳芝儀、吳聖琪
　　　　　　　李自強、林明傑、邱顯良、許華孚、陳巧雲
　　　　　　　陳慈幸、曾姿雅、程敬閏、楊士隆、楊曙銘
　　　　　　　潘昱萱、鄭添成、鄭凱寶、鄭瑞隆、賴擁連
　　　　　　　蘇義淵

企劃主編 ― 劉靜芬
責任編輯 ― 黃郁婷
文字校對 ― 徐鈺涵、楊婷竹
封面設計 ― 封怡彤
出 版 者 ― 五南圖書出版股份有限公司
發 行 人 ― 楊榮川
總 經 理 ― 楊士清
總 編 輯 ― 楊秀麗
地　　　址：106台北市大安區和平東路二段339號4樓
電　　　話：(02)2705-5066　　傳　　　真：(02)2706-6100
網　　　址：https://www.wunan.com.tw
電子郵件：wunan@wunan.com.tw
劃撥帳號：01068953
戶　　　名：五南圖書出版股份有限公司
法律顧問　林勝安律師
出版日期　2004年 5 月初版一刷（共二刷）
　　　　　2008年 2 月二版一刷（共二刷）
　　　　　2015年 3 月三版一刷
　　　　　2020年 2 月四版一刷
　　　　　2024年 9 月五版一刷
定　　　價　新臺幣680元

經典永恆・名著常在

五十週年的獻禮──經典名著文庫

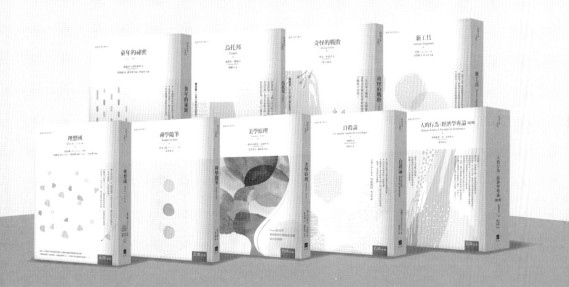

五南，五十年了，半個世紀，人生旅程的一大半，走過來了。

思索著，邁向百年的未來歷程，能為知識界、文化學術界作些什麼？

在速食文化的生態下，有什麼值得讓人雋永品味的？

歷代經典・當今名著，經過時間的洗禮，千錘百鍊，流傳至今，光芒耀人；

不僅使我們能領悟前人的智慧，同時也增深加廣我們思考的深度與視野。

我們決心投入巨資，有計畫的系統梳選，成立「經典名著文庫」，

希望收入古今中外思想性的、充滿睿智與獨見的經典、名著。

這是一項理想性的、永續性的巨大出版工程。

不在意讀者的眾寡，只考慮它的學術價值，力求完整展現先哲思想的軌跡；

為知識界開啟一片智慧之窗，營造一座百花綻放的世界文明公園，

任君遨遊、取菁吸蜜、嘉惠學子！